国家出版基金项目
NATIONAL PUBLICATION FOUNDATION
重庆市出版专项资金资助

大足石刻全集

第八卷
宝顶山小佛湾及周边石窟考古报告
上册

大足石刻研究院　编

黎方银　主编

DAZU SHIKE
QUANJI

重庆出版集团　重庆出版社

THE DAZU ROCK CARVINGS

Vol. VIII

XIAOFOWAN AND SURROUNDING CARVINGS, BAODINGSHAN

Part One

EDITED BY
ACADEMY OF DAZU ROCK CARVINGS

EDITOR IN CHIEF
LI FANGYIN

总 策 划　　郭　宜　黎方银

《大足石刻全集》学术委员会

主　　任　　丁明夷
委　　员　　丁明夷　马世长　王川平　宁　强　孙　华　杨　泓　李志荣　李崇峰
　　　　　　李裕群　李静杰　陈明光　陈悦新　杭　侃　姚崇新　郭相颖　雷玉华
　　　　　　霍　巍（以姓氏笔画为序）

《大足石刻全集》编辑委员会

主　　任　　王怀龙　黎方银
副 主 任　　郭　宜　谢晓鹏　刘贤高　郑文武
委　　员　　王怀龙　毛世福　邓启兵　刘贤高　米德昉　李小强　周　颖　郑文武
　　　　　　郭　宜　黄能迁　谢晓鹏　黎方银（以姓氏笔画为序）
主　　编　　黎方银
副 主 编　　刘贤高　邓启兵　黄能迁　谢晓鹏　郑文武

《大足石刻全集》第八卷编纂工作团队

调查记录　　赵凌飞　邓启兵　黄能迁　郭　静　陈　静
现场测绘　　周　颖　毛世福　黄能迁　邓启兵　张　强
　　　　　　吕　品　潘春香　余倩倩
绘　　图　　周　颖　毛世福
图版拍摄　　郑文武（主机）　王　远　吕文成　周　瑜
拓　　片　　唐长清　唐毅烈
铭文整理　　赵凌飞
资料整理　　赵凌飞　张媛媛　未小妹　李朝元
英文翻译　　姚淇琳
英文审定　　Tom Suchan　唐仲明
报告编写　　黎方银　黄能迁　邓启兵
统　　稿　　黎方银
审　　定　　丁明夷

《大足石刻全集》第八卷编辑工作团队

工作统筹　　郭　宜　郑文武
三　　审　　杨　耘　廖建明　郭　宜
编　　辑　　郑文武　吴芝宇　吕文成　王　远
印前审读　　曾祥志
图片制作　　郑文武　王　远　吕文成
装帧设计　　胡靳一　郑文武
排　　版　　代　敏
校　　色　　宋晓东　郑文武
校　　对　　唐联文　唐云沄　何建云　郑　葱　李小君

总目录

第一卷　　　北山佛湾石窟第1—100号考古报告

第二卷　　　北山佛湾石窟第101—192号考古报告

第三卷　　　北山佛湾石窟第193—290号考古报告

第四卷　　　北山多宝塔考古报告

第五卷　　　石篆山、石门山、南山石窟考古报告

第六卷　　　宝顶山大佛湾石窟第1—14号考古报告

第七卷　　　宝顶山大佛湾石窟第15—32号考古报告

第八卷　　　宝顶山小佛湾及周边石窟考古报告

第九卷　　　大足石刻专论

第十卷　　　大足石刻历史图版

第十一卷　　附录及索引

GENERAL CATALOGUE

Vol. I   FOWAN (NOS. 1–100), BEISHAN

Vol. II   FOWAN (NOS. 101–192), BEISHAN

Vol. III   FOWAN (NOS. 193–290), BEISHAN

Vol. IV   DUOBAO PAGODA, BEISHAN

Vol. V   SHIZHUANSHAN, SHIMENSHAN AND NANSHAN

Vol. VI   DAFOWAN (NOS. 1–14), BAODINGSHAN

Vol. VII   DAFOWAN (NOS. 15–32), BAODINGSHAN

Vol. VIII   XIAOFOWAN AND SURROUNDING CARVINGS, BAODINGSHAN

Vol. IX   COLLECTED RESEARCH PAPERS ON THE DAZU ROCK CARVINGS

Vol. X   EARLY PHOTOGRAPHS OF THE DAZU ROCK CARVINGS

Vol. XI   APPENDIX AND INDEX

目 录

第一章 概述 ... 1
  第一节 本卷报告的内容 ... 1
  第二节 本卷报告的体例和规范 ... 1
    一 编写体例 ... 1
    二 报告文本 ... 1
    三 测绘图 ... 4
    四 图版 ... 4
  第三节 本卷报告的编写经过 ... 5
第二章 宝顶山小佛湾石窟 ... 6
  第一节 石窟概况 ... 6
    一 位置与环境 ... 6
    二 石窟布局 ... 6
    三 石窟编号及相互位置关系 ... 6
  第二节 第1号 ... 8
    一 位置 ... 8
    二 形制 ... 8
    三 造像及铭文 ... 17
    四 晚期遗迹 ... 35
  第三节 第2号 ... 36
    一 位置 ... 36
    二 形制 ... 36
    三 造像 ... 36
    四 铭文 ... 38
    五 晚期遗迹 ... 44
  第四节 第3号 ... 45
    一 位置 ... 45
    二 形制 ... 45
    三 造像 ... 50
    四 晚期遗迹 ... 68
  第五节 第4号 ... 68
    一 位置 ... 68
    二 形制 ... 68
    三 造像 ... 71
    四 铭文 ... 81
    五 晚期遗迹 ... 85
  第六节 第5号 ... 85
    一 位置 ... 85
    二 形制 ... 85
    三 造像 ... 88
  第七节 第6号 ... 88
    一 位置 ... 88
    二 形制 ... 88
    三 造像 ... 90
    四 铭文 ... 114
    五 晚期遗迹 ... 114

第八节 第7号	119
一 位置	119
二 左碑	119
三 右碑	122
第九节 第8号	124
一 位置	124
二 形制	124
三 造像	124
四 晚期遗迹	136
第十节 第9号	140
一 位置	140
二 形制	140
三 造像	140
四 晚期遗迹	189
第十一节 本章小结	198
一 建筑特点	198
二 石窟变迁	198
三 题材内容	199
四 年代分析	202
五 晚期遗迹	203

第三章 宝顶山石窟周边区域造像 … 210

第一节 位置及相互关系	210
第二节 龙头山	210
一 第1号	212
二 第2号	214
三 第3号	217
四 第4号	217
五 第5—7号	221
六 第8号	225
第三节 三元洞	227
一 位置	227
二 形制	227
三 造像	229
四 晚期遗迹	229
第四节 大佛坡	229
一 第1号	230
二 第2号	232
第五节 三块碑	239
一 位置	239
二 形制	239
三 造像	239
四 铭文	239
第六节 松林坡	242
一 位置	242
二 形制	242
三 造像	242
四 铭文	242
五 晚期遗迹	244
第七节 维摩顶西崖	244

一　位置 244
　　　二　形制 244
　　　三　造像 245
　第八节　菩萨屋 246
　　　一　位置 246
　　　二　形制 246
　　　三　造像 246
　　　四　铭文 248
　　　五　晚期遗迹 249
　第九节　菩萨堡 249
　　　一　位置 249
　　　二　形制 249
　　　三　造像 249
　　　四　铭文 251
　　　五　晚期遗迹 252
　第十节　杨家坡 252
　　　一　位置 252
　　　二　形制 252
　　　三　造像 252
　　　四　铭文 254
　　　五　晚期遗迹 254
　第十一节　佛祖岩 254
　　　一　位置 254
　　　二　形制 254
　　　三　造像 254
　　　四　铭文 255
　　　五　晚期遗迹 259
　第十二节　广大山 260
　　　一　位置 260
　　　二　形制 260
　　　三　造像 260
　　　四　铭文 263
　　　五　晚期遗迹 263
　第十三节　龙潭 264
　　　一　位置 264
　　　二　形制 264
　　　三　造像 264
　　　四　铭文 264
　　　五　晚期遗迹 266
　第十四节　岩湾 266
　　　一　位置 266
　　　二　形制 266
　　　三　造像 266
　　　四　铭文 266
　　　五　晚期遗迹 269
　第十五节　古佛寺 269
　　　一　位置 269
　　　二　形制 269
　　　三　造像 269

第十六节　对面佛	269
一　位置	269
二　形制	269
三　造像	271
四　铭文	271
五　晚期遗迹	271
第十七节　仁功山	273
一　第1号	273
二　第2号	275
三　第3号	276
第十八节　珠始山	276
一　位置	276
二　形制	276
三　造像	283
四　晚期遗迹	283
第十九节　本章小结	283
一　形制特点	283
二　题材内容	284
三　年代分析	288
四　分布特点	289
五　晚期遗迹	290

第四章　转法轮塔和释迦真如舍利宝塔 ... 293

第一节　转法轮塔	293
一　位置	293
二　形制	293
三　造像	298
四、晚期遗迹	316
第二节　释迦真如舍利宝塔	324
一　位置	324
二　形制	324
三　造像	324
四　铭文	325
五　晚期遗迹	332
第三节　本章小结	332
一　建筑特点	332
二　年代分析	333
三　题材内容	333
四　晚期遗迹	334

附录一　宝顶山小佛湾石窟、宝顶山石窟周边区域造像及转法轮塔、释迦真如舍利宝塔造像一览表 ... 335

附录二　宝顶山小佛湾石窟零散文物 ... 339
一　石刻造像 ... 339
二　香炉 ... 340
三　碑碣 ... 341

附录三　宝顶山圣寿寺 ... 347
一　位置 ... 347
二　历史沿革 ... 347
三　建筑及造像 ... 348

附录四　宝顶山广大寺 ... 420

	一 位置	420
	二 历史沿革	420
	三 建筑及塑像	420
	四 碑碣	423
附录五 宝顶山万岁楼		429
	一 位置	429
	二 历史沿革	429
	三 形制	429
	四 铭文及彩画	430
附录六 宝顶山灵官殿		435
	一 位置	435
	二 历史沿革	435
	三 形制	435
附录七 宝顶山惜字塔		438
	一 位置	438
	二 形制	438
	三 造像及铭文	439
附录八 宝顶山勾愿菩萨造像		450
	一 位置	450
	二 形制	450
	三 造像	450
	四 铭文	450
附录九 宝顶山高观音造像		452
	一 高观音龛	452
	二 地藏龛	454
	三 观音龛	454
附录十 宝顶山老游客中心古墓群		456
	一 位置	456
	二 概况	456
	三 形制	456
	四 随葬器物	462
	五 小结	462
附录十一 宝顶山倒塔坡明清僧人墓群		463
	一 位置	463
	二 概况	463
	三 形制	463
	四 M5墓塔铭文	466
	五 小结	467

Catalogue

Chapter One Overview 1
    Section One Content of Vol. Ⅷ 1
    Section Two Editorial Guidelines and Organization of Vol. Ⅷ 1
        2.1 Editorial Guidelines and Organization 1
        2.2 Text 1
        2.3 Plans and Drawings 4
        2.4 Photographs 4
    Section Three Writing and Editing Process of Vol. Ⅷ 5

Chapter Two Stone Carvings at the Xiaofowan, Baodingshan 6
    Section One A Brief Introduction 6
        1.1 Location and Environment 6
        1.2 Layout of the Stone Carvings 6
        1.3 Numbering and Relative Locations of the Stone Carvings 6
    Section Two No. 1 8
        2.1 Location 8
        2.2 Dimensions and Layout 8
        2.3 Carved Images and Inscriptions 17
        2.4 Alterations and Additions 35
    Section Three No. 2 36
        3.1 Location 36
        3.2 Dimensions and Layout 36
        3.3 Carved Images 36
        3.4 Inscriptions 38
        3.5 Alterations and Additions 44
    Section Four No. 3 45
        4.1 Location 45
        4.2 Dimensions and Layout 45
        4.3 Carved Images 50
        4.4 Alterations and Additions 68
    Section Five No. 4 68
        5.1 Location 68
        5.2 Dimensions and Layout 68
        5.3 Carved Images 71
        5.4 Inscriptions 81
        5.5 Alterations and Additions 85
    Section Six No. 5 85
        6.1 Location 85
        6.2 Dimensions and Layout 85
        6.3 Carved Images 88
    Section Seven No. 6 88
        7.1 Location 88
        7.2 Dimensions and Layout 88
        7.3 Carved Images 90
        7.4 Inscriptions 114
        7.5 Alterations and Additions 114

Section Eight　No. 7 119
 8.1　Location 119
 8.2　Left Stele 119
 8.3　Right Stele 122

Section Nine　No. 8 124
 9.1　Location 124
 9.2　Dimensions and Layout 124
 9.3　Carved Images 124
 9.4　Alterations and Additions 136

Section Ten　No. 9 140
 10.1　Location 140
 10.2　Dimensions and Layout 140
 10.3　Carved Images 140
 10.4　Alterations and Additions 189

Section Eleven　Chapter Conclusion 198
 11.1　Architectural Characteristics 198
 11.2　Changes Overtime 198
 11.3　Subject Matter and Content 199
 11.4　Periodization and Dating 202
 11.5　Alterations and Additions 203

Chapter Three　Stone Carvings in the Area Around Baodingshan 210
Section One　Locations and Interrelations of the Stone Carvings 210
Section Two　Longtoushan 210
 2.1　No. 1 212
 2.2　No. 2 214
 2.3　No. 3 217
 2.4　No. 4 217
 2.5　Nos. 5–7 221
 2.6　No. 8 225

Section Three　Sanyuandong 227
 3.1　Location 227
 3.2　Dimensions and Layout 227
 3.3　Carved Images 229
 3.4　Alterations and Additions 229

Section Four　Dafopo 229
 4.1　No. 1 230
 4.2　No. 2 232

Section Five　Sankuaibei 239
 5.1　Location 239
 5.2　Dimensions and Layout 239
 5.3　Carved Images 239
 5.4　Inscriptions 239

Section Six　Songlinpo 242
 6.1　Location 242
 6.2　Dimensions and Layout 242
 6.3　Carved Images 242
 6.4　Inscriptions 242
 6.5　Alterations and Additions 244

Section Seven　Western Cliff of Vimalakirti Summit 244

- 7.1 Location ... 244
- 7.2 Dimensions and Layout ... 244
- 7.3 Carved Images ... 245

Section Eight Pusawu ... 246
- 8.1 Location ... 246
- 8.2 Dimensions and Layout ... 246
- 8.3 Carved Images ... 246
- 8.4 Inscriptions ... 248
- 8.5 Alterations and Additions ... 249

Section Nine Pusabao ... 249
- 9.1 Location ... 249
- 9.2 Dimensions and Layout ... 249
- 9.3 Carved Images ... 249
- 9.4 Inscriptions ... 251
- 9.5 Alterations and Additions ... 252

Section Ten Yangjiapo ... 252
- 10.1 Location ... 252
- 10.2 Dimensions and Layout ... 252
- 10.3 Carved Images ... 252
- 10.4 Inscriptions ... 254
- 10.5 Alterations and Additions ... 254

Section Eleven Fozuyan ... 254
- 11.1 Location ... 254
- 11.2 Dimensions and Layout ... 254
- 11.3 Carved Images ... 254
- 11.4 Inscriptions ... 255
- 11.5 Alterations and Additions ... 259

Section Twelve Guangdashan ... 260
- 12.1 Location ... 260
- 12.2 Dimensions and Layout ... 260
- 12.3 Carved Images ... 260
- 12.4 Inscriptions ... 263
- 12.5 Alterations and Additions ... 263

Section Thirteen Longtan ... 264
- 13.1 Location ... 264
- 13.2 Dimensions and Layout ... 264
- 13.3 Carved Images ... 264
- 13.4 Inscriptions ... 264
- 13.5 Alterations and Additions ... 266

Section Fourteen Yanwan ... 266
- 14.1 Location ... 266
- 14.2 Dimensions and Layout ... 266
- 14.3 Carved Images ... 266
- 14.4 Inscriptions ... 266
- 14.5 Alterations and Additions ... 269

Section Fifteen Gufo Temple ... 269
- 15.1 Location ... 269
- 15.2 Dimensions and Layout ... 269
- 15.3 Carved Images ... 269

Section Sixteen　Duimianfo 269
  16.1　Location 269
  16.2　Dimensions and Layout 269
  16.3　Carved Images 271
  16.4　Inscriptions 271
  16.5　Alterations and Additions 271
Section Seventeen　Rengongshan 273
  17.1　No. 1 273
  17.2　No. 2 275
  17.3　No. 3 276
Section Eighteen　Zhushishan 276
  18.1　Location 276
  18.2　Dimensions and Layout 276
  18.3　Carved Images and Inscription 283
  18.4　Alterations and Additions 283
Section Nineteen　Chapter Conclusion 283
  19.1　Structural Characteristics 283
  19.2　Subject Matter and Content 284
  19.3　Periodization and Dating 288
  19.4　Distribution Characteristics 289
  19.5　Alterations and Additions 290

Chapter Four　Revolving Dharma Wheel Pagoda and Relic Pagoda of Sakyamuni 293
Section One　Revolving Dharma Wheel Pagoda 293
  1.1　Location 293
  1.2　Dimensions and Layout 293
  1.3　Carved Images 298
  1.4　Alterations and Additions 316
Section Two　Relic Pagoda of Sakyamuni 324
  2.1　Location 324
  2.2　Dimensions and Layout 324
  2.3　Carved Images 324
  2.4　Inscriptions 325
  2.5　Alterations and Additions 332
Section Three　Chapter Conclusion 332
  3.1　Architectural Characteristics 332
  3.2　Periodization and Dating 333
  3.3　Subject Matter and Content 333
  3.4　Alterations and Additions 334

Appendix Ⅰ　List of Stone Carvings in and Around the Xiaofowan, the Revolving Dharma Wheel Pagoda, and the Relic Pagoda of Sakyamuni 335
Appendix Ⅱ　Historical Artifacts from the Area Around the Xiaofowan, Baodingshan 339
  2.1　Stone Carved Images 339
  2.2　Incense Burner 340
  2.3　Stele Inscriptions 341
Appendix Ⅲ　Shengshou Temple, Baodingshan 347
  3.1　Location 347
  3.2　History 347
  3.3　Architecture and Carved Images 348
Appendix Ⅳ　Guangda Temple, Baodingshan 420

		4.1	Location	420
		4.2	History	420
		4.3	Architecture and Sculpted Images	420
		4.4	Stele Inscriptions	423
Appendix V	**Wangsui Tower, Baodingshan**			429
		5.1	Location	429
		5.2	History	429
		5.3	Dimensions and Layout	429
		5.4	Inscriptions and Paintings	430
Appendix VI	**Lingguan Hall, Baodingshan**			435
		6.1	Location	435
		6.2	History	435
		6.3	Dimensions and Layout	435
Appendix VII	**Xizi Pagoda, Baodingshan**			438
		7.1	Location	438
		7.2	Dimensions and Layout	438
		7.3	Carved Images and Inscription	439
Appendix VIII	**Gouyuan-pusa, Baodingshan**			450
		8.1	Location	450
		8.2	Dimensions and Layout	450
		8.3	Carved Images	450
		8.4	Inscriptions	450
Appendix IX	**Gao-guanyin, Baodingshan**			452
		9.1	Gao-guanyin	452
		9.2	Ksitigarbha	454
		9.3	Avalokitesvara	454
Appendix X	**Ancient Tombs at the Old Tourist Center of Baodingshan**			456
		10.1	Location	456
		10.2	A Brief Introduction	456
		10.3	Dimensions and Layout	456
		10.4	Burial Objects	462
		10.5	Conclusion	462
Appendix XI	**Tombs of Ming and Qing Dynasty Monks at Daotapo, Baodingshan**			463
		11.1	Location	463
		11.2	A Brief Introduction	463
		11.3	Dimensions and Layout	463
		11.4	M5 Tomb Pagoda Inscriptions	466
		11.5	Conclusion	467

插图目录

图 1	宝顶山石窟文物分布图	2
图 2	龛窟外立面示意图	3
图 3	龛窟结构形制部位名称示意图	3
图 4	小佛湾石窟平面图	7
图 5	小佛湾石窟剖面图	8
图 6	小佛湾石窟坛台及大殿立面图	10
图 7	小佛湾石窟坛台平面图	10
图 8	小佛湾石窟坛台大殿俯视、剖面图	11
图 9	小佛湾石窟坛台透视图	12
图 10	小佛湾石窟第 1 号方塔立面图	14
图 11	小佛湾石窟第 1 号方塔平面图	16
图 12	小佛湾石窟第 1 号方塔剖面图	17
图 13	小佛湾石窟第 1 号方塔第一级塔身北面立面图	18
图 14	小佛湾石窟第 1 号方塔第二级塔身北面立面图	27
图 15	小佛湾石窟第 1 号方塔第二级塔身东面立面图	27
图 16	小佛湾石窟第 1 号方塔第二级塔身南面立面图	30
图 17	小佛湾石窟第 1 号方塔第二级塔身西面立面图	30
图 18	小佛湾石窟第 1 号方塔第三级塔身北面立面图	33
图 19	小佛湾石窟第 1 号方塔第三级塔身东面立面图	33
图 20	小佛湾石窟第 1 号方塔第三级塔身南面立面图	34
图 21	小佛湾石窟第 1 号方塔第三级塔身西面立面图	34
图 22	小佛湾石窟第 2 号龛平、立面图	40
图 23	小佛湾石窟第 2 号龛剖面图	42
图 24	小佛湾石窟第 2 号左端隔断墙额枋北向、东向造像展开图	44
图 25	小佛湾石窟第 2 号龛左端隔断墙造像立面图	45
图 26	小佛湾石窟第 3 号窟立面图	46
图 27	小佛湾石窟第 3 号窟平、剖面图	48
图 28	小佛湾石窟第 3 号窟窟顶仰视图	49
图 29	小佛湾石窟第 3 号窟窟外右立像等值线图	51
图 30	小佛湾第 3 号窟窟外右立像效果图	51
图 31	小佛湾石窟第 3 号窟正壁造像立面及分组图	52
图 32	小佛湾石窟第 3 号窟正壁主尊佛像等值线图	53
图 33	小佛湾石窟第 3 号窟正壁第 1—4 组造像立面图	53
图 34	小佛湾石窟第 3 号窟左壁造像立面及分组图	54
图 35	小佛湾石窟第 3 号窟左壁内侧第 1—4 组造像立面图	55
图 36	小佛湾石窟第 3 号窟左壁内侧第 5、6 组造像立面图	57
图 37	小佛湾石窟第 3 号窟左壁外侧三佛造像立面图	58
图 38	小佛湾石窟第 3 号窟左壁外侧第 1 组造像立面图	58
图 39	小佛湾石窟第 3 号窟左壁外侧第 2、3 组造像立面图	59
图 40	小佛湾石窟第 3 号窟左壁外侧第 4、5 组造像立面图	61
图 41	小佛湾石窟第 3 号窟右壁造像立面及分组图	62
图 42	小佛湾石窟第 3 号窟右壁内侧第 1—4 组造像立面图	63
图 43	小佛湾石窟第 3 号窟右壁内侧第 5、6 组造像立面图	64
图 44	小佛湾石窟第 3 号窟右壁外侧三佛造像立面图	66
图 45	小佛湾石窟第 3 号窟右壁外侧第 1、2 组造像立面图	66
图 46	小佛湾石窟第 3 号窟右壁外侧第 3—6 组造像立面图	67
图 47	小佛湾石窟第 4 号窟立面图	69
图 48	小佛湾石窟第 4 号窟平面图	70
图 49	小佛湾石窟第 4 号窟剖面图	71
图 50	小佛湾石窟第 4 号窟正壁立面图	72
图 51	小佛湾石窟第 4 号窟正壁下部居中护法神像等值线图	75
图 52	小佛湾石窟第 4 号窟正壁下部左侧半身立像立面图	75
图 53	小佛湾石窟第 4 号窟正壁下部右侧半身立像立面图	75
图 54	小佛湾石窟第 4 号窟左壁造像立面及编号图	76
图 55	小佛湾石窟第 4 号窟左壁第 2、3 门洞内侧造像立面及编号图	80
图 56	小佛湾石窟第 4 号窟左壁北端外侧造像立面图	81
图 57	小佛湾石窟第 4 号窟右壁立面及编号图	82
图 58	小佛湾石窟第 4 号窟横梁南、北侧造像立面及编号图	84
图 59	小佛湾石窟第 5 号窟平、立面图	86
图 60	小佛湾石窟第 5 号窟剖面图	87
图 61	小佛湾石窟第 5 号窟窟顶仰视图	87
图 62	小佛湾石窟第 6 号龛平、剖面图	89
图 63	小佛湾石窟第 6 号龛正壁造像立面及分布图	96
图 64	小佛湾石窟第 6 号龛正壁梁头造像立面图	98
图 65	小佛湾石窟第 6 号龛正壁下部第一至四幅造像立面图	100
图 66	小佛湾石窟第 6 号龛正壁下部第五至八幅造像立面图	102
图 67	小佛湾石窟第 6 号龛正壁下部第九、十幅造像立面图	104
图 68	小佛湾石窟第 6 号龛左壁造像立面及编号图	106
图 69	小佛湾石窟第 6 号龛右壁造像立面图	112
图 70	小佛湾第 6 号龛右壁造像编号图	114
图 71	小佛湾石窟第 6 号龛右壁第 1—4 梁头造像立面及编号图	115
图 72	小佛湾石窟第 6 号龛右壁下部第 1、2 大圆龛造像立面图	116
图 73	小佛湾石窟第 6 号龛右壁下部第 3、4 大圆龛造像立面图	117
图 74	小佛湾石窟第 6 号龛右壁下部第 5、6 大圆龛造像立面图	118
图 75	小佛湾石窟第 6 号龛右壁下部第 6 大圆龛造像效果图	119
图 76	小佛湾石窟第 8 号窟立面图	125
图 77	小佛湾石窟第 8 号窟剖面图	126
图 78	小佛湾石窟第 8 号窟平面图	127
图 79	小佛湾石窟第 8 号窟正壁立面图	128
图 80	小佛湾石窟第 8 号窟左壁造像立面及编号图	132
图 81	小佛湾石窟第 8 号窟右壁造像立面及编号图	133

图82	小佛湾石窟第8号窟前壁造像立面及编号图	134
图83	小佛湾石窟第8号窟窟外西壁造像立面及编号图	135
图84	小佛湾石窟第8号窟窟外西壁晚期铭文编号示意图	137
图85	小佛湾石窟第9号窟立面图	142
图86	小佛湾石窟第9号窟平面图	143
图87	小佛湾石窟第9号窟剖面图	144
图88	小佛湾石窟第9号窟窟顶仰视图	145
图89	小佛湾石窟第9号窟窟内正壁立面图	147
图90	小佛湾石窟第9号窟窟内左壁造像立面及分布图	149
图91	小佛湾石窟第9号窟窟内左壁上部内侧造像立面图	150
图92	小佛湾石窟第9号窟窟内左壁上部外侧造像立面及编号图	151
图93	小佛湾石窟第9号窟窟内左壁上部外侧第1、2组造像立面图	152
图94	小佛湾石窟第9号窟窟内左壁上部外侧第3、4组造像立面图	153
图95	小佛湾石窟第9号窟窟内左壁上部外侧第5组造像立面图	154
图96	小佛湾石窟第9号窟窟内左壁下部造像立面及编号图	156
图97	小佛湾石窟第9号窟窟内右壁造像立面及分布图	158
图98	小佛湾石窟第9号窟窟内右壁上部内侧造像立面图	160
图99	小佛湾石窟第9号窟窟内右壁上部外侧造像立面及编号图	161
图100	小佛湾石窟第9号窟窟内右壁上部外侧第1、2组造像立面图	162
图101	小佛湾石窟第9号窟窟内右壁上部外侧第3、4组造像立面图	163
图102	小佛湾石窟第9号窟窟内右壁上部外侧第5组造像立面图	164
图103	小佛湾石窟第9号窟窟内右壁下部造像立面及编号图	166
图104	小佛湾石窟第9号窟窟内前后脊檩左右侧造像立面图	168
图105	小佛湾石窟第9号窟窟内过梁北、南侧造像立面及编号图	169
图106	小佛湾石窟第9号窟窟内过梁北侧上方石材造像立面及编号图	170
图107	小佛湾石窟第9号窟门楣内侧及其上方造像立面及编号图	171
图108	小佛湾石窟第9号窟窟外南壁立面图	172
图109	小佛湾石窟第9号窟窟外南壁中部方碑立面图	174
图110	小佛湾石窟第9号窟窟外南壁下部左侧天王像立面图	175
图111	小佛湾石窟第9号窟窟外南壁下部右侧天王像立面图	176
图112	小佛湾石窟第9号窟窟外南壁下部左起第3身天王像效果图	177
图113	小佛湾石窟第9号窟窟外南壁中部方碑左右和上方小圆龛造像立面及编号图	180
图114	小佛湾石窟第9号窟窟外南壁上部额枋、脊檩端头造像立面分解及编号图	181
图115	小佛湾石窟第9号窟窟外西壁造像立面图	182
图116	小佛湾石窟第9号窟窟外西壁上部造像立面及编号图	184
图117	小佛湾石窟第9号窟窟外西壁梁头造像立面图	186
图118	小佛湾石窟第9号窟窟外西壁下部造像立面及编号图	190
图119	小佛湾石窟第9号窟窟外东壁造像立面图	192
图120	小佛湾石窟第9号窟窟外东壁上部造像立面及编号图	194
图121	小佛湾石窟第9号窟窟外东壁下部造像立面及编号图	196
图122	宝顶山石窟周边区域造像分布及宝顶山历史时期进山路线图	211
图123	龙头山摩崖造像分布示意图	212
图124	龙头山摩崖造像第1号龛平、立、剖面图	213
图125	龙头山摩崖造像第2号龛立面图	215
图126	龙头山摩崖造像第2号龛平、剖面图	216
图127	龙头山摩崖造像第3号龛平、立、剖面图	218
图128	龙头山摩崖造像第4号龛立面图	219
图129	龙头山摩崖造像第4号龛平、剖面图	220
图130	龙头山摩崖造像第5号龛立、剖面图	221
图131	龙头山摩崖造像第5号龛平面图	222
图132	龙头山摩崖造像第6号龛平、立、剖面图	223
图133	龙头山摩崖造像第7号龛平、立、剖面图	224
图134	龙头山摩崖造像第8号龛立、剖面图	225
图135	龙头山摩崖造像第8号龛平面图	226
图136	三元洞摩崖造像立面图	227
图137	三元洞摩崖造像平、剖面图	228
图138	大佛坡摩崖造像分布示意图	229
图139	大佛坡摩崖造像第1号龛立面图	230
图140	大佛坡摩崖造像第1号龛平、剖面图	231
图141	大佛坡摩崖造像第2号龛平面图	233
图142	大佛坡摩崖造像第2号龛剖面图	234
图143	大佛坡摩崖造像第2号龛北壁及东壁立、剖面图	235
图144	大佛坡摩崖造像第2号龛南壁立、剖面图	237
图145	大佛坡摩崖造像第2号龛西壁立、剖面图	238
图146	三块碑摩崖造像平、立、剖面图	240
图147	三块碑摩崖造像左右菩萨像立面图	241
图148	松林坡摩崖造像立、剖面图	243
图149	维摩顶西崖摩崖造像立面图	245
图150	菩萨屋摩崖造像平、立面图	247
图151	菩萨屋摩崖造像剖面图	248
图152	菩萨堡摩崖造像平、立面图	250
图153	菩萨堡摩崖造像剖面图	251
图154	杨家坡摩崖造像平、立面图	253
图155	佛祖岩摩崖造像立面图	256
图156	佛祖岩摩崖造像平、剖面图	258
图157	广大山摩崖造像平、立面图	261

图 158	广大山摩崖造像剖面图	262
图 159	龙潭摩崖造像平、立、剖面图	265
图 160	岩湾摩崖造像立面图	267
图 161	岩湾摩崖造像平、剖面图	268
图 162	古佛寺摩崖造像立、剖面图	270
图 163	对面佛摩崖造像平、立、剖面图	272
图 164	仁功山摩崖造像编号图	273
图 165	仁功山摩崖造像第 1 号龛平、立面图	274
图 166	仁功山摩崖造像第 1 号龛剖面图	275
图 167	仁功山摩崖造像第 2 号龛平、立面图	277
图 168	仁功山摩崖造像第 2 号龛剖面图	278
图 169	仁功山摩崖造像第 2 号龛主尊像效果图	278
图 170	仁功山摩崖造像第 3 号龛平、立、剖面图	279
图 171	珠始山摩崖造像立面图	280
图 172	珠始山摩崖造像剖面图	282
图 173	珠始山摩崖造像平面图	282
图 174	珠始山摩崖造像左壁第 4 身护法神像效果图	284
图 175	转法轮塔立面图	294
图 176	转法轮塔平面图	296
图 177	转法轮塔剖面图	297
图 178	转法轮塔第一级塔身下部东北面、北面菩萨造像立面图	300
图 179	转法轮塔第一级塔身下部西北面、西面菩萨造像立面图	301
图 180	转法轮塔第一级塔身下部西南面、南面菩萨造像立面图	302
图 181	转法轮塔第一级塔身下部东南面、东面菩萨造像立面图	303
图 182	转法轮塔第一级塔身上部东北面、北面坐像立面图	306
图 183	转法轮塔第一级塔身上部西北面、西面坐像立面图	307
图 184	转法轮塔第一级塔身上部西南面、南面坐像立面图	308
图 185	转法轮塔第一级塔身上部东南面、东面坐像立面图	309
图 186	转法轮塔第一级塔身额枋造像展开图	310
图 187	转法轮塔第二级塔身下部东北面、北面壸门造像立面图	311
图 188	转法轮塔第二级塔身下部西北面、西面壸门造像立面图	312
图 189	转法轮塔第二级塔身下部西南面、南面壸门造像立面图	313
图 190	转法轮塔第二级塔身下部东南面、东面壸门造像立面图	314
图 191	转法轮塔第二级塔身东北面、北面坐像立面图	317
图 192	转法轮塔第二级塔身西北面、西面坐像立面图	318
图 193	转法轮塔第二级塔身西南面、南面坐像立面图	319
图 194	转法轮塔第二级塔身东南面、东面坐像立面图	320
图 195	转法轮塔第二级塔身额枋造像展开图	321
图 196	转法轮塔第三级塔身东北面坐佛立面图	322
图 197	转法轮塔第三级塔身北面坐佛立面图	322
图 198	转法轮塔第三级塔身坐佛造像立面图	323
图 199	转法轮塔第三级塔身额枋造像展开图	323
图 200	释迦真如舍利宝塔立面图	326
图 201	释迦真如舍利宝塔平面图	328

图 202	释迦真如舍利宝塔剖面图	329
图 203	释迦真如舍利宝塔第二级塔身北面、东面坐佛立面图	330
图 204	释迦真如舍利宝塔第二级塔身南面、西面坐佛立面图	331
图 205	释迦真如舍利宝塔第三级塔身造像展开图	332
图 206	圣寿寺建筑群总平面图	350
图 207	圣寿寺建筑群平面图	351
图 208	圣寿寺建筑群展开侧立面图	352
图 209	圣寿寺山门屋顶俯视图	354
图 210	圣寿寺山门平面图	354
图 211	圣寿寺山门正立面图	355
图 212	圣寿寺山门纵剖面图	356
图 213	圣寿寺山门横剖面图	357
图 214	圣寿寺天王殿左殿屋顶俯视图	358
图 215	圣寿寺天王殿左殿平面图	358
图 216	圣寿寺天王殿左殿正立面图	359
图 217	圣寿寺天王殿左殿剖面图	360
图 218	圣寿寺天王殿左殿明间剖面图	361
图 219	圣寿寺天王殿左殿次间剖面图	361
图 220	圣寿寺天王殿右殿屋顶俯视图	362
图 221	圣寿寺天王殿右殿平面图	362
图 222	圣寿寺天王殿右殿正立面图	363
图 223	圣寿寺天王殿右殿剖面图	364
图 224	圣寿寺天王殿右殿明间剖面图	365
图 225	圣寿寺天王殿右殿次间剖面图	365
图 226	圣寿寺帝释殿屋顶俯视图	366
图 227	圣寿寺帝释殿平面图	366
图 228	圣寿寺帝释殿立面图	367
图 229	圣寿寺帝释殿剖面图	368
图 230	圣寿寺帝释殿明间剖面图	369
图 231	圣寿寺帝释殿次间剖面图	370
图 232	圣寿寺大雄宝殿屋顶俯视图	372
图 233	圣寿寺大雄宝殿平面图	372
图 234	圣寿寺大雄宝殿正立面图	373
图 235	圣寿寺大雄宝殿剖面图	374
图 236	圣寿寺大雄宝殿明间剖面图	375
图 237	圣寿寺大雄宝殿次间剖面图	375
图 238	圣寿寺三世佛殿屋顶俯视图	376
图 239	圣寿寺三世佛殿平面图	376
图 240	圣寿寺三世佛殿立面图	377
图 241	圣寿寺三世佛殿剖面图	378
图 242	圣寿寺三世佛殿明间剖面图	379
图 243	圣寿寺三世佛殿次间剖面图	379
图 244	圣寿寺灌顶井窟立面图	380
图 245	圣寿寺灌顶井窟平、剖面图	381

图 246	圣寿寺灌顶井窟正壁、左壁、右壁造像立面图	382
图 247	圣寿寺圆通殿上层屋顶俯视图	386
图 248	圣寿寺圆通殿平面图	386
图 249	圣寿寺圆通殿立面图	387
图 250	圣寿寺圆通殿纵剖面图	388
图 251	圣寿寺维摩殿屋顶俯视图	389
图 252	圣寿寺维摩殿平面图	389
图 253	圣寿寺维摩殿立面图	390
图 254	圣寿寺维摩殿纵剖面图	391
图 255	圣寿寺维摩殿明间剖面图	392
图 256	圣寿寺维摩殿次间剖面图	392
图 257	圣寿寺维摩殿尽间剖面图	393
图 258	圣寿寺维摩殿佛坛平面图	394
图 259	圣寿寺维摩顶佛坛剖面图（南北向）	394
图 260	圣寿寺维摩殿佛坛剖面图（东西向）	395
图 261	圣寿寺维摩殿佛坛北壁、东壁立面图	396
图 262	圣寿寺维摩殿佛坛南壁、西壁立面图	398
图 263	广大寺平面图	421
图 264	广大寺剖面图	422
图 265	广大寺山门立面图	422
图 266	广大寺大雄宝殿立面图	424
图 267	广大寺观音殿立面图	424
图 268	万岁楼屋顶俯视图	431
图 269	万岁楼首层平面图	431
图 270	万岁楼第二层平面图	431
图 271	万岁楼第三层平面图	431
图 272	万岁楼立面图	432
图 273	万岁楼剖面图	433
图 274	灵官殿屋顶俯视图	436
图 275	灵官殿平面图	436
图 276	灵官殿正立面图	437
图 277	灵官殿背立面图	437
图 278	惜字塔立面图	440
图 279	惜字塔平面图	442
图 280	惜字塔剖面图	443
图 281	惜字塔第三级东面龛像立面图	446
图 282	惜字塔第三级西面龛像立面图	446
图 283	惜字塔第四级东面龛像立面图	448
图 284	惜字塔第四级西面龛像立面图	448
图 285	宝顶山老游客中心古墓群分布图	457
图 286	宝顶山老游客中心古墓群 M13 墓门前门立面图	458
图 287	宝顶山老游客中心古墓群 M13 墓门横剖面图	458
图 288	宝顶山老游客中心古墓群 M13 平面图	459
图 289	宝顶山老游客中心古墓群 M13 纵剖面图	460
图 290	宝顶山老游客中心古墓群 M13 俯视图	461
图 291	宝顶山倒塔坡明清僧人墓群分布图	464

第一章 概述

第一节 本卷报告的内容

本卷报告内容主要包括宝顶山小佛湾石窟，宝顶山大、小佛湾石窟周边造像，以及大、小佛湾石窟附近的转法轮塔和释迦真如舍利宝塔等（图1；图版Ⅰ：1）。

小佛湾原名"圣寿本尊殿""大宝楼阁"，现名为其俗称[1]。位于宝顶山大佛湾东南崖上方圣寿寺右侧，相距大佛湾约200米（图版Ⅰ：2）。造像大多镌于条石砌筑的石壁、石室上，其规模仅次于大佛湾，被认为是赵智凤专为密教信徒修行、受戒、观想而设立的事相坛[2]，是宝顶山石窟群的重要组成部分。

宝顶山大、小佛湾石窟周边共有17处宋代造像，如众星拱月般分布于大、小佛湾四周2.5公里范围内坡顶崖壁和古道旁的巨石堡上。其中，东面有龙头山、三元洞、大佛坡等3处；西南面有三块碑、松林坡、维摩顶西崖3处；西面有菩萨屋、菩萨堡、杨家坡、佛祖岩、广大山等5处。西北面有龙潭、岩湾等2处。北面有古佛寺、对面佛、仁功山、珠始山等4处；南面、东南面及东北面尚未发现宋代造像。

转法轮塔中上部略大，似倒立，故俗称"倒塔"，疑为未完工之作。位于宝顶山小佛湾石窟东北向约300米的倒塔坡坡顶（图版Ⅰ：3），为石砌八面形实心塔，其上刻像。

释迦真如舍利宝塔为重檐方形石塔，原位于宝顶山小佛湾与转法轮塔之间的塔耳田中央（图版Ⅰ：4），东北向约距小佛湾90米。1997年环境治理时将塔耳田平整为莲花池及石板路面，现该塔位于路面中央。

第二节 本卷报告的体例和规范

一 编写体例

根据本卷报告所涉内容的具体情况，报告共分四章。第一章为概述，主要介绍本卷报告的内容、体例规范、调查和编写经过等；鉴于本卷报告内容系宝顶山石窟群的一部分，其前期保护维修、调查研究情况已在第六卷第一章概述中整体述及，故兹不赘述。第二章介绍宝顶山小佛湾石窟。第三章介绍宝顶山大、小佛湾石窟周边17处宋代造像。第四章介绍宝顶山大、小佛湾石窟附近的转法轮塔和释迦真如舍利宝塔。报告最后为附录，一是列表归纳上述石窟和石塔造像的基本情况，二是分别介绍宝顶山小佛湾石窟内的零散文物，以及与宝顶山石窟关系密切的圣寿寺、广大寺两座寺院和其他文物遗存。

本卷报告分为上、下两册，上册主要包括报告文本、测绘图、效果图、示意图等；下册主要包括造像、建筑及拓片等摄影图版。

二 报告文本

章节　报告文本除第一章概述外，第二章宝顶山小佛湾石窟按其编号单独设节，并单设一节介绍小佛湾石窟整体概况；第三章

---

[1] （明）刘畋人撰《重开宝顶石碑记》云："命工首建圣寿本尊殿。"见本报告集第七卷上册第315页，另见重庆大足石刻艺术博物馆编：《大足石刻铭文录》，重庆出版社1999年版，第211—212页。（清）张澍《后游宝顶山记》："大宝楼阁周遭皆刻佛经"；张澍《前游宝顶山记》云："由维摩殿之右西行，有大宝楼阁"，"楼阁后石壁下截镌八字大如斗，仅存末大宝楼阁四字。"见《民国重修大足县志》卷一。

[2] 陈明光：《大足宝顶山石窟——中国石窟艺术史上最后一座殿堂》，《佛学研究》2000年第9期。

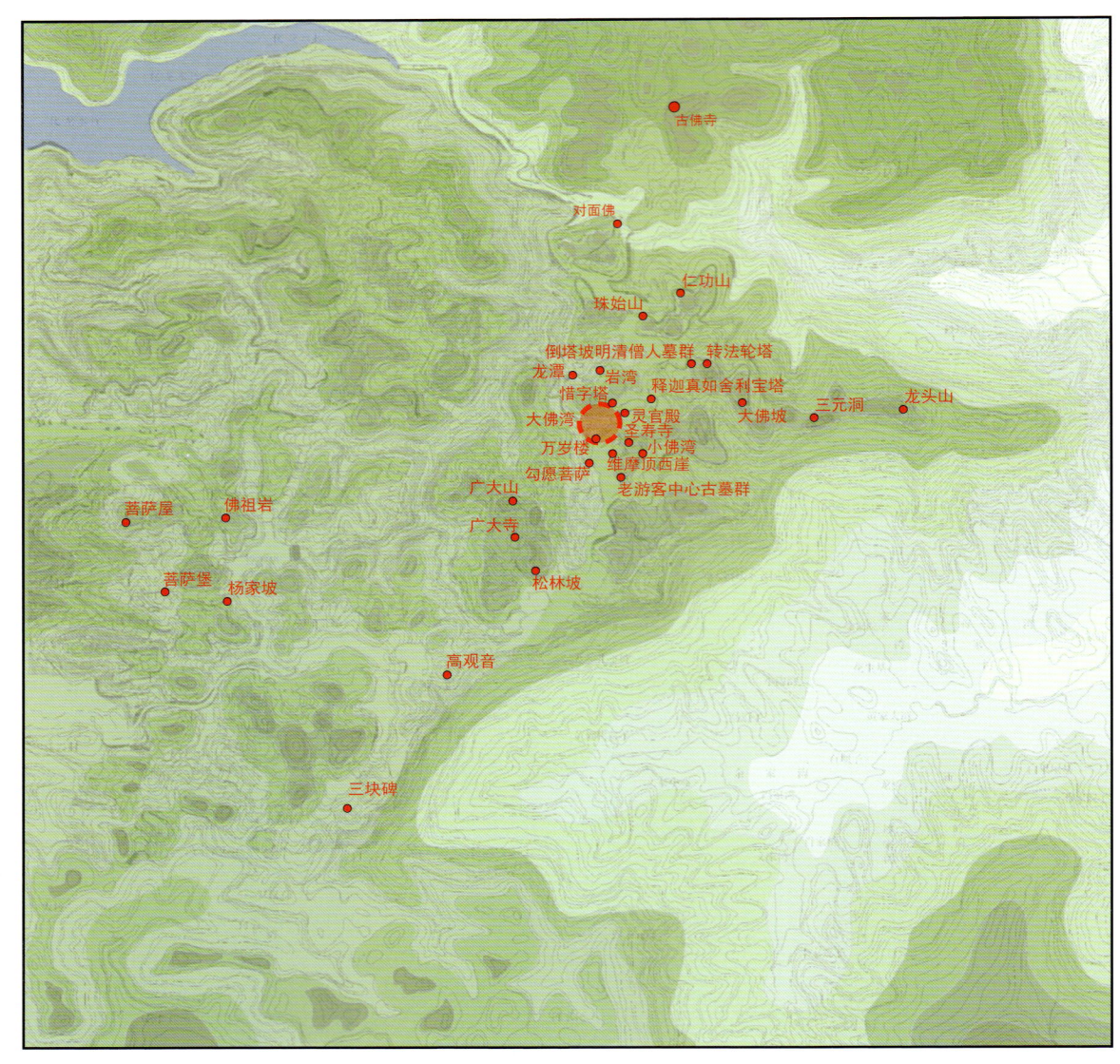

图1　宝顶山石窟文物分布图

宝顶山大、小佛湾石窟周边造像，按造像点单独设节，并单设一节介绍各造像点的位置及其相互关系；第四章转法轮塔和释迦真如舍利宝塔两座建筑则分为两节单独介绍。每节龛窟像或建筑依次介绍其位置、形制、造像、铭文、晚期遗迹等五项基本内容。需要说明的是，在个别龛窟像中，因其铭文与造像紧密相关，具有特定的指向性，故将其在造像项中一并记录，未再单设铭文一项。章末设小结，简要讨论和分析本章龛窟或建筑的形制、年代、造像题材和晚期遗迹等。

编号　本卷报告中，为使编号保持基本一致，宝顶山小佛湾石窟仍遵从1982年大足县文物保管所的编号，与1985年出版的《大足石刻内容总录》一致。宝顶山大、小佛湾石窟周边17处宋代造像以其所处古地名为名；龛像较多者，本次调查时在1982年编号的基础上重新进行了编号。镌刻于转法轮塔和释迦真如舍利宝塔上的龛像按其位置记录，未再单独编号。

位置　本卷报告中，崖壁或石壁、龛窟、造像、铭文等方位，均以其本身背向、左右定位。塔或佛坛等建筑朝向则以其东、南、西、北四向地理方位定位。龛窟具体位置，先结合上一龛窟总体定位，再记述其四至状况。镌刻于塔或佛坛等建筑上未作编号的浅龛，因在介绍其整体形制时，对其布局等已作详述，故在具体记述该龛位置时，仅简述其所处壁面的大致位置。

形制　本卷报告中，开凿于崖壁上的龛窟大多沿自然崖面直接向内凿进后形成龛口，且外部一般未作处理。其形制，则按龛窟口、龛窟底、龛窟壁、龛窟顶的顺序分述。其中，龛窟型是指沿自然崖壁直接向内凿进后，在龛窟外部形成的总体形状，如方形龛、圆拱形龛、尖拱形龛等（图2、图3）。记述中，将开凿深度大致在两米以上者称为窟，其余均称为龛。

本卷报告所涉龛窟像有很大部分镌刻在建筑体上。报告中，首先总述该建筑的形制，再据其结构，从下至上，逐级逐层进行分述。各层级中，先记述建筑体正面结构，再沿顺时针方向或逆时针方向依次记述。镌刻在建筑体上的完整龛窟像，则视为一个独立的龛窟形制记述。

造像　按造像布置，一般自正壁、侧壁、顶部至龛窟外的顺序依次叙述。对于造像较多需编号者，除特殊情况外，一般按从上

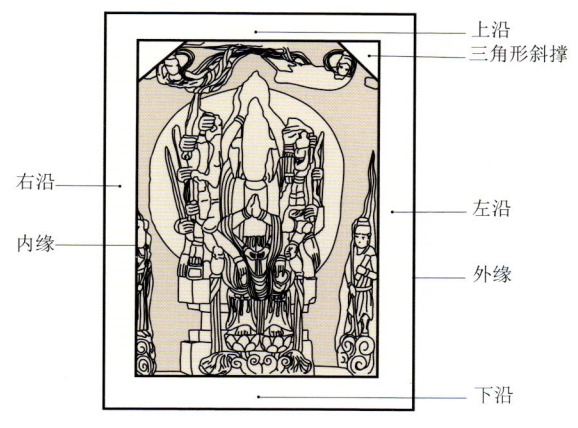
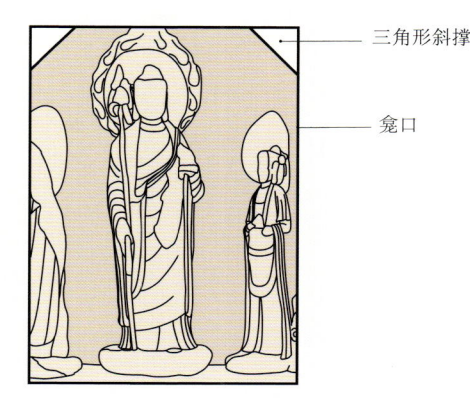

图 2　龛窟外立面示意图

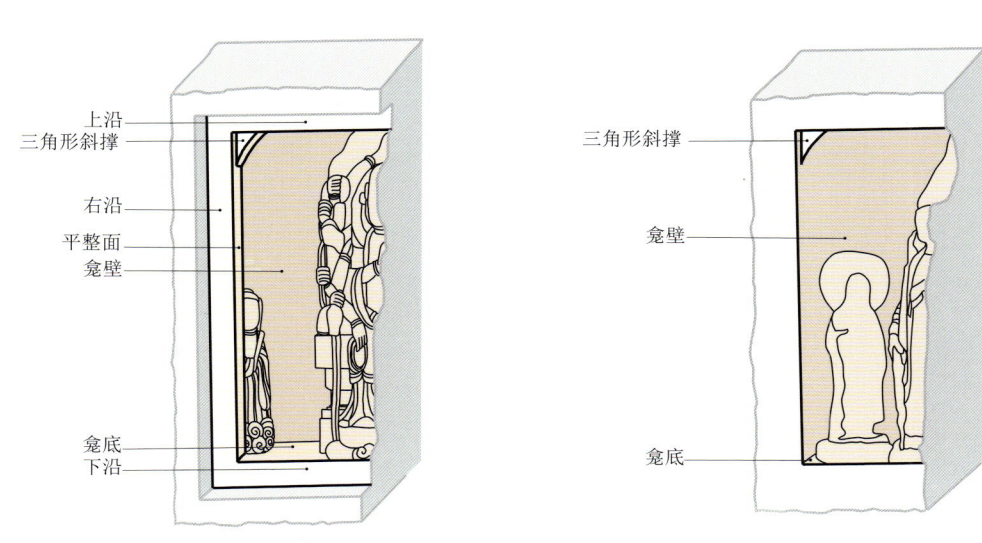

图 3　龛窟结构形制部位名称示意图

至下、从左至右的原则记述。对于每身造像的详细介绍，除特例外，均以体量、头部（头光、背光、发式、冠式）、面部、胸饰、衣饰、手姿、身姿、座台等为序记述。造像具体尺寸，均为可见或残毁后可辨识的部分。坐式造像的量度数据主要有坐高、头长、肩宽、胸厚等。坐高是自造像座台的台面至头顶、发髻顶部或冠顶的高度，不含座台和下垂的腿部；头长是自下颌底部至头顶、发髻顶部或冠顶的高度；肩宽是双肩水平向最大宽度；胸厚是指后背与前胸之间的最大厚度。立式造像的量度数据主要有通高、头长、肩宽、胸厚等。通高是自最低足底至头顶、发髻顶部或冠顶的高度，其余部位的量度数据取值与坐式造像同。

因造像为三维空间雕塑，且是手工雕凿，在水平和铅锤方向，几乎没有完全平直的线条，也因此几乎没有完全均等整齐的长宽高尺寸。本报告使用的量度数据，部分为人工量测，通常为约数，而测绘线图中的数据则是铅锤方向的正投影数据，为相对精确的数据。人工数据和测绘数据存在一定差异，除注明的以外，各量度数据的变化在测绘线图中有清楚显示，读者可据此观察和实际量测。

铭文　本卷报告所称铭文是指刻写在建筑、龛窟、壁面、碑碣中的各种文字，如碑文、造像记、题记、榜题、经、偈、颂等。

（1）本卷报告铭文主要以1993年重庆大足石刻艺术博物馆拓本为底本实录。个别此前所拓或其后补拓者，已在文中注明；未注明者，均为1993年拓本。所有拓本录文均未据文献校补。除个别漶蚀或原搥拓时依稀可辨者遵从《大足石刻铭文录》[1]外，其余均据拓片或现场辨识结果实录。

（2）除个别需按拓本格式实录外，其余一律分行横写，录文一行即为原文一行。为方便阅读，行前以阿拉伯数字标注行数；个别铭文书写不规整、行文较为特殊者，因难以标注行数，其录文和图版则不予标注。

（3）铭文中的繁体字，除可能引起歧义者照录外，一律按照国家规范的简化字录写。铭文中出现的异体字（即字书中不常见的字、历史文献上的古体字、别字及石刻铭文作者的自造字等），根据辨识结果，录写为《现代汉语词典》、《汉语大字典》等工具书中的规范字。为求客观记录，方便读者自辨，在报告各章后，以尾注形式，将异体字拓片的照片辑出。为与说明性脚注相区别，尾注

---

[1]　《大足石刻铭文录》由重庆大足石刻艺术博物馆组织编纂，重庆出版社1999年版。以下正文中简称1999年《大足石刻铭文录》。

采用方括号"[ ]"加阿拉伯数字的形式标注，如[1]、[2]。

（4）凡铭文行文中未刻字的空字位，一个字位书写一个三角符号"△"；湮灭字，一个字书写一个方框符号"□"，不明字数的在字里行间夹注"（湮）"字表示；依稀可辨的字，夹注在一个方括号"〔 〕"内。

（5）统计字数，以拓本或现场可辨识的字数为限。

晚期遗迹 指龛像开凿后添加的遗迹。主要包括晚期妆绘、后世题记、构筑及维修遗迹等。需要说明的是，由于妆绘遗迹较为复杂，在目前条件下，报告者对其层位、色彩、颜料、损毁程度等难以准确辨识记录，故仅在晚期遗迹项中作了概括性的介绍。

在各章小结中，整理部分龛像中保存较好的妆绘涂层遗迹，简单分析了妆绘涂层的主要色种、着色部位以及涂层内外的区别。

为客观反映大足石刻造像妆绘情况，本报告集第九卷《大足石刻专论》特收录《大足石刻彩绘颜料检测分析报告》，报告选择石窟中部分代表性龛像中的标本，对包括颜料保存现状、成分、次第等情况作了具体检测分析，读者可参考。

三 测绘图

本卷报告的测绘图，主要包括宝顶山小佛湾石窟的总平面图、总立面图、总剖面图，以及各编号龛窟的平、剖、立面图和部分等值线图；宝顶山大、小佛湾石窟周边造像龛窟的平、剖、立面图；转法轮塔、释迦真如舍利宝塔的平、剖、立面图；圣寿寺、广大寺、万岁楼等建筑的俯视图、平、剖、立面图等。

总立面、总平面、总剖面图 宝顶山小佛湾石窟、释迦真如舍利宝塔等总立面、总平面、总剖面图，以及转法轮塔的总平面、总剖面图均系基于多基线数字近景摄影测绘技术测绘完成；转法轮塔的立面图系1997年中国文物研究所人工绘制完成。其中，总立面图包含了基于多基线数字近景摄影测绘技术所获得的各龛窟的立面图；总平面图选择一个水平高层，仅反映了建筑或最下层龛窟的平面形制。

龛窟和建筑平、剖、立面图 除宝顶山圣寿寺、万岁楼、广大寺、灵官殿等古建筑，以及圣寿寺维摩顶佛坛等图件系由人工实地测绘外，本卷报告所涉其他建筑和龛像主要基于多基线数字近景摄影测绘技术，辅以人工手段绘制完成。在测绘中，采用多基线数字近景摄影测量系统（Lensphoto），使用数码相机和全站仪获取精细三维数据及纹理数据，经专业软件自动处理形成正摄影图，经多次现场调绘、审校后，最终获取忠实于石窟原貌，并具有精确的几何位置关系的数字矢量图。

平面图 以龛窟底面或建筑底面的投影面作为基础，根据龛窟、建筑空间结构以及造像布置情况，选取相应高程绘制水平断面，将不同高程的水平断面叠加，投影在龛窟底面或建筑底面的投影面上。平面图上以颜色区分不同高程的断面（以A、A'，B、B'，C、C'等英文大写字母标明），并标注剖面图剖视方向（以直角箭头"┐┘"标注）。

立面图 包括建筑、龛窟外立面和各壁立面，壁面转角造像单独绘制立面图。立面图上标注平面图剖线所对应的不同高程，用英文字母加短横线（如A-、-A'，B-、-B'，C-、-C'）表示。

此外，部分龛窟还绘制了龛窟顶部仰视图、造像细部图，以及正视角度的等值线图。

剖面图 沿龛窟纵深方向者为纵剖面，与纵剖面垂直的剖面为横剖面。原则上选择与龛窟底投影面相垂直的正壁主尊中轴线或正壁中轴线作为剖线，同时考虑查阅的直观性和反映龛窟空间关系，将可见的侧壁、龛窟口、龛窟顶等内容投影在剖面上；其中，造像、龛窟口的原迹使用同一线型（实线），其余部分则据实使用相应的线型（虚线、圆点线、灰色线等）。建筑的剖面图，原则上选择建筑的中轴线为剖线，将可视部分的建筑结构投影在剖面上。

上述测绘图均配以方格网坐标尺。方格网依据正射影像生成，网格大小依据绘图比例确定，标注数值以厘米为单位。全部测绘图均随文编印在本卷报告上册；部分测绘图的局部图，虽作为插图使用，但也是实测的成果。

用线原则 建筑和龛窟的形制、图像、残破线等用实线表示，人为增加的壁面分界线用灰色线表示，后期人为修补线用圆点线表示；龛窟形制或建筑和造像的复原线用虚线表示。此在每张测绘图图例中已作说明。

四 图版

本卷报告下册为图版册，分为图版Ⅰ、图版Ⅱ两部分。

图版Ⅰ为摄影图版。大多为2015年用高清数码相机拍摄，部分为2016年补拍。由于龛窟环境所限，部分图版无法达到正投影的要求，且个别图版采用了数码拼接技术，此已在图版说明中注明。本卷报告的航拍图拍摄于2017年。

图版Ⅱ为铭文图版。包括铭文实物照片和拓片照片两部分。其中，铭文实物照片均为2016年2月用高清数字相机拍摄。拓本除注明者外，均为1993年所拓，2016年装裱后拍摄。

第三节　本卷报告的编写经过

按照整体计划，从2014年初即开始本卷报告所涉龛像和建筑的野外实地调查，至2016年底报告定稿，历时三年。按照分工，课题组组长黎方银负责总体组织协调，黄能迁、邓启兵负责具体实施。

现场记录　现场调查的文字记录工作按照《大足石刻考古学研究现场调查文字记录规范》进行。2014年3—5月，课题组成员黄能迁、邓启兵、陈静、郭静、赵凌飞等完成宝顶山小佛湾石窟现场文字记录工作；6—7月完成转法轮塔、释迦真如舍利宝塔、惜字塔的调查工作；9—10月，黄能迁、邓启兵完成宝顶山大、小佛湾石窟周边造像的调查工作。2016年3—4月，黄能迁、邓启兵又补充完成附录中的圣寿寺、广大寺、万岁楼、维摩顶佛坛及其他文物遗存的现场调查工作。

测绘工作　现场测绘数据采集工作分为两个阶段。第一阶段，2014年7—8月，武汉华宇世纪科技发展有限公司开展了宝顶山小佛湾石窟、转法轮塔、释迦真如舍利宝塔、惜字塔等的数据采集和室内数据处理工作；2015年6月，该公司将此阶段的测绘线图初稿带至现场，在核图自查的基础上，与课题组周颖、邓启兵、黄能迁一起在现场进行多次核对、修改，并最终形成定稿。第二阶段，2015年12月至2016年1月初，武汉华宇世纪科技发展有限公司完成了宝顶山大、小佛湾石窟周边造像点的数据采集和室内数据整理，并向大足石刻研究院提交了各石窟点的平面图、剖面图初稿，以及各龛窟像的正射影像图；在此基础上，2016年2—3月，周颖、毛世福绘制完成了宝顶山大、小佛湾石窟周边造像点的立面图，并对各石窟点的平面图和剖面图进行了调绘和修改，最终形成定稿。

大足石刻研究院参加上述测绘工作的有周颖、邓启兵、黄能迁等，主要负责制订和落实具体的考古测绘要求，以及测绘图的现场调绘、修改和审定。武汉华宇世纪科技发展有限公司总经理黄莉萍女士总体负责协调己方的测绘工作，并自始至终全程参与；该公司工作人员张强、吕品等负责现场数据采集和室内整理，潘春香、余倩倩等负责线图绘制和修改。

此外，本卷报告中小佛湾坛台建筑图件由成都方圆建筑及环境艺术研究院于2011年测绘；宝顶山圣寿寺、万岁楼建筑图件由原重庆建筑工程学院于1992年测绘；宝顶山圣寿寺维摩顶佛坛的图件由周颖、黄能迁、邓启兵于2016年测绘；宝顶山广大寺建筑图件由原中国文物研究所于2000年测绘。

本卷报告的地图、地形图、文物分布图等由重庆大学建筑城规学院绘制完成；示意图、造像效果图等由周颖、毛世福绘制完成。

在本卷报告的图件绘制中，周颖、毛世福用力最多，其最终定稿由二人完成。

造像图版　2014年5月，重庆出版集团美术出版中心副主任、主摄影师郑文武和助理摄影师周瑜、吕文成、王远进驻大足，先后完成宝顶山小佛湾石窟、转法轮塔、释迦真如舍利宝塔、惜字塔等的现场拍摄工作，历时约两个月。2016年5月，完成宝顶山大、小佛湾石窟周边造像点的拍摄。2016年6月，完成宝顶山大、小佛湾石窟周边其他文物遗存的拍摄。其后，又根据课题组要求，先后数次补拍了部分图版。

拓片图版　本卷报告中的拓片，大多系1993年重庆大足石刻艺术博物馆（现大足石刻研究院前身）在进行宝顶山石窟铭文收集时，由唐长清、唐毅烈所拓，个别为本次调查时由唐长清补拓。拓片拍摄由郑文武、周瑜、吕文成、王远等完成。

报告编写　2014年12月，本卷报告进入室内整理和编写阶段。其中，2014年12月—2015年11月，邓启兵、黄能迁对现场调查文字进行了室内整理、现场校对和修改，赵凌飞对铭文作了校对。至2016年3月，邓启兵、黄能迁完成了报告文本初稿的编写。2016年4—6月，黎方银对报告文本作了调整和修改，并与黄能迁、邓启兵一起，选配报告图版、测绘图、示意图等。

报告定稿　2016年6—7月，黎方银、邓启兵、黄能迁再次对本卷报告文本、图件、图版等进行调整、修改和审定，并最终形成报告定稿。

第二章　宝顶山小佛湾石窟

第一节　石窟概况

一　位置与环境

宝顶山小佛湾石窟位于宝顶山维摩顶坡东侧山湾，地理坐标为东经105°47′42″，北纬29°45′15″。四周后世以条石围墙封闭。东侧外现为景区石板大道，西侧和北侧与圣寿寺相连，南侧后坡为圣寿寺新建东门。西北向约200米为宝顶山大佛湾石窟，东北向约300米处立转法轮塔。

二　石窟布局

宝顶山小佛湾石窟现占地面积约1200平方米，大致坐南朝北（图4、图5）。1993年，于其前端（北面）东侧新建门厅一座，上悬"圣寿本尊殿遗址"牌匾（图版Ⅰ：5）；并在门厅内方形石板平坝北侧平台上，建东西向仿古建筑一座，明间安置新刻白砂石弥勒佛像一尊，左右次间为管理用房（图版Ⅰ：6）。由此向南，为较为宽阔的方形石板平坝。坝内西侧，略成纵向布置一座石砌方塔和一堵条石廊墙（图版Ⅰ：7）。

方塔位于平坝西侧前端，通高791厘米。其左侧相距小佛湾石窟西侧围墙约300厘米，前侧约500厘米为圣寿寺东侧厢房的山墙，后侧约200厘米即为廊墙（图版Ⅰ：8、图版Ⅰ：9、图版Ⅰ：10）。

廊墙位于平坝西侧中部，通高约356厘米，宽850厘米，厚133厘米。其前距方塔约200厘米，后距石窟南侧坛台约600厘米；西与小佛湾西侧围墙垂直相接，东至平坝中央。

南侧为顺山势砌筑的一座坛台，系石窟主体（图6、图7、图8、图9；图版Ⅰ：11、图版Ⅰ：12、图版Ⅰ：13、图版Ⅰ：14）。坛台略呈横长方形，通高235厘米，宽1670厘米，进深1155厘米。其左侧隔墙与圣寿寺相连，右侧约250厘米为小佛湾石窟东侧围墙，后侧约300米为小佛湾石窟南侧石堡边缘，左前侧约600厘米为廊墙。

坛台东、南、西三面均以条石砌筑石壁及石室。其中，东侧南北纵向砌筑石室两间，西侧南端和北端偏右各砌筑石室一间。西侧北端偏右石室下，即坛台底部相同位置，另砌筑一间石室，上下对应。

坛台正面（即北面）右端设东西向的石梯道，连接现地坪与坛台顶部[1]。坛台正面前侧约200厘米处于1993年新建门楼一座，使坛台与门楼之间形成一道回廊。门楼与坛台等宽，中部开圆拱形门洞，可经门洞、过回廊、登梯道、直上坛顶。门楼左右侧设梯道，由前侧平坝可登楼顶。楼顶与坛台顶部大致齐平，二者中部设有连接的平台。坛台背面（即南面）为自圣寿寺东门进入寺内的道路。

坛台后世建木构大殿建筑，将石砌坛台置于大殿之下。

三　石窟编号及相互位置关系

宝顶山小佛湾石窟在历史上曾两次编号。1954年四川省文物管理委员会与大足县文物管理所共同组成的文物调查组将其通编为5号。1985年《大足石刻内容总录》通编为9号，与1954年编号略异[2]。鉴于1954年编号使用较少，而《大足石刻内容总录》编号广为

---

[1] 石梯原位于坛台正面中部。因梯步甚高，游人参观不便，1962年改为从右侧（东侧）石梯而上。
[2] 两次编号的具体情况是：第1、2、3号两次编号相同。1954年所编第4号，1985年编为第6号；1954年所编第5号，1985年编为第9号；1985年所编第4号、第5号、第7号、第8号等四个号，1954年皆未编号。

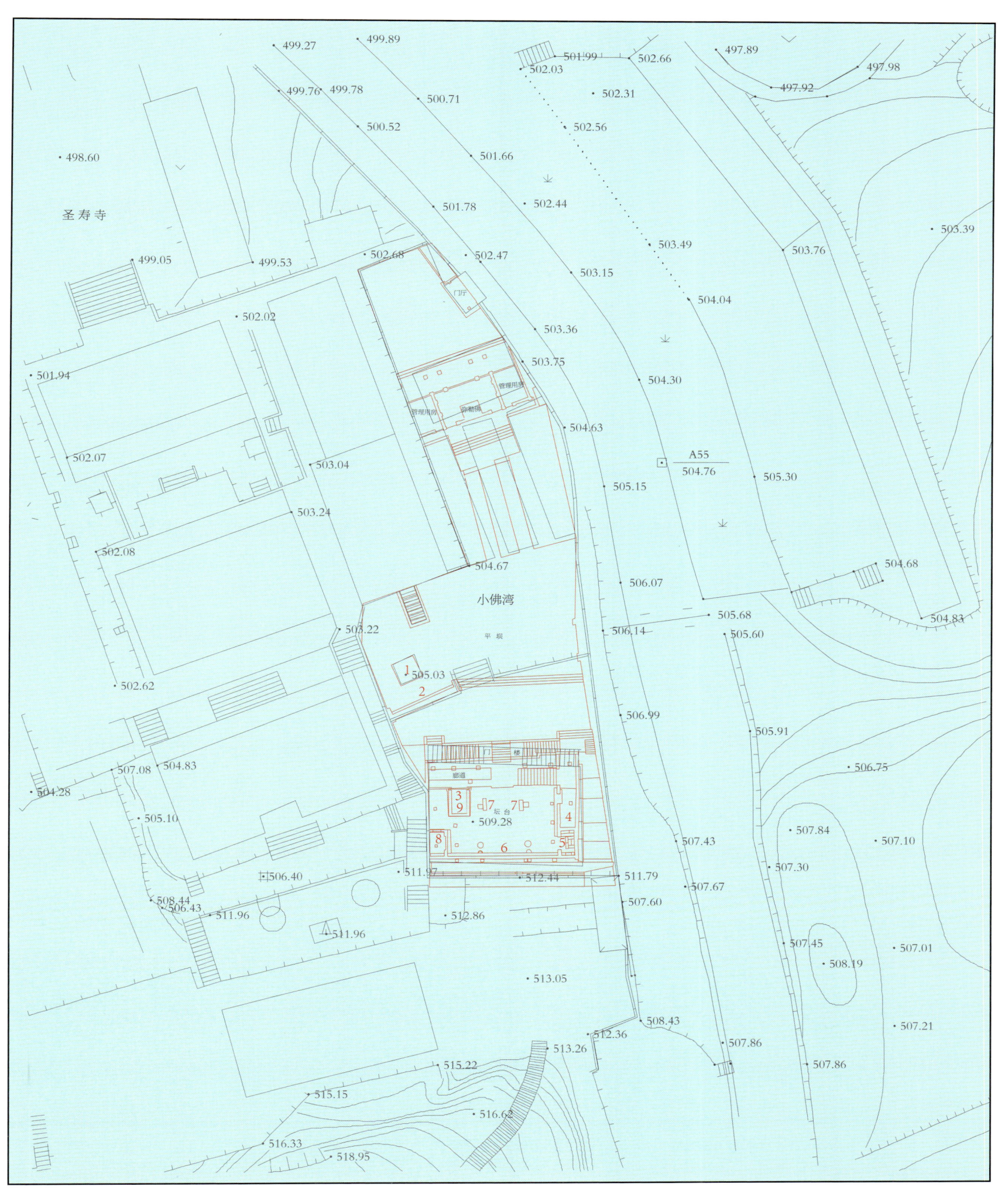

图 4 小佛湾石窟平面图

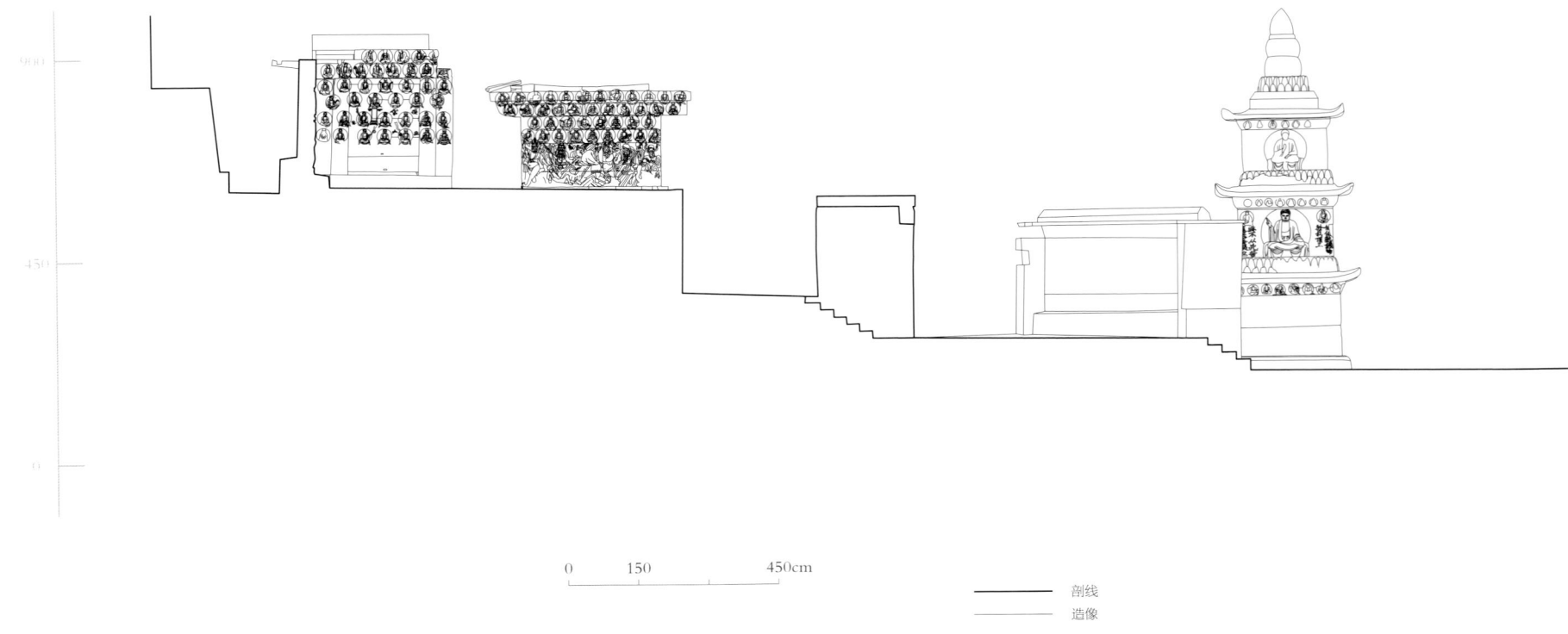

图 5 小佛湾石窟剖面图

使用多年，故此次调查，仍从《大足石刻内容总录》编号。

按照上述编号原则，第1号即为位于平坝西侧的石砌方塔，其后（南面）廊墙石壁为第2号。坛台西侧底部石室为第3号；坛台东侧前石室为第4号，后石室为第5号。坛台中央正壁、左右壁为第6号（左邻第8、9号，右接第4、5号）；立于其中部左右侧的两通碑碣为第7号。坛台西侧南端石室为第8号，其前部偏右石室为第9号，与第3号上下叠置。

第二节　第1号

一　位置

位于小佛湾坛台前800厘米处的西北角平坝内。左距小佛湾与圣寿寺之间的分隔围墙约223厘米，右侧为平坝；前距圣寿寺"帝释殿"东侧厢房山墙约725厘米，后距第2号廊墙壁约225厘米。

塔身正面向北，方向358°。

二　形制

该塔为一座三级方形重檐楼阁式石塔（图10、图11、图12；图版Ⅰ：15）。塔体均用条石叠砌而成，缝隙用灰浆粘合。塔无门窗，塔心结构不明。塔通高约791厘米，由塔基、塔身、塔刹三部分组成。

塔基　后世修补，显露部分平面呈方形，上端抹角，下部被后世铺砌的石板遮覆，无法作考古观察。通高33厘米，边宽254厘米。其上接塔身。

塔身　为三级塔身三重塔檐，平面呈方形；由下至上逐级内收，高度递减。每级塔身竖直，上部设梯形额枋，略向外侈；再上接塔檐。塔檐檐口平直，翼角微翘；檐顶为斜面，外凸上部平座层52厘米。再上第二、三级塔身底部设平座层，饰两重仰莲瓣，部分残蚀脱落。最上为塔刹。塔身形制结构及尺寸列入表1。

表1　小佛湾石窟第1号方塔塔身结构及尺寸简表

塔级	结构	高（厘米）	宽（厘米）	备注（厘米）
一	塔身	135	北、东、西三面宽约230，南面中部外凸，宽约235。	
	额枋	26	上宽255、下宽约234。	外凸塔身2。
	塔檐	21	檐口最宽320、高12。	外挑额枋35。
二	平座	37	217。	外凸塔身6。
	塔身	109	205。	
	额枋	24	上宽224、下宽217。	外凸塔身约6。
	塔檐	25	檐口最宽303、高12。	外挑额枋38。
三	平座	34	195。	外凸塔身6.5。
	塔身	72	182。	
	额枋	20	上宽195、下宽203。	外凸塔身4。
	塔檐	17	檐口最宽255、高12。	外挑额枋34。

第一级南面塔身条石砌法与同级其他三面有异，即条石未与东、西塔身条石交叉安砌，而是以东、西塔身条石末端为本级塔身左右壁石，中间空位宽170厘米，用四根条石砌成，疑为塔竣工后放入法器再加封的封门石。

塔刹　毁。后世修补完整。现通高211厘米，由刹座、相轮、刹尖组成（图版Ⅰ：16）。刹座通高约71厘米，下部为抹棱方台；方台高37厘米，宽约146厘米；上部为两重方形仰莲台，高34厘米，上端宽96厘米，下端宽105厘米。相轮两重，呈扁圆状，上下相叠，下大上小，置于仰莲台上；通高83厘米，最大横径257厘米。刹尖为桃形，高约57厘米，底部直径47厘米。

第二章　宝顶山小佛湾石窟　9

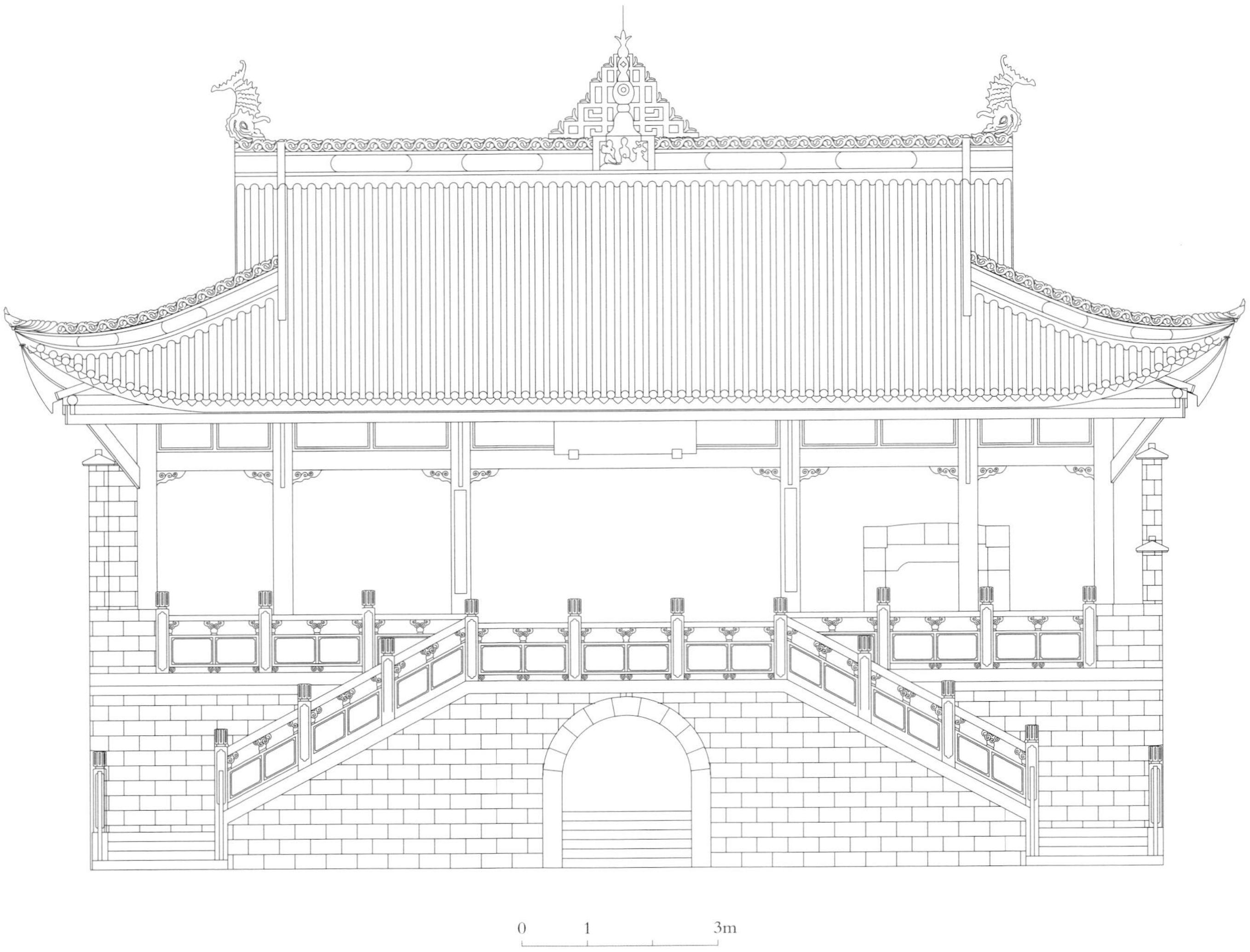

图 6　小佛湾石窟坛台及大殿立面图

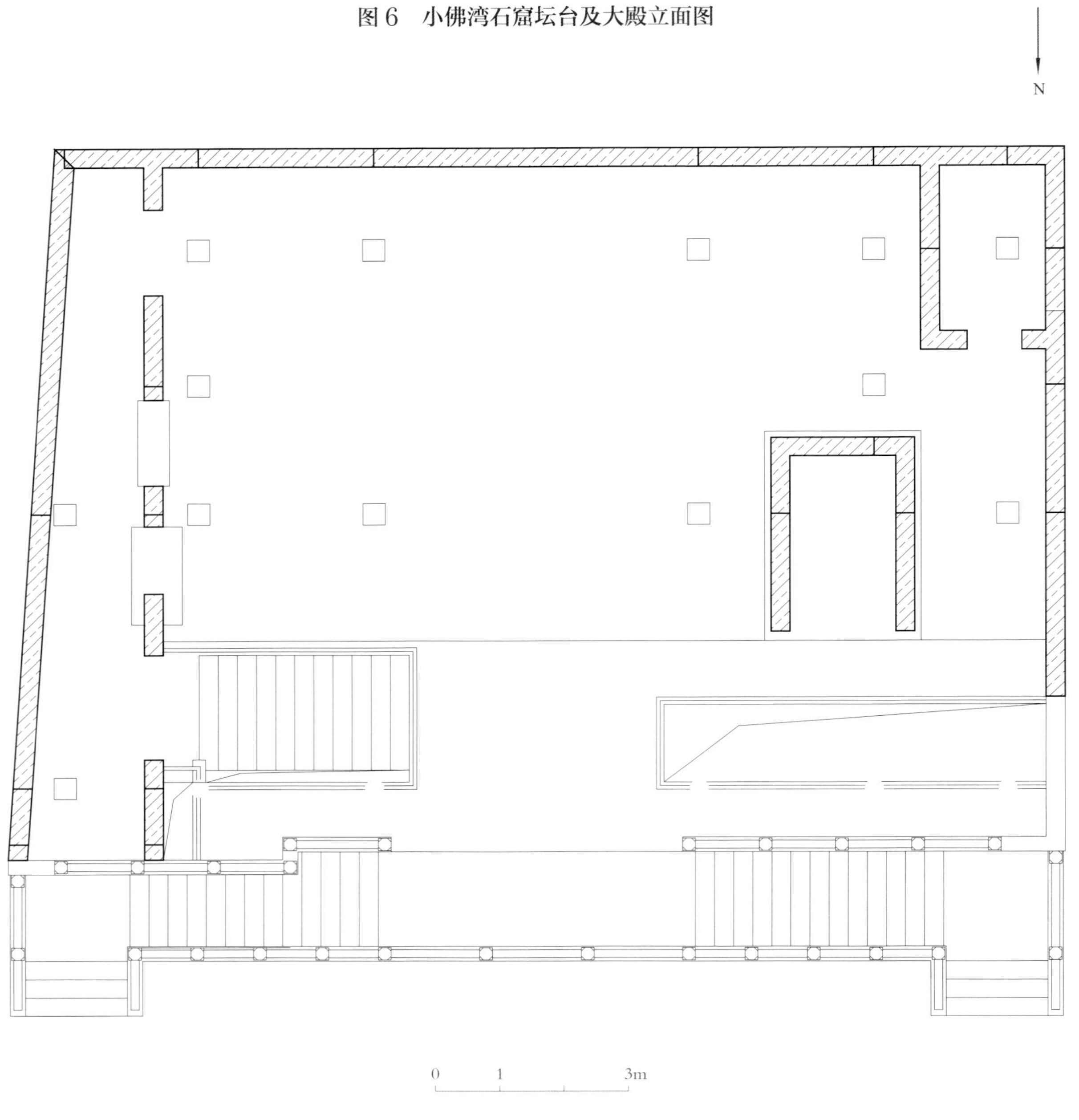

图 7　小佛湾石窟坛台平面图

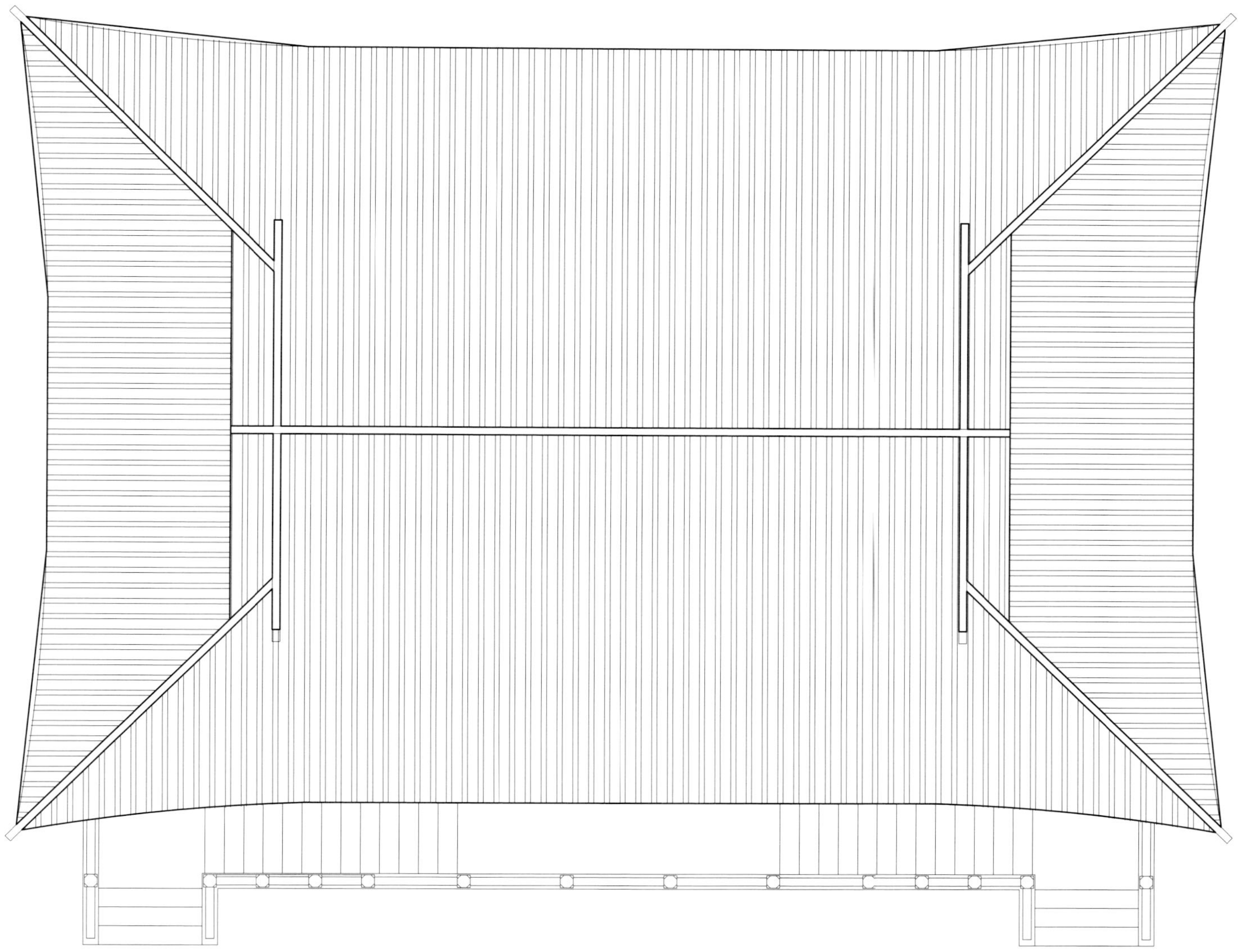

图 8　小佛湾石窟坛台大殿俯视、剖面图
1　俯视图　2　剖面图

图 9　小佛湾石窟坛台透视图

第二章　宝顶山小佛湾石窟

图 10　小佛湾石窟第 1 号方塔立面图
1　北面　2　东面　3　南面　4　西面

第二章　宝顶山小佛湾石窟

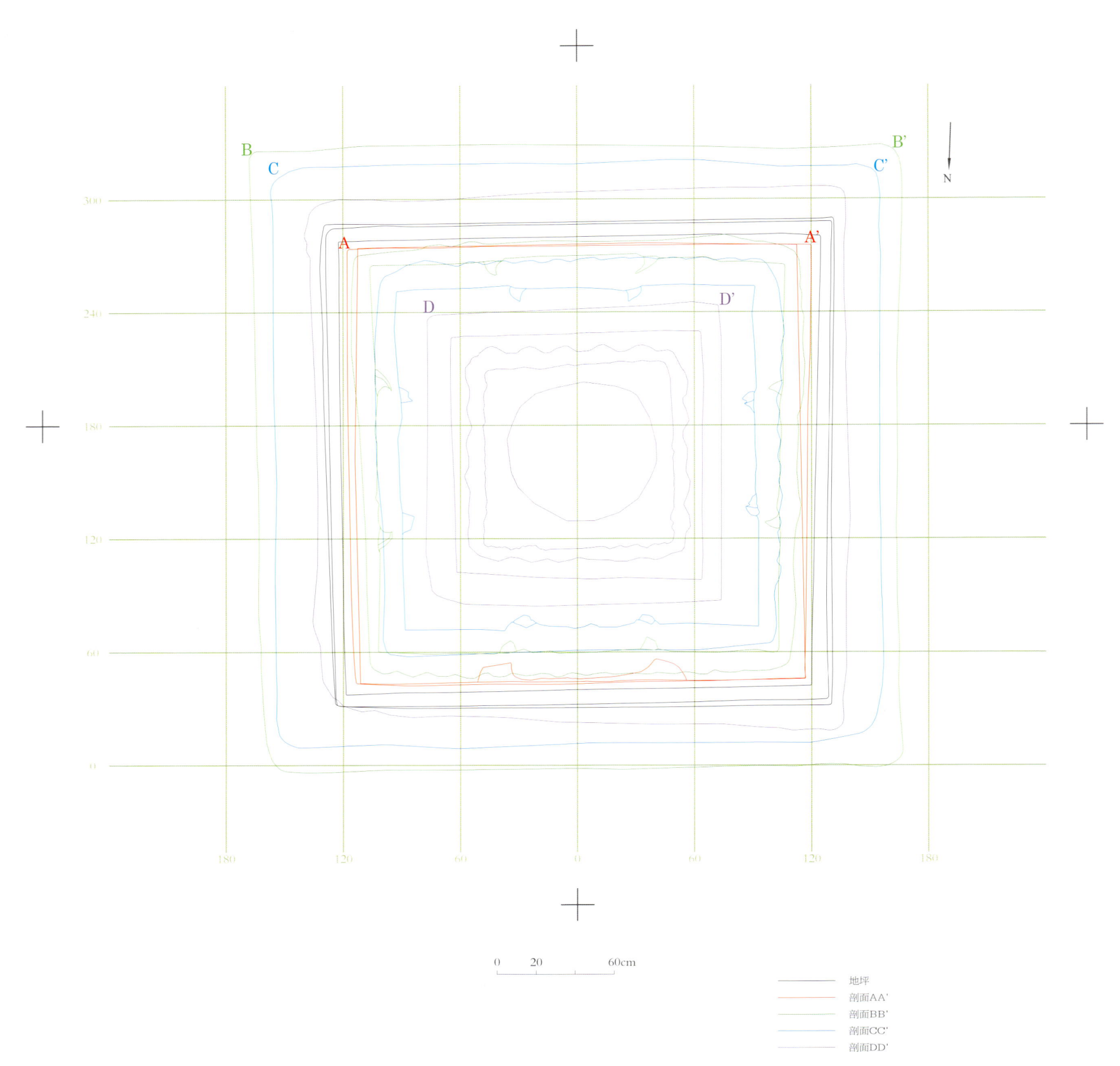

图11　小佛湾石窟第1号方塔平面图

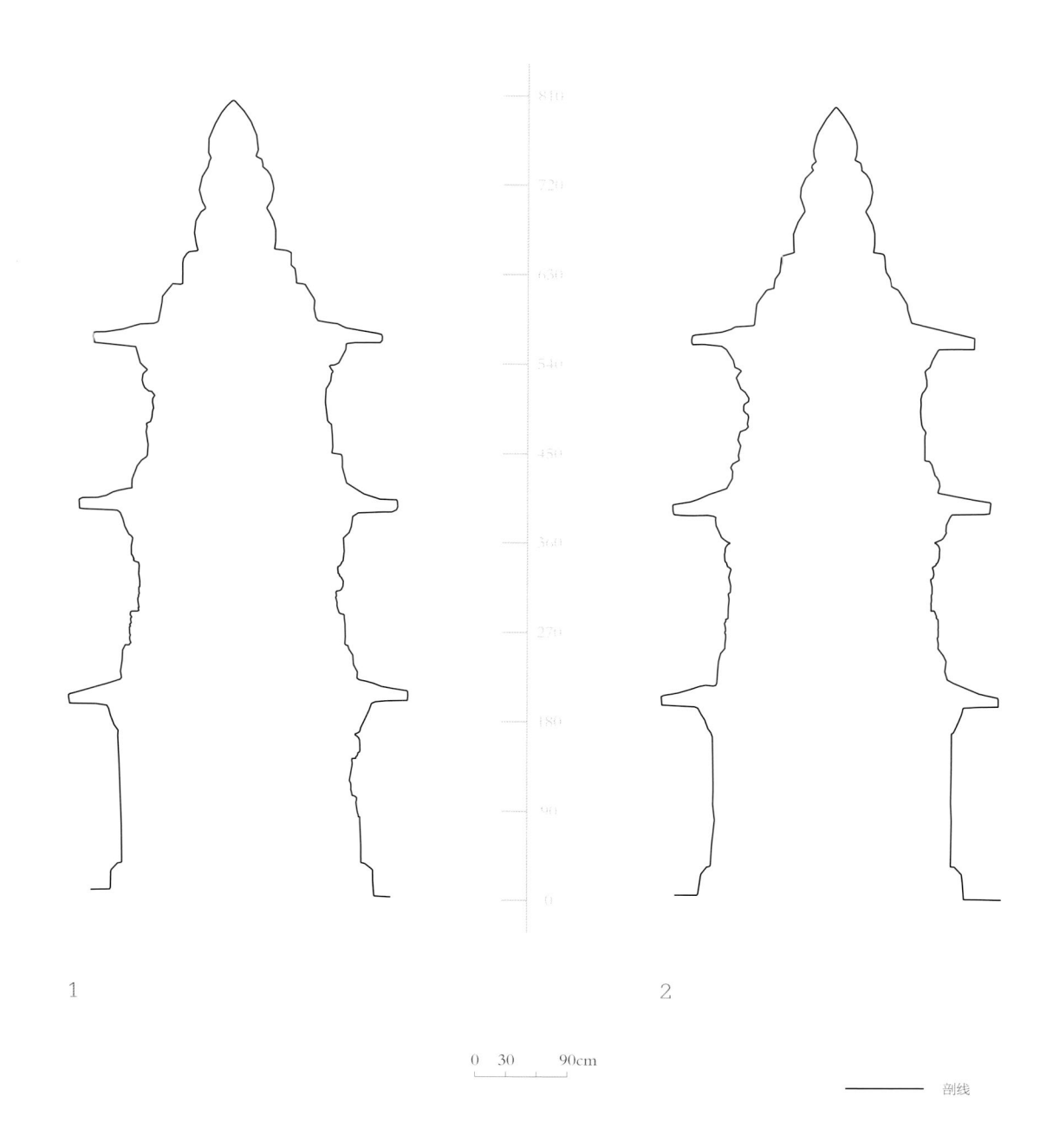

图12　小佛湾石窟第1号方塔剖面图
1　南北向　2　东西向

三　造像及铭文

为记述方便，按塔身结构，分为第一、二、三级，自下而上，从北面（正面）开始，沿顺时针方向记述。

（一）第一级塔身

北面塔身中部开一大圆龛，左右上部各开一小圆龛，内皆刻一结跏趺坐像；其余壁面镌经目。东、南、西三面塔身未开龛刻像，皆遍刻经目。四面塔身上部额枋，除北面外，其余三面皆横刻八个小圆龛，内各刻一坐像。

1. 北面

北面塔身中部圆龛直径123厘米，深12厘米，内刻坐像1身和题记1则；左右上部各开小圆龛1个，直径31厘米，深6.5厘米，内各刻坐像1身；其余壁面镌经目（图13；图版Ⅰ：17）。

中部圆龛坐像　坐高79厘米，头长23厘米，肩宽43厘米，胸厚8厘米。螺状齐耳髻发，面方，额隆肉结，浓眉大眼，两耳垂肩，上唇刻卷曲胡须，两腮及下颌刻浓密短须。右肩略残，内着僧祇支，系带作结，外着双领下垂式袈裟，两腋及双肩竖向衣纹密集。双手残，置腹前，似结禅定印。双腿残，似结跏趺坐。

像左右各竖刻铭文2行，共28字，楷书，字径4厘米（图版Ⅱ：1、图版Ⅱ：3）。

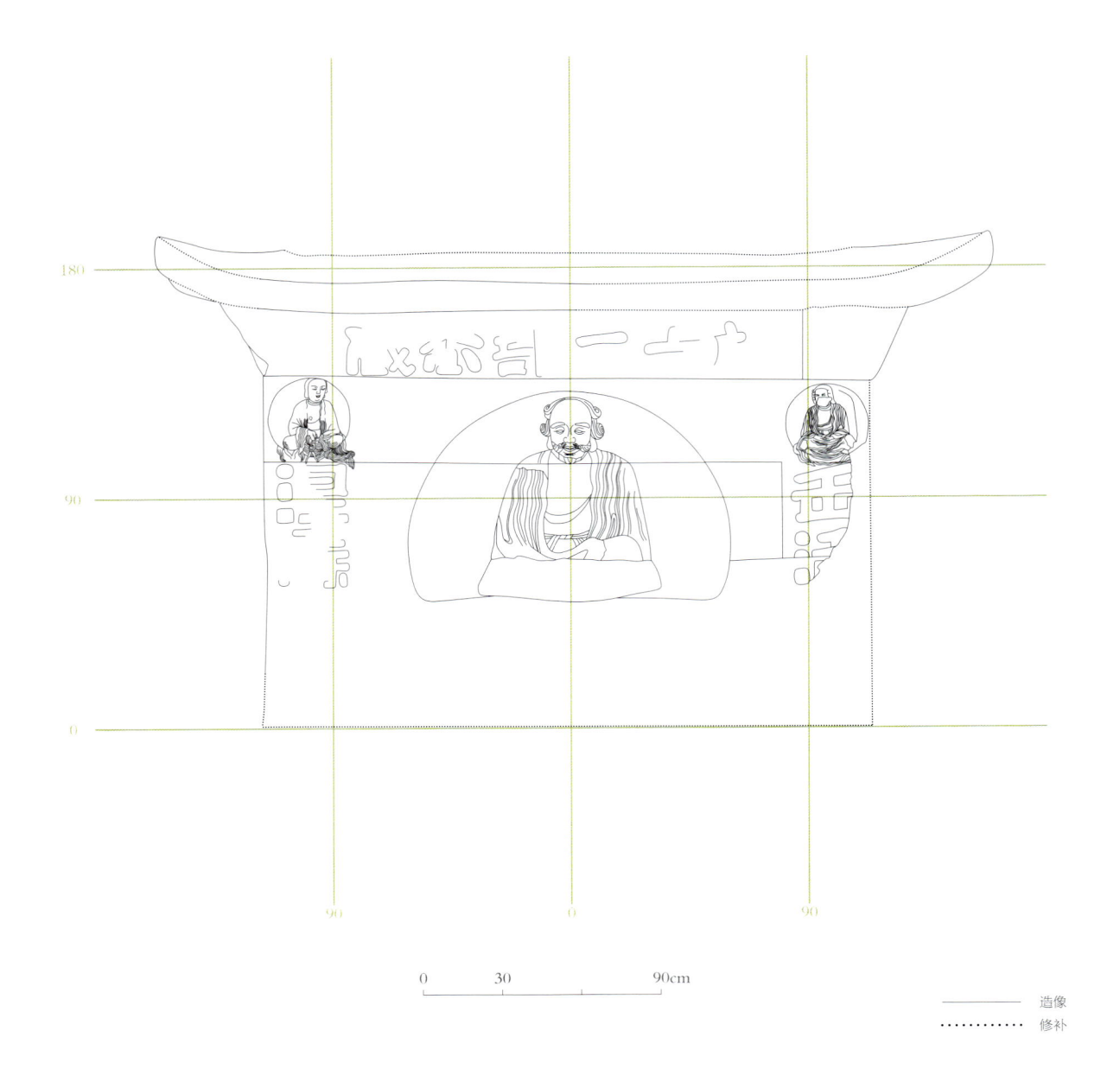

图 13　小佛湾石窟第 1 号方塔第一级塔身北面立面图

01　六代祖师传密印
02　十方诸佛露家风（左）
01　大愿引¹持如铁石
02　虚名委弃若埃尘[1]（右）

　　左上部圆龛坐像　坐高约27厘米，头长9厘米，肩宽13厘米，胸厚3.5厘米。齐耳卷发，头右侧，面饱满，部分残。颈刻三道肉褶线。内着僧祇支，系带作结，外着双领下垂式袈裟，袈裟下摆悬于龛外，衣纹细密。双手腹前结印。结跏趺坐。

　　右上部圆龛坐像　坐高28厘米，头长9厘米，肩宽13厘米，胸厚3.5厘米。头左侧，与左圆龛坐像相对，口微启，双肩略残。左手似置腹前，右手腹前持数珠。余与左坐像略同。

　　两小圆龛下，各楷书双勾竖刻铭文1则，存4字，字径27厘米（图版Ⅱ：3）。

　　正[2]法□□（左）

　　涅槃□□（右）

空白壁面经目

1　此"引"字，1999年《大足石刻铭文录》录为"弘"，重庆大足石刻艺术博物馆编：《大足石刻铭文录》，重庆出版社1999年版，第170页。（宋）娄机撰《汉隶字源》将《汉广属国都尉丁鲂碑》中此字考辨为"引"。据文意和对仗的章法分析，此字应为"引"字。

Ⅰ. 额枋左起，楷书双勾横刻"佛说十二部大[3]藏经"8字，字径高21厘米，宽27厘米（图版Ⅱ：2）。

Ⅱ. 塔身空白壁面，左起竖行遍刻经目。大致可分为左右壁面两部分，皆存9行，楷体，字径4厘米。其中，左壁面存123字，可识经目17种（凡一经多名者，只作一种计，下同）；右壁面存133字，可识经目17种[1]（图版Ⅱ：3）。

左壁面经目

01　大藏佛说禅秘要法经七女经一名七女本经八师经越□经□□□（漶）

02　□经五苦章句经一名五道章句经坚意经一名坚心正意经（漶）

03　梯橙锡杖经一名锡杖经贫穷老翁经一名贫老经三摩〔竭〕（漶）

04　经□璃王经生经五有云五十五经义足经

05　本行集经六十本事经七兴起行□（漶）

06　出杂藏业报差别经一

07　大安般经安公

08　持入经或

09　也处[4]

右壁面经目

01　分别善

02　经一出家缘

03　因缘经阿含正行

04　泥犁经一或云十八地狱

05　禅行法想经一长者子懊恼三

06　处恼处捷驼国王经一须摩提长者经一

07　猘狗经一祐云与梁狗同分别经旧云与阿难分别经等同本者□□

08　自说本起经一或云自说亦云本末经大迦叶本经一四自侵经罗云（漶）

09　曷比丘功德经一时非时经一或直云时经自爱经一或云自不自爱□（漶）[5]

此外，塔檐檐口左起横刻菩萨名1行，存"南无[6]除盖障菩萨南无"9字，楷体，字径10厘米；其余漫漶[2]（图版Ⅱ：4）。

2. 东面

未刻像。左起满壁竖刻经目42行，下部漶，上部存987字，经目167种；楷体，字径4厘米。刻字壁面高132厘米，宽230厘米（图版Ⅰ：18；图版Ⅱ：5）。

01　大藏佛说大般若波罗蜜多经六百放光般若□□〔蜜经〕三十（漶）

02　□□□□□□十□摩诃般若波罗蜜经五（漶）

03　□□度无极经四卷〔胜〕天王般若波罗蜜经七文殊（漶）

04　□□罗蜜经一濡首菩萨无上清净分卫经一金刚般（漶）

05　□□□〔若〕波罗蜜经一卷祇树林金刚能断般若波罗蜜（漶）

06　刚般若波罗蜜多经名称城实相般若波罗蜜经一仁王（漶）

---

[1] 本塔各级所刻经目，《大足石刻铭文录》进行过校补，个别经目卷数有误录或未收录，本次调查据拓片及实物录入，录文与《大足石刻铭文录》略异。详见重庆大足石刻艺术博物馆编：《大足石刻铭文录》，重庆出版社1999年版，第170—184页。

[2] 塔身第一重檐口题刻菩萨名，第二重檐口题刻咒语等铭文，现均部分残，且被后世维修时水泥层局部遮覆。录文经现场辨识，结合1993年重庆大足石刻艺术博物馆调查成果录写。

07	摩诃般若波罗蜜大明咒经_大宝积经_百二十_大方广三（漶）
08	阿閦佛国经_大乘十法经_初云佛住王舍城普门品经_亦□（漶）
09	净经_法镜经_郁迦罗越问菩萨行经_幻士仁贤经_决定（漶）
10	菩萨经_阿阇世王女阿术达菩萨经_离垢施女经（漶）
11	幻三昧经_圣善住意天子所问经_太子刷护经_太子（漶）
12	方等要慧经_弥勒菩萨所问本愿经_佛遣日摩（漶）
13	便方广经_毗耶婆问经_大方等大集经_三十_大方等〔大〕□（漶）
14	轮经□大集须弥藏经_虚空藏菩萨神咒经_虚空孕〔菩〕□（漶）
15	集菩萨念佛三昧经_十般舟三昧经拔陀（漶）
16	萨经_四大集臂喻王经_大哀经_八宝女所问经无言童□（漶）
17	经_十大方广佛华严经_五十_大方广佛华严经_八十_信力入印（漶）
18	德智不思议境界经_大方广入如来智德不思议经_大（漶）
19	议境界经_大乘金刚髻珠菩萨修行分_大方广佛华（漶）
20	方广菩萨十地经_兜沙经_菩萨本业经_诸菩萨求〔佛〕（漶）
21	十住经_四等目菩萨所问三昧经_显无边佛土功德经_如来兴（漶）
22	法界品_大般涅槃经_四十_大般涅槃经_后译荼毗分二_大般泥洹经_六方等般泥洹（漶）
23	大庄严经_十二_普曜经_八法华三昧经_无量义经_萨昙分陀利□（漶）
24	说经_三维摩诘经_说无垢称经_六大方等顶王经大乘顶王（漶）
25	胜王经_十金光明经_八佗真陀罗所问经_二上二经十一卷_大树紧那罗王所（漶）
26	经_四宝〔雨〕经_宝〔云〕经_七〔阿惟越致〕遮经_四〔不退转法轮经〕（漶）
27	定印经_等集众德三昧经集一切福德三昧经_持心梵天经（漶）
28	萨经_三持世经_四济诸方等学经_大乘方广总持经_文殊师（漶）
29	大乘经_深密解脱经_解深密经_五解节经_相续解脱地波（漶）
30	□□□经_楞伽阿跋多罗宝经_四入楞伽经_十大乘入楞伽□（漶）
31	所说经大方等大云经_四大云请雨经_大云轮请雨经_大方等（漶）
32	三昧经宝如来三昧经_慧印三昧经_如来智印经_大灌顶经（漶）
33	经_药师琉璃光七佛本愿功德经_阿阇世王经_普超三昧经（漶）
34	腋经大净法门经_大庄严法门经_如来庄严智慧光明入一切〔佛〕（漶）
35	佛偈经_观无量寿佛经_阿弥陀经_称赞净土佛摄受经观□（漶）
36	□经_弥陀下生经_弥勒下生成佛经_诸法勇王经一切法高王经（漶）
37	〔乐璎珞〕庄严方□□经六度集经_八太子须大拏经菩萨□□□（漶）
38	无字宝箧经_大乘离文字普光明藏经_大乘遍照光明藏无□（漶）
39	月光童子经_申日兜本经_德护长者经_文殊师利问菩提经_（漶）
40	长者子〔制〕经_菩萨逝经_逝童子经_犊子经_乳光佛经_无垢□（漶）
41	有经甚〔希有〕经□定总持经_谤佛经_宝积三昧文殊问法身经_入□□（漶）
42	乘百福相经大乘百福庄严相经_大乘四法经_菩萨修□□□（漶）[7]

此外，塔檐檐口中部左起横刻1行菩萨名，存"菩萨南无弥勒大菩萨"9字，字径10厘米；其余漫漶（图版Ⅱ：6）。

3. 南面

未刻像。左起满壁竖刻经目42行，下部漶，存893字，可辨经目148种，楷体，字径4厘米（图版Ⅰ：19；图版Ⅱ：7）。

01　银色女经_阿阇世王受决经_采莲违王上佛授决号妙华经_亦直云采莲（漶）

02　□经_说妙法决定业障经_谏王经_如来示教胜军王经_佛为（漶）

03　□巡行经_□□□□□〔多〕树下思惟十二因缘经_缘起圣□□（漶）

04　□□灌□□□□□□经_造立形象佛□经_作□□□（漶）

05　〔八阳神咒经八吉祥〕经〔八〕□□□经_盂兰盆经_〔报〕□□（漶）

06　德经_不空绢索神变□（漶）

07　陀罗尼经=千眼千臂观世音菩萨陀罗尼神咒经千手千（漶）

08　广大圆满无碍大悲心陀罗尼经_观世音菩萨秘密藏（漶）

09　罗尼经_文殊师利根本一字陀罗尼经_曼殊室利菩萨咒藏中（漶）

10　菩萨如意陀罗尼经_孔雀王咒经_大金色孔雀王咒经_佛说大（漶）

11　经十二十一面观世音神咒经_十一面神咒心经_摩利支天经_咒五首经_（漶）

12　大心准提陀罗尼经_七俱胝佛母准提大明陀罗尼经_观自在（漶）

13　最胜陀罗尼经_佛顶尊胜陀罗尼经_最胜佛顶陀罗□（漶）

14　持经_出生无量门持经_阿难陀目祛尼呵离陀经_无量（漶）

15　利弗陀罗尼经一向出生菩萨经_出生无边门陀罗尼经（漶）

16　际持法门经_尊胜菩萨所问一切诸法入无量门陀罗尼经（漶）

17　菩萨所问经_华聚陀罗尼咒经华积陀罗尼神咒经_六（漶）

18　便善巧咒经_持句神咒经_陀邻尼师经_东方最胜灯（漶）

19　罗尼经_护命法门神咒经_无垢净光大陀罗尼经_请观（漶）

20　室洗浴众僧经_须赖经须赖菩私诃三昧经_菩萨（漶）

21　经_菩萨行五十缘身经_菩萨修行经_诸德福田经_大方（漶）

22　诸佛功德经_须真天子经_摩诃摩耶经_除恐灾患经（漶）

23　普贤菩萨行法经_观药王药上菩萨经_不思议光（漶）

24　璎珞经十三_超日明三昧经_贤劫经十_大乘经单译一百三十部大法（漶）

25　庄严劫千佛名经_现在贤劫千佛名未来昌宿劫（漶）

26　大方等陀罗尼经僧伽吒经四_力庄严三昧经三_大方广□（漶）

27　行经三_法集经六_观察诸法行经四_菩萨处胎经五_弘道□（漶）

28　计经_中阴经_大法鼓经_文殊师利问经_月上女经_大方（漶）

29　面经_文殊师利问菩萨署经_大乘造像功德经_□（漶）

30　末法中一字心咒经_大佛顶如来密因修证了□（漶）

31　童子经_苏悉地羯罗经牟黎曼陀罗咒经_金（漶）

32　利宝藏陀罗尼经_金刚光焰止风雨陀罗尼经_阿吒（漶）

33　贤陀罗尼经_大七宝陀罗尼经_六字大陀罗尼经_安宅神咒□（漶）

34　尼经_诸佛心陀罗尼经_拔济苦难陀罗尼经_八名普密陀罗（漶）

35　经_智炬陀罗尼经_诸佛集会陀罗尼经_随求即得大自在□（漶）

36　经_或云施□□□咒经庄严王陀罗尼经_香王菩萨陀罗□（漶）

37　萨能〔满诸愿最胜心陀〕（漶）

38　要佛地经_佛垂般涅（漶）

39　经_贤首经月明菩萨经_□（漶）

40　吒和罗所问光太子经大意□（漶）

41　□□□□□□□〔慧〕菩萨所问〔礼佛法〕□□□□佛名号□□□德经佛临涅（漶）

42　□□□□□□〔不增不减〕经造塔功德经绕佛塔功□□〔大乘四法〕□□□（漶）[8]

此外，塔檐檐口中部左起横刻1行菩萨名，存"南无[9]虚空藏菩萨南无"9字，字径10厘米；其余漶蚀（图版Ⅱ：8）。

4. 西面

未刻像。左起满壁竖刻经目42行，下部漶，存1104字，可辨经目188种，楷体，字径4厘米（图版Ⅰ：20；图版Ⅱ：9）。

01　妙色王因缘经_佛为海龙王说法印经_师子素驮娑土断害经_般〔泥〕洹后灌〔腊〕□（漶）

02　蜜经_菩萨投身饿虎起塔因缘经_金刚三昧本性清净不坏□灭经_师子〔月〕佛〔本生经_〕（漶）

03　〔祥〕经长者女庵提遮师子吼了义经_一切智光明仙人慈心因缘不食□□□刚□□经法灭（漶）

04　经_僧□录中云安公关中异经优波夷净行法门经_八大人觉经_三（漶）

05　树提□□长寿王经_法常住经_菩萨调伏藏₅₄菩萨地持经ₐ菩萨（漶）

06　〔菩萨璎珞本业经〕_佛藏经₄₀菩萨戒本_菩萨戒羯磨文_菩萨〔善〕（漶）

07　□□□净律经清净毗尼方广经_寂调音所问经_大乘三聚（漶）

08　陀〔颰〕陀罗菩萨经_菩萨〔受〕斋经_文殊悔过经_（漶）

09　□□□□□□经菩萨□□藏大乘释经论大□（漶）

10　经〔论能断金〕刚般若波罗□多经论颂_〔亦云能断金刚〕（漶）

11　若波罗蜜多经论_金刚般若□罗蜜经破〔取着〕（漶）

12　论_法华经论_胜思惟梵天所问经论₄₀涅槃论_涅槃经〔本有今无〕（漶）

13　论_转法轮经论_大乘集义论瑜珈师地论_百显扬圣教论□□瑜□（漶）

14　大乘阿毗达磨杂集论₁₆中论四般若灯论释₁₅十二门论_十八空论_百论（漶）

15　乘庄严经论₁₃大庄严经论₁₅顺中论_摄大乘论ₐ摄大乘论释₁₅摄（漶）

16　论_辩中边论颂_中边分别论_辩中边论颂₃究竟一乘宝（漶）

17　理门_因明入正理论_显识论_转识论_大□唯□□〔大乘唯识论_唯〕（漶）

18　夫论₃入大乘论_大乘掌珍论_大乘五〔蕴〕论大（漶）

19　论无相思尘论_观所缘论观所缘论释回诤论缘生论十二因缘（漶）

20　取因假设论观总相论颂上观门论颂手杖论_长阿含经₂₂中阿□□（漶）

21　经_或直云泥洹经般泥洹经_大涅槃经_入本欲生经_□□□越六向□□（漶）

22　经寂志果经_起世经₁₀起世因本经₁₀楼炭经或云□□□□〔长阿〕□（漶）

23　本起经七知经_或云七智经咸水喻经_或云咸□□□（漶）

24　本致经_顶生王故事经_或云顶生王经文陀（漶）

25　念经_或直云八念经亦名禅行敛意经离睡经亦□□□〔诃〕□□经（漶）

26　名阴因事经释摩男本经_苦阴因事经_乐想□□□□布经_阿（漶）

27　波经伏淫经_魔娆乱经_一名魔王入目连腹经亦云弊魔试目连经弊（漶）

28　罗汉赖吒和罗经善生子经_数经_梵志頞罗延问种尊经_三归五戒□□（漶）

29　说学经_梵魔喻经_尊上经_鹦鹉经_亦名兜调经兜调经〔意〕经□□□（漶）

30　经_一名持斋经鞞摩肃经_婆罗门子命终爱念不离经_〔十支居士八城〕（漶）

31　名具法行经广义法门经_戒德香经_或云戒德经四人出现世间经_波斯□□（漶）

32　避死经_食施获五福报经_一名施色力经一名福德经频毗婆罗王诣佛供（漶）

33　鬘经鸯崛髻经_力士移山经_或直云移山经亦云四未有经四未曾有法经（漶）

34　一名七佛姓字经放牛经_亦云牧牛经缘起经_十一想思念如来经_四泥犁经阿那（漶）

35　经_国王不犁先尼十梦经_舍卫国王梦见十事经_阿难同学经_五蕴□□□（漶）

36	经_〔五〕阴譬喻经_一名水沫所漂经水沫所漂经_或云聚沫譬经□□□〔意经〕□□（漶）
37	□□□□_八正道经_难提释经_马有三相经_马有八态譬□□□〔相可经〕（漶）
38	□□□□经摩□女解形中六事经_摩邓伽经_舍头谏〔经〕一名〔太子〕二十八宿经□（漶）
39	□□□□经_一名说地狱饿鬼因缘经阿难问事佛吉凶经_或云阿难问事经亦云（漶）
40	□□□□罗经_玉耶女经_玉耶经_一云长者诣佛说子妇无敬经阿□达经修行本起经（漶）
41	□□□□〔经四〕□□经_海八德经_四十二章经_奈女耆域因缘经或直云奈女经（漶）
42	□□□□□□□□□□□〔难龙王〕经一名□□□□□□□□□（漶）[10]

此外，塔檐檐口中部左起横刻1行菩萨名，存"刚藏菩□南无妙吉祥菩萨"11字[1]，字径9厘米；其余漶蚀（图版Ⅱ：10）。

5. 额枋

北面额枋未刻像，其余东、南、西三面塔身上部额枋均各横刻八个小圆龛。龛直径23厘米，深5厘米，内皆各刻一坐像，计24身。其体量相近，坐高约20厘米，皆残蚀略重，着袈裟，下摆少许悬垂龛外。自东面始，沿顺时针方向，至南面、西面，将其特征列入表2。

表2　小佛湾石窟第1号方塔第一级塔身额枋圆龛造像特征简表

位置	序号	特征	备注
东面	1	头毁身残，可辨右手似置胸前。	
	2	头毁肩蚀，着双领下垂式袈裟，双手置胸前隐袈裟内，结跏趺坐。	
	3	仅辨轮廓。	头部残毁处存一小圆孔。
	4	头毁，右臂残，着双领下垂式袈裟，双手托盏举于左肩，内似置假山；双腿残。	同第3像。
	5	头大部残，着双领下垂式袈裟，双手托盏，举于右肩外侧，盏内置宝珠；结跏趺坐。	头部残毁处存有一方孔。
	6	头大部残，内着僧祇支，系带，外着双领下垂式袈裟，双手腹前隐袈裟内，双腿残。	同第3像。
	7	头大部残，身蚀，似着双领下垂式袈裟，双手于身左侧似持经卷，结跏趺坐。	同第3像。
	8	头毁身蚀，左手似置腹前，右手于体侧屈肘上举，结跏趺坐。	同第3像。
南面	1	头毁，内着僧祇支，系带，外着双领下垂式袈裟，左手直撑，右手置于右膝上。左腿残，右腿屈膝上竖，身后仰，成半躺状。	头部残毁处存有一圆孔。
	2	仅辨轮廓。	
	3	头毁身残，可辨双手似置腹前。	头部残毁处存一方孔，内插方形小木楔。
	4	头毁身残，双手似置腹前。	同第1像。
	5	头毁身残，可辨右手于体侧屈肘上举。	同第1像。
	6	仅辨轮廓。	同第3像。
	7	头毁，左肩残，双手胸前隐袈裟内，结跏趺坐。	
	8	毁。	同第1像。

1　视本塔第一重檐口铭文形式及内容，疑每面檐口均题刻两位菩萨名，四面共计八位菩萨名。现可辨识的除盖障、弥勒、虚空藏、妙吉祥等四菩萨题名，亦出现在宝顶山转法轮塔第一级塔身下部所刻观世音、弥勒、虚空藏、普贤、金刚手、妙吉祥、除盖障、地藏八菩萨题名中，故推测小佛湾经目塔漶灭的另四菩萨题名为观世音、普贤、金刚手、地藏。

续表2

位置	序号	特征	备注
西面	1	残毁甚重，可辨左手直撑，右手屈肘置右膝上，左腿残，右腿屈膝上竖。	头部残毁处存有一小圆孔。
	2	头毁，身残蚀，左手屈肘置于身前，右手体侧屈肘外展，残。	同第1像。
	3	头毁肩残，内着僧祇支，系带，外展双领下垂式袈裟，双手腹前隐袈裟内，结跏趺坐。	头部残毁处存一方孔，内插方形小木楔。
	4	毁，仅辨少许轮廓。左臂似体侧屈肘外展，右臂似直伸。	同第1像。
	5	头毁，内着僧祇支，系带，外着双领下垂式袈裟，左手抚膝，右手体侧屈肘外展，似结印，结跏趺坐。	同第3像。
	6	头毁，内着僧祇支，外着双领下垂式袈裟，上身腹前隐袈裟内，结跏趺坐。	同第1像。
	7	残毁甚重，仅辨左手横置腹前，结跏趺坐。	同第1像。
	8	仅辨轮廓。	同第1像。

（二）第二级塔身

北面、南面塔身中部开大圆龛刻一坐像。东面、西面塔身中部除开大圆龛刻一坐像外，另于壁面左右上方各开一小圆龛刻一坐像。四壁面其余空隙处皆刻题记、经目等铭文。四面塔身上方额枋皆横刻八个小圆龛，内各刻一坐像。

1. 北面

塔身中部开一大圆龛，直径106厘米，深11厘米，内刻结跏趺坐佛1身，其余壁面刻颂词、经目等铭文（图14；图版Ⅰ：21）。

圆龛内坐佛像　坐高91厘米，头长30厘米，肩宽40厘米，胸厚8厘米。头冠，额露螺髻，部分残。冠带斜垂至肩，面方圆，弯眉，双眼半开，鼻残，小口闭合，耳垂残，颈刻三道肉褶线。内着僧祇支，系带作结，外着双领下垂式袈裟，袈裟少许垂于龛外。腕镯，双手胸前结智拳印，结跏趺坐。

空白壁面铭文

Ⅰ．塔身左右各楷书双钩竖刻铭文1行，皆4字，字径32厘米（图版Ⅱ：11）。

普为四恩（左）

看转大藏（右）

Ⅱ．塔身空白壁面竖刻经目，大致分左右两部分，皆左起竖刻（图版Ⅱ：11）。左壁面竖刻8行，存96字，可辨经目9种；右壁面竖刻5行，存71字，可辨经目11种。铭文皆楷体，字径4厘米。

左壁面经目

01　题云羯磨卷上等出四分律四分〔尼〕羯磨大爱道比丘尼经亦云大爱受诫经或直云大爱道经迦叶禁

02　〔戒〕经_一名摩诃比丘经亦直云□〔伪〕沙门经犯戒报应□□□□□连问毗尼经或目□□□

03　〔戒〕销灾经_或云戒□□□□□□塞五戒相经_一名优□□□

04　〔戒〕略论根本说□□（港）

05　□部毗柰耶

06　□□本

07　□□

08　□

右壁面经目

01　（漶）
02　（漶）陀那目□迦摄□五
03　□□□□□□□多部律摄╋四毗尼摩得勒伽〔鼻〕秦耶
04　□□□□□□□见律毗婆沙╋或云毗婆娑律亦直云善见律佛阿毗昙经‗□□□经〔大〕□□
05　〔三〕□〔威仪经〕（漶）云明了论声闻对法藏三十六部阿毗昙八捷度论[11]

此外，塔檐檐口中部左起横刻1行，存"密天阿苏□□义等摩"9字，字径10厘米（图版Ⅱ：12）。

2. 东面

塔身中部开一大圆龛，直径105厘米，深10厘米，内刻一结跏趺坐佛像；左右上方各开一小圆龛，直径30厘米，深6厘米，内亦刻一结跏趺坐佛像；其余壁面刻偈语、经目等铭文（图15；图版Ⅰ：22）。

中部圆龛坐佛像　坐高88厘米，头长23.5厘米，肩宽40厘米，胸厚7厘米。螺髻，面圆，长耳垂肩，颈刻三道肉褶线。内着僧祇支，系带作结，外着双领下垂式袈裟，袈裟下摆垂至龛外。左手抚膝，部分残；右手腕镯，屈于体侧结印，结跏趺坐。

左上部圆龛坐佛像　坐高26厘米，头长9厘米，肩宽13厘米，胸厚2厘米。螺髻，面圆，略蚀。内着僧祇支，系带作结，外披双领下垂式袈裟，袈裟下摆垂至龛外。双手腹前隐袈裟内，结跏趺坐。

右上部圆龛坐佛像　残蚀略重，残坐高27厘米，头长9厘米。可辨螺发，刻髻珠，内着僧祇支，外披双领下垂式袈裟，袈裟下摆垂至龛外。双手腹前隐于袈裟内，结跏趺坐。余同左上部圆龛坐像。

左右上方小圆龛下，各左起楷体双钩竖刻偈语2行，每行5字，共20字，字径15厘米（图版Ⅱ：13）。

假使热铁轮
于我顶上旋（左）
终不以此苦
退失菩提心[12]（右）

空白壁面经目　塔身空白壁面左起竖刻经目，大致分左右两部分（图版Ⅱ：13）。左壁面竖刻13行，存105字，可辨经目15种；右壁面竖刻11行，存67字；可辨经目14种，字径皆4厘米。

左壁面经目

01　大藏佛说大鱼事经□（漶）
02　梦经‗
03　或
04　直
05　□七梦
06　经阿雕阿〔那〕含经‗一名荷雕〔或〕作荷字
07　灯指〔因缘经〕妇人〔遇辜〕经□□〔妇遇〕对经四□□经‗摩诃迦叶度贫母经‗十二品生死经□□□
08　〔应〕经一名转轮〔六〕道罪福报应经五无返复经‗一名五返复（漶）
09　□僧大经□□经末罗
10　□经摩〔达〕国
11　王经‗旃陀
12　越国

13　王[13]

右壁面经目

01　□□
02　□□□经〔或〕云
03　□□□□经懈怠耕
04　□□□□□者子经或云〔长者子辨意〕经▁无垢〔优〕婆夷□□
05　□□□□□经□□经护〔净〕经木子穗经▁或作苃字又作檪无上处经▁卢志长者□缘经□（澨）
06　□□□□□□〔树〕经颁多和
07　□□
08　□
09　□
10　□□
11　经佛灭度后棺敛葬送经[14]

此外，塔檐檐口中部左起横刻1行，存"挐¹来听□□应志心彦"9字，字径10厘米（图版Ⅱ：14）。

3. 南面

塔身中部开一大圆龛，直径106厘米，深11厘米，内刻一髽发人坐像，其余壁面刻颂词、经目等铭文（图16；图版Ⅰ：23）。

中部圆龛坐像　坐高96厘米，头长24厘米，肩宽44厘米，胸厚6厘米。螺状齐耳髽发，肉髻略凸，面圆，略残，两耳垂肩，颈刻三道肉褶线。内着僧祇支，系带作结，外披双领下垂式袈裟，袈裟一角以环系于左肩，袈裟下摆垂至龛外。腕镯，双手腹前结印，结跏趺坐。略同第一级北面塔身髽发人像。

空白壁面铭文

Ⅰ. 中部圆龛左右端各刻1则颂词，皆楷书，字径10厘米（图版Ⅱ：15）。

左端上方左起横刻"祖师颂曰"4字，下左起竖刻2行16字：

一二三三四五六六
心日心心大事足足[15]

右端上方左起横刻"本师大[16]愿"4字，下左起竖刻2行28字：

热铁轮里翻筋斗猛火炉里打倒旋
伏请世尊为证明五浊恶世誓先入[17]

Ⅱ. 塔身其余壁面左起竖刻经目，大致分左右两部分（图版Ⅱ：15）。左壁面竖刻7行，存79字，可辨经目12种；右壁面竖刻8行，存74字，可辨经目10种。字径皆4厘米。

左壁面经目

01　亦云比丘师经亦名师比丘经鬼子母经▁梵摩叹国王经▁父母恩难报经▁亦云勒报经孙多邪

1　此"挐"字《大足石刻铭文录》录为"挲"。重庆大足石刻艺术博物馆编：《大足石刻铭文录》，重庆出版社1999年版，第182页。

图 14　小佛湾石窟第 1 号方塔第二级塔身北面立面图

图 15　小佛湾石窟第 1 号方塔第二级塔身东面立面图

02　致经_新岁经_群牛〔譬〕经_九□经_禅行三十七经比丘避女恶名欲自

03　□经□□□□

04　□□□□□经

05　亦名三〔启〕经

06　〔八无暇〕□

07　□经[18]

右壁面经目

01　□

02　〔爪〕梵

03　□请问

04　经譬□□

05　（漶）

06　（漶）

07　□□毗尼序_根本说□□□□□□〔根〕本说一切有部苾刍尼毗柰耶_二十_根本说一切有部□□□□□

08　本说一切有部尼陀那目得迦五分律_三十_亦云弥沙塞律四分律_六十_僧祇比丘戒本一亦云摩诃□□□□[19]

此外，塔檐檐口中部左起横刻1行，存"□护佛法速长存□□[20]"9字，字径10厘米（图版Ⅱ：16）。

4. 西面

塔身壁面中部开一大圆龛，直径105厘米，深10厘米，内刻一坐像；左右上方开一小圆龛，直径30厘米，深6厘米，内亦刻一坐像；其余壁面刻偈语、经目等铭文等（图17；图版Ⅰ：24）。

中部圆龛坐像　坐高86厘米，头长22.5厘米，肩宽36厘米，胸厚5厘米。螺髻，面方，略蚀。颈刻三道肉褶线，略残。内着僧祇支，系带作结，外着双领下垂式袈裟，袈裟下摆垂至龛外。腕镯，左手腹前结印，略残；右手举至胸前，齐腕毁，结跏趺坐。

左上方圆龛坐像　坐高26.5厘米，头长8厘米，肩宽11厘米，胸厚2.5厘米。螺髻，面圆，略蚀。内着僧祇支，系带作结，外着双领下垂式袈裟，袈裟下摆垂至龛外。双手腹前隐于袈裟内，结跏趺坐。

右上方圆龛坐像　头残，左肩毁，残坐高27厘米。内着僧祇支，系带作结，外着双领下垂式袈裟，袈裟下摆垂至龛外。双手腹前隐于袈裟内，结跏趺坐。

左右上方圆龛下，各左起楷体竖刻2行偈语，共20字，字径16厘米（图版Ⅱ：17）。

　　假使百千劫
　　所作业不忘（左）
　　因缘会遇时
　　果报还自受[21]（右）

空白壁面经目　塔身空白壁面左起竖刻经目，大致分左右两部分（图版Ⅱ：17）。左壁面竖刻15行，存179字，可辨经目14种；右壁面竖刻14行，存62字，可辨经目8种。铭文皆楷体，字径4厘米。

左壁面经目

01　僧祇比丘尼戒本_亦云比丘尼波罗

02　提木叉僧祇

03　戒本_十诵

04　比丘戒

05　本亦云

06　十十诵波

07　罗提木叉戒本十诵

08　□□尼戒本_亦云十诵比丘尼波罗提木叉戒本

09　根本说一切有部戒_根本说一切有部□刍尼戒_五分比丘戒本_亦云弥沙塞戒本五分比丘尼戒本_亦云弥沙塞

10　尼戒四分比丘戒本_题云四分戒本四分比丘尼戒本_题云四分尼戒本四分

11　僧戒本_或云昙无德戒本解脱戒本_沙弥

12　十戒法并威仪亦名沙弥威

13　仪沙弥威仪_沙□

14　尼杂

15　戒[22]

右壁面经目

01　文_失

02　译今附东□

03　□□□□利弗问经

04　说□□□□□羯磨+大沙门百一□□

05　法出十□□□□□□□□□问佛经_〔或〕□□

06　离律□□□□□□□□□□律部杂羯磨以结戒□□□

07　昙无德□□□□□□□□

08　□〔比丘尼〕□□

09　法祐

10　〔云〕

11　□

12　无德

13　羯磨或云□□□

14　四分律删补随机羯磨□□□□□[23]

此外，塔檐檐口中部左起横刻1行，存"□□□勤[1]行世尊教毕"9字，字径10厘米（图版Ⅱ：18）。

5. 额枋

四面塔身上部额枋各开一排八个小圆龛，龛直径19厘米，深5厘米，内皆刻一结跏趺坐像，计32身，皆残蚀甚重，仅辨轮廓。

（三）第三级塔身

四面塔身中部均开一大圆龛，直径89厘米，深10厘米，内刻坐佛1身；其余壁面遍刻经目。北、东、南三面上部额枋各横刻一列七个小圆龛，直径18厘米，深5厘米，内刻坐像1身；西侧额枋因后世修补不善，小圆龛数量增至一列九个，尺寸略小。

1　此"勤"字《大足石刻铭文录》录为"勒"。重庆大足石刻艺术博物馆编：《大足石刻铭文录》，重庆出版社1999年版，第182页。

图 16　小佛湾石窟第 1 号方塔第二级塔身南面立面图

图 17　小佛湾石窟第 1 号方塔第二级塔身西面立面图

1. 北面

圆龛内坐佛像　坐高86厘米，头长18厘米，肩宽34厘米，胸厚5厘米。螺髻，面残，胸略蚀，似着双领下垂式袈裟，下摆垂搭龛外，其余衣饰不明；双手略残，似结印，屈肘外展，结跏趺坐（图18；图版Ⅰ：25）。

空白壁面经目　圆龛左右壁面风化呈粉状，大部用水泥抹面，字多不存（图版Ⅱ：19）。经目大致分左右两部分，均左起竖刻，左壁面残存10行72字，可辨经目16种，右壁面残存5行12字，可辨经目4种，字径皆4厘米。

左壁面经目

01　（漶）〔师〕经〔七种不〕（漶）

02　（漶）

03　（漶）国王分舍利经幻师阿（漶）

04　（漶）经〔法〕社经毗罗三昧经ˍ〔决〕（漶）

05　（漶）〔意〕经最妙胜经ˍ观世音（漶）

06　（漶）〔刚〕说神通大满陀（漶）

07　（漶）刚法禁〔百〕（漶）

08　（漶）观自在菩萨必圆满无碍大悲心陀罗尼（漶）

09　（漶）毗卢遮那三摩地法（漶）

10　（漶）菩萨（漶）[24]

右壁面经目

01　（漶）者陀（漶）

02　（漶）刚[25]顶瑜伽（漶）

03　（漶）〔理趣〕（漶）

04　（漶）

05　（漶）位法门经（漶）

2. 东面

圆龛内坐佛像　残坐高87厘米，头长17厘米，肩宽32厘米，胸厚7厘米。头面残，身蚀，似着双领下垂式袈裟。双手略残，左手横置腹前，右手胸前结印，结跏趺坐（图19；图版Ⅰ：26）。

空白壁面经目　圆龛外壁面漶蚀甚重，经目大致分左右两部分（图版Ⅱ：20）。左壁面左起竖刻，残存10行72字，可辨经目12种，楷体，字径4厘米；右壁面漶。

左壁面经目

01　（漶）

02　（漶）〔藏经那先〕比丘经〔或直〕□□□〔五门〕（漶）

03　（漶）一名不净〔观禅〕经禅法〔要解〕□□〔禅〕□〔经禅要诃〕（漶）

04　（漶）内身观章句经ˍ法观经〔思〕惟〔略要〕□□□〔游〕经ˍ旧（漶）

05　□□〔经〕杂□□□杂譬喻经ˍ一名菩萨□〔人经杂譬喻经〕阿育王〔譬〕（漶）

06　□□（漶）经一名王□□

07　（漶）

08　（漶）

09　（漶）

10　（漫）因〔缘〕（漫）[26]

3. 南面

圆龛内坐佛像　坐高84厘米，头长18厘米，肩宽38厘米，胸厚5厘米。螺髻，椭圆脸，略蚀，双肩及胸略残，着双领下垂式袈裟。双手心向上，置于腹间。自左右手腕处各生出毫光一道，经上臂向左右方延伸。结跏趺坐（图20；图版Ⅰ：27）。

空白壁面经目　圆龛左右壁面风化呈粉状，经目大多漫蚀（图版Ⅱ：21）。经目均左起竖刻，其中，左壁面残存10行26字，可辨经目10种，右壁面残存10行20字，可辨经目5种，楷体，字径4厘米。

左壁面经目

01　（漫）〔今译〕（漫）

02　（漫）〔方〕广佛华（漫）

03　（漫）论〔衡〕_东夏□□□□□□□□拜

04　（漫）〔求〕法〔高〕（漫）

05　（漫）邪论（漫）

06　（漫）

07　（漫）

08　（漫）〔传〕沙门法〔琳别传〕（漫）

09　（漫）经净（漫）

10　（漫）

右壁面经目

01　（漫）

02　（漫）

03　（漫）

04　（漫）菩萨所问经〔无垢施菩〕（漫）

05　（漫）意天子问经大□方便经（漫）

06　（漫）〔萨〕会（漫）

07　（漫）

08　（漫）

09　（漫）

10　（漫）[27]

4. 西面

圆龛内坐佛像　漫蚀甚重，残坐高65厘米，头长15厘米，肩宽35厘米，胸厚6厘米。存螺发，着双领下垂式袈裟，双手腹前结印，结跏趺坐（图21；图版Ⅰ：28）。

空白壁面经目　圆龛左右壁面皆蚀，经目多漫蚀（图版Ⅱ：22）。经目均左起竖刻，其中，左壁面竖刻12行，存49字，可辨经目13种，右壁面竖刻11行，存119字，可辨经目25种，楷体，字径4厘米。

左壁面经目

01　（漫）

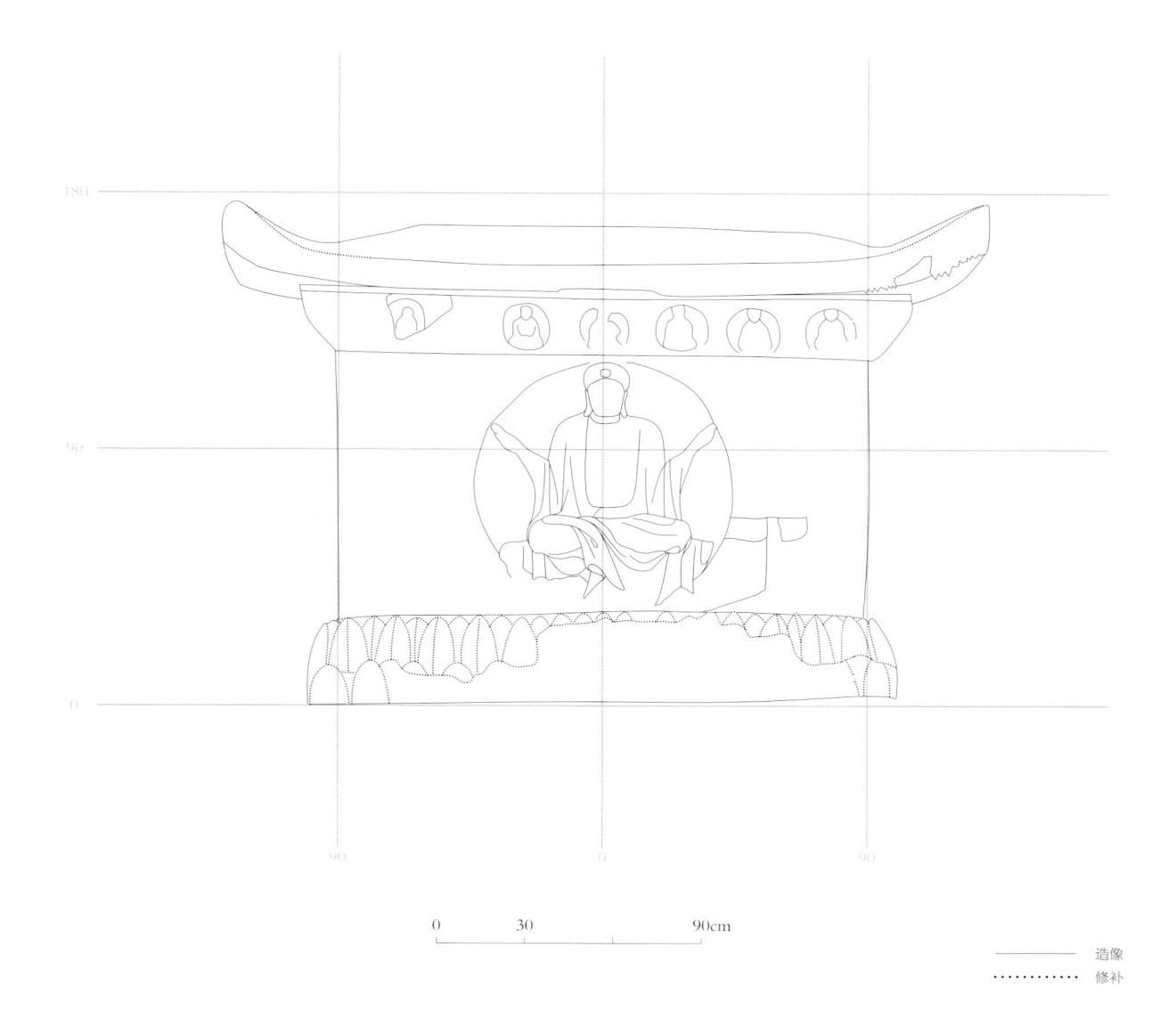

图 18　小佛湾石窟第 1 号方塔第三级塔身北面立面图

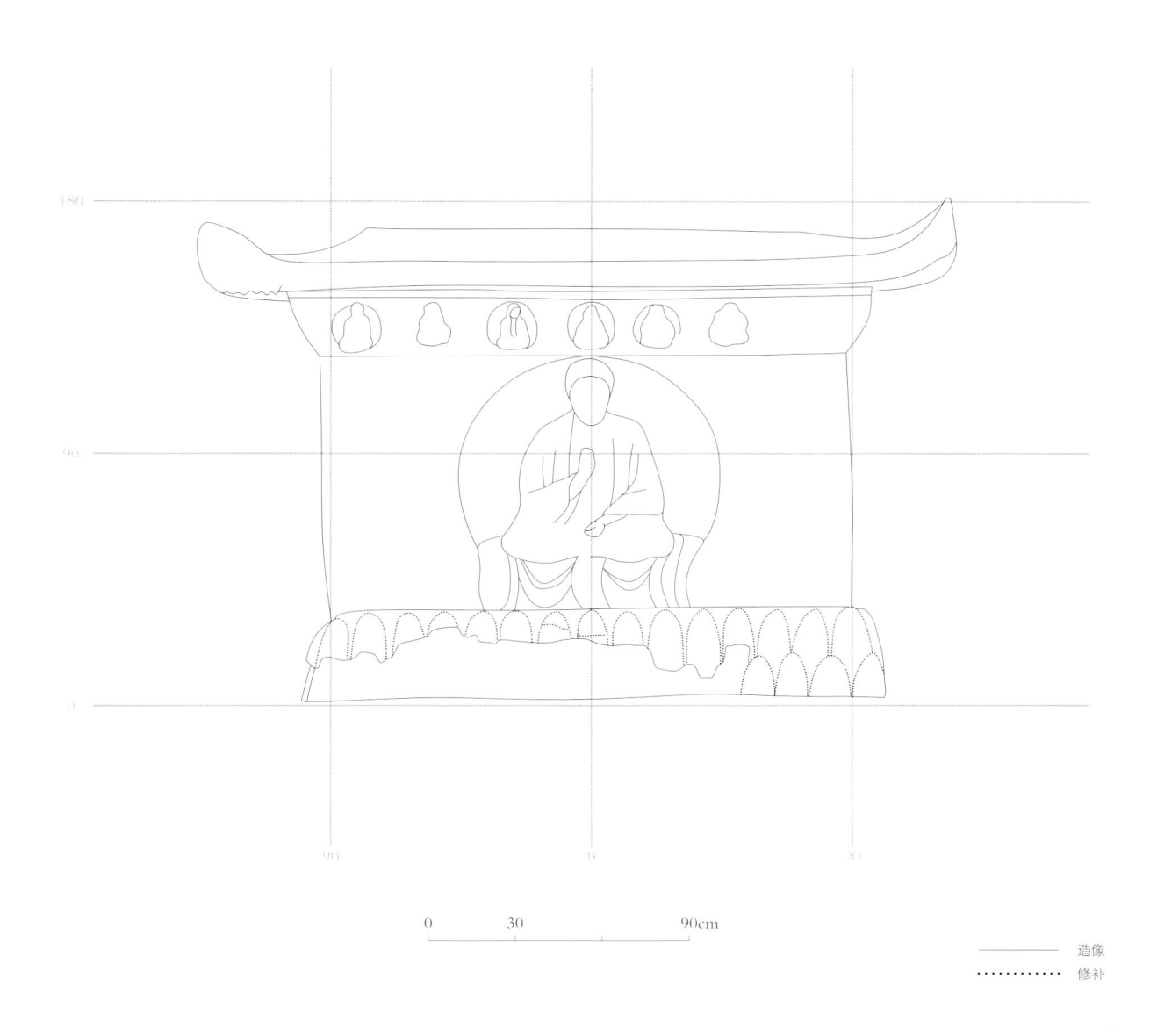

图 19　小佛湾石窟第 1 号方塔第三级塔身东面立面图

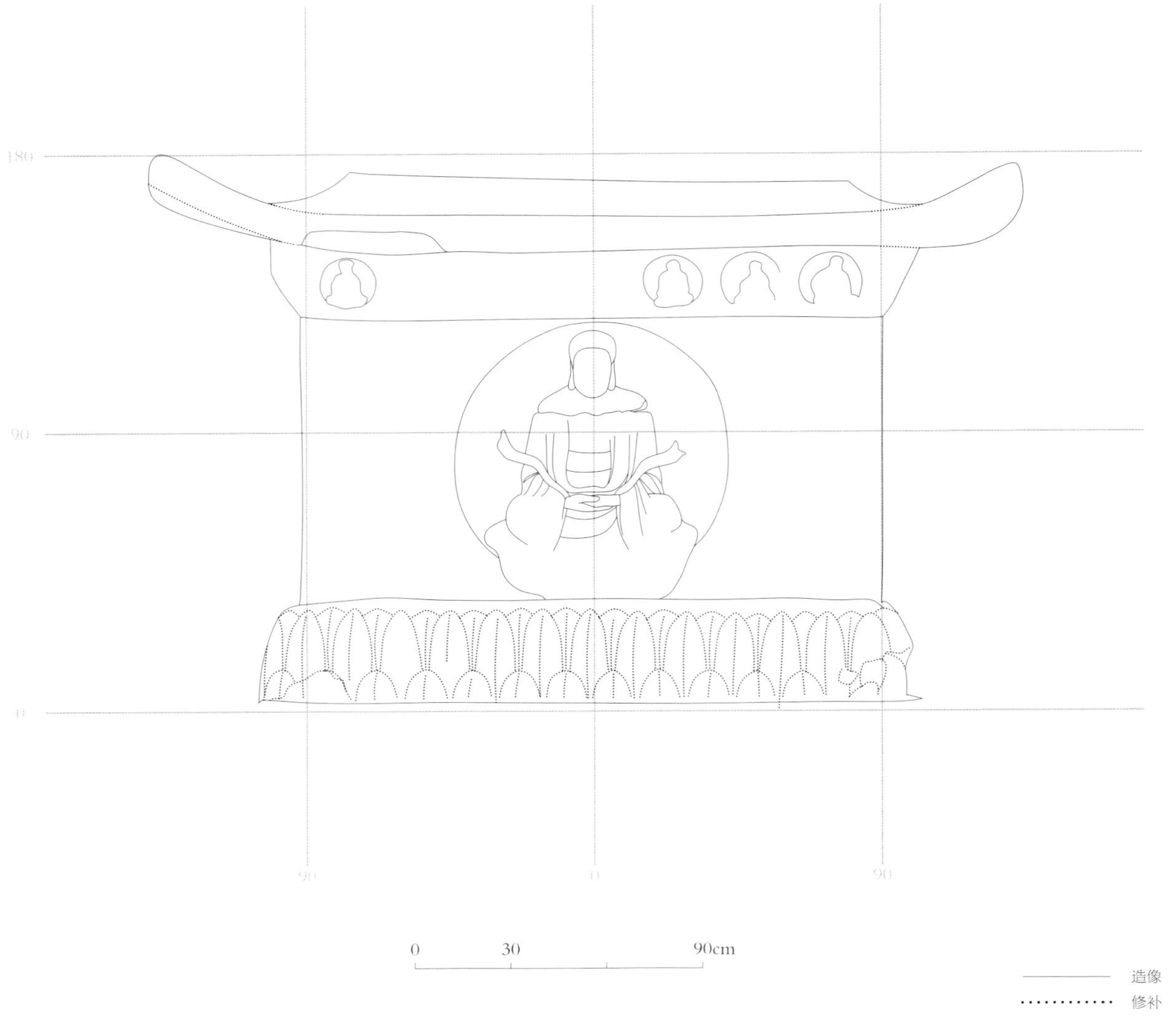

图 20　小佛湾石窟第 1 号方塔第三级塔身南面立面图

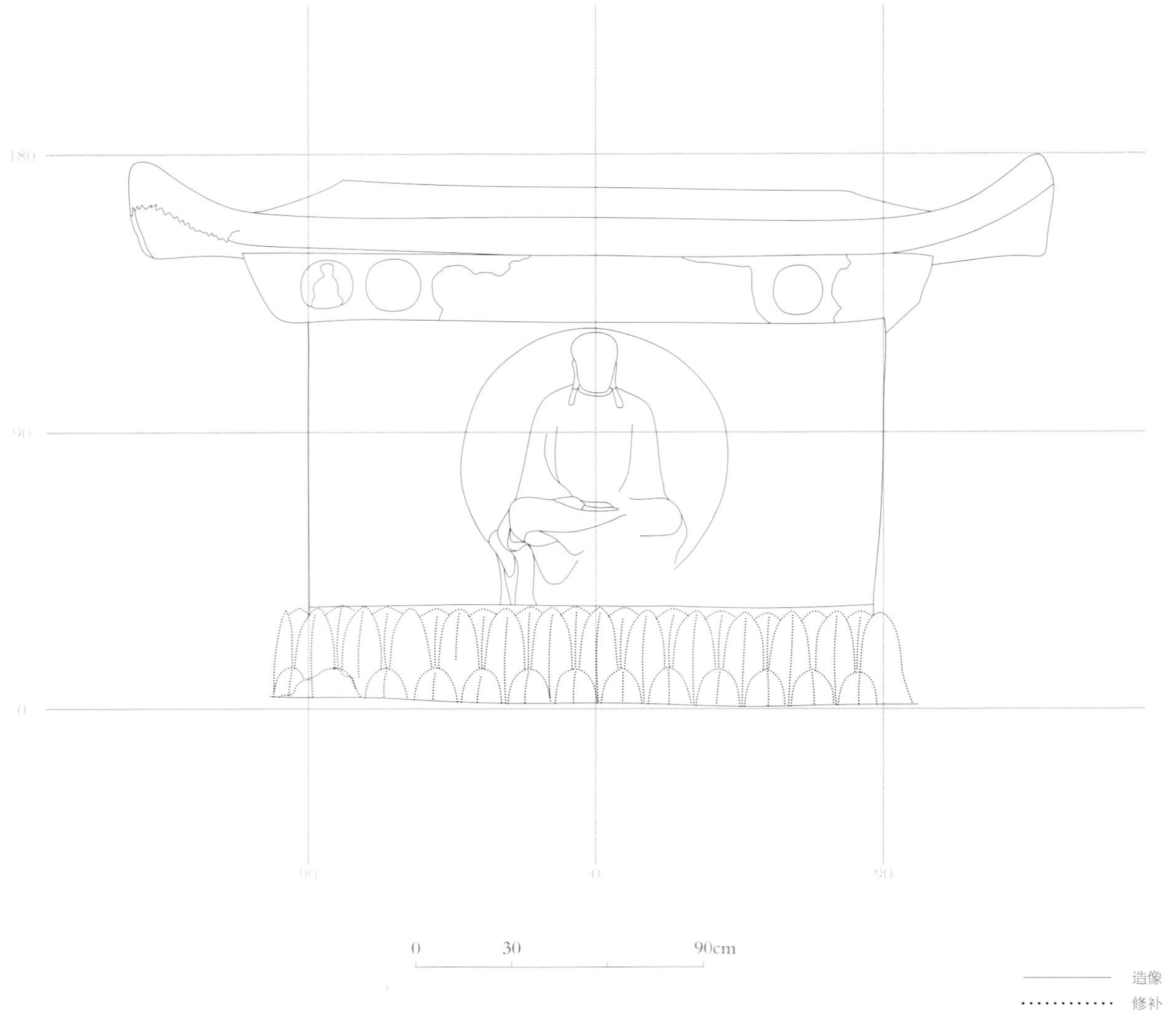

图 21　小佛湾石窟第 1 号方塔第三级塔身西面立面图

02　（漫）〔发菩〕□□□□□□法句经亦云□□

03　（漫）经□几福经＿大方广□

04　（漫）〔性起全一品〕随愿往生经（漫）

05　（漫）经密迹金刚力士（漫）

06　（漫）阿含经十二因缘经（漫）

07　（漫）命终经（漫）

08　（漫）经（漫）

09　（漫）

10　（漫）

11　（漫）僧经还（漫）

12　（漫）父〔王〕（漫）[28]

右壁面经目

01　（漫）子经

02　（漫）教戒罗□

03　（漫）苾刍□

04　（漫）〔九经〕□出根本说一切

05　（漫）〔中火生〕（漫）〔和意〕声经＿五种水

06　（漫）〔夫人本缘〕经胜光王信佛□□□种受报经大世主苾

07　（漫）经□□舍身经〔度二邪〕□〔童〕子得果经清净威仪

08　（漫）〔净达〕目连受报经初诞生□大瑞应经＿度迦多衍那经＿

09　（漫）〔报因缘经安乐夫人因缘〕经＿增长因缘经＿妙光

10　（漫）〔外道〕□大□□经大〔药善巧方便〕□□□□□赡部洲

11　（漫）〔尼〕在家得（漫）[29]

5. 额枋

四面塔身上部额枋内共凿30个小圆龛，内刻坐像。其中，北、东、南三面各7身，西面9身[1]，皆残毁甚重，仅辨轮廓。

四　晚期遗迹

（一）铭文

告示残文，民国。位于补接的第一重塔檐南面右侧下部。刻石面高35厘米，宽75厘米，存45字，楷体，字径4.5—7厘米（图版Ⅱ：23）。

01　告示

02　□山仁持僧□定

03　□静轩李朋举罗□

04　□林陪材恳子出□

1　西面额枋圆龛数亦应与其余三面同。疑1957年对其维修时，新增两个圆龛，且致龛距由原6厘米减至3厘米，略显紧促。

05	□不特可裕木材□
06	□保护除批示外□
07	□内攀折林木以□
08	□依法惩办
09	月一日
10	明

（二）构筑

塔身第二、三级额枋佛像头胸残蚀部位大多凿有一个或三个钉过木桩的小空洞，有的木桩尚存洞内，故推测历史上曾对佛像残部用泥作过补塑。

1957年，首次对该塔进行较为全面的维修。维修中用民国残碑补接塔檐露盘，用水泥培补塔座、补塑莲瓣及额枋和小圆龛，用水泥沙浆涂抹粉漶塔体壁面等，且将第三级西面额枋圆龛由七个增补为九个[1]。

（三）妆绘

塔身、造像保存红色、蓝色、黑色、灰白色四种涂层。

第三节　第2号

一　位置

位于第1号方塔后侧（南侧），前距第1号方塔约225厘米，后距后世新建的坛台前侧月台梯道约380厘米；左端与小佛湾、圣寿寺之间的分隔围墙相接，右端延至坛台前的平坝。

石壁正面西北向，方向344°。

二　形制

以条石交叉叠砌石墙一堵，形如廊墙。通高366厘米，宽896厘米（图22、图23；图版Ⅰ：29、图版Ⅰ：30）。

石墙下为基台，高13厘米，外凸墙身27厘米。正面墙身条石横向砌筑，高310厘米，宽734厘米，厚32厘米；下部条石毁，后世修补完整；上部条石略外凸，形如额枋，高29厘米。墙身左右端条石纵向砌筑，形似隔断墙，与正面墙身等高，宽约31厘米，外凸正面墙身约55—80厘米。左端隔断墙北向下部条石毁，后世修补，并与小佛湾和圣寿寺之间的分隔围墙相接。墙身顶部设外挑的石板，形如两坡屋顶，通高13厘米，外挑墙身约70厘米，遮覆墙体。最上前后石板相接处设屋脊，后世用水泥沙浆抹面。屋脊断面呈梯形，高约30厘米，底部最宽30厘米，上部抹棱内收，最窄5厘米。

三　造像

墙身正壁中上部成"一"字形开7个大圆龛，皆略残（图版Ⅰ：29）。龛直径96厘米，深9厘米，内各刻结跏趺坐佛像1身；上部额枋（包括左端隔断墙）成"一"字形开27个小圆龛，直径24厘米，深6厘米，内各刻坐像1身。左端隔断墙北面纵向开二个小圆龛，直径23厘米，深6厘米；东面开一小圆龛，直径40厘米，深8厘米；内皆刻坐像1身。右端隔断墙北面和西面共刻铭文4则。

1　重庆大足石刻艺术博物馆：《大足宝顶山小佛湾祖师法身经目塔勘查报告》，《文物》1994年第2期。

据造像布置，分为墙身正壁、额枋、隔断墙三部分记述。

（一）正壁

成"一"字形横刻7身坐佛像（图22）。

佛像皆部分残，体量相近，坐像高约65—70厘米，头长20厘米，肩宽32厘米，胸厚8厘米。螺髻，面圆，直鼻，颈刻三道肉褶线，两耳垂肩，内着僧祇支，系带作结，外着双领下垂式袈裟，下着裙；袈裟袖摆及裙摆覆于座前，结跏趺坐于三重仰莲台上。台高29厘米，宽80厘米，深9厘米。从左至右编为第1—7像。

第1像　双手略残，掌心向上，叠于腹前；自掌心出一道毫光，略残，从腹前经左前臂斜向上升，延至龛外（图版Ⅰ：31）。

第2像　双手腹前结弥陀印（图版Ⅰ：32）。

第3像　左手腕镯，屈肘上举托贝叶；右手残，似抚膝（图版Ⅰ：33）。

第4像　肩以上毁。袈裟一角以环系于左肩。左手略残，置于腹前；右手腕镯，屈肘上举结印，食指与中指伸至龛外（图版Ⅰ：34）。

第5像　左手残，似抚膝；右手屈肘握经卷，手及经卷残。左膝残（图版Ⅰ：35）。

第6像　面毁身蚀。似着袒右式袈裟，袈裟一角覆于右肩，下着裙；袈裟下摆及裙摆覆于座前。右手腕镯，双手大部残，似于腹前结印（图版Ⅰ：36）。

第7像　双手叠于腹前，掌心向上捧宝珠，手及珠部分残。珠径9厘米。自珠发出一道毫光，经右前臂斜向上飘至龛壁右上方（图版Ⅰ：37）。

（二）额枋

正壁额枋及左端隔断墙上部成"一"字形，共凿27个小圆龛，皆内刻一坐像（图22、图24；图版Ⅰ：38、图版Ⅰ：39）。其中，正壁25身，左端隔断墙2身。造像皆残，残像坐高约15—21厘米，仅辨少许细节。从左至右编为第1—27像。其造像特征列入表3。

表3　小佛湾石窟第2号龛正壁额枋圆龛造像特征简表

位置	编号	造像特征
左隔断墙	1	仅辨轮廓。
	2	仅可辨似着袈裟。
正壁	3	存少许遗迹。
	4	头残，残坐高16厘米。
	5	头残，残坐高15厘米。
	6	存少许遗迹。
	7	着双领下垂式袈裟，左手似置于腹前，右手置于胸前，手残。
	8	存少许遗迹。
	9	内着僧祇支，外披双领下垂式袈裟，袈裟袖摆垂至龛外，双手腹前隐袖内。
	10	头大部残，双手腹前似隐于袖内。
	11	头残，着袈裟，袖摆垂至龛外。左手置于腹前，右手屈肘上举，似结印。
	12	仅辨轮廓。
	13	存少许遗迹。

续表3

位置	编号	造像特征
正壁	14	仅辨轮廓。
	15	头残，双手似置于胸前。
	16	面蚀，着袈裟，袖摆垂至龛外，双手腹前似隐袖内。
	17	仅辨轮廓。
	18	仅辨轮廓。
	19	可辨左手似置腹前；右手屈肘上举，似结印。
	20	仅辨轮廓。
	21	双手腹前隐于袖内。
	22	左手置腹前，右手置胸前，皆大部残。
	23	双手腹前隐袖内。
	24	左手腹前似持物，右手屈肘上举。
	25	双手腹前隐袖内。
	26	双手腹前隐袖内。
	27	双手腹前隐袖内。

（三）隔断墙身

左端隔断墙北面纵向开龛刻像2身，东面开龛刻像1身（图25；图版Ⅰ：40、图版Ⅰ：41）。北面像自上而下编为第1、2像，东面像编为第3像。

第1像　风蚀甚重，残坐高23厘米。可辨着双领下垂式袈裟，袈裟及裙摆垂于龛外，双手腹前隐袖内，结跏趺坐。

第2像　残蚀甚重，残坐高23厘米；龛外下方存下垂的袈裟遗迹。

第3像　坐高34厘米，头长10厘米，肩宽13厘米，胸厚4厘米。面蚀，内着僧祇支，外着双领下垂式袈裟，下着裙，袈裟及裙摆延至龛外。双手残，置腹前，结跏趺坐。

四　铭文

4则。

第1则　《席存著撰〈赵智凤事实〉》残文，南宋嘉熙年间（1237—1240年）。位于正壁中部左起第四个大圆龛下约3厘米处。刻石面高20厘米，宽60厘米。横向残存4字，字径约16厘米。其右下约40厘米处残存"承直"2字[1]，楷体，字径6厘米（图版Ⅱ：24）。现据《乾隆大足县志·隐逸仙释》录文转录如下。

赵本尊名智凤绍兴庚辰年生于米粮之沙溪五岁入山持念经咒十有六年西往弥年复回山修建本尊殿传授柳本尊法旨遂名其山曰宝鼎

1　（清）张澍《后游宝顶山记》云："……阁后石壁，首刻'敕赐圣寿寺院'等字，下截磨泐。又横刻'唐瑜伽部主总持王'八字。下刻'焕章阁学士'字，下磨泐。次行刻'昌州'等字，下亦磨泐。旁碑文大半消蚀。就存字译之，乃系赵本尊智凤事实也。末存'承直郎'，盖知昌州军判官席存著所作者。下横刻八大字，尚存'大宝楼图'四字，字大如箕。"见《民国重修大足县志》卷一。

舍耳炼顶报亲散施符法救民尝垂戒曰热铁轮里翻筋斗猛火炉中打倒悬嘉熙年间承直郎昌州军事判官席存著为之铭

第2则　佛偈戒（1237—1240年）。位于左端隔断墙北面中上部[1]。刻石面高87厘米，宽19厘米。文左起，竖刻3行54字，楷体，直径5厘米（图版Ⅱ：25）。

01　经云佛灭度后一切信心所施佛物应用造佛
02　形像及造佛巨七宝幡盖买诸香油宝华以供
03　养佛除供养佛余不得用用者则犯盗佛物罪[30]

第3则　恒沙佛说大藏灌顶法轮经（1237—1240年）。位于右端隔断墙西壁上方。刻石面高105厘米，宽75厘米。额左起横刻"恒沙佛说大藏灌顶法轮经[31]"11字，字径5厘米，楷体。文左起，竖刻17行，残存198字，字径2厘米[2]（图版Ⅱ：26）。

恒沙佛说大藏灌顶法轮经（额）

01　□音者□□□□□□□□□□□□□□□脱生死事是也我等自八岁
02　□□办比□□□□□□□□一当□□□□大家出脚露手七颠八倒应
03　□□□□□□□□□□□□□迫□□□□□身诀不长久涅槃经云人身如
04　□□□□□□□□□□□□□□□□□□昏至死不留君待一更信也忞
05　□□忞〔人〕□□□□□□□□生死事为□苦□□□□十七年无人信用可谓苦哉
06　苦哉悲哉□□□□□□□□□□□□□身撒手须教千圣外纤[3]毫不
07　□□中尘□□□□□□□□□□□□□十〔恶〕堕三恶道佛子觉照心生
08　便修十善但□□□□□□□□□□□□觉照为根本可谓摄心一处便
09　是如来道□□□□□□□□□□□□□意便嗔□屈可叹太
10　□大□本□□□□□□□□□□□□□次说等千佛〔来〕出世远说
11　无欺□□□□□□□□□□□□□□□大是海不见蝼蚁大是象不
12　□海□□□□□□□□□□□□□□□真善知识了心了性远道底
13　□见此一□□□□□□□□□□□□□当不过还□不〔妨〕只恐你一时
14　中间□□□□□□□□□□□□□□□□为本不□佑庆喜大吉
15　□报应□□□□□□□□□□□□□□如来正法轮□□□□
16　□□此经□□□□□□□□□□□□□□□□□□□□□□
17　□□□□（漶）[32]

第4则

南无金幢宝胜佛教诫（1237—1240年）。位于右端隔断墙西壁中部。刻石面高103厘米，宽75厘米。额左起横刻9字，字径5厘米；文横竖并行，存200字，字径2—5厘米（图版Ⅱ：27）。

1　该铭文下部另刻铭文1则，20世纪50年代维修时被条石遮盖。《大足石刻铭文录》据拓片辨识，4行28字，字径2厘米，其中漶灭12字，录文为："□□□□□□□」穷□无尽一依太」迷不复入世训□」□□□遵依佛语□"。见重庆大足石刻艺术博物馆编：《大足石刻铭文录》，重庆出版社1999年版，第186页。
2　该铭文大部剥落，现据1999年《大足石刻铭文录》转录。
3　此"纤"字《大足石刻铭文录》录为"忏"。重庆大足石刻艺术博物馆编：《大足石刻铭文录》，重庆出版社1999年版，第184页。

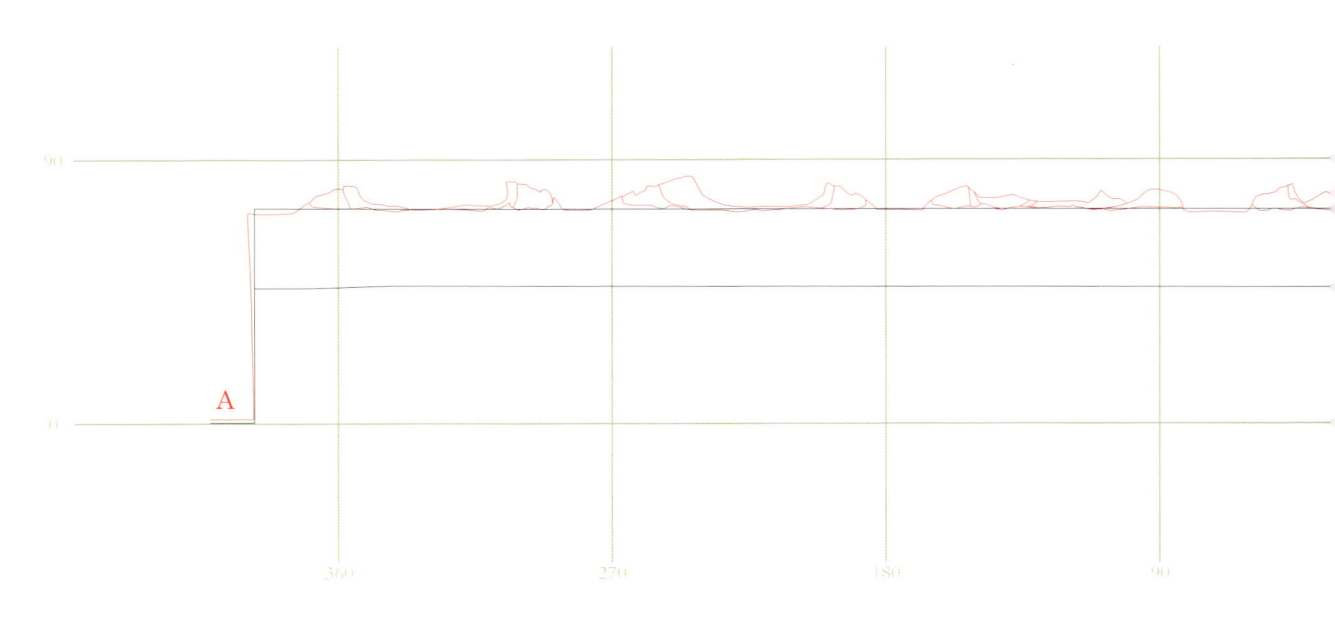

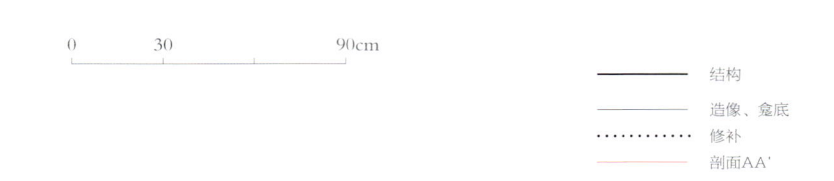

图 22　小佛湾石窟第 2 号龛平、立面图
1　立面图　2　平面图

第二章　宝顶山小佛湾石窟　41

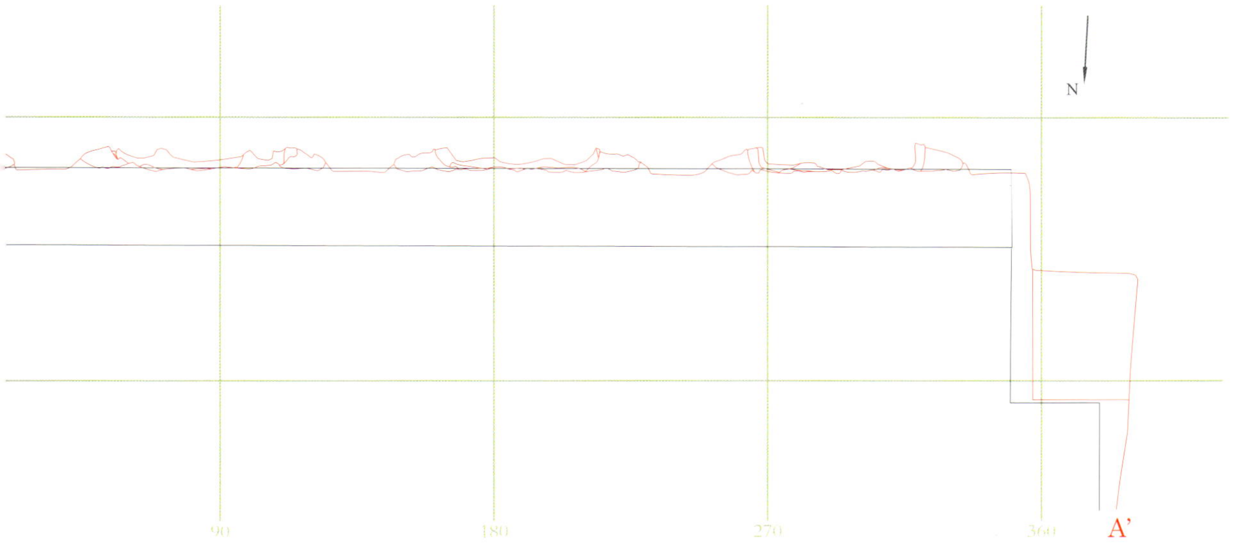

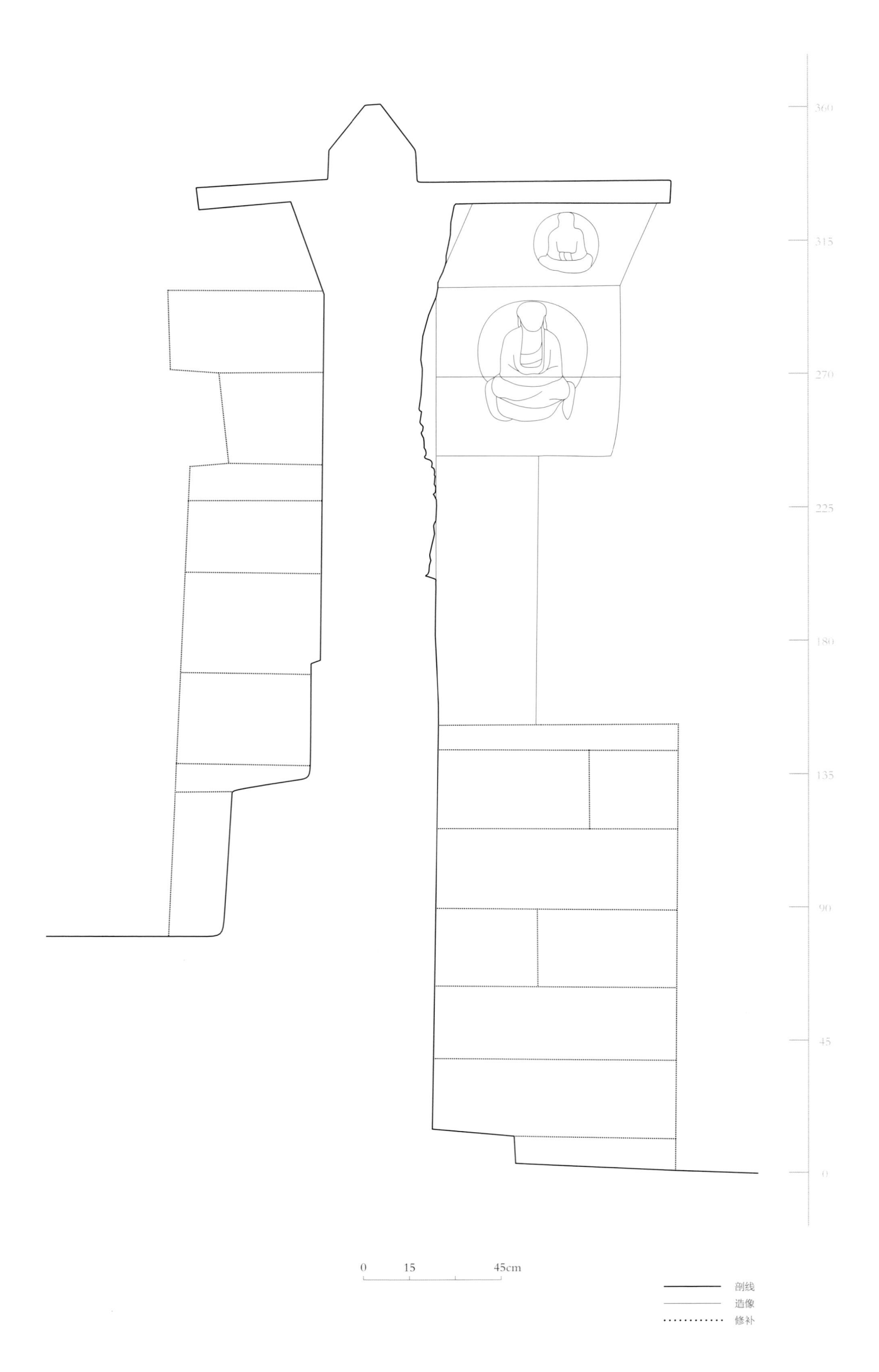

图 23　小佛湾石窟第 2 号龛剖面图

南无金[33]宝幢胜佛教[34]诫

咄！邪不忏，正

欲得不招无间业，谨按弥勒佛颂云：莫谤如来正法轮

梦幻泡影，若将妄语遵普劝，谨按古佛垂诫颂云：自招拔舌尘沙劫

喝！真虽普，佛威泽无私

未□十二□□经，一路涅槃门子□为妙[1]

漏识修[35]因果，饶经八万劫[36]

谁言得久[2]长[3]，终是落空亡□□□□□

一路来诸佛□□□

知音者，辽成□□醍醐□上，遇斯等[38]药人□味

不润枯木，不立无根

无明，迷则无明□□□□

且□莫□□□

觉照悟□□□□

出世[37]且大藏真治一切伪

天心岂许伪侵真，迷则佛不生六道

迷则四生六道

何愁□□□□□

(浧)(浧)□□□

一切罪，佛法不容邪害正

---

1 此"妙"字《大足石刻铭文录》未识别。重庆大足石刻艺术博物馆编：《大足石刻铭文录》，重庆出版社1999年版，第185页。

2 此"久"字《大足石刻铭文录》录为"长"。同前引。

3 此"长"字《大足石刻铭文录》录为"久"。同前引。

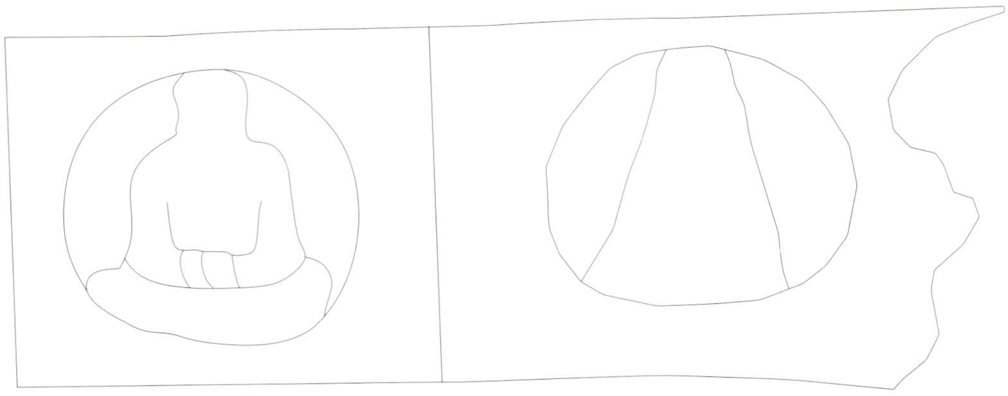

图 24　小佛湾石窟第 2 号左端隔断墙额枋北向、东向造像展开图
1　东向　2　北向

第5则　祖师传偈（1237—1240年）。位于右端隔断墙西壁下部。刻石面高32厘米，宽75厘米。文左起，竖刻15行，存41字，楷体，首行字径3厘米，其余字径2厘米[1]（图版Ⅱ：28）。

01　祖师传偈
02　佛言信正□□□□□
03　造恶业者如大□□□□
04　□□可□正信□□□□
05　□□□□□位□□□□
06　（漶）
07　努力（漶）
08　（漶）
09　（漶）
10　□明朝求不来若□
11　悲哉痛哉莫怪莫□
12　□真赞曰佛经□□
13　疑□□□言知□□
14　（漶）
15　（漶）[39]

五　晚期遗迹

1962年，因廊墙及左隔断墙下部倾斜，基脚不稳，有崩塌之危，遂以七级条石砌筑基脚加固[2]。

正壁额枋左起第7、9、13、15、17、19、22像头部残毁处均凿圆孔，大小相近，直径1—2厘米，深2厘米。正壁中部左起第4像头部凿一圆孔，直径2.5厘米，深2厘米；第5像左手及左膝处均凿一圆孔，直径4厘米，深4厘米。这些圆孔，推测均系后世修补留下

1　陈灼将本则铭文与其上方铭文（即本龛第4则铭文）视为一体。陈灼：《大足石刻辨疑六题》，重庆大足石刻艺术博物馆编：《2005年重庆大足石刻国际学术研讨会论文集》，重庆出版社2007年版，第514—517页。
2　邓之金：《大足石刻维修工程四十年回顾》，《四川文物》1992年第2期。

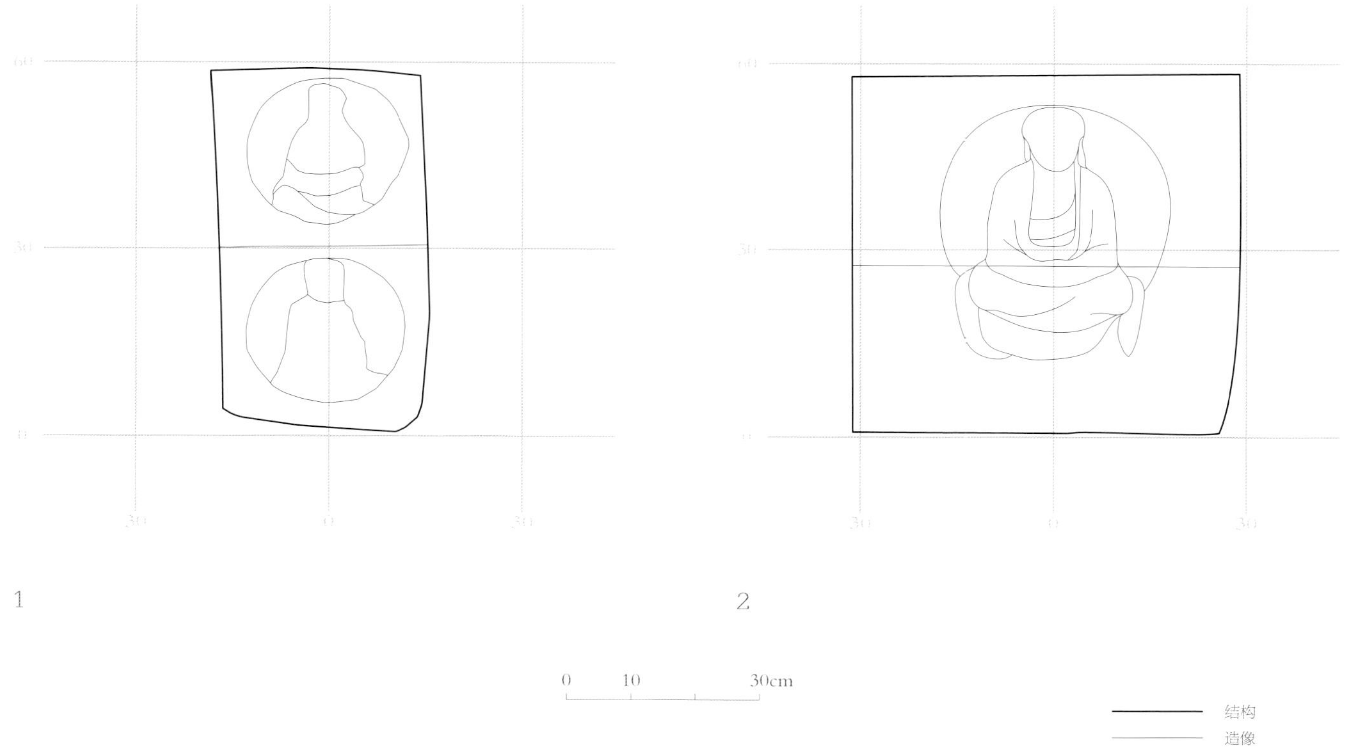

图 25　小佛湾石窟第 2 号龛左端隔断墙造像立面图
1　北面　2　东面

的痕迹。

龛内保存红色、黑色、绿色、蓝色、灰白色等五种涂层。

第四节　第3号

一　位置

位于坛台正面（北向）西侧下部。左距坛台边缘约180厘米，右距进入坛台顶部的梯道约490厘米；上距坛台顶部约27厘米，前距后世修筑的门楼墙体约280厘米。

窟口北向，方向0°。

二　形制

石砌双重方形平顶窟（图26、图27、图28、图34、图41；图版Ⅰ：42、图版Ⅰ：43）。

窟口　双重，皆呈方形（图版Ⅰ：44）。外重窟口高206厘米，宽228厘米，深42厘米。左右置方形石柱，略剥蚀，下起地坪，与窟口等高，面宽38厘米。柱顶后世皆加塞条石一级，正面与柱身齐平，端头向窟口延伸。该条石上承后世修建的平台。其中，左石柱左外侧石壁素平，右石柱右外侧石壁略内凹，凹面高205厘米，宽220厘米，内刻立像两身。上部置条石一级，高约15厘米，外凸内重窟口约11厘米。

内重窟口以七级条石叠砌。上沿高29厘米，双钩左起横刻"古迹石池宝顶山"7字，楷体，字径31厘米（图版Ⅱ：29）。左右沿面宽30.5厘米，楷书双钩竖刻楹联，左为"□□□□□耀"，右为"香风飘远[1][40]百由旬"，字径25厘米（图版Ⅱ：30）。窟口内沿高181厘米，宽158厘米，深27厘米。窟口左右上角作弧面处理。

1　此"远"字《大足石刻铭文录》录为"通"。重庆大足石刻艺术博物馆编：《大足石刻铭文录》，重庆出版社1999年版，第186页。

图 26　小佛湾石窟第 3 号窟立面图

第二章 宝顶山小佛湾石窟 47

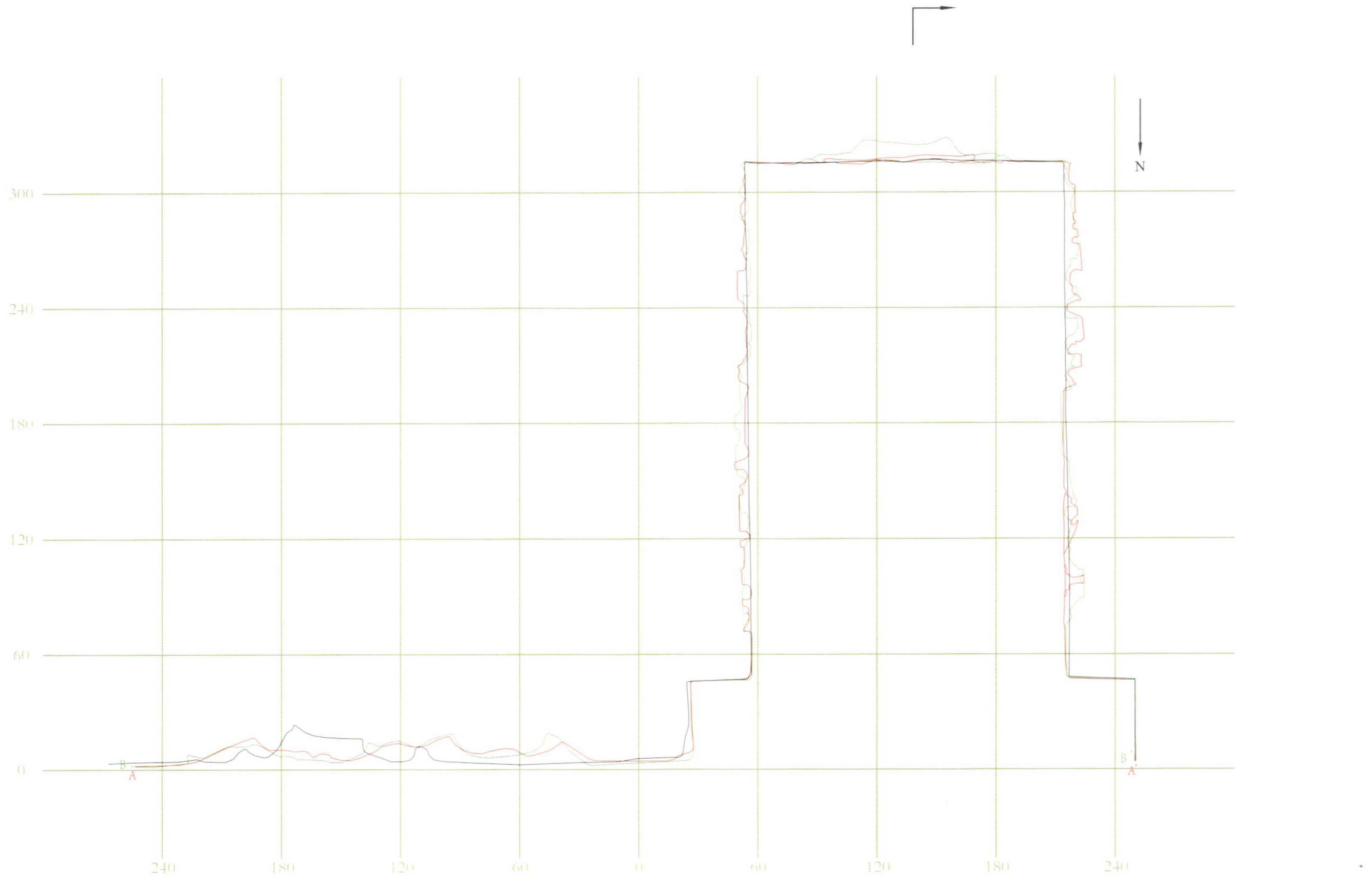

图 27　小佛湾石窟第 3 号窟平、剖面图
1　平面图　2　剖面图

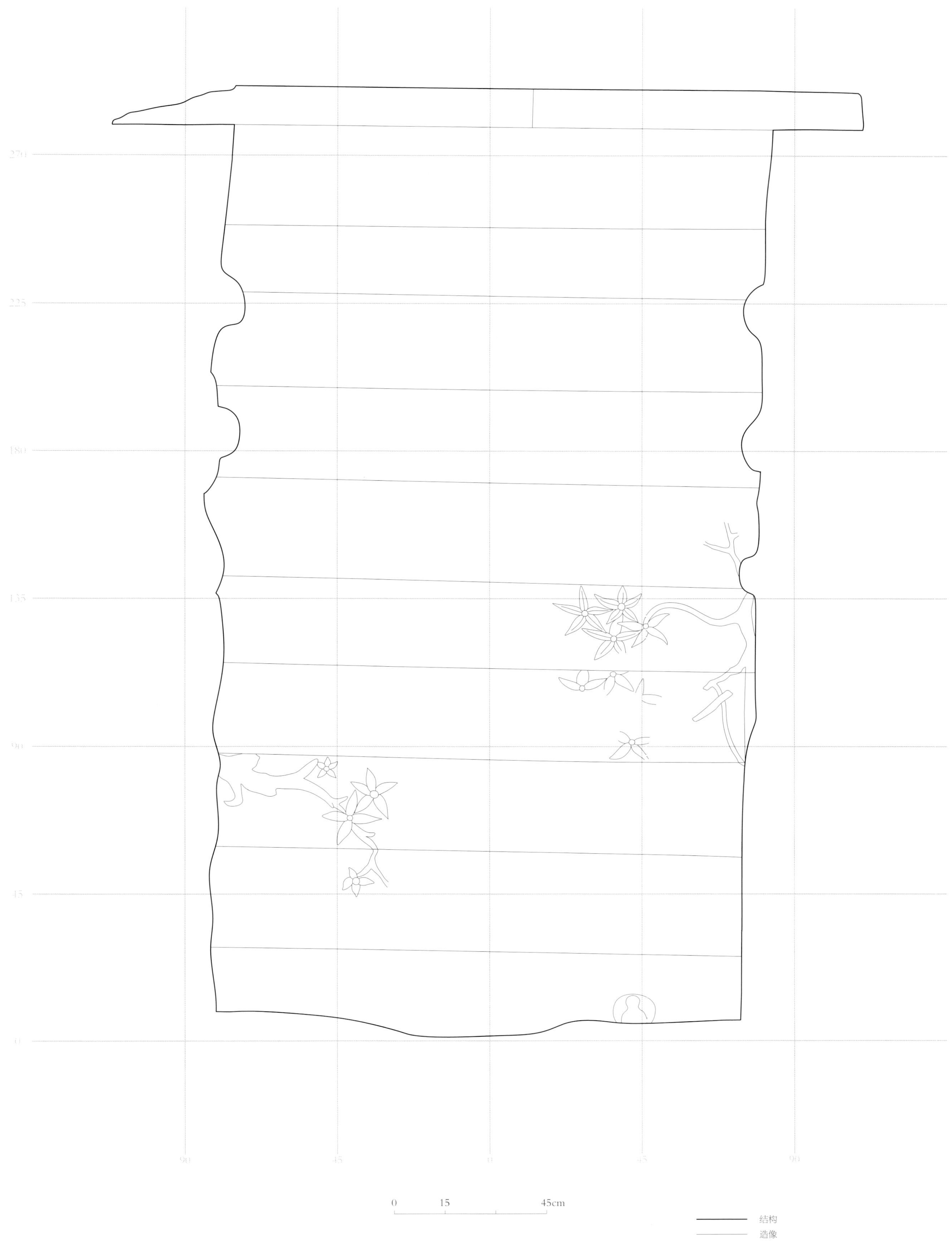

图28　小佛湾石窟第3号窟窟顶仰视图

第二章　宝顶山小佛湾石窟　49

窟底　呈方形，宽158厘米，深269厘米，至窟顶高约215厘米；窟底后世以石板铺砌修补，与窟外地坪齐平。

窟壁　正壁竖直，以七级条石叠砌筑成，中部凿大圆龛，内刻坐佛1身。左右侧壁竖直，与正壁垂直相接。窟壁与窟顶皆圆转相接。

窟顶　方形，平顶，以九级条石并列横向砌筑而成；左右端皆作圆券处理（图版Ⅰ：45）。

三　造像

按造像位置，分为窟外和窟内造像两部分。

（一）窟外

窟外右侧内凹壁面刻立像2身（图26；图版Ⅰ：46）。

左像　立高160厘米，头长27厘米，肩宽39厘米，胸厚10厘米。披发齐耳，面蚀，身微左侧，张口。着交领宽袖长服，袖口挽至上臂，以绳系于双肩，下着裙。左手残，屈肘上举左指窟门；右手腹前握扫帚，柄大部残断。足残，躬身站立。

该像头后刻一道毫光，向右横飘；其端头刻一个圆龛，龛径23厘米，内刻坐像1身，残毁甚重，残坐高16厘米；似戴冠，存左侧冠带遗迹，右手似屈肘上举。

右像　立高202厘米，头长42厘米，肩宽49厘米，胸厚12厘米（图29、图30）。头冠，冠带上扬；冠正面刻一身坐式化佛，残坐高约11厘米。头左侧，面方，隆眉，鼓眼，短鼻，鼻孔粗大，口微启。戴项圈，稍残，垂坠璎珞。上身斜披络腋，下着长短两层裙。身饰飘带，环于头后，沿肩飘垂体侧。臂环，腕镯。左手屈肘外伸，似持物[1]；右手于体侧持金刚杵，手及杵残。腹微鼓，跣足站立。

此外，窟左门柱外侧立有条石一根，残高118厘米，宽38厘米，厚25厘米[2]。条石正面上部凿一个圆龛，残存横径21厘米，内刻坐佛像1身。像头毁，残高21厘米，可辨着双领下垂式袈裟，左手腹前捧珠，右手抚膝，结跏趺坐（图版Ⅰ：47）。圆龛下竖刻"南无本师大孝□□□"9字，字径19厘米。其左右各竖刻偈语1行，现存7字，字径7厘米（图版Ⅱ：31）。

南无本师大孝□□□（中）

假使热铁轮△于□□□□（左）

□□□□苦△□□□□□[3]（右）

（二）窟内

窟内正壁、左壁、右壁皆刻像。

1. 正壁

刻像12身（图31；图版Ⅰ：48）。其中，壁面中部刻一大圆龛，直径128厘米，深22厘米，内刻结跏趺坐的主尊佛像1身；其上方及右侧刻像11身。

主尊佛像　坐高122厘米，头长34厘米，肩宽52厘米，胸厚9厘米（图32）。彩绘头光和身光。头光直径约56厘米，可辨水波状的毫光；身光部分残脱，横径114厘米，可辨放射状的毫光及云朵。头光和身光边缘皆描画火焰纹。头大部残，存后世修补残留的圆孔。溜肩，内着僧祇支，外披双领下垂式袈裟，下着裙；袈裟袖摆及裙摆垂于龛外，直至窟底。左手横置腹前似托钵，手及钵残；右手置胸前，齐腕毁。结跏趺坐。龛外下方刻仰莲台，可辨莲瓣。

主尊上方及右侧　造像残蚀甚重。据其位置及组合，从左至右、从上至下大致分作4组（图33）。

第1组　位于壁面左上方，刻像4身（图33-1；图版Ⅰ：49）。下部并刻立像3身，仅辨轮廓，高约26—33厘米；上部1身，位于窟顶小圆龛内，仅辨坐式身姿，残高约10厘米。

---

[1] 邓之金2000年考察后记此像"左手上举托一鸟"，现已漶蚀不清。见邓之金：《大足宝顶山小佛湾石窟调查——兼述小佛湾石窟属宋世原貌造像》，载重庆大足石刻艺术博物馆编：《大足石刻研究文集》（3），中国文联出版社2002年版，第206页。

[2] 本条石原位置不明，立于此处时间不详。

[3] 《大足石刻铭文录》据第1号方塔第二级东面偈语校补为：假使热铁轮△于我顶上旋（左）终不以此苦△退失菩提心（右）。重庆大足石刻艺术博物馆编：《大足石刻铭文录》，重庆出版社1999年版，第186页。

图 29　小佛湾石窟第 3 号窟窟外右立像等值线图　　　　　　　图 30　小佛湾第 3 号窟窟外右立像效果图

第2组　位于壁面上方中部，刻像4身（图33-2；图版Ⅰ：50）。其中，内侧2身并坐于方台上，外侧2身左右侍立。坐像皆残高17厘米，立像皆残高16厘米。方台宽29.5厘米，高4.5厘米，深3.5厘米。

第3组　位于壁面右上方，刻立像1身和兽2身（图33-3；图版Ⅰ：51）。立像仅辨轮廓，残高约24厘米；身下刻有云纹。其左下方刻兽1身，身残长约20厘米，可辨头向左，作行进状。其右下方另刻兽1身，身残长14厘米，可辨头向左，作行进状。

第4组　位于第3组下方，刻半身像1身和饿鬼像1身（图33-4；图版Ⅰ：52）。半身像残高约18厘米，似置身于云纹内；可辨右手于体侧屈肘上举。饿鬼像残高28厘米，可辨长发上扬，双手胸前合十，侧身向主尊胡跪，作礼拜状。

2. 左壁

据图像组合，分为内侧和外侧造像两部分，二者大致均分壁面（图34；图版Ⅰ：53）。

（1）内侧

造像残泐甚重，大致呈上、中、下三层水平布置。其中，上层刻像3组，中层刻像2组，下层刻像1组。按从上至下、从内至外（右至左）顺序，编为第1—6组（图35、图36）。

第1组

刻像4身，呈上三下一布置（图35-1；图版Ⅰ：54）。上中像及右像残坐高20厘米，双手置腹前，倚坐于方台上。台高10厘米，宽39厘米，深3厘米；上左像残坐高27厘米，头存髻发，似戴耳饰，内着僧祇支，外着双领下垂式袈裟，双手似置腹前，结跏趺坐。上右像下方刻一身像，残坐高28厘米，可辨身微躬，向左跪坐。

第2组

刻像5身，呈左三右二布置（图35-2；图版Ⅰ：55）。图左侧刻一身立像，残高约32厘米，躬身前倾站立，左手前伸，右手抚身前坐像头顶。坐像残高26厘米，可辨双手置于胸前。二像下方似刻一跪像，双手于身右侧托一盏盘作承接状。图右刻一身立像及一身坐像。立像残高28厘米，可辨下着裙，双手残，似抓身右坐像左臂。坐像残高21厘米，可辨着宽袖服，左手屈肘前伸，右手横置腿上，侧身而坐。

第3组

刻树1株及立像1身（图35-3；图版Ⅰ：56）。树茂枝繁，枝叶延置窟顶中部。树杈间刻一个圆形鸟巢，大部残。树干左侧饰云纹。树正下方刻立像1身，残高约32厘米，可辨左手屈肘外伸，似持物；右手置于胸前。

图 31　小佛湾石窟第 3 号窟正壁造像立面及分组图

图 32　小佛湾石窟第 3 号窟正壁主尊佛像等值线图

图 33　小佛湾石窟第 3 号窟正壁第 1—4 组造像立面图
1　第1组　2　第2组　3　第3组　4　第4组

图 34　小佛湾石窟第 3 号窟左壁造像立面及分组图

1

2

3

4

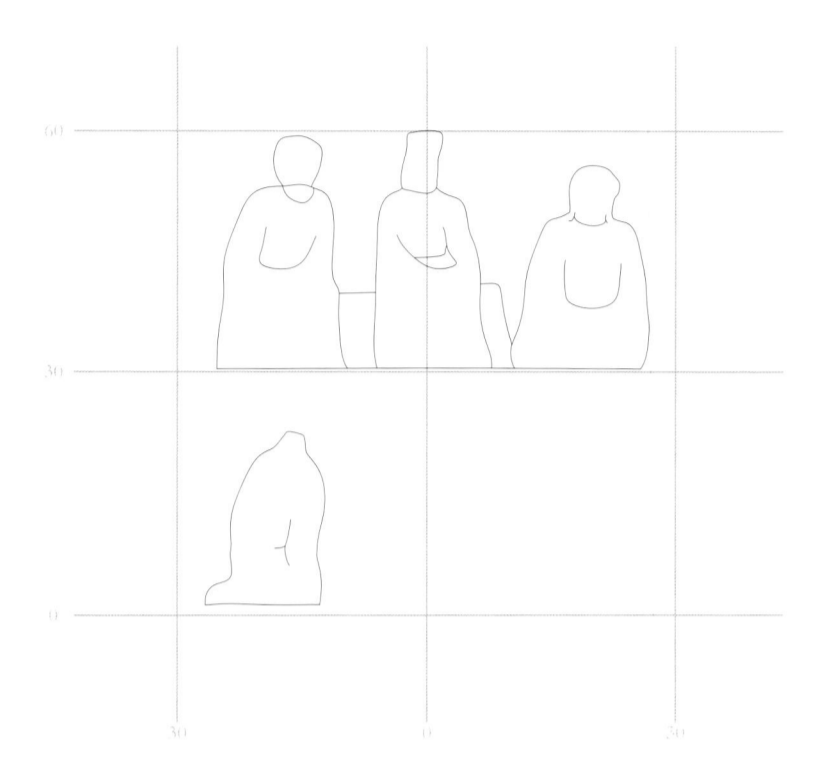

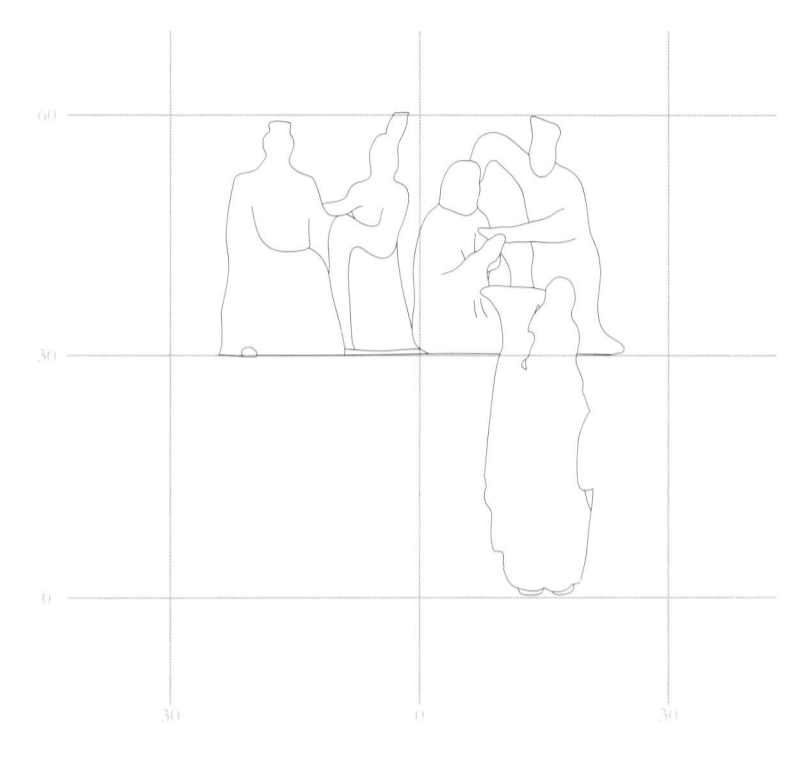

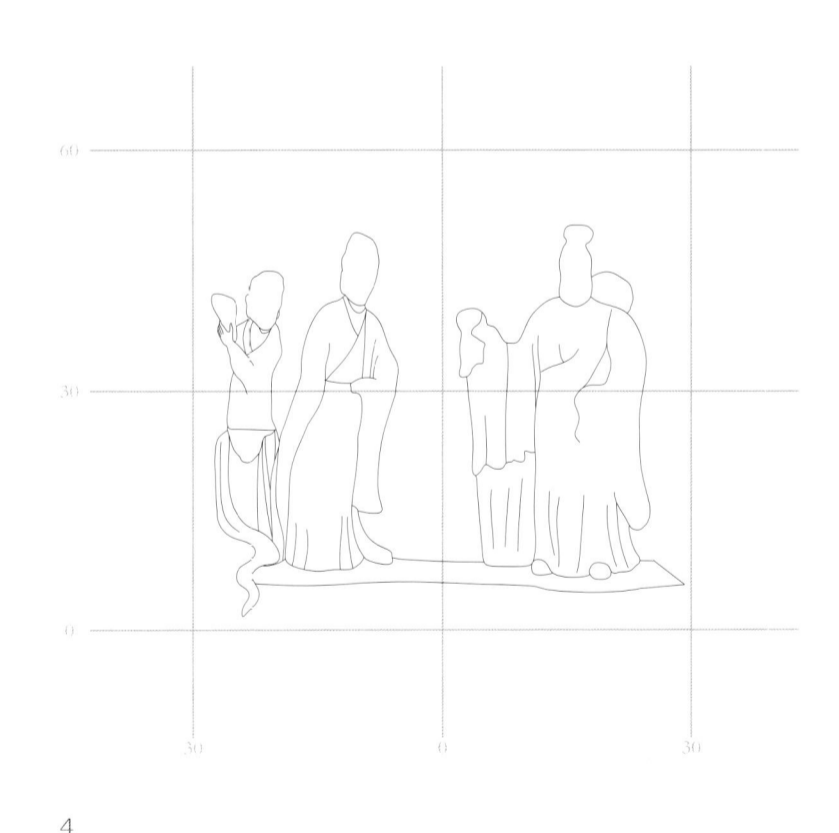

0　10　30cm

—— 造像

图35　小佛湾石窟第3号窟左壁内侧第1—4组造像立面图
1　第1组　2　第2组　3　第3组　4　第4组

第4组

刻像4身（图35-4；图版Ⅰ：57）。左像头残，立高46厘米，着交领宽袖服，下着裙；身略右侧，左手抱一小孩，右手屈肘外展握剑，剑残长36厘米。小孩像残高13厘米，头斜靠于左像左肩。左像右立一身女像，身左侧躬身着鞋而立，残高45厘米，似梳髻，着交领服，饰披巾，下着裙，双手残。女像之右，刻一身立像，侧头扭身，残高39厘米，可辨着交领窄袖服，下着裙；其身侧各存一段下垂的披巾；双手身前抱一个长桶状物，物残高10厘米，直径4厘米。

第5组

刻像4身（图36-1；图版Ⅰ：58）。中刻方台，高29厘米，宽37厘米，深7厘米。方台上刻卧像1身，仅辨左侧头部。台左刻一身立像，残高42厘米，可辨着交领服，下着裙；双手前伸，托举卧像头部。台右刻一立像，残高44厘米，身微躬，作探视状。台上方另刻一立像，残高约31厘米，仅辨轮廓。台左下角刻一只虎，探半身，高18厘米，身长17厘米，向外作俯冲状，现前足、趾尖。

第6组

刻像10身（图36-2；图版Ⅰ：59）。最右像双手胸前合十，足鞋而立，残高约44厘米，可辨着交领宽袖长服，存斜披的袈裟，下着裙。其身后刻一身男子像，存双小腿，似绑腿，立身高41厘米，肩挑担，双手扶担杆；担杆两端垂担筐，内各坐一像，残高约18厘米，似着交领服。挑担者左侧，刻6身像。第1像足鞋略扭腰直立，残高42厘米，内着交领服，外着对襟宽袖服，腰系带作结，下着裙。双手残，右手屈举体侧。第2像半身，位于第1身身后上方，残高23厘米；可辨头戴圆状帽，双手于左侧持圆形物，似圆鼓，直径7.5厘米。第3像足鞋而立，残高42厘米，着对襟窄袖短衫，腰系带束裙，下着裤。双手残，屈肘置于身前；扭颈转体，左腿屈膝上抬，右腿直立，作舞蹈状。第4像残立高36厘米，腰系带，下着裤，左手残，右手前伸，持长方形物，似拍板；扭身右转，左脚上提，立右腿作跳舞状。第5像位于第4像上方，现半身，残高26厘米，可辨梳髻。双手胸前似持物。第6像残立高39厘米，上着对襟衫，敞胸，腹鼓凸，腰系带，下着裙。肩负细腰鼓，置于腹前。鼓残长约9厘米；双手似外展作拍击状。左腿踢足，交叠于右足外侧，右腿直立；着鞋。

（2）外侧

造像亦大致作上、中、下三层布置，保存较差。上层刻结跏趺坐佛像3身，中层刻图像3组，下层刻图像2组（图34）。

上层坐佛像　三身结跏趺坐佛像皆半身，体量相近，高37厘米，头长17厘米，肩宽25厘米，胸厚5厘米（图37；图版Ⅰ：60）。头布螺髻，面圆，着双领下垂式袈裟。其中，左佛像双手置于胸前隐袖内。中佛像双手胸前持钵，钵高5厘米，直径10厘米。右佛像面残，袈裟一角系于左肩哲那环上，双手胸前持经函，经函长20厘米，宽7厘米，厚4厘米。

中下层图像　从上至下、从左至右，将中、下层图像编为第1—5组（图38、图39、图40）。

第1组

刻像6身（图38；图版Ⅰ：61）。图前（左侧）刻一大腹便便的孕妇，立身残高43厘米。头梳髻，面残，着长袖服，腰系带，左手垂体侧，右手抚腹，身略后仰，作临产状。足不现。身后一立侍像高33厘米，梳髻，衣饰不明，双手抱扶孕妇。二像身前，刻一像竖左腿，侧身胡跪，双手置胸前，作捧接状。像残高约28厘米，似梳髻，其身前饰云纹。二像身后，刻一张方案，案高17厘米，宽15厘米。案上覆巾，置三足香炉，炉残。案左立一像，残高29厘米，身身侧，双手置案台上。二像右侧上方，刻一半身像，高23厘米，饰头巾，着宽袖服，双手残，左手屈肘上举；其身前立一小孩，高约25厘米。可辨左手上举前伸，右手置腰间，侧身直立。

第2组

刻一女像及一小孩，皆残毁甚重（图39-1；图版Ⅰ：62）。其中，女像残坐高32厘米，梳髻，左手扶小孩后背，右手残，屈于胸前，似持物，侧身倚坐于方台上。台高14厘米，宽45厘米，深8厘米。小孩坐于女像腿上，左手前伸女像胸前似接物，残坐高15厘米，可辨左手前伸。

第3组

刻像3身（图39-2；图版Ⅰ：63）。左侧刻一女像侧身倚坐于方台上（与第2组女坐像为同一方台）。像残高29厘米，似梳髻，左手撑台，右手抚腹前小孩后背。小孩身残长17厘米，双脚蹬于绣墩上，上身伏于女像胸前作吸奶状。右侧刻立像1身，残高29厘米，可辨躬身左转，左手残，屈肘前伸，右手毁。其身前刻绣墩。

第4组

刻像3身（图40-1；图版Ⅰ：64）。左像残坐高25厘米。可辨头巾，着交领宽袖服，下着裙；左手置于左腿，右手置胸前，身右

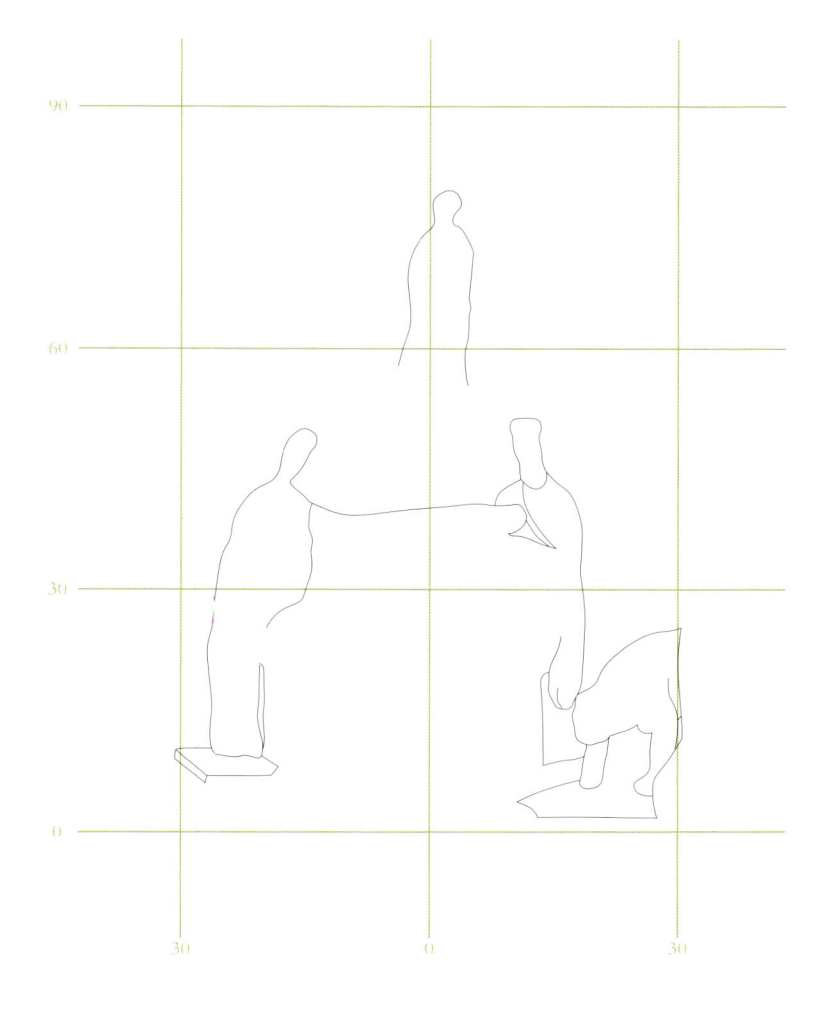

图 36　小佛湾石窟第 3 号窟左壁内侧第 5、6 组造像立面图
1　第5组　2　第6组

图 37　小佛湾石窟第 3 号窟左壁外侧三佛造像立面图

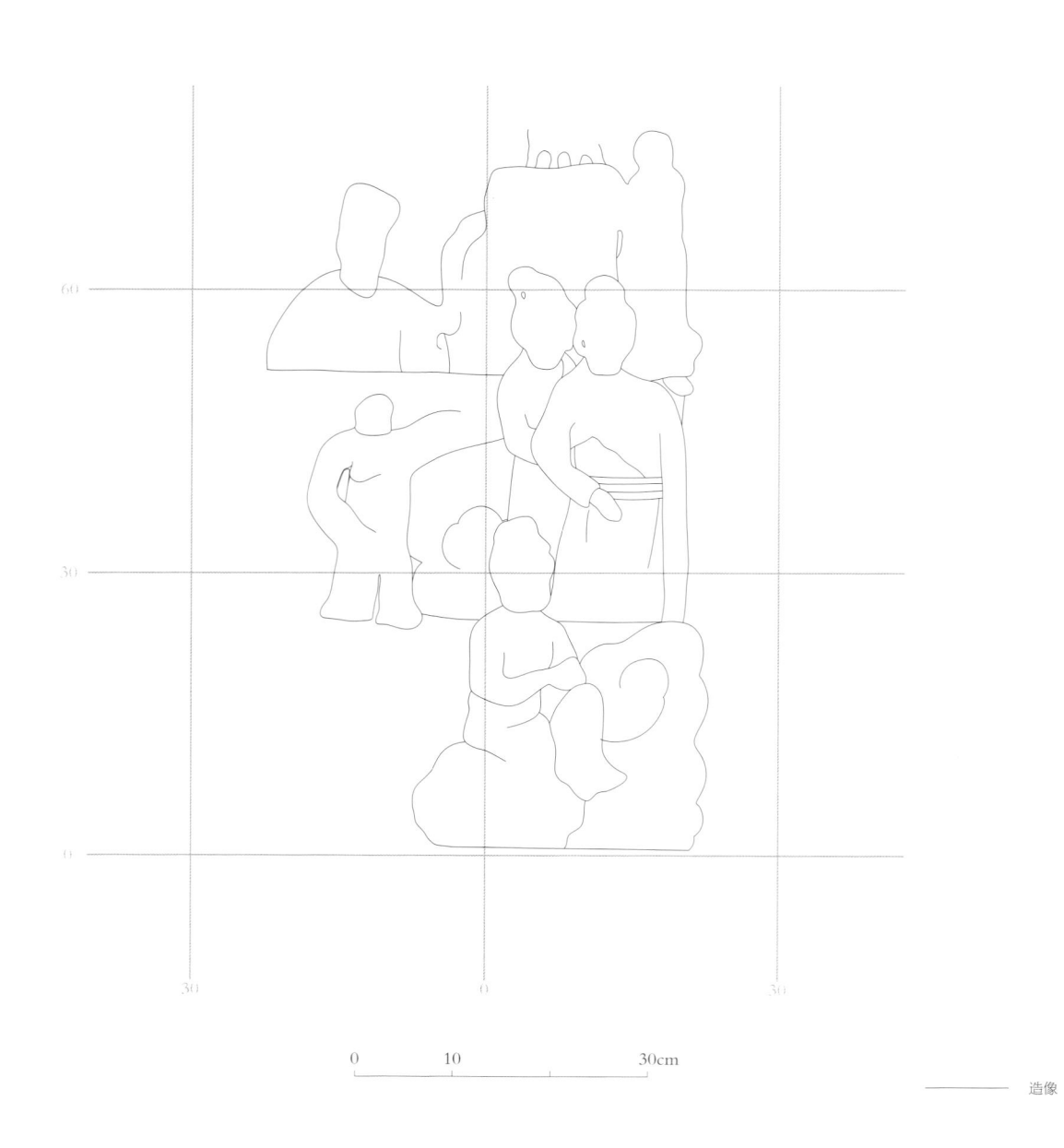

图 38　小佛湾石窟第 3 号窟左壁外侧第 1 组造像立面图

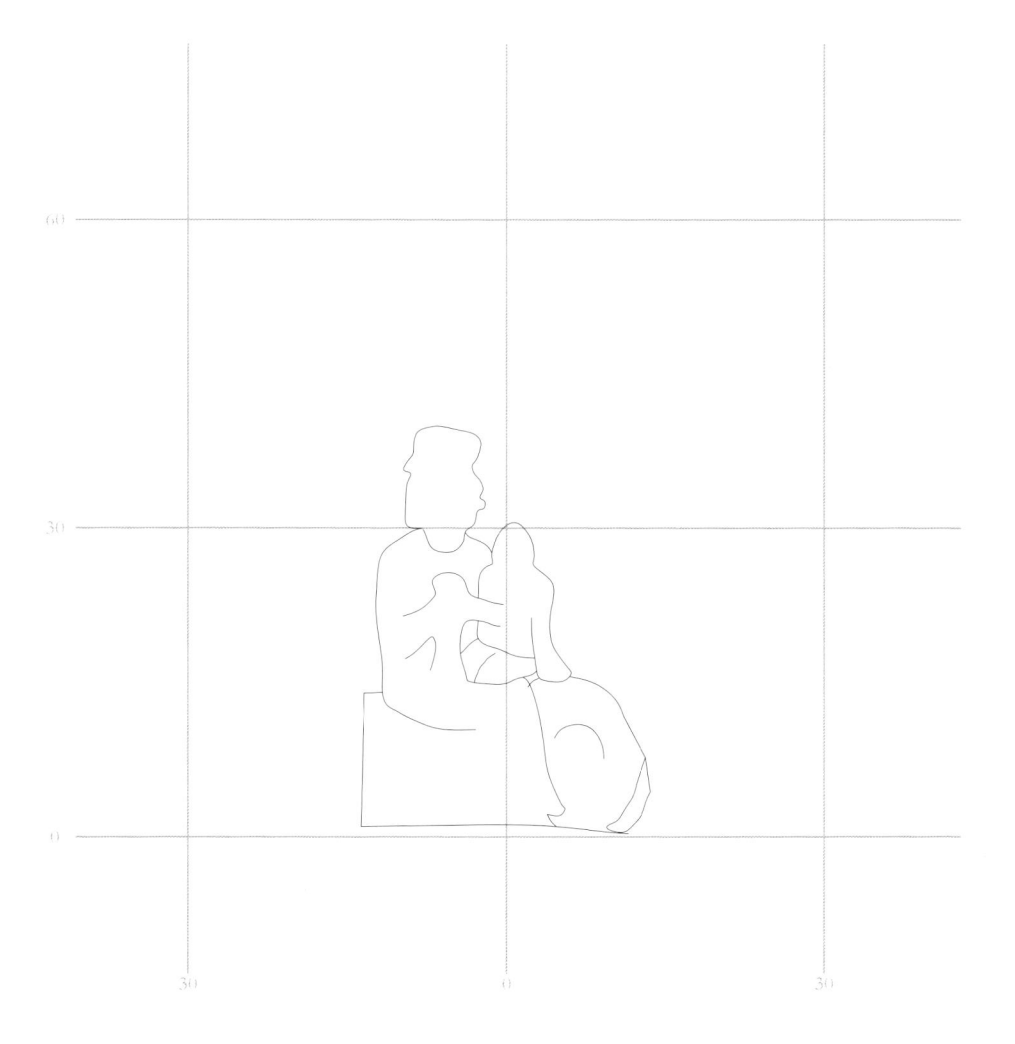

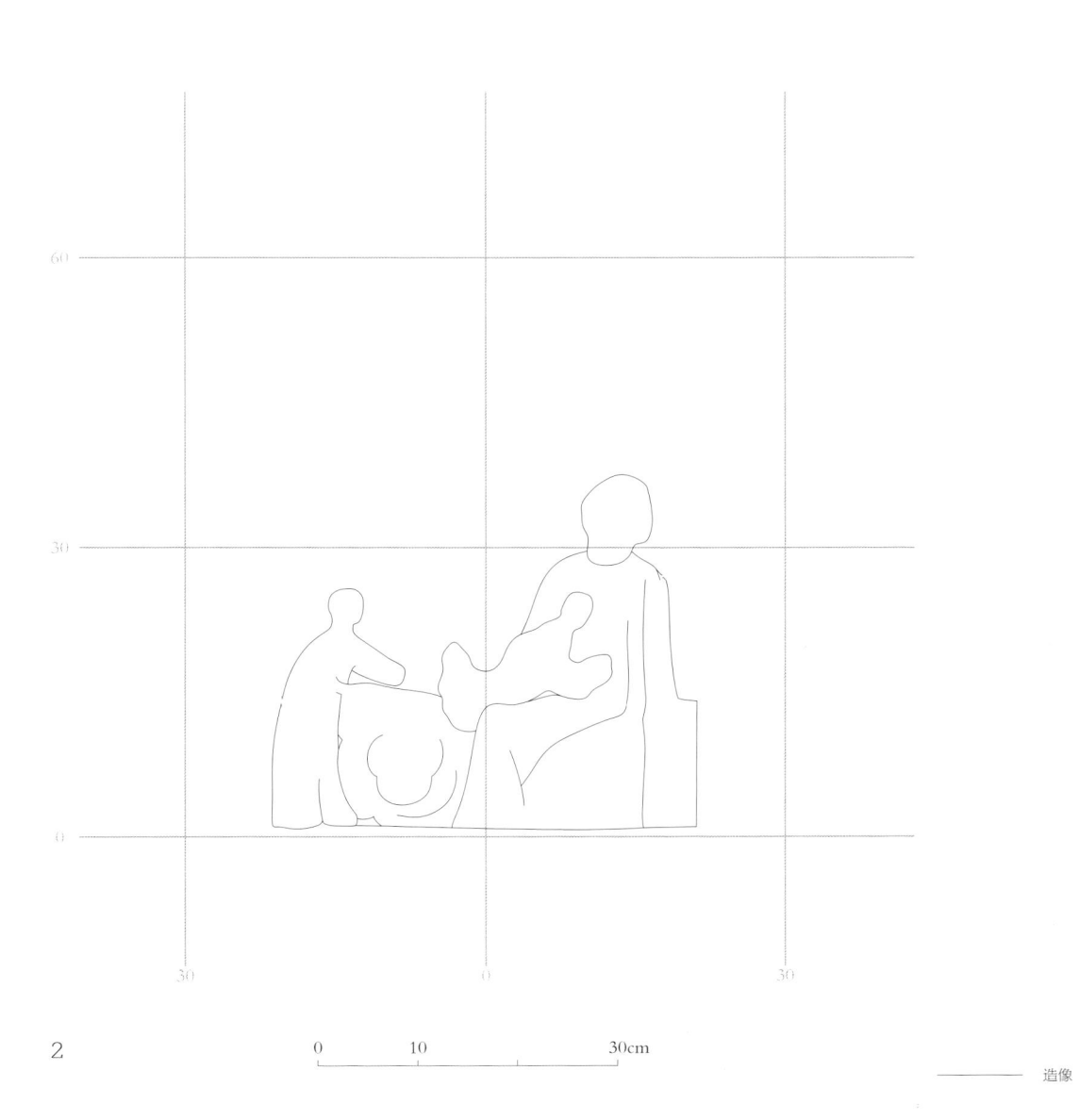

图 39　小佛湾石窟第 3 号窟左壁外侧第 2、3 组造像立面图
1　第2组　2　第3组

侧倚坐于低台上，足鞋。中像现半身，高约24厘米，可辨着宽袖服，双手置胸前，似作聆听状。右像残坐高21厘米，可辨下着裙，身左侧与左像相对，双手斜置腹前，倚坐于方台上。

第5组

刻像6身（图40-2；图版Ⅰ：65）。中刻一案台，台后刻三像。中像现半身，体量稍小，似小孩，高约19厘米，仅可辨双髻，双手似置胸前。左右像年长。其中，左像足鞋倚坐，坐高22厘米，可辨头巾，腰系带，下着裙，双手置于腹前。右像半身，残高23厘米。可辨头巾，双手似置腹前。案前左侧，刻一身压覆一头猪。像半身，残高约13厘米，可辨展双臂。猪高10厘米，长22厘米。头低伏，现四足，短尾。其前刻一圆盆，直径12.5厘米，深1.5厘米。猪头左前刻一身立像，残高30厘米，腰系带，下着裤，双手残，赤足分腿直立，扭身似作挥棍状。猪头左上方立一半身女像，高29厘米，梳髻，面残，着宽袖服，左手残，右手下垂。

3. 右壁

造像布局与左壁略同，内容亦呈对称布置，仍分为内侧、外侧两部分（图41；图版Ⅰ：66）。

（1）内侧

造像大致作上、中、下三层布置，皆残毁甚重，模糊不清。其中，上层刻像3组，中层刻像2组，下层刻像1组。从上至下、从内至外（左至右）顺序，编为第1—6组（图42、图43）。

第1组

存像3身，作上二下一布置（图42-1；图版Ⅰ：67）。上左像毁，仅存轮廓。上右像残坐高23厘米，可辨轮廓。下像残高约26厘米，可辨仰头，右向侧身跪坐，双手前伸，似托一物；身后饰云纹，身前刻一只大雁，口衔一方形物，向左作展翅飞翔状。

第2组

刻像3身，水平布置（图42-2；图版Ⅰ：68）。左像残坐高26厘米，可辨身右侧，双手似前伸作抚摸状。中立像大部残，仅存轮廓，体量略小。右立像残高23厘米，可辨下着裙。左手前伸，扶中像肩；右手残。身后刻树一株，树干分叉，枝叶延至窟顶，其中一枝条悬挂衣物，下垂于中像头部上方。

第3组

造像残毁甚重，可辨4身造像轮廓（图42-3；图版Ⅰ：69）。作上三下一布置。上左一身立像残高约18厘米。上右两身坐像残高约14厘米。下立像高约30厘米，仅辨右臂屈肘外展。

第4组

刻像11身（图42-4；图版Ⅰ：70）。图刻一床榻，床高9厘米、长34厘米；榻上仰卧一像，头枕圆枕，身长约33厘米。卧像床头侧身立一半身像，头大部残，残高29厘米。似着袈裟，右手抚卧像额。其头顶发出一道毫光，左延覆卧像胸腹；毫光最宽11厘米。该像身后侧立五像，皆残，残高约12—18厘米，可辨双手合十或拱于胸前，似作祈祷状。床尾立一半身像，侧身躬背，高25厘米，着宽袖长服，双手抚卧像双足。床榻内侧立三像，皆半身，高约11厘米，仅辨着交领服。

第5组

刻像7身，皆残甚重（图43-1；图版Ⅰ：71）。大致作上下两排布置，其中上排5身，下排2身。下排左像立身残高约29厘米，可辨着交领窄袖服，双手于身前持袋状物扛于左肩；右像残高25厘米，双手残，置腹前，身略左侧，坐于低台上。上排从左至右第1像躬身侧立，残高约18厘米，可辨头仰，双手前伸似持物。第2像残立高约12厘米，可辨双手合十。第3像残立高约18厘米，可辨双手于体侧托物。第4像仅辨轮廓，残立约17厘米。第5像躬身右侧而立，残高约21厘米，可辨着宽袖服，双手前伸似托物。

第6组

该组造像以中刻塔式棺具为中心，其前后端及正面前侧，共刻像21身（图43-2；图版Ⅰ：72）。

棺呈方形，高约71厘米。底部为仰莲台，露少许。台上刻三重塔式棺椁，逐重缩小，通高约40、宽约48—54厘米。椁檐皆翼角上翘。椁身皆悬挂流苏。其中，第二级椁身中部似刻方形匾额，字漶，高6.5厘米，宽41.5厘米。最上为椁刹，略残，通高约28厘米，自下而上，依次刻梯形台、仰莲台、宝珠、刹尖。

棺内、外侧，刻抬棺者，共现7身。其中，棺前内侧2身，露少许，高约13厘米；棺前外侧2身，侧身向内，肩负杠，作行进状，立身高约40厘米，饰头巾，着宽袖长服。棺后内侧2身，露少许，立身高约15厘米；棺后外侧现1身，侧身向内，扭头后望，立身高约35厘米。

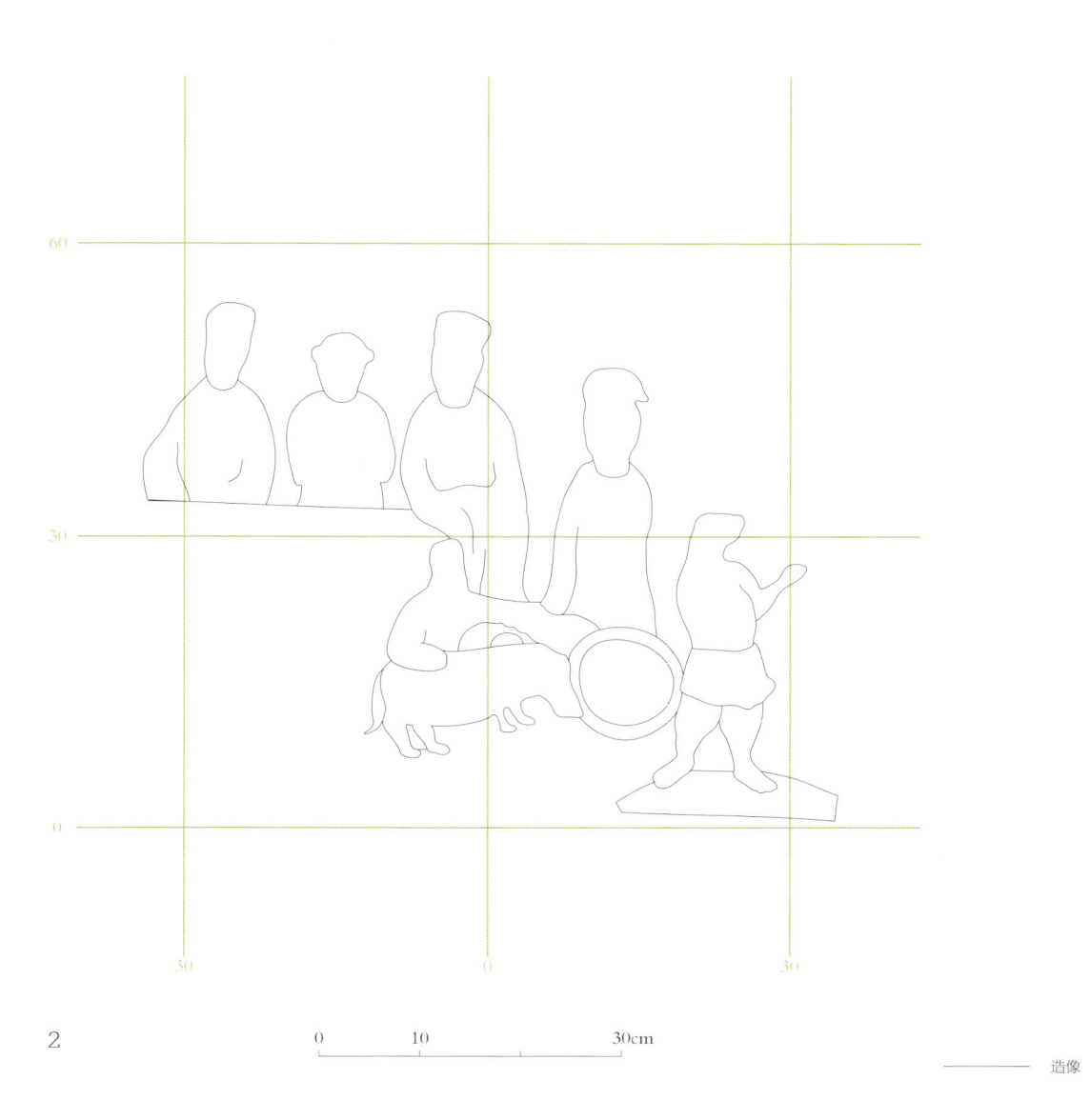

图 40　小佛湾石窟第 3 号窟左壁外侧第 4、5 组造像立面图
1　第4组　2　第5组

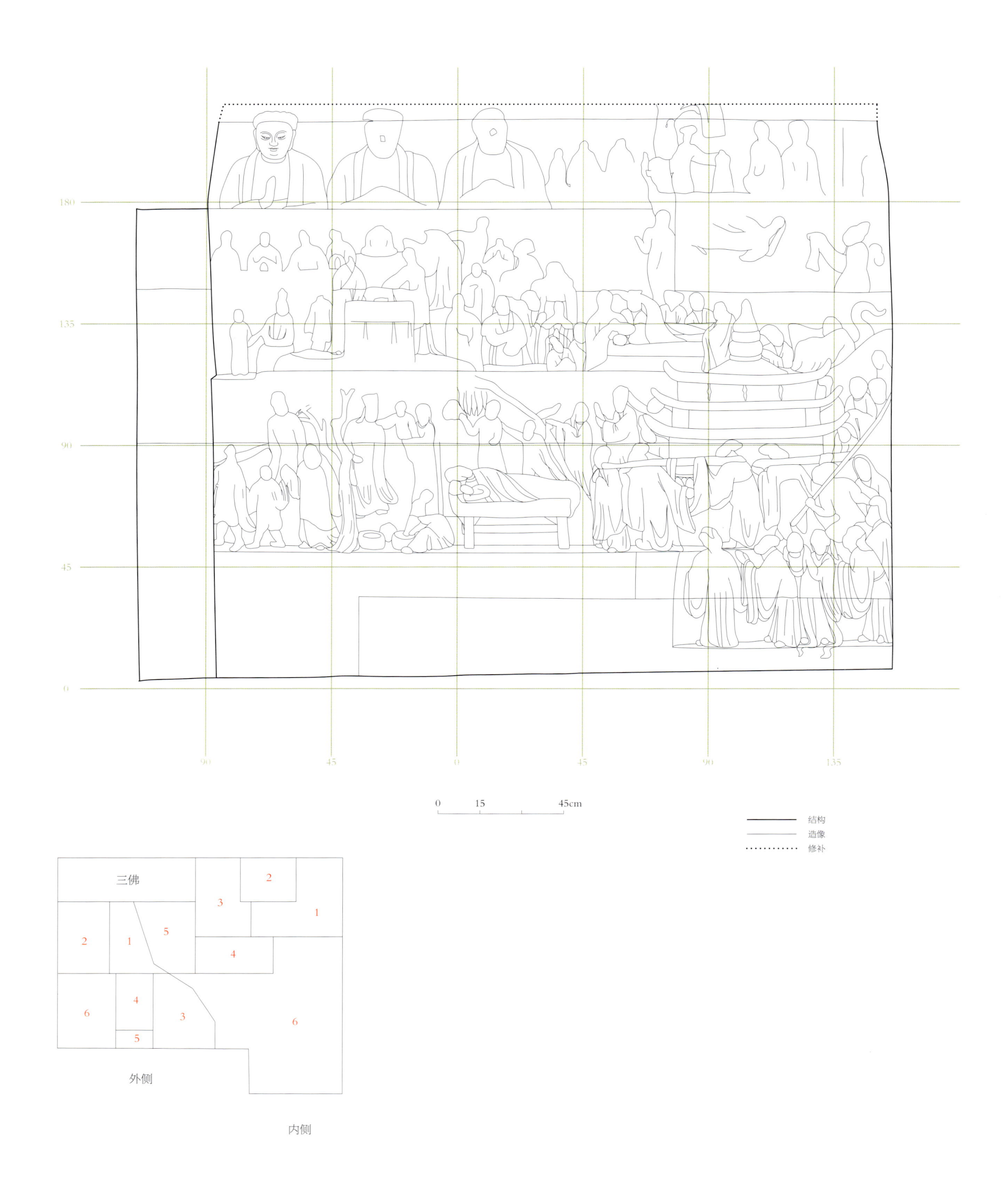

图 41　小佛湾石窟第 3 号窟右壁造像立面及分组图

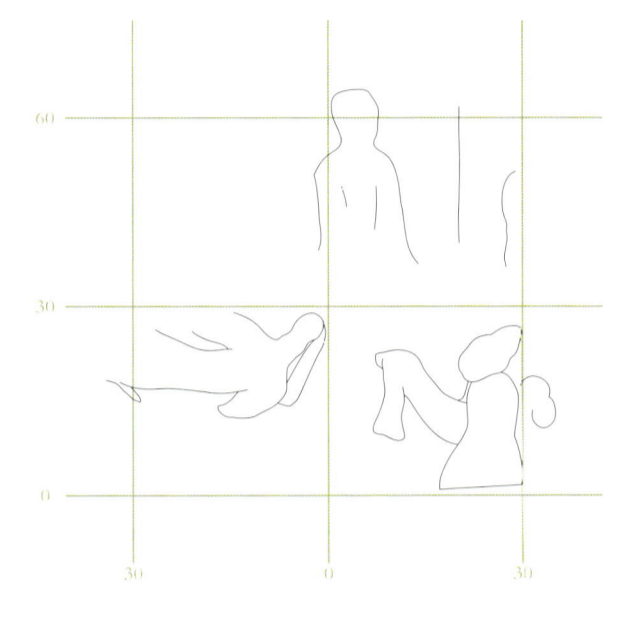

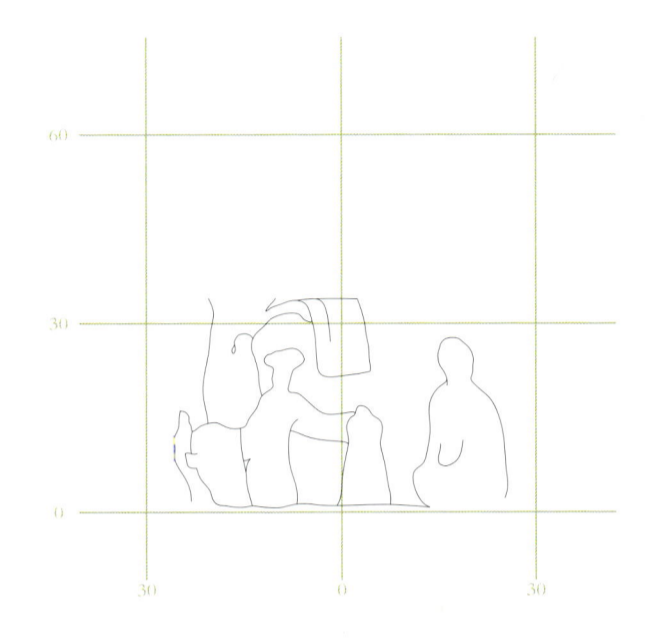

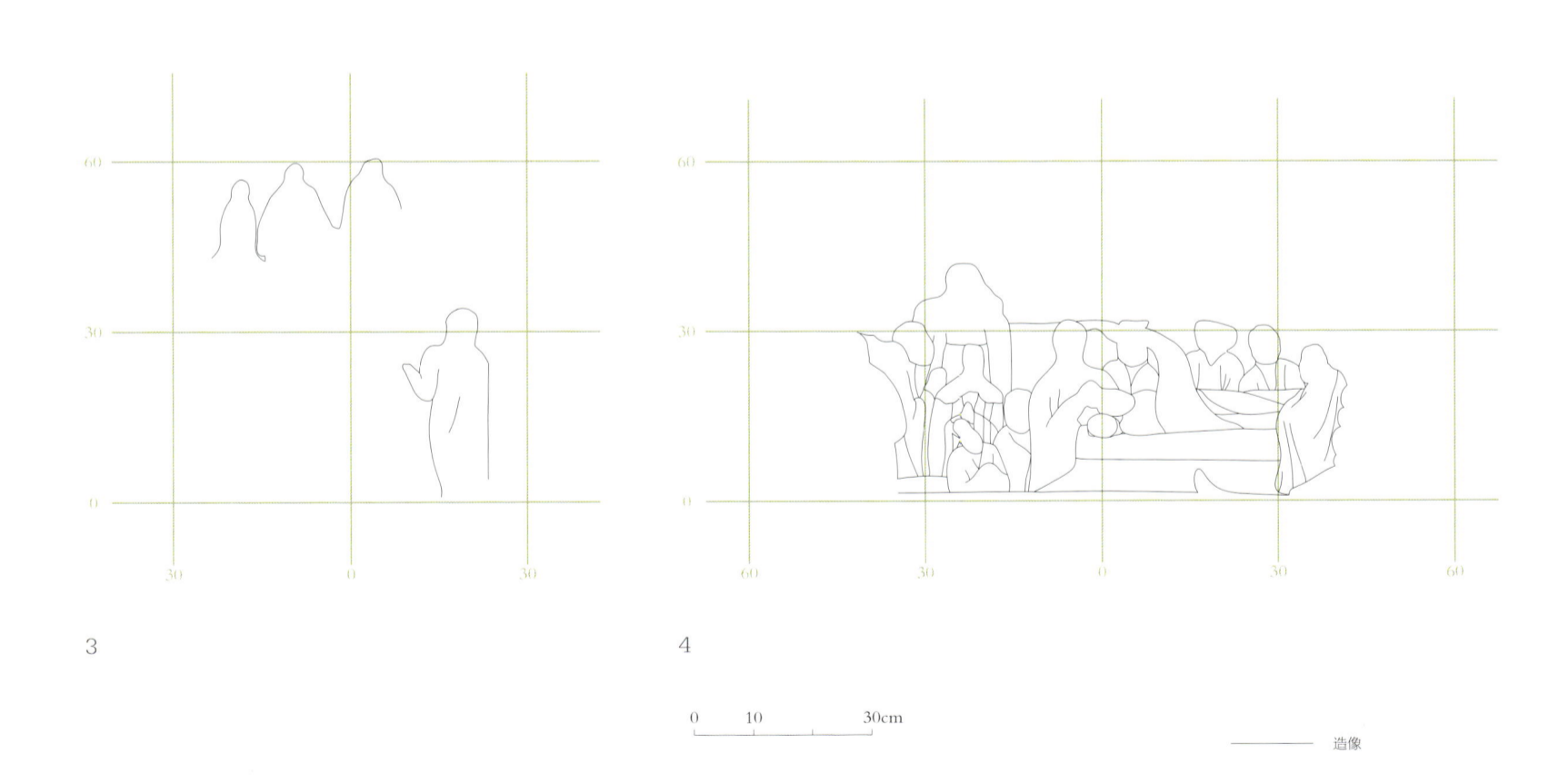

图 42　小佛湾石窟第 3 号窟右壁内侧第 1—4 组造像立面图
1　第1组　2　第2组　3　第3组　4　第4组

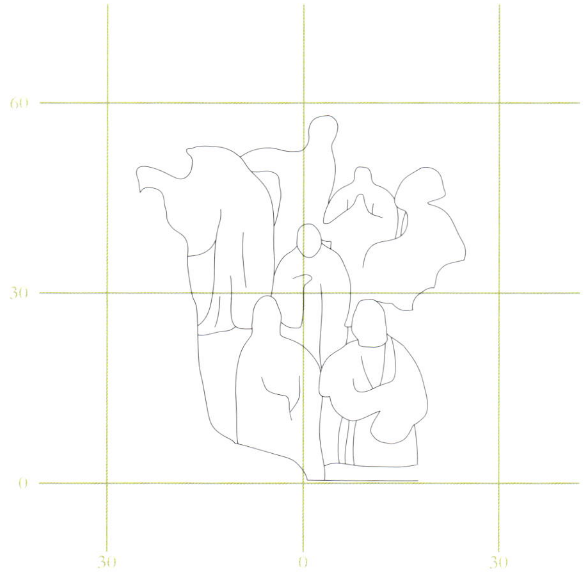

1

2

图 43　小佛湾石窟第 3 号窟右壁内侧第 5、6 组造像立面图
1　第5组　2　第6组

棺前侧刻立像3身，作上二下一布置。上前像立身高约34厘米，头残，似着交领宽袖长服，双手胸前持长柄香炉，炉残长12厘米。其身前刻塔一座，露少许，残高16厘米，可辨三重起翘的塔檐。上后像右向侧身站立，高约29厘米，头冠，面蚀，着宽袖长服，双手持笏，屈置身前。上前像左下，刻一像身右向微躬，着鞋站立，残高约40厘米，头残面蚀，着宽袖长服，双手胸前合十。

棺下方刻像7身。从右向左，第1像右向侧身着鞋站立，高44厘米，头残，着宽袖长服，胸系带，屈双肘似置胸前。第2像右向侧身躬腰，着鞋站立，高41厘米，头残，着交领宽袖服，腰系带，双手前伸合十。第3像着鞋站立，高43厘米，头残面蚀，内着交领窄袖服，肩披飘带，长垂足侧；双手胸前托举盏盘，盘上覆巾，上置假山；假山高6.5厘米。第4像躬身右侧着鞋站立，高34厘米，头残，着宽袖长服，双手身前持笏。第5像显露部分，高17厘米，可辨头巾，侧身向右。第6像显露部分，高约30厘米，头残身蚀，肩扛幡，左手握杆，右手略外展。幡全长约57厘米，垂于正壁和右壁相交处。第7像显露部分，高18厘米，头巾，身略右倾，双手似垂于身前。

棺后侧上部，即樟刹左侧刻半身立像4身。从上至下、从右至左，第1像立高16厘米，可辨左手屈置胸前。第2像位于第1像身后，头毁，立高17厘米，可辨着宽袖服，双手前伸，躬身，侧身向右。第3像立高22厘米，可辨双手胸前持物，物残难辨。第4像立高24厘米，可辨着宽袖服，双手置于胸前。

（2）外侧

造像作上、中、下三层布置，与左壁外侧造像大致对应。其中，上层刻结跏趺坐佛像3身，中层刻图像2组，下层刻图像4组（图41）。

上层坐佛像　三身结跏趺坐佛像皆半身，与左壁外侧三身坐佛相对应，均高约38厘米（图44；图版Ⅰ：73）。其中，左佛像头毁，残毁处存不规整的孔洞，内插木楔，似着双领下垂式袈裟，手残，置胸前。中佛像头毁，残毁处存方形凿孔，边宽约2厘米，深3厘米；着双领下垂式袈裟，双手置胸前。右佛像螺髻，刻髻珠（后世补塑），面圆，弯眉细眼，直鼻小口，两耳垂肩，内着僧祇支，外着双领下垂式袈裟，左手不现；右手举胸前结印，手部分残。

中下层图像　从上至下、从左至右，中下层图像编为第1—6组（图45、图46）。

第1组

刻像3身（图45-1；图版Ⅰ：74）。中刻方案，高20厘米，宽24厘米，深7厘米，覆帷幔，上置四足香炉，略残。案左右各立一像，相向而立。左像残高约40厘米，可辨着宽袖长服，下着裙，身微右侧，双手抚案上香炉，作敬香状。右像头毁，残高32厘米，着交领宽袖长服，下着裙，双手残，置胸前隐袖内。案上部坐一像，残高约13厘米，仅辨轮廓，似结跏趺坐于低台上。

第2组

刻像7身，作上四下三布置（图45-2；图版Ⅰ：75）。下中部一像倚坐于方台上，高约21厘米，头残，着对襟窄袖长服，双手隐袖内交于腹前。其身左立一像，残高约20厘米，似着长裙，左手下垂体侧，右手屈肘外展；右立一像，左手屈肘前伸，搀扶中像右肘，残高24厘米。上四身像皆半身，残毁甚重，仅存轮廓，残高约14—16厘米。

第3组

刻像4身（图46-1；图版Ⅰ：76）。中刻女像1身及小孩像1身，皆侧身横卧于床上。女像身长49厘米，梳高髻，面蚀，头枕方枕，枕高6厘米，宽5厘米，厚7厘米；着圆领服，身覆被褥，露右肩，右手环抱小儿。小孩像头残，卧于女像臂弯，半身长8厘米，衣饰不明。床榻高18厘米，宽45厘米，深9厘米，显露正面二条床腿及右前侧床腿。

床榻后侧上方刻像2身。左像头残，残高21厘米，上着长袖服，下着裤；左手垂于体侧，右手前伸抚右像后背；双腿分立，作前行状。右像头残，残高约28厘米，似着紧身长服，左手屈置腹前，右手屈肘上举持圆状物，手及物大部残。

第4组

刻像3身，作水平布置（图46-2；图版Ⅰ：77）。左为女像，立高42厘米，梳髻，面蚀，可辨下着裙，双手抱小孩，作前伸递送状。右为男像，立高46.5厘米，似戴冠，面残，着宽袖长服，下着裙；左手垂于体侧，右手置腹前；侧身扭头回望抚肩小孩，着鞋站立。小孩像残高17厘米，头残，衣饰不明，左手抚女像肩部，右手前伸抓男像左肩。

第5组

刻坐式女像1身，位于第5组像下（图46-3；图版Ⅰ：78）。像头毁肩残，残高20厘米，下着裙，屈膝侧身而坐，双手前伸至圆盆内，作搓衣状。圆盆高5厘米，直径8.5厘米。其前方另刻一圆盆，置于方垫上。盆高4厘米，直径约10厘米，内似盛物。该二个圆

图 44　小佛湾石窟第 3 号窟右壁外侧三佛造像立面图

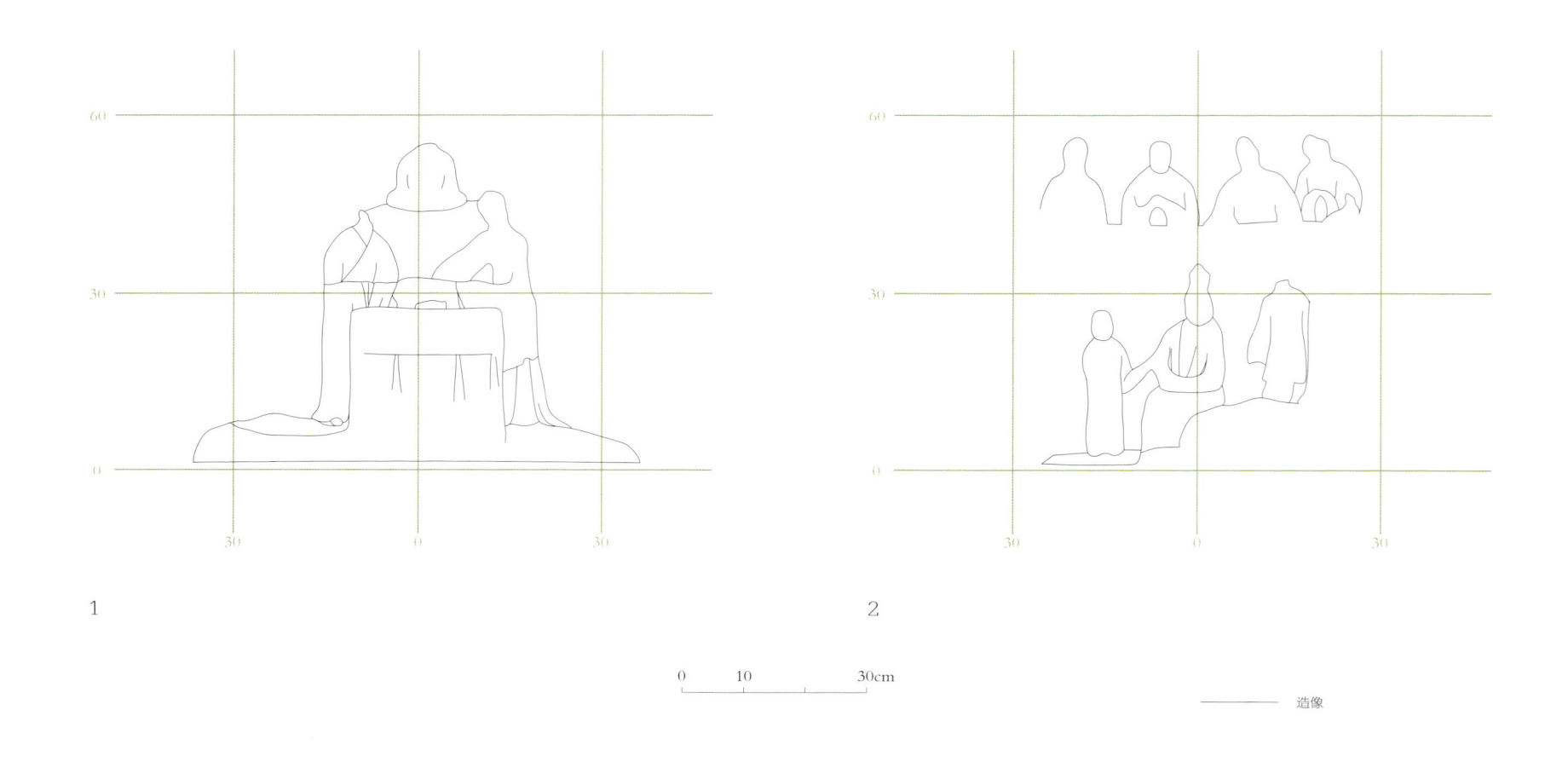

图 45　小佛湾石窟第 3 号窟右壁外侧第 1、2 组造像立面图
1　第1组　2　第2组

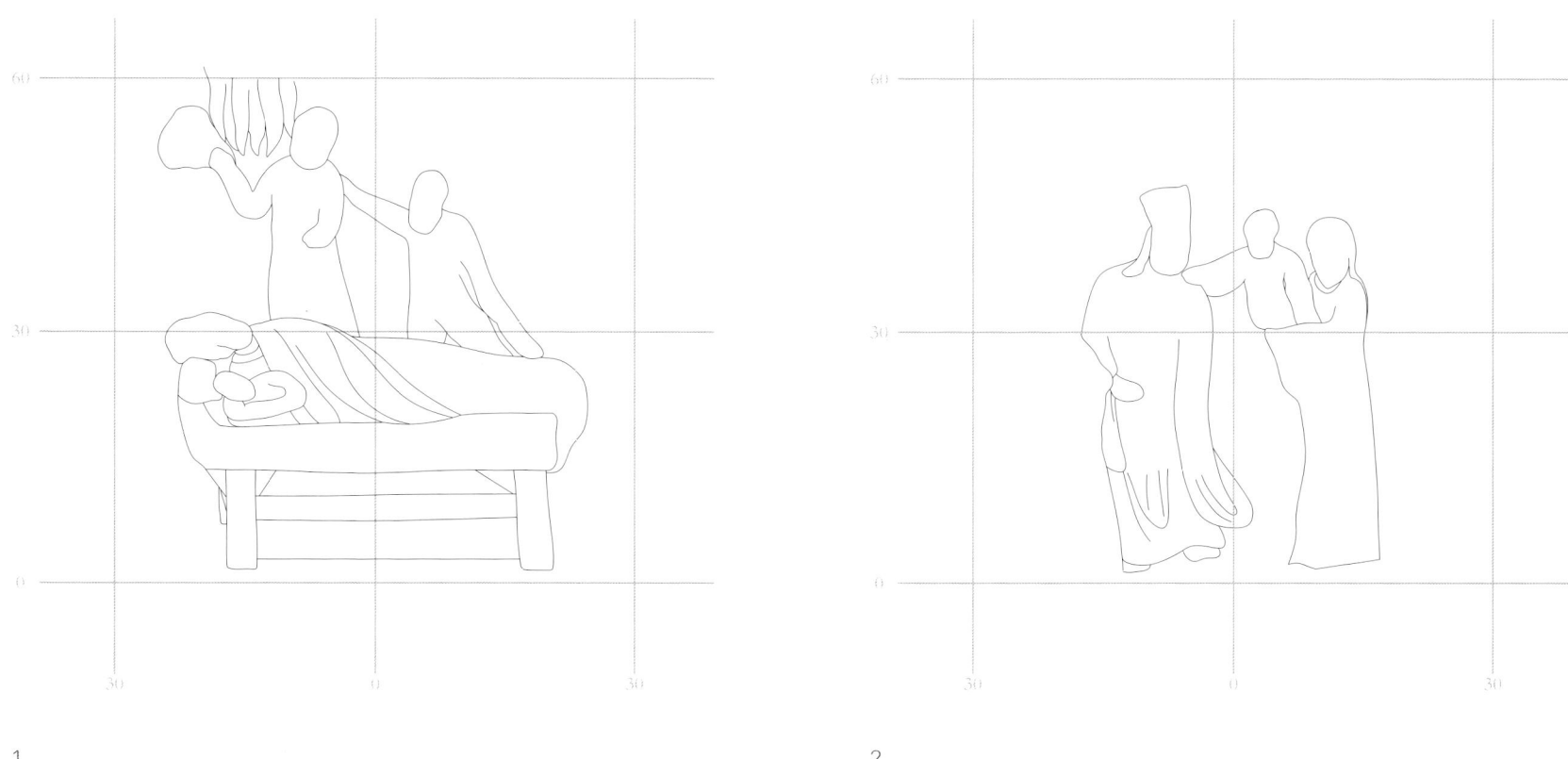

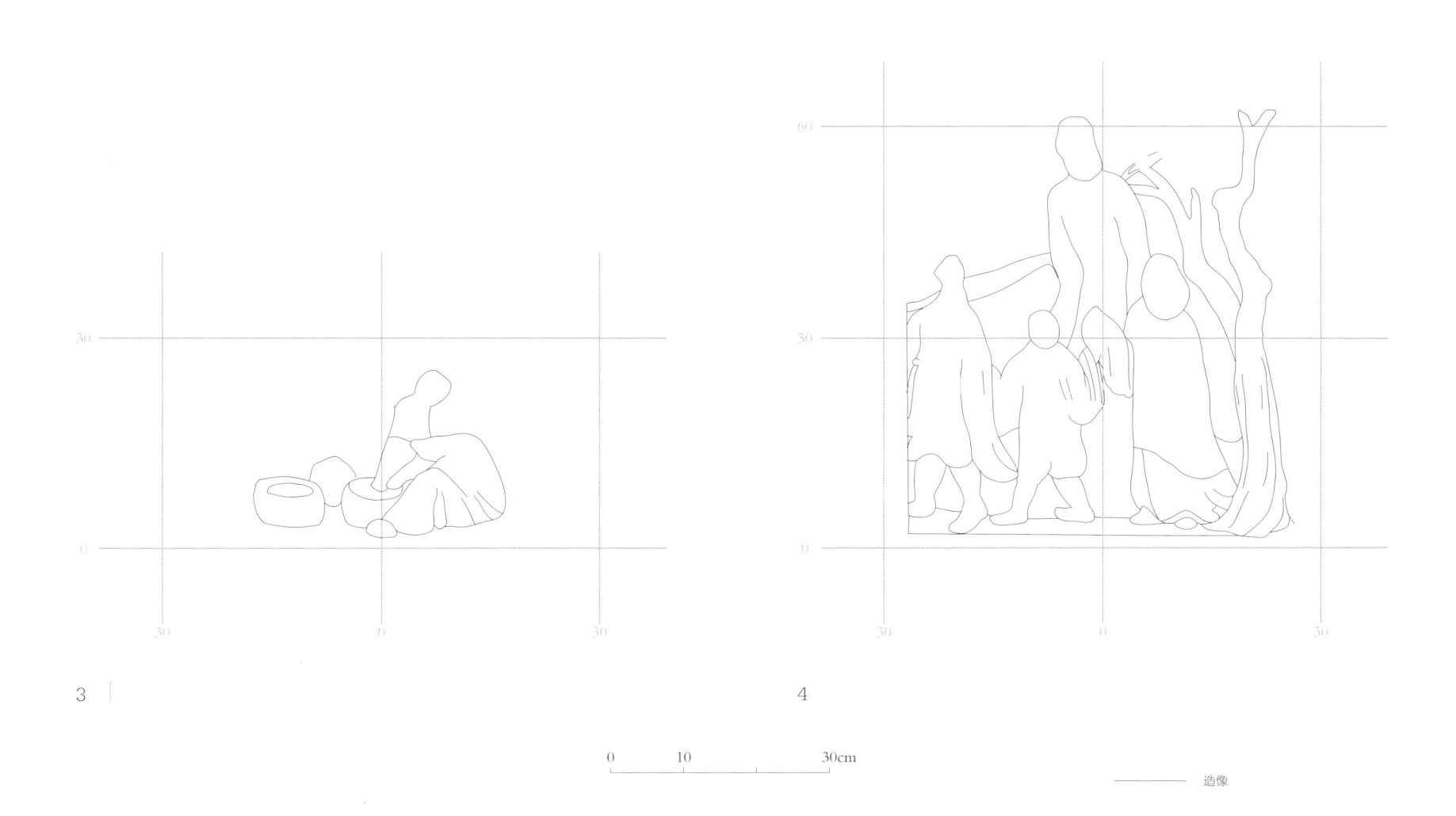

图46 小佛湾石窟第3号窟右壁外侧第3—6组造像立面图
1 第3组　2 第4组　3 第5组　4 第6组

盆之间后侧，刻一物，残蚀难辨，高约8厘米。

第6组

刻立像4身，作上一下三布置（图46-4；图版Ⅰ：79）。下右像（近窟口像）头残，高39厘米，着长袖服，腰系带，下着裤；左手垂于体侧，右手不现，右肩扛棍状物，似伞，侧身向右，迈步作前行状，足鞋，略残。中像体量略小，侧身向壁面，分腿着鞋而立；头毁，残高31厘米，着宽袖服，下着裤；左手前伸，隐于右像身后，右手屈肘牵左像右手。左像着鞋立于大树下，大部残毁，残高31厘米，可辨着宽袖服，下着裙，左手残，右手屈肘前伸，似牵中像右手。树高约60厘米，树干分叉，凸显于壁面。上像头残身蚀，残高34厘米，可辨着宽袖服，下着裙，双手垂于体侧。

四　晚期遗迹

窟外左门柱外侧立条石一根，原位置不明，立于此处时间不详。

窟左右壁底部存斜向凿痕，疑后世曾垫砌加固。

窟正壁主尊佛像头、胸存凿痕，并存八个小孔，皆直径约2厘米，深5.5厘米；双耳、胸、腹部及双手以黄泥补塑。

窟右壁外侧上层左佛像头部残毁处存不规整的孔洞，内插木楔。中佛像头部残毁处存方形凿孔。右佛像髻珠为后世补塑。

窟右壁外侧第1组像内侧二身半身佛像头毁，存方孔及木楔。

窟正壁主尊佛像头光及身光后世以黑色、绿色、蓝色、白色等彩绘。

窟内保存黑色、红色、灰白色、绿色、蓝色等五种涂层。

第五节　第4号

一　位置

位于坛台西侧中部。前端为坛台北缘，后世砌筑石栏；后与第5号窟比邻。左为条石砌筑的墙体，右为坛台东缘墙体，二墙体大致平行，皆向北延至坛台边缘。

窟口北向，方向0°。

二　形制

方形窟[1]（图47、图48、图49、图50、图54、图57；图版Ⅰ：80、图版Ⅰ：81）。

正壁　通高约333厘米，宽168厘米。下部以七级条石叠砌，其上横置一条石，高19厘米，外挑壁面7.5厘米；再上为三级条石叠砌。

左壁　自正壁左端向北，壁高约320厘米，最宽782厘米。其北端条石残毁，略有参差。自北向南（从前至后）设三个门洞，下接地坪，编为第1—3门洞。第1门洞高219厘米，宽178厘米，深34厘米，西侧设梯道，连接坛台地坪与坛面；第2门洞系进出坛台的通道，高184厘米，宽141厘米，深33厘米；其左内侧立石柱一根和方石一块[2]，门内侧设一级门槛，高15厘米，宽158厘米，深55厘米。第3门洞高186厘米，宽141厘米，深33厘米，后世在门洞下方另叠砌安放三块条石[3]。

右壁　自正壁右端向北，壁最高约336厘米，与左壁等宽。以13级条石垒砌，再上为后世以水泥砌筑的屋檐。壁面北端残毁处，现以条石局部复原补砌。

1　原窟室被后世补修，形制不明，现按现状记述。
2　此石柱和方石涂抹有黑色、红色两种涂层，应为小佛湾原有用材。但视门洞结构，原似无此石柱和石块，估计系因后世门洞上方横向条石断裂，移此石柱、石块支撑垫固所致。
3　视门洞结构，应无此三块条石，系后世安放于此。其所处原位置不明，据其上存圆龛佛像推测，应为小佛湾造像遗迹。

图 47　小佛湾石窟第 4 号窟立面图

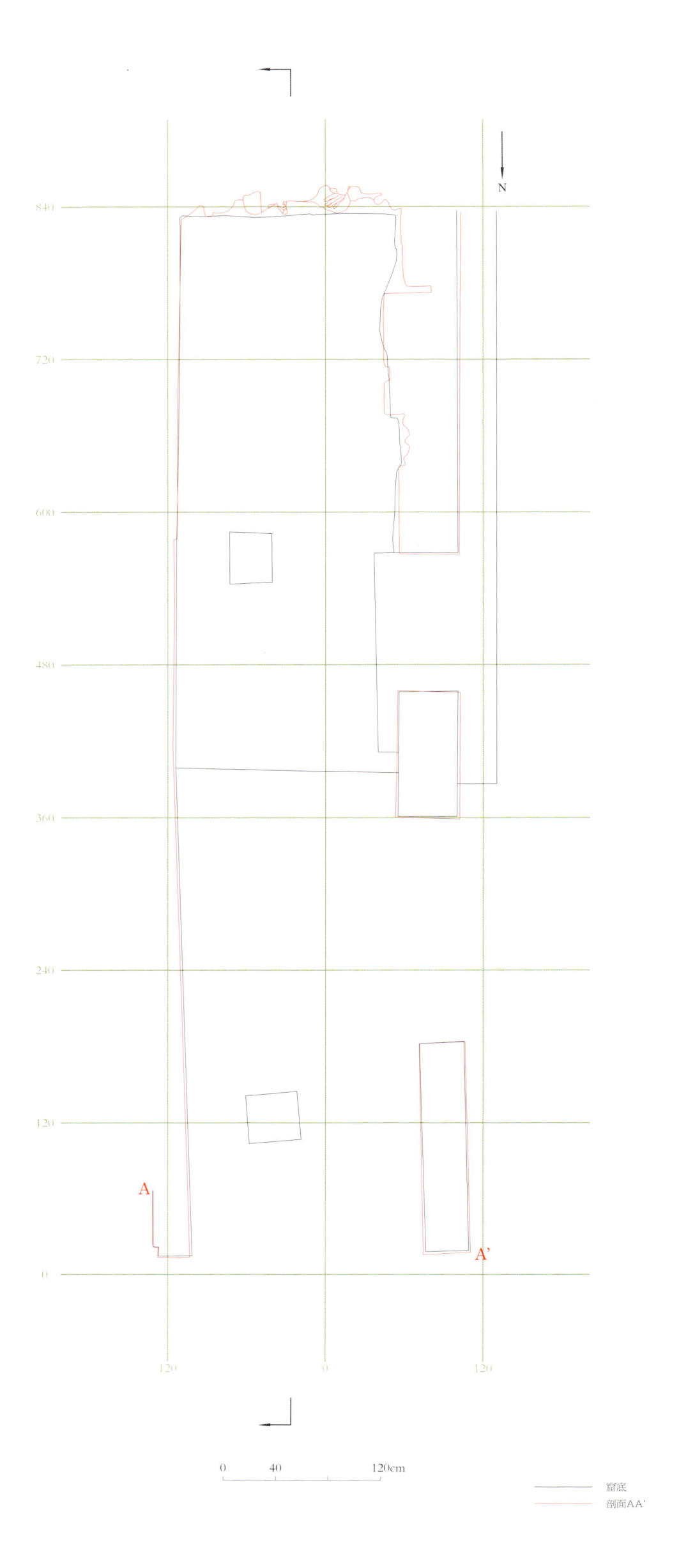

图 48 小佛湾石窟第 4 号窟平图面

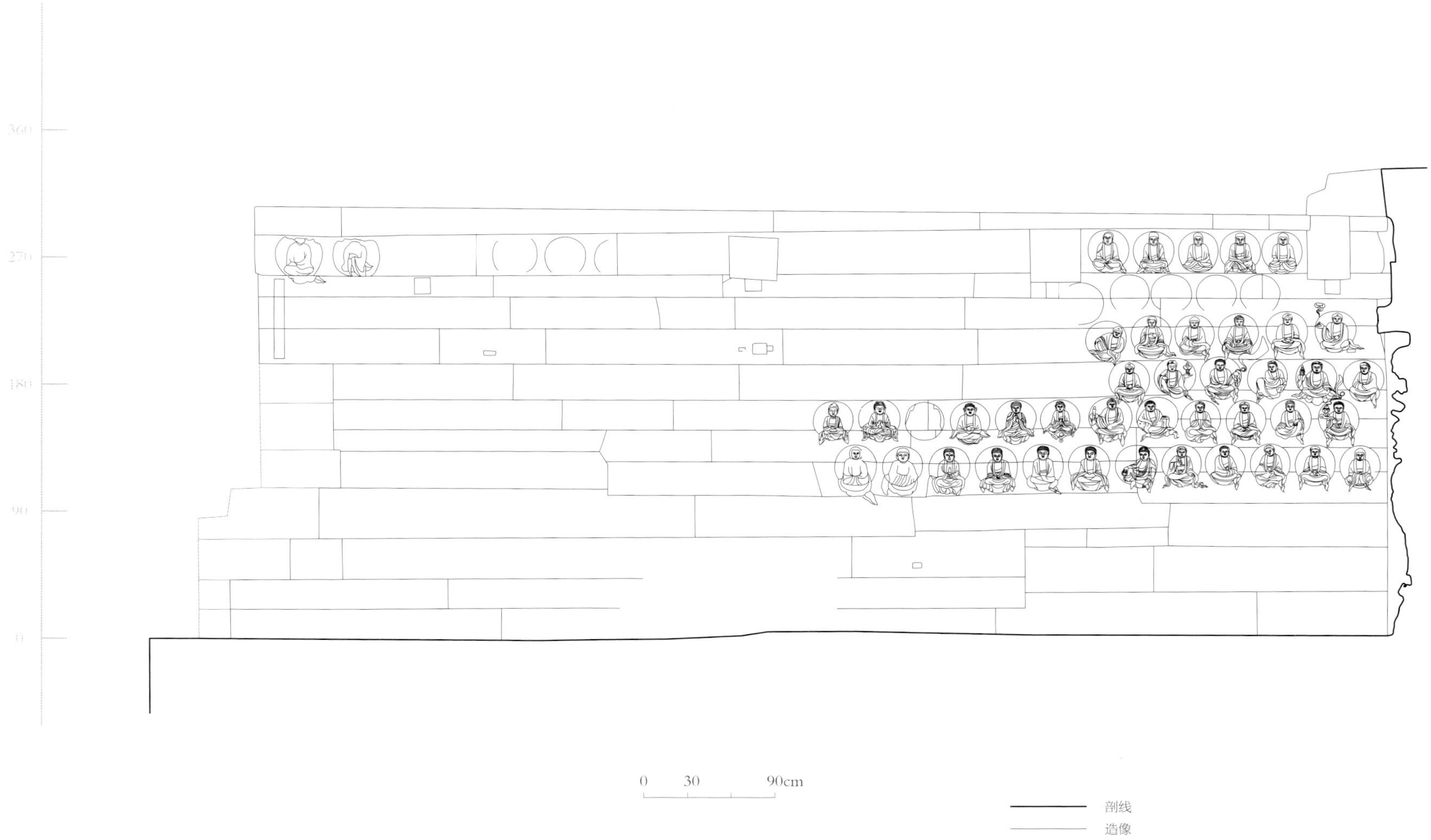

图 49　小佛湾石窟第 4 号窟剖面图

前壁　未见砌筑。

地坪　略呈方形，南北最长830厘米，东西最宽170厘米，至窟顶高295厘米。

顶部　原迹毁，仅存南端少许。现左右壁间置有四根横梁，由内及外第一、四根横梁毁，存梁孔。横梁下方原设横枋，现已不存，仅存枋孔，孔高12厘米，宽10.5厘米，深7厘米。第二、三根横梁顶中部存南北向的凹槽，皆宽约31厘米，深约3厘米；两个凹槽不在同一直线上。

三　造像

据其布置，分为正壁、左壁、右壁及横梁造像四部分。

（一）正壁

共刻像17身，分上、中、下三层（图50；图版Ⅰ：82）。其中，中层和下层造像刻于壁面下部七级条石上，上层造像刻于壁面中部外挑条石上。

1. 中层

横刻坐像3身，中为主尊佛像，左为居士像，右为佛像（图50；图版Ⅰ：83）。

主尊佛像　现半身，坐姿不明，高50厘米，头长24厘米，肩宽44厘米，胸厚9厘米。螺髻，顶出两道毫光，绕至左右像头顶及身后；面圆，双眼微闭，颈刻两道肉褶线。着双领下垂式袈裟，袈裟一角敷搭左肩。腕镯，双手胸前结最上菩提印。该像下身隐于祥云内。

主尊头顶上方，即其上外挑条石底部，从左至右横刻楷书"毗卢庵"3字，字高23厘米，宽18厘米（图版Ⅱ：32）。

图 50 小佛湾石窟第 4 号窟正壁立面图

左居士像　坐高47厘米，头长16厘米，肩宽20厘米，胸厚6厘米。头巾，面长圆，眯右眼，缺左耳。着双层交领服，胸下系带下垂身前。左袖上部充实，下部扁平，袖摆长垂于身前；右手腕镯，屈肘前伸指主尊佛像。结跏趺坐于祥云中。主尊佛像发出的毫光卷积于身后及头顶上方。

右佛像　坐高45厘米，头长13厘米，肩宽24厘米，胸厚6厘米。螺髻，面方，眼微闭。内着僧祇支，腰束带，外着双领下垂式袈裟，袈裟一角敷搭左肩，下着裙。双手腹前隐于袈裟内，结跏趺坐于祥云中。主尊佛像发出的毫光卷积于身后及头顶上方。

2. 上层

中层造像顶上方外挑条石正面，横刻七个小圆龛（图50；图版Ⅰ：82），直径皆17.5厘米，深2厘米。龛内各刻一结跏趺坐佛像，皆螺髻，面圆，眼半开，内着僧祇支，外着双领下垂式袈裟；体量均高12.5厘米，头长4厘米，肩宽6厘米，胸厚1.5厘米。从左至右，手姿、持物特征为：

第1像　双手腹前托钵，钵高0.3厘米，口径1厘米。

第2像　双手腹前结印。

第3像　左手屈肘外展持贝叶，长3厘米，最宽0.8厘米。右手抚膝。

第4像　左手腹前结印，右手屈肘外展结印。

第5像　左手抚膝，右手屈肘外展持经函，长3.8厘米，宽1.5厘米，厚0.5厘米。

第6像　残毁甚重。可辨双手残，置腹前。

第7像　双手置腹前托宝珠，直径1厘米。

3. 下层

下层中刻一护法神坐像，左右侧各刻半身立像3身。壁右下另刻犬1只（图50；图版Ⅰ：84）。

护法神像　坐高145厘米，头长37厘米，肩宽56厘米，胸厚20厘米（图51）。头戴凤翅盔，缨向两侧外展，顿项披垂。浓眉鼓眼，短鼻阔口，口启露舌，胸腹鼓凸。内着翻领服，卷袖，露臂甲，外着裲裆甲，甲叶为人字形，肩后环出披帛下垂足间；腰系带束抱肚及半圆形鹘尾，带下垂足间；下身内着裤，外着甲裙。左手直撑腿上，右手腹前挂剑，剑残，残长47厘米，最宽7厘米。双腿屈膝，足外展，略呈弓步，足残，坐于低台上。

左侧像　三身半身像大致呈纵向布置，皆四周饰云纹（图52；图版Ⅰ：85）。上像兽头人身，高46厘米，头长13厘米，肩宽22厘米，胸厚7厘米。头右上扬，其右侧存一球形耳；眼眶深陷，鼻残，阔口露舌，下颌略残。内着窄袖服，外着圆领宽袖服，腰系带作结下垂。左手下垂体侧，隐于中像头后；右手残，屈肘上举。中像高50厘米，胸厚8厘米。侧身向右，发上竖，隆眉鼓眼，短鼻阔口，露两獠牙。着宽袖服，披肩巾，似羽毛编织。双手拱于胸前。下像马头人身，高35厘米，胸厚12厘米。头上扬，身右侧，衣饰不明，左手胸前托葫芦，高21厘米，腹径最宽9厘米。

右侧像　三身半身像亦略呈纵向布置，四周饰刻云纹（图53；图版Ⅰ：86）。上像鸟头人身，高36厘米，头长16厘米，胸厚7厘米。尖嘴圆眼，头上扬，短颈，着圆领服。左手不现，右手持蕉叶，长33厘米，最宽8.5厘米。中像高59厘米，头长20厘米，肩宽28厘米，胸厚10厘米。戴软脚幞头，头左扭，凸额鼓眼，短鼻阔口，顶舌，刻连鬓胡须。着圆领宽袖服，右手于身右持展开的薄册，左手屈肘横置右胸前指薄册。薄长27厘米，宽19厘米，厚4厘米。下像鸟头人身，高55厘米，头长14厘米，肩宽19厘米，胸厚7厘米。尖嘴圆眼，扭头上扬，着圆领窄袖服，腰系革带，挽袖。左手下垂体侧，右手握提方形物，高10.5厘米，最宽11.5厘米，厚5.5厘米。

此外，壁右下刻犬1只，高21厘米，身长43厘米。头向左，伸颈，前腿直立，后腿蹲地。

（二）左壁

左壁立面及北端头、第3门洞左右内侧、第2门洞右内侧共刻38个圆龛。其中，壁面27个，壁面北（左）端头2个，第3门洞左右内侧和第2门洞右内侧共9个。圆龛大小相近，直径约28—31厘米，深5厘米；内各刻坐像1身（图54；图版Ⅰ：87）。

1. 壁面圆龛

27身。其中，第3门洞上方横刻两排11身，以横排为序，从上至下、从右至左编为第1—11像（图版Ⅰ：88）；门洞左右各竖刻两列共计12身，以竖列为序，从右至左、从上至下编为第12—23像（图版Ⅰ：89、图版Ⅰ：90）；门洞下方三块砌石上横刻2身，从右至左编为第24、25像（图版Ⅰ：91）。第1门洞左上方横刻2身，从右至左编为第26、27像（图54；图版Ⅰ：92）。

各像体量相近，坐高约25厘米，头长9厘米，肩宽11厘米，胸厚3厘米。其中，第1—5像为菩萨像，皆戴冠，略残，冠带下垂至肩。面方圆，颈刻三道肉褶线，戴项圈或项下垂挂璎珞，略蚀；内着僧祇支，系带作结，外披双领下垂式袈裟，下着裙，袈裟及裙摆垂于龛外。第6—9、11等五身像仅刻粗坯。其余各像为佛像，皆螺髻，面圆，颈刻三道肉褶线；内着僧祇支，系带，外着双领下垂式袈裟，下着裙；袈裟及裙摆垂于龛外。除第2、12像盘左腿、竖右腿，第4像盘右腿、竖左腿而坐外，其余各像皆结跏趺坐。各像手姿、持物等特征列入表4。

表4　小佛湾石窟第4号窟左壁壁面圆龛造像特征简表

位置	编号	造像特征
第3门洞上方	1	头略左侧，双手腹前持展开的经卷。
	2	头左仰。左手置左膝外，右手腕镯，屈肘置右膝上托腮。左腿横曲，竖右腿，跣足而坐。
	3	双手腹前隐于袈裟内。
	4	头右侧，左手握右手抱左小腿。竖左腿，盘右腿，跣足而坐。
	5	双手胸前隐于袈裟内。
	6—9	未完工，刻出圆龛，造像仅刻粗坯。
	10	头毁，后世泥塑修补完整。左手垂于体侧隐于袈裟内，右手残，置腹前。双腿大部毁。
	11	仅刻粗坯。
第3门洞右侧	12	着袒右式袈裟，袈裟一角敷搭右肩。左手垂于体侧隐于袈裟内，右手置膝上结印。盘左腿，竖右腿而坐。
	13	面身略向左，头略低俯。双手于左胸捧圆状物，直径4厘米，手及物部分残，双手腹前隐于袈裟内。
	14	袈裟覆盖头顶。面略向左，双手置于腹前隐袈裟内。
	15	头大部残，头身左倾。双手置右膝上，隐于袈裟内。
	16	面蚀，双手残，置于腹前。左腿部分残。
	17	头部分残，身略右倾，躯体大部残，后世以黄泥补塑。双手残，置胸前。
第3门洞左侧	18	双手残，置于腹前，下半身毁。
	19	面部分残，双手拱于胸前。
	20	双手置腹前，隐袈裟内。
	21	左手残，似抚膝；右手腹前持贝叶经。龛左侧部分残。
	22	左臂残，双手略残，置腹前似结印。
	23	双手置腹前隐袈裟内。
第3门洞下方砌石上	24	双手置腹前隐袈裟内。
	25	双手残，似置腹前。
第1门洞左上方	26	左手置腹前，右手屈肘外展结印。
	27	双手置腹前隐袈裟内。

图 51　小佛湾石窟第 4 号窟正壁下部居中护法神像等值线图

图 52　小佛湾石窟第 4 号窟正壁下部左侧半身立像立面图 　　　　图 53　小佛湾石窟第 4 号窟正壁下部右侧半身立像立面图

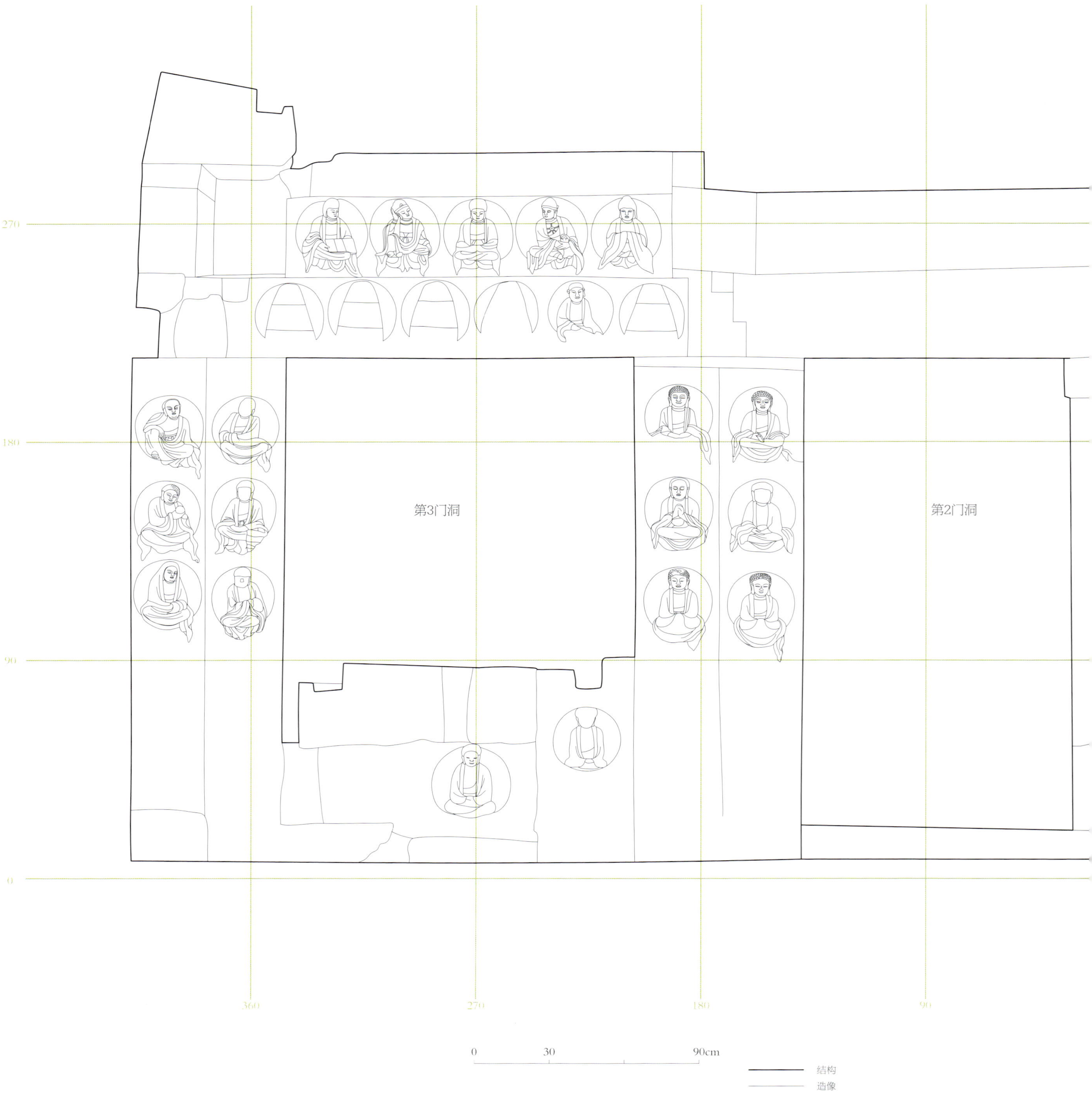

图 54　小佛湾石窟第 4 号窟左壁造像立面及编号图

第1门洞

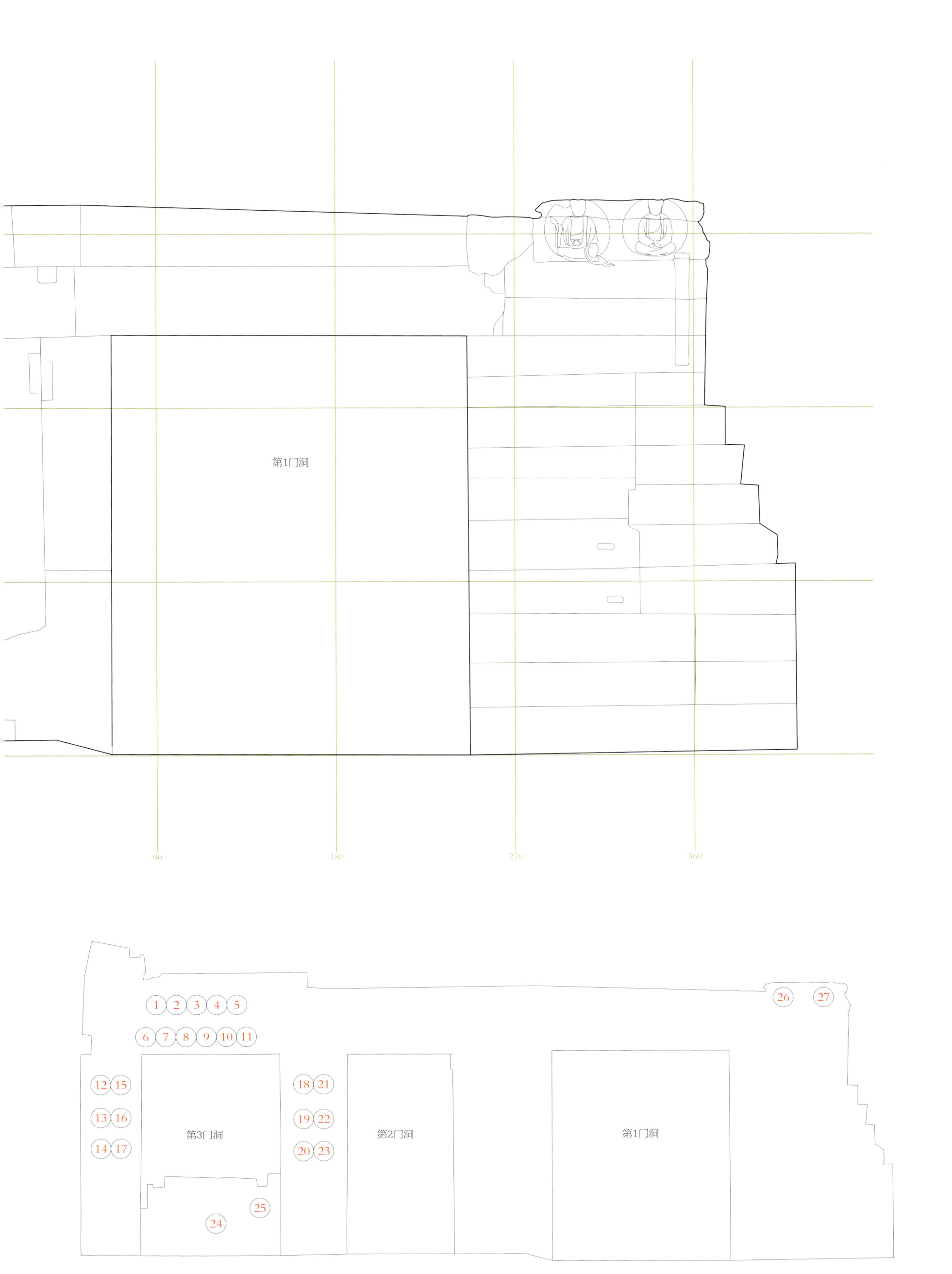

第3门洞　第2门洞　第1门洞

第二章　宝顶山小佛湾石窟

2. 门洞内侧及壁面北端头圆龛

11身。其中，第3门洞内侧左右各竖刻一列3身，从右至左、从上至下编为第1—6像；第2门洞右内侧竖刻一列3身，自上而下编为第7—9像；壁面北（左）端头上部刻像2身（图55、图56；图版Ⅰ：93、图版Ⅰ：94、图版Ⅰ：95、图版Ⅰ：96）。

各像体量相近，坐高约25厘米，头长9厘米，肩宽11厘米，胸厚3厘米。螺髻，面圆，颈刻三道肉褶线。内着僧祇支，系带，外着双领下垂式袈裟，下着裙；袈裟及裙摆垂于龛外，结跏趺坐。各像手姿、持物等特征列入表5。

表5　小佛湾石窟第4号窟左壁门洞内侧及壁面北端头圆龛造像特征简表

位置	编号	造像特征
第3门洞右内侧	1	双手横置胸前，隐袈裟内。
	2	左手置腹前隐袈裟内，右手胸前持圆环状物。
	3	头身皆左侧，双手置腹前隐袈裟内。
第3门洞左内侧	4	双手胸前似合十。
	5	左手屈肘外展，似托物，物残，右手置腹前。
	6	双手腹前托钵。
第2门洞右内侧	7	双手腹前托珠。
	8	左手抚膝，右手胸前结印。
	9	双手腹前托经函。
壁面北（左）端头	上圆龛	左手抚膝，右手胸前结印。
	下圆龛	左肩毁，双手腹前隐袈裟内。

（三）右壁

自上而下存六排51个小圆龛，水平分布，上下错对布置（图57；图版Ⅰ：97）。其中，第一排10个，5个位于壁左，5个位于壁右（左侧三个仅为线刻圆圈）。第二排5个，仅为线刻圆圈；第三、四排各6个，第五、六排各12个，皆位于壁左。其余壁面未见造像，存斜向凿痕。

除8个线刻圆圈外，其余43个圆龛大小相近，直径约27—31厘米，深4厘米；内皆刻坐佛1身。按从上至下、从左至右顺序，将造像编为第1—43像。其体量相近，坐高26厘米，头长9厘米，肩宽11厘米，胸厚2厘米；螺髻，面圆，双耳垂肩，颈刻三道肉褶线；内着僧祇支，系带，外披袈裟，袈裟一角垂于龛外。其中，第13、16、18、21、24、37像盘左腿、竖右腿，或盘右腿、竖左腿而坐，余皆结跏趺坐；第1、2、32像袈裟覆盖头顶；第27、37像着袒右式袈裟，袈裟一角敷搭右肩；其余各像着双领下垂式袈裟。各像手姿、持物等特征列入表6。

表6　小佛湾石窟第4号窟右壁壁面圆龛造像特征简表

排数	编号	造像特征
一	1	双手置于腹前，残蚀略重。袈裟覆盖头顶。
	2	双手置腹前隐袈裟内。袈裟覆盖头顶。
	3	左肩残，双手置腹前隐袈裟内。
	4	头顶残，双手置腹前隐袈裟内。
	5	双手腹前结印。

续表6

排数	编号	造像特征
一	6	头毁，双手置胸前隐袈裟内。
	7	头身大部残，面略左侧，双手隐袈裟内，置于右膝。
三	8	左手置腹前隐袈裟内，右手屈举体侧结印，自指尖升出一朵祥云，竖直向上飘龛外，云头上置经函。
	9	双手腹前托圆状物。
	10	双手抚膝。
	11	双手置腹前隐袈裟内。
	12	左手抚膝，右手胸前持经函。
	13	身右倾半卧，左手置腹前隐袈裟内，右手置右膝上。盘左腿，竖右腿而坐。
四	14	面身略向右，双手于腹前隐于袈裟内。
	15	左手抚膝，右手屈肘上举体侧托巾，巾上置一座方塔，通高7.5厘米（图版Ⅰ：98）。
	16	双手置胸前隐袖内，其下刻山石。盘左腿，竖右腿，跣足而坐。
	17	左手屈于体侧覆巾，上置宝珠，珠发出一道毫光，于龛外绕匝一周后斜向上飘，右手置腹前握袈裟一角。
	18	左手屈肘左向横置体侧，自指尖出一朵祥云，上坐一身像，残蚀略重，高约4厘米；右手置右膝上。盘左腿，竖右腿，跣足而坐。
	19	双手腹前结印。
五	20	左手抚膝，右手胸前持带茎莲，莲上置宝珠，珠出一道毫光，于龛上方绕匝一周后，再分作两道斜向上飘。
	21	左手置左膝上，右手抚右膝。竖左腿，盘右腿，跣足而坐。
	22	双手腹前结印。
	23	双手置胸前隐袈裟内。
	24	身右倾，左手似置左膝上，右手隐袈裟内，置祥云上。竖左腿，盘右腿而坐。
	25	左手置腹前隐袈裟内，右手屈肘外展覆巾，巾上置净瓶，高6.5厘米（图版Ⅰ：99）。
	26	双手置腹前结印。身下刻帏垫，帏垫一角坠一枚圆形方孔钱。
	27	着袒右式袈裟，衣纹呈泥条状。双手胸前结印，似智拳印。
	28	双手置腹前覆巾，上置宝珠，直径3厘米。
	29	仅刻出粗坯。
	30	双手拱于胸前。
	31	双手腹前结印。
六	32	双手置腹前隐袈裟内。袈裟覆盖头顶。
	33	双手置腹前托珠，珠大部残。
	34	头右倾低俯，双手置腹前右侧持物，似展开的簿册，手及簿册略残。
	35	身略左侧，双手置腹前隐袈裟内。
	36	左手抚膝，右手胸前捧坐式化佛。化佛头毁，残高约3厘米。
	37	身略右侧，左手撑龛沿，右手置右膝上持念珠。盘左腿，竖右腿而坐。着袒右式袈裟（图版Ⅰ：100）。

续表6

排数	编号	造像特征
六	38	双手腹前覆巾，上置宝珠，珠略残，直径2厘米。
	39	双手置腹前隐袈裟内。
	40	双手置腹前结印。
	41	双手叠腹前托圆盏，上置净瓶，高3.5厘米。
	42	刻画粗糙，双手似置腹前。
	43	刻出发际线，未刻螺发。双手腹前隐于袈裟内。

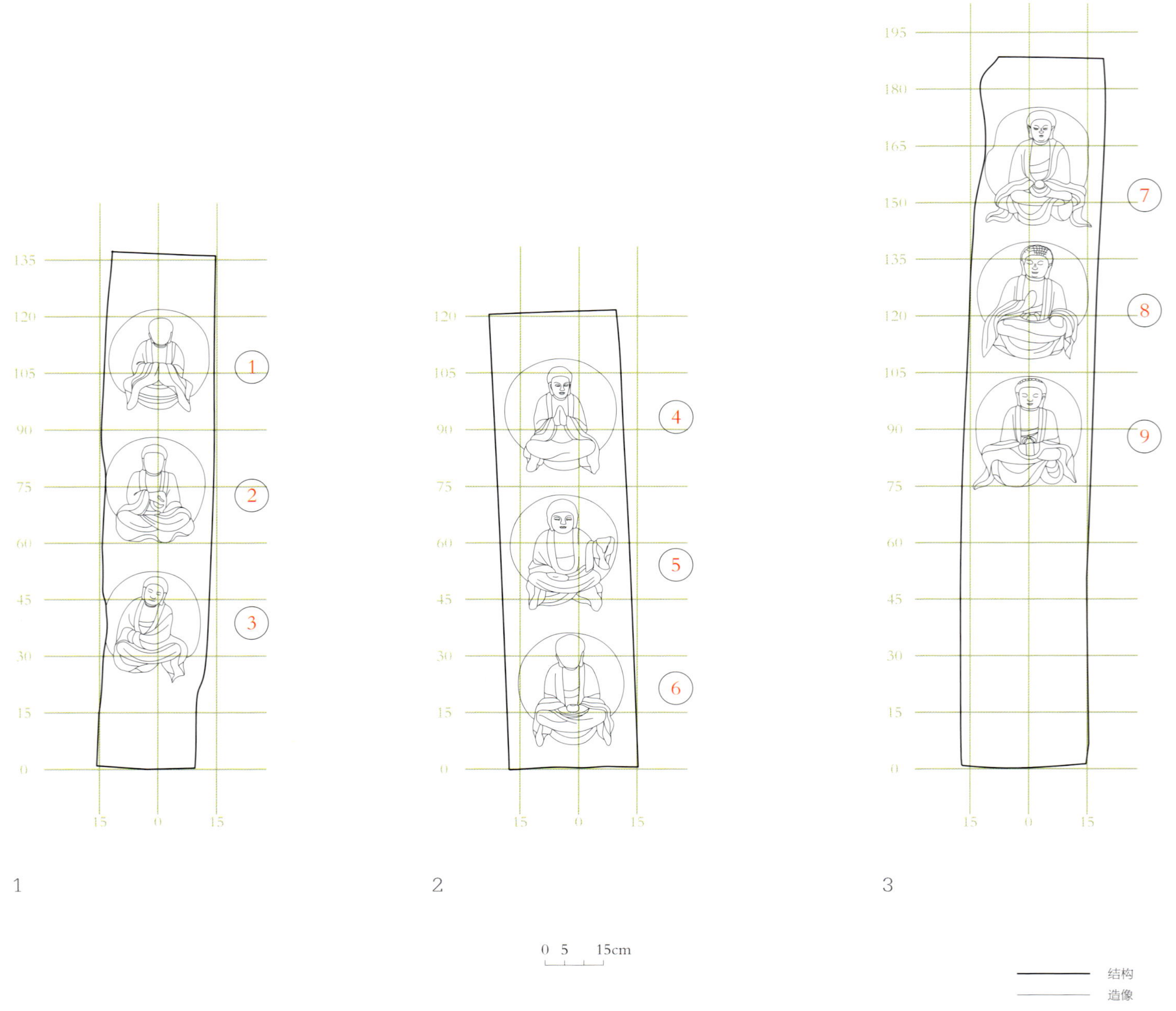

图55 小佛湾石窟第4号窟左壁第2、3门洞内侧造像立面及编号图
1 第3门洞右内侧 2 第3门洞左内侧 3 第2门洞右内侧

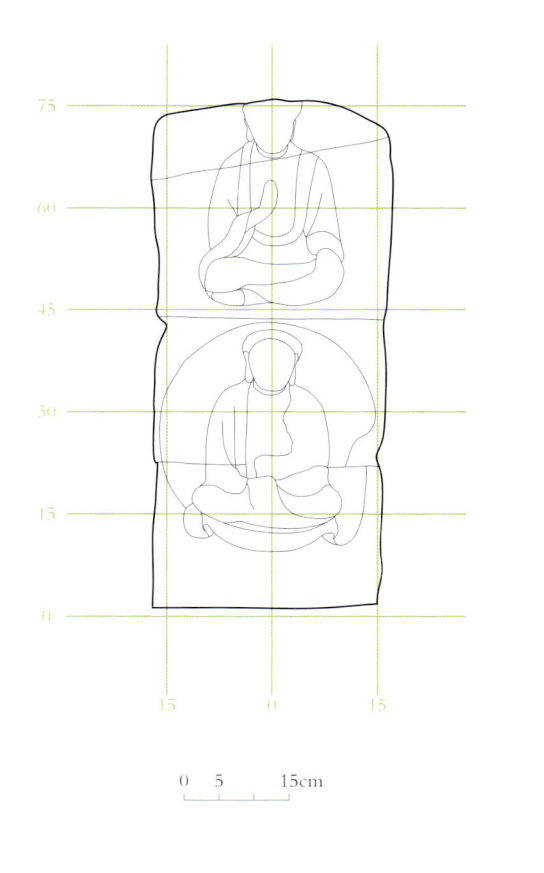

图 56 小佛湾石窟第 4 号窟左壁北端外侧造像立面图

（四）横梁

第二横梁前、后各水平横刻5个小圆龛，大小与左右壁圆龛同；内刻坐像1身。其体量相近，坐高23厘米，头长9厘米，肩宽11厘米，胸厚2厘米（图58；图版Ⅰ：101、图版Ⅰ：102）。从后至前（南至北）、从左至右编为第1—10像。其中，第1—9像为佛像，螺髻，面圆，内着僧祇支，系带，外披双领下垂式袈裟，袈裟一角垂于龛外，结跏趺坐。第10像为一髻发人像，短发齐耳，衣饰同佛像。

各像其余特征：第1、3、4、5像头毁，后世泥塑修补妆彩，细节模糊，仅辨双手置腹前隐袈裟内。第2像略显粗糙，仅辨双手置腹前隐袈裟内。第6像头右侧，双手置腹前隐袈裟内。第7像双手腹前结印。第8像双手胸前结印。第9像双手腹前结印。第10像头左侧，双手残，置于腹前。

四 铭文

4则。

第1则

颂词，南宋淳熙至淳祐年间（1174—1252年）。位于窟正壁中层主尊佛像头左外侧。刻石面高20厘米，通宽20厘米。文左起，竖刻2行8字，楷体，字径5厘米（图版Ⅱ：33）。

01 风调雨顺
02 国泰民安

第2则

颂词，南宋淳熙至淳祐年间（1174—1252年）。位于窟正壁中层主尊佛像头右外侧。刻石面高20厘米，通宽20厘米。文左起，竖刻2行8字，楷体，字径5厘米（图版Ⅱ：34）。

图 57　小佛湾石窟第 4 号窟右壁立面及编号图

第二章　宝顶山小佛湾石窟　83

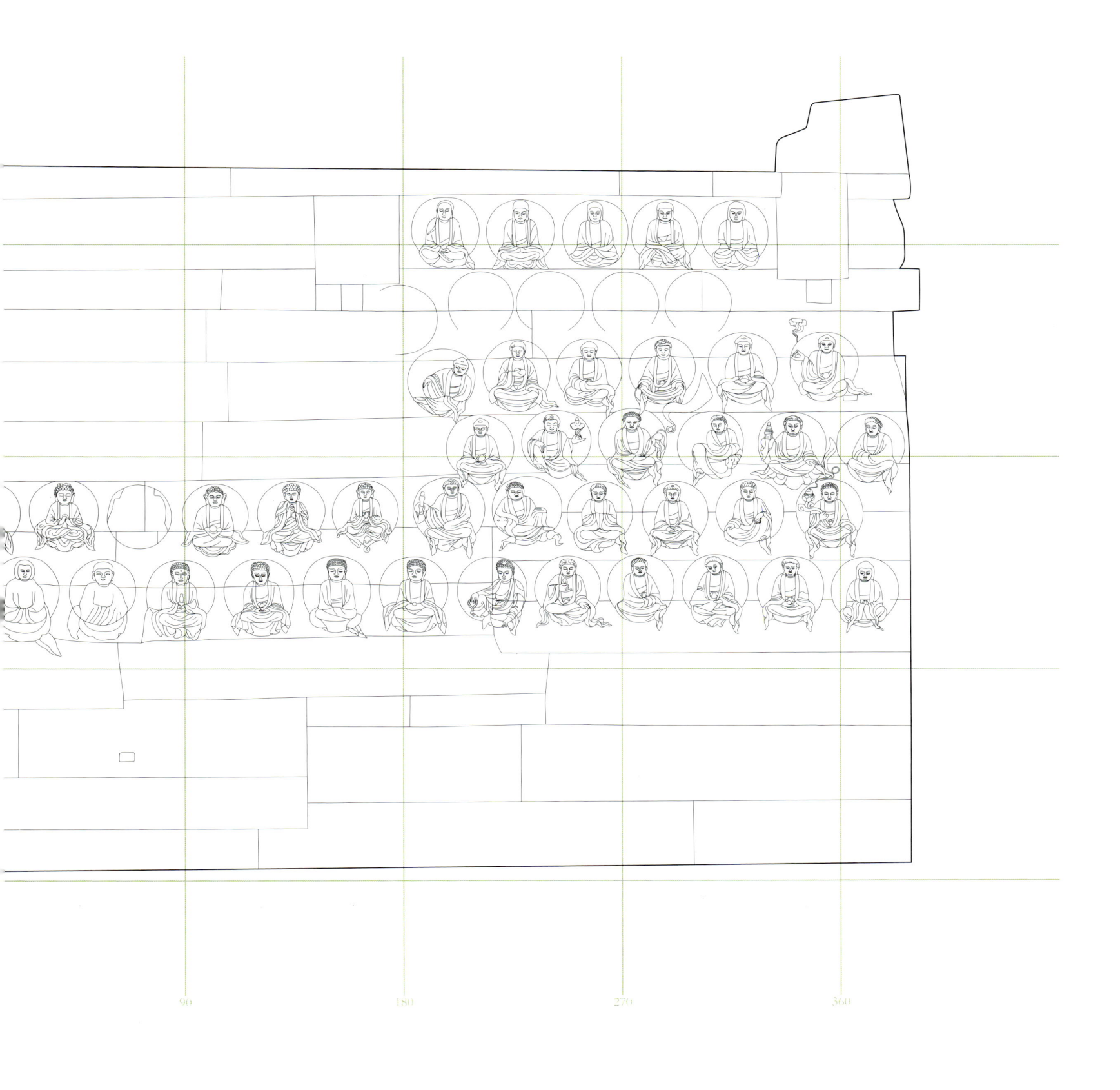

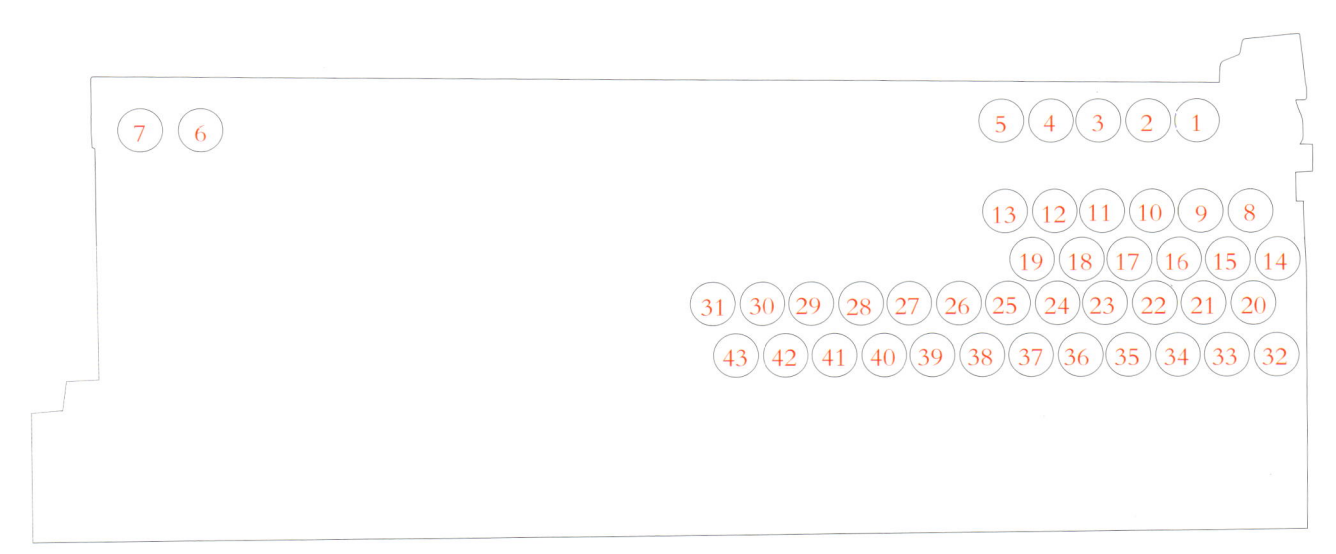

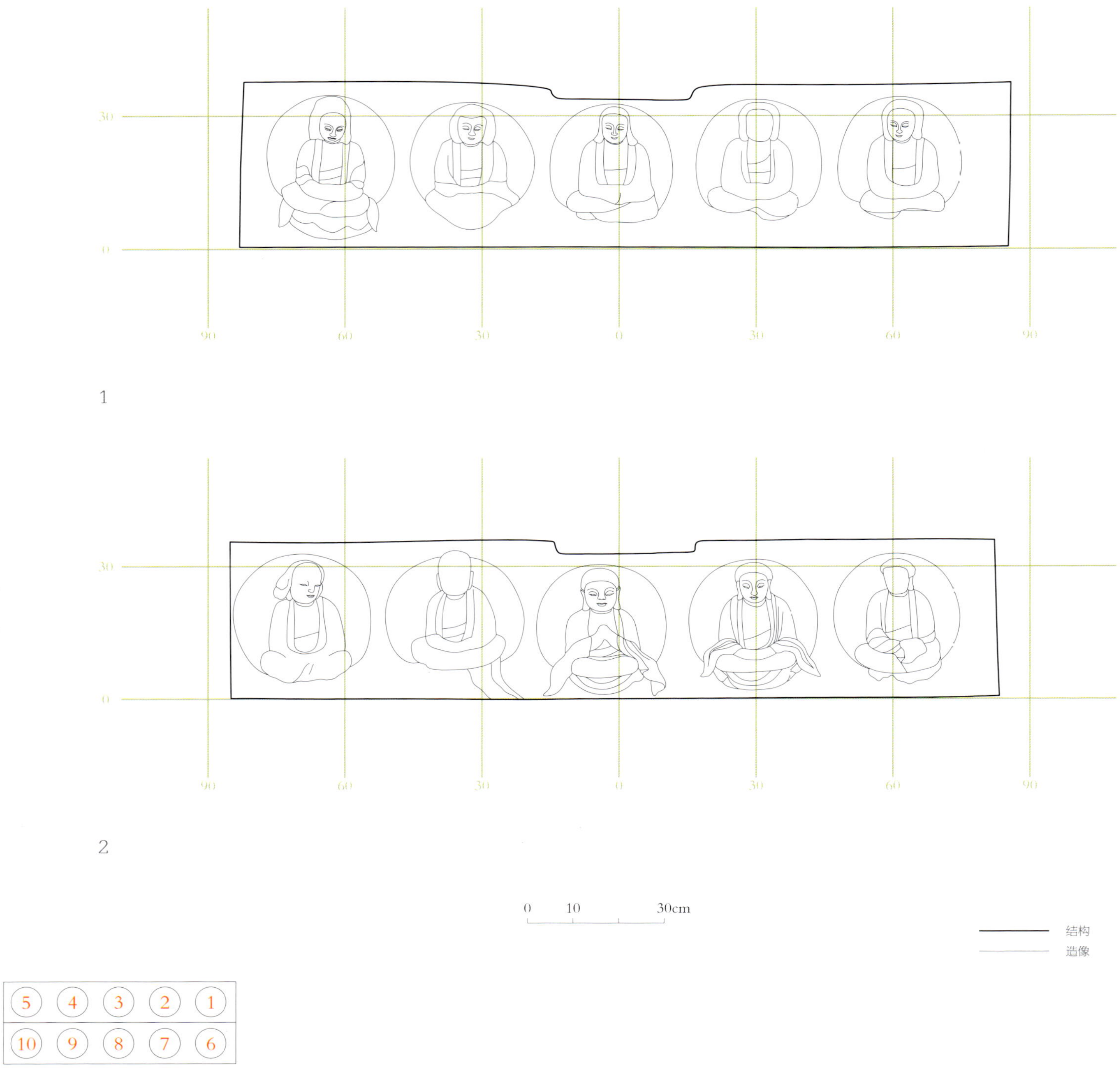

图 58　小佛湾石窟第 4 号窟横梁南、北侧造像立面及编号图
1　南侧　2　北侧

01　佛日[41]光辉

02　法轮常转

第3则

偈语，南宋淳熙至淳祐年间（1174—1252年）。位于窟正壁中层主尊佛像左肩外侧。刻石面高20厘米，宽20厘米。文左起，竖刻4行20字，楷体，字径4厘米（图版Ⅱ：35）。

01　假使热铁轮

02　于我顶上旋

03　终不以此苦

04　退失菩提心[42]

第4则

偈语，南宋淳熙至淳祐年间（1174—1252年）。位于窟正壁中层主尊佛像右肩外侧。刻石面高21厘米，宽20厘米。文左起，竖刻4行20字，楷体，字径4厘米（图版Ⅱ：36）。

01　假使经百劫
02　所作业不忘
03　因缘会遇时
04　果报还自受[43]

五　晚期遗迹

窟左右壁圆龛造像主要保存在内侧壁面，从条石叠砌和造像开凿情况看，应为原作。其余未刻像的壁面条石，存较粗的凿痕，且部分存水泥抹面，故推测未造像部分壁面大多经后世加固补砌。

窟左壁第2门洞左内侧石柱、方石，以及第3门洞下方三块条石，从安砌方式、部位看，均为后世从小佛湾他处移至此处安砌。

窟左右壁北端中上部纵向凿有一凹槽，呈对应布置，大小略同，高58厘米，宽7厘米，深3—7厘米。窟顶第三横梁下部47厘米处的左右壁面，对应各凿一方孔，左孔处于二条石之间，上下错位，高15厘米，宽11厘米，深8厘米；右孔高11厘米，宽10厘米，深5厘米。第1门洞左右内侧中上部各纵向凿二方孔，对称布置；孔大小一致，高11厘米，宽8厘米，深2厘米。这些凹槽、方孔，推测为后世建构筑物所用。

窟正壁造像保存红色、黑色、灰白色、蓝色、绿色等五种涂层。窟正壁上层佛像及居士像面部、胸部及手贴金箔，下层主尊像头盔及臂甲贴金箔。

窟左右壁圆龛造像保存红色、灰白色、蓝色、黑色、绿色等五种涂层，部分造像面部及胸部贴金。

第六节　第5号

一　位置

位于坛台东南角。左为坛台南缘墙体，右为第4号窟室正壁墙体背面；正壁为坛台东缘墙体，前壁为第6号右壁墙体。窟口面西，方向270°。

二　形制

石砌方形屋顶形窟（图59、图60、图61；图版Ⅰ：103、图版Ⅰ：104）。

窟口　设于前壁中部，高200厘米，宽140厘米，深38厘米。窟口外壁即是第6号右壁。

窟底　方形，左右（南北）宽280厘米，前后（东西）深141厘米。左侧设低台，与第6号正壁低台相接。台高20厘米，宽139厘米，深33厘米。前侧下部存凸于地坪的方台，高11厘米，宽134厘米，深90厘米。右侧设置凸于地坪的两级条石，高11厘米，通宽141厘米，深69厘米，内侧条石东端毁。

窟壁　壁面竖直，垂直相接（图版Ⅰ：105、图版Ⅰ：106、图版Ⅰ：107）。正壁高331厘米，宽280厘米，最上接2012年修建的墙体。左壁高375厘米，宽141厘米，上部条石略小，估计为后世修补，与原壁面大致齐平。右壁高331厘米，宽141厘米，自地坪向上216厘米处的一级条石外凸壁面22厘米。前壁（窟口内侧壁）高331厘米，宽280厘米。

窟顶　为两坡屋顶，大部毁（图版Ⅰ：104）。现存"十"字形条石梁架结构，西北角另存45°的斜枋。屋顶西北侧存并列铺设

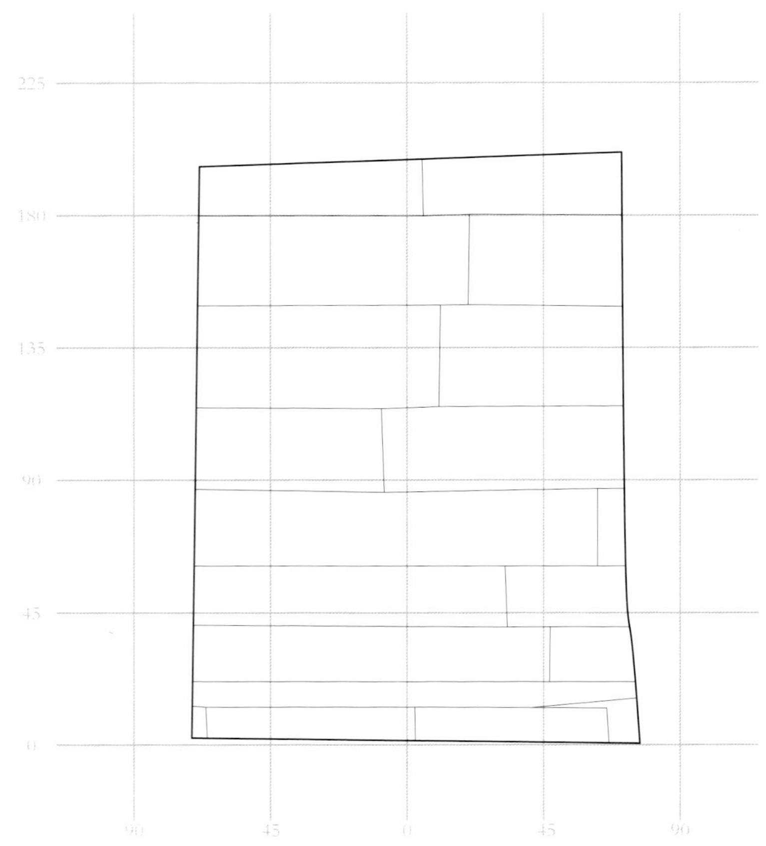

图 59 小佛湾石窟第 5 号窟平、立面图
1 立面图　2 平面图

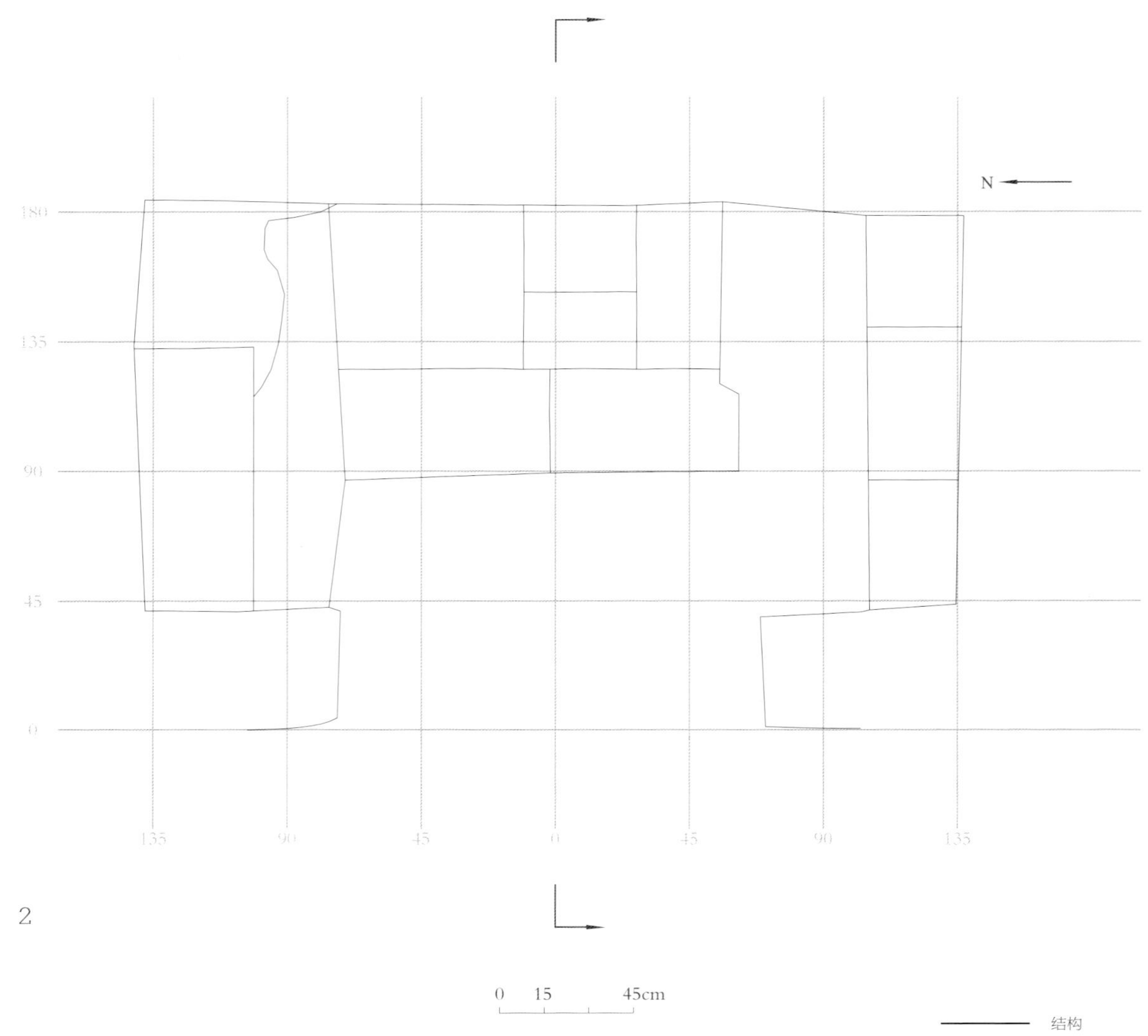

图 60　小佛湾石窟第 5 号窟剖面图

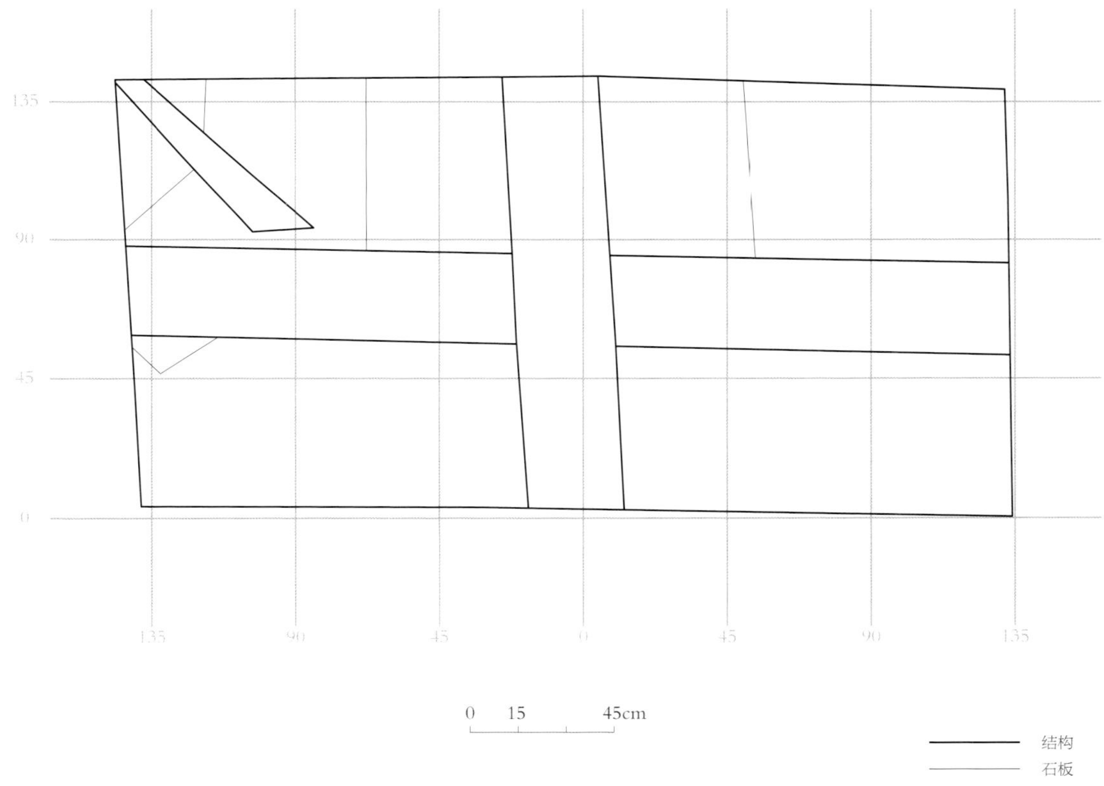

图 61　小佛湾石窟第 5 号窟窟顶仰视图

的三块方形石板，扣接处凿出槽口，宽约4厘米。南北脊檩"十"字叠架于横梁之上，通长280厘米，宽30厘米，厚29厘米。东西横梁嵌入壁面内，长153厘米，宽31厘米，厚33厘米，其下方后世增设木质横枋一块，长153厘米，宽11厘米，厚9厘米。斜枋端头呈45°抹角，与脊檩相接，通长83厘米，宽15厘米，厚26厘米。

三　造像

无。

第七节　第6号

一　位置

第6号龛主要包括坛台中央正壁（南壁）、左壁（西壁）、右壁（东壁）三壁石砌墙体及其造像。左与第8、9号窟相邻，右与第4、5号窟相接；前为坛台北缘，后距坛台南缘约44厘米。

正壁面北，方向0°。

二　形制

坛台中央南侧、东侧、西侧均安砌基石一级，高30厘米，厚35厘米，后世以水泥抹面。南侧基石与南壁等宽，南距坛台边缘80厘米；其中部左右前约35厘米处，各有一形制相同的圆形柱础，高12厘米，底部直径50厘米，上部直径约38厘米，左右相距约480厘米。东、西侧基石与南侧基石垂直相接，并向北延伸。东侧基石东距坛台边缘约230厘米，向北延伸725厘米。西侧基石西距坛台边缘230厘米，向北延伸260厘米。

基石内侧均叠砌条石，形成竖直平整的正壁、左壁和右壁。三壁垂直相接，横断面形如门形（图62；图版Ⅰ：108）。单体条石大小相近，长约190厘米，面宽30—33厘米。

正壁　由九级条石横向叠砌而成，通高250厘米，宽1196厘米。最上一级条石左右侧各置二根挑梁，对称布置，中间两根相距514厘米。左侧二挑梁相距约242厘米，左端挑梁距第8号东外壁36厘米。右侧二挑梁相距约215厘米，右端挑梁距第5号西外壁65厘米。挑梁方形，高22厘米，宽30厘米，外挑壁面约63厘米。挑梁前端立面左右对称凿有枋孔，高13厘米，宽10厘米，深8厘米，估计上部原设有屋顶。

左壁　上部横置两列条石，下部左右各竖直安放两列条石，中部由六级条石横向叠置而成。壁面通高314厘米，宽295厘米。壁面左上角毁，右上角嵌有木质横枋，与正壁左端挑梁相接，并上承石板。壁面中部条石倾斜外凸，错位约9厘米。

右壁　壁面通高305厘米，宽1130厘米。壁面下设门洞4个。从外至内（从北至南），第1门洞为连接坛台上下的梯道口，亦为第4号洞室第1门洞，右距壁面边缘165厘米。该门洞左约99厘米为第2门洞，即第4号洞室第2门洞。再左67厘米，为第3门洞，即第4号洞室第3门洞。再左166厘米，为第4门洞，即第5号窟窟室门洞，左距正壁约69厘米。

第1门洞下部左门柱即是第2门洞右门柱，右侧为横向水平安置的九级条石。自下而上第1—8级条石端头毁，后世补接，部分延至坛台边缘，端头参差不齐。该门洞上方横向水平安置二级条石，与第2门洞上部条石齐平。

第2门洞左门柱即是第3门洞右门柱，右侧竖直安置二门柱石。其中，外侧柱石下部毁，后世嵌补条石一块；内侧柱顶后世增砌条石一块，以支撑上部条石。门洞上部横向水平安置二级条石。

第3门洞左右竖直砌筑二条石，形如门柱，其上部水平安放三级条石，最上条石大部毁。该门洞左上挑梁毁，仅存方形孔洞。后世在门洞下方另叠砌安放三块条石。

第4门洞左右各竖直砌筑二条石，形如门柱，其上部水平安置三级条石。此外，左侧门柱最外条石向东倾斜，使壁面略有错位。

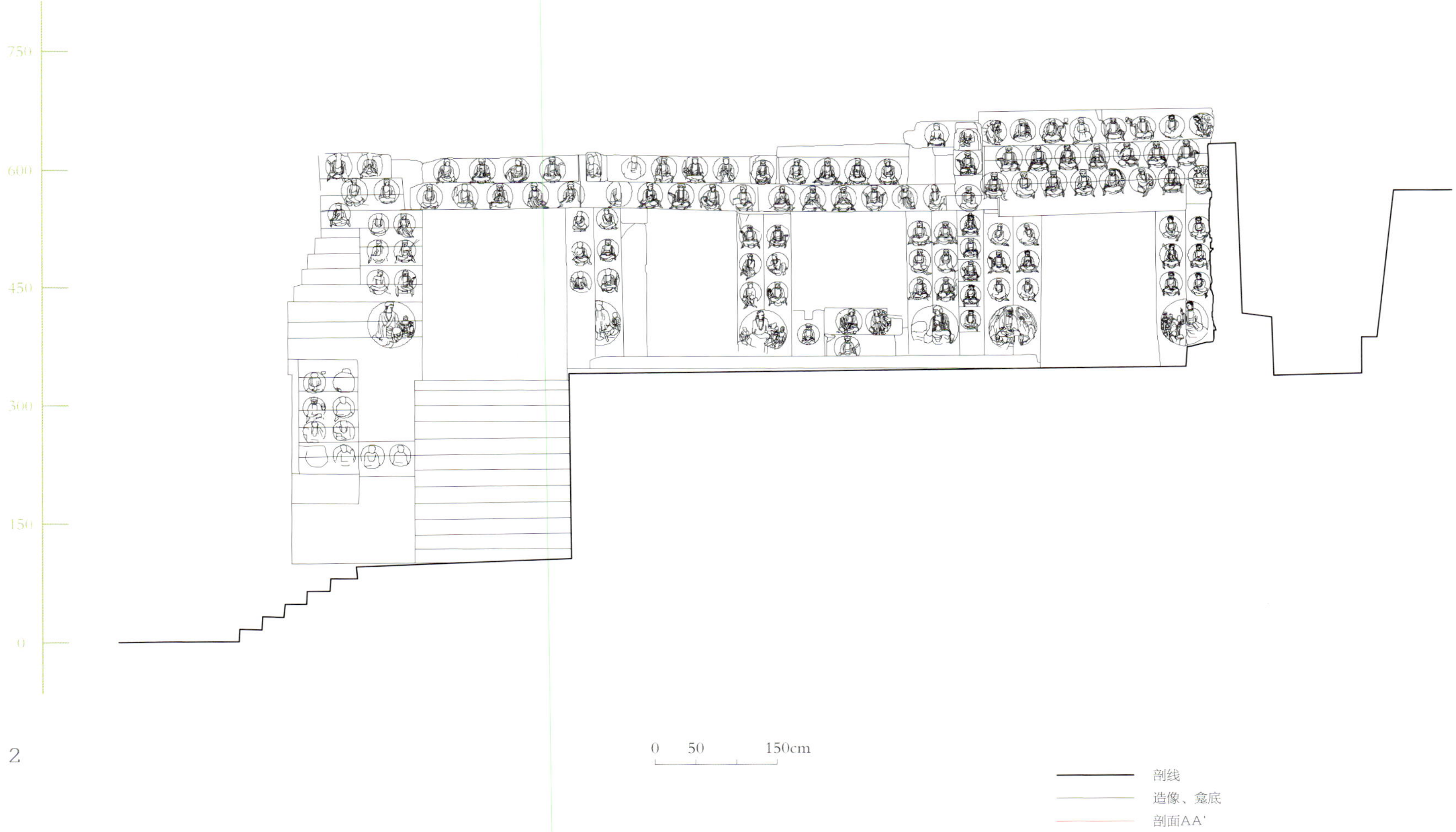

图 62　小佛湾石窟第 6 号龛平、剖面图
1　平面图　2　剖面图

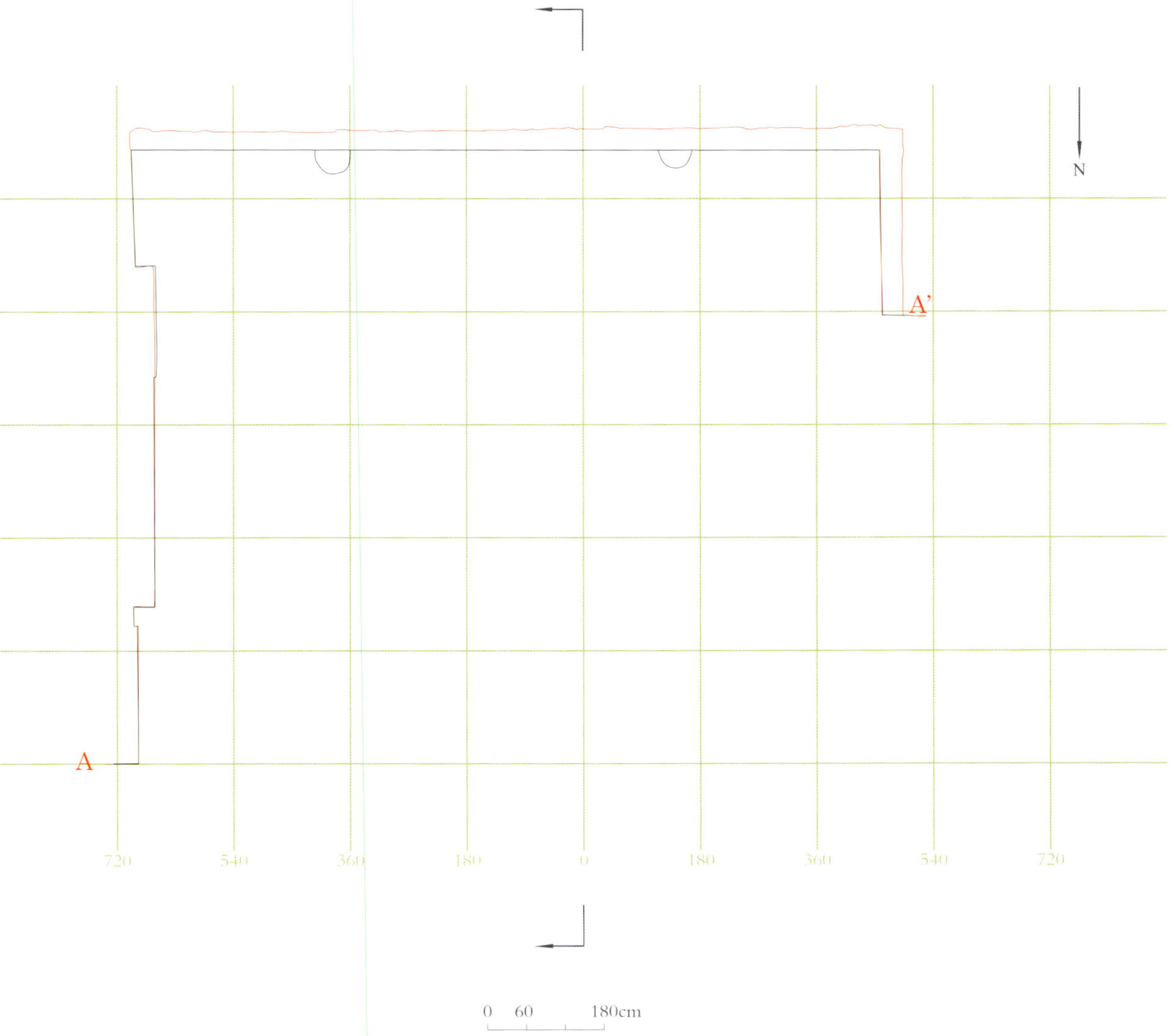

第二章　宝顶山小佛湾石窟

右侧门柱与第3门洞门柱石之间的六级条石，为第4号窟正壁条石西侧端头。

壁面上方原安置外挑的梁头5个，从外至内（从北至南）编为第1—5挑梁。其中，第1—4挑梁分别位于第1至第4门洞左右上部，略等距布置，水平相距约155—210厘米。其中，第1和第4挑梁已毁。第5挑梁位于第4门洞右上方55厘米处，外挑壁面约65厘米；其上再承一级条石。

三　造像

据造像分布，分为正壁、左壁、右壁三部分。

（一）正壁

壁面上部水平凿六排圆形浅龛，上下错对布置。圆龛形制相近，直径约31厘米，深7厘米；龛内刻坐像1身。挑梁梁头亦凿圆形浅龛，直径约19厘米，深约4厘米，内刻坐像1身。壁面下部作通栏式设置，高约83厘米，刻鬼卒、罪报场景（图63；图版Ⅰ：109、图版Ⅰ：110、图版Ⅰ：111、图版Ⅰ：112）。

1. 上部

圆龛内刻坐像170身（图63；图版Ⅰ：109）。其中，壁面六排圆龛坐像166身，梁头圆龛坐像4身。

壁面

166身。其中，第一排1身，第二至第六排各33身。坐像体量相近，坐高17厘米，头长5厘米，肩宽8厘米，胸厚1.5厘米；自上而下，从左至右编为第1—166像，有佛像、披发人像、髽发人像等三种类型。

披发人像　7身，即第2、19、56、61、79、80、126像。齐耳垂发，面圆，两耳垂肩，颈刻三道肉褶线，内着僧祇支，系带作结，外披双领下垂式袈裟，结跏趺坐。

髽发人像　15身，即第4、6、25、30、35、42、43、45、76、86、91、100、101、116、118像。头刻齐耳髽发，结跏趺坐，其余特征与披发人略同。其中，第45像未着僧祇支，第6、30、45、91像等4身着袒右式袈裟，袈裟一角覆于右肩；其余髽发人像着双领下垂式袈裟。

佛像　144身。螺发，刻髻珠，肉髻不明显，面圆，略蚀，后世贴金，耳垂肥大，颈刻三道肉褶线，内着僧祇支，系带作结，外披袈裟，袈裟袖摆及下摆悬垂龛外。其中，第5、9、21、36、62像等5身未着僧祇支；第9、21、33、62、141像等5身着袒右式袈裟，袈裟一角覆于右肩；第3、34、39、54像等4身着双领下垂式袈裟，袈裟一角覆盖头顶；第18、89、94像等3身袈裟一角系于左肩圆环上；其余各像皆着双领下垂式袈裟。除第5、12、20、21、29、33、35、40、41、62、121、141像等12身盘左腿、竖右腿坐，第9、19、36、45、49、61、68、88、150像等9身盘右腿、竖左腿坐，第156像双腿斜置而坐外，其余119身皆结跏趺坐。

现将上述造像的手姿、持物特征等列入表7。

表7　小佛湾石窟第6号正壁上部圆龛坐像特征简表

排数	编号	造像特征
一	1	面蚀，双手腹前托圆状物，物残，直径4厘米。龛外右上方存下垂的袈裟下摆，其上另刻一串念珠。
二	2	面、身略右侧，双手抱右小腿，盘左腿、竖右腿而坐。
	3	面、身略左侧，双手置腹前隐袈裟内。袈裟一角覆盖头顶。
	4	面、身略右侧，双手置腹前隐袈裟内，竖左腿，盘右腿而坐。
	5	头左侧，身略右侧，鼓腹。左手抚狮头，右手抚膝。盘左腿，斜竖右腿而坐。狮长14厘米，高9厘米；口微张，颈下系铃铛，直径1.5厘米，刻出鬃毛，头右尾左，呈匍匐状。
	6	双手置腹前结印。
	7	左手腹前握袖摆，右手屈肘上举结印。

续表7

排数	编号	造像特征
	8	左手抚膝，右手腹前托法轮，法轮大部蚀，直径约6厘米。
	9	面、身略左侧，鼓腹。左手置膝上托狮。狮高8厘米，长6厘米，大部蚀，可辨头左扭，竖前腿，头左尾右蹲坐。右手下撑，腕镯。竖左腿，盘右腿而坐。
	10	头略右侧，双手置腹前隐袈裟内。
	11	左手抚膝，右手举胸前结印。
	12	左手抚兽头，手及兽头残；兽头右扭，头下尾上，兽长13厘米，高8厘米；右手置右膝持绣球。盘左腿，竖右腿而坐。
	13	面略右侧，左手屈肘，手指弯曲顶盘，上置葫芦，通高7.5厘米，最宽4厘米；右手置腹前。
	14	双手胸前似结智拳印。
	15	头略左侧，左手向右斜伸持拂子，全长15厘米，最宽2厘米；右手抚膝。
	16	面略右侧，左手屈于体侧持物，物残难辨；右手抚兽背。兽长14厘米，高8厘米，兽昂首（略残），头下尾上作匍匐状。
	17	头左仰。左手隐袈裟内托盘，盘内盛物，似宝珠，发出一道毫光；右手垂体侧隐袈裟内。
	18	双手腹前交握。
	19	面、身右侧，双手置腹前隐袈裟内；竖左腿，盘右腿而坐（图版Ⅰ：113）。
	20	头略左侧，双手于胸前持长柄香炉（略残），长15厘米，宽5厘米。盘左腿，略竖右腿而坐。
二	21	面略左侧，鼓腹。左手隐袈裟内下撑，右手置右膝持扇，腕镯。扇前端残，残长13厘米，扇面宽6厘米。盘左腿，竖右腿而坐。
	22	面略右侧，双手相握，置身左侧。
	23	左手屈于体侧结印，右手隐袈裟内沿体垂。
	24	左手置腹前，右手抚膝。
	25	头略左侧，双手置腹前隐袈裟内。
	26	头左侧，双手于左胸托盘。盘高0.8厘米，直径4.5厘米。盘内盛宝珠，珠径2厘米，珠发出一道毫光左上飘，延至龛外止于挑梁下方。
	27	左手抚膝，右手屈肘上举拈祥云尾。云头刻于龛外右上方，高7厘米，宽7.5厘米；上置经函。经函长5.5厘米，宽2厘米，中部束带。
	28	左手屈于体侧持带茎莲，全长17厘米，莲苞直径5厘米；右手隐袈裟内垂体侧。
	29	身略右侧，盘左腿，竖右腿而坐。左手隐袈裟内，肘置大腿外侧的枕上。枕高4.5厘米，宽5厘米。右手置右膝，托方形盘，盘上置塔。塔通高23.5厘米，最宽7.5厘米。最下为方形塔基，作两层。再上为第一级塔身，正面刻圆拱小龛。龛高7厘米，宽3厘米，深1厘米。龛内刻一身立像，高6厘米，面蚀，似着袈裟。再上为第一级塔檐，檐角起翘。塔檐下饰珠串及坠饰。再上为第二级、第三级塔身，皆素平。第三级塔檐之上为仰莲台，高1.5厘米，宽3.5厘米。其上塔刹为放焰珠，珠径1.5厘米。
	30	双手置腹前持贝叶，贝叶长8.5厘米，宽3厘米。
	31	左手覆巾，屈于体侧，上置宝珠（略残），珠径4.5厘米；右手抚膝。
	32	面略左侧，双手置腹前隐袈裟内。
	33	面、身右侧，双手抱上竖的左小腿，盘右腿坐。
	34	面、身略左侧，袈裟覆于头顶。双手置腹前隐袈裟内。
	35	面、身略向右。双手残，置胸前。竖左腿，盘右腿坐。身后左侧饰祥云。
	36	面、身左侧，鼓腹。左手隐袈裟内置于左膝；右手结印，肘置枕上。枕挽结，长16厘米，高6厘米。竖左腿，盘右腿坐。
三	37	面右侧，左手隐袈裟内，屈肘上举托瓶，瓶高6厘米，腹径2.5厘米；右手抚膝。
	38	左手置腹前持巾，右手覆巾，置于胸前，上置宝珠。珠径3厘米。
	39	双手腹前隐于袈裟内。袈裟一角覆盖头顶（图版Ⅰ：114）。

续表7

排数	编号	造像特征
三	40	面、身右侧，鼓腹。左手隐袈裟内，肘置枕上；右手置右膝，隐袈裟内托钵，钵高3.5厘米，口径2.5厘米。盘左腿，竖右腿坐。
	41	面、身右侧。左手置左膝；右手置三角夹轼上。竖左腿，盘右腿坐。
	42	面、身微左侧，双手置腹前隐袈裟内，盘左腿。竖右腿坐。
	43	面身右倾，左手屈肘上举，覆巾，上置宝珠，出一道毫光上飘至最上级条石顶端，珠径3.5厘米；右手抚左小腿。
	44	面左侧，身左倾。左手腹前隐于袈裟内，右手屈肘上举结印。
	45	头微右侧，身微右倾。左手握右手，抱左小腿，右手腕镯，盘腿坐。
	46	双手置腹前托钵，钵高1.5厘米，口径2.5厘米。
	47	左手屈肘上举托盘，内盛山石；右手抚膝。
	48	左手举于胸前持物，物似花钿；右手屈肘上举托盘，上置花钿（图版Ⅰ：115）。
	49	头大部毁，身向左侧转。左手置膝上持经函，长7.5厘米，宽2.5厘米，厚1.5厘米；右手于腰际隐入袈裟内，肘置枕上。枕长8厘米，宽4厘米。竖左腿，盘右腿坐。
	50	左手抚膝，右手置于胸前，指尖出火焰。
	51	头微右侧，左手隐于袈裟内，右手腕镯，双手于身左侧抱瓶，瓶内盛花。瓶高8.5厘米，口径2.8厘米。
	52	面左侧，双手于身左侧持一展开的簿册。
	53	左手屈肘上举结印，手背与龛壁间饰祥云；右手残，置右膝上。
	54	袈裟覆于头顶，双手置腹前隐袈裟内。
	55	头微左侧，左手抚膝，右手斜伸，指尖出一朵祥云，上坐一像，高17厘米，面蚀，内着僧祇支，外着双领下垂式袈裟，双手腹前隐于袈裟内，结跏趺坐。
	56	面、身右侧，左手置腹前隐袈裟内；右手屈肘右伸，覆巾，上置烛台，台上刻一放焰烛。烛台直径4厘米，高10.5厘米。双腿斜置。
	57	头微左侧，左手下伸隐袈裟内，右手屈肘上举右伸结印。
	58	头微右侧，左手腕镯，上举握袈裟右侧衣缘；右手置体侧隐袈裟内。
	59	头微左侧。左手握右袖摆，右手屈肘上举右伸，指弯屈。
	60	头身右侧，左手置腹前托瓶，右手于胸前抚瓶，瓶高4厘米，口径1.5厘米。
	61	头身右侧，双手置腹前隐于袈裟内。竖左腿，盘右腿坐。
	62	面左侧，袒胸露腹，腹微鼓。左手垂于体侧，右手置右膝，盘左腿，竖右腿坐。
	63	双手胸前结印，腕镯。
	64	左手抚膝，右手屈肘右伸结印，腕镯。
	65	头左侧，身微左倾；左手胸前持物，物残；右手屈肘右伸托盘，内盛花卉。盘高1.5厘米，宽7.5厘米。
	66	左手抚膝，右手屈肘右伸托盘，上置山石。盘宽7.5厘米，高1.5厘米。
	67	腕镯，双手屈肘上举外伸结印。
四	68	头微左侧，左手置左膝上，五指直伸；右手腹前握袈裟一角。左腿斜竖，盘腿而坐，露右足。
	69	左手屈肘上举外伸结印，右手残，似抚膝。
	70	双手屈肘上举外展结印，腕镯。
	71	头左侧下俯，左手腹前结印，右手垂体侧结印。
	72	左手抚膝，右手屈肘上举握带茎莲。
	73	左手屈举体侧，手托巾，上置经卷，右手抚膝。露右足。
	74	腕镯，双手胸前合十，指毁。

续表7

排数	编号	造像特征
四	75	双手置腹前隐袈裟内。
	76	面左侧下俯，左手置腹前，右手于右肩处，与左手共持一物，物残，残长约22厘米。
	77	面右侧，左手屈于体侧，手覆巾，托宝珠，珠径约4厘米；右手抚膝。
	78	面左侧，左手抚膝，右手胸前覆巾，上置宝珠，径2厘米。
	79	面略右侧，左手胸前托钵；右手屈体侧持柳枝，腕镯。
	80	面左侧，左手抚膝，右手于胸前横持如意（图版Ⅰ：116）。
	81	面右侧，左手腹前结印，右手胸前持物，物残。
	82	面、身略左侧，左手握右足；右手屈肘上举体侧结印。
	83	面右侧，左手抚膝，右手于胸前似托物。右臂外侧存一道毫光，环绕一匝后右斜向上飘。匣内刻坐像1身，坐高约7厘米，面残，内着僧祇支，外着双领下垂式袈裟，双手置腹前隐袈裟内。
	84	面略左侧，下颌残。腕镯，左手置胸前，指半屈；右手屈肘上举体侧托盏，盏上盛物似花。
	85	左手腹前拈巾；右手置左手上托巾，巾上似置物，已毁。
	86	面略右侧，口微启。左手屈于体侧结印，自指尖发出一朵云纹，止于龛外；右手残，置胸前。
	87	面、身左侧，左手屈于体侧隐袈裟内，似托一物，物残。其上方刻交绕的毫光两道，向左右横飘。右手置腹前隐袈裟内。
	88	面、身右侧，双手隐袈裟内置右膝上。竖左腿，盘右腿坐。
	89	面略右侧，双手腹前持展开的经卷。露左足。
	90	面蚀，略左侧。左手置腹前，略残；右手屈肘上举体侧托盏，内置假山，通高10厘米。
	91	腕镯，双手腹前交握。
	92	面略右侧，左手胸前托经，部分残；右手抚膝。
	93	面略左侧，左手置于胸前，右手屈肘上举外展体侧似持物。
	94	面略右侧，左手腕镯，屈肘上举体侧托盏，上置方形物，物略残，通高4厘米。自物底端前侧斜出两道毫光；右置腹前隐袈裟内。
	95	面略左侧，左手握左足踝，右手握左足。
	96	面略右侧，左手隐袈裟内托瓶，右手抚瓶身。瓶高9.5厘米，直径4.5厘米。瓶身呈瓜瓣状，瓶口伸出枝条，枝条顶端出花蕾状的叶片。
	97	面略左侧，左手（残）置腹前；右手屈肘上举体侧握袈裟一角。
	98	面、身略右侧，左手屈肘上举体侧托巾置盘，盘内置八边形方台，其上承莲台，最上为柿蒂纹球；右手腹前结印，腕镯。
	99	腕镯，双手腹前定印。
	100	面略左侧，双手腹前隐于袈裟内。
五	101	面略右侧下垂，左手置腹前，残；右手屈于体外结印。该像左肩外侧刻云纹。
	102	面略左侧，腕镯，双手于左胸外托盏，内盛圆形物，略残。
	103	双手腹前结印，手部分残。
	104	面略右侧，左手隐于袈裟内置左膝上；右手腕镯，屈肘上举结印。
	105	面左侧，双手置腹前隐于袈裟内。
	106	面略左侧。腕镯，双手置左肩外侧持细棍，细棍前端刻祥云，横向延至头后右侧（图版Ⅰ：117）。
	107	双手置膝结印。
	108	头略右侧，腕镯，左手屈肘上举结印，右手置右膝持剑，剑柄部分残，剑身斜置腿间，全长17厘米。
	109	双手腹前托一身化佛。化佛残毁过半，高约2厘米，可辨结跏趺坐及身后背屏。

续表7

排数	编号	造像特征
五	110	面略左侧，左手置腹前隐袈裟内；右手腕镯，屈肘上举持一物，似珠，指尖上出毫光。
	111	面略左侧，左手胸前持经函，长6厘米，宽2.5厘米，厚1厘米，中部束带；右手屈肘外展握带。
	112	头右侧低俯，双手覆巾，置于左肩外侧，巾上置宝珠。珠径1.5厘米，竖直发出两道毫光，部分残，毫光后刻出云纹。
	113	左手屈肘外展结印，右手屈肘上举体侧隐袈裟内，作托物状。
	114	左手抚膝，右手腹前握经卷，卷长约5厘米。
	115	面略右侧，左手置左膝上，右手屈肘置山石台上，似握袈裟一角。
	116	面略右侧，左手屈肘上举托鼓，鼓面径8厘米，右手屈肘持棰作敲击状（图版Ⅰ：118）。
	117	面略左侧，左手曲于体侧持鼓，鼓面径8厘米，右手屈肘持棰作敲击状（图版Ⅰ：119）。
	118	头左侧，腕镯，双手持弓笛作吹奏状，弓笛全长约20厘米（图版Ⅰ：120）。
	119	面略左侧，双手置胸前似持物，手及物部分残，物似箫。
	120	石间裂缝致该像身躯左右分裂。左手置左膝上，右手握笛，置山石台上。笛略残，全长约9.5厘米，直径2厘米。
	121	头右倾，腕镯，双手持笛作吹奏状。笛部分残，长约10.5厘米，直径2厘米。盘左腿，竖右腿，右足作和拍状。
	122	面左侧，腕镯，双手于右胸外侧持六合板。板高约10厘米，最宽7厘米（图版Ⅰ：121）。
	123	双手置腹前隐袈裟内。
	124	左手屈于体侧，自腕残，残迹下刻云纹，右手横置腹前结印。
	125	双手叠腹前，掌心向上。
	126	面身右倾，左手腹前似持物，手及物残，右手屈体侧握一物，物残难辨。
	127	双手腹前抚琴，琴横置，全长约10.5厘米，宽3.5厘米。
	128	面左侧，左手横置身前隐袈裟内，右手覆左手上。
	129	头左侧，手及双腿毁，后世补塑。右肩上部存锡杖杖首，部分残，高约9厘米。
	130	大部毁，后世泥塑完整，仅辨双手腹前隐袖内。
	131	头毁身残，后世补塑。左手屈于体侧托方形物，物残，自指尖发出一道光豪，斜向上飘，右手置腹前结印。
	132	头右倾，身毁，后世泥塑修补完整。
	133	面略左侧，左壁毁，后世补塑，右手屈于体外结印。
六	134	面右侧，左手屈肘外展，自指尖升起一朵祥云，云头刻于圆龛外左侧；右手屈肘横置，手残。
	135	面左侧，左手腹前抚小腿；右手屈肘上举，自指尖升起一朵祥云，云头发出竖直的三道毫光。
	136	双手腹前相叠，掌心向上，似结印。
	137	面右侧，左手屈肘上举托物，物毁，后世补塑；右手屈肘外展，似托物，手及物残。
	138	双手腹前托方形物，似经卷。
	139	左手残，置左膝上；右手置右膝，自指尖发出一道毫光，竖直向上绕龛后，飘出龛外。
	140	双手残，左手置左膝上，似握带；右手置胸前亦握带。
	141	面右侧，左手直伸作撑台状；右手残，置右膝。盘左腿，竖右腿坐。
	142	面左侧，下颌残。左手置腹前结印；右手屈肘托盏，上置宝珠，珠径2.5厘米，珠上升起一道毫光。
	143	左手置腹前似结印；手屈肘外展，前臂毁。
	144	双手残，置胸前。
	145	双手残，置腹前。

续表7

排数	编号	造像特征
六	146	双手置胸前三足凭几上，几略残。
	147	面右侧，双手左胸外侧持钹（略残），作扣合状。该圆龛外左上方刻云纹，上承圆轮，直径6.5厘米。
	148	面略右侧，左手置腹前，略残；右手屈肘外展，前臂毁。
	149	面左侧，双手胸前持铙，作扣合敲击状。
	150	面略左侧，左手持铙钹置右胸前，右手持铙钹外展，铙略残，外径约6.5厘米。竖左腿，盘右腿而坐（图版Ⅰ：122）。
	151	左手腹前持铙，略残；右手腕镯，持铙置于头部右侧。
	152	面左侧，双手置胸前似持物，物残。
	153	面右侧，左手残，斜垂；右手横于胸前持物，手及物皆残。
	154	面左侧，左手腹前持铙；右手屈肘上举外展体侧持铙。
	155	面右侧，双手后世补塑，胸前合十。
	156	后世泥塑。左手残，置左膝上，右手胸前结印。
	157	左手残，置左膝上；右手横置胸前，至腕残。该像左肩上方刻带茎莲苞莲叶。
	158	面、身毁，后世泥塑修补完整；可辨双手置腹前隐袖内。左肩上方存纵向的云纹遗迹。
	159	双手胸前托方形物，物残难辨。
	160	面身毁，后世泥塑修补完整。可辨左手屈肘外展，手残；右手横置腹前。
	161	双手腹前隐袖内。
	162	头毁，后世泥塑修补完整，身躯遭后世凿毁，存凿痕。
	163	毁，后世泥塑修补，可辨着披巾，双手合十，左腿毁。
	164	毁。
	165	毁，后世泥塑修补完整；可辨双手置腹前隐袖内。
	166	面左侧，双手胸前合十。

梁头

刻坐佛4身，均略残，分置于四个梁头正面圆龛内（图64；图版Ⅰ：123、图版Ⅰ：124、图版Ⅰ：125、图版Ⅰ：126）。佛像皆坐高17厘米，头长5厘米，肩宽8厘米，胸厚1.5厘米。螺发，面圆，内着僧祇支，系带，外披双领下垂式袈裟，袈裟袖摆覆于龛外，双手腹前隐于袈裟内，结跏趺坐。其中，从左至右第四挑梁顶端下垂三角形巾帕，帕尖垂至坐佛头顶。

2. 下部

造像刻石面高约84厘米，与正壁等宽。造像以十身体量较大的鬼卒像为中心，其四周另刻若干小像。为方便记述，从左至右（从西至东），将其分为十幅图面（图63、图65、图66、图67；图版Ⅰ：109）。

第一幅

刻像石面宽约123厘米。中刻体量较大的鬼卒像1身，四周小像大致分作3组（图65-1；图版Ⅰ：127）。

鬼卒像　身残漶，残高约78厘米。短发后梳，扎巾，面方，眼凸，深眼眶，略蚀，鼻残，阔口，下颌残。扭头向右，衣饰不明。左手腕镯，屈肘上举握棍状物；右臂屈肘外展下垂，大部毁。双腿残，似右腿前迈，作扭身回首状。其胯下存人形残迹，难辨。

鬼卒像头顶上方从左至右第2、3圆龛间竖刻"佛言痴暗罪报"6字，字径4厘米（图版Ⅱ：37）。

第1组　位鬼卒左上方。刻像2身，左为女立像，右为男坐像。女像残高17厘米，头大部残，内着抹胸，外着对襟衫，双手残蚀，似交于腹前，扭头向右望男像。男像坐高约20厘米，头扎巾，面残；着圆领窄袖服，腰束带；左臂毁，右臂屈肘置右腰际；左腿残，盘右腿坐，斜视女像。

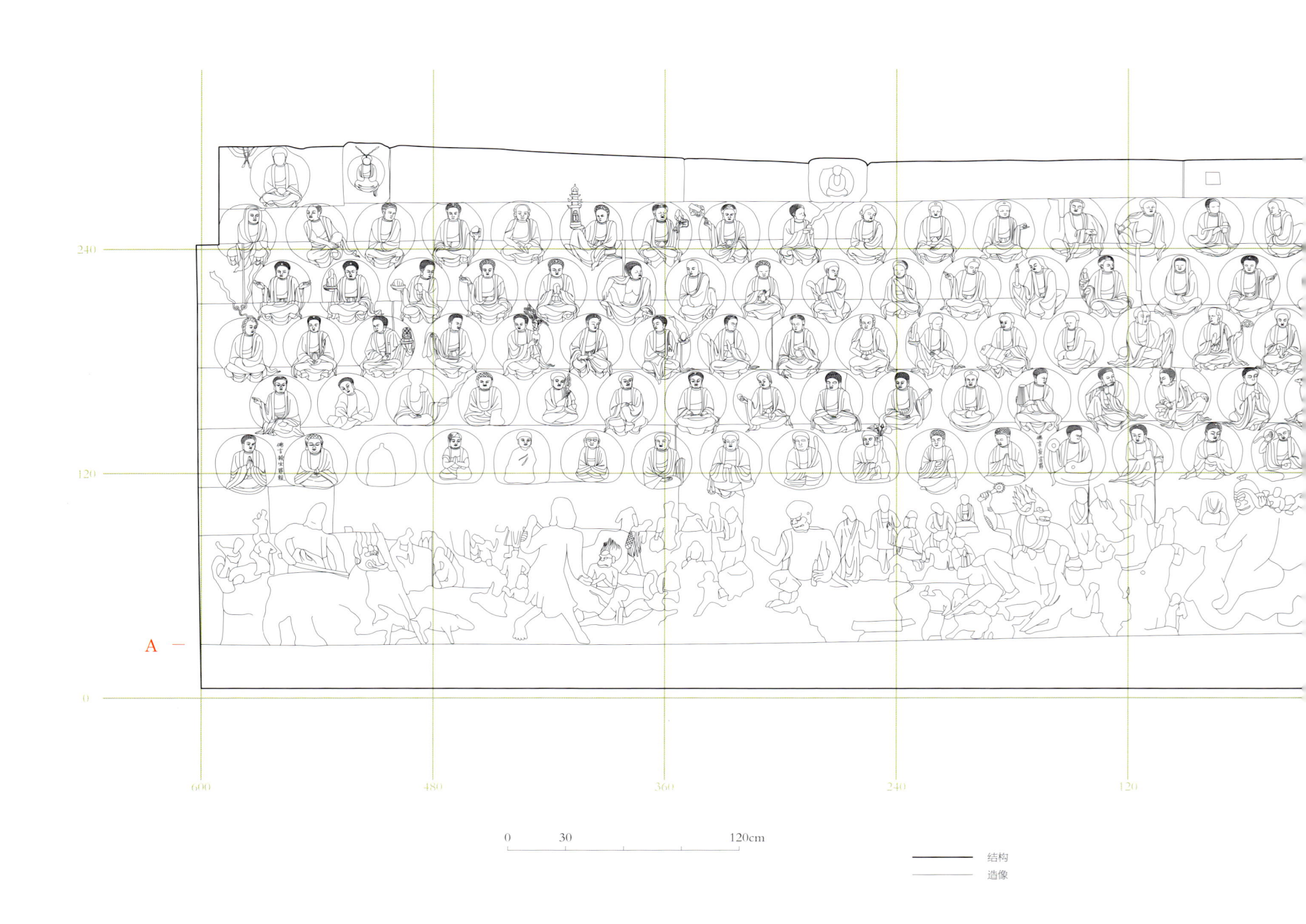

图63　小佛湾石窟第6号龛正壁造像立面及分布图

第二章　宝顶山小佛湾石窟　　97

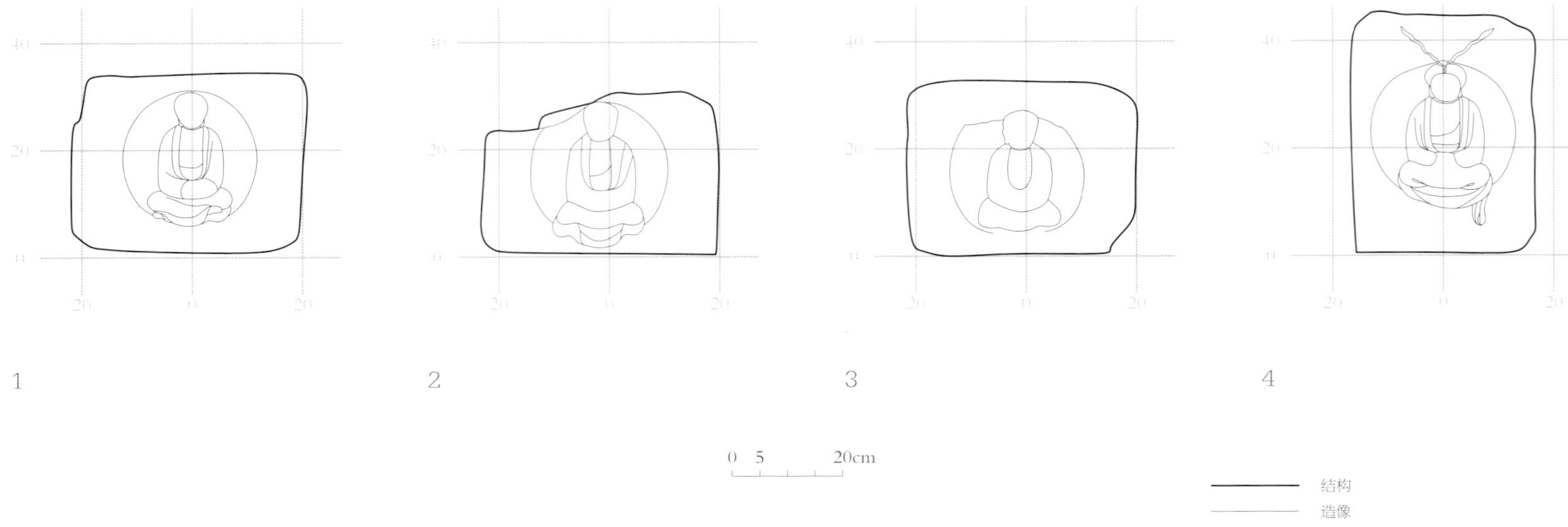

图 64　小佛湾石窟第 6 号龛正壁梁头造像立面图
1　第1梁头　2　第2梁头　3　第3梁头　4　第4梁头

图左上方二圆龛下竖刻"一者□□角"5字，字径2厘米（图版Ⅱ：38）。

第2组　位鬼卒头右侧。刻半身像4身，略作上三下一布置。上部左像高约19厘米，面残，头扎巾，扭头向右面对中像；着宽袖衫，袖口挽至上臂，左手屈肘前伸横置中像胸前，右手屈肘上举握棍，作欲打击状。上部中像高15厘米，头残，扭头面对左像，着对襟窄袖衫，左手置胸前，右手斜垂似持一物。上部右像高17厘米，头残，似齐耳披发，着双领下垂式袈裟，双手胸前似合十，侧身向左。下部像高18厘米，头巾，面右侧，着交领服，双手残，似置胸前。

图右侧横刻"毁谤大乘"4字，字径2厘米（图版Ⅱ：39）。

第3组　位于鬼卒像右下，全身残泐，仅存轮廓，可辨为一身坐像，残高约18厘米。

第二幅

刻像石面宽约125厘米。中刻体量较大的鬼卒像1身，四周小像大致分作6组（图65-2；图版Ⅰ：128）。

鬼卒像　残坐高约60厘米。额顶短发上飘，后脑垂发及肩；面方，隆眉鼓眼，鼻略残，阔口獠牙，兔耳；身蚀，可辨左手前伸抓受刑者头发，右手腕镯，屈肘上举握剑，剑全长42厘米；左腿屈膝前蹲，盘右腿而坐；头、身左侧，怒视身前受刑者。受刑者大部毁，残高30厘米，可辨双手屈肘上举护头顶。

狱卒像头顶上方二个圆龛间竖刻"佛言嗔恚业[44]报"6字，字径4厘米（图版Ⅱ：40）。

第1组　位鬼卒像左外侧，邻第一幅图右侧，刻像3身。右像高23厘米，头巾，面圆，着交领窄袖衫，腰束带，身左前倾，双手紧抱中像。中像高17厘米，头毁，衣饰不明，双手捆缚于后背，垂头弯腰面左像。左像高29厘米，头巾，面残，侧身向右，着圆领窄袖服，左手屈肘前伸抓中像头部，右手不现。

图上方左起横刻"二者恒被他人恤官"8字，字径2厘米（图版Ⅱ：41）。

第2组　紧邻鬼卒像左上方内侧，即鬼卒左肩处，刻像2身。右像高18厘米，头巾，面方，着交领窄袖衫，双手拱于胸前，侧身面左像作躬礼状。左像高31厘米，头巾，面残，着圆领衫，下身毁，可辨左手前伸，右手屈肘上举，侧身面右像作挥拳状。

图上方左起横刻"一者恒被他人求其长短"10字，字径2厘米（图版Ⅱ：42）。

第3组　位鬼卒左腿前侧，存残像3身。残高约20厘米，仅辨轮廓。

第4组　位鬼卒右上方，刻二像面对，残毁甚重。可辨左像残高28厘米，身右侧，扭腰跨步，左手屈肘上举过头顶，右手下垂；右像残高27厘米，身左侧，似跨步向前。

第5组　位鬼卒像右腿右侧，存半身像1身。残高22厘米，仅辨右手置于腰际似持物。

第6组　位鬼卒像右腿下方，刻半身像2身。左像高23厘米，可辨躬身向左站立；右像残高17厘米，侧身面右。

第三幅

刻像石面宽约118厘米。中刻体量较大的鬼卒像1身，四周小像大致分作5组（图65-3；图版Ⅰ：129）。

鬼卒像　高约70厘米，残毁甚重，仅辨头右侧，扭腰，左手置胯间，右手置腹前，左腿毁，右腿屈膝前蹬。

鬼卒像头顶左上方二个圆龛间竖刻"佛言贪爱罪报"6字，字径4厘米（图版Ⅱ：43）。

第1组　位鬼卒像左上方外侧，刻像3身，皆残甚重。左像残高约24厘米，可辨左手置左膝上，右手横置胸前，左腿屈膝外展，右腿残。中像高27厘米，可辨双手隐袖内置身前站立。右像残高33厘米，可辨双手置胸前似持物，侧身向左站立。

图上方二个圆龛间竖刻"一者心不知足"6字，字径4厘米（图版Ⅱ：44）。

第2组　位鬼卒像上方内侧，即鬼卒像左肩处，刻像2身。左像立高24厘米，头巾，面长圆，着交领长服，腰束带，左手置于右像胸前，右手前伸勾于右像后颈。右像高26厘米，似梳髻，面残，着交领窄袖服，左手不现，右手垂体侧，左侧面对左像。

第3组　位鬼卒像左侧中部，即第1组下方，残毁甚重，可辨立像1身，残高19厘米；其下方似刻一兽。

第4组　位鬼卒像右上方，刻像3身，皆残甚重。左像残高18厘米，仅辨双手置腹前，坐于方台上。中像残高23厘米，可辨左手似置腹前，右手斜伸，直身站立。右像高21厘米，仅辨双手置于胸前握中像右臂，侧身站立。

图上方二圆龛间竖刻"恃官威而侵夺民财"8字，字径4厘米（图版Ⅱ：45）。

第5组　位鬼卒像右侧中部，即第4组下方，刻像3身。左像高14厘米，仅辨轮廓。中像高28厘米，可辨左手似置腰间，右手前伸，长服下摆向左斜飘，叉腿直立。右像残高23厘米，仅辨侧身向左。

第四幅

刻像石面宽约118厘米。中刻体量较大的鬼卒像1身，四周小像大致分作3组（图65-4；图版Ⅰ：130）。

鬼卒像　残高73厘米，梳髻，扎巾，巾带斜向上飘；眉凸眼鼓，阔口半开，露齿，下颌残；身残蚀，衣饰不明。侧身向左，左手屈肘前伸，右手屈肘后举，斜向共持一棍状物，物大部残断。其身左前侧刻一受刑者，残毁甚重，高约19厘米，可辨双手屈肘外展。

鬼卒头顶右上方二圆龛之间竖刻"佛言□□□"6字，字径4厘米（图版Ⅱ：46）。

第1组　位鬼卒左上方，刻像5身，皆残。左起第1像残高约20厘米，仅辨轮廓。第2像残高约22厘米，可辨左手似置腹前，右手屈肘外展。第3像残高19厘米，仅辨轮廓。第4像残高17厘米，左手不现，右手屈肘上举，作掩面的姿势。第5像残高20厘米，可辨双手置胸前，向左侧身微躬站立。

图上方二圆龛之间竖刻"一者恶□□"6字，字径3厘米（图版Ⅱ：47）。

第2组　位鬼卒像右上方，刻像1身，残毁甚重，残高约20厘米，可辨头左倾，似扎巾，侧身向右，左手不明，右手屈肘上举前伸。

图上方左起横刻"恶口咒[45]咀三光"6字，字径3厘米（图版Ⅱ：48）。

第3组　位鬼卒右侧下部，刻像1身，残蚀略重，残高22厘米，可辨左手屈肘上抬，右手置右腰。

第五幅

刻像石面宽约129厘米。中刻体量较大的鬼卒像1身，四周小像大致分作4组（图66-1；图版Ⅰ：131）。

鬼卒像　立身高约80厘米。顶发上竖，余发披肩。面方，眼眶深，凸眼，鼻残，阔口半开。衣饰不明，左臂残，屈肘后伸，右臂前伸于身前；左腿前伸，右腿后迈，作侧身扭头向右行进状。

鬼卒像头顶上方二圆龛之间竖刻"佛言两舌罪报"6字，字径4厘米（图版Ⅱ：49）。其腰部右前侧竖刻"地狱"2字[1]，字径3.5厘米（图版Ⅱ：50）。

第1组　位鬼卒像左上方外侧，可辨刻像3身。左像残高22厘米，头似扎巾，头右侧，面残。可辨双手似置胸下，右肩刻一斜置的棍状物。右像残高19厘米，头顶残，扭颈向右，双臂下垂，左侧而坐。右像身前立像为中像，头毁身残，仅辨轮廓。

图上方二圆龛下左起横刻"二者亲族□害"6字，字径2厘米（图版Ⅱ：51）。

第2组　位鬼卒像左上方内侧，刻像2身。左像残高约13厘米，头顶残，躬身左侧直立。双手屈肘前伸，抓扯右像衣物。右像残高28厘米，头顶残，可辨侧身向右站立，双手上举作掩耳状。

图上方竖刻"一者眷属乘离"6字[2]，字径4.5厘米（图版Ⅱ：52）。

第3组　位鬼卒像右上方，刻像3身。左像体量较小，高约5厘米，残毁甚重，仅辨轮廓。中像坐高19厘米，可辨着交领服，双手

1　"地狱"2字，1999年《大足石刻铭文录》未收录。
2　"一者眷属乘离"6字，1999年《大足石刻铭文录》未收录。

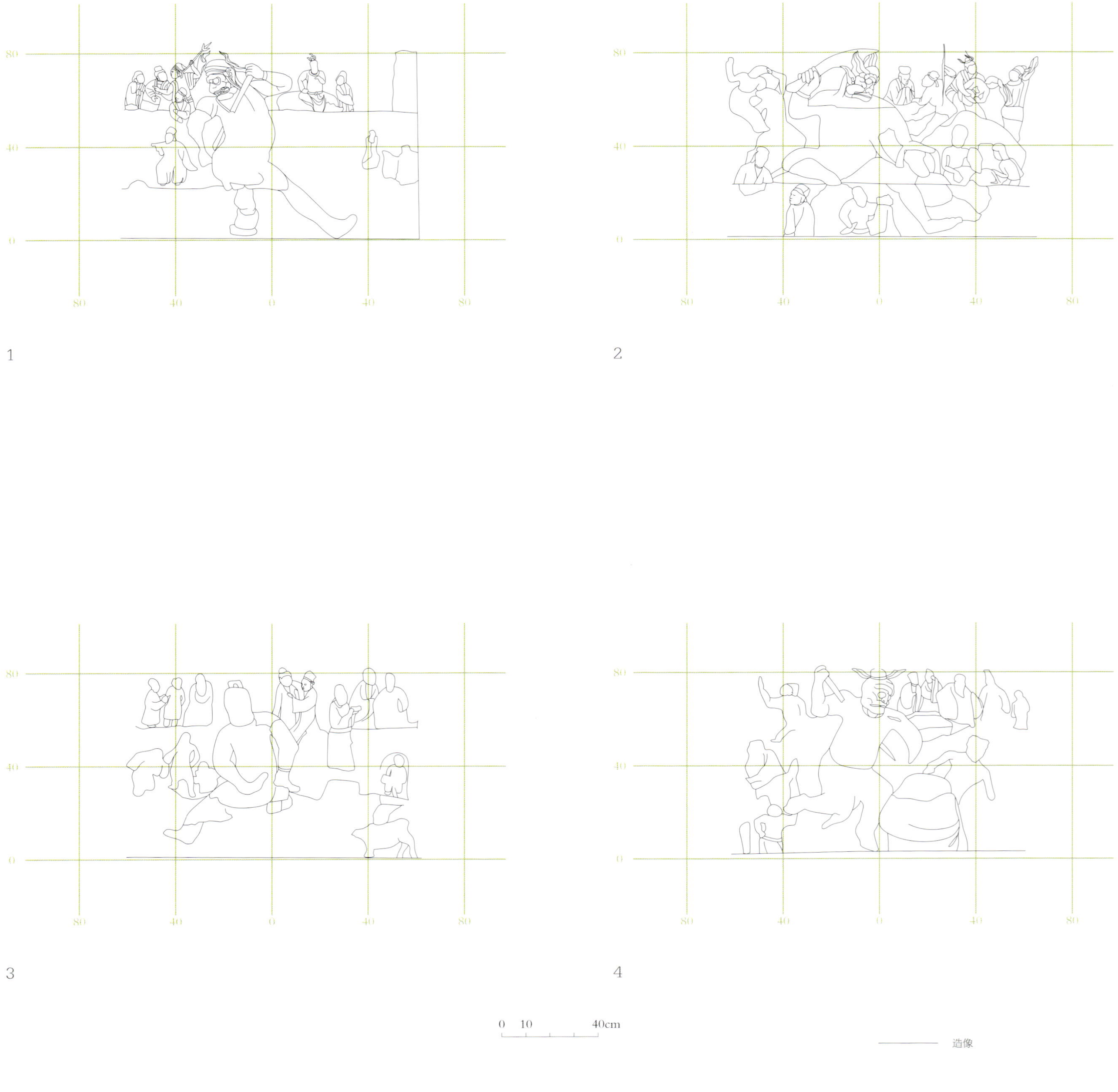

图 65　小佛湾石窟第 6 号龛正壁下部第一至四幅造像立面图
1　第一幅　2　第二幅　3　第三幅　4　第四幅

似置腹前，坐于方台上。右像残高18厘米，可辨右手屈肘前伸似握中像袖摆，侧身弓腰面中像站立。

第4组　位鬼卒像右下方，即第3组下方，刻像4身，呈上三下一布置。上左像高24厘米，可辨左手置于中像胸下，侧身站立；中像残高29厘米，着对襟宽袖衫，双手隐袖内置于胸前；右像残高18厘米，仅辨双手置于右肩处。下像残高18厘米，仅辨轮廓。

图右上方存竖刻的"（漶）同六道"[1]3字，字径2厘米（图版Ⅱ：53）。

第六幅

刻像石面宽约110厘米。中刻体量较大的鬼卒像1身，四周小像大致分作4组（图66-2；图版Ⅰ：132）。

鬼卒像　残毁甚重，残高约67厘米。可辨头戴凤翅盔，面方，眼眶深，鼓眼，鼻残，阔口，身向左，头右望，左手屈肘前伸，右手后展，作扭腰跨腿状。

鬼卒像头顶上方二圆龛之间竖刻"佛[46]言绮语罪报"6字，字径4厘米（图版Ⅱ：54）。

第1组　位鬼卒像左上方，残蚀甚重，可辨刻像2身。左像残高约10厘米，头毁身残。右像残高约13厘米，头大部残，左手横置身前，右手屈肘上举，双手分持镜。

第2组　位鬼卒像左中部，可辨刻立像4身。左像位置略高，残高约28厘米，可辨头右侧，着交领服，双手似置胸前，扭腰俯身。中二像仅辨轮廓，残高约22厘米。右像仅存残痕。

图中部二像右侧竖刻"二者语不明了"6字，字径2厘米（图版Ⅱ：55）。

第3组　位鬼卒像右上方，可辨刻像3身。左像头毁，残坐高18厘米；可辨着双层交领服，双手置腹前。右侧二像仅存轮廓，残高约25厘米。

第4组　位鬼卒像右下部，残蚀甚重，细节难辨。

第七幅

刻像石面宽约120厘米。中刻体量较大的鬼卒像1身，四周小像大致分作5组（图66-3；图版Ⅰ：133）。

鬼卒像　坐高67厘米，蓬发上竖，作火焰状，扭头向左，眼眶内陷，阔口半张。上着短衫，于胸前作结。左手左斜下前伸，抓受刑者头顶；右手屈肘上举，外展横置，持短柄锤，锤全长约16厘米，锤头刻锯齿状尖角。左腿前蹬，右腿屈膝上抬呈坐式。鬼卒左下方刻受刑者1身，头毁身残，可辨左手撑地，右手上举抓鬼卒左臂，侧身斜躺。

鬼卒头顶上方二圆龛之间竖刻"佛言妄言罪报"6字，字径4厘米（图版Ⅱ：56）。

第1组　位鬼卒左上方，刻像3身。左像头毁，残高约22厘米，可辨左臂垂体侧，右臂前伸上举。中像残毁甚重，残高约20厘米。右像残高约25厘米，头巾，面残，着双层交领服，双臂毁。

图中部残存竖刻铭文字迹，不可辨。

第2组　位鬼卒像左中部，似刻像2身。左像毁，仅存少许轮廓。右像残高约20厘米，似着交领服，其余细节不辨。

第3组　位鬼卒像右上方，刻像2身。左像头大部毁，残坐高约16厘米，内着僧祇支，系带，外着双领下垂式袈裟，双手残，似置腹前，双腿毁。右像高约31厘米。头右侧，着交领服，左手屈肘置腿上，右手屈肘腹前，双腿屈膝外展作半蹲状。

二像间竖刻"欺行罪报"4字，字径3厘米（图版Ⅱ：57）。

第4组　位鬼卒像右侧中部，刻像3身。左像位置略低，高23厘米，头右侧，左手屈肘横置，右手下垂。中像高20厘米，侧头扬面向左，着对襟宽袖服，双手合十。右像高19厘米，头残，左手下垂，右手外展屈肘上举。

第5组　位鬼卒像右下方，刻像2身。左像高13厘米，仅辨双手握拳置于胸前。右像残高20厘米，仅辨左手抬举，右臂下垂。

第八幅

刻像石面宽约138厘米。中刻体量较大的鬼卒像1身，四周小像大致分作3组（图66-4；图版Ⅰ：134）。

鬼卒像　残毁甚重，残高约52厘米。头略右侧，眼鼓凸，嘴残。左手置腹前持一物，物仅存少许；右手屈肘外展。双腿毁。

鬼卒头顶右上方二圆龛之间残存"佛言（漶）"2字，字径4厘米（图版Ⅱ：58）。

第1组　位鬼卒像左上方，刻像3身。左像残高26厘米，扭头向右，左手屈肘外展，抓握中像右衣襟，作掀开状；右手前伸，骑坐于马背上。马大部残。中像高43厘米，头残，内着抹胸，外着对襟窄袖衫，左手屈肘前伸，似勾拉左像颈部；右手残，屈肘横置。右

1　此则铭文，1999年《大足石刻铭文录》未收录。

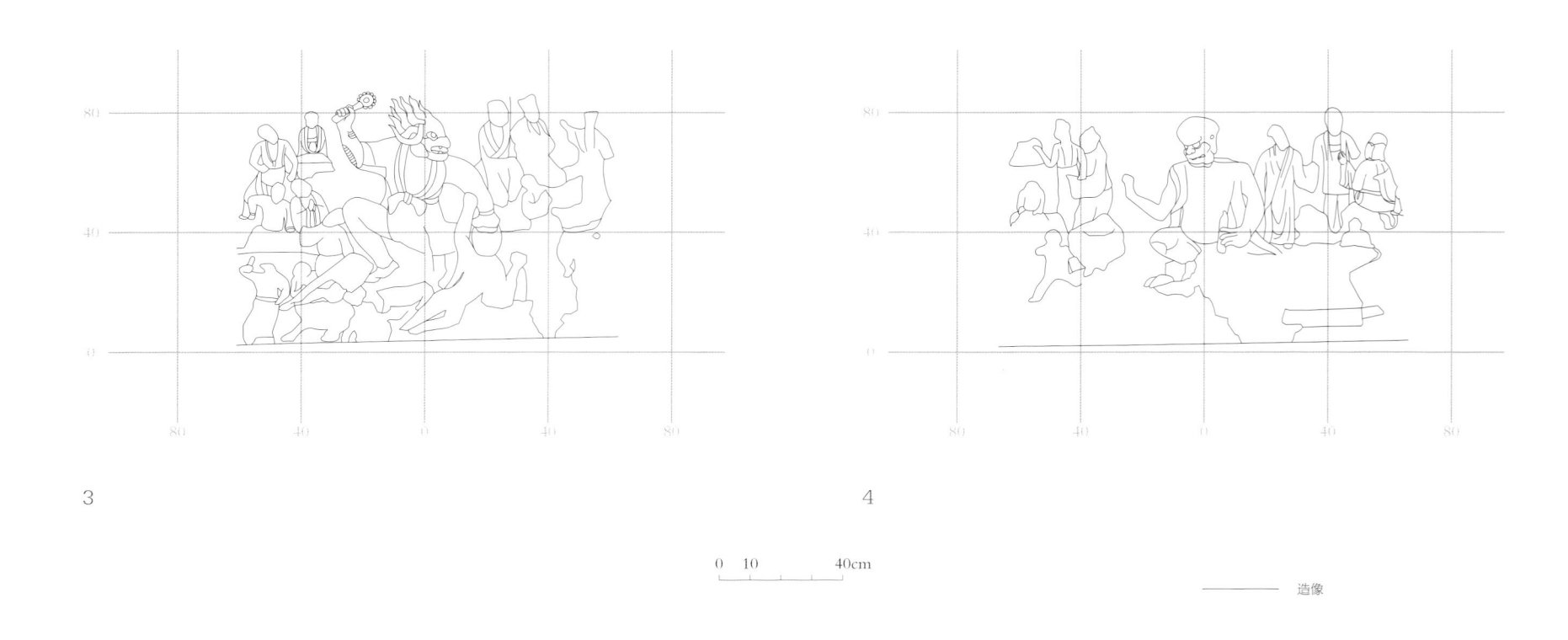

图 66　小佛湾石窟第 6 号龛正壁下部第五至八幅造像立面图
1　第五幅　2　第六幅　3　第七幅　4　第八幅

像高42厘米，着交领宽袖长服，左手屈肘前伸，似抓握中像袖摆，右手垂于体侧，扭身向左。

第2组　位鬼卒像右上方，刻像2身。左像高28厘米，侧身向右，左手屈肘前伸，置于右像腹部作抚摸状，右手不现。右像高37厘米，似着对襟衫，左手下垂，推挡左像手臂，右手屈肘外展，作挥打状。

图上方存横刻的"□母"2字[1]，字径2厘米（图版Ⅱ:59）。

第3组　位鬼卒像右下方，刻像2身，皆仅辨轮廓。左像位置略低，残高18厘米。右像残坐高约13厘米，可辨双手似置腹前。

第九幅

刻像石面最宽约110厘米，中刻体量较大的鬼卒像1身，四周小像大致分为4组（图67-1；图版Ⅰ:135）。

鬼卒像　残毁甚重，残高76厘米。侧身左向，面残，着短袖长服，前臂刻臂甲。左手斜置左下，右手屈肘上举，共持一斜向棍状物向受刑者施刑，物残断。左腿前伸，右腿后蹬，作扭胯状，跣足而立。鬼卒像右侧刻受刑者2身，呈上下布置。上像半身高27厘米，面向鬼卒，发上扬，深目鼓眼，短鼻，阔口紧闭，裸上身，双手拱于胸前。下像残毁甚重，残高19厘米，可辨左手撑地，仰面斜躺的姿势。

第1组　位鬼卒像左侧，刻像3身。左像高26厘米，可辨着对襟服，腰系带，左手垂体侧，右手置圆物上，圆物直径8厘米。中像位置略低，身向左像，残高30厘米；上身服饰呈条状下垂，下着犊鼻裤，双手残，置胸前，负圆筒状背篓，上饰菱形纹，作行进状。右像残毁甚重，残高23厘米，仅辨左手前伸，置于中像背篓内，作探取状。

左像左下方纵向存刻"共财"2字[2]，字径1.5厘米（图版Ⅱ:60）。

第2组　位鬼卒像左侧下，刻像两身。左像高约20厘米，仰面右扭，右手置右腰际，似握持一物。右像高约19厘米，面身向左侧，扬面，右手置体侧，似持一物。该二像似作争执状。

第3组　位鬼卒像右上方，刻像2身。左像残毁甚重，残高19厘米，仅存下半身，可辨腰系带，下着裙。右像高16厘米，头向左仰面，面蚀，着对襟短衫，犊鼻裤，双手屈肘外展，右手覆于板门上，双膝跪地。

第4组　位鬼卒像右侧中部，刻像3身，呈上一下二布置。上像半身，残高30厘米，可辨头略右侧，着交领服，左手置腰际，右手屈肘外展，手残。下二像半身，高12厘米，似仰面相对，双手置体侧，坐船内。

第十幅

刻像石面最宽约134厘米。中刻体量较大的鬼卒像1身，四周小像大致分作2组（图67-2；图版Ⅰ:136）。

鬼卒像　残毁甚重，残高66厘米。头左侧，着短袖服，刻臂甲，似披帛，双手略外展下垂共持物，物残。可辨左腿蹬地，右腿毁。鬼卒像左前侧立一半身受刑者，高30厘米，面右，发上扬，深目鼓眼，尖嘴露舌，身瘦；其左侧斜置一棍状物，长62厘米，最宽4厘米。棍状物底端前侧刻一兽，头左尾右，身长30厘米，高18厘米，着向右前行状。受刑者下方似刻一像，可辨仰卧的姿势，身残长约16厘米。

鬼卒像右侧上方二圆龛之间竖刻"佛言杀生罪报"6字，字径4厘米（图版Ⅱ:61）。

第1组　位鬼卒像左侧。中刻一方棺，长22厘米，高12厘米。棺左侧刻像1身，高22厘米，可辨身朝棺，头残，弓背，着长袖服，双手置下颌，盘腿而坐。棺内侧一像，半身高8厘米，仅存轮廓。棺外侧一像，高20厘米，面身向棺，头残，着长袖服，左手不现，右手隐袖内，屈肘掩面。

第2组　位鬼卒像右上方，刻像2身，仅辨轮廓。二像间刻一圆筒状物，内盛物。

第3组　位鬼卒像右侧中部，刻半身像3身。左上像高14厘米，左手于体侧持巾帕，右手置腰际。左下像高17厘米，可辨面右侧，弓背，双手前伸，抱兽身。兽头右尾左，身长14厘米，高9厘米。右像残高23厘米，面蚀，身左倾，双手持一物（似棍），作挥打状。

该图下方左侧另存有二残像遗迹。

（二）左壁

壁面自上而下水平设置六排40个圆龛。上部四排上下略错对布置，下部两排上下对应布置。其中，第一排5身，第二排8身，第

---

[1] 此则铭文，1999年《大足石刻铭文录》未收录。
[2] "共财"2字，1999年《大足石刻铭文录》未收录。

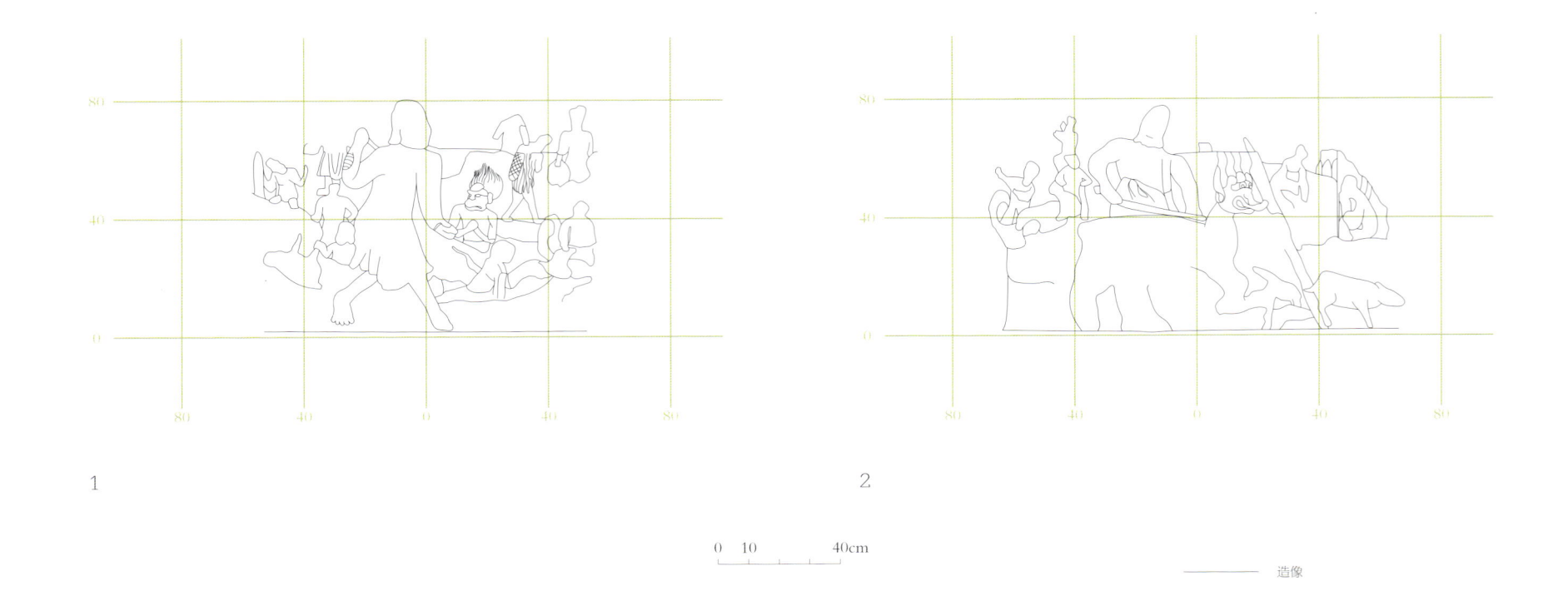

图 67　小佛湾石窟第 6 号龛正壁下部第九、十幅造像立面图
1　第九幅　2　第十幅

三排7身，第四排6身，第五排7身，第六排7身。圆龛大小相近，直径31厘米，深7厘米；内皆刻坐像1身。像略残，体量相近，坐高约29厘米，头长9厘米，肩宽14厘米，胸厚4厘米。自上而下、从左至右编为第1—40像，有披发人像、髽发人像、佛像三种类型（图68；图版Ⅰ：137）。

披发人像　1身，即第10像。齐耳垂发，面圆，耳垂肥大，内着僧祇支，系带作结，外着双领下垂式袈裟，结跏趺坐。

髽发人像　6身，即第7、9、16、28、31、39像。齐耳髽发，面方圆，内着僧祇支，外着袒右式袈裟，袈裟一角敷搭右肩，结跏趺坐。

佛像　33身。螺髻，面方圆，内着僧祇支，系带作结，外披双领下垂式袈裟。其中，第22像袈裟覆盖头顶，第四排第26像未着僧祇支，第34像袈裟一角敷搭右肩；除第3、26像盘右腿、竖左腿坐，第5、21像盘左腿、竖右腿坐外，余皆结跏趺坐。

各像手姿、持物等特征列入表8。

表8　小佛湾石窟第6号左壁圆龛造像特征简表

排数	编号	造像特征
一	1	大部残，存身躯右侧。
	2	左手屈肘外展持物，手及物残，物下垂带；右手置腹前，手残。
	3	头、身右侧低俯，双手置右膝，似合十。竖左腿，盘右腿坐。
	4	腕镯，双手胸前结印。
	5	头、身左侧低俯，双手置左膝，似合十。盘左腿，竖右腿坐。
二	6	肩以上残，左手于体侧上举托物，手及物残；右手残，置胸前。
	7	面、身左侧。左手置香炉上作上香状；右手腕镯，持长柄香炉，通长16厘米，高5厘米（图版Ⅰ：138）。
	8	头、身右侧。左手隐袈裟内托瓶底，右手腕镯，抱瓶身。瓶内插花卉。瓶高10厘米，腹径4厘米（图版Ⅰ：139）。
	9	面、身右侧。左手残，置左膝；右膝上置长柄物，刻出一足，其上置瓶，高5厘米，腹径2.5厘米，瓶内插烛；右手屈肘握烛（图版Ⅰ：140）。
	10	面、身左侧。左手置胸前隐袈裟内托盘，内盛宝珠，手及物部分残；右手置腹前隐袈裟内（图版Ⅰ：141）。

续表8

排数	编号	造像特征
二	11	面、身左侧，头略低俯。左手腹前结印；右手屈肘上举外展托盘，内盛物，似葡萄（图版Ⅰ：142）。
	12	面、身左侧，头略低俯。左手屈肘上举外展，覆巾，上置圆状物，直径5厘米；右手置膝上隐袈裟内。身后右侧出祥云。
	13	头左侧，微仰，双手置腹前隐袖内（图版Ⅰ：143）。
三	14	双手腹前结印。
	15	双手置腹前隐袈裟内。
	16	双手腹前结印。
	17	双手屈肘上举外展结印。
	18	双手置腹前隐袈裟内。
	19	双手置胸前，覆巾，上置圆状物（略残），直径4厘米。
	20	双手置腹前隐袈裟内。
四	21	面、身右侧。左前臂置枕上，手隐袈裟内，枕露端头少许；右手屈肘上举置右膝上，手覆巾，上置宝珠，直径2.5厘米。宝珠向上发出一道毫光竖直上飘。盘左腿，竖右腿而坐。龛外左下方线刻花卉。
	22	双手置腹前隐袈裟内。龛外左下方及下方各线刻一朵莲花。
	23	双手置腹前隐袈裟内。龛下方线刻连枝花卉。
	24	左手置腹前托经函，长4厘米，宽2厘米，高1厘米；右手屈肘外展结印。
	25	面左侧，左手抚膝，右手置腹前结印。
	26	面、身略左侧，鼓腹。左手隐袈裟内置膝上，右手置枕上，枕长14厘米，高3厘米。竖左腿，盘右腿而坐。
五	27	双手置腹前隐袖内。
	28	左手抚膝，右手胸前结印，略残。
	29	双手置腹前隐袖内。
	30	腕镯，双手置腹前结印。
	31	左手腹前拈袈裟一角，右手屈肘上举结印；自指尖斜出一朵祥云，云头现一座覆钵式塔，通高10厘米，塔身正面隐约可见一身坐佛。龛外右下角刻一朵莲花。第30像与31像间存方碑一通。
	32	左手腹前持贝叶，右手抚膝。
	33	双手腹前隐袈裟内。
六	34	双手胸前合十。
	35	左手腹前托物，物残难辨；右手胸前结印。
	36	左手腹前结印，右手屈肘上举外展托盏，上置莲花台，台高3厘米、直径6厘米。台内盛一粒宝珠，斜向出一道毫光飘出龛外。龛外左上方线刻一朵莲花。
	37	左手腹前持贝叶，右手置腹前隐于贝叶后。龛外左上方线刻一身莲花化身童子，莲花左部残。
	38	左手屈肘上举外展结印，自指尖发出一道毫光，环绕一匝后竖直上飘；右手腹前结印。
	39	双手置腹前持翻开的经卷。
	40	头残身蚀，可辨双手似腹前隐于袈裟内。

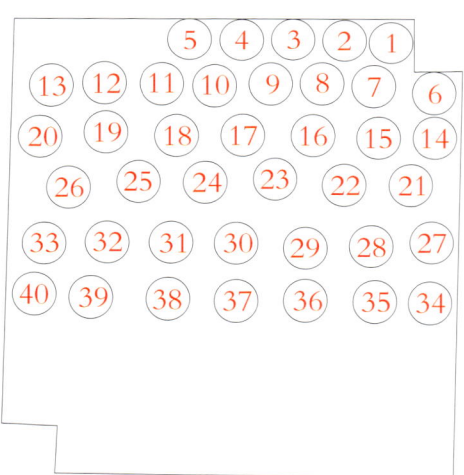

图 68　小佛湾石窟第 6 号龛左壁造像立面及编号图

106　大足石刻全集　第八卷（上册）

（三）右壁

壁面中上部刻小圆龛113个，挑梁梁头刻小圆龛9个，共计122个；四个门洞下部左右侧设6个大圆龛。小圆龛大小一致，直径27厘米，深4厘米；内刻坐像1身。大圆龛形制亦同，直径59厘米，深8厘米；内刻一组造像（图69、图70；图版Ⅰ：144）。

1. 壁面小圆龛

共刻坐佛像113身（图69）。其中，第1—4门洞上方57身，大致作三排水平布置，上下相邻造像错对布置；从上至下、从左至右编为第1—57像。第4门洞左侧竖刻两列6身，第4门洞和第3门洞之间竖刻五列17身，第3门洞下方砌石存像4身，第3、2门洞和第2、1门间各竖刻两列6身，第1门洞右侧上方竖刻三列7身，下方竖刻四列10身。以竖列为序，从左至右、从上至下，续编为第58—113像。各像体量相近，坐高约23—28厘米，头长9厘米，肩宽14厘米，胸厚3厘米；有髻发人像和佛像二种类型。

髻发人像　4身，即第28、31、45、99像等。齐耳髻发，面圆，内着僧祇支，外披双领下垂式袈裟，结跏趺坐。

佛像　109身。螺发，面圆，两耳垂肩，颈刻三道肉褶线，内着僧祇支，系带作结；除第12、27、96像身着右袒式袈裟，袈裟一角敷搭右肩，第82像袈裟一角系于左肩哲那环上外，其余像皆外披双领下垂式袈裟，袈裟袖摆和下摆悬于龛外。除第26、47、86、89像盘左腿、竖右腿坐，第31、33、40像盘右腿、竖左腿坐外，余皆结跏趺坐。

各像手姿、持物等特征列入表9。

表9　小佛湾石窟第6号右壁中上部圆龛造像特征简表

位置	编号	造像特征
门洞上方壁面第1横排	1	头身右侧，微躬低俯，双手胸前合十。身后饰祥云。
	2	双手置腹前隐袈裟内。
	3	头略右侧，左手置膝上隐袈裟内，右手屈肘上举，掌右向平伸；自手背发出一朵祥云，上置圆轮，轮径4.5厘米。
	4	左手隐袈裟内，置左膝上；右手残，置胸前。
	5	面、身剥蚀较重，可辨双手置腹前隐袈裟内。
	6	面左侧，左手屈肘上举左外伸结印，自指尖出一朵祥云，上置圆轮，轮径4.5厘米；右手隐袈裟内置膝上。
	7	头略右侧，左手置左腿上，掌心似向外；右手置膝盖，隐袈裟内。自左前臂升起一朵祥云，上刻坐像一身，风蚀略重，坐高约6厘米，浅浮雕桃形头光和椭圆形身光。
	8	头、身左侧，微躬低俯，双手残，置胸前，似合十；身后饰祥云。
	9	头毁身残，双手置腹前似结印。
门洞上方壁面第2横排	10	左手屈肘外展，结印；右手抚膝。
	11	左手抚膝，右手腹前结印。
	12	鼓腹，左手置左膝上结印，右手屈肘上举结印。
	13	双手胸前似结智拳印。
	14	左手腹前结印，右手置胸前持物，手及物残。
	15	左手腹前结印，右手抚膝。
	16	左手抚膝，右手屈肘上举右向外伸结印。
	17	头右侧，双手置腹前隐袈裟内。
	18	左手胸前托圆状物，略残，右手隐袈裟内，置右膝上。
	19	左手抚膝，右手残，腕镯，举至胸前。
	20	面左侧，双手腹前隐于袈裟内。
	21	双手胸前合十。
	22	左手置左腿上，掌心向外，右手屈肘上举，覆巾，上置宝珠，发出一束毫光。

续表9

位置	编号	造像特征
门洞上方壁面第2横排	23	左手置左小腿上，略残，右手举至右胸持杖，杖长27厘米。
	24	头身大部残，双手似置腹前。
	25	左手置胸前，自掌心发出一道毫光，斜飘至龛外，右手抚膝。
	26	面、身右侧，腕镯，左手隐袈裟内，直撑体侧，右手置右膝上，盘左腿，斜竖右腿而坐。
	27	左手抚膝，右手腕镯，举胸前结印。
	28	面左侧，左肩残，左手腹前结印，右手屈肘上举，自腕毁。
	29	头顶残，右肩毁，双手胸前合十。
	30	头毁，左手残，置膝上；右手略残，屈肘上举体侧结印。
门洞上方壁面第3横排	31	因条石向内倾裂，致该像上下错位。头右侧低俯，双手置腹前隐袈裟内，竖左腿，盘右腿而坐。身后饰云纹。
	32	左手抚膝，右手置腹前持拂子，拂子略残。
	33	面右侧低俯，双手交叠抱左小腿；竖左腿，盘右腿坐，露右足（图版Ⅰ：145）。
	34	左手隐袈裟内，屈肘左向外伸托宝珠状物，其上刻一圆锥状物，沿龛口弯曲至该像头顶；右手抚膝（图版Ⅰ：146）。
	35	左手腹前结印，右手胸前覆巾，上置圆物，略残。
	36	左手隐袈裟内置膝上，右手腹前持如意，略残。
	37	双手置腹前隐袈裟内。
	38	左手置左膝上，结印，右手隐袈裟内，置右膝上。
	39	双手腹前隐袈裟内。
	40	头部分残，面、身右侧，双手置腹前隐袈裟内，竖左腿，盘右腿坐。
	41	面右侧，双手隐袈裟内，置胸下。
	42	双手屈肘上举外伸结印。
	43	腕镯，双手拱于胸前结印。
	44	左手隐袈裟内，横置胸前，右手腕镯，持物（似拂子）置左手上。
	45	左手抚膝，右手置胸前，大部残。
	46	面略右侧，左手腹前结印，右手持展开的经卷。
	47	面左侧，左手隐袈裟内，直撑；右手置右小腿上握方扇，扇长17厘米，扇面最宽6.5厘米；盘左腿，右腿斜竖坐。
	48	左手抚左小腿，右手屈肘上举体侧结印。
	49	面左侧，左手抚膝，右手腕镯，胸前结印。
	50	头毁，身左侧残，左手毁，右手隐袈裟内置右腿上。
	51	左手残，右手腕镯，胸前结印。
	52	面身右侧，双手置胸前隐袈裟内。
	53	腕镯，双手置胸前结智拳印。
	54	头大部残，左手抚膝，右手屈肘上举体侧托塔，手及塔均残。
	55	双手置腹前隐袈裟内。
	56	左手腹前托钵，右手残，似抚膝。
	57	双手置腹前隐袈裟内。

续表9

位置	编号	造像特征
第4门洞左侧	58	双手置腹前隐袈裟内。
	59	双手置腹前，掌心相对，结印。
	60	头右侧，双手置腹前隐袈裟内。
	61	头右侧，双手置腹前隐袈裟内。
	62	头左侧，左手胸前半握，指间生出毫光，右斜向上飘；右手置腹前结印，略残（图版Ⅰ：147）。
	63	双手置腹前结印。
第3、4门洞间	64	头、身右侧微俯，双手置腹前隐袈裟内（图版Ⅰ：148）。
	65	左手抚膝，右手腕镯，置胸前结印。
	66	双手置腹前隐袈裟内。
	67	头左侧，双手置腹前隐袈裟内（图版Ⅰ：149）。
	68	左手抚膝，右手腕镯，屈肘上举右伸结印。
	69	双手置腹前隐袈裟内。
	70	头冠，冠顶刻一圆轮，出一道毫光，冠带作结下垂至肩。双手胸前结智拳印。
	71	左手抚膝，右手腹前持贝叶。
	72	左手抚膝，右手屈肘上举右伸，覆巾，巾上置圆状物，略残。
	73	双手置腹前结印。
	74	双手置腹前隐袈裟内。
	75	双手腹前结定印。
	76	双手置腹前隐袈裟内。
	77	左手置腹前，指略残，自指间发出一道毫光，于左肩外侧绕匝后上飘龛外，右手抚膝。
	78	左手抚膝，右手腹前持物，似贝叶。
	79	双手置腹前隐袈裟内。
	80	左手腹前托物，略残似钵，右手抚膝。
第3门洞下方	81	头右侧，双手置腹前隐袈裟内。左肩外侧饰祥云。
	82	头左侧，左手腹前结印，右手屈肘上举右伸结印。
	83	左手残，屈肘上举左伸，右手似抚膝。
	84	双手腹前结印。
第2、3门洞间	85	左手屈肘上举左伸，结印，右手抚右小腿。
	86	头、身右侧，双手置胸前隐袖内，置山石上，竖左腿，盘右腿而坐，露左足。
	87	左手置腹前隐袈裟内，右手屈肘上举外伸，覆巾，上置法轮，径5厘米。
	88	面略左侧，左手腹前结印，右手屈肘上举结印，自指间生出一道毫光，竖直上飘。
	89	头左侧，双手抱右小腿，盘左腿，右腿略上竖。
	90	面略左侧，左臂大部毁，双手置腹前隐袈裟内。
第1、2门洞间	91	头略右侧，双手置腹前隐袈裟内。
	92	左手抚膝，右手残，置胸前。

续表9

位置	编号	造像特征
第1、2门洞间	93	头略右侧，面蚀，左手屈举体侧托盘，上置葫芦状物，手及物皆残，右手残，置右膝。
	94	头毁，双手置腹前隐袈裟内。
	95	头大部残，左手腹前结印，右手残，屈举体侧。
	96	头部分残，面左侧，左手胸前残，右手屈举体侧托物，手及物残。
第1门洞右侧	97	头略右侧，双手置腹前隐袈裟内。
	98	左手胸前托物，物残，发出一道毫光，斜向延至龛外，右手抚膝。
	99	左手腕镯，屈举体侧结印，右手抚膝，略残。
	100	仅存轮廓。
	101	面左侧，双手腹前隐袈裟内。
	102	左手似抚膝，右手胸前结印，部分残。
	103	面左侧，双手置腹前隐袈裟内。
	104	可辨双手似置腹前。
	105	左手置腹前，右手残，置于胸前。
	106	毁。
	107	仅存少许轮廓。
	108	可辨双手体侧托方形物。
	109	可辨左手于体侧托物，右手似抚膝。
	110	双手腹前隐袈裟内。
	111	左手于体侧覆巾，巾上置盏，盏内盛物；物稍残；右手残，置胸前。
	112	左手残，右手屈举体侧覆巾，巾上置物；物残。
	113	毁。

2. 梁头小圆龛

存9身，为坐佛像（图71）。其中，从右至左（从北至南）第1梁头正面1身；第2梁头正面及左右侧面各1身；第3梁头毁；第4梁头正面刻2身，上下布置，左侧面刻3身，品字布置。依序从上至下通编为第1—9像。

佛像体量相近，坐高28厘米，头长8厘米，肩宽12厘米，胸厚3厘米。螺发，面圆，耳垂肥大，颈刻三道肉褶线，内着僧衹支，系带作结，外披双领下垂式袈裟，袈裟袖摆和下摆悬于龛外；除第8、9像外，余均结跏趺坐。其中，第4梁头正面下部佛像袈裟一角系于左肩哲那环上。

各像手姿、持物等特征列入表10。

表10　小佛湾石窟第6号右壁梁头圆龛造像特征简表

位置	编号	造像特征
第1梁头正面	1	大部毁，可辨左手腹前似持物，手及物残，右手毁（图71-1；图版Ⅰ：150）。
第2梁头右侧面	2	身大部残，可辨双手腹前托钵，手及钵残（图71-2；图版Ⅰ：151）。
第2梁头正面	3	双手腹前隐于袈裟内（图71-3；图版Ⅰ：152）。

续表10

位置	编号	造像特征
第2梁头左侧面	4	面略右侧，双手腹前隐于袈裟内（图71-4；图版Ⅰ：153）。
第4梁头正面	5	头毁身残，后世补塑，可辨双手腹前隐于袈裟内（图71-5；图版Ⅰ：154）。
	6	左手抚膝，右手屈举体侧结印（图71-5；图版Ⅰ：154）。
第4梁头左侧面	7	双手腹前结印，略残（图71-6；图版Ⅰ：155）。
	8	头、身略右倾，左手置左膝上，右臂枕山石，前臂残；竖左腿，盘右腿而坐（图71-6；图版Ⅰ：155）。
	9	左手直撑体侧，右手置左胸前，似结印；盘左腿，竖右腿而坐（图71-6；图版Ⅰ：155）。

3. 大圆龛

壁面四个门洞下部左右侧各设一大圆龛，内刻一组造像，从左至右编为第1—6龛（图72、图73、图74）。

第1龛

龛左侧刻一坐佛，体量较大，坐高37厘米，头长11厘米，肩宽13厘米，胸厚5厘米（图72-1；图版Ⅰ：156）。身略右侧，螺髻，面圆，眼半开，耳垂肥大，内着僧祇支，系带，外披双领下垂式袈裟，袈裟下摆覆于座台上。左臂毁，后世补塑，左手略残，置腹前；右手腕镯，屈肘上举，竖中指、食指，余指曲，指略残；结跏趺坐于山石台上。台高17厘米，最宽34厘米。台右侧刻立像6身，最高约25厘米。从上至下、从左至右编为第1—6像。

第1像头毁，着交领宽袖服，双手胸前合十。第2像头大部残，着交领宽袖服，双手置胸前隐前像身后。第3像面身略左侧，头扎巾，面圆略蚀，着对襟宽袖服，双手胸前合十，略残。第4像毁较重，可辨面身向右，头似扎巾（后世补塑），着交领宽袖服，双手残，似置身前。第5像头顶残，圆脸略蚀，着宽袖服，双手隐于袖内，举置胸前。第6像面向左倾，身微躬，似梳髻，着宽袖服，双手身前托盘，盘内盛物，盘及物略残。

第2龛

龛中部刻坐佛像1身，坐高约38厘米，头长12厘米，肩宽20厘米，胸厚4.5厘米（图72-2；图版Ⅰ：157）。头微左侧，双眉略凸，垂梢，颧骨凸显，口微闭；内着僧祇支，系带，外披双领下垂式袈裟，袈裟一角覆盖头顶；双手叠置腹前持长柄物，物全长约17厘米，柄残，顶呈月形，承托下颔；结跏趺坐于山石台上。台高15厘米，最宽48厘米。坐像四周满布山石，其左侧山石内刻一猴，半身，高约10厘米，面右微扬，圆眼阔口，左臂下垂，显露少许，右臂屈肘上举持枝叶。

第3龛

龛内刻坐佛像1身，侧身向右，坐高38厘米，头长12厘米，肩宽19厘米，胸厚5厘米（图73-1；图版Ⅰ：158）。齐耳披发，面圆，内着僧祇支，外披双领下垂式袈裟，袈裟衣纹呈密集的泥条状；腕镯，双手胸前结印，结跏趺坐于山石台上。台略蚀，17厘米，最宽37厘米。座台右侧刻一台，残蚀略重，形如蘑菇，高20厘米，最宽19厘米。

第4龛

龛中刻一体量较大的坐佛像，坐高38厘米，头长12厘米，肩宽18厘米，胸厚4厘米（图73-2；图版Ⅰ：159）。扎巾，巾带作结后下垂及肩，面略蚀，身微左侧，着交领服，左臂略残，屈肘横置，袖口上挽至肩；右臂未刻出，显露袖口；结跏趺坐于山石台上。台高19厘米，最宽30厘米。坐佛像左侧刻3身立像，略呈纵向布置，皆部分残，最高25厘米。上像头毁，着宽袖服，左手隐袖内，托坐佛像左手，右手握剑置于坐佛像左肘处，作切割状；中像头顶略残，戴冠，面方，着圆领服，双手置身前，覆巾；下像残蚀较重，可辨头巾，巾带下垂及肩，双手置胸前。坐佛像右侧立一像，高约23厘米，头大部毁，着圆领宽袖服，双手覆巾，置于身前横托一物，物残。

龛口上方，竖刻"歌利王丨□□"2行5字，字径约4厘米（图版Ⅱ：62）。

第5龛

龛右毁，后世补嵌条石（图74-1；图版Ⅰ：160）。龛左存像2身。右刻体量较大的坐佛像1身，坐高38厘米，头长13厘米，胸厚4厘米；头巾，巾带下垂及肩，面蚀，略右侧；身蚀，似着双层交领宽袖服，腰带垂于座前；左手残，置于胸前，右手毁；结跏趺坐于山石台上。台高18厘米，最宽28厘米。左刻立像1身，高23.5厘米，头大部残，着交领窄袖服，腰系带，双手隐袖内置于胸前，略

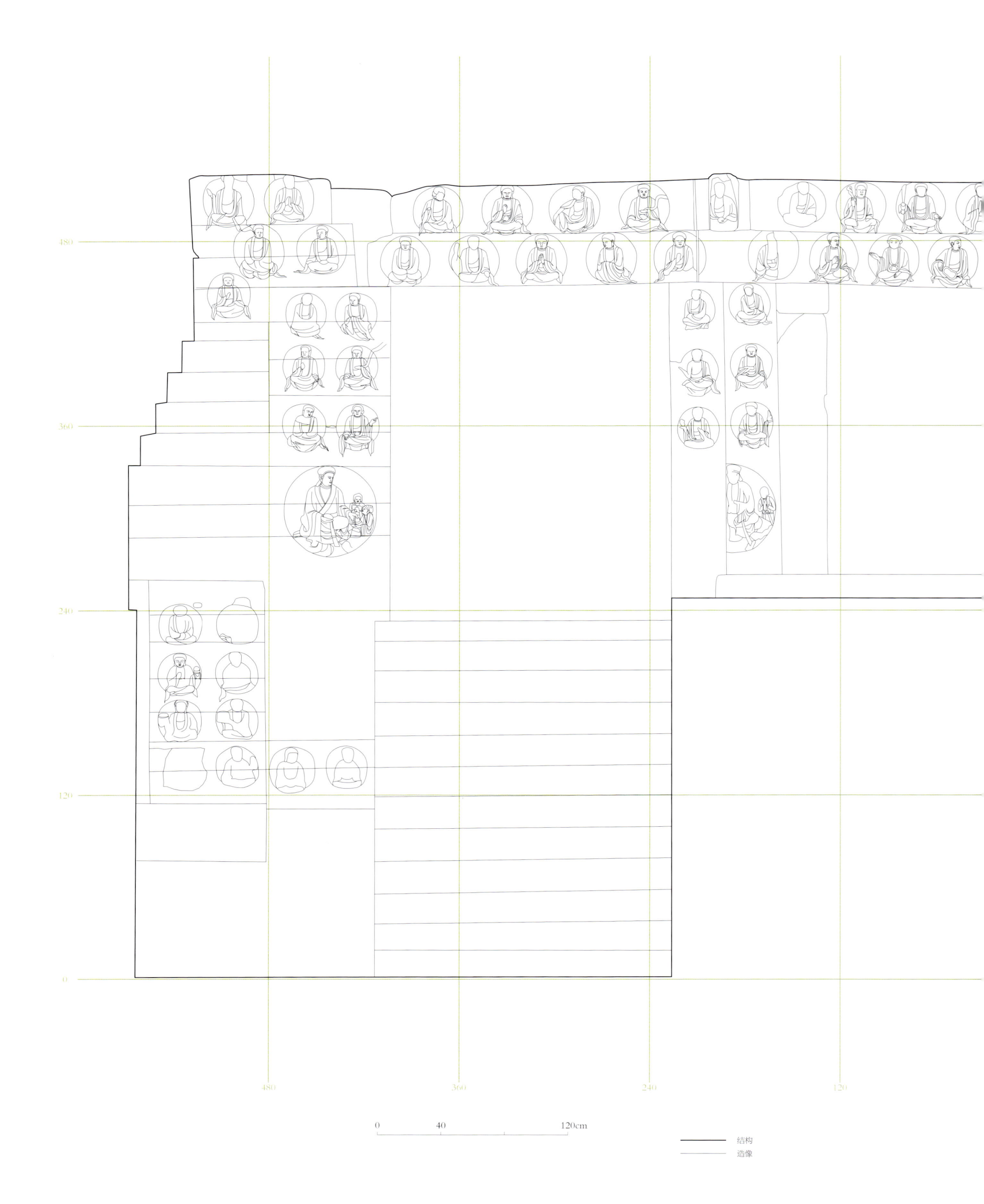

图 69　小佛湾石窟第 6 号龛右壁造像立面图

第二章 宝顶山小佛湾石窟 113

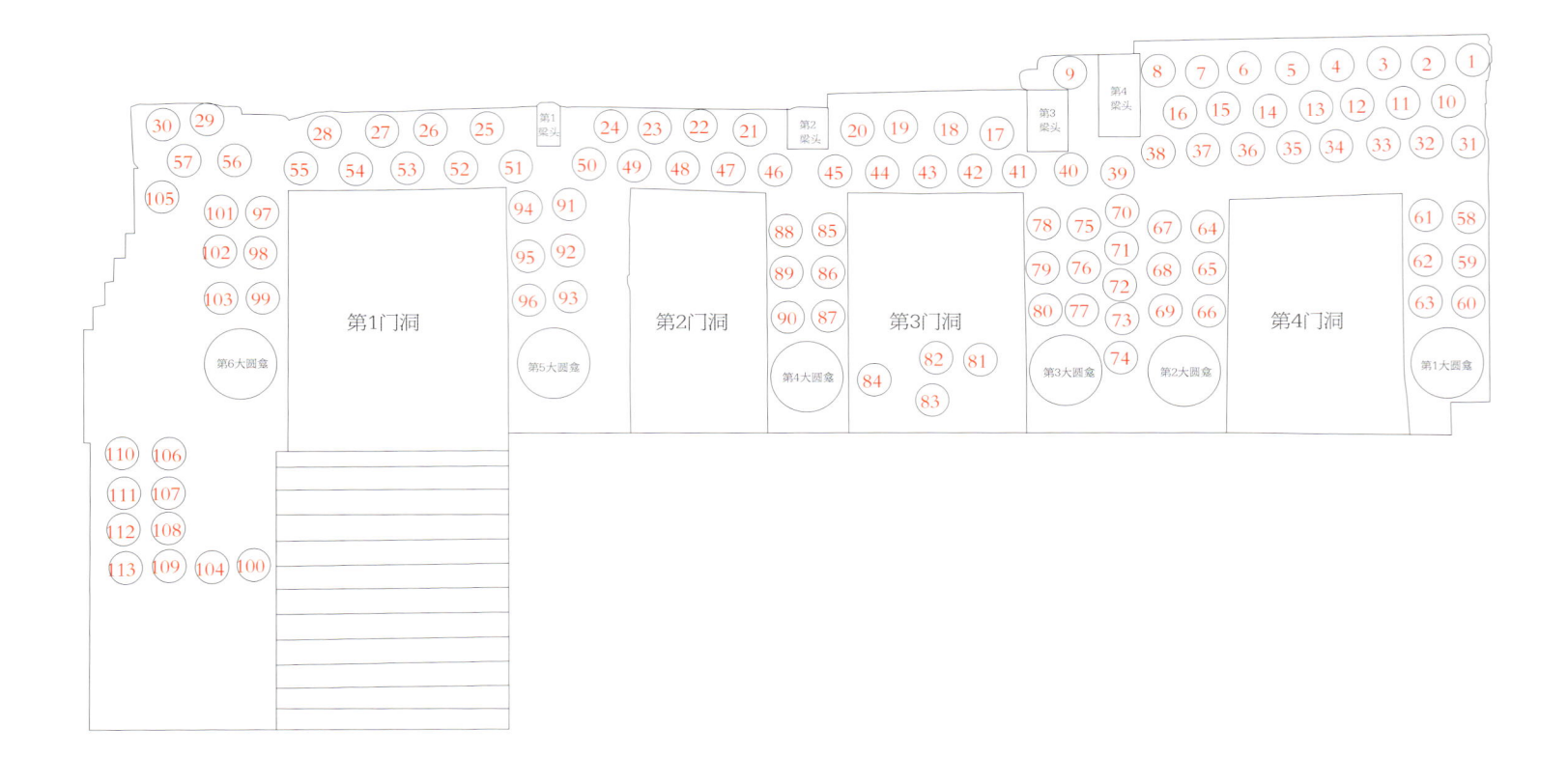

图 70　小佛湾石窟第 6 号龛右壁造像编号图

侧身向右坐佛礼拜。

第6龛

龛中刻体量较大的坐佛像1身，坐高42厘米，头长13厘米，肩宽20厘米，胸厚4厘米（图74-2、图75；图版Ⅰ：161）。头巾，巾带下垂及肩，面方圆，略左侧，口微启，着双层交领宽袖服，腰系带，长垂座前。左手略前伸于体侧提篮，篮内盛物，物难辨；右手腹前托圆状物，手及物残。结跏趺坐于山石台上。台高16厘米，最宽43厘米。坐佛左侧刻一男一女立像2身，最高21厘米。男像位置略低，头巾，稍残，方脸微仰，着交领宽袖服，双手于身前托举坐佛提篮，右侧身站立。女像披发，头顶略残，着交领宽袖服，双手拱于胸前，夹持一方形物。

四　铭文

左壁第五排第4和第5圆龛造像间（左壁第30像与第31像间）存一通方碑。碑通高38厘米，碑座高9厘米，刻有圭角，上刻仰覆莲台；碑身方形，高28厘米，宽11厘米，线刻宽0.5厘米的边框；未刻碑首。碑身上部线刻两朵如意头云纹，呈对称布置。碑文漶（图版Ⅱ：63）。

五　晚期遗迹

坛台正壁（南壁）通高250厘米，左壁（西壁）通高314厘米，右壁（东壁）通高305厘米，可见正壁比左壁低64厘米，比右壁低55厘米。正壁四根挑梁均置于最上层，其上现无压梁。而在正壁最上排最右端圆龛造像（编为第1像）右上方，残存下垂袈裟下摆及一串数珠，说明右端圆龛造像（第1像）之上，还应有造像存在。因此，根据正壁与左右壁的高度、挑梁的位置及第1像之上的遗迹推测，现正壁顶上，原有砌石及造像已不存。

左壁左上端，原砌石局部毁，现像不存。

右壁第4门洞上方壁面布置三排小圆龛，其右侧第1、2、3门洞上方壁面均布置二排，且其砌石明显低于第4门洞，挑梁位于现壁

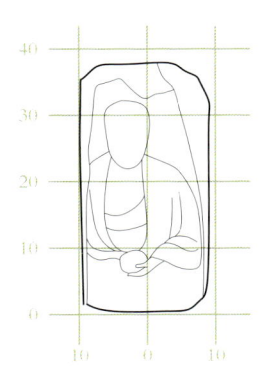

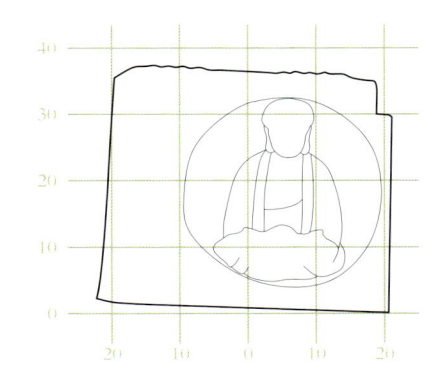

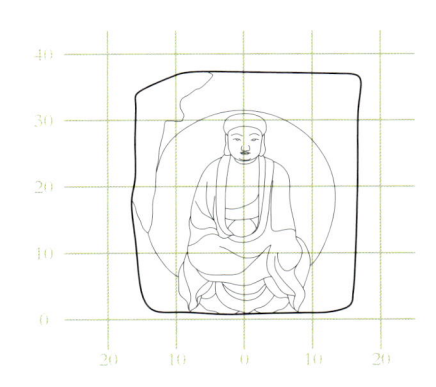

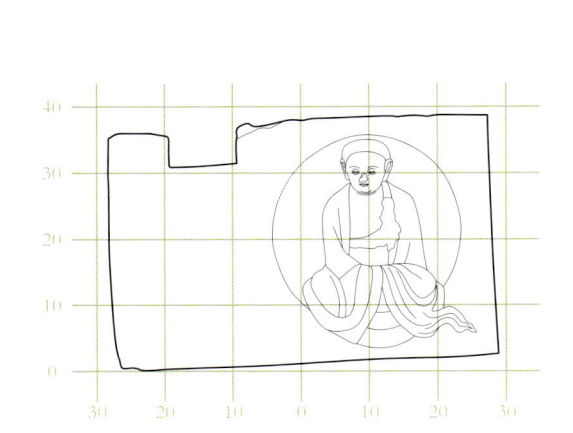

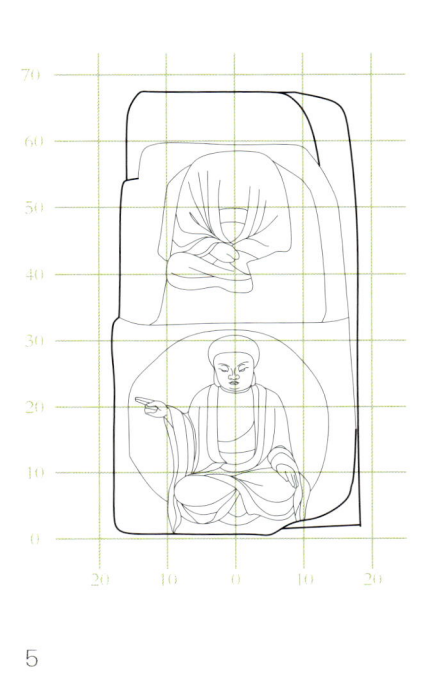

图71　小佛湾石窟第6号龛右壁第1—4梁头造像立面及编号图
1　第1梁头正面　2　第2梁头右侧　3　第2梁头正面
4　第2梁头左侧　5　第4梁头正面　6　第4梁头左侧

第二章　宝顶山小佛湾石窟

1

2

图 72　小佛湾石窟第 6 号龛右壁下部第 1、2 大圆龛造像立面图
1　第1大圆龛　2　第2大圆龛

1

2

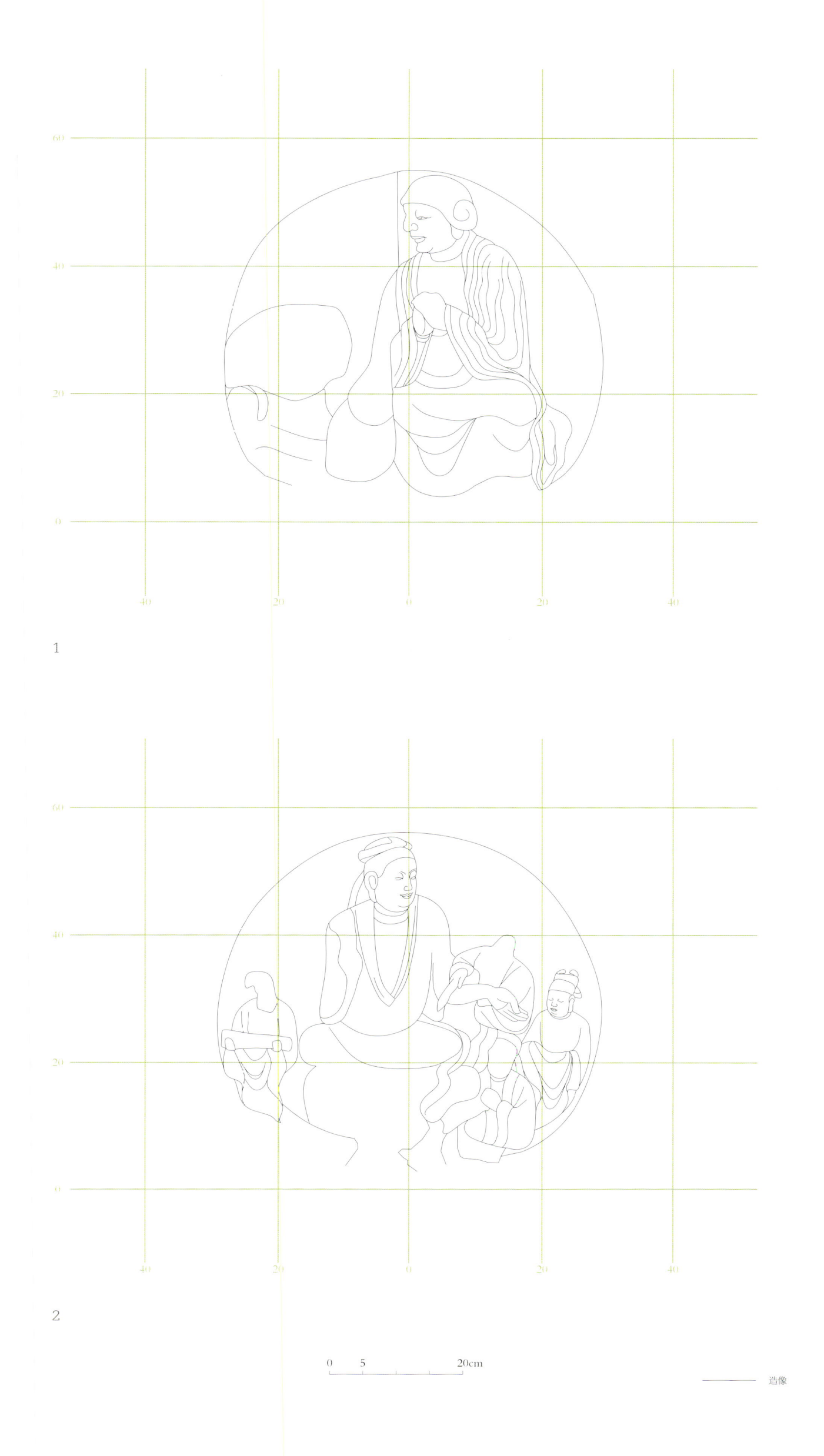

图 73 小佛湾石窟第 6 号龛右壁下部第 3、4 大圆龛造像立面图
1 第3大圆龛　2 第4大圆龛

1

2

图74 小佛湾石窟第6号龛右壁下部第5、6大圆龛造像立面图
1 第5大圆龛　2 第6大圆龛

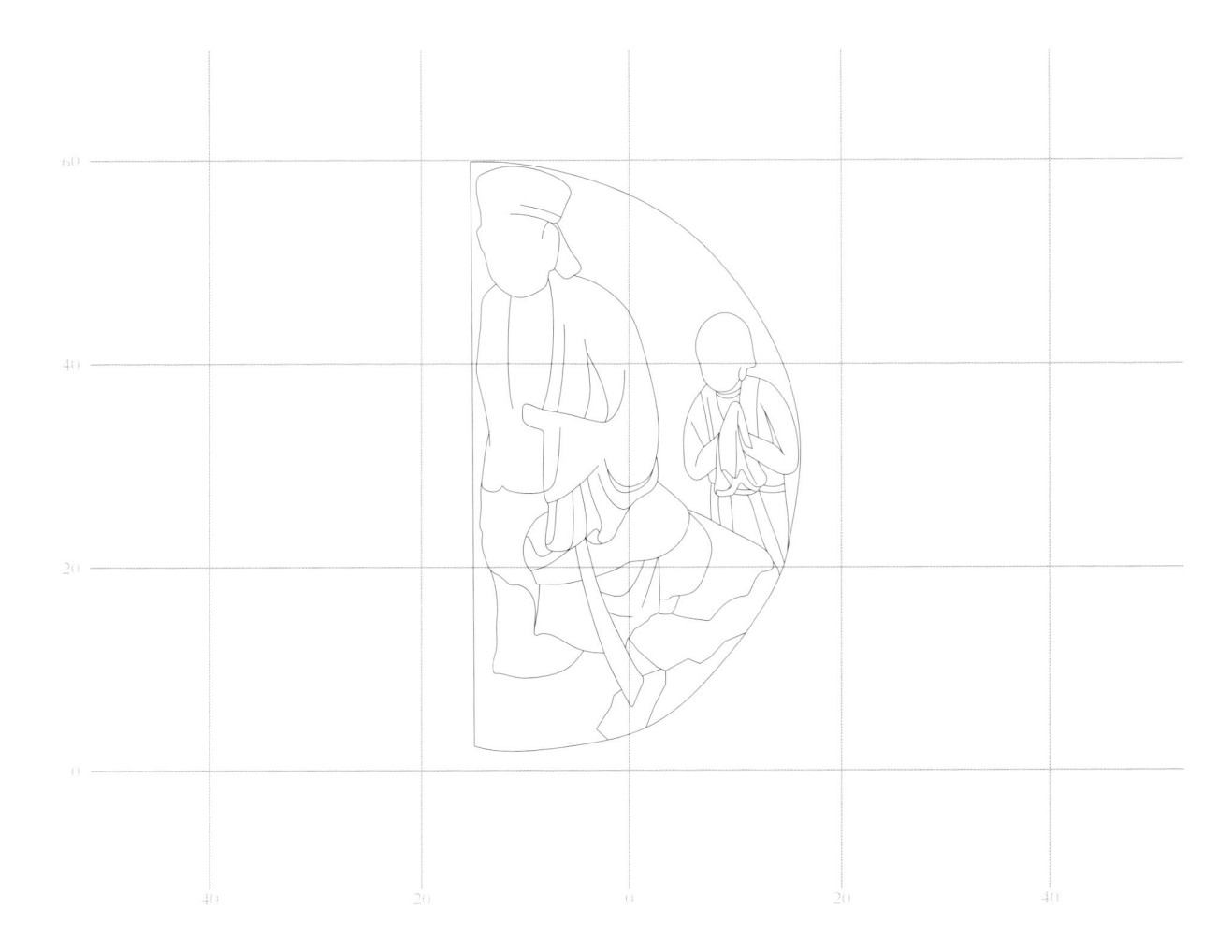

图75　小佛湾石窟第6号龛右壁下部第6大圆龛造像效果图

面最上层，无压梁石，由此推测，现第4门洞之右壁面顶上，原应有砌石及造像，现已毁。遗迹还显示，第1门洞之右至右壁最北端壁面，仅存部分造像，其余空余壁面砌石凿痕粗糙，与遗存的原砌石有明显差别，为后世加固补砌。第3门洞下方的三块砌石，从条石及造像看，应为原小佛湾内的条石刻像，但从其位置和与门洞地面及左右的关系看，系后世重砌于此。

正壁第129、130、131、132、133、155、156、160、163、165像等10身以黄泥补塑；右壁上部第4梁头正面像，下部大圆龛第1龛主像左臂后世补塑。

圆龛内的壁面存灰白色、红色两种涂层，龛外空隙壁面存黑色涂层。

坐像保存灰白色、蓝色、绿色、红色、黑色等五种涂层，部分坐像保存少量金箔。

第八节　第7号

一　位置

本号包括两通碑碣，分别位于坛台中部左右侧，皆前距坛台边缘168厘米，后距第6号龛正壁470厘米（图4）。其中，左碑左距第9号窟右外壁140厘米，右碑右距第6号龛右壁330厘米，两碑相距354厘米。

二　左碑

石碑，碑阳为《唐柳本尊传》碑，上石于南宋淳熙至淳祐年间（1174—1252年），碑阴为《宝顶常住田产》碑，上石于明代。存碑身及碑座，通高183厘米（图版Ⅰ∶162）。碑座方形，素面，高31厘米，宽133厘米，厚40厘米。上边抹棱，中凿凹槽，嵌入碑身。碑身通高152厘米，宽95厘米，厚11厘米，左上角毁；顶凿凸棱，估计原置碑首。碑阳向东，碑额左起横刻"唐柳本尊传"5字，隶书，直径8厘米；

碑文左起竖刻42行，据台湾傅斯年图书馆藏拓本[1]，存1992字，字径1.5厘米（图版Ⅱ：64）。

碑阴为《宝顶常住田产》碑。额左起横刻"宝顶常住田产"6字，楷体，字径4厘米。现碑文漶难识，文竖刻，17行，据拓片辨识1至3、6至9、12、13、15、16、17行共计107字，字径1.5厘米（图版Ⅱ：65）。

碑正面铭文

唐柳本尊传（额）

01 □□□□□□□大轮□□记传瑜伽本尊教柳居士传△△△△△△眉山德云府△沙门释祖觉重修△△△△△△右承奉郎前知叙州宣化县王秉题额

02 □□□□氏名居直□□□□□□□□瑜伽柳本尊数致神异人不敢称其名号柳本尊犹言法华之类也先是州城北有柳生瘿久之乃出婴儿邑都吏收养既长聪慧过□

03 父殁□以柳为氏□父□邑人□以事系□□□□之恤□□虑□□赖以存活者甚众一日遇女子于途遂与之归未几辞役蔬食纸衣律身清苦专持大轮五部咒盍瑜伽经中□

04 出念□□□□数年而功成会广明离乱之后饥馑相仍民多疫疾厉鬼肆其凶居士悯焉光启二年六月十五日盟于佛持咒以灭之是岁八月八日建道场然手指一节供诸□□

05 救苦恼众生俄空中语曰汝愿力广大然此地非汝所居当西去遇汉即回逢弥即止居士于是挚其属行次武阳象耳山路逢男子袁承贵愿为弟子同游峨眉山登绝顶□□□

06 士□□□中凡□夜□然□色感□僧谓曰居士不应居此山今成都多厉鬼盍往除之言讫不见居士出山至清流镇西渡江女子足跌溺水居士呼渔人援之求而不□□□

07 流□一石有文可□即以□居士其文曰本尊金刚藏菩萨而清凉圣人助其开化浊世难久留今还台山矣居士叹息久之领众至成都时王建帅蜀而妖鬼为祟自称□□□□

08 元年正月十五日持咒禁止之妖怪屏息居士□自励□间□□□救济而秋毫无所受蜀人德之从其化而弃家预门人之列者无虑数十人居士屏绝五□淡食午斋□□□

09 □□□名而嘉之□其游化所至□得留□□□□□□香□□□□□□□□下足□遇道场永不践邪淫之地时四天王现身作证后山□□□□空□□□□□

10 □□人杨直□□而钓居士勤□令持不□□直京感□弃竿作礼悔过邀居士造其家中途大雨□□□□路□□□见者异之直□□□宅为供而身为执侍居□□□□

11 当与四众共之因□□□□院已而至广汉留数日忽忆遇汉即回之语于是还弥漤广汉太守赵公遣吏请目睛欲试可居士知之□索香水涤戒刀而剔之忽菩萨□□□□□

12 惊即迎至州痛自□□□□复三年七月三日也四年春□宅奉居士为四众廨院（毗卢庵大轮院是也）居士遣其徒住持还归弥漤赵复为营广弥漤所居道俗还来靡索不具院□□□□□

13 主之乃□□金堂次金水□至成都玉津坊女子□氏施宅建道场以奉香火会嘉州四郎子神作孽疫死甚众居士割左耳立盟以除之深沙神现身空中五年七月□□□□□

14 上以供诸佛□大□□□□□□□大轮明王现身顶上为作证又然香烛于顶上以供养诸佛复感文殊大圣应现八月五日结坛玉津坊挥刀断左臂凡四□□□□□

15 □□□刀□大□□□□□阿弥□佛百千天乐空际翔鸣廂吏以事白蜀主叹异遣使慰劳马头巷有丘绍者病死已三日心尚温其妻请居士至其家恳□□□□□

16 夫妇及二女当□□□□给侍居士□□□诵咒少□复苏自言己堕地狱闻罪人受苦声俄香风四来香雨随至现一佛身金色乘紫云住空中呼我名遂惊觉因感□□□□□

17 妻二□俱□家□□□居士□□□布裹□□□楚之以示绝欲俄宝盖覆其上所司以闻蜀主益嘉叹即召入问曰尔以何法救人而灵感

---

[1] 今碑文漶蚀过半，存文难读。（清）刘喜海首录《唐柳本尊传》刊行《金石苑》，《民国重修大足县志》亦有录文。陈明光、胡文和、黄锦珍均对本碑进行过校补。现据台湾傅斯年图书馆馆藏08830号拓片进行录文。另陈明光先生以大足石刻研究院1993年拓本为底本，查考上述史志录文，择其善者做了校补。其校补本收载本报告集第九卷《大足石刻专论》中，请参阅。

如是耶对曰居真精修八□□□□□

18 □□□□□之果专持大轮□□度众生又问□咒须何物对曰但得香花净水足矣乃严饬道场请诵咒而光明四发遂留供养三日赐钱帛名香居士不受乞归弥濛□□□□□

19 □□□□□□□□六年正月然两膝以供诸佛誓与众生同会龙华授记□自尔四方道俗云集座下授其法者益众七年七月十四日中夜呼杨直京谓曰吾将□□□□

20 □□□□□□□□□众生仍以咒□授衰承贵□□教□□□□然坐灭享年六十四建塔院中今耳臂宝传尚在居士慈忍有力量依首楞严经然半□烧顶及□

21 □□□□□□□□□□示寂承贵□□□□□已□蜀主夫人患水蛊乃召□□二居士持诵夫人疾有瘳蜀主大悦俱封银青光禄大夫检校太子太傅内□□□□

22 □□□□□□□□□建道场□□□□弥濛四□院□院事丘氏二女亦□□□孟知祥□成都□涂持念有感应赐名位如故后游南方莫测□□□□

23 □□□□□□□□□咒法世世不绝蜀广政二十六年后□□造三日□西金刚火首金刚深沙大□赐院中奉事又赐杨直京紫绶金鱼俾领住持事

24 大□□□□□□院事凡五十年间□□□□□□八十余间至熙宁元年正月□敕赐寿圣院为额成都持瑜伽教贾文确件其事命草泽张讷为之记又□□□□

25 □□□□□氏文□即□□不可读绍兴十年春前□□冯翊王直清以□记委祖觉刊正故为作传

26 □□□□□正觉□□□□天上人间一十六会□一十□□以瑜伽经列为五部而以毗卢为本尊位居中央其东方金刚部佛曰阿閦南方灌顶部佛曰宝生西方莲华□□□

27 □□□□□羯磨部佛曰□□□□□次刊曰波罗蜜□□□□四方□□次刊二十八菩萨以环之四方各开一门有四菩萨主之是为三十七尊而毗卢居其中故曰本尊□□□□

28 □□□□□也如来□□□□□金刚萨埵大士大士传龙□□萨龙□传龙智阿阇梨龙智传金刚智智传不空不空传嵩岳一行禅师称瑜伽宗传其法者自非□□□□□

29 □□□□□□□□因□□□□□□□□是也□□□忍苦行志存救物视身世如弊履惟苦不能动其心岂所谓其心不二而生物不测也□□□□□

30 □□□□□□□□男女有父母□□□□□□楞严经所谓金刚藏者同耳凡持明咒皆预此流居士尝为金刚藏而非金刚藏之化也唐季崩□□□□□

31 □□□□□□□□□□□□□□□□□□□人□□金紫使真伪□混何足取哉

32 △△□□□公□清风□□□□□□□何□也□□□□本尊院通隶所部公闻之欣然亟往观焉主事者导公拜其墓于榛莽之间公顾而叹□□□□□

33 △△□□□四方□□□不□□□□□一□□□所以崇奉之意乃命本院尼仁辩法兴师资为本尊建塔于墓之上架屋以覆之既成公谓岷曰本尊乃□□□□□

34 △△□而□观之□以□□□□□□□不□□信相半子可为作传以明著其事吾将刻之墓左以诏后世岷退而询诸好事得传记凡数本猥□□□□□

35 △△□□本尊真□□师□方□□□□□□作为成书以表见于世久之未暇也一日公走人使以华严导师觉公近所撰传本相示且曰子为我详加订正□□□□

36 △△可信□□□□公□□□□化□始末次□□四川□悉如岷素所欲书虽欲加损不可得也因炷芗作礼书其末以还公初岷所生女希照肯胜笄得疾三□□□□

37 △△△△□加□□□□平□□本尊救□得□死厄遂许下发舍缘以奉芗火故并录之以示归依□心非一日也绍兴庚申端午日安养居士眉山张□□□□

38 △△△△△□□□居□□山□□□□大师之□大师昔授记于五台□人曰逢□则止遇湖则住师竟即其所修行门教与大宝坊洪湖二山考之地志□□□□□

39 △△△□□□□□□成□□民□□□□□化□龙依归以绝性牢之本师大洪道场迄今雄侈缁流千众佛事之盛居天下之甲乙今传载本尊似闻空中语□□□□□□□

40 △△△□□□□□□□□□□也□□□佛法忍洪持密语以至烧指灼肤刺目截臂作种种难行苦行为众生祛惑断妄而不起希有望报之心与大洪师□□□□□□

41 △△△□□□□□□□之□其□□□□原本尊之所存心则善矣因□鄙志系于传末云

42 △△△△△△△△□□□□□□□九日右奉□郎前主管台州崇道观赐绯鱼袋王直清立石△△△院主尼△仁辨△小师了通△师孙法兴法□△师息□□[47]

碑阴铭文

宝顶常住田产（额）

古迹宝顶山佛祖岩正是赵智宗（漶）（1行）

已妄说□□祈乞风调（漶）（2行）

国泰（漶）一千田（漶）（3行）

（漶）天下大不祥（漶）（6行）

（漶）八大五通三千大千世（漶）（7行）

（漶）外□□堂分水东北（漶）（8行）

（漶）小（漶）下（漶）化（漶）河上（漶）川大河（漶）（9行）

圣旨三道免（漶）拾伍（漶）（12行）

（漶）□□□年三月初九日山门立通（漶）（13行）

（漶）明□大（漶）（15行）

白众本山诸□田土不许典当（漶）父母堕地狱苦无□出期古云受□常住（漶）（16行）

善恶若无报（漶）必□私（漶）龙若□私（漶）（17行）[1]

三 右碑

石碑（图版Ⅰ：163），明成化十年（1474年）上石。存碑身及碑座，通高176厘米。碑座方形，高25厘米，宽120厘米，厚45厘米，上部抹棱，中凿凹槽，嵌入碑身。碑身方形，风蚀起壳，通高171厘米，宽99厘米，厚9厘米，左右上角略抹角。碑身正面向西，左右及上方边缘刻出宽6厘米的卷草纹边框，下部存莲瓣遗迹；额左起横刻"恩荣圣寿寺记"6字，字径高12厘米，宽8厘米。碑文左起竖刻27行，存704字，楷体，字径2厘米（图版Ⅱ：66）。碑阴素平。

恩荣圣寿寺记（额）

01 蜀府长史司为敬神事□□□拾叁年玖月拾壹日本司□□□南宾□□于△承运门敬奉

02 令旨令□内文庙[2]学宫佛寺道观神祠古□□□□□□或□生灵凡有国者莫不遵奉□□□□为民

03 △△□□□□得一等愚昧无知之徒有樵采树木□□□□作践者有耕种侵占者有掘土仆碑者□□□□宿者□

04 □□□敬畏亵慢威灵非惟有违于

---

1 本则铭文《大足石刻铭文录》未识别第9、15行。重庆大足石刻艺术博物馆编：《大足石刻铭文录》，重庆出版社1999年版，第217页。

2 此"庙"字《大足石刻铭文录》录为"府"。同前引书，第215页。

05　国典亦且获罪于神明若不严加禁约恐后大祸阴记[1]悔□无及您△长史司出榜去禁约敬□□□□□□备云[2]

06　旨意出榜晓谕仰所在常川张挂如有仍前违犯者许僧呈报到官定行启

07　闻治以重罪须至榜者△△右给付大足县僧会司宝顶寺住持惠[3]妙收照

08　永乐拾陆年肆月初拾日给

09　△△重庆府大足县为祈恩事△成化陆年闰陆月初捌日承奉

10　蜀府长史司贴文为禁约事近据成都府僧纲司申据重庆府大足县僧会司申该本司宝顶寺僧超禅□□□

11　△唐宋年间乃毗卢佛化身柳赵二本尊开建古迹道场上为

12　国家祝厘下与[4]庶民祈福先于△永乐拾年敬奉

13　蜀献祖驾临本寺见得石像俨然殿宇倾颓缺僧修理至△永乐拾陆年肆月内奉

14　令旨差百户彭善新送本司惠妙住持外自师圆寂蒙府县贴仰本僧住持其彼处僧民贤愚□□□□[5]山门□

15　△△竹木山场田地作践侵欺思得本师惠妙遵奉

16　令旨住持僧民皈依有[6]超禅虽蒙贴委未奉

17　国恩难以护束合行状呈乞为备达照例乞赐

18　令旨僧民皈向备中得此参照缘系名山胜迹祝延△△圣寿原奉

19　令旨焚修处所拟合就行为此合行申覆乞为启△闻伏赐

20　令旨责付本僧住持据申得此参照所申缘系祈恩事理未敢擅便△成化拾年陆月拾叁日本司□□□□□[7]□□

21　△△右长史梁能安具本于△承运门题奉

22　蜀王令旨着僧超禅住持敬此除敬遵外拟合通行为此除外文书到日仰本县照依来文事□□[8]行僧会□[9]□□□

23　△△住持焚献出给榜示本寺张挂晓谕军民人等毋得侵欺违者许本僧呈告究治[10]施行奉此参照前事□□□□

24　△此除行转行[11]僧会司令僧超禅焚修外各照△永乐年间旧额管种界分为准不得争占山场田地园林□□树木[12]

25　△△侵下占□砍[13]如有不遵有违者许僧指实赴官陈名捉拿惩治究问罪戾不贷须至给者

26　△△右给付[14]大足县僧会司宝顶山圣寿寺住持[15]超禅收照

27　成化拾年陆月□□[16]日给[48]

1　此"记"字《大足石刻铭文录》录为"起"。重庆大足石刻艺术博物馆编：《大足石刻铭文录》，重庆出版社1999年版，第215页。
2　《大足石刻铭文录》根据道光、民国《大足县志》将碑文前5行补录为："蜀府长史司为敬神事洪武二拾叁年玖月拾壹日本司长史陈南宾□□于△承运门敬奉」令旨令境内文府学宫佛寺道观神祠古刹或缁流治道或隆□□刚理或」祚生灵凡有国者莫不遵奉无非所以为民」也今难得一等愚昧无知之徒有樵采树木者有牧牛作践者有耕种侵占者有掘土仆碑者有往来寄寄者」是不知敬畏猥慢威灵非惟有违于」国典亦且获罪于神明若不严加禁约恐后大祸阴记悔将无及您△长史司出榜去禁约敬此除敬遵外本司备云"。重庆大足石刻艺术博物馆编：《大足石刻铭文录》，重庆出版社1999年版，第215页。
3　此"惠"字《大足石刻铭文录》录为"慧"。重庆大足石刻艺术博物馆编：《大足石刻铭文录》，重庆出版社1999年版，第215页。
4　此"与"字《大足石刻铭文录》录为"为"。同前引。
5　此4字《大足石刻铭文录》根据道光、民国《大足县志》补为"不等每将"。同前引。
6　此"有"字《大足石刻铭文录》未录。同前引。
7　此5字《大足石刻铭文录》根据道光、民国《大足县志》补为"官□左长史"。同前引。
8　此2字《大足石刻铭文录》根据道光、民国《大足县志》补为"理仿"。同前引。
9　此字《大足石刻铭文录》根据道光、民国《大足县志》补为"司"。同前引。
10　此"治"字《大足石刻铭文录》录为"法"。同前引。
11　此"行"字《大足石刻铭文录》未录。同前引。
12　此"树木"2字《大足石刻铭文录》未识别。同前引。
13　此"下占□砍"4字《大足石刻铭文录》根据道光、民国《大足县志》补录为"〔不占偷破〕"。同前引。
14　此"付"字《大足石刻铭文录》未录。同前引。
15　此处"圣寿寺住持"《大足石刻铭文录》录为"住持僧"。同前引。
16　此2字《大足石刻铭文录》根据道光、民国《大足县志》补为"十八"。同前引。

第九节 第8号

一 位置

位于坛台西南角。左侧墙体外侧即为圣寿寺，右侧墙体即第6号左壁；右前方为第9号窟，竖直相距约145厘米，后侧为坛台南侧边缘的墙体。

窟口北向，方向0°。

二 形制

石砌方形屋顶窟（图76、图77、图78、图79、图80、图81、图82；图版Ⅰ：164、图版Ⅰ：165）。

窟口　呈方形，高150.5厘米，宽86厘米，深23厘米。窟口左右设门柱石，皆高161厘米，宽36厘米，厚24厘米。左门柱石与后世修砌的条石围墙相接，右门柱石与右壁齐平。上方门楣石高38厘米，宽158厘米，厚24厘米，其下设木质横枋，高10厘米，宽89厘米，厚10.5厘米。下设门槛石，高22厘米，宽160厘米，厚32.5厘米。

窟底　略呈方形，后世以水泥涂抹找平，宽157厘米，深273厘米。中部后世置坛台建筑立柱柱础。

窟壁　壁面竖直，各壁面垂直相交。正壁通高321厘米，宽152厘米，下部设一级石台，高27厘米，外凸壁面35厘米。左壁通高333厘米，宽272厘米，左上角毁，后世以条石修补；最上壁面与现建筑相接。右壁通高342厘米，宽272厘米，右上角毁；前后端各设置竖直的两块条石，中部水平安置六级条石，通高243厘米，宽150厘米；该六级条石内进约15—24厘米，且向东略有倾斜。前壁（即窟门内侧壁）通高220厘米，宽160厘米，中部设窟门。

窟顶　毁。正壁上部约296厘米处凿有凹槽，嵌入四块石板。石板显露部分与壁面等宽，厚12厘米，向窟内挑出约80厘米。左右壁顶部居中位置对称凿有梁孔，内嵌方形条石横梁，梁长159厘米，边宽约32厘米。

三 造像

据其位置，分为正壁、左壁、右壁、前壁和窟外西壁造像等五部分。

（一）正壁

自上而下设上、中、下三排九个圆龛，各排均三个（图79；图版Ⅰ：166）。其中，上、中两排龛形完整，下排毁。各龛大小相近，直径约50厘米，深约10厘米；龛间水平相距约4厘米，竖直相距约32厘米。各排三圆龛内，中龛皆刻一坐佛像，左右龛皆刻一菩萨坐像。

第一排

佛像　坐高49厘米，头长23厘米，肩宽19厘米，胸厚5厘米。额刻螺发，戴卷草花冠，冠带作结斜垂至双肩。面圆，眉眼细长，直鼻，耳垂肥大，颈刻三道肉褶线。内着僧祇支，系带作结，外着双领下垂式袈裟，袈裟袖摆及下摆悬垂龛外。腕镯，双手胸前结智拳印，结跏趺坐。冠正面刻一身化佛，坐高约5厘米，可辨着袈裟，左手置于腿前，右手置胸前，结跏趺坐。

左菩萨像　坐高45厘米，头长19厘米，肩宽18厘米，胸厚5厘米。梳髻，露额发，戴卷草花冠，正面刻一朵仰莲，上置一粒放焰珠，冠带斜垂至双肩。面长圆，弯眉细眼，鼻高直。耳垂肥大，胸饰璎珞，内着僧祇支，系带作结，外着双领下垂式袈裟，袖摆及袖摆悬于龛外。左手腹前托经函，长10.5厘米，宽4厘米，厚1厘米；右手抚膝，身略右侧，结跏趺坐。

右菩萨像　左手抚膝，右手胸前持如意，长约22厘米；身略左侧，结跏趺坐。体量、衣装与左菩萨像略同。

第二排

佛像　额刻螺发，戴卷草花冠，冠正面刻一朵仰莲，上置一粒放焰珠，余与第一排佛像略同。

左菩萨像　戴卷草冠，冠正面刻一圆轮，轮径4.5厘米。顶刻一道蜿蜒上升的毫光。胸前璎珞残蚀，余略同第一排左菩萨像。

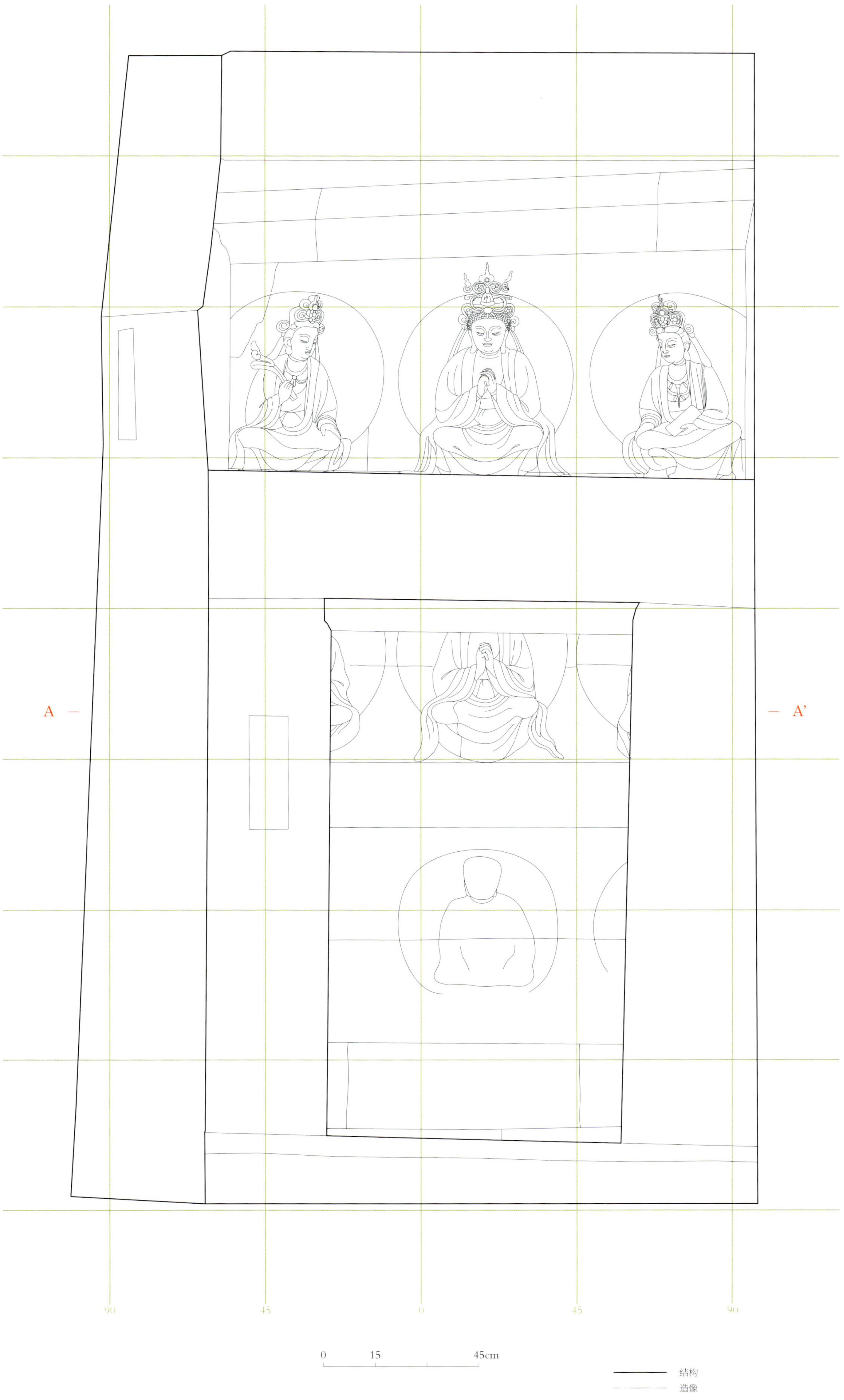

图76 小佛湾石窟第8号窟立面图

图 77　小佛湾石窟第 8 号窟剖面图

126　大足石刻全集　第八卷（上册）

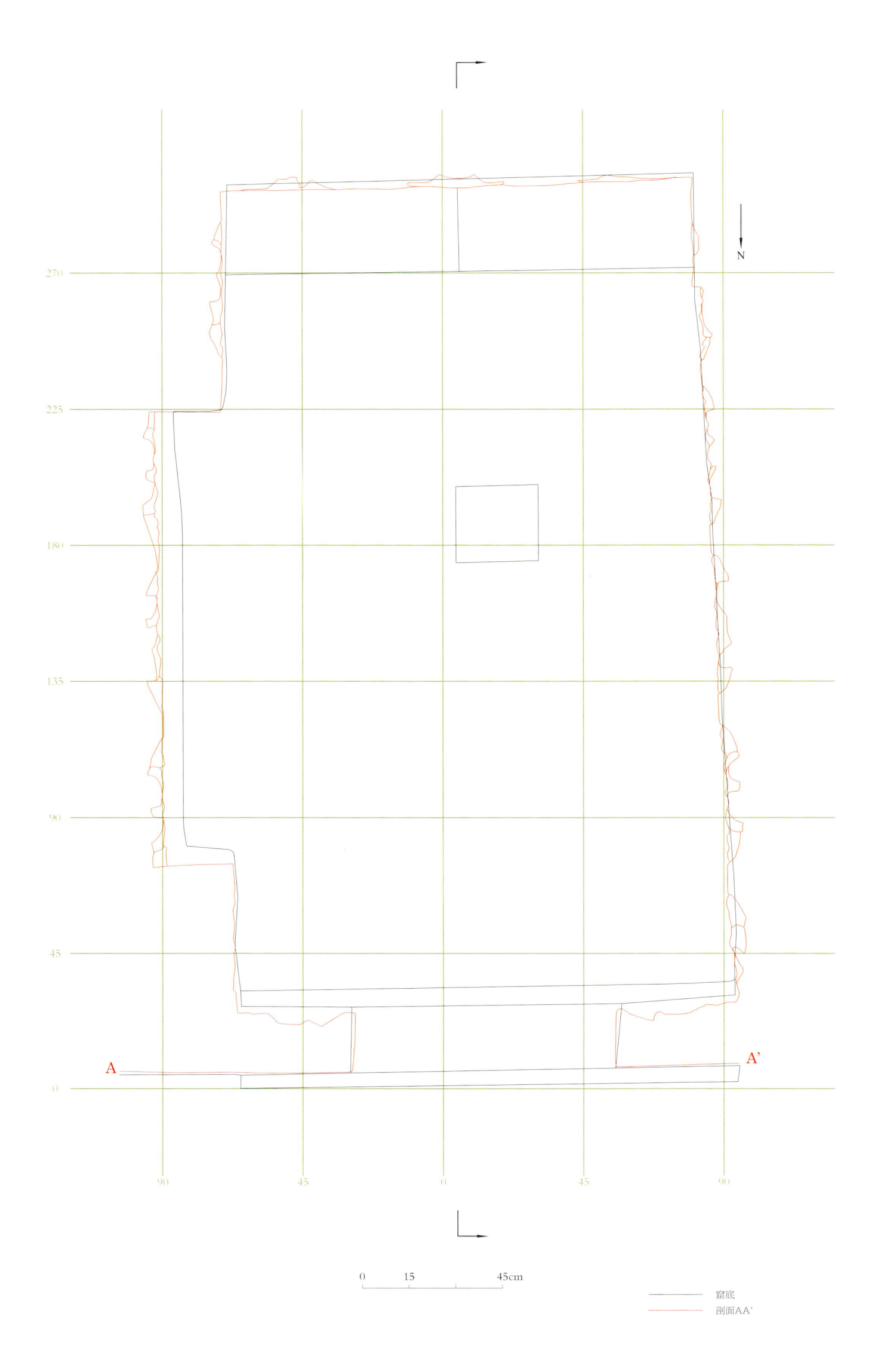

图78　小佛湾石窟第8号窟平面图

图 79　小佛湾石窟第 8 号窟正壁立面图

128　大足石刻全集　第八卷（上册）

右菩萨像　戴卷草冠，冠正面刻一圆轮，轮径4.5厘米。顶刻一道蜿蜒上升的毫光，双手胸前持如意，长约30厘米，余略同第一排右菩萨像。

第三排

造像均毁，仅存少许遗迹。

（二）左壁

自上而下现存五排25个圆龛（图80；图版Ⅰ：167）。其中，第一排4个，第二、三、五排各5个，第四排6个。第一至三排圆龛布置较为密集，上下错对，第四、五排布置较为疏朗。龛大小相近，完整者直径约50厘米，深7厘米。龛内皆刻坐像1身，共25身。

坐像体量相近，坐高约31厘米，头长10.5厘米，肩宽18厘米，胸厚4厘米。从左至右、从上至下编为第1—25像。坐像有鬈发人像、佛像两种类型。

鬈发人像　2身，即第14、16像。齐耳鬈发，面方圆，内着僧祇支，系带，外披双领下垂式袈裟，结跏趺坐于三重仰莲台上。

佛像　23身。螺发，刻髻珠。面圆，眼半开，直鼻小口，双唇微闭，耳垂肥大，颈刻三道肉褶线。内着僧祇支，系带作结，外着双领下垂式袈裟，袈裟袖摆和下摆悬垂龛外，结跏趺坐于三重仰莲台上。台高16厘米，最宽46厘米，深5厘米。其中，第2、15、17、22像袈裟一角系于左肩哲那环上。

各像身姿、持物等特征列入表11。

表11　小佛湾石窟第8号窟左壁圆龛造像特征简表

排数	编号	造像特征
一	1	头、面残，身略右侧，左手腹前结印，指部分残；右手略残，屈肘上举于体侧结印。
	2	头及左臂部分残，面蚀，身略左侧，双手置腹前隐袖内。
	3	面蚀，右肩稍残，身略右侧，双手置腹前隐袈裟内。左肩外侧浮雕云纹。
	4	面、身略左侧，双手于体侧持经卷，手及经卷略残。身右侧浮雕祥云。
二	5	双手置腹前隐袈裟内。
	6	左手于左膝持卷轴，右手略残，屈举胸前似结印。
	7	双手胸前结智拳印。
	8	双手置胸前，覆巾，上置宝珠，珠径4厘米。
	9	面略左侧，腕镯，左手抚膝，右手胸前结印。
三	10	面、身略右侧，双手置胸前覆巾，上置钵。钵高5厘米，口径6厘米。
	11	面身略右侧，双手腹前隐袈裟内。
	12	面左侧，双手胸前合十。
	13	面左侧，双手置腹前隐袈裟内。
	14	齐耳鬈发，侧身向左（窟口），双手胸前合十。身下饰云纹。
四	15	面、身右侧，口微启，左手置腹前，掌心向上；右手腕镯，屈肘上举结印。左肩上方饰云纹。
	16	头左侧，齐耳鬈发，双手腹前隐于袈裟内。
	17	左手抚膝，右手胸前结印。
	18	头略左侧，双手置胸前覆巾，上置圆钵，高5厘米，口径6厘米。
	19	仅存左侧大部。面左侧，双手置腹前隐袈裟内，似持物。
	20	面、身略左侧，左手屈于体侧隐袈裟内托盏，盘上置假山；右手置胸前似握一物。

续表11

排数	编号	造像特征
五	21	双手置于腹前，上覆巾。
	22	面右侧，双手胸前持净瓶。瓶身大部残，通高12.5厘米（图版Ⅰ：168）。
	23	面左侧，双手置腹前隐袈裟内。
	24	双手置腹前，左手隐袈裟内，右手斜持拂子（图版Ⅰ：169）。
	25	残损较重，可辨双手置腹前隐袈裟内。

（三）右壁

布局与左壁略同，自上而下存五排26个圆龛（图81；图版Ⅰ：170）。其中，第一排4个，第二、四、五排各5个，第三排7个。龛大小相近，完整者直径约50厘米，深7厘米。龛内皆刻像，除第3排第6龛内刻云纹外，其余龛内皆刻坐像1身。自上而下、从左至右编为第1—26像。

坐像体量、特征亦与左壁略同。仍有髽发人像和佛像两种类型。其中，髽发人像仅第16像一身，余皆佛像。除第9像盘右腿、竖左腿坐，第11像盘左腿、竖右腿坐外，余皆结跏趺坐。

各像身姿、持物等特征列入表12。

表12　小佛湾石窟第8号窟右壁圆龛造像特征简表

排数	编号	造像特征
一	1	面、身右侧，双手置腹前隐袈裟内。身后左侧饰云纹。
	2	面、身左侧，双手置腹前隐袈裟内。
	3	面、身右侧，腕镯，左手残，横置腹前，右手屈于体侧。
	4	面、身左侧，双手置腹前隐袈裟内。
二	5	面、身右侧，双手置腹前隐袈裟内。
	6	面、身右侧，双手置腹前覆巾，托经函，函长9.5厘米，宽4厘米，厚1.5厘米。
	7	腕镯，双手胸前结智拳印。
	8	左手胸前覆巾，托宝珠，右手腹前握巾角。珠径约5厘米。
	9	左腿屈膝上抬，盘右腿，露右足，双手抱左小腿，向左坐于山石台上。
三	10	龛露右侧部分。像侧身向右（窟口），双手胸前合十。身下饰云纹。
	11	盘左腿，右腿屈膝上抬。腕镯，双手抱右小腿，侧身向右（窟口）坐于山石台上。
	12	龛仅刻出右部。像侧身向窟外（窟口），双手胸前合十。
	13	面略右侧，双手置胸前隐袈裟内，露左手小指。
	14	面略左侧，袈裟一角系于左肩圆环上；双手置胸前隐袈裟内，显右手小指。
	15	龛仅刻左侧部分，内饰云纹，未见造像。
	16	髽发，面左侧，双手置腹前隐袖内。
四	17	面、身略左侧，袈裟一角系于左肩圆环上；左手腹前托钵，钵高6厘米，口径7厘米；右手腕镯，屈举体侧结印。
	18	面略右侧，口微启，双手置腹前隐袖内。

续表12

排数	编号	造像特征
四	19	左手抚膝，右手腹前持贝叶，全长14厘米，最宽5厘米。
	20	面略左侧，双手置腹前隐袖内。
	21	面略左侧，双手置腹前隐袖内。
五	22	面右侧，双手置胸前覆巾，上置宝珠，部分残（图版Ⅰ：171）。
	23	面、身右侧，身左侧不现，双手腹前隐于袈裟内。
	24	左手腹前托钵，钵高3厘米，口径6厘米；右手胸前持柳枝。
	25	双手置胸前覆巾，上置钵，钵高5厘米，口径6厘米（图版Ⅰ：172）。
	26	面、身左侧，双手置腹前隐袈裟内。身后侧饰云纹。

（四）前壁

存小圆龛7个（图82；图版Ⅰ：173）。其中，门楣水平布置3个，左右门柱各纵向对称布置2个。圆龛大小相近，完整者直径36厘米，深5厘米。龛内皆刻结跏趺坐佛1身，特征与左壁佛像略同。其中，左右门柱像对称布置，两两侧身相对。自上而下、从左至右编为第1—7像。各像身姿、持物等特征列入表13。

表13　小佛湾石窟第8号窟前壁圆龛造像特征简表

编号	造像特征
1	左手置腹前；右手屈肘上举体侧，覆巾，托盏，上置假山。
2	双手略残，胸前结印。
3	左手屈肘上举体侧，覆巾，托物，似与第1像略同；右手胸前结印。
4	面略右侧，双手置腹前隐袈裟内，身左饰云纹。
5	面略右侧，双手置腹前隐袈裟内，身左饰云纹。
6	面略左侧，双手置腹前隐袈裟内，身右饰云纹。
7	面略左侧，双腿以下毁。左手屈肘上举体侧，覆巾，托宝珠，珠径3厘米；右臂大部毁。身右饰云纹。

（五）窟外西壁

窟外西壁（即圣寿寺与小佛湾之间的分隔墙身）下部，刻一排6个小圆龛[1]。上距墙体顶端约170厘米，下距地坪约141厘米。圆龛直径28厘米，深7厘米，内皆刻坐像1身（图83；图版Ⅰ：14、图版Ⅰ：174）。从左至右编为第1—6像。

第1像　头残，残坐高20厘米。着双领下垂式袈裟，左手抚膝，右手置胸前结印，手略残，结跏趺坐。

第2—4像　残毁甚重。第2像可辨左手下垂，右手屈举胸前；第3像右手似下垂；余像皆仅辨轮廓。

第5像　头大部残，坐高26厘米，肩宽11厘米，胸厚2.5厘米。内着僧祇支，外披双领下垂式袈裟。双手（略残）外展体侧结印，结跏趺坐。

第6像　坐高26厘米。存少许螺发，内着僧祇支，外披双领下垂式袈裟。双手腹前笼袖内，结跏趺坐。

---

[1] 此六小圆龛佛像，视其表现形式和造像风格，与小佛湾内的小圆龛佛像相同。估计系维修时安置于此，时间不明。

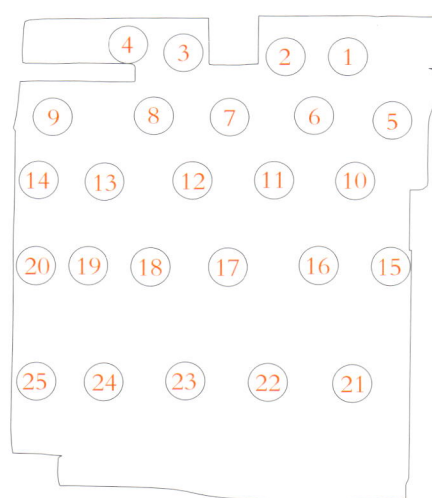

图 80　小佛湾石窟第 8 号窟左壁造像立面及编号图

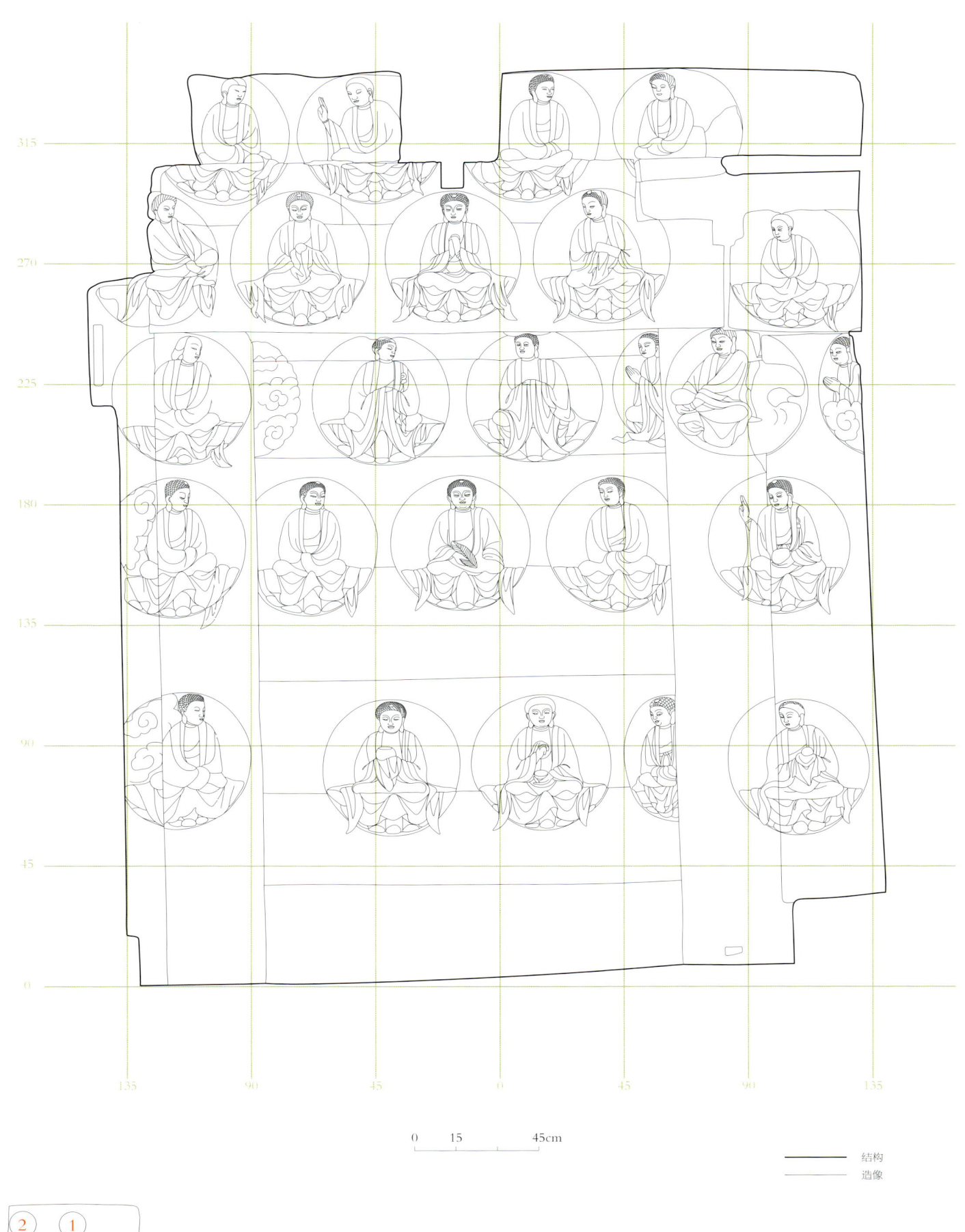

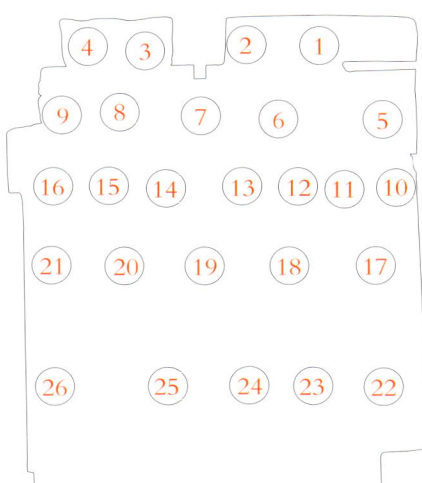

图81　小佛湾石窟第8号窟右壁造像立面及编号图

图 82　小佛湾石窟第 8 号窟前壁造像立面及编号图

134　大足石刻全集　第八卷（上册）

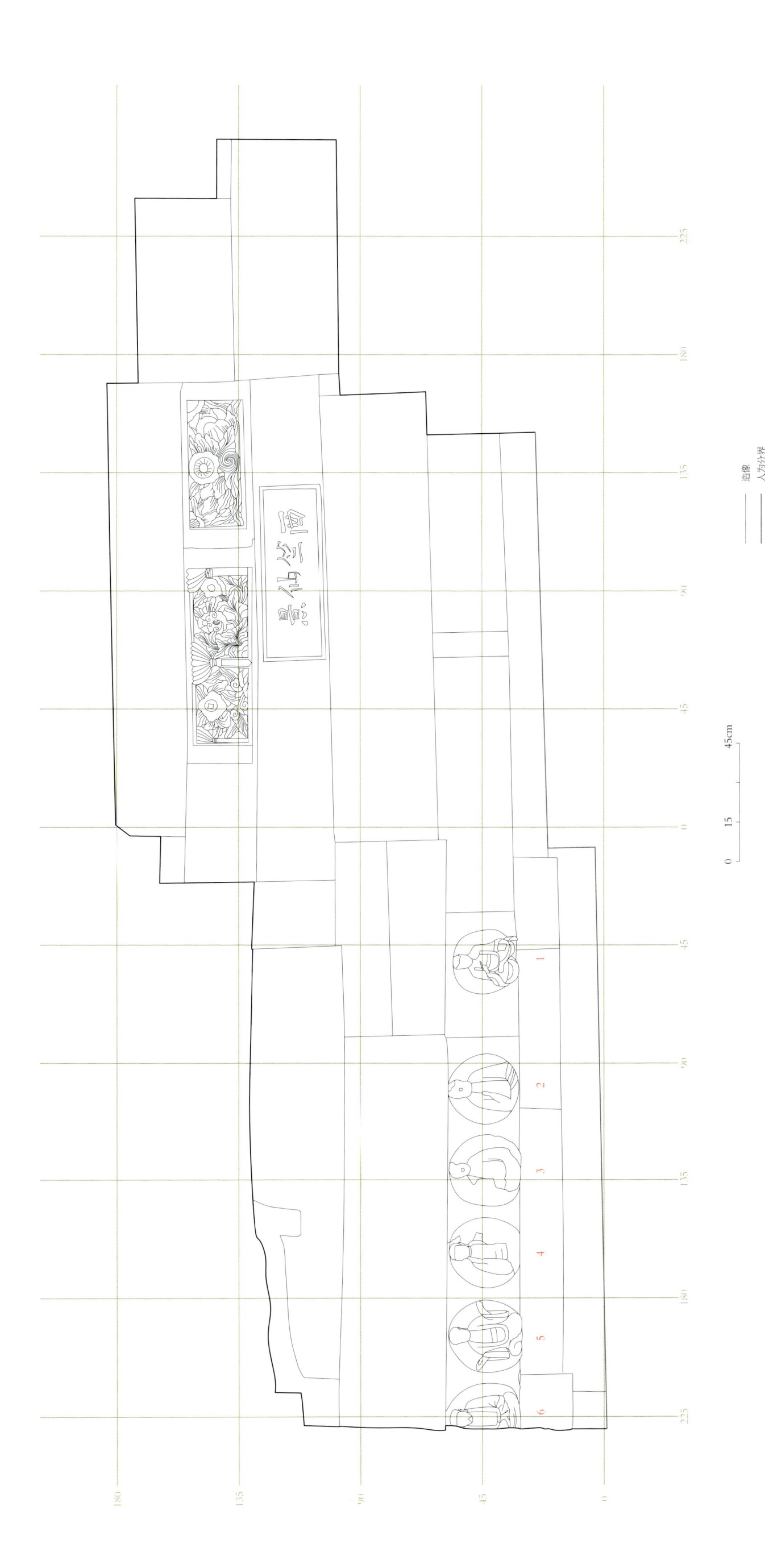

图 83　小佛湾石窟第 8 号龛第 8 号窟外西壁造像立面及编号图

第二章　宝顶山小佛湾石窟　135

四　晚期遗迹

（一）铭文

7则（图84；图版Ⅰ：14）。位于窟外西壁（即圣寿寺与小佛湾分隔护墙）。

第1则

罗玉删题七律诗，晚清至民国。位于窟外西壁左侧最上端，刻石面高60厘米，宽32厘米。文左起，竖刻5行59字，行书，字径3厘米（图版Ⅱ：67）。

01　路到穷时忽又通万山环拥梵王
02　宫寻幽我被烟雨裹礼佛人谁色
03　相空鸟语遥传青峰[1]外径声远应
04　翠微中尘沾未觉游踪畅直上峰
05　峦第一重△△罗玉删[2]

第2则

若虚庄主人步杨昙原韵，晚清至民国。位于第1则铭文右侧，相距50厘米。刻石面高55厘米，宽65厘米，下距地坪72厘米。文左起，竖刻10行73字，行书，字径4厘米（图版Ⅱ：68）。

01　登宝鼎山步杨昙原韵
02　翠柏苍松觉路通
03　游人寻幽宝鼎宫
04　英雄儿女都成幻
05　富贵荣华总是空
06　佛骨横陈荒草地
07　鹤龟脉锁慧眼中
08　胜迹古雅唐宋代
09　踏遍名山又一重
10　巫山县若虚庄主人[49]

第3则

李枕宇和杨昙原韵，民国三十三年（1944年）。位于第2则铭文右侧，相距116厘米，下距地坪98厘米。刻石面高38厘米，宽90厘米。文左起，竖刻11行，71字，行书，字径3厘米（图版Ⅱ：69）。

01　和杨昙原韵
02　山势嶙峋曲径通微
03　淑仙梵生花宫苔深
04　洞老钟犹在僧杳寺
05　荒榻已空怪木参天
06　云影外方池映月柳

1　此"峰"字《大足石刻铭文录》录为"嶂"。重庆大足石刻艺术博物馆编：《大足石刻铭文录》，重庆出版社1999年版，第250页。
2　1999年《大足石刻铭文录》将本行录作两行。同前引。

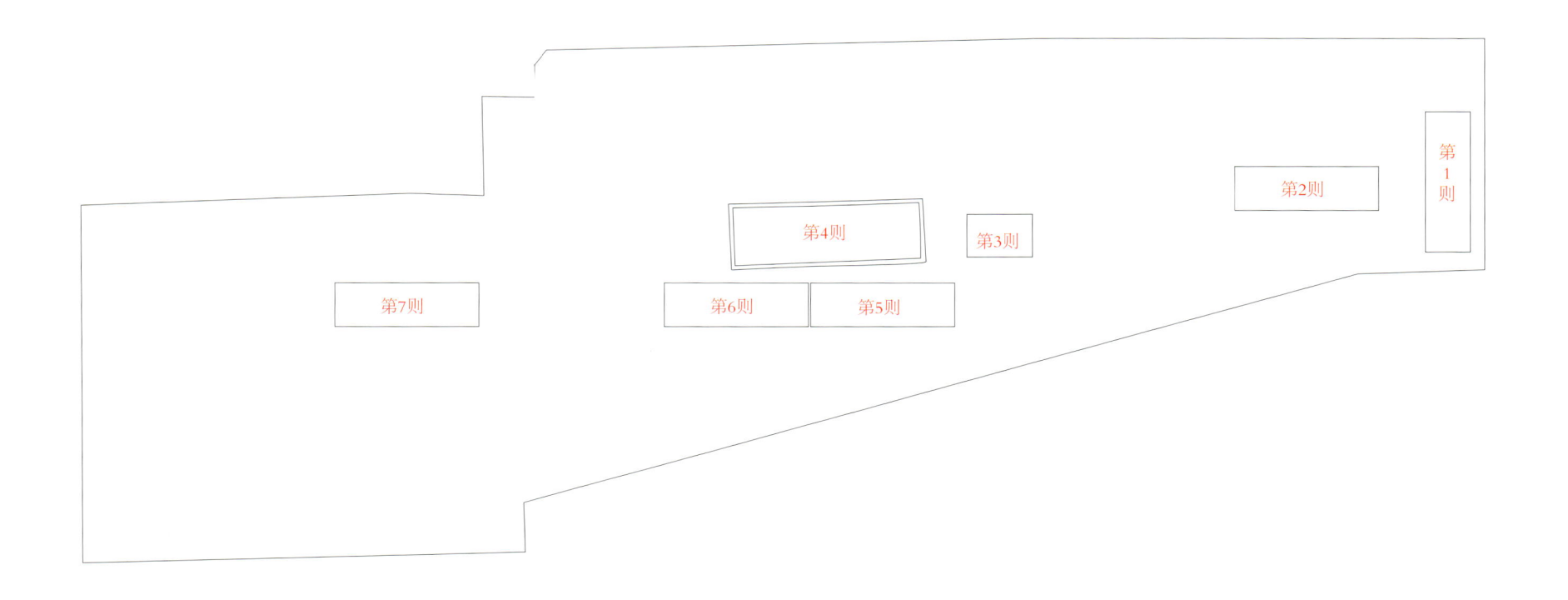

图84　小佛湾石窟第8号窟窟外西壁晚期铭文编号示意图

07　阴中浮生始觉无
08　佳趣欲[50]度高峰第
09　一重
10　民国卅三年夏
11　李枕宇题

第4则

"西竺仙景"题刻，清乾隆二十三年（1758年）。位于第3则铭文右侧44厘米的横匾内外，下距地坪149厘米。匾高25厘米、宽87厘米；双线刻边框，内左起横书"西竺仙景[1]"四字，楷体，字径10厘米；其左左起竖刻2行15字，楷书，字径3厘米；其右左起竖刻3行20字，楷书，字径3厘米。框外左侧左起竖刻5行，皆楷书，上1行4字，字径4厘米，下4行各3字，字径3厘米；框外右竖刻1行8字，楷体，字径3厘米（图版Ⅱ：70）。

西竺仙景
乾隆二十三年岁次戊
寅孟秋月吉旦（左）
住持僧△△误[2][51]宗
上有下久补修心海
监院徒新超观行（右）
见修会首
邓宗禹
黄成[3]先
龙文芬

1　此"景"字《大足石刻铭文录》录为"境"。重庆大足石刻艺术博物馆编：《大足石刻铭文录》，重庆出版社1999年版，第260页。
2　此"误"字《大足石刻铭文录》录为"悟"。同前引。
3　此"成"字《大足石刻铭文录》录为"存"。同前引。

邓大科（外左）

匠师黄兴隆杨思进（外右）

第5则

杨昙题七律诗，清同治八年（1869年）。位于第4则下方2厘米，下距地坪115厘米。刻石面高38厘米，宽95厘米。文左起，竖刻17行，存82字，行草，字径2—5厘米（图版Ⅱ：71）。

01　缥缈灵山有

02　路通寻幽直

03　入梵王宫泉从

04　石壁流来冷

05　月向花墙过

06　去空佛骨乱

07　埋黄叶里僧

08　衣斜挂白云

09　中阿弥八万

10　四千塔我在莲

11　台第几重

12　道光五年

13　春季江津拔

14　贡杨昙题

15　同治八年

16　十一月中浣□□

17　道人手录

第6则

赵紫光和杨昙原韵，清光绪八年（1882年）。位于第5则右侧4厘米，下距地坪163厘米。刻石面高38厘米，宽75厘米。文左起，竖刻17行98字，楷书，字径2—3厘米（图版Ⅱ：72）。

01　和杨昙原韵

02　人在尘寰性已通

03　云山缥缈梵王宫

04　泉由石壁流来洁

05　月度华岩万象空

06　献贼欺天埋佛骨

07　培修胜迹白云中

08　我爱清幽七宝地

09　直上琼台第几重

10　崇庆赵紫光[1]

---

[1] 此行《大足石刻铭文录》未录。重庆大足石刻艺术博物馆编：《大足石刻铭文录》，重庆出版社1999年版，第248页。

11	壬午冬
12	壬午冬书
13	佛像甚庄严
14	人心佶[1]善缘
15	迂回陪胜迹
16	仙境在人间
17	崇庆赵紫光[52]

第7则

王烈和杨昙原韵,民国三十二年(1943年)。位于第6则右侧81厘米,下距地坪170厘米。刻石面高38厘米,宽86厘米。文左起,竖刻13行,存68字,行书,字径3厘米(图版Ⅱ:73)。

01	和杨昙原韵
02	野蔓荒烟路不
03	通攀崖斩棘访
04	琼宫景圭南海
05	潮声静月到
06	西方色相空零
07	落禅房衰草
08	外乱横佛骨夕
09	阳中宦游异[2]□□[3]
10	圭早再造灵□□[4]
11	一重
12	民国卅[5]二年秋
13	郫县王烈题[53]

(二)构筑

正壁左右侧各纵向凿有一列三个方孔,左右水平相距约129厘米;方孔大小相近,高11厘米,宽10厘米,深9厘米,等距布置,竖直相距约72厘米。该六个方孔与窟门内侧壁凿建的两列六个方孔,两两成组对应。

左、右壁内侧中上部,近窟顶石板处对称各凿有一方孔,贯穿壁面,孔大小一致,高11厘米,宽9厘米。左、右壁上部条石横梁底端对称各凿一方孔,孔大小一致,高10厘米,宽9厘米,深7.5厘米。左壁左上角毁,后世以条石修补。

窟底后世以水泥涂抹找平,中部后世置坛台建筑立柱柱础。柱础方形,高15厘米,边宽17厘米。

小圆龛内壁面存有灰白色、红色两种涂层。龛外孔隙壁面存黑色涂层。

造像存有黑色、红色、蓝色、绿色、灰白色等五种涂层。部分造像面部、胸部存金箔。

部分造像存后世补塑的黄泥。

---

1 此"佶"字《大足石刻铭文录》录为"结"。重庆大足石刻艺术博物馆编:《大足石刻铭文录》,重庆出版社1999年版,第248页。
2 此"异"字《大足石刻铭文录》录为"昊"。同前引。
3 此处剥落2字,1999年《大足石刻铭文录》根据20世纪80年代初录文补为"日归"。同前引。
4 此处剥落2字,1999年《大足石刻铭文录》根据20世纪80年代初录文补为"山又"。同前引。
5 此"卅"字《大足石刻铭文录》录为"三十"。同前引。

第十节　第9号

一　位置

位于坛台西侧前端，与第3号窟上下叠置。左（西）距现小佛湾与圣寿寺的分隔墙体约223厘米，右（东）距第7号左碑约142厘米；前（北）为坛台北沿，距新建护栏约98厘米，右后侧为第8号，竖直相距约145厘米。

窟口北向，方向0°。

二　形制

石砌方形屋顶形窟（图85、图86、图87、图88、图89、图90、图97、图108、图115、图119；图版Ⅰ：175、图版Ⅰ：176）。

以七级条石叠砌仿木中空石屋一座。石屋基台呈方形，条石铺设，基台长318厘米，宽266厘米，高出地面9厘米。屋身南北向布置，平面呈方形，通高222厘米，宽300厘米，深228厘米。屋身上部叠砌两级条石，形如额枋，通高54厘米。其中，上级条石通宽430厘米，下级条石通宽404厘米；厚皆约32厘米，并于南北端外挑屋身约66厘米。屋身西侧南端存有外挑的梁头，高17厘米，宽26厘米，外挑屋身约51厘米，与檐口齐平。屋身东侧南端对应的梁头毁。最上为悬山式屋顶，高约30厘米，出檐最深约57厘米。屋面以石板铺成，石板边缘刻出扣合的凹槽；其中南侧屋面保存较好，北侧毁。正脊与屋面齐平，亦刻出扣合的凹槽；其下安放脊檩。脊檩端头大致呈方形，高31厘米，宽27厘米，于屋身南、北侧外凸约26厘米。

窟内中部东西向施横梁一道，其上施人字形两块条石，再上为脊檩。横梁将窟室大致分作前、后室两部分。横梁高36厘米，厚36厘米，端头嵌入屋身。条石最高22厘米，宽65厘米，厚32厘米。

窟门　屋身北侧开方形窟门，高165厘米，宽167厘米。窟门左右叠砌的条石形如门柱，其上部施一道横梁，形如门楣，高39厘米，厚37厘米。再上于脊檩端头左右各置一块条石。条石长约66厘米，高33厘米，厚39厘米。

窟底　呈方形，宽167厘米，深268厘米，至窟顶下皮高约200厘米。

窟壁　窟内三壁竖直，相邻壁面垂直相接。其中，正壁高200厘米，宽167厘米，左右壁高200厘米，宽268厘米。窟外三壁亦竖直，相邻壁面垂直相接。其中，南壁通高194厘米，最宽229厘米，中上部外挑脊檩端头，左右上端外挑额枋端头。东壁和西壁自基台上沿至额枋下皮通高157厘米，宽298厘米，壁面与上部两级额枋平整衔接。

三　造像

窟室内外皆刻像。据其位置，分为窟门、窟内和窟外三壁造像。

（一）窟门

共刻小圆龛7个。其中，左右门柱上端各1个，门楣左右端各1个，左右额枋上部各1个，脊檩下1个（图85；图版Ⅰ：175）。圆龛大小相近，直径21—24厘米，深5厘米，皆内刻一结跏趺坐佛像，共7身。其体量相当，坐高约21厘米，头长6厘米，肩宽9厘米，胸厚3厘米。

1. 门柱

左门柱上端坐佛像面蚀，内着僧祇支，外着双领下垂式袈裟，双手置腹前隐袈裟内，结跏趺坐。

右门柱上端坐佛像螺髻，面蚀，袈裟袖摆垂于龛外；余同左坐佛像。

二门柱佛像下方，各双钩竖刻5字。刻石面皆高117厘米，宽31厘米。楷体，字径26厘米（图版Ⅱ：74）。

　　佛报恩重经（左）

　　大孝释迦佛[54]（右）

铭文下端，各左起横刻5字，字径7厘米（图版Ⅱ：74）。

□□□□□[1]（左）

外道尽崩摧（右）

2. 门楣

门楣左端坐佛像面蚀，同门柱上端右坐佛像。

门楣右端坐佛像头残，残坐高17厘米，肩宽9厘米，胸厚2.5厘米，略同门柱上端右坐佛像。

门楣中部，左起横刻"毗卢庵"3字，字径33厘米，刻石面宽115厘米，高26厘米（图版Ⅱ：75）。其上方左条石左起横刻7字，右条石右起横刻7字，刻石面皆高12厘米，宽65厘米，字径9厘米（图版Ⅱ：76）。

虚空法界遍包含（左）

只是毗卢一座庵[55]（右）

3. 脊檩

脊檩下方坐佛像螺髻，面蚀，余同门柱上端右坐佛像。

4. 额枋

左额枋坐佛像仅可辨部分袈裟下摆，结跏趺坐。

右额枋坐佛像头顶残，似着袈裟，结跏趺坐。

二坐佛像下方额枋左右端头，各竖刻4字，刻石面皆高30厘米，宽17厘米，楷体，字径最宽15厘米（图版Ⅱ：77）。

摧邪显[56]正（左）

护世威王（右）

此外，左右额枋内侧各存偈语1则。左则刻石面高27厘米，宽34厘米；右则刻石面高29厘米，宽33厘米。皆左起竖刻4行16字，楷体，字径7厘米（图版Ⅱ：78）。

左额枋

01　假使热铁轮

02　于我顶上旋

03　终不以此苦

04　退失菩提心[57]

右额枋

01　假使千百劫

02　所做业不忘

03　因缘会遇时

1　本行字已毁，《大足石刻铭文录》据大足普圣庙石窟柳本尊龛所刻偈句校补为"天魔俱胆碎"5字。重庆大足石刻艺术博物馆：《大足石刻铭文录》，重庆出版社1999年版，第191页。

图 85　小佛湾石窟第 9 号窟立面图

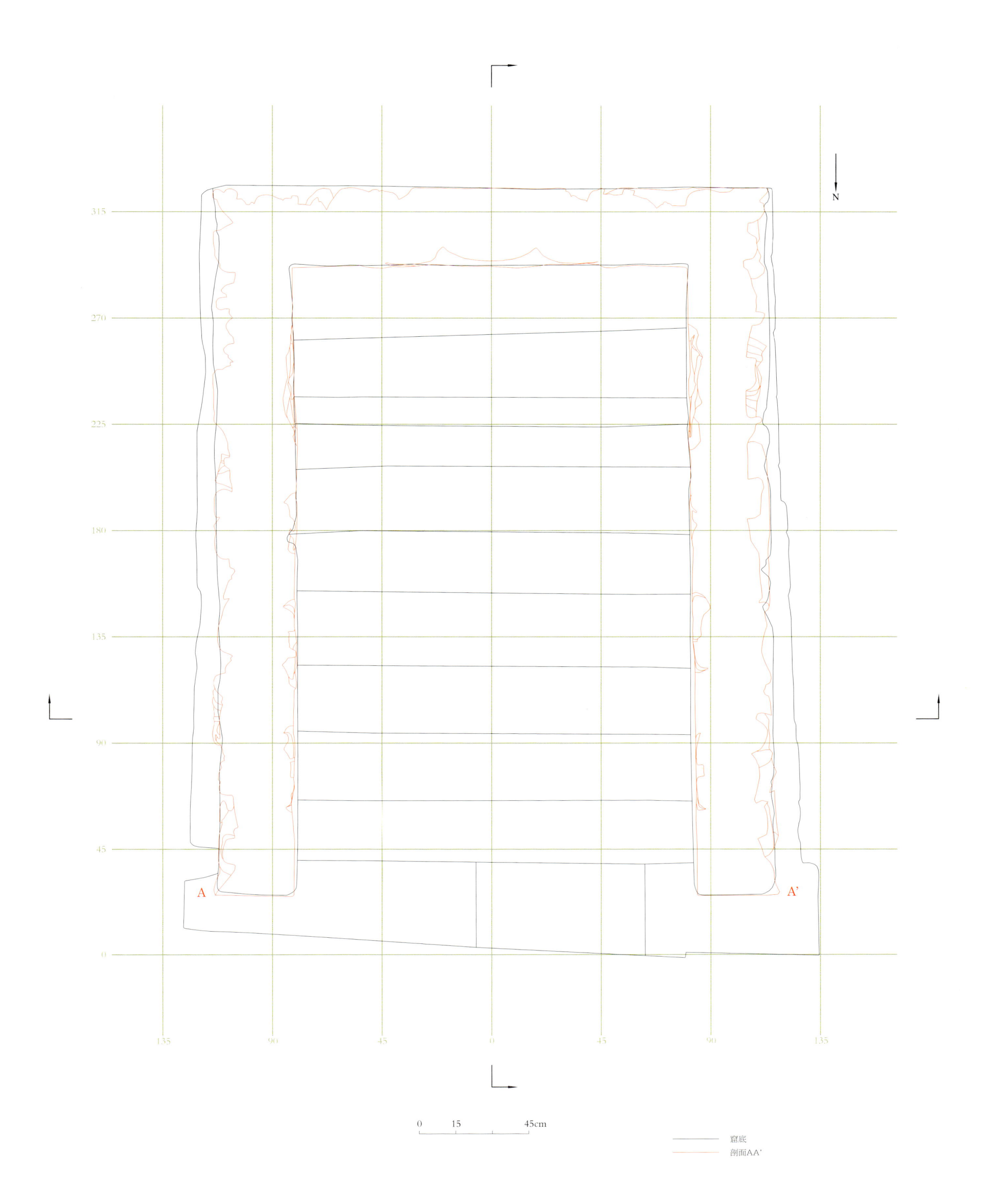

图 86　小佛湾石窟第 9 号窟平面图

图 87　小佛湾石窟第 9 号窟剖面图
1　纵剖面图　2　横剖面图

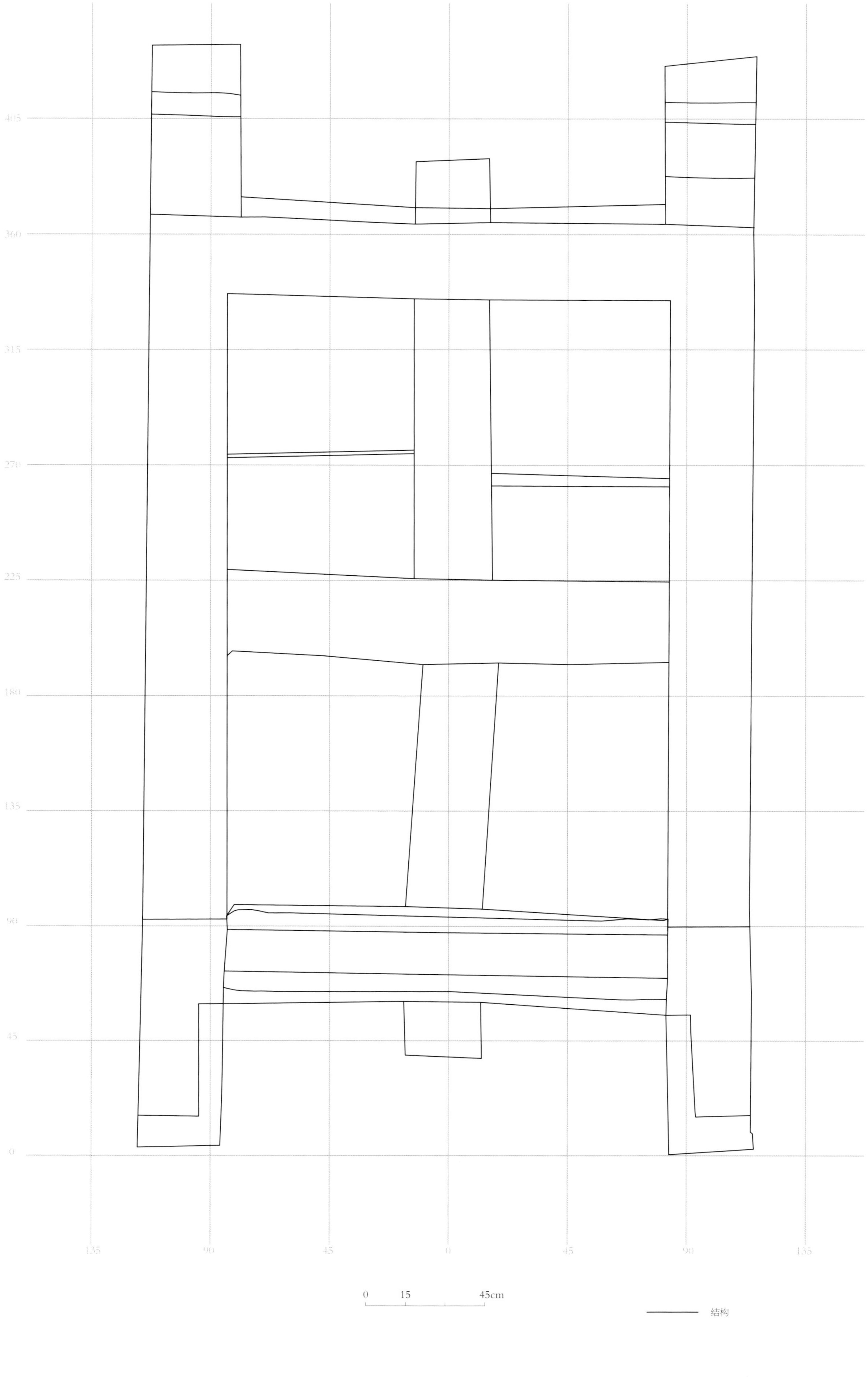

图 88　小佛湾石窟第 9 号窟窟顶仰视图

第二章　宝顶山小佛湾石窟　145

04　　果报还自受[58]

（二）窟内

造像分为正壁、左壁、右壁和过梁、脊檩、门楣等六部分。

1. 正壁

中刻一大圆龛，直径125厘米，深15厘米，内刻主尊坐佛1身。其左右上角各刻一小圆龛，皆直径42厘米，深6厘米，内刻菩萨坐像1身（图89；图版Ⅰ：177）。

佛像　坐高127厘米，头长45厘米，肩宽50厘米，胸厚8厘米。头戴卷草花冠，露螺发，冠带作结下垂及肩；面相端庄，圆润饱满，双眼微闭，两耳垂肩。内着僧祇支，系带作结，外着双领下垂式袈裟，一角敷搭左肩，下着裙；袈裟及裙摆垂至龛外。腕镯，左手屈指覆右手，拱于胸前结印，结跏趺坐。身后有后世彩绘的头光、背光等。

佛像花冠正面刻居士坐像一身，高15厘米，头巾，面圆，鼻蚀，耳残，着双层交领宽袖服，腰系带，下身衣饰不明；左袖空（缺左手），下垂至座下莲台，右手屈肘右伸结印；结跏趺坐于双层仰莲台上。台高6厘米，宽18厘米，深2.5厘米。

佛像头顶上方左右侧，各刻铭文1则。皆左起竖刻2行4字，刻石面高27厘米，宽22厘米，楷体，字径9厘米（图版Ⅱ：79）。

本者
根本（左）
尊者
最尊[59]（右）

主尊佛像龛外左右侧，各竖刻偈颂1行7字。刻石面皆高133厘米，宽15厘米，楷体，字径14厘米（图版Ⅱ：80）。

各发无上菩提心（左）
愿入毗卢法性海[60]（右）

左菩萨像　坐高36厘米，头长12厘米，肩宽14厘米，胸厚4厘米。面略右侧，梳髻戴冠，冠正面刻一圆物，直径2厘米，上置放焰珠。冠带下垂及肩，戴项圈，下坠三链珠串，内着僧祇支，腰系带，外着双领下垂式袈裟，袈裟一角敷搭左肩，下着裙，袖摆及裙摆垂至龛外。左手置腹前托经函，长8.5厘米，宽3.5厘米，厚1.5厘米；右手抚右膝，结跏趺坐。

右菩萨像　坐高36厘米，头长12厘米，肩宽15厘米，胸厚4厘米。面略左侧，梳髻，戴卷草冠，冠正面刻放焰珠，直径3.5厘米。冠带作结下垂及肩。面圆，左耳稍残。戴项圈，中垂一道珠串，胸横施一道珠串，珠串与项圈间以斜向珠串相连。内着僧祇支，外着双领下垂式袈裟，腰系带，下着裙，袈裟及裙摆垂于龛外。左手抚膝，右手持如意（略残），残长17厘米，最宽3厘米；结跏趺坐。

2. 左壁

据造像组合及位置，可分为上部内侧、上部外侧和下部造像三部分（图90；图版Ⅰ：178）。

（1）上部内侧

纵向刻两列四个圆龛（图91；图版Ⅰ：179）。其中，右为二大圆龛，皆直径67厘米，深10厘米，内刻坐佛像1身；左为二小圆龛，皆直径36厘米，深5厘米，内刻菩萨坐像1身。此四像与窟内右壁上部内侧四像相对应。

上坐佛像　坐高60厘米，头长17厘米，肩宽24厘米，胸厚5厘米。螺髻，面圆，眼半开，鼻端残，耳垂肩。内着僧祇支，系带作结，外披双领下垂式袈裟，下着裙，袈裟及裙摆垂至龛外。腕镯，双手腹前结印，结跏趺坐。

下坐佛像　坐高60厘米，头长16厘米，肩宽25厘米，胸厚5厘米。螺髻，面圆，鼻端稍残。腕镯，左手胸前托贝叶，长20厘米，宽8厘米，厚2厘米，右端部分残；右手抚膝。余同上像。

上坐菩萨像　坐高30厘米，头长12厘米，肩宽12厘米，胸厚3.5厘米。梳髻，披发下垂至手臂及胸；戴冠，冠带作结下垂及肩，冠体正面饰圆轮，直径2.5厘米，冠顶饰祥云。面圆，双眼微鼓，直鼻小口。戴项圈，中坠珠串，胸横施一道珠串，项圈左右端各垂一

图 89　小佛湾石窟第 9 号窟窟内正壁立面图

道较短珠串。内着僧祇支，外披双领下垂式袈裟，下着裙，袈裟及裙摆垂于龛外。腕镯，双手持带茎莲，部分残，残长24厘米；结跏趺坐。

下坐菩萨像　坐高35厘米，头长14.5厘米，肩宽14厘米，胸厚3.5厘米。梳髻戴冠，冠体略蚀，冠顶部置放焰珠，直径1厘米，两侧各出一道较短毫光，冠带作结下垂及肩。面圆，脸略蚀，似戴耳饰；戴项圈，中垂团花珠串。内着僧祇支，系带，外披双领下垂式袈裟，袈裟一角以环系于左肩，下着裙，袈裟及裙摆垂于龛外。腕镯；左手于腹前、右手于胸前各持柳枝；结跏趺坐。

（2）上部外侧

分三排镌五个大圆龛，呈上一、中二、下二布置。龛大小相同，直径约51厘米，深7—10厘米，内皆刻一居士坐像。为方便与宝顶山大佛湾相同造像题材的比较和讨论，按从下至上、从窟外至窟内（从左至右）顺序，将其编为第1—5组。其中，第1、2、3、5组龛外另刻小像1身（图92；图版Ⅰ：180）。

第1组　居士像坐高45厘米，头长13.5厘米，肩宽18厘米，胸厚5厘米（图93-1；图版Ⅰ：181）。披发，面圆，略蚀，嘴角上翘。着双层交领宽袖服，下着裙，袖摆与裙间刻出两道下垂的飘带，裙摆及飘带垂至龛外。腕镯，双手胸前合十，手部分残。结跏趺坐。该像左右及头顶刻山石。

龛外右上方小圆龛（直径27厘米、深4.5厘米）内，刻小坐像1身。坐高25厘米，头长8厘米，肩宽8厘米，胸厚2.5厘米。戴冠，顶略残，冠带斜垂及肩。面圆，微左侧。戴项圈，可辨中垂珠串，胸部横施一道珠串，余蚀。内着僧祇支，外披双领下垂式袈裟，袈裟一角覆于左肩；下着裙，裙摆及袖摆垂至龛外。左手置腹前，右手置右胸共持一物，物长18.5厘米，最宽2.5厘米，手及物部分残。结跏趺坐。

第2组　居士像坐高47厘米，头长14.5厘米，肩宽17厘米，胸厚5厘米（图93-2；图版Ⅰ：182）。头巾，面圆，略蚀。着双层交领宽袖服，下着裙，腰系带分两道下垂，裙摆及腰带垂至龛外。左手置腹前，上覆巾；右手挽袖至肩，腕镯，屈肘上举至右肩持剑，剑尖直指右眼。剑长15厘米，最宽2厘米，手及剑部分残，剑与龛壁间饰云纹。结跏趺坐。

龛外右上方减地刻一半身小像。立高25厘米，头长9厘米，肩宽7厘米，胸厚2厘米。戴冠，冠体略蚀，冠带作结下垂及肩。面圆，略蚀，略左侧。戴项圈，中垂团花珠串，胸部横施一道珠串，项圈左右饰斜向的小珠串。内着僧祇支，外着双领下垂式袈裟。左手腹前握右袖摆，右手腕镯，屈肘上举结印。下半身隐于云头内。云头高15厘米，宽20厘米，云尾沿体右侧上扬。

第3组　居士像躺坐高38厘米，头长15厘米，肩宽18厘米，胸厚4厘米（图94-1；图版Ⅰ：183）。脸圆，面蚀，存少许左耳耳廓。袒胸鼓腹，胸口存圆形遗迹，似火焰。着交领宽袖服，下着裙，左袖摆外侧刻一段飘带垂至龛外。空右袖，右手置右腿。腰际下置一枕，枕高8厘米，显露宽5厘米。枕下部饰莲瓣，上部呈瓣状。枕底端系一飘带，作结后呈"U"形上扬。竖左腿，右腿不现，足鞋，右向躺坐。

龛上方减地刻一小像。立身高41厘米，头长14厘米，肩宽10厘米，胸厚2.5厘米。像残蚀甚重，竖发，似三面。飘带环于头后，其右侧垂于体侧，至右足外侧后上飘。似四臂，左上臂屈肘上举，左下臂屈肘置于腰际，右两臂风蚀甚重。足环，赤足。该像右侧存一棍状物的两端头。

第4组　居士像坐高46厘米，头长15厘米，肩宽18厘米，胸厚5厘米（图94-2；图版Ⅰ：184）。头巾，圆脸，缺左耳。着双层交领宽袖服，腰系带，带分两道，左道左向延至左膝上方，右道右向斜垂延至龛外，下着裙，裙摆延至龛外。挽左袖至肩，臂钏，上臂有两道凹痕，手屈肘向外斜伸置于方台上，台宽10厘米，高10厘米，深5厘米，台上覆巾；右手胸前持剑，剑长19.5厘米，宽2.5厘米，剑身部分残。结跏趺坐。

该像头上方刻五件乐器。左为拍板及腰鼓，位于龛内。拍板高9.5厘米，最宽5厘米，系飘带呈"U"形上扬至龛外；腰鼓长7.5厘米，最宽3厘米，中部束带，宽2厘米。右为腰鼓、圆鼓及笛，呈"品"字形布置，其中腰鼓位于龛内，圆鼓及笛位于龛外。腰鼓长7厘米，最宽3厘米，中部束带，宽1.5厘米；圆鼓直径8厘米，鼓面大部残；笛全长15厘米，直径0.5厘米，中部及右端呈弯曲状。

第5组　居士像坐高42厘米，头长14厘米，肩宽19厘米，胸厚5厘米（图95；图版Ⅰ：185）。头巾，脸长圆，面蚀。着交领宽袖服，下着裙，裙摆及袖摆延至龛外，两侧各刻出两段飘带。空左袖，右手残，置于胸前。结跏趺坐于帏垫上，右膝出火焰，风蚀甚重。

龛外右侧减地刻一立式小像。立身高31厘米，头长7厘米，肩宽8厘米，胸厚2厘米。螺髻，面圆，风蚀甚重。内着僧祇支，外着双领下垂式袈裟，袈裟一角覆于左臂，下着裙。双手腹前隐袖内。头左侧，立于云头上。云高11.5厘米，宽22厘米，云尾于像右侧上飘。

图 90　小佛湾石窟第 9 号窟窟内左壁造像立面及分布图

图 91　小佛湾石窟第 9 号窟窟内左壁上部内侧造像立面图

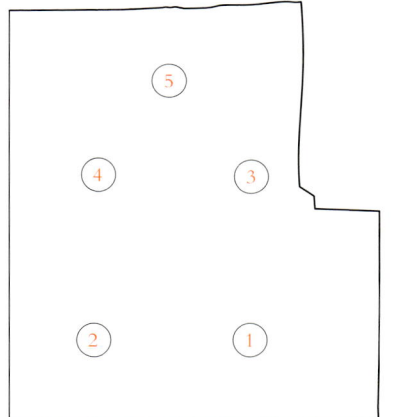

图 92　小佛湾石窟第 9 号窟窟内左壁上部外侧造像立面及编号图

第二章　宝顶山小佛湾石窟　151

1

2

图93 小佛湾石窟第9号窟窟内左壁上部外侧第1、2组造像立面图
1　第1组　2　第2组

图 94　小佛湾石窟第 9 号窟窟内左壁上部外侧第 3、4 组造像立面图
1　第3组　2　第4组

图95　小佛湾石窟第9号窟窟内左壁上部外侧第5组造像立面图

（3）下部

左壁底部通栏式刻半身明王像四身，其左右及下方皆饰云纹，与窟内右壁底部四身明王像相对应。从内至外编为第1—4像（图96；图版Ⅰ：186）。

第1像　立高69厘米，头长31厘米，肩宽21厘米，胸厚5厘米（图版Ⅰ：187）。竖发如焰，戴发箍，箍中部饰团花。头略左侧，两面，左面隆眉鼓眼，短鼻，阔口露齿；右面略小，隆眉鼓眼，短鼻，闭口。袒上身，戴项圈，鼓腹。腰系带作结，披帛环头沿肩下垂，隐腋下。身六臂。当胸两手合十，臂钏，腕镯。左上手腕镯，前臂缠绕一蛇，蛇身止于手肘，屈肘上举托祥云，云高7厘米，宽13厘米，深4厘米，云上刻一身坐像，浅浮雕圆形素面头光，直径9厘米，坐高10.5厘米，面蚀，内着僧祇支，外着双领下垂式袈裟，下着裙，双手置腹前隐袖内，结跏趺坐。右上手腕镯，前臂缠绕一蛇，蛇身止于前臂，屈肘上举结印。左下手左伸结印，右下手隐云纹内不现。

右上手右侧刻一旁牌，高27.5厘米，宽7厘米，厚3.5厘米。旁牌上方刻一人面，竖发，隆眉鼓眼，短鼻，鼻翼外张，阔口，露二犬齿。

像左肩刻一蛇，向左止于左上手腋下。当胸左手肘下方刻一蛇，蛇身向左，呈"U"形向上绕左下手前臂。右肩刻一蛇，蛇身向右一折后朝下，沿当胸右手上臂外侧，向下经手肘绕于前臂。

第2像　立高83厘米，头长32厘米，肩宽20厘米，胸厚5厘米（图版Ⅰ：188）。竖发似焰，戴发箍，头微左侧，两面。左面隆眉鼓眼，颧骨高凸，阔口；右面略小，鼓眼，短鼻，嘴唇闭合。戴项圈，袒上身，鼓腹。披帛环于头后经腋下下垂。身八臂。当胸两手腕镯，拱揖。左上手腕镯，屈肘上举握蛇，蛇头向右，身三折。右上手腕镯，屈肘上举握葡萄。左中手左伸，手大部残；右中手隐云纹内不现。两下手置腹前挂剑，剑长22厘米，宽3.5厘米。

像左肩刻一蛇，经左上手绕出，沿当胸左手过左下手前臂，止于下方云纹处。右肩亦刻一蛇，经右上手绕出，沿当胸右手过右下手前臂，亦止于下方云纹处。

第3像　立高71厘米，头长28厘米，肩宽21厘米，胸厚4厘米（图版Ⅰ：189）。竖发，戴发箍，三面。正面隆眉鼓眼，鼻端残，阔口露齿；左面风蚀甚重；右面略蚀，可辨五官轮廓。戴项圈，袒上身，胸下系带，鼓腹，腰系带作结。披帛绕头后经腋下下垂。身八臂。当胸两手共持一圆环，环径7厘米。左上手屈肘上举托椭圆形物，物长6厘米，最宽4厘米；右上手腕镯，屈肘上举持扇，扇长14厘米，面宽8厘米，扇顶刻一放焰珠，珠径2厘米，手腕处有蛇缠绕，蛇尾上延至右面右侧。左中手残，屈肘左伸，腕镯，掌心向上；右中手肘右伸持戟，戟长29厘米，戟中部右侧挂一物，略呈三角形，高10厘米，最宽5厘米。左下手前臂似蛇缠绕，左下斜伸，持一杖，杖首圆形，直径6厘米，杖身长20厘米，直径2厘米；右下手斜垂体侧，前臂似物缠绕。

第4像 立高74厘米，头长30厘米，肩宽23厘米，胸厚5厘米（图版Ⅰ：190）。竖发，戴发箍，箍中部饰圆物，物径3.5厘米。面方，前额鼓凸，隆眉，鼓眼，鼻端残，阔口，露齿。袒上身，胸系带，鼓腹，下身衣饰不明。披帛环于头后，沿肩经腋下垂体侧。身八臂。当胸两手合十，部分残。左上手屈肘上举托方形物，物长11厘米，宽5厘米，物左端刻弦月形凹槽；右上手屈肘上举抓蛇，蛇全长35厘米，蛇身似缠绕上臂。左中手斜垂体侧拈蛇，蛇卷曲呈团状；右中手腕镯，挂剑，剑长15厘米，大部蚀。左下手置腰际，残蚀甚重；右下手向右斜伸持环，环径8.5厘米。

该像右上手上方线刻一蛇，头左，身一折，全长25厘米。左中手左上方亦刻一蛇，仅露部分蛇身和蛇尾。自右中手手腕处向右刻出一段蛇身，经右下手手腕止于右下手外侧。

左壁壁面右端（内侧近正壁处）中上部竖刻题记1则。刻石面高120厘米，宽10厘米，竖刻1行14字，楷体，字径8厘米（图版Ⅱ：81）。

六代祖师传密[61]印△十方诸佛露家风

3. 右壁

造像布局与左壁同，仍分为上部内侧、上部外侧和下部造像三部分（图97；图版Ⅰ：191）。

（1）上部内侧

与左壁相对应，亦纵向布置两列四个圆龛。其中，左部上下各刻一圆龛，直径皆约69厘米，深10厘米，内刻坐佛像1身；右部刻小圆龛，直径皆36厘米，深5厘米，内刻菩萨像1身（图98；图版Ⅰ：192）。

上坐佛像 坐高55厘米，头长18厘米，肩宽28厘米，胸厚5厘米。螺髻，面圆，戴耳饰。内着僧祇支，腰系带，外着双领下垂式袈裟，袈裟袖摆垂于龛外。左手抚左膝，右手举于胸前，上覆巾，巾上置宝珠，直径6厘米。

下坐佛像 坐高59厘米，头长18厘米，肩宽29厘米，胸厚5厘米。螺髻，面圆。内着僧祇支，腰系带，外着双领下垂式袈裟，袈裟一角敷搭左肩，以环系结，袈裟袖摆垂至龛外；下着裙。左手胸前持经函，经函长17.5厘米，宽6厘米，厚2.5厘米；右手抚右膝，结跏趺坐。

上坐菩萨像 坐高34厘米，头长13厘米，肩宽14厘米，胸厚3厘米。梳髻，戴冠，冠顶存焰尖，冠带下垂，飘于体侧。面圆，戴项圈，胸饰"U"形珠串。内着僧祇支，胸系带，外着双领下垂式袈裟，袈裟一角敷搭左肩，袖摆垂于龛外，下着裙。左手置腹前托经函，长10厘米，宽3.5厘米，厚2厘米；右手抚右膝，结跏趺坐。

下坐菩萨像 坐高38厘米，头长16厘米，肩宽14厘米，胸厚3.5厘米。梳髻，戴冠，冠体正面刻圆环，径3厘米；环内似刻像1身，仅存轮廓。冠顶刻放焰珠，珠径0.7厘米，发出三道焰尖。冠带沿肩下垂，飘于体侧。面圆，戴项圈，下垂三道珠串。内着僧祇支，胸系带，外着宽博披巾，披巾一道下垂左侧龛外，另一道于右手肘部折收为带，绕前臂飘于龛外右侧；下着裙，内出两条飘带，下垂至龛外下方。左手置腹前，右手举于胸前，共持一物，物残似锡杖，长28厘米；尖刻一放焰珠，珠径1.2厘米；结跏趺坐。

（2）上部外侧

与左壁相对应，亦分三排镌五个大圆龛，呈上一、中二、下二布置。龛大小相同，直径约51厘米，深7—10厘米，内皆刻一居士坐像。为方便与宝顶山大佛湾相同造像题材的比较和讨论，按从下至上、从窟外至窟内（从右至左）顺序，编为第1—5组像。其中，第1、2、3、4像龛外另刻小像1身（图99；图版Ⅰ：193）。

第1组 居士像坐高46厘米，头长16厘米，肩宽20厘米，胸厚4.5厘米（图100-1；图版Ⅰ：194）。头巾，面蚀甚重，脸长圆。着交领宽袖长服，腰系带，下着裙；腰带及裙摆垂至龛外。腕镯。左手屈肘左伸，食指直伸，尖出火焰，余指弯屈；右手屈于胸前持珠串。结跏趺坐。像右侧刻一柳树，树干、枝叶分布于龛内及龛外。

龛外左上方刻一圆龛，径25厘米，深3厘米，内刻坐像1身。像坐高23厘米，头长8厘米，肩宽9厘米，胸厚2厘米。戴冠，冠顶似

图 96　小佛湾石窟第 9 号窟窟内左壁下部造像立面及编号图

第二章　宝顶山小佛湾石窟　157

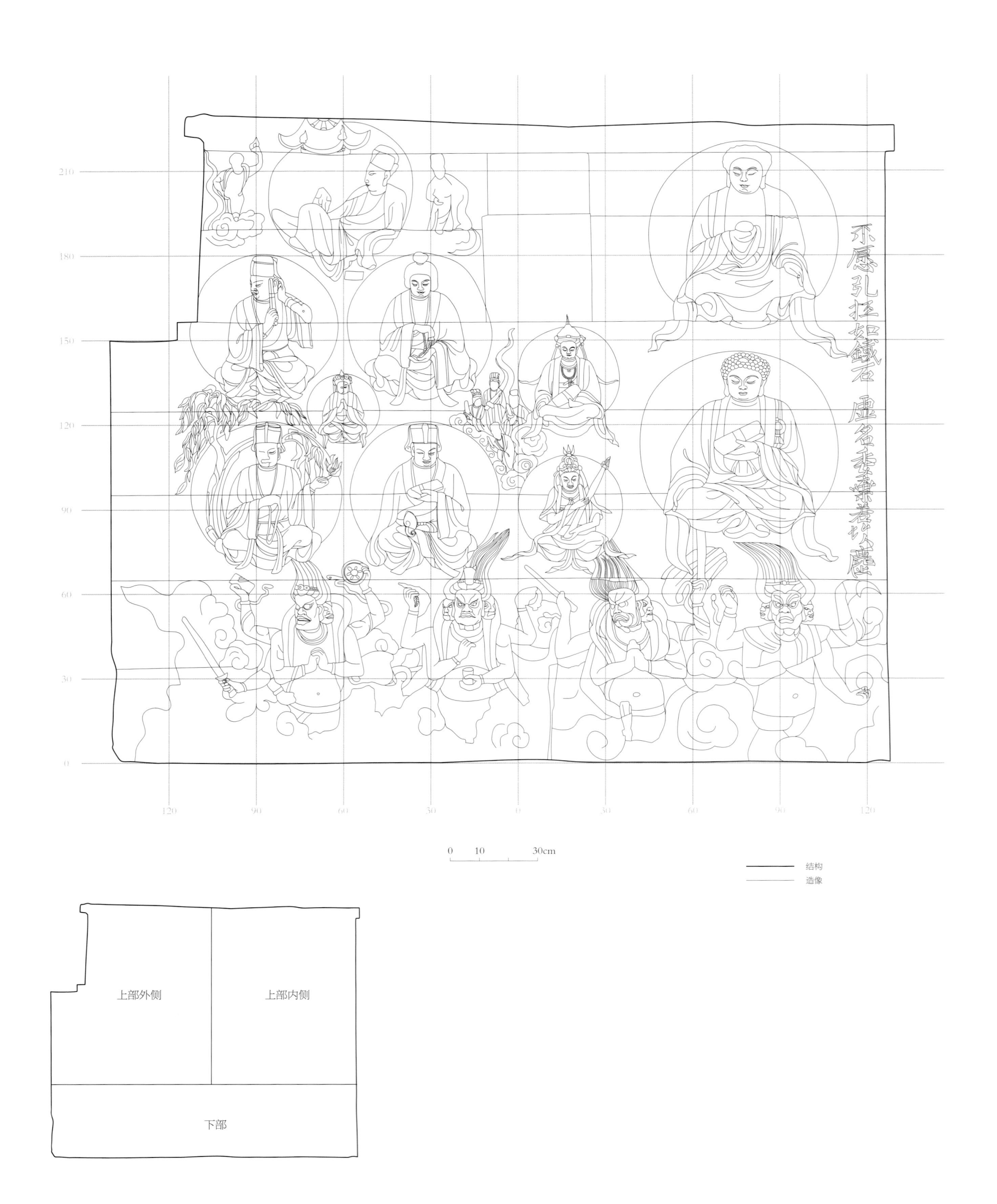

图 97　小佛湾石窟第 9 号窟窟内右壁造像立面及分布图

158　大足石刻全集　第八卷（上册）

置放焰珠。面圆，略蚀。内着僧祇支，胸系带，外着双领下垂式袈裟，下着裙，袖摆及裙摆部分垂至龛外。双手胸前结印。结跏趺坐。

第2组　居士像坐高47厘米，头长15厘米，肩宽22厘米，胸厚4.5厘米（图100-2；图版Ⅰ：195）。头巾，脸圆，鼻略残。着交领宽袖长服，腰系带，下着裙；部分袖摆、腰带及裙摆垂至龛外。左手屈肘置胸前托经函，部分残，宽4厘米，厚3厘米；右手隐袖内，置于体侧。结跏趺坐。现左足，足上出火焰。

龛外左上方于祥云内刻半身立像4身，呈上三下一排列。上左像高16厘米，梳髻，面残；着交领宽袖长服，双手于胸前持笏，笏斜靠右肩，长8厘米，最宽1.5厘米。上中像高18厘米，戴进贤冠，面残；着交领宽袖长服，右手不现，左手持笏，笏斜靠左肩，长9厘米，最宽1.5厘米。上右像高17厘米，戴冠，面残，身左侧；着交领宽袖长服；右手隐袖内，双手共持笏，笏斜置右肩，显露长5厘米。下方像高18厘米，戴冠，头面残；着交领宽袖长服，右手不现，左手身前持笏，显露长4.5厘米；身微躬。

第3组　居士像坐高45厘米，头长15厘米，肩宽19厘米，胸厚4.5厘米（图101-1，图版Ⅰ：196）。头巾，面右侧，脸长圆。着双层交领宽袖长服，腰系带，下着裙；腰带及裙摆垂于龛外。腕镯，左手握左耳，右手屈肘持短剑，作割耳状。结跏趺坐。

龛外右上方减地刻一立式半身像，风蚀甚重，高约24厘米；可辨披巾自头后绕出，经腋下后飘。腰系带，左手上举持物，手及物残；右手置于右腰际。立于云朵内，云尾于右侧上飘。

第4组　居士像坐高43厘米，头长13厘米，肩宽20厘米，胸厚4.5厘米（图101-2；图版Ⅰ：197）。披发，顶似出火焰，面圆。着交领宽袖长服，腰系带，下着裙，腰带及裙摆垂于龛外。左手于腹前掌心向上，右手于胸前掌心向下共持珠串。结跏趺坐。

龛外左上方减地刻一立式像，风蚀甚重，残高27厘米，仅辨头微右倾，身饰飘带。

第5组　居士像坐高44厘米，头长18厘米，肩宽16厘米，胸厚7厘米（图102；图版Ⅰ：198）。头巾，面长圆，存少许左耳耳廓。着交领宽袖长服，袖摆及下摆部分垂于龛外，下着裤。双手隐袖内，左手屈肘斜置枕上，右手置体侧；竖左腿，右腿不现，裆出火焰；足鞋，面身向右斜躺。圆龛上方刻一八角形华盖，最宽32厘米，高12厘米，深5厘米。

（3）下部

左壁面底部通栏式刻半身明王像四身，其左右及下方皆饰云纹，与窟内左壁底部四身明王像相对应。从内至外编为第1—4像（图103；图版Ⅰ：199）。

第1像　高75厘米，头长35厘米，肩宽26厘米，胸厚5厘米（图版Ⅰ：200）。竖发右飘，戴发箍。三面，正面隆眉鼓眼，短鼻阔口，露齿，左右面风蚀甚重。系肩巾，袒上身，腹微鼓，腰系带，身四臂。上两手屈肘上举，左手残，右手腕镯，握拳。前臂右侧刻出一段蛇身，蛇头向上。下左手置于体侧，手掌向上结印；下右手屈肘置于胸前，手残。

第2像　高74厘米，头长34厘米，肩宽25厘米，胸厚5厘米（图版Ⅰ：201）。竖发右飘，两面。正面隆眉鼓眼，短鼻阔口，头向右侧。左面口微启，戴项圈，袒上身，腹微鼓，身后环绕披巾沿肩下垂，经腋下隐于身后。身六臂，腕镯。当胸双手，置于胸前，手残。上两手屈肘上举，左手持山石，其腋下刻一蛇，绕胳膊经前臂止于山石上，舌头置山石上；右手残，持物似剑，长24厘米。下左手残；下右手于腹前拄剑，手残，剑显露长10厘米。

第3像　高76厘米，头长36厘米，肩宽26厘米，胸厚5厘米（图版Ⅰ：202）。竖发左飘，戴发箍，箍中部饰一马头。像三面，正面隆眉鼓眼，短鼻阔口，口出两獠牙；另两面闭口。袒上身，腹微鼓。戴项圈，头后飘带环出，沿肩下垂隐于体侧。身六臂，腕镯。当胸两手，左手置腹前托物，手及物为后世泥塑修补，其下方身前残存造像痕迹；右手举于胸前，手及物残。上两手屈肘上举持物，手及物皆残。下两手垂于体侧，隐于祥云内。

第4像　高75厘米，头长35厘米，肩宽26厘米，胸厚5厘米（图版Ⅰ：203）。竖发右飘，戴发箍，饰花钿。像两面，正面右侧，隆眉鼓眼，短鼻阔口；左面闭口。袒上身，腹微鼓，戴项圈。头后环出披巾沿肩下垂，隐于体侧。身八臂，腕镯，中左手、下左手两臂不现。当胸双手拱于胸前，前臂皆刻一蛇，绕臂下垂隐于体侧。上两手屈肘上举持物，左手持法轮，直径8厘米；右手持经卷，部分残，长8厘米，宽4厘米，厚2厘米；其手臂后各出一蛇，绕臂曲于头部两侧，蛇头相向。中右手右伸持剑，长33厘米。下右手似握拳置于腰际。

壁面左端（内侧近正壁处）中上部竖刻铭文1则。刻石面高120厘米，宽10厘米，竖刻1行14字，楷体，字径10厘米（图版Ⅱ：82）。

图 98　小佛湾石窟第 9 号窟窟内右壁上部内侧造像立面图

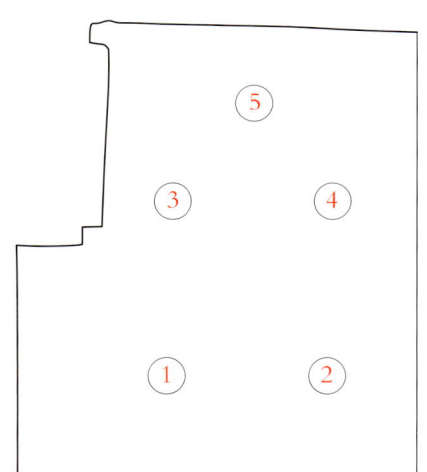

图 99 小佛湾石窟第 9 号窟窟内右壁上部外侧造像立面及编号图

第二章 宝顶山小佛湾石窟 161

图 100　小佛湾石窟第 9 号窟窟内右壁上部外侧第 1、2 组造像立面图
1　第1组　2　第2组

图 101　小佛湾石窟第 9 号窟窟内右壁上部外侧第 3、4 组造像立面图
1　第3组　2　第4组

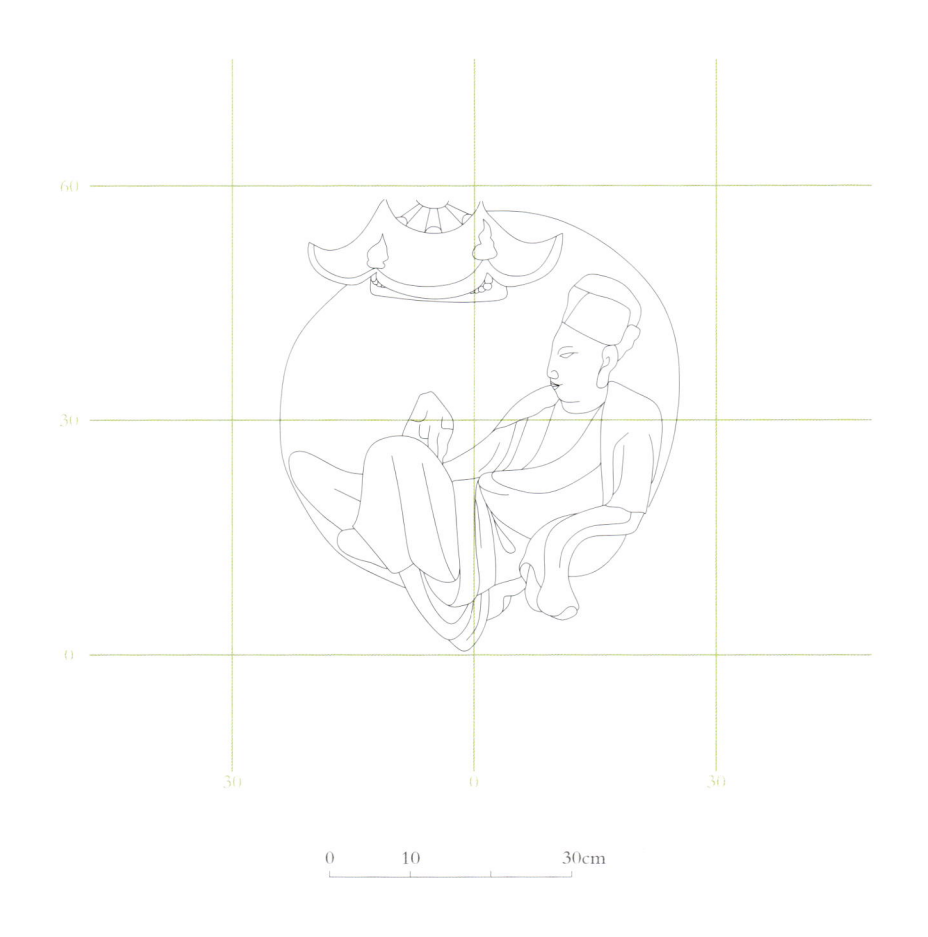

图102　小佛湾石窟第9号窟窟内右壁上部外侧第5组造像立面图

大愿引持如铁石△虚名委弃若埃尘[62]

4. 脊檩、过梁、门楣

窟室脊檩、过梁及过梁上方、门楣内侧及其上方共刻小圆龛29个。

脊檩4个，分别位于前后室脊檩左右中部（图104；图版Ⅰ：204、图版Ⅰ：205、图版Ⅰ：206、图版Ⅰ：207）。龛制及规格略同，直径22—26厘米，深4厘米，内刻一坐佛像，皆高约21厘米，头长7厘米，肩宽10厘米，胸厚2厘米。从内至外，先左后右编为第1—4像。

过梁外侧（北侧）、内侧（南侧）各5个，规制同脊檩圆龛；内各刻一坐佛像，皆坐高21厘米，头长6厘米，肩宽10厘米，胸厚1.5厘米（图105；图版Ⅰ：208、图版Ⅰ：209）。由内向外，从左至右编为第1—10像。除第6像竖左腿，盘右腿坐外，余皆结跏趺坐。

过梁上方6个，内各刻一坐佛像。圆龛大小及佛像体量由中部向两侧逐步增大（图106；图版Ⅰ：210、图版Ⅰ：211）。从左至右，第1、6圆龛直径16厘米，最深5厘米；佛像坐高14厘米，头长4.5厘米，肩宽7厘米，胸厚1.5厘米。第2、5圆龛直径15厘米，最深2厘米；佛像坐高12厘米，头长3.5厘米，肩宽6厘米，胸厚1.5厘米。第3、4圆龛直径12厘米，最深1.5厘米；佛像坐高10.5厘米，头长3厘米，肩宽5.5厘米，胸厚1厘米。从左至右编为第1—6像。

门楣内侧及上方9个（图107；图版Ⅰ：212）。除门楣上方左起第3圆龛直径27厘米，深4厘米外，其余圆龛直径皆23厘米，最深4厘米。龛内皆刻坐像1身，坐高约22厘米，头长7厘米，肩宽10厘米，胸厚2厘米。从上至下、从左至右编为第1—9像。除第8、9像为披发像外，余皆螺髻。

上述各像特征列入表14。

表14　小佛湾石窟第9号窟窟内脊檩、过梁、门楣圆龛造像特征简表

位置	编号	造像特征
脊檩	1	螺髻，面圆，稍残，颈刻三道肉褶线，两耳垂肩。内着僧祇支，外披双领下垂式袈裟，袈裟悬于龛外，双手置腹前隐袈裟内，结跏趺坐。
	2	螺髻，面圆，略蚀。双手置左腰处隐袈裟下。余略同第1像。
	3	面圆，耳垂肥大。内着僧祇支，系带，外披双领下垂式袈裟，袈裟下摆悬于龛外。余同第1像。
	4	螺髻，面蚀，余同第1像。
过梁前后侧	1	螺髻，面圆。内着僧祇支，系带，外着双领下垂式袈裟，下着裙，袈裟下摆悬于龛外。双手置腹前隐袈裟内，结跏趺坐。
	2	同第1像。
	3	头残，余同第1像。
	4	头右侧，斜肩。双手抱左腿，手隐于袈裟内。竖左腿，盘右腿。余同第1像。
	5	头左侧，余同第1像。
	6	左手腹前托经函，长7厘米，宽2.5厘米，厚0.5厘米；右手抚右膝，结跏趺坐。余同第1像。
	7	头部分残，双手腹前结印。余同第1像。
	8	戴冠，面残，双手胸前结印。余同第1像。
	9	左手抚左膝；右手屈肘上举，手上覆巾，巾上置一宝珠，直径1.8厘米。宝珠向上发出一道毫光飘至龛外。余同第1像。
	10	左手腹前结印，右手抚右膝。余同第1像。
过梁上方	1—6	坐佛像皆螺发，内着僧祇支，外披双领下垂式袈裟，袈裟下摆悬于龛外，双手于腹前隐于袈裟内，结跏趺坐。
门楣内侧及上方	1—4	螺髻，面圆，两耳垂肩。内着僧祇支，系带，外披双领下垂式袈裟，袈裟下摆悬于龛外；结跏趺坐，双手置腹前隐袈裟内。
	5	双手置左腰隐袈裟内。余同第1像。
	6	双手置右腰隐袈裟内。身略左侧。余同第1像。
	7	左手腹前结印，右手胸前结印，双手部分残。余同第1像。
	8	齐耳鬈发，面圆，右侧。双手置左腰隐袈裟内。余同第1像。
	9	齐耳鬈发，面部分残，左侧。双手置右腰隐袈裟内。余同第1像。

（三）窟外

造像刻于窟外南壁、西壁和东壁，即窟外后壁、左壁和右壁。

1. 南壁

壁面中部嵌一通方碑，左右中下部各刻并列的二天王像，上部及脊檩、额枋等刻16身圆龛坐佛像（图108；图版Ⅰ：213）。

（1）方碑

方碑高120厘米，宽60厘米（图109；图版Ⅰ：214）。碑座为单层仰莲台，高28厘米，宽90厘米。碑首从左至右竖刻6行："释迦｜舍利｜宝塔｜禁中｜应现｜之图[63]｜"，共12字，楷体，字径4厘米。碑身左右各楷书竖刻颂词1行，各14字，楷体，字径3厘米；左为"上祝皇王隆睿算须弥寿量俞崇高[64]"，右为"国安民泰息干戈雨顺风调丰稼穑[65]"（图版Ⅱ：83）。

碑身上部正中线刻单层方形宝塔，由塔基、塔身、塔刹等构成，通高30.5厘米。塔基方形，高4.5厘米，宽13厘米。正面线刻六方框，内刻六圆拱小龛，龛内各刻一身坐佛像，高约2厘米。塔基上部四角刻一枚宝珠，各发一道毫光，斜向上升。塔基上承束腰仰覆

图 103　小佛湾石窟第 9 号窟窟内右壁下部造像立面及编号图

第二章　宝顶山小佛湾石窟　167

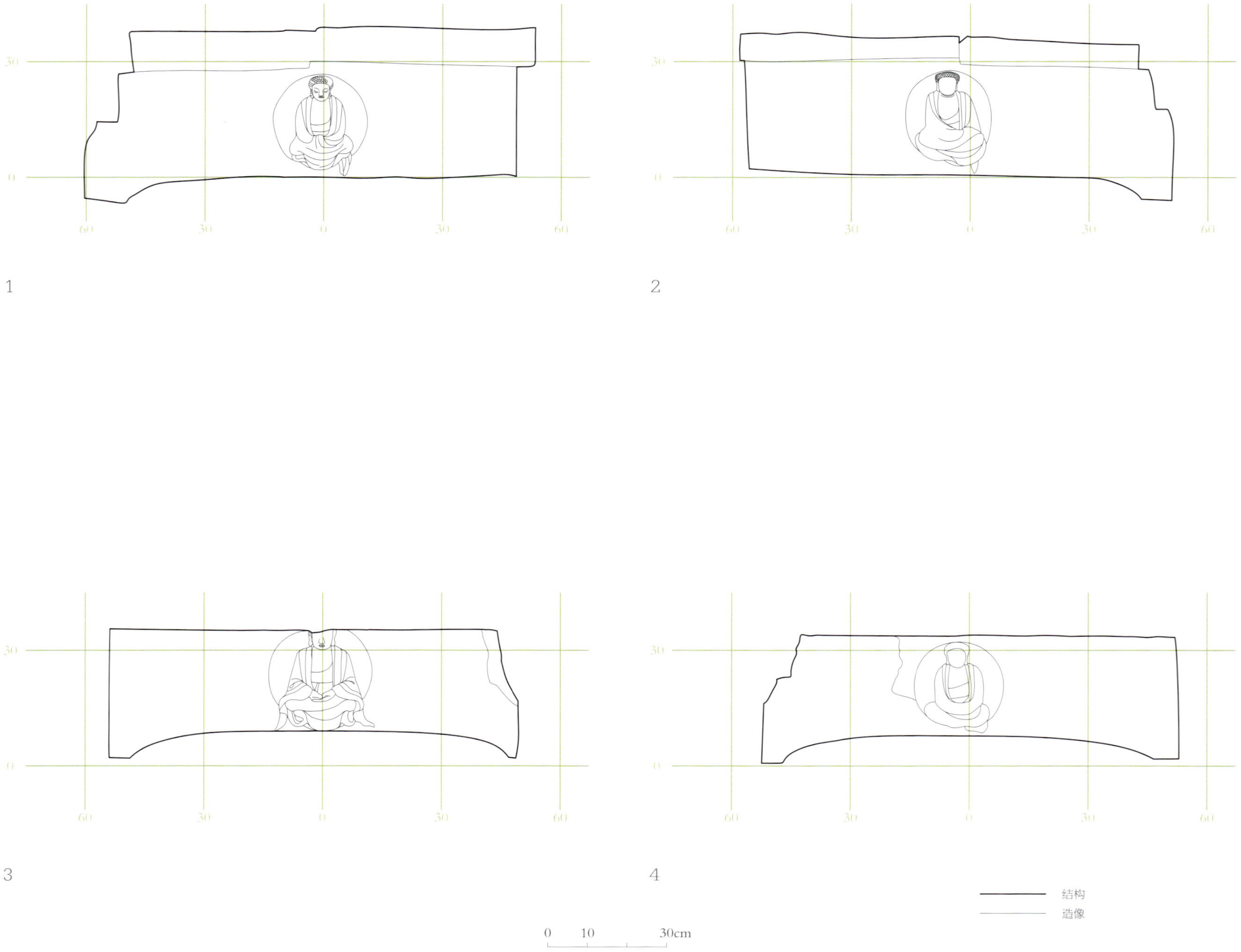

图 104　小佛湾石窟第 9 号窟窟内前后脊檩左右侧造像立面图
1　后左　2　后右　3　前左　4　前右

1

2

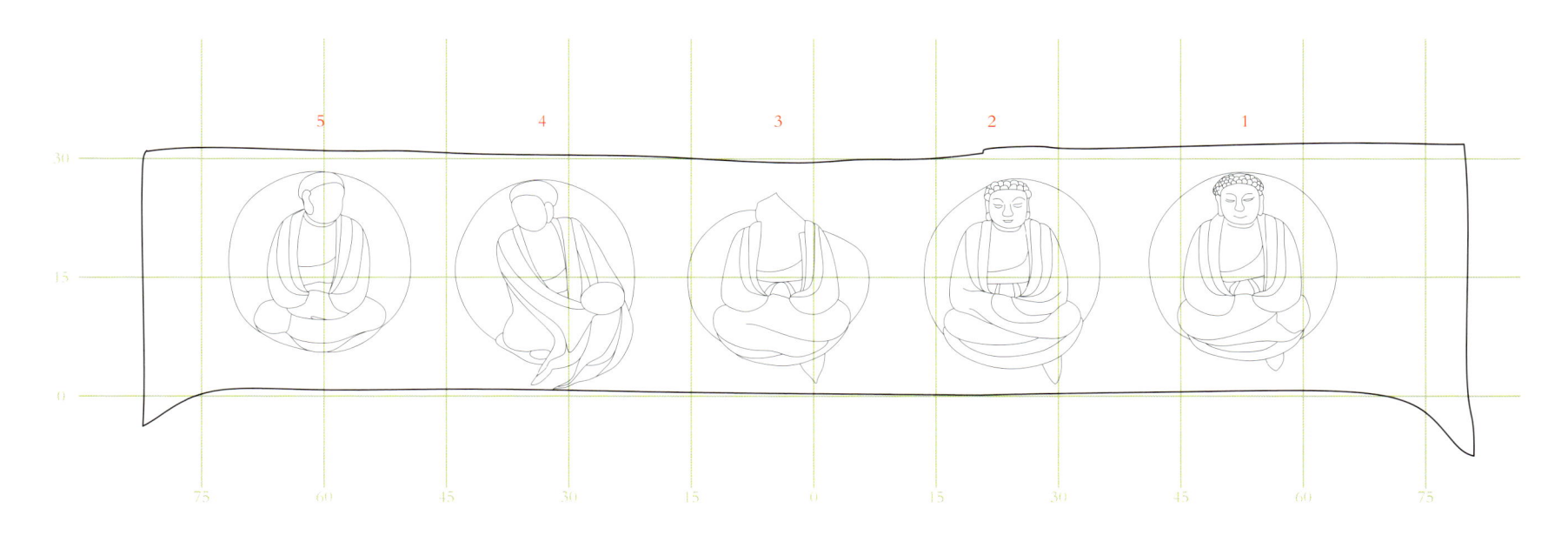

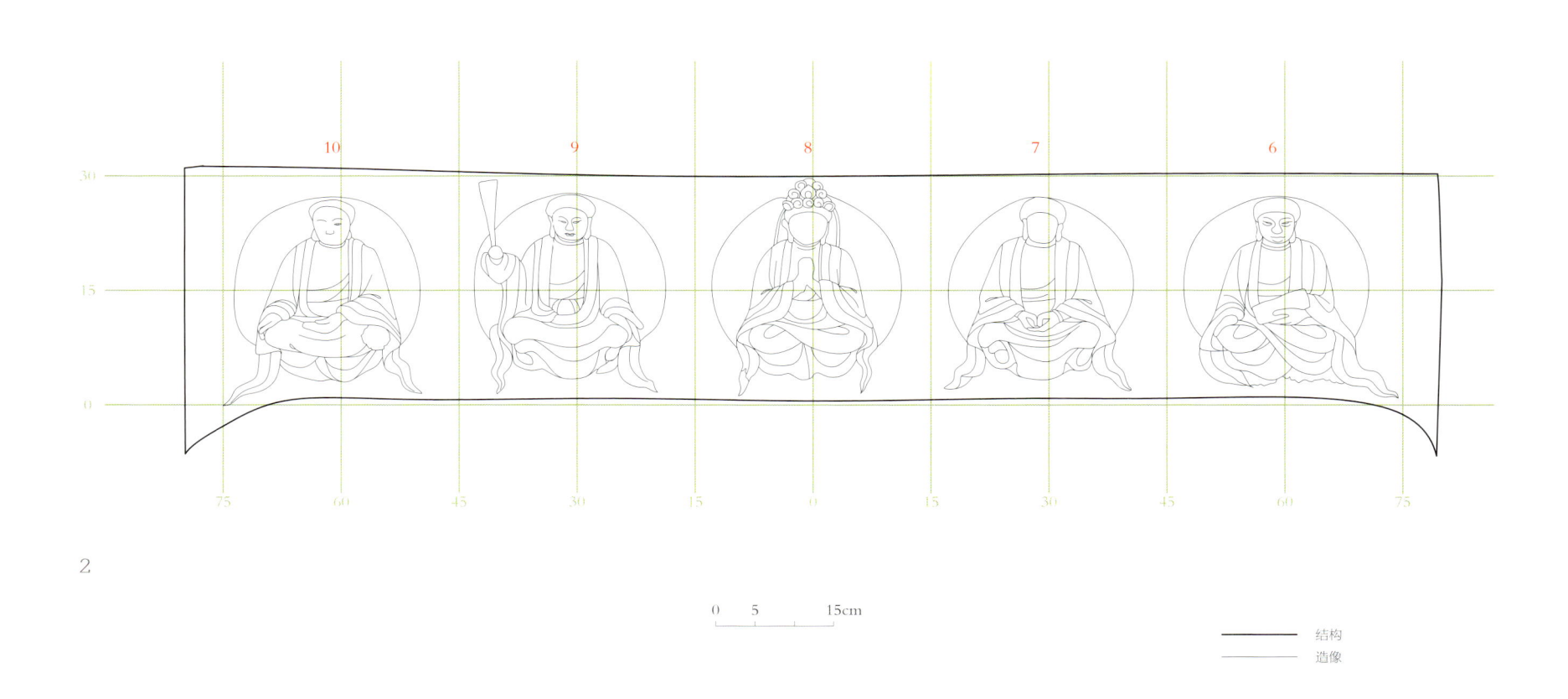

图 105　小佛湾石窟第 9 号窟窟内过梁北、南侧造像立面及编号图
1　南侧　2　北侧

第二章　宝顶山小佛湾石窟　169

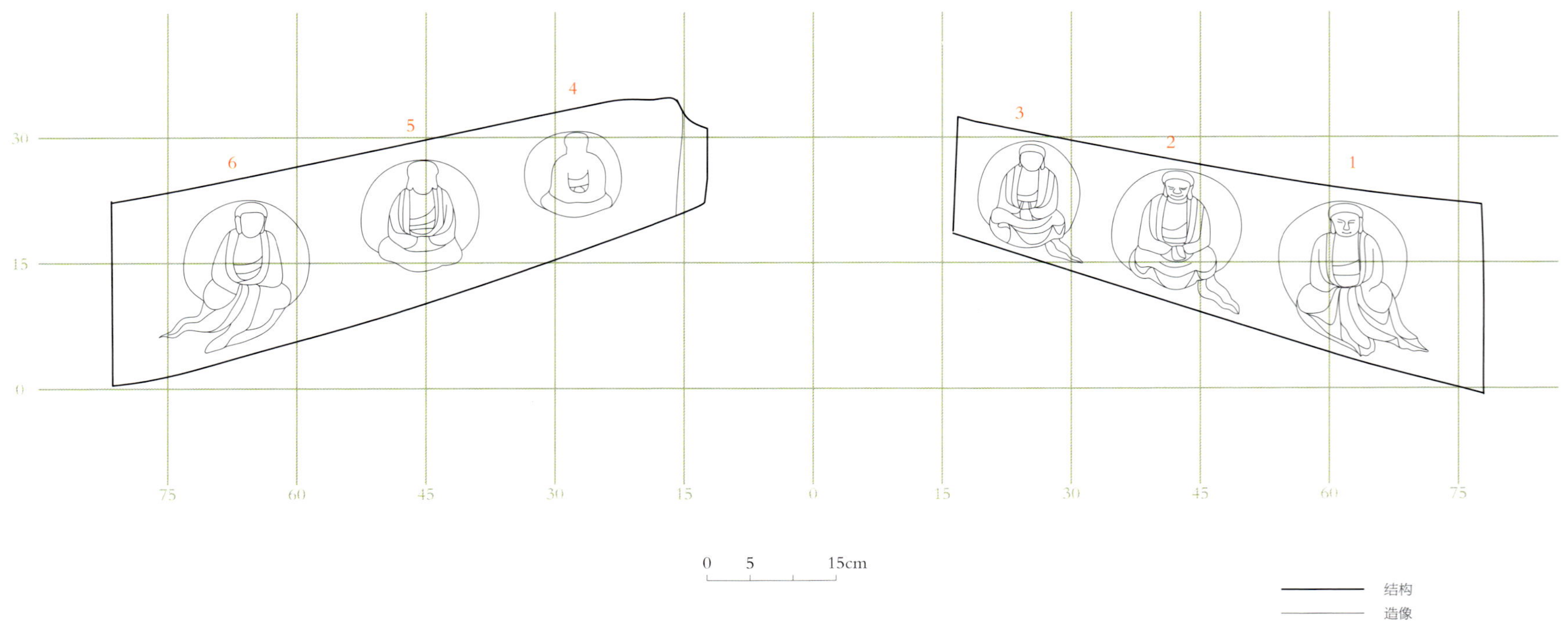

图 106　小佛湾石窟第 9 号窟窟内过梁北侧上方石材造像立面及编号图

图107　小佛湾石窟第9号窟门楣内侧及其上方造像立面及编号图

图 108　小佛湾石窟第 9 号窟窟外南壁立面图

莲台，再上为方形塔身。塔身高7.5厘米，宽9.5厘米，上刻五佛。其中，居中圆龛较大，内刻1身坐佛，周围上下左右另各刻一坐佛，皆线刻圆形头光和身光。塔身之上为仰莲台，台上刻四片山花蕉叶，两两相对。蕉叶底部刻宝珠，悬挂璎珞，并斜上发出一道毫光；蕉叶顶部亦刻宝珠，仍斜上各发出一道毫光。再上为三级圆形相轮，仅第二级相轮的左右斜上发出一道毫光。最上置放焰珠作刹尖。

自刹尖放焰珠发出四道毫光，斜上飘出。毫光内线刻1身坐佛像，坐高约19厘米，线刻圆形大背光，横径23厘米，以双线分隔为内外两重。高肉髻，刻髻珠，面圆，眉间刻白毫，耳长垂，颈刻三道肉褶线。内着僧祇支，系带作结，僧祇支左上角以带系垂于颈部；外着双领下垂式袈裟。双手腹前隐于袈裟内。结跏趺坐。

塔身左右各竖刻长方形榜题框，均高20厘米，宽2厘米。框内各楷书竖刻11字，字径2厘米。左为"释迦如来涅槃至辛卯绍定"，右为"四年得二千乙百八十二年"。

碑身下部楷书左起竖刻传法僧道权题记20行219字，字径2厘米（图版Ⅱ：83）。

01　嘉定八年十一月有
02　旨宣舍利宝塔入
03　禁庭安奉
04　灿锦堂焚香致敬
05　中殿洎左右嫔御侍臣见碧琉璃珠现于塔内铎旁
06　时大时小复于第二相轮现水晶珠是夜迎归
07　椒殿
08　主上
09　中殿
10　东宫同见大珠现于塔面作真珠色祥光晃耀丕休
11　哉甚盛举也恭惟
12　皇帝陛下以不世出之资△△懋隆
13　天宠
14　仰绍统极△△诚[1]着于中
15　德洽于外凡羽毛鳞介草木丛林莫不献奇效瑞况
16　宝塔之镇兹山绵亘千祀
17　一念感[2]通与佛冥契非臣愚昧可以赞扬与林下衲
18　子仰观△盛美第摭其实谨刊诸坚珉昭示万古云
19　尔时嘉定十年四月一日庆元府阿育王山广利禅
20　寺住持传法臣僧道权谨书[66]

（2）天王像

四身半身像。皆面向方碑，相向而立。其身后左右皆饰祥云，身躯隐没于起伏连绵的须弥山中。从左至右编为第1—4像（图110、图111；图版Ⅰ：215、图版Ⅰ：216）。

第1像　立身高52厘米，头长22厘米，肩宽22厘米，胸厚4厘米。戴冠，头略右侧，眼角上挑，短鼻，鼻端残，颧骨突出，阔口露齿。内着圆领内衣，外着翻领宽袖服，罩甲，胸系勒甲索，腰系带束抱肚，飘带环于头后，左端沿体侧下垂，右端沿胸下垂隐于腋下。左手不现，右手于胸前执金刚杵，杵长39厘米，宽2厘米。身左侧刻角状物，角尖顶系带作结，分两道呈"八"字形下垂。

该像下方山石内刻一蛇，部分残。

第2像　立身高47厘米，头长23厘米，肩宽23厘米，胸厚7厘米。戴进贤冠，正面饰一圆轮，直径2.5厘米，圆轮左右刻出草叶。

1　此"诚"字《大足石刻铭文录》录为"成"。重庆大足石刻艺术博物馆编：《大足石刻铭文录》，重庆出版社1999年版，第192页。
2　此"感"字《大足石刻铭文录》录为"咸"。同前引。

图 109 小佛湾石窟第 9 号窟窟外南壁中部方碑立面图

图110 小佛湾石窟第9号窟窟外南壁下部左侧天王像立面图

图 111　小佛湾石窟第 9 号窟窟外南壁下部右侧天王像立面图

头右侧，眼角上挑，短鼻，阔口微启，耳垂肥大。披肩巾，肩巾作结系于胸前，飘带环于头后经双肩隐于腋下，臂甲。左手上举至肩，右手于胸前，共执一左斜向长柄斧，斧柄长50厘米，宽2厘米，斧面长13厘米，宽8厘米。余同第1像。

该像下方山石内刻一兽似虎头，长27厘米，高18厘米。虎头下刻宝珠，直径7厘米，出一道毫光右斜向上飘。虎头向左，短耳，鼓眼，阔口露齿，颈似系带。

第3像　立身高65厘米，头长21厘米，肩宽23厘米，胸厚8厘米（图112）。面左侧，怒目圆睁。着甲裙，腰带垂至腿间。左手横置右腹握右手腕，右手于右腹执宝剑，剑长55厘米，最宽9厘米。剑柄端为如意头，剑身部分残。余同第2像。

该像下方山石内刻一蛇，其下刻一宝珠放火焰，珠径3厘米。

第4像　立身高49厘米，头长21厘米，肩宽21厘米，胸厚6厘米。头左侧，戴冠，眼角上翘，短鼻，唇厚，嘴角上扬作微笑状，两耳垂肩。内着圆领衣，外着翻领宽袖服，罩甲，飘带环于头后沿肩下垂，隐于腋下。左手置于右肩，手覆巾，上置一塔，右手不现。塔高24厘米，塔基方形，其上为双层仰莲台，台上为方形塔身。塔身正面中部刻一小圆龛，直径5.5厘米，深1厘米，内刻坐像1身，风蚀甚重，似内着僧祇支，外着双领下垂式袈裟，结跏趺坐。塔身上为塔檐，檐下饰珠串，檐上置两阶叠涩，再上为双层仰莲台，莲台之上为一级相轮和塔刹，塔刹大部残。

该像下方刻一宝珠，珠径2厘米。宝珠左右各出两道毫光，向上飘飞。珠下为一莲朵，宽6厘米，高3.5厘米。莲下方13厘米处刻一朵火焰。

（3）圆龛坐像

壁面、脊檩、额枋共刻16个小圆龛，部分残蚀（图113、图114；图版Ⅰ：213、图版Ⅰ：217、图版Ⅰ：218、图版Ⅰ：219）。其中，方碑上部左右，各刻二小圆龛，从左至右编为第1—4像；方碑顶部上方，横列5小圆龛，从左至右编为第1—5像；壁面顶部正中脊檩刻1小圆龛，左右上下额枋正面各刻2小圆龛，下方额枋内侧各刻1小圆龛，共7个。

刻于壁面上的圆龛及像略大，直径30厘米，最深6厘米，内刻像坐高约26厘米，头长9厘米，肩宽12厘米，胸厚约2.5厘米。刻于脊檩和额枋上的圆龛及像略小，直径20厘米，最深5厘米，内刻像坐高约19厘米，头长7厘米，肩宽8厘米，胸厚约2.5厘米。

像皆结跏趺坐，面圆，眼半开，内着僧祇支，系带作结，外披双领下垂式袈裟，袈裟袖摆垂至龛外，其中方碑上部第3像袈裟一角系于左肩哲那环上。除方碑上部第4像为髽发人像外，余皆螺髻。

各像手姿、持物等特征列入表15。

图112　小佛湾石窟第9号窟窟外南壁下部左起第3身天王像效果图

表15　小佛湾石窟第9号窟窟外南壁圆龛造像特征简表

位置	编号	造像特征
方碑上部左右	1	腕镯，双手腹前结印。
	2	右手抚膝。左手腕镯，屈肘上举体侧捻云尾，云朵位于龛外左上方。云朵高7厘米，宽17.5厘米，上置一圆轮，直径9厘米。圆轮中刻一"日"字。
	3	左手抚膝。右手屈肘上举体侧捻云尾，云朵位于龛外右上方。云朵高8厘米，宽21.5厘米，上置一圆轮，直径9厘米，其内刻一"月"字。
	4	头左侧，双手置右腰隐袈裟内。
方碑顶部上方	1	头略左侧，双手置胸下，左手隐袈裟内，右手握左手袈裟一角。
	2	左手腹前托圆状物，物残；右手腕镯，屈肘上举结印。
	3	双手置胸前似结最上菩提印。
	4	左手抚膝，右手置胸前，手上覆巾，巾上置宝珠，直径3厘米。
	5	左手腹前持经函，长9.5厘米，宽4厘米，厚1.5厘米；右手抚膝。
脊檩端头	1	双手置腹前隐袈裟内。
左额枋上部	2	面蚀，手残。
左额枋下部	3	左手残，右手置胸前，手上覆巾，巾上置物，物残难辨。
左额枋内侧	4	双手置腹前隐袈裟内。
右额枋上部	5	双手置腹前隐袈裟内。
右额枋下部	6	双手置腹前隐袈裟内。
右额枋内侧	7	仅存胸部以上身躯，残高17厘米。

2. 西壁

壁面上部圆龛内刻坐像40身，下部通栏式刻护法像6身（图115；图版Ⅰ：220）。

（1）上部

壁面水平横向共镌四排40个圆龛。其中，第一排12个，第二排11个，第三排8个，第四排9个，上下圆龛错对布置。圆龛形制规格略同，直径28厘米，最深6厘米。龛内皆刻坐像1身，体量相近，坐高25厘米，头长8厘米，肩宽12厘米，胸厚3.5厘米。从上至下、从左至右编为第1—40像（图116）。其中，第12、18、23、33、39像等5身为鬟发人像，齐耳鬟发，面圆，内着僧祇支，系带作结，外披双领下垂式袈裟；另35身为坐佛像，螺髻，面方圆，内着僧祇支，系带；除第14、18、28像外着偏衫式袈裟外，其余像均外着双领下垂式袈裟。以上各像袈裟袖摆皆垂于龛外，结跏趺坐。

各像手姿、持物等特征列入表16。

表16　小佛湾石窟第9号窟窟外西壁上部圆龛造像特征简表

排数	编号	造像特征
一	1	左手腹前结印；右手抚膝，手残。
	2	左手持经函，右手腹前结印。
	3	双手置腹前隐袈裟内。
	4	左手抚膝，右手腹前结印。
	5	左手斜伸，右手置右膝上，双手隐袈裟内。盘左腿，竖右腿坐。
	6	双手交握，抱左小腿。竖左腿，盘右腿坐。
	7	左手屈肘上举托山石，右手抚膝。
	8	左手似置腹前；右手屈肘上举体侧，手残。

续表16

排数	编号	造像特征
一	9	左手残，置左膝上；右手残，似置腹前。竖左腿，盘右腿坐。
	10	双手置腹前隐袈裟内。
	11	残蚀略重，左手似置腹前，右手毁。
	12	双手置腹前隐袈裟内。
二	13	胸部以下毁，左肩外侧存宝珠置巾帕上。宝珠发出一道毫光，左斜向上飘，止于第1像左侧。
	14	左手斜伸，隐袈裟内；右手腕镯，置右膝上；盘左腿，竖右腿坐。
	15	双手腹前结印。
	16	腕镯，双手胸前合十。
	17	双手腹前持念珠。
	18	左手置腹前，右手置胸前，皆残。身后及左右皆饰山石。
	19	腕镯，双手腹前托宝珠，珠出两道毫光交绕后向左右斜向上飘，止于龛外（图版Ⅰ：221）。
	20	腕镯，双手胸前合十。
	21	左手抚膝，右手腕镯，置于腹前结印。
	22	左手斜伸，隐袈裟内；右手腕镯，屈肘置右膝上结印。盘左腿，竖右腿坐。
	23	双手交握抱左小腿。竖左腿，盘右腿而坐。
三	24	左手提净瓶颈，右手屈肘上举外伸结印。
	25	左手似抚膝，右手腹前结印。
	26	左手斜伸，隐袈裟内；右手残，置右小腿。盘左腿，竖右腿坐。
	27	左手置左膝，隐袈裟内；右手置胸前托物，手及物残。
	28	左手残，似置左膝；右手斜伸。竖左腿，盘右腿坐。
	29	双手置腹前隐袈裟内。
	30	左手抚膝，右手腕镯，置于胸前，皆残。
	31	双手胸前持净瓶。
四	32	左手残，抚膝；右手腹前持经函。
	33	双手腹前结印。身后及左右皆刻山石、云纹。其中，左侧云纹内刻一身立像，显露高10厘米，面蚀，双手似置胸前，向右侧身。
	34	左手屈肘持柳枝，右手于左胸托钵。
	35	双手胸前持铜斜靠右肩（图版Ⅰ：222）。
	36	身右侧，双手腹前隐袈裟内。
	37	双手胸前持铜斜靠左肩（图版Ⅰ：223）。
	38	左手残，屈肘左伸，右手胸前结印。
	39	腕镯，双手腹前结印。身后及左右皆饰山石、云纹。其中，右侧云内刻一身立像，显露高11厘米，光头、面蚀，着披巾，腰系带，双手置胸前，左向侧身。
	40	双手置腹前隐袈裟内。

此外，壁面左上方外挑梁头正面另开一个小圆龛，龛径约15厘米，深3厘米；内刻坐佛像1身（图117；图版Ⅰ：224），残坐高约14厘米。头略残，着双领下垂式袈裟，双手置腹前隐于袈裟内，结跏趺坐。

（2）下部

刻护法神像6身。像下皆饰山石、祥云。从左至右编为第1—6像（图118；图版Ⅰ：225）。

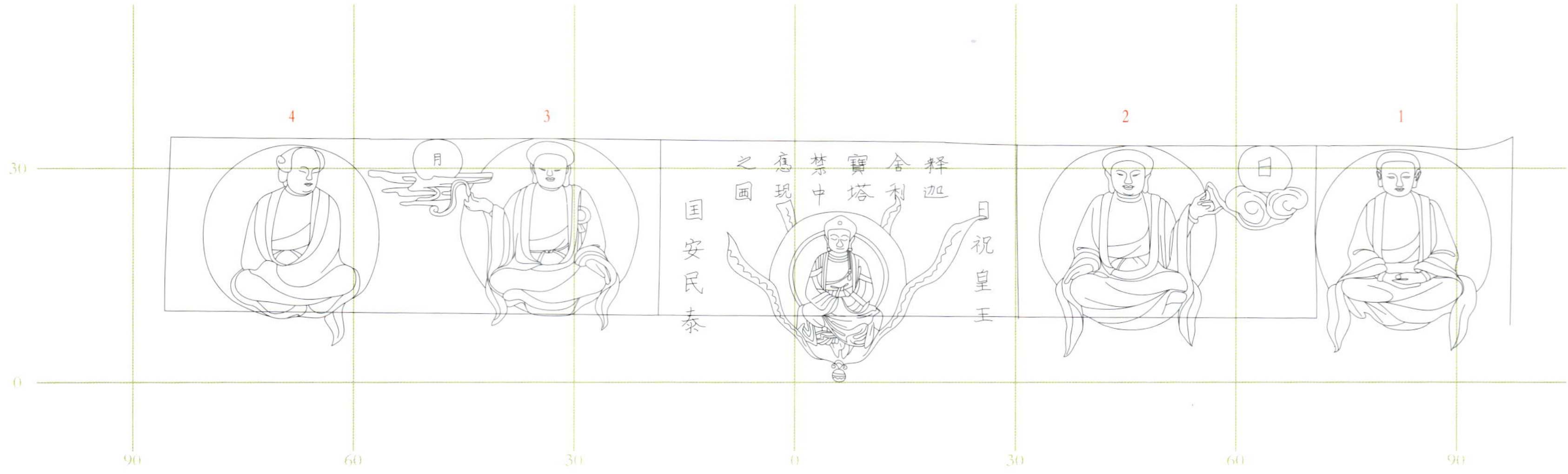

图113　小佛湾石窟第9号窟窟外南壁中部方碑左右和上方小圆龛造像立面及编号图
1　上部左右　2　顶部上方

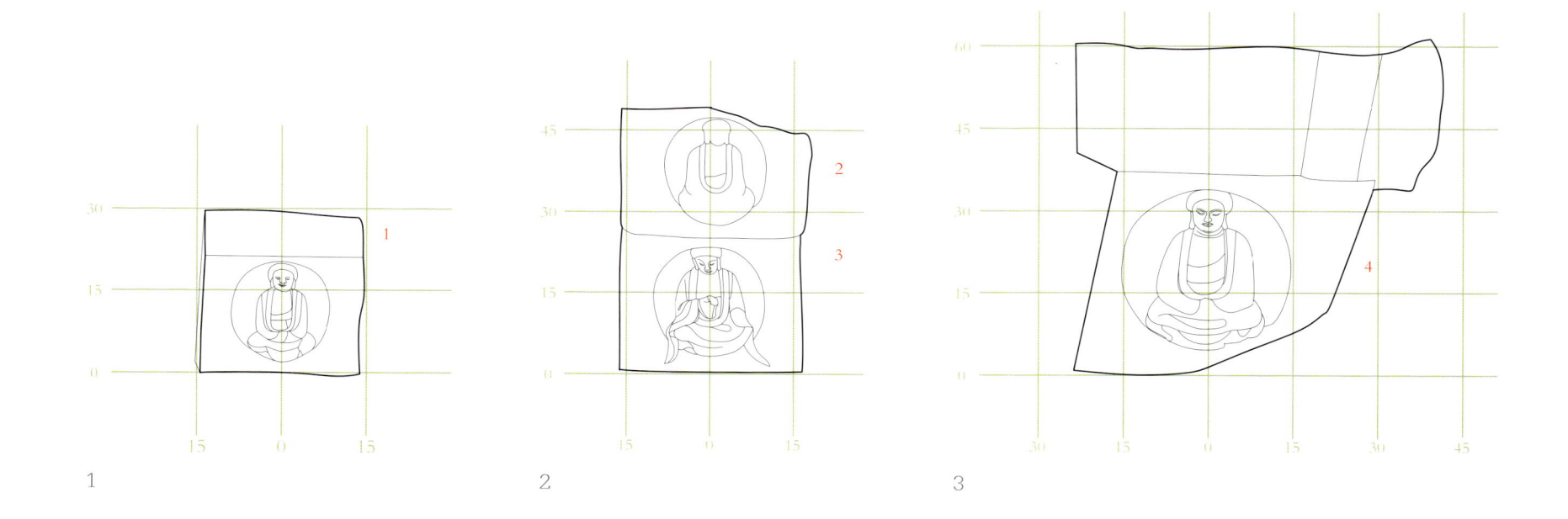

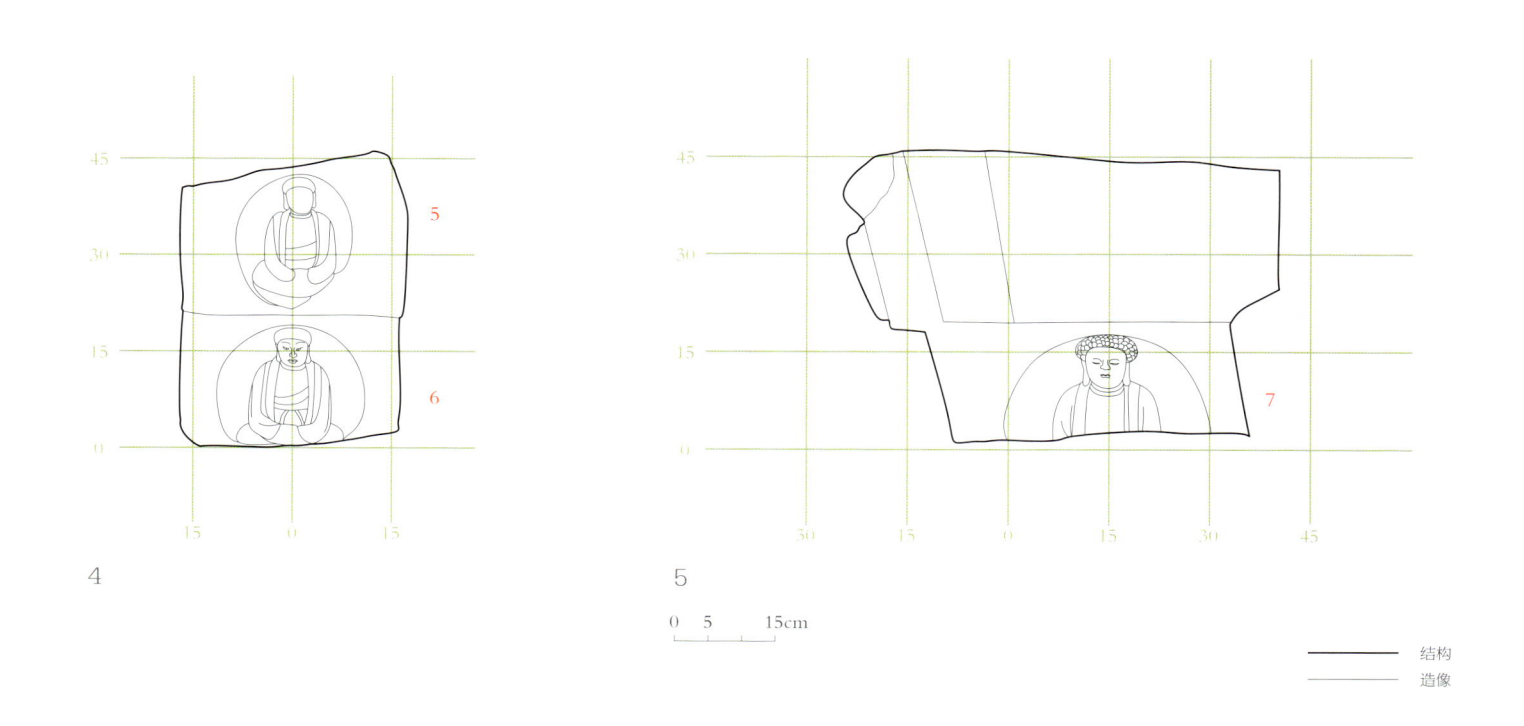

图 114　小佛湾石窟第 9 号窟窟外南壁上部额枋、脊檩端头造像立面分解及编号图
1　脊檩端头　2　左额枋端头　3　左额枋内侧　4　右额枋端头　5　右额枋内侧

第二章　宝顶山小佛湾石窟

图 115　小佛湾石窟第 9 号窟窟外西壁造像立面图

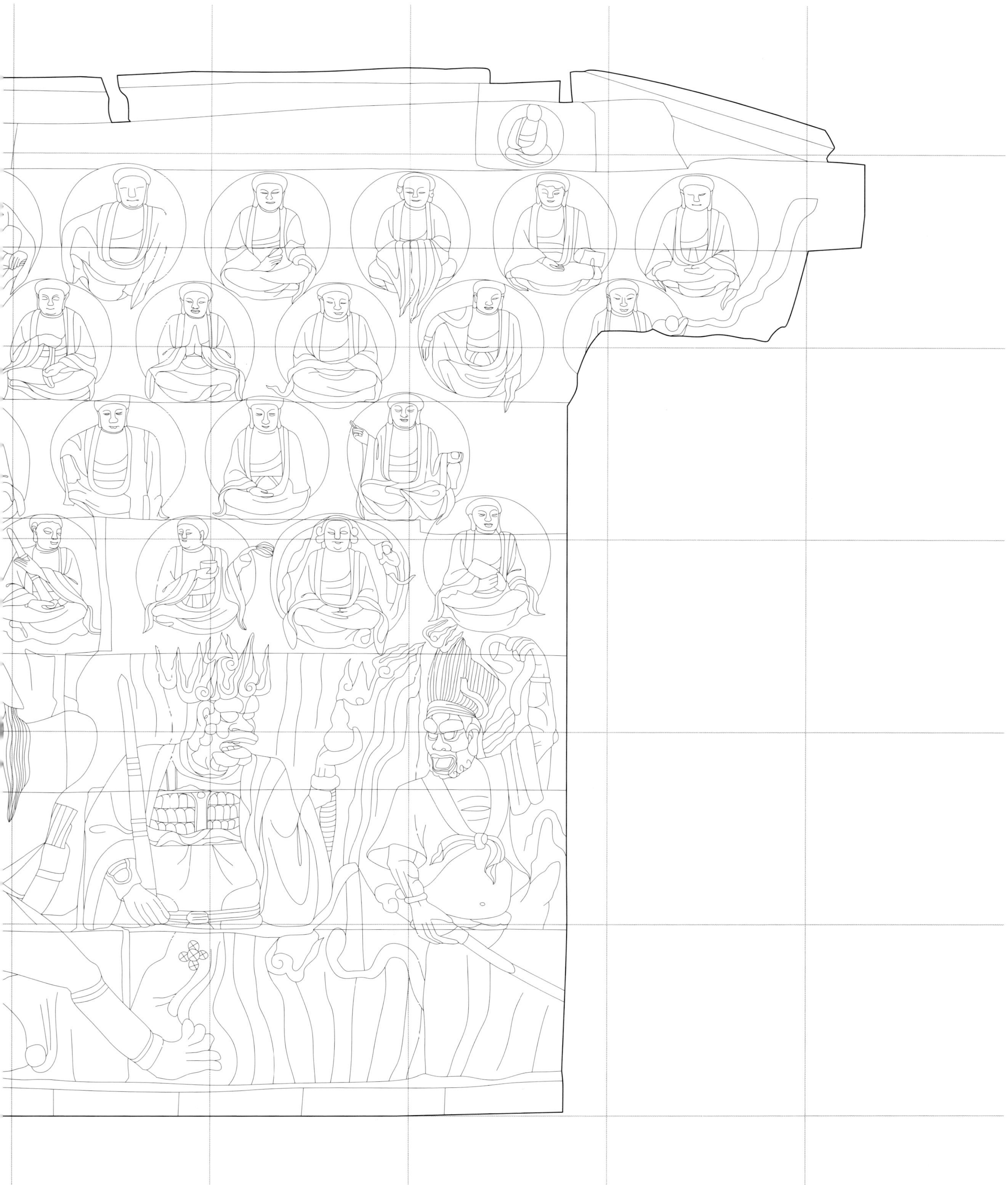

第二章　宝顶山小佛湾石窟　183

图 116　小佛湾石窟第 9 号窟窟外西壁上部造像立面及编号图

第二章　宝顶山小佛湾石窟　　185

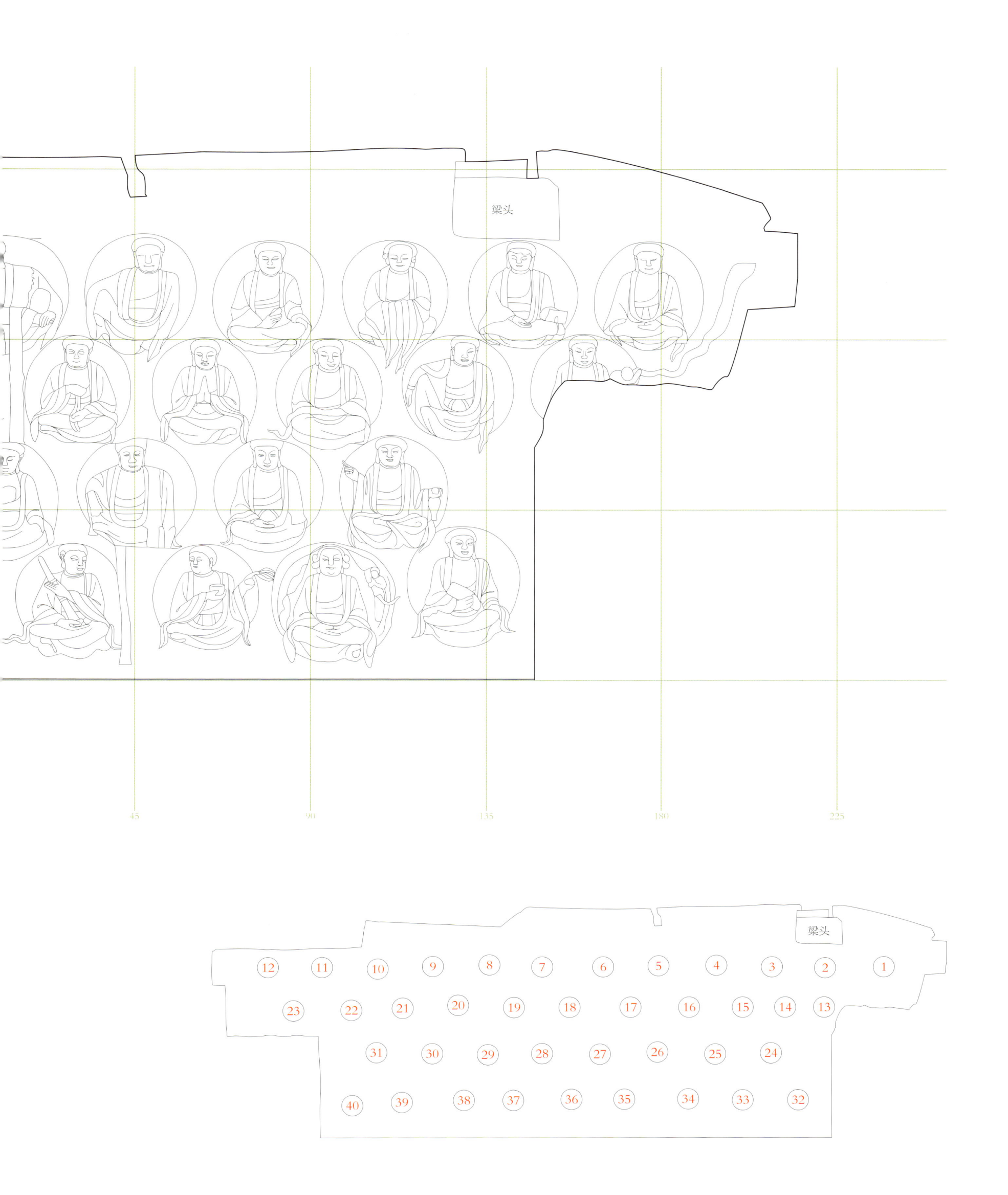

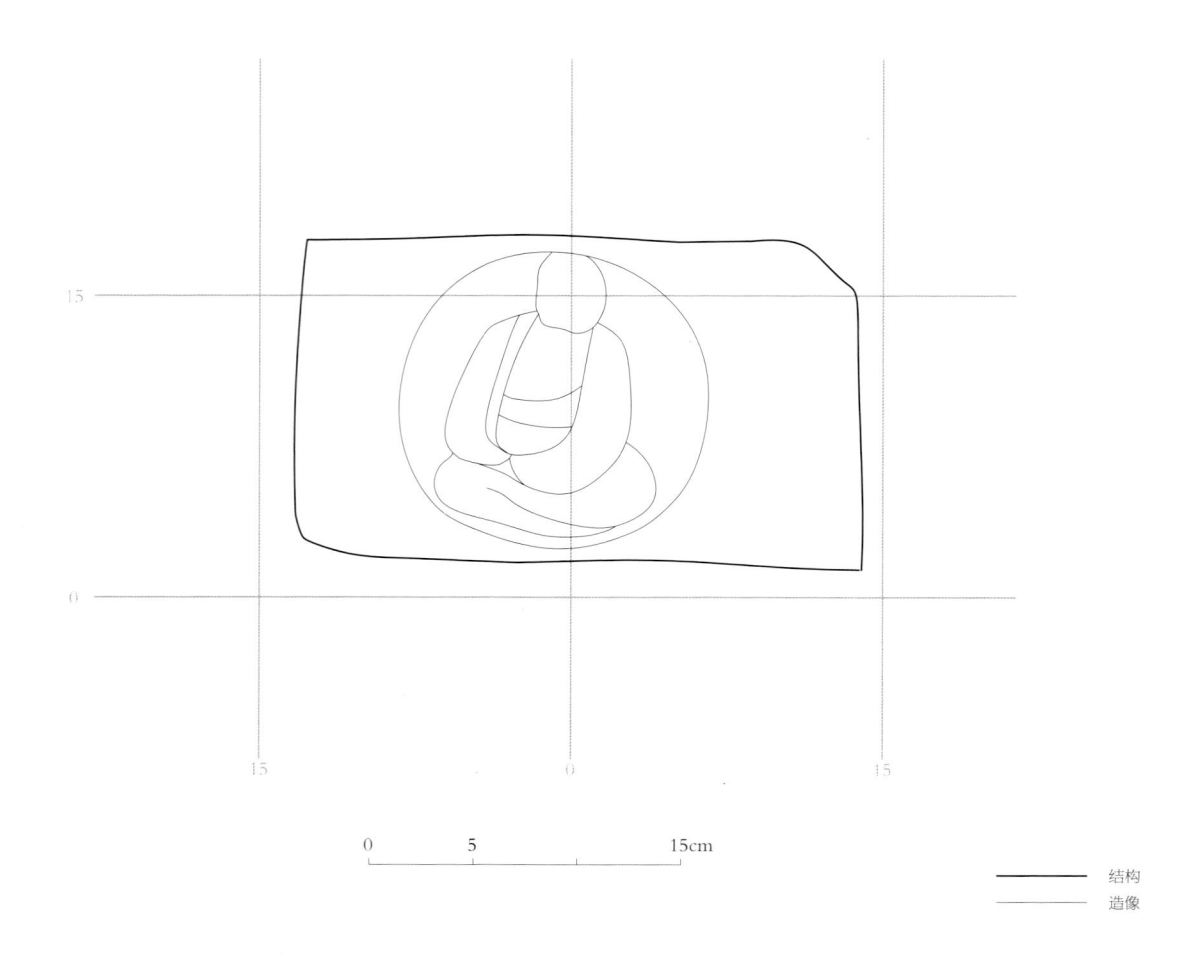

图 117　小佛湾石窟第 9 号窟窟外西壁梁头造像立面图

第1像　半身立高72厘米，头长34厘米，肩宽21厘米，胸厚6厘米（图版Ⅰ：226）。发上竖，束发带，端头上飘。面方，隆眉鼓眼，短鼻，鼻尖稍残，阔口，下颌胡须卷曲。面略右侧，作呐喊状。着短袖短衫，短衫于胸部作结，鼓腹，腰束带；下身衣饰不明。腕镯，左手上举持蛇，右手于体侧持剑。剑显露部分，长31厘米，宽7厘米，剑柄端为如意头。

像下方山石上刻一蛇。

第2像　半身立高55厘米，头长17厘米，肩宽30厘米，胸厚8厘米（图版Ⅰ：227）。头略左侧，顶饰火焰，面方，隆鼻鼓眼，颧骨鼓凸，阔口露齿，面部肌肉及颈肌凸显。内着翻领宽袖服，外罩甲，胸系勒甲索，腰系带束抱肚，肩饰飘带沿肩下垂，隐于腋下，着臂甲。左手屈肘托葫芦，高12厘米，最宽7.5厘米；葫芦顶出火焰，斜上飘至第1像上方；右手于右胸持铜，铜长55厘米，最宽4厘米，铜身靠于右肩。

像下方山石上饰璎珞。

第3像　立高102厘米，头长28厘米，肩宽24厘米（图版Ⅰ：228）。戴皮笠，笠顶饰缨，垂发及背。面方，隆眉鼓眼，短鼻，阔口，齿微露。上身衣饰不明，下着裙，着胫甲，斜挎箭筒于右腰，箭筒高17厘米，直径7厘米，内插箭。身向壁面，头左扭，左手左斜下直伸持弓，右手右斜向直伸持箭，左腿微躬，右腿右伸，脚趾张开，作向左拉弓射箭状，弓大部残。赤足。

像下方山石上刻二宝珠，左珠径4.5厘米，系带，带上飘；右珠径6厘米。

第4像　半身立高68厘米，头长28厘米，肩宽26厘米，胸厚7厘米（图版Ⅰ：229）。竖发左上飘，头后垂发。头略左侧，隆眉鼓眼，短鼻，阔口露齿，翘舌。披肩巾，巾两端系于胸前，鼓腹，腰束带；下身衣饰不明。腕镯，左手屈肘握拳置于腋下方，右手屈肘上举至第5像所持刀尖处。像左肩立一鸟，身长22厘米，高19厘米，头左尾右，扭头向右。

像右下山石间刻一蛇。蛇身中部上方刻一放焰珠，直径5厘米；蛇身下方刻一宝珠，直径5.5厘米，系带，尾上飘。

第5像　半身立高69厘米，头长29厘米，肩宽27厘米，胸厚7厘米（图版Ⅰ：230）。戴皮笠，顶端饰缨，缨带左右下垂至下颌系皮笠带，带作结后飘至左肩。面方，隆眉鼓眼，短鼻，阔口露齿，舌微翘。披帛环于头后经双肩隐于腋下。双手持刀，刀长72厘米，最宽9厘米。余略同第2像。

第6像　半身立高67厘米，头长23厘米，肩宽23厘米，胸厚7厘米（图版Ⅰ：231）。头巾，面方，隆眉鼓眼，短鼻，抿嘴含号角作吹状。头微左侧，系皮革肩巾，肩巾以环相扣，腰系带作结，下身衣饰不明。左手斜置右腰持旗，旗杆长59厘米，最宽2厘米，旗面宽25厘米；右手屈肘于左肩持号角。号角长17厘米，口径5厘米。

此外，第5、6像下刻一受刑者，左向仰面斜躺，身长82厘米，头长14厘米，肩宽14厘米，胸厚4厘米（图版Ⅰ：232）。头顶残，鼓眼，阔口。袒上身，着犊鼻裈，一箭射腹，箭长35厘米，箭杆宽1厘米。左手屈肘握箭杆，右手上举，赤足，左腿不现，抬右腿，脚趾张开，作中箭呐喊状。

3. 东壁

壁面布置与西壁同。上部圆龛内刻坐像40身，下部通栏式刻护法像6身（图119；图版Ⅰ：233）。

（1）上部

水平横向共镌四排40个圆龛。第一排刻12个，第二排11个，第三排8个，第四排9个；上下圆龛错对布置。圆龛形制和规格略同，直径28厘米，最深6厘米。龛内皆刻坐像1身，体量相近，坐高26厘米，头长8厘米，肩宽13厘米，胸厚4厘米。从上至下、从左至右编为第1—40像（图120）。

上述像中，第9、23、24像等3身刻齐耳鬈发，为鬈发人像，另37身皆螺髻，为佛像。各像内着僧祇支，系带作结，袈裟袖摆皆垂于龛外。除第9、20像外着偏衫式袈裟外，其余像均外着双领下垂式袈裟，其中第19、22、35像袈裟一角系于左肩哲那环上；除第1、5、7、10、29像盘左腿、竖右腿坐，第14、16像盘右腿、竖左腿坐外，余皆结跏趺坐。各像手姿、持物等特征列入表17。

表17　小佛湾石窟第9号窟窟外东壁上部圆龛造像特征简表

排数	编号	造像特征
一	1	左手斜伸隐袈裟内，右手置右膝。盘左腿，竖右腿坐。
	2	双手置腹前隐袈裟内。
	3	左手腹前托物，物顶端略尖，物最宽7厘米，厚3厘米；右手残，置右膝。
	4	头右侧，双手腹前结印。
	5	头左侧，斜肩，左手斜伸，右手屈肘结印。盘左腿，竖右腿坐。
	6	左手胸前托贝叶，右手残，置右膝。
	7	身右侧，左手斜伸，右手残，置右膝。盘左腿，竖右腿坐。
	8	双手置腹前隐袈裟内。
	9	双手腹前结印。
	10	头及上身大部残，可辨左手抚三角夹轼。盘左腿，竖右腿坐。
	11	双手于身左侧托盘，盘内盛物。
	12	左手屈肘体侧托瓶，右手抚右膝。
二	13	左手抚左膝，右手屈于胸前，手上覆巾，巾上似置物，物残。
	14	头右侧，左手置左膝隐袈裟内；右手伸枕上，持弓笛。竖左腿，盘右腿坐（图版Ⅰ：234）。
	15	头微左侧，左手腹前托钵，右手残，置右膝。

续表17

排数	编号	造像特征
二	16	左手握右手臂抱左小腿。竖左腿，盘右腿坐（图版Ⅰ：235）。
	17	左手体侧上举托莲苞，右手腹前持莲梗。
	18	左手抚左膝；右手腕镯，举胸前结印。
	19	头右侧，袈裟一角系于左肩哲那环上。左手于腹前，右手于体侧共持一展开的簿册，簿册长16厘米，宽7厘米，厚2厘米。
	20	左手置体侧隐袈裟内；右手腕镯，前臂置右膝上。盘左腿，竖右腿坐。
	21	左手于体侧托盘，盘内置假山，右手抚膝（图版Ⅰ：236）。
	22	头左侧，袈裟一角系于左肩哲那环上。腕镯，左手屈于胸前持物，似铃铛；右手于体侧托盘，盘内盛物（图版Ⅰ：237）。
	23	左手抚膝，右手于腹前持长柄烛台，台上蜡烛发出火焰。
三	24	头右侧，双手置腹前隐袈裟内。
	25	头左侧，左手于体侧持一翻开的经卷；右手腕镯。
	26	左手腕镯，置腹前结印；右手举胸前半握拳，指节上刻物，物残。
	27	头右侧，左手于体侧托单层方塔，右手抚膝。塔基台方形，塔身单层，现两面，每面各刻一椭圆形浅龛，内置一坐像，像高2.5厘米，塔身之上刻出塔檐、三级相轮和塔刹。
	28	左手置左膝，掌心向外，伸五指；右手屈肘右伸结印，略残。
	29	头、身右侧，左手斜伸隐袈裟内，右手置右膝结印。盘左腿，竖右腿坐。
	30	双手胸前合十。
	31	双手置腹前隐袈裟内。
四	32	头略左侧，左手置腹前隐袈裟内，右手胸前持经函。
	33	左手腹前结印，右手抚膝。
	34	左手屈肘上举左伸，手上覆巾，巾上置宝珠；右手抚膝。
	35	袈裟一角系于左肩哲那环上。左手腹前托物，物残；右手胸前结印。
	36	双手胸前结印。
	37	左手残，置左膝；右手屈肘右伸结印。
	38	双手置腹前隐袈裟内。
	39	头右侧，左手屈肘左伸持物，物残；右手腹前结印。
	40	头左侧，斜肩，双手腹前隐于袈裟内。

（2）下部

刻半身护法神像6身（图121；图版Ⅰ：238）。像下刻山石祥云，间饰花钿、宝珠及放焰珠等。从左至右编为第1—6像。皆隆额浓眉，眼眶深陷，怒目圆睁，短鼻露孔，阔口，颧骨、颈肌凸显。

第1像 半身立高60厘米，头长25厘米，肩宽27厘米，胸厚7厘米（图版Ⅰ：239）。头巾，系带两端上扬。头左侧，口微启。内着圆领窄袖服，披肩巾，腰系带束抱肚。左手隐身前祥云内，右手屈肘于肩持棍状物，物残。

第2像 半身立高53厘米，头长21厘米，肩宽32厘米，胸厚7厘米（图版Ⅰ：240）。戴皮笠，顶饰缨。头右侧，张口。内着翻领宽袖服，外着甲，臂甲，似有抱肚。腕镯。左手屈肘上举，右手于左胸前，两手共持一斧。斧过左肩斜置，长63厘米，柄宽2.5厘米，斧面长18厘米，最宽11厘米。

第3像 半身立高76厘米，头长30厘米，肩宽22厘米，胸厚9厘米（图版Ⅰ：241）。头微左侧，发上竖，系肩巾。袒上身，鼓腹，腰系带似束抱肚。左手腕镯，屈肘上举，五指张开，臂间肌肉鼓凸，前臂绕一蛇。右手不现。像右侧竖一刀，刀长47厘米，最宽11厘米。

第4像 立高91厘米，头长25厘米，肩宽23厘米，胸厚7厘米（图版Ⅰ：242）。身面右，发上竖，阔口。着宽袖服，腰系带，露腿。躬身向前，左腿前跨，右腿屈膝，踩压身前受刑者左腿；腕镯，臂间各缠绕一蛇，左手于体侧持矛，右手于体侧上举执矛端，斜刺身前受刑者。

该像左手上下各刻一鸟。上鸟齐颈残断，俯身，残身长27厘米；下鸟头右尾左，回首而立，身长25厘米。

第5像 半身立高61厘米，头长22厘米，肩宽26厘米，胸厚6厘米（图版Ⅰ：243）。头盔，顿项翻卷。露两颗獠牙，胡须卷曲。内着翻领宽袖服，外着甲，腰系带作结束抱肚，身后刻出飘带，沿肩下垂隐腋下。腕镯，左手于腹前，右手屈肘于体侧，两手共持一剑。剑长58厘米。

第6像 立高109厘米，头长35厘米，肩宽24厘米，胸厚8厘米（图版Ⅰ：244）。头左扭，发上竖，系头巾。身着短袖衫于胸前绾结，下着犊鼻裈。左手残，斜下直伸抓身前受刑者头发；右手腕镯，于体侧右斜向上举持短刀，刀长29厘米，最宽5厘米。双腿交错而立，右腿下部不现。跣足。

此外，第4、5、6像前，刻一受刑者，斜躺于地，身长83厘米，头长18厘米，肩宽18厘米，胸厚6厘米（图版Ⅰ：245）。发上竖，面长圆，闭眼，颧骨高突，闭口咧嘴。身着对襟服，衣服敞开，下身残蚀甚重，服饰不明。左手上举头顶，右手撑地。左腿左伸，右腿屈膝上竖，跣足。

四 晚期遗迹

窟门楣下方，后世增添木枋一道，高15厘米，厚16厘米，两端嵌入壁面，以此垫固门楣。

窟内外部分造像和条石缝隙间，存后世补塑用的黄泥。

后世以灰白色、绿色、蓝色、黄色、红色等五种色，彩绘窟内正壁大圆龛内的主尊头光、背光及云纹等。

窟内外小圆龛壁面皆存有灰白色、红色两种涂层。

窟内外造像皆保存有彩绘涂层，主要有灰白色、绿色、蓝色、红色、黑色等五种涂层。

窟内外部分大小圆龛造像的面部、胸部存金箔。其中，窟内造像金箔保存较好，窟外造像金箔脱落略重。

图 118　小佛湾石窟第 9 号窟窟外西壁下部造像立面及编号图

第二章　宝顶山小佛湾石窟　191

图 119　小佛湾石窟第 9 号窟窟外东壁造像立面图

第二章　宝顶山小佛湾石窟　193

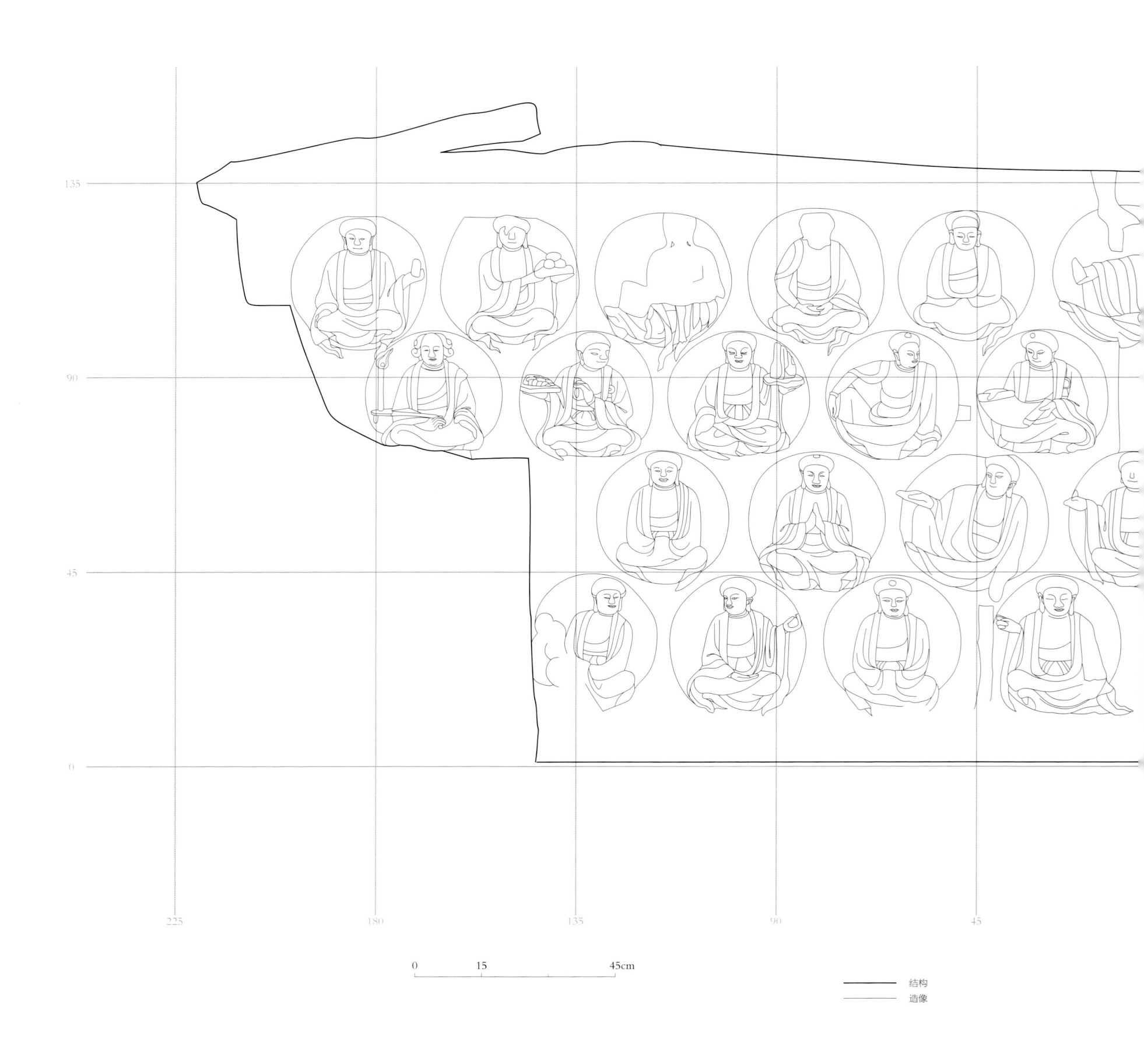

图 120　小佛湾石窟第 9 号窟窟外东壁上部造像立面及编号图

第二章　宝顶山小佛湾石窟　195

图 121　小佛湾石窟第 9 号窟窟外东壁下部造像立面及编号图

第二章 宝顶山小佛湾石窟 197

第十一节 本章小结

一 建筑特点

宝顶山小佛湾石窟坐南面北，与所邻寺院圣寿寺方向一致。以较高位置的方形坛台为中心，在其左右两侧，各砌筑两间方形窟室（第4、5、8、9号），其中三个窟室壁面刻像，一个为空室（第5号），疑为僧禅室。坛台中央面积较大，前方（北面）未砌壁，视野开阔；其余三面均砌壁刻像，且以小圆龛坐佛像最为显著，推测为僧众聚集之所。坛台左侧下，另建一窟室（第3号），与坛台左侧前端窟室（第9号）上下相连。在坛台左前方，布置镌刻大藏经目的方形石塔（第1号）及石砌廊墙（第2号）。

宝顶山小佛湾石窟是一座全用条石模枋石窟叠砌的石构建筑。按其砌筑对象，条石规格略有不同。所砌龛窟形制较简单。第3、4、5、8、9号五个窟室立面、窟底皆成方形，窟壁竖直且相互垂直相接；除第4号窟顶毁外，第3号窟为方形平顶，第5、8、9号为"人"字形窟顶。除第5号窟未刻像外，其余窟室及墙身壁面皆设圆龛或浮雕造像，虽大小不同，但规制相近，形似月轮，故有月轮龛之称[1]。

从现存遗迹看，宝顶山小佛湾石砌条石叠砌平整，缝隙小而密实，甚至部分条石缝隙被涂层遮掩不可辨，似如整石。大多数龛像或浮雕像，以及铭刻等，均打破叠砌的条石界限镌刻。由此推测，宝顶山小佛湾石窟的营造方式是先以条石砌体，再于其上凿像或铭文，而后对壁面进行打磨修整，最后施以彩绘。这种方式，与在崖壁上刻像大致相同，而异于嵌石刻像，或先刻像后叠砌。

还需说明的是，宝顶山小佛湾石窟西面、东面、北面三面围墙系于1962年修建[2]，此前从圣寿寺可直接进入小佛湾。清张澍在《前游宝顶山记》中就记有"由维摩殿之右而行有大宝楼阁""由右侧陡石级而升，高丈许为平台，建石屋，屋亦高丈余"[3]，可见历史上小佛湾与圣寿寺是一个整体，换言之，小佛湾是作为圣寿寺的一个重要组成部分而存在的。这种布局，无论对石窟建筑还是寺院建筑，都具有十分特殊的意义。

二 石窟变迁

从现存遗迹观察，宝顶山小佛湾石窟第1号方形石塔至今裸露，亦未发现历史上曾建构筑物遮护的遗迹。第2号墙身顶部现仍存外挑石板，挑出墙身约70厘米，形如两坡屋顶遮覆墙体。第3、4、5、8、9号五个窟室为石砌方形屋顶窟，原均有顶盖石遮护。坛台中央（第6号）正壁及右壁皆存挑梁，挑出墙身约65厘米；左壁存木质横枋，与正壁左端挑梁相接，并上承石板，推测坛台中央三面墙体（北面未建墙体）在砌筑时即如第2号墙身，沿墙建石构廊形构筑物，以遮风雨对墙体及造像的侵蚀。由此可见，宝顶山小佛湾石窟在最初时，并无现存的木构大殿建筑，而是以顶盖石或外挑石板遮护窟室和墙体。

至迟在清康熙二十九年（1690年），由于墙身顶部盖板石不存，无以遮风雨，故"僧性正募造天堂，惜工未兴而寂，性超复竭力终事"[4]。现第6号正壁中部墙身前约35厘米处仍存二石柱础，推测即为此次立柱盖廊檐遮护墙身所存遗迹，且此次维修有可能采用了木构廊檐形式。至清嘉庆二十四年（1819年）大足县令张澍《前游宝顶山记》中仍云：大宝楼阁"屋檐外左侧有毗卢石庵"[5]。毗卢石庵即今第9号窟，说明其时该窟还未被大殿遮护。但现存小佛湾坛台木构大殿明间横枋底部的墨书题记表明，清道光二年（1882年），龙万清等曾重修坛台木构殿宇[6]。由此可见，坛台木构殿宇建于清嘉庆二十四年（1819年）至清道光二年（1882年）间，始使坛台窟室、墙体等全部覆于殿宇之下。再后至今，小佛湾坛台木构殿宇经多次维修，方具现状。

1　重庆大足石刻艺术博物馆编：《大足石刻雕塑全集·宝顶石窟卷》（下）图版说明，重庆出版社1999年版。
2　邓之金：《大足宝顶山小佛湾石窟调查——兼述小佛湾属宋世原貌造像》，重庆大足石刻艺术博物馆编：《大足石刻研究文集》（3），中国文联出版社2002年版，第222页。
3　见《民国重修大足县志》；又见重庆大足石刻艺术博物馆编：《大足石刻铭文录》，重庆出版社1999年版，第247页。
4　小佛湾宋称"大宝楼阁"，后俗称"天堂"。性超重修小佛湾事见史彰撰《重开宝顶碑记》，见本报告集第七卷上册第312页，另见重庆大足石刻艺术博物馆编：《大足石刻铭文录》，重庆出版社1999年版，第219—221页。
5　见本册第410页，另见《民国重修大足县志》；又见重庆大足石刻艺术博物馆编：《大足石刻铭文录》，重庆出版社1999年版，第247页。
6　1993年陈明光在小佛湾坛台殿宇修复时，于殿宇明间横枋底部左右侧发现墨书题记，左侧为："大清道光二年岁在壬午腊月朔三日总领袖龙万清黄□□江万□黄存高邓先龙彰志□□□□黄昌俸黄体□□□□□□谭公琼重修"，右侧为："传临济正宗三十八世磬山下第九代宝顶主持僧戒□僧照明皇图巩固帝道遐昌"。据此知，小佛湾木构殿宇建筑在清道光二年曾重修，此前该殿宇已存在。

也因此变迁，有学者认为，宝顶山小佛湾石窟原貌不存，系拾旧刻碑像而重建。如杨家骆在《大足宝顶区石刻记略》中云："大宝楼阁即宝顶造像两大部分之一。赵氏先于寺侧经营一大宝楼阁，后残毁三次，重修者仅掇砌余石而成，一百三十年前张澍为大足令时，于此犹见佛像盈万，现存六百七十九尊，且有一部分为新镌者。然颓壁四垣，遍刻佛像，无有隙处，原日规模尚可想见。""大宝楼阁中有一小室，名毗卢庵，亦系清代杂拾旧刻碑像而重建者。"[1]又陈习删在《大足石刻志略》中亦云："本部现有之像，皆古大宝楼阁僧伽蓝崩圮后，后人补葺时，拾取重砌，有原刻者，亦有增配者。""虽无碑记可证，可以嘉庆二十四年，张澍前后游宝顶山记所载当时情况，与今小佛湾对比，其最著者，为毗卢庵与庵下石洞，记称在石屋左檐之外，今在屋内，可见近百年间，又经再度崩圮，再度修复。"[2]对此，邓之金先生在对宝顶山小佛湾石窟进行调查后专门撰文作了论述，认为小佛湾石窟属宋世原貌造像[3]。

从本次调查的情况看，我们基本赞同邓之金先生的观点，但应表述为：宝顶山小佛湾石窟整体上保持了建造时的格局，其造像亦为原刻，但其石砌建筑个别有补葺，并非原貌。其理由有五：一是在布局上，如前述，小佛湾坛台、窟室、墙体，以及左前方石塔、廊墙等，皆布置谨严有序，协调统一。每一部分的造像或建筑，均有一个不同的主题，内容完整，层次分明，并非杂乱无章。如被陈习删作为重要依据认定其为重砌的毗卢庵与庵下石洞（第3、9号窟），其窟室内外造像皆相互衔接，成组展现（参见本节三题材内容）。至于张澍所记毗卢庵在屋檐外左侧，今在屋内（木构殿宇），只因张澍其时所见，尚无木构殿宇。二是石砌建筑结构完整。壁面与壁面之间，条石与条石之间，龛像与龛像之间，皆契合得当。墙身顶端或置挑梁、或置横梁、或置脊梁，顶盖板石，各项工序谨严。如第3号窟窟顶九条条石两端横置左右壁墙身上，既作本窟窟顶，又作其上叠置的第9号窟窟底；第4、5、6、8号等墙身互为依托，多为共用；第4、6、8号壁面在转折相交处，以及小圆龛或造像在两两相交处，皆存在上下或左右拼接后形成完整龛像的情形。它表明，宝顶山小佛湾石窟是按照统一构思，有序组织实施完成的。三是清嘉庆二十四年（1819年）张澍所记与今小佛湾石窟无大异。张澍在《前游宝顶山记》云："有大宝楼阁，即宝顶也。内藏毗卢肉身，凡三层，以石砌成（指现第1号方形石塔）。""楼阁后石壁（指现第2号廊墙石壁）下截，镌八字大如斗。""由右侧陟石级而升，高丈许，为平台（指现坛台），建石屋（疑为第4、5、8号窟），屋亦高丈余，自东壁抵西壁长三十步，后壁（指现第6号正壁）镌小佛像盈万……或向、或背、或坐、或卧、或行、或立、或屈膝、或伸臂、或瞑目、或欢笑、或悲戚，靡不生动曲肖。""屋檐外左侧有毗卢庵（指现第9号窟）。""庵之下有石洞（指现第3号窟），内镌佛像，门前立二力士"。张澍在《后游宝顶山记》中又云："至石屋左侧有一碑，额横刻隶书'唐柳本尊传'五字……右面正立一碑，额刻'恩荣圣寿寺记'六字（此二碑即现第7号）。"可见张澍所记，于今小佛湾石窟皆可大致对应。至于其中所言"镌小佛像盈万"，仅为虚词，言其多而已。如是盈万造像被毁，当有记载，如无记载，亦应有遗迹发现，然至今二者皆无。四是坛台西侧外壁（面向现圣寿寺壁），镌清乾隆二十三年（1758年）僧悟宗等人培修记。其后同治八年（1869年）又镌杨昙七绝诗，再后镌和杨昙原韵诗至民国不绝。故知坛台在清乾隆后未被拆卸重砌。五是第4号窟左右壁未刻像的壁面条石，存较粗的凿痕，与遗存的原砌条石有明显差别，且部分存水泥抹面，应为后世加固补砌。窟左壁第2门洞左内侧石柱、方石，以及第3门洞下方三块条石，均为后世从小佛湾它处移至此处安砌。第5号窟室四壁条石凿痕粗糙，亦与遗存的原砌条石有明显差别，应为后世加固补砌。第6号坛台正壁现墙体顶部，原应还有砌石及造像，现已不存。左壁左上端，原砌石局部毁，像已不存。右壁现第4门洞之右壁面顶上，原亦应有砌石及造像，现已不存；第1门洞之右至右壁最北端未存造像的空余壁面，其砌石凿痕粗糙，显见应为后世加固补砌。其补葺，疑与明永乐、清康熙、清光绪年间宝顶山石窟及寺宇的三次大规模培修有关[4]。

综上所述可见，宝顶山小佛湾最初是一座全以条石砌筑的石窟，约在清嘉庆二十四年（1819年）至清道光二年（1882年）间，建木构殿宇，将坛台、窟室、墙体等覆于殿宇之下，致其整体外观有变化。历史上虽曾多次损毁及补葺培修，已非原貌，但石窟本身整体上仍保持了建造时的格局，其造像亦为原刻。

三　题材内容

本章九个编号中，第5号为空窟，第7号为碑刻，其余编号造像虽皆有不同程度的残损，但尚可辨识。

---

1. 《文物周刊》第21期，1947年2月9日。
2. 陈习删：《大足石刻志略》，1955年油印本，第186页，第172—173页。
3. 邓之金：《大足宝顶山小佛湾石窟调查——兼述小佛湾属宋世原貌造像》，重庆大足石刻艺术博物馆：《大足石刻研究文集》（3），中国文联出版社2002年版，第200—223页。
4. 见本报告集第六卷上册第一章《宝顶山大佛湾石窟概况·前期维修保护与调查研究》；另见邓之金：《大足宝顶山小佛湾石窟调查——兼述小佛湾属宋世原貌造像》，重庆大足石刻艺术博物馆：《大足石刻研究文集》（3），中国文联出版社2002年版，第200—223页。

第1号　为方形三重檐楼阁式石塔。第一级塔身正面圆龛刻祖师鬈发人像，其上横刻"佛说十二部大藏经"8字，其余三面塔身遍刻大藏经目；第二级塔身四面中部开圆龛造像，内刻佛像和鬈发人像，龛外皆镌刻偈语、颂词等；第三级塔身所刻与第二级略同。本次调查统计，除晚期铭文外，本塔铭文实存4546字，其中，经目存字4343字，识得经目715种（部）[1]。

关于此塔称谓，自清以来不尽一致。清张澍在《前游宝顶山记》《后游宝顶山记》中言，"大宝楼阁，即宝顶也，内藏毗卢肉身，凡三层""周遭皆刻佛经"[2]，记其塔但未定其名。清康熙史彰在《重开宝顶碑记》中称其为"本尊塔"[3]。1945年大足石刻考察团又称其为"经目塔"。陈习删在《大足石刻志略》中则称其为经幢[4]。照知、澄静在《宝顶石刻》中定名为"祖师法身经目塔"[5]。重庆大足石刻艺术博物馆刊发的关于该塔的勘查报告亦称作是名[6]。其后，方广锠认为该塔以供养如来法藏为主，且赵智凤将其称为"十二部大藏经"或"大藏"，根据"名从主人"的原则，可称其为"法藏塔""大藏塔"或"十二部大藏塔"[7]。鉴于塔身刻"六代祖师""佛说十二部大藏经"等文字及造像，本报告认为可称其为"祖师法身大藏塔"。

第2号　廊墙正壁上部开7个大圆龛，内各刻坐佛1身，从左至右疑为毗婆尸佛、尸弃佛、毗舍婆佛、拘留孙佛、拘那舍佛、迦叶佛、释迦佛，合为"七佛像"。据额题，廊墙右端隔断墙西壁上方所刻为"恒沙佛说大藏灌顶法轮经"，中部所刻为"南无金幢宝胜佛教诫碑"，下部所刻为"祖师传偈"。此外，还刻有30身小坐佛像。

第3号　窟正壁主尊左手腹前捧钵，右手当胸，结跏趺坐，应为释迦佛坐像；其上方及身右侧造像残损较重，模糊难辨，疑为忉利天宫和五趣图。

窟左右壁图像，与宝顶山大佛湾第17号大方便佛报恩经变相龛、第15号父母恩重经变相龛基本相同，仅图像幅面略小，未刻经文，人数及个别情节略有差异。以宝顶山大佛湾造像为参照，将本窟左右壁造像辨识如下：

窟左壁内侧六组图像，从上至下、从内至外（右至左），第1组三坐像下跪一像，身微躬，面坐像，疑"释迦因地行孝证三十二相图"。第2组左侧刻一立像，躬身站立，手抚身前坐像头顶；二像下方跪一像，双手托盘作承接状；图右有一立像及一坐像；为"释迦因地行孝剜睛出髓为药图"。第3组树下立一像，树杈间存鸟巢，疑为"释迦因地鹦鹉行孝图"。第4组一立像抱一小孩，右手握剑，身侧另立二像，为"释迦因地修行割肉供父母图"。第5组方台上刻一身卧像，身侧立数像，台左一虎作俯冲状，为"释迦因地修行舍身济虎图"。第6组刻一男子挑担而行，担内各坐一像，其身前刻一像，身后刻六像载歌载舞，为"六师外道谤佛不孝图"。

窟右壁内侧六组图像，从上至下、从内至外（左至右），第1组二像身前大雁口衔书信展翅飞翔，为"释迦因地修行雁书报太子图"。第2组、第3组残毁甚重，内容难辨，按位置及布局关系，疑为"释迦因地剜肉图"及"释迦因地为睒子行孝图"。第4组刻一像卧于床榻之上，床榻周围侍像10身，为"释迦诣父王所诊病图"。第5组残毁甚重，内容难辨，疑为"释迦因地修行舍身求法图"。第6组刻楼阁式塔棺，以及抬棺、送葬者像21身，为"释迦亲担父王棺图"。

窟左右壁外侧上层各刻三身坐佛像，合正壁释迦佛，为"七佛像"。左壁外侧中下层，从上至下、从左至右，第1组刻一孕妇作临产状，旁刻侍女、接生婆、进香者等五像，为"临产受苦恩"。第2组一女像左手扶小孩，右手似举胸前持物，小孩似伸手接物，为"咽苦吐甘恩"。第3组一女像倚坐于方台上，胸前一小孩作吸奶状，为"乳哺养育恩"。第4组二像间立一像双手置胸前，作聆听状，为"究竟怜悯恩"。第5组案台后坐三像，左右像年长，中像年轻，案前刻杀猪情节，为"为造恶业恩"。

窟右壁外侧中下层，从上至下、从左至右，第1组香案左右立一男一女作敬香状，为"投ященых祈求嗣息图"。第2组刻孕妇、侍女等像七身，为"怀胎守护恩"。第3组刻一女像及小孩像皆侧身横卧于床上，为"推干就湿恩"。第4组刻一女像双手抱小孩，旁立一男像，为"生子忘忧恩"。第5组刻一女像在圆盆内作洗衣状，为"洗濯不净恩"。第6组刻一男子右肩扛伞，二长者像作送行状，为

1　1955年，陈习删首录塔第一级所刻经目，见《大足石刻志略》1955年油印本，第190—197页。1985年，照知、澄静在《宝顶石刻》（重庆市佛教协会内部刊物）中言："塔的中下层刊刻的经名较完整，少数漫漶，经整理共567部；塔上层风化严重，经名皆不全，略可见50部左右，总共617部，纯系大藏经目录。"又言："第1层约刻446部经目，第2层约刻84部经目，第3层约刻54部经目，总共约刻584部经目。"前后两个数据不统一，且为约数。1993年调查时，存4646字位，其中漶蚀574字，实存4072字，并据20世纪50年代拓片残片校补漶蚀字243个，最后得4315字。其中经目存刻4428字位，漶蚀566字，实存3862字，据拓片补243字，最后得4105字，识得经目510种（部）、2135卷。见重庆大足石刻艺术博物馆编：《大足石刻铭文录》，重庆出版社1999年版，第170页。
2　《民国重修大足县志》卷一。
3　见本报告集第七卷上册第312页，另见重庆大足石刻艺术博物馆编：《大足石刻铭文录》，重庆出版社1999年版，第219页。
4　《民国重修大足县志》卷首《大足石刻图征初编》载吴显齐《大足石刻考察团日记》："燃灯殿右边有佛说十二部经石塔，刻藏经目录和祖师颂、誓词等，目录经名多不经见，似是赵氏藏经结集之所。"陈习删《大足石刻志略》言："次录《武周刊定众经目录》经幢。""旧名本尊塔，又名祖师塔，大足石刻考察团，正名曰经目塔。"1955年油印本，第189页。
5　重庆市佛教协会内部刊物，1985年。
6　重庆大足石刻艺术博物馆：《大足宝顶山小佛湾祖师法身经目塔勘查报告》，《文物》1994年第2期。
7　方广锠：《四川大足宝顶山小佛湾大藏塔考》，重庆大足石刻艺术博物馆编：《大足石刻研究文集》（2），重庆出版社1997年版，第179—221页。

"远行忆念恩"。

据其造像内容，暂将此窟称为"行孝报恩经变窟"。

第4号　窟正壁中刻一结跏趺坐佛，双手胸前结印，为毗卢佛；其左像着居士装，缺左耳、左臂，眯右眼，为柳本尊像；其右像头布螺髻，身着袈裟，结跏趺坐，双手胸前结印，为释迦佛像。窟下部中刻一蹲坐状的护法神像，其左右各刻三身兽头人身像，疑为六通像。窟左右壁小圆龛内刻坐像89身。据窟正壁上方横梁背面所刻"毗卢庵"题刻及主尊像，将此窟定名为"毗卢庵"[1]。

第5号　窟内无造像，空窟。

第6号　正壁（南壁）中上部壁面及梁头现存小圆龛坐像170身（梁头仅4身），其中结跏趺坐佛像123身，盘左腿、竖右腿或盘右腿、竖左腿坐佛像25身，结跏趺坐披发人像7身，结跏趺坐鬈发人像15身。上述像中，持乐器者12身。左壁现存小圆龛坐像40身，其中结跏趺坐佛像29身，盘左腿、竖右腿或盘右腿、竖左腿坐佛像4身，结跏趺坐披发人像1身，结跏趺坐鬈发人像6身。右壁壁面及梁头现存小圆龛坐像122身，其中结跏趺坐佛像111身，盘左腿、竖右腿或盘右腿、竖左腿坐佛像7身，结跏趺坐鬈发人像4身。总计共存小圆龛坐像332身。其像形象生动，情态各异，所表现的应是"千佛"。此外，右壁下部还刻有6个大圆龛坐佛像。

正壁（南壁）下部连续刻十幅图像。每幅皆以体量较大、横眉怒目、面相凶恶的鬼卒为中心，左右旁刻受刑者诸像。从其铭文题刻看，为"十恶罪报图"。从左至右，第一幅为"佛言痴暗罪报"，第二幅为"佛言嗔恚业报"，第三幅为"佛言贪爱罪报"，第四幅图名残，第五幅为"佛言两舌罪报"，第六幅为"佛言绮语罪报"，第七幅为"佛言妄言罪报"，第八幅、九幅图名残，第十幅为"佛言杀生罪报"。

鉴于此编号为小佛湾坛台建筑主体，且所刻图像以坐佛像为主，宜将其称为"佛坛殿"或"佛坛龛"[2]。

第7号　为两通方碑。据其碑额，坛台左前侧方碑为宋立"唐柳本尊传碑"，坛台右前侧方碑为"恩荣圣寿寺记碑"。

第8号　窟正壁分上中下三层各凿三个圆龛，镌刻三组"一佛二菩萨"像。各层中像皆结最上菩提印，其中上层中像冠上现一坐佛，中层中像冠上刻宝珠置莲台上。据其组合及持物，中像为毗卢佛，左像为文殊，右像为普贤。据此，此窟应为"华严三圣窟"。此外，窟左右、前壁及窟外西壁小圆龛内刻坐佛像64身。

第9号　窟内正壁结跏趺坐主尊佛像戴冠露螺髻，顶现柳本尊居士像，双手结最上菩提印，为毗卢佛。其左坐像手握经卷，为文殊；右坐像手执如意，为普贤，合为"华严三圣"。

窟内左壁上部内侧上坐佛像双手腹前结弥陀印，为阿弥陀佛；下坐佛像左手胸前托贝叶经，右手抚膝，为不空成就佛。右壁上部内侧上坐佛像左手抚膝，右手于胸前捧宝珠，为阿閦佛；下坐佛像左手胸前执经卷，右手抚膝，为宝生佛。两壁四佛与正壁毗卢佛合为密宗五方佛。

窟内左壁上部内侧上坐菩萨像双手持带茎莲花，为普贤菩萨；下坐菩萨像左手置腹前，右手于胸前，共持柳枝，为观音菩萨。右壁上部内侧上坐菩萨像左手腹前执经卷，右手抚膝，为文殊菩萨；下坐菩萨像双手似共持锡杖，为地藏菩萨。四像合为四大菩萨。

窟内左右壁上部外侧各刻五组图像，共十组，与宝顶山大佛湾第21号柳本尊行化十炼图中的"十炼"内容大同。以此为参照，对其内容辨识如下：左壁第1组像双手于胸前合十，结跏趺坐于山石中，为"立雪"，旁立普贤菩萨为证明。第2组像左手置于腹前，手上覆巾；右手挽袖屈肘持剑刺右眼，为"剜眼"，旁立金刚藏菩萨为证明。第3组像竖左腿，斜卧枕上，胸部似出火焰，为"炼心"，旁立大轮明王为证明。第4组像挽左袖，臂钏，上臂有两道凹痕，手屈肘向外斜伸置方台上，右手胸前持剑，作砍臂状，为"舍臂"。第5组像结跏趺坐于帏垫上，右膝出火焰，为"炼膝"，旁立一佛为证明。右壁第1组像左手左伸，食指尖出火焰，右手于胸前持珠串，为"炼指"，旁立观音菩萨为证明。第2组像左手置胸前托经函，右手置体侧，结跏趺坐，左足踝燃火焰，为"炼踝"，旁立四天王为证明。第3组像左手握左耳，右手持短剑割左耳，为"割耳"，旁立浮丘大圣为证明。第4组像顶似出火焰，左手于腹前掌心向上，右手于胸前掌心向下共持珠串，为"炼顶"，旁立文殊菩萨为证明。第5组像侧卧，左手斜置枕上，右手置体侧，竖左腿，阴部出火焰，为"炼阴"。

窟内左右壁下部八身头发上竖、怒目圆睁、巨口獠牙的造像为八大明王。

窟外南壁（后壁）中部嵌碑据题额为"释迦舍利宝塔禁中应现之图"，碑下部左右各二身怒目圆睁、顶盔贯甲的造像为四天王

1　有学者将此窟称为"金刚神窟"。见邓之金：《大足宝顶山小佛湾石窟调查——兼述小佛湾属宋世原貌造像》，重庆大足石刻艺术博物馆编：《大足石刻研究文集》（3），中国文联出版社2002年版，第213页。
2　四川省社会科学院、大足县文物保管所等编《大足石刻内容总录》将其定名为"本尊殿"，四川省社会科学院出版社1985年版，第249页。

像。东壁及西壁下部各六身面目凶恶、手握兵器的造像，为金刚护法像。

此外，窟内外小圆龛内还遍刻坐佛像126身。

据窟内毗卢佛主尊像，以及窟额枋中部的"毗卢庵"题刻，将此窟定名为"毗卢佛庵"。

有学者认为，小佛湾"内设祖师塔和坛场兼刻经偈颂文，似为修密行者入内接受阿阇梨口授密法、受戒、灌顶、观想、炼行、习事而设的仪坛"[1]。

四 年代分析

关于宝顶山小佛湾石窟的建造年代，明洪熙元年刘畋人撰《重开宝顶石碑记》云："传自宋高宗绍兴二十九年七月十有四日，有曰赵智凤者，始生于米粮里沙溪，年甫五岁，靡尚华饰，以所居近旧有古佛岩，遂落发剪爪入其中为僧，年十六，西往弥牟，云游三昼，既还，命工首建圣寿本尊殿。"[2]圣寿本尊殿即今小佛湾，故至今大多以此为据，认为在宝顶山大佛湾石窟开凿之前，赵智凤首先完成了小佛湾石窟的营造。早在1945年大足石刻考察团就认为："断定赵氏先在圣寿寺里建一大宝楼阁，后来又开凿了大佛湾南岩群像，和北岩的广大宝楼阁。"[3]

当然，这一论断似为宝顶山小佛湾石窟现存遗迹所支持。如通过对造像题材的比较分析可看到，小佛湾第3号窟左右壁内侧的十二组"大方便佛报恩经变相"与大佛湾第17号龛无异，且均作上三中二下一的布置，仅"舍身求法"和"诣父王所诊病"两组在前后排列顺序上不同。小佛湾第3号窟左右壁外侧十一组"父母恩重经变相"亦与大佛湾第15号龛同，仅在布置方位上有异，如相同内容小佛湾第3号窟在窟左壁，大佛湾第15号龛在右壁。小佛湾第9号窟左右壁外侧的"柳本尊十炼图"与大佛湾第21号龛在题材内容、位置布局上则完全相同。小佛湾第9号窟左右壁下部的"八大明王"，在大佛湾第22号龛中则表现为"十大明王"。尽管它们每组造像各自在布局和细节的处理上不尽一致，但其主题的表达却具有高度的相似性。再者，小佛湾最为典型的圆龛形制及龛内造像，尤其是其间最具典型特征的披发人、髫发人形象，与大佛湾亦皆似如出一辙，风格十分接近。小佛湾多处出现的"假使热铁轮，于我顶上悬，终不以此苦，退失菩提心"等偈语，在大佛湾也比比皆是。上述造像题材及造像风格的趋同性，似乎都表明宝顶山小佛湾石窟确与大佛湾石窟存在直接的联系，或者正如有学者认为，宝顶山小佛湾石窟是大佛湾石窟的"蓝本"。

但这种相似性并不能证明营造的先后，相反它可能存在时间上的并行。现场调查我们注意到，在宝顶山小佛湾第2号廊墙正壁中部左起第四个大圆龛下现仍残存"承直"2字。据清乾隆、嘉庆《大足县志》载，该壁曾刻有宋嘉熙（1237—1240年）"承直郎、昌州军州事判官席存著"为之铭的"赵智凤事实"。清嘉庆张澍《后游宝顶山记》亦云，该"石壁首刻'敕赐圣寿寺院'等字，下截磨泐。又横刻'唐瑜伽部主总持王'八字。下刻'焕章阁学士'字，下磨泐。次行刻'昌州'等字，下亦磨泐。旁刻文大半消蚀。就存字译之，乃系赵本尊智凤事实也。末存'承直郎'，盖知昌州军事判官席存著所作者"[4]。现存"承直"2字与上述文献所记吻合，证明第2号廊墙壁确曾铭刻有宋嘉熙（1237—1240年）"承直郎、昌州军州事判官席存著"的"赵智凤事实"。更为重要的是，小佛湾第9号窟外后壁现存"释迦舍利宝塔禁中应现之图"，该图虽释典不载，但据下部僧道权题记，为宋宁宗宣旨入禁廷供奉的阿育王山塔显灵之瑞相图。在图中所刻塔左右两侧毫光间，各竖刻题记，有"辛卯绍定四年（1231年）"的纪年[5]。视其题刻布局，非后世添刻。

由上述两则铭记可见，宝顶山小佛湾石窟在宋绍定四年（1231年）及宋嘉熙（1237—1240年）年间仍在营建或刚建造完成，而此时，宝顶山大佛湾造像已是大成之时[6]。很显然，宝顶山大佛湾石窟并非是在小佛湾石窟建成后再开始开凿的，或者说，宝顶山小佛湾石窟确如刘畋人所撰《重开宝顶石碑记》所言，由赵智凤首建，但并非是在小佛湾完成后再建大佛湾，更不是大佛湾造像的"蓝

---

1. 见陈明光：《大足宝顶山石窟——中国石窟艺术史上最后的一座殿堂》，《佛学研究》2000年第9期。
2. 见本报告集第七卷上册第313页，另见重庆大足石刻艺术博物馆编：《大足石刻铭文录》，重庆出版社1999年版，第211—212页。
3. 见吴显齐：《大足石刻考察团日记》，载《民国重修大足县志》卷首《大足石刻图征初编》。
4. 见《民国重修大足县志》卷一。
5. 陈明光先生考证后认为，该图赐送时间，也许是在魏了翁参礼宝顶山的嘉定十六年（1223年），刻石之日，似以理宗绍定四年（1231年）为当。见陈明光：《宝顶山宋刻阿育王山之〈宝塔图〉考》，《中华文化论坛》1996年第4期。
6. 陈明光先生考证认为：宝顶山石窟道场造像群建造年代，当以《刘畋人碑》载赵智凤十六岁西往云游三昼（年）归来为上限（约淳熙六年，1179年），按《曹琼碑》云"清苦七十余年"为其建造年间，其大成之年当在淳祐年间（1241—1252年）为是。见陈明光：《大足宝顶山石窟造像年代布局及内容——宝顶山石窟密教道场造像研究之一》，重庆大足石刻艺术博物馆编：《大足石刻研究文集》（3），中国文联出版社2002年版，第335页。

本",相反,其主体造像有可能与大佛湾中前期造像时间并行。

五 晚期遗迹

(一)构筑遗迹

如前所述,宝顶山小佛湾石窟第4号窟左右壁未刻像的壁面条石,窟左壁第2门洞左内侧石柱、方石,以及第3门洞下方三块条石;第5号窟室四壁条石;第6号坛台右壁第1门洞之右至右壁最北端未存造像的空余壁面等,均为后世补砌。

第4号窟左右壁北端中上部纵向凿一个凹槽,大小略同,对应布置;窟顶第三横梁下部左右壁面,对应各凿一方孔,左孔处于二条石之间,上下错位;第1门洞左右内侧中上部各纵向凿二方孔,大小一致,对称布置。第6号正壁上方外挑条石上保存方形枋孔,左右对应;壁面前侧存两枚石柱础。第8号窟左右壁内侧中上部近窟顶石板处对称各凿一方孔,大小一致,贯穿壁面;左右壁上部条石横梁底端对称各凿一方孔,亦大小一致;窟底中部存立柱柱础。推测其以上遗迹均为后世建木构建筑所遗留。

现坛台木构殿宇约建于清嘉庆二十四年(1819年)至清道光二年(1882年)间,后经多次维修,方具现存式样。最近的一次维修是在2012—2015年。

第1号塔檐嵌残碑,塔座存水泥,塔体多处被水泥沙浆涂抹,且第三级西面额枋圆龛由7个增补为9个,此为1957年培修所致。第2号基脚1962年以七级条石加固。第9号窟门楣下方,后世增添一道木枋,以垫固门楣。

第1号塔身第二、三级额枋、第2号正壁上部部分佛像、第3号窟内主尊头部及胸部,以及第6、8、9号部分圆龛佛像等,残毁处或存方孔,或存补塑的黄泥,或存木桩,推测其均系后世修补留下的痕迹。

(二)妆绘遗迹

宝顶山小佛湾石窟内的造像大多保存有妆绘遗迹。其中,第1、2、3号风化严重,妆绘遗存较少。木构殿宇遮护的第4、6、8、9号等窟室保存的妆绘涂层较为明显,部分显厚重。其颜料以灰白色、红色、黑色为主,亦存大量的蓝色、绿色、黑色等。

砌筑用的条石多涂抹黑色和灰白色涂层。窟室内壁和条石上的小圆龛壁面施绘红色涂层。造像大多可见两层妆绘,底层为灰白色涂层,外层按不同部位施绘红色、蓝色、绿色、黑色等涂层。此外,第4、6、9号等主尊造像或其他人物造像的面部、颈部、胸部和双手皆保存金箔,表明历史上曾作贴金处理。

注释:

[1] 本则铭文第3行第1字"大"、第3字"引"、第4字"持",铭文分别为:

[2] 此"正"字,铭文为:

[3] 此"大"字,铭文为:

[4] 本则铭文第1行第3字"佛";第1行第9字等23处"经";第1行第17字、第5行第7字"本";第2行第17、24字"意";第2行第23字"心";第2行第24字"正";第3行第12、20字"贫";第4行第6字"生";第4行第9字"有";第6行第4字"业";第8行第1字"持",铭文分别为:

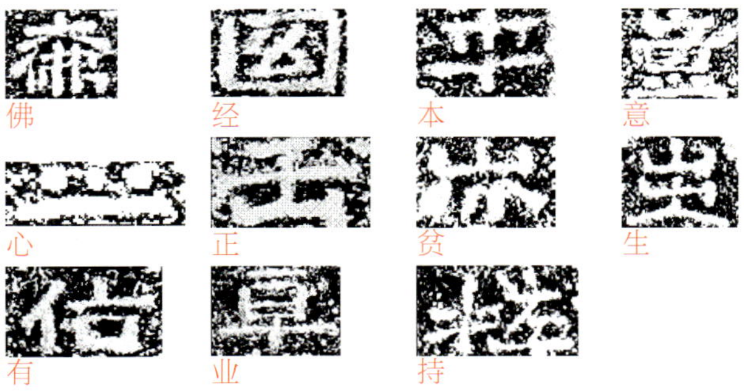

[5] 本则铭文第1行第3字"善";第2行第1字等17处

"经";第3行第1字"因";第3行第5字"含";第3行第6字"正";第4行第1字"泥";第4行第9字"地";第4行第10字"狱";第5行第3字"法";第5行第4字"想";第6行第10字"须";第7行第2、9字"狗";第7行第8字"梁";第7行第23字"等";第8行第13、19字"本";第8行第16字"大";第9行第5字"德";第9行第8字"时",铭文分别为:

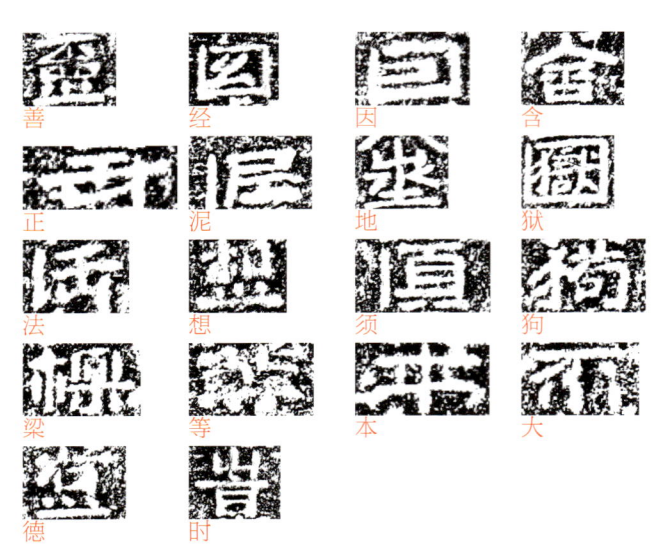

[6] 此"无"字,铭文为:

[7] 本则铭文第1行第1字等6处"大";第1行第3字、第12行第17字"佛";第1行第6字等14处"般";第1行第7字等9处"若";第1行第11字等4处"多";第1行第12字等133处"经";第3行第10字、第27行24字、第11行第10字"天";第5行第15字、第19行第9字"刚";第5行第16字"能";第7行第10字、第14行17字"咒";第8行第2字"闷";第8行第8字、第19行第7字等9处、第30行第21字"乘";第8行第10字等6处"法";第9行第1字"净";第9行第21字"贤";第10行第19字"施";第11行第6字"圣";第11行第7字"善";第11行第9字"意";第12行第4字等3处"慧";第12行第19字、第39行第8字"日";第13行第14字等6处"等";第15行第4字"念";第15行第16字、第35行14字"陀";第16行第20字、第38行第1字"无";第18行第1字等3处"德";第18行第4、19字"思";第18行第7字等3处"界";第18行第15字等5处"来";第18行第17字等3处"德";第19行第10字"髻";第19行第14字、第42行第23字"修";第20行第6字"地";第20行第9字、第39行第9字"兜";第20行第16字"业";第21行第15字"显";第22行第7字"涅";第22行第8、15字"槃";第22行第25字"泥";第22行第32字"泥";第23行第2字等4处"庄";第23行第17字、第24行第10字"无";第24行第12字、第35行第17字"称";第24行第18字、第32字25字"顶";第26行第4字等3处"雨";第27行第21字等3处"持";第27行第22字"心";第28行第5字"世";第28行第12字"学";第28行第19字、第41行第9字"总";第29行第7字、第29行第11字等3处"解";第29行第8、23字"脱";第33行第3字"药";第33行第5字"琉";第34行第4字"净";第34行第5字"法";第35行第19字"净";第37行第17字"须";第37行第19字"拿";第38行第14字"明";第42行第9字"福";第42行第17字"四",铭文分别为:

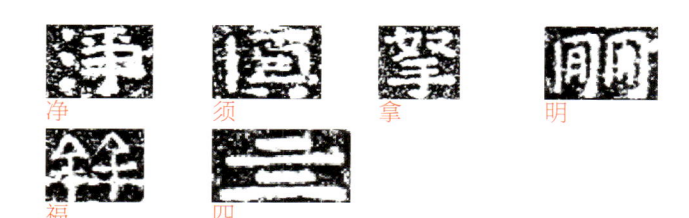

[8] 本则铭文第1行第4字等105处"经";第1行第8字等4处"世";第1行第18字、第28行第21字"上";第2行第18字等3处"来";第3行第15字、第23行第19字"思";第3行第20字等3处"缘";第3行第25字"圣";第6行第1字等3处"德";第7行第3字等31处"尼";第7行第8字"千";第7行第19字等15处"咒";第8行第5字"无";第8行第8字"悲";第8行第9字等4处"心";第8行第10字、第14行第14字"陀";第10行第4字"意";第11行第25字、第22行第9字"天";第11行第29字"五";第11行第30字"首";第14行第1字、第18行第7字"持";第14行第6字、第15行第17字"无";第14行第16字"祛";第14行第23字等3处"无";第16行第16字等4处"法";第18行第2字"善";第18行第21字"最";第19行第6字"命";第19行第7字、第28行第9字"法";第19行第15字"净";第20行第9、12字"赖";第20行第11字"须";第21行第14字、第30行第15字"修";第22行第20字"恐";第23行第2字等4处"贤";第24行第7字"日";第24行第18字、第29行第15字"乘";第25行第1字等3处"庄";第28行第10字"鼓";第28行第20字、第39行第6字"月";第29行第19字、第41行第12字"德";第30行第16字"因";第30行第19字"了";第31行第6字"悉";第33行第17字、第40行第10字"大";第36行第5字"施";第37行第2字"能";第38行第3字"地";第38行第9字"涅";第40行第2字"和",铭文分别为:

[9] 此"无"字,铭文为:

[10] 本则铭文第1行第4字等4处"因";第1行第5字等10处"缘";第1行第6字等140处"经";第1行第10字、第41行第12字"海";第1行第11字、第42行第15字"龙";第1行第14字等4处"法";第1行第21字"驮";第2行第6字"投";第2行第9字"虎";第2行第23字、第4行第15字"净";第2行第32字"月";第3行第6字"庵";第3行第23字"慈";第3行第24字"心";第5行第19字等3处"藏";第5行第25字"地";第5行第26字、第30行第5字"持";第6行第12字等4处"四";第7行第4、8字"净";第8行第12字、第30行第6字"斋";第8行第17字"悔";第9行第14字等10处"乘";第10行第3字"能";第10行第6字"刚";第10行第8字等3处"若";第11行第5字"多";第11行第11字等3处"般";第12行第9字等3处"思";第12行第12字"天";第12行第18字等3处"涅";第13行第9字"大";第13行第21字、第17行第11字"显";第13行第23字"圣";第15行第2、9字"庄";第16行第22字等3处"意";第19行第2字"无";第19行第17字"回";第20行第3字"假";第20行第7字"总";第21行第10字"泥";第22行第3字、第28行第17字"志";第22行第8字等3处"世";第24行第1字"本";第24行第14字"顶";第25

行第1字等4处"念";第27行第4字"淫";第28行第3字"赖";第28行第8字"善";第29行第2字、第35行第26字"学";第29行第10字"尊";第29行第11字"上";第30行第17字"命";第31行第13字、第32行第22字"德";第31行第14字"香";第31行第20字、第41行第14字"德";第32行第6、15字"施";第32行第8字"五";第32行第9字"福";第33行第1字"鬘";第33行第5字"髻";第33行第24字、第37行第16字"有";第34行第23字"想";第34行第27字"来";第34行第31字"泥";第35行第8字"尼";第39行第11字"狱";第39行第23字"凶";第40行第21字"诣",铭文分别为：

[11] 本则左壁铭文第1行第6字"上";第1行第9等3处"四";第1行第14字等3处"尼";第1行第17字"大";第1行第19、36字"道";第1行第23字等12处"经";第2行第19字"犯";第4行第5字"本";右壁铭文第3行第9字"多";第3行第16字"尼";第4行第24字"善";第5行第11字"闻";第5行第14字"度",铭文分别为：

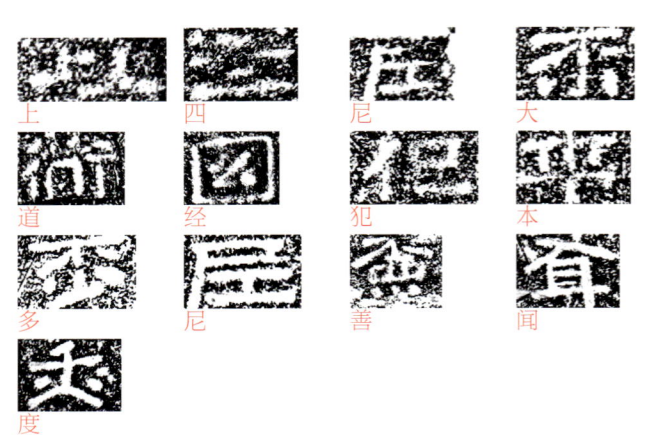

[12] 本则铭文第4行第1字"退";第4行第5字"心",铭文分别为：

[13] 本则铭文第1行第1字"大";第1行第2字"藏";第1行第8字等17处"经";第6行第3、12字"雕";第6行第6字"含";第6行第14字"作";第7行第17字"四";第7行第27字"贫";第8行第22字"五",铭文分别为：

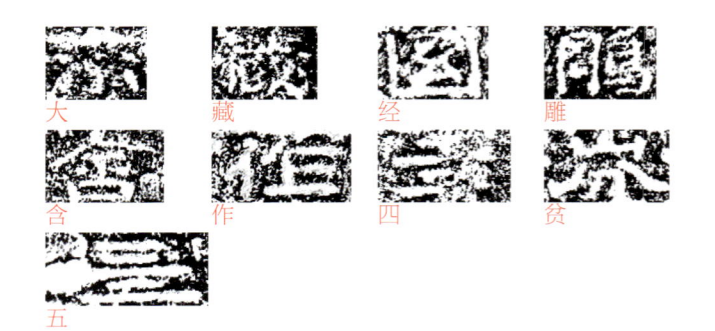

[14] 本则铭文第3行第7字"怠";第5行第15字"楒";第5行第23字"作";第6行第11字"多";第11行第4字"度";第11行第8字"葬",铭文分别为：

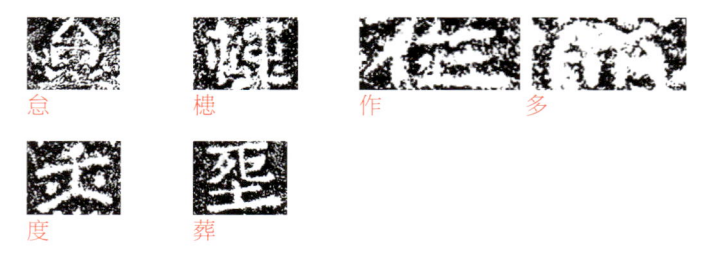

[15] 本则铭文第2行第1字"心";第2行第2字"日";第2行第5字"大",铭文分别为：

[16] 此"大"字，铭文为：

[17] 本则铭文第1行第5字"翻"；第2行第11字"世"，铭文分别为：

[18] 本则铭文第1行第6字等15处"经"；第1行第13字"鬼"；第1行第20字"叹"；第1行第27字"恩"；第2行第27字"恶"，铭文分别为：

[19] 本则铭文第7行第4、25字"尼"；第7行第8字等5处"本"；第8行第5字"有"；第8行第24字"四"，铭文分别为：

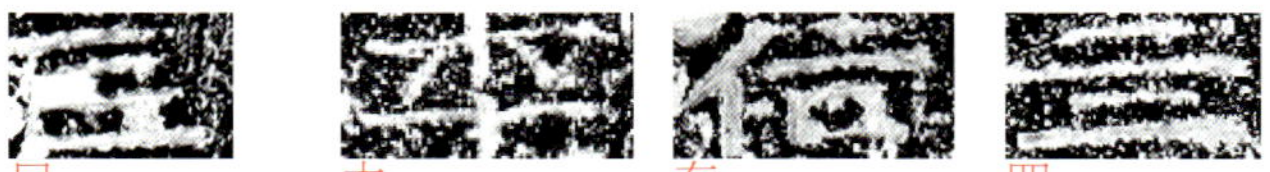

[20] 本则铭文第3字"佛"；第4字"法"，铭文分别为：

[21] 本则铭文第1行第5字"劫"；第2行第5字"忘"；第4行第3字"还"，铭文分别为：

[22] 本则铭文第1行第5字等10处"尼"；第1行第7字等7处"本"；第8行第18字"叉"；第9行第6、15字"有"；第10行第3字等4处"四"；第11行第8字"无"；第11行第9字"德"；第11行第12字"解"；第11行第13字"脱"，铭文分别为：

[23] 本则铭文第3行第8字"经"；第5行第1字"法"；第7行第3字"德"，铭文分别为：

[24] 本则铭文第1行第2字等7处"经"；第5行第9字"世"；第8行第12字"悲"；第8行第13字"心"，铭文分别为：

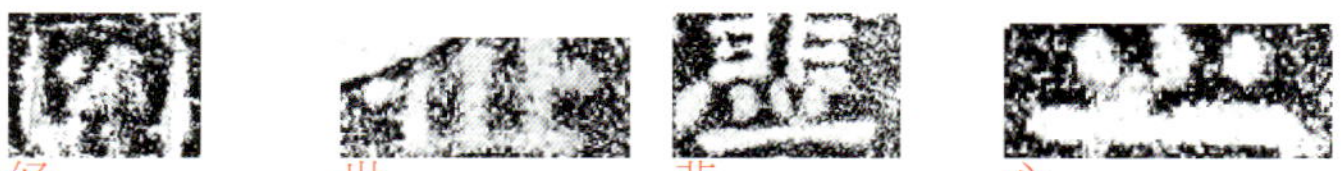

[25] 此"刚"字，铭文为：

[26] 本则铭文第2行第2字等12处"经"；第4行第8字"法"，铭文分别为：

[27] 本则铭文第4行第5字等3处"经"；第5行第1字"意"；第5行第2字"天"，铭文分别为：

[28] 本则铭文第2行第11字等10处"经"；第3行第4字"福"；第4行第7字"愿"；第4行第8字"往"；第6行第7字"缘"；第7行第1字"命"；第11行第3字"还"，铭文分别为：

[29] 本则铭文第1行第2字等14处"经"；第7行第17字"净"；第9行第3字等3处"缘"，铭文分别为：

[30] 本则铭文第1行第1字"经"；第1行第3字"佛"，铭文分别为：

[31] 本则铭文第5字"大"；第8字"顶"；第9字"法"；第11字"经"，铭文分别为：

[32] 本则铭文第1行第25字"脱"；第2行第25字"大"；第2行第32字"颠"；第3行第29字"久"；第3行第31字"槃"；第3行第32字、第

16行第4字"经";第4行第29字"留";第5行第27字"年";第5行第28字"无";第6行第31字"圣";第7行第33字、第8行第25字"觉";第8行第4字、第12行第27字"善";第8行第32字"摄";第8行第33字、第12行第31字"心";第13行第36字"时",铭文分别为:

脱 大 颠 久
朦 国 当 年
昽 经 藏 善
相 圣 觉
摄 心 时

[33] 此"无"字,铭文为:

无

[34] 此"佛"字,铭文为:

佛

[35] 此"修"字,铭文为:

修

[36] 此"劫"字,铭文为:

劫

[37] 此"世"字,铭文为:

世

[38] 此"等"字,铭文为:

等

[39] 本则铭文第11行第6字"怪";第12行第6字"经",铭文分别为:

怪 经

[40] 此"远"字,铭文为:

远

[41] 此"日"字,铭文为:

日

[42] 本则铭文第2行第1字"于";第4行第5字"心",铭文分别为:

于 心

[43] 本则铭文第1行第5字"劫";第3行第2字"缘";第4行第3字"还",铭文分别为:

劫 缘 还

[44] 此"业"字,铭文为:

业

[45] 此"咒"字,铭文为:

咒

[46] 此"佛"字,铭文为:

佛

[47] 本则铭文碑额第2字"柳";碑额第3字"本";第2行第54字等3处"久";第3行第64字等9处"咒";第5行第29字、第11行第26字"回";第5行第36字等5字"于";第6行第32字、第7行第61字"鬼";第7行第37字"留";第8行第39字"从";第17行第58字、第18行第24字"对";第28行第50字"岳";第40行第30字"刺",铭文分别为:

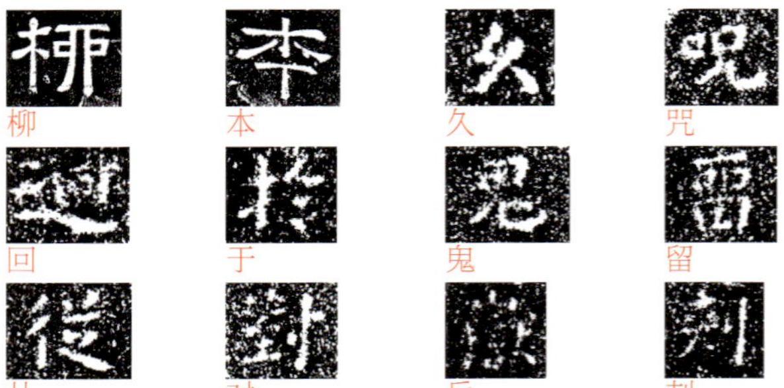

柳 本 久 咒
回 于 鬼 留
从 对 岳 刺

[48] 本则铭文第2行第34字"凡";第5行第12字"严";第6行第1字等7处"旨";第7行第26字、第26行第20字"收";第10行第13字等3处"据";第11行第6字"毗";第12行第7字"庶";第13行第12字"俨";第18行第11字等3处"参";第18行第13字"缘",铭文分别为:

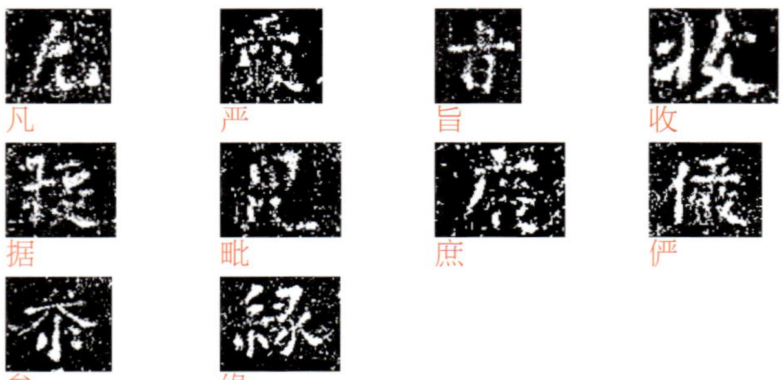

凡 严 旨 收
据 毗 庶 俨
参 缘

［49］ 本则铭文第1行第5字"步"；第5行第5字"总"；第7行第2字"龟"；第8行第1字"胜"；第8行第2字"迹"，铭文分别为：

步 总 龟 胜 迹

［50］ 此"欲"字，铭文为：

欲

［51］ 此"误"字，铭文为：

误

［52］ 本则铭文第7行第3字"胜"；第7行第4字"迹"；第10行第4字、第17行第4字"紫"；第15行第2字"回"，铭文分别为：

胜 迹 紫 回

［53］ 本则铭文第2行第3字"荒"；第4行第1字"琼"；第8行第5字"骨"；第10行第3字"再"，铭文分别为：

荒 琼 骨 再

［54］ 本则铭文第1行第1字、第2行第5字"佛"；第1行第3字"恩"；第2行第1字"大"，铭文分别为：

佛 恩 大

［55］ 本则铭文第1行第3字"法"；第1行第4字"界"；第1行第5字"遍"；第1行第7字"含"，铭文分别为：

法 界 遍 含

［56］ 此"显"字，铭文为：

显

［57］ 本则铭文第2行第3字"顶"；第2行第4字"上"，铭文分别为：

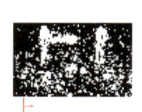

顶 上

［58］ 本则铭文第2行第3字"业"；第3行第2字"缘"；第4行第3字"还"，铭文分别为：

业 缘 还

［59］ 此"尊"字，铭文为：

尊

［60］ 本则铭文第1行第2字"发"；第1行第3字"无"；第1行第4字"上"；第1行第7字"心"；第2行第5字"法"，铭文分别为：

发 无 上 心 法

［61］ 此"密"字，铭文为：

密

［62］ 本则铭文第1字"大"、第3字"引"、第4字"持"，铭文分别为：

大 引 持

［63］ 此"图"字，铭文为：

图

［64］ 本则铭文第1字"上"、第6字"睿"、第7字"算"、第11字"量"，铭文分别为：

上 睿 算 量

［65］ 本则铭文第5字"息"、第8字"雨"，铭文分别为：

息 雨

［66］ 本则铭文第2行第1字"旨"；第15行第5字"凡"；第15行第8字"鳞"；第15行第17字"奇"；第16行第10字"祀"；第17行第15字"赞"；第19行第2字"时"，铭文分别为：

旨 凡 鳞 奇 祀 赞 时

第二章 宝顶山小佛湾石窟 209

第三章　宝顶山石窟周边区域造像

第一节　位置及相互关系

本章介绍的宝顶山石窟周边区域造像，是指以宝顶山大佛湾和小佛湾石窟为中心，分布在其周边区域内的17处宋代摩崖造像[1]，为记述方便，以下均简称宝顶山石窟周边区域造像。

宝顶山石窟周边区域造像主要开凿于宝顶山大、小佛湾石窟周边坪状浅丘顶部或斜坡的砂岩陡壁上，略呈放射状布置（图122）。目前，已发现17处。其中，1985年《大足石刻内容总录》刊布了龙头山、三元洞、大佛坡、仁功山、珠始山、对面佛、龙潭、岩湾、佛祖岩、三块碑、广大山、松林坡等12处；1993年第二次全国不可移动文物普查时发现菩萨堡1处[2]；2009年第三次全国不可移动文物普查时发现菩萨屋、杨家坡、古佛寺3处。2015年新发现维摩顶西崖1处。按其大体方位和分布状况，东面3处，西南面3处，西面5处，西北面2处，北面4处。南面、东南面及东北面尚未发现宋代造像。

东面造像包括龙头山、三元洞、大佛坡等3处。其中，龙头山位处最东，相距大佛湾约1500米，位于龙头山大道两侧的龙头山后坡岩壁和巨石堡上[3]；三元洞相距大佛湾约1000米，位于龙头山大道北侧三元洞坡顶巨石堡西壁；大佛坡相距大佛湾约500米，位于大佛坡坡顶东面的巨石堡上，西向约100米为转法轮塔。

西南面造像包括三块碑、松林坡、维摩顶西崖等3处。其中，三块碑位处最南，相距大佛湾约2000米，位于小圆坡北面岩壁，西北向约100米为黄桷水库；松林坡相距大佛湾约600米，位于松林坡坡顶巨石南壁，西北向距广大寺约120米。维摩顶西崖相距大佛湾约150米，紧邻圣寿寺西侧。

西面造像包括菩萨屋、菩萨堡、杨家坡、佛祖岩、广大山等5处。其中，菩萨屋位处最西，相距大佛湾约2000米，位于塔坡坡顶巨石堡的南壁；菩萨堡相距大佛湾约1800米，位于菩萨堡巨石堡西壁，西北向与菩萨屋隔沟相望；杨家坡相距大佛湾约1600米，位于杨家后坡北面岩体的北壁，紧临桥湾水库约80米；佛祖岩相距大佛湾1500米，位于担水坡西面巨石堡上，西距菩萨屋约500米；广大山相距大佛湾约500米，位于游城坡坡顶巨石的东南壁，南向约80米为广大寺。

西北面造像包括龙潭、岩湾等2处。其中，龙潭位处最远，相距大佛湾约500米，位于大佛湾西北张家坡坡脚巨石堡的西壁；岩湾相距大佛湾约240米，位于大佛湾北面木鱼坡岩体的西北壁。

北面造像包括古佛寺、对面佛、仁功山、珠始山等4处。其中，古佛寺位处最北，相距大佛湾约2公里，位于新建S309道路东侧约10米的曾家寨子坡的西侧岩体；对面佛相距大佛湾820米，亦位于新建S309道路西侧约15米的乌龟堡东壁；仁功山相距大佛湾约600米，位于黄桷坡山顶石堡西北壁，与对面佛隔沟相对；珠始山相距大佛湾约500米，位于宝顶老街街尾东侧10米处的豹子坡西北巨石堡北壁。

根据造像的分布状况，本报告编写时，均以宝顶山大佛湾石窟为中心，自东面开始，沿顺时针方向，由远及近介绍。

第二节　龙头山

龙头山摩崖造像所在地地理坐标为东经105°48′33.7″，北纬29°45′15.4″（图版Ⅰ：246）。共8个龛。沿山脉走势，自东向西，编为第1—8号（图123）。其中，第1号龛位于山头东侧岩壁，第2号龛位于山头北侧岩壁，两龛相距约100米。第3号龛位于龙

---

1 宝顶山大佛湾和小佛湾周边区域除宋代造像外，亦有部分明、清造像及附属建筑，本章仅介绍其宋代造像，其余重要者均纳入本卷报告附录部分。
2 唐毅烈：《大足宝顶新发现"菩萨堡摩岩造像"及其年代、价值》，重庆大足石刻艺术博物馆编：《大足石刻研究文集》（2），重庆出版社1997年版，第304—307页。
3 造像所处位置地名，皆系本次现场调查时，多方询问当地年长村民所得。与大佛湾的距离皆为直线距离。

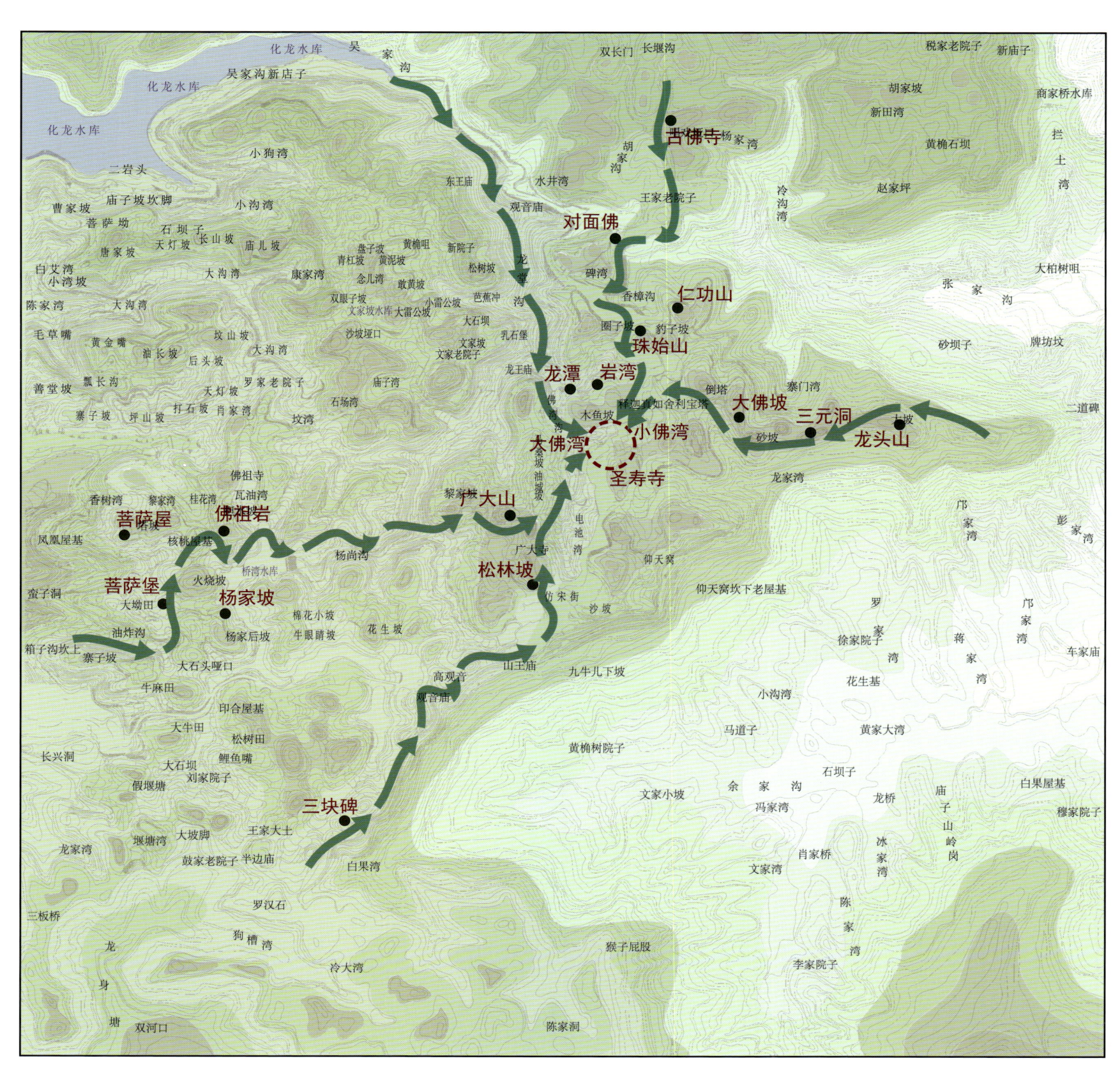

图 122　宝顶山石窟周边区域造像分布及宝顶山历史时期进山路线图

头山大道北侧，相距第2号龛约600米。第4号龛位于第3号龛西南约100米的巨石堡东壁。第5—7号龛位于一块独立的巨石堡上，相距第3号龛约80米。第8号龛位于第5—7号龛西南侧的巨石北壁，相距约10米。

一 第1号

（一）位置

位于龙头山山头东向岩壁中部。左右为自然岩壁，上距坡顶约10米，前侧为低缓斜坡。其东北坡脚有龙头山大道通过。

龛口东南向，方向136°。

（二）形制

单层方形龛（图124；图版Ⅰ：247）。

龛口略呈方形，部分残，残高290厘米，宽360厘米，深约210厘米。龛底为泥层掩埋，情况不明；龛壁为弧壁，存一条裂隙，自龛顶左上方向右延伸，贯穿龛壁，止于龛底，全长约350厘米，最宽处约45厘米。龛顶大部毁，存右侧部分。

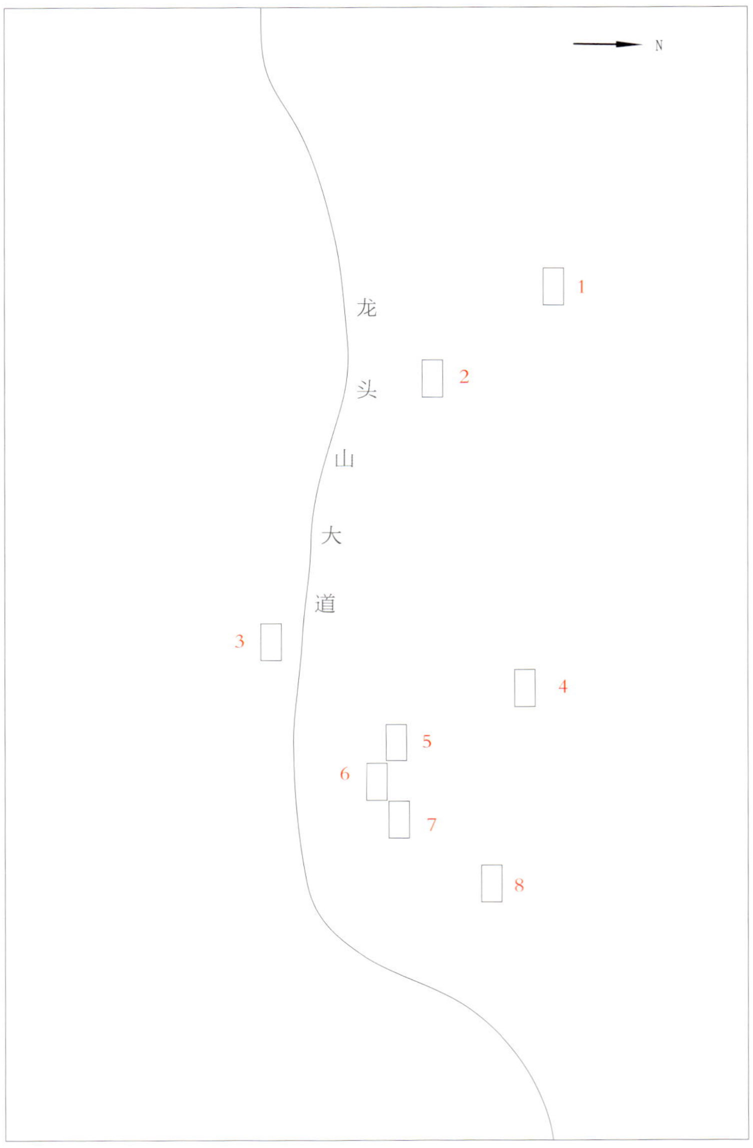

图123　龙头山摩崖造像分布示意图

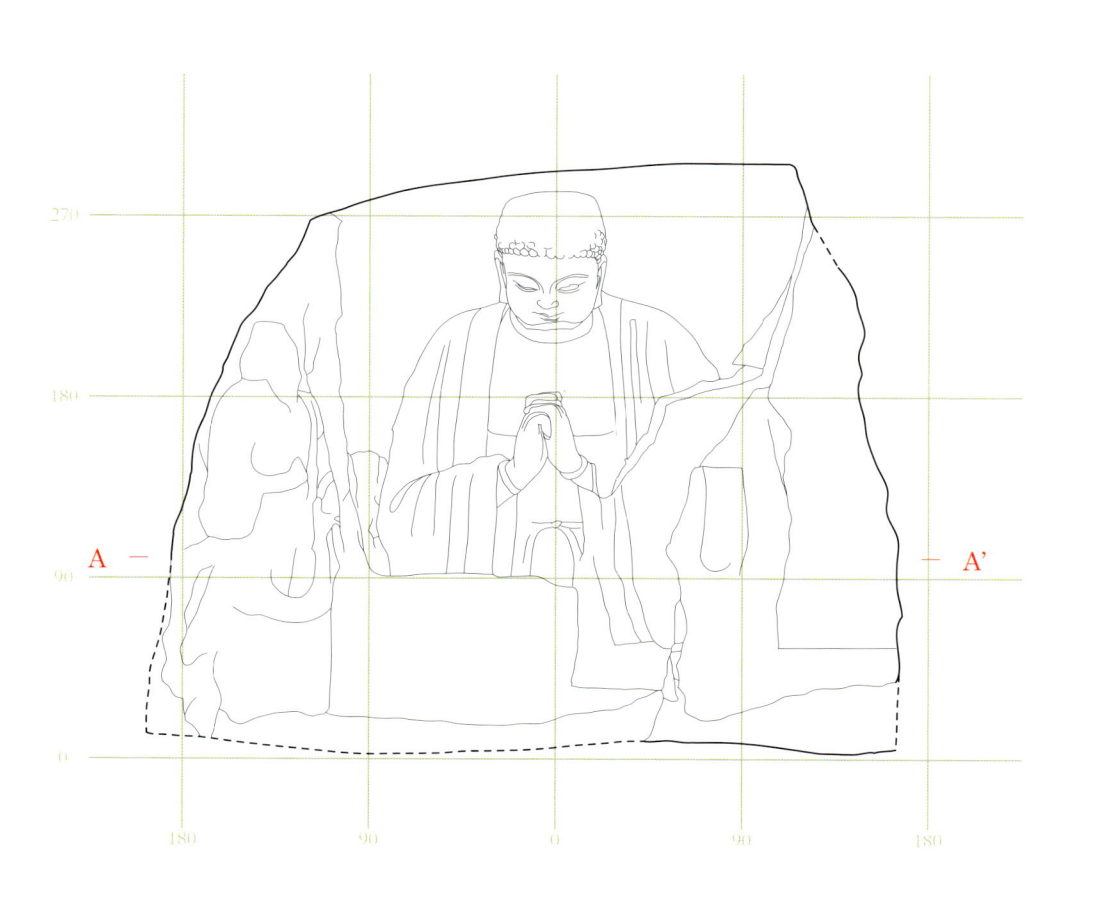

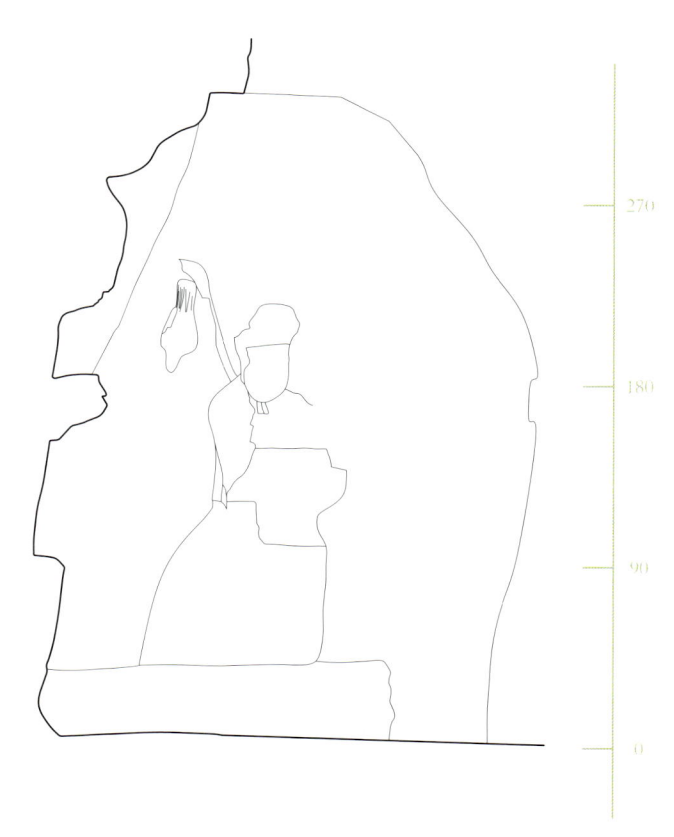

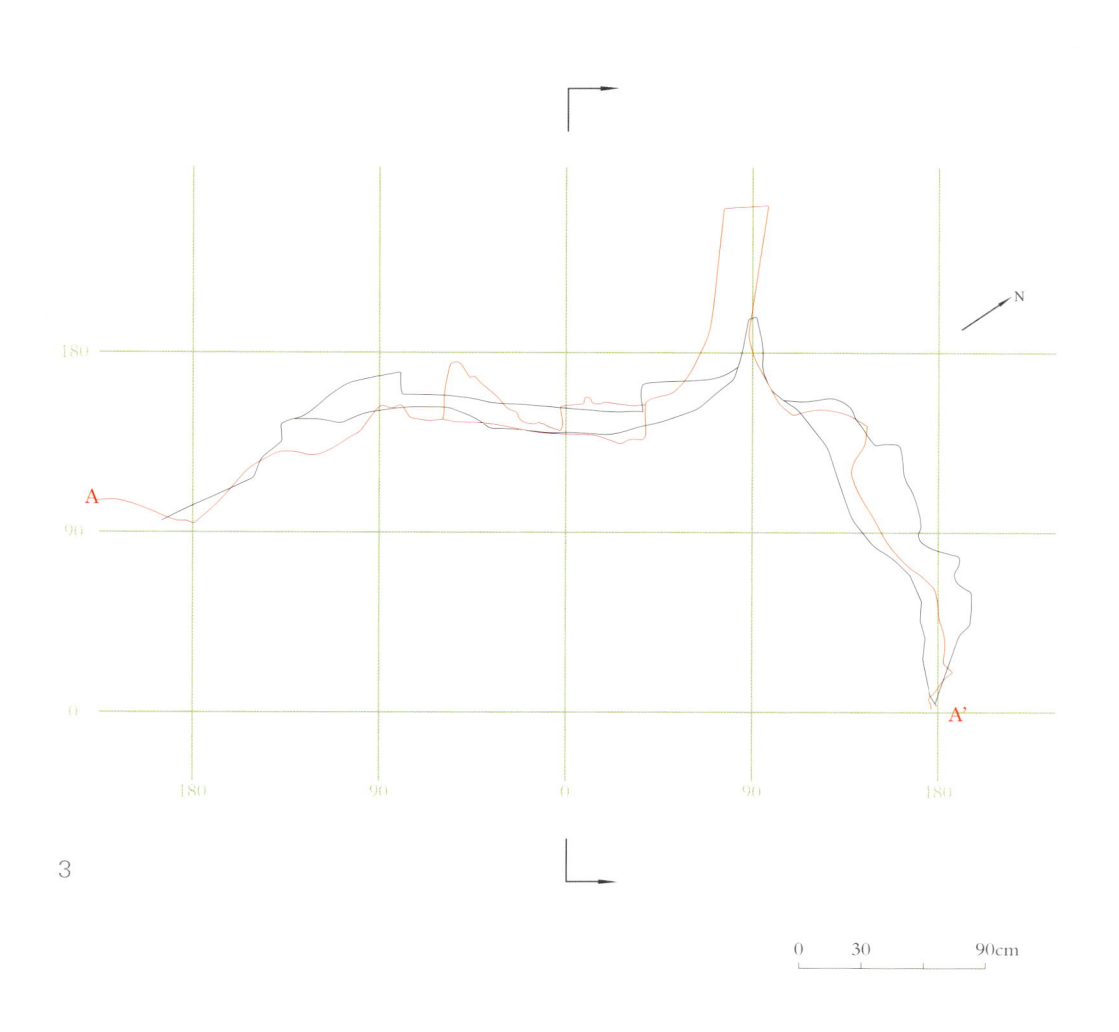

图124 龙头山摩崖造像第1号龛平、立、剖面图
1 立面图 2 剖面图 3 平面图

第三章 宝顶山石窟周边区域造像 213

（三）造像

龛内刻像3身。其中，中刻半身主尊佛像1身，左右各刻立像1身（图124-1；图版Ⅰ：247）。

主尊佛像 半身高189厘米，头长60厘米，肩宽106厘米，胸厚45厘米。头刻螺髻，发际线平直，与耳廓上缘齐平。刻髻珠，眉间刻白毫。面浑圆，弯眉细长，双眼微闭，直鼻抿唇，下颌残。耳垂略蚀，颈刻三道肉褶线。圆肩厚胸，内着僧祇支，系带作结，外着双领下垂式袈裟。腕镯，双手胸前结拱手印式，手与胸间饰云纹。龛内裂隙致左肘与手臂分离。佛像身前刻方台，高70厘米，宽116厘米，深23厘米，残蚀剥落。

左立像 残损其重，残高约175厘米。头似戴冠，冠带于下颌作结。身残，衣饰不明，身右侧存一段弧形飘带遗迹。双手毁，足残。右肩上方刻一鸟，身长46厘米，背宽18厘米。头残，身俯，尾上竖，似作啄食状。

右立像 头、身部分残，残高约200厘米；头似戴冠，内着甲衣，外着袍服，腹前垂有"U"形飘带。左手持棍状物扛于左肩。物长约145厘米，略残，似裹有飘动的织物。右手置于胸前，手残。双足残。

（四）铭文

龙头山毗卢佛龛经文，南宋淳熙至淳祐年间（1174—1252年）。位于主尊佛像身前方台正面。文左起竖刻，现存7行38字，楷体，字径5厘米（图版Ⅱ：84）。

```
01  不□六种外□□□□[1]
02  精灵妄起贪爱□□□
03  盗心侵犯一毫一□□
04  仰天龙八部六通□□
05  大圣者护戒大力□□
06  □施行令犯□□□□
07  一法苦□□□□□□
```

（五）晚期遗迹

佛像袈裟双领处存少许灰白色涂层。

二 第2号

（一）位置

位于龙头山山头北侧前端岩壁，与第1号龛相距约100米。上距岩顶约15米，下距地坪约4米。

龛口北向，方向356°。

（二）形制

单层方形龛（图125、图126；图版Ⅰ：248）。

龛口略呈方形，部分残，残高460厘米，宽500厘米，深85厘米。龛底部分残，残存部分略呈半圆形；下距地坪高约325厘米。龛壁为弧壁，饰山石、云纹。龛顶为券顶。

（三）造像

龛内共刻像7身。其中，中刻主尊立像1身，左右侧壁各刻像3身（图125；图版Ⅰ：248）。

---

[1] 《大足石刻铭文录》根据1984年录文将本行补录为"不准六种外道□□□"。重庆大足石刻艺术博物馆编：《大足石刻铭文录》，重庆出版社1999年版，第197页。

图 125　龙头山摩崖造像第 2 号龛立面图

第三章　宝顶山石窟周边区域造像　215

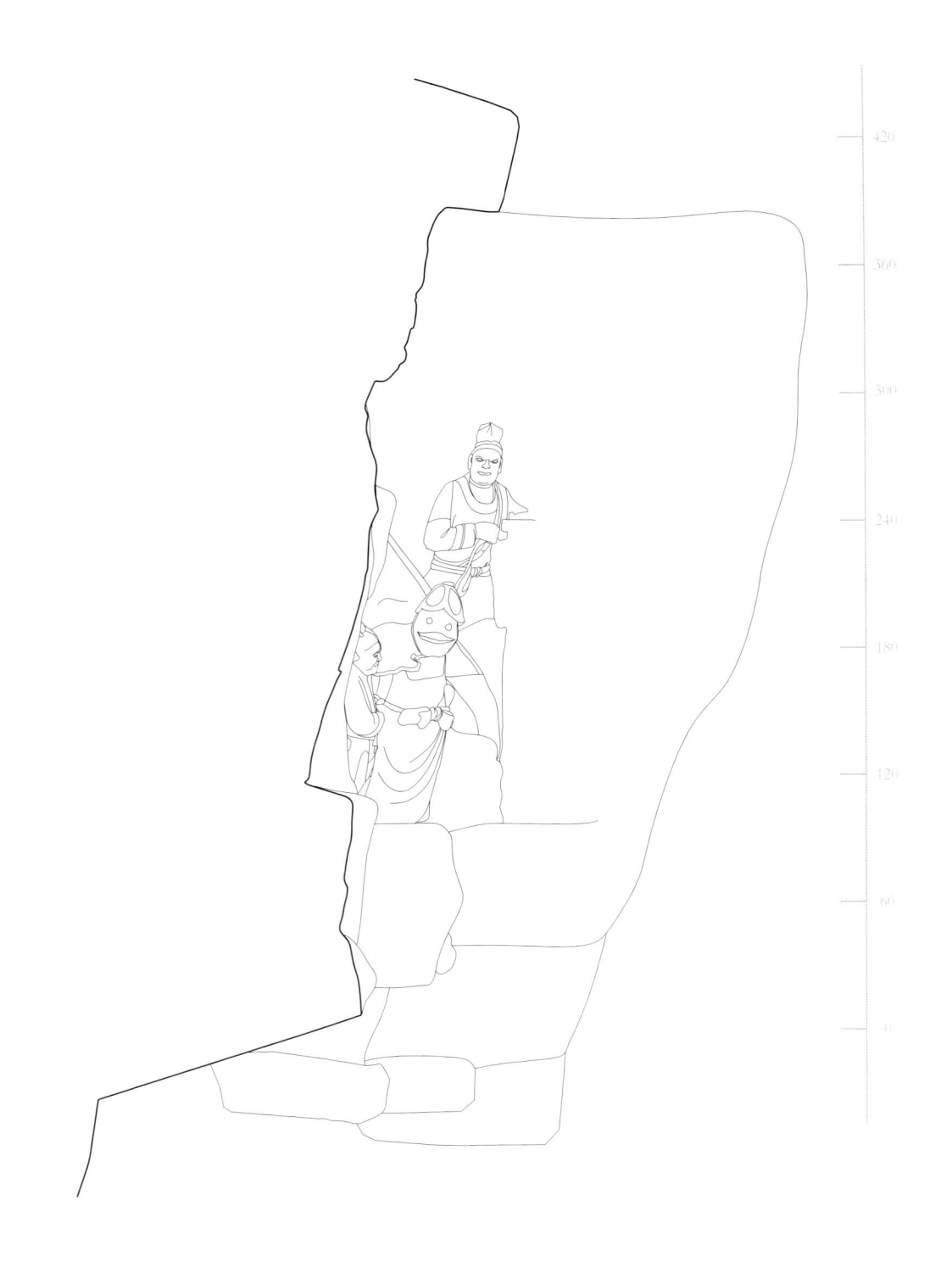

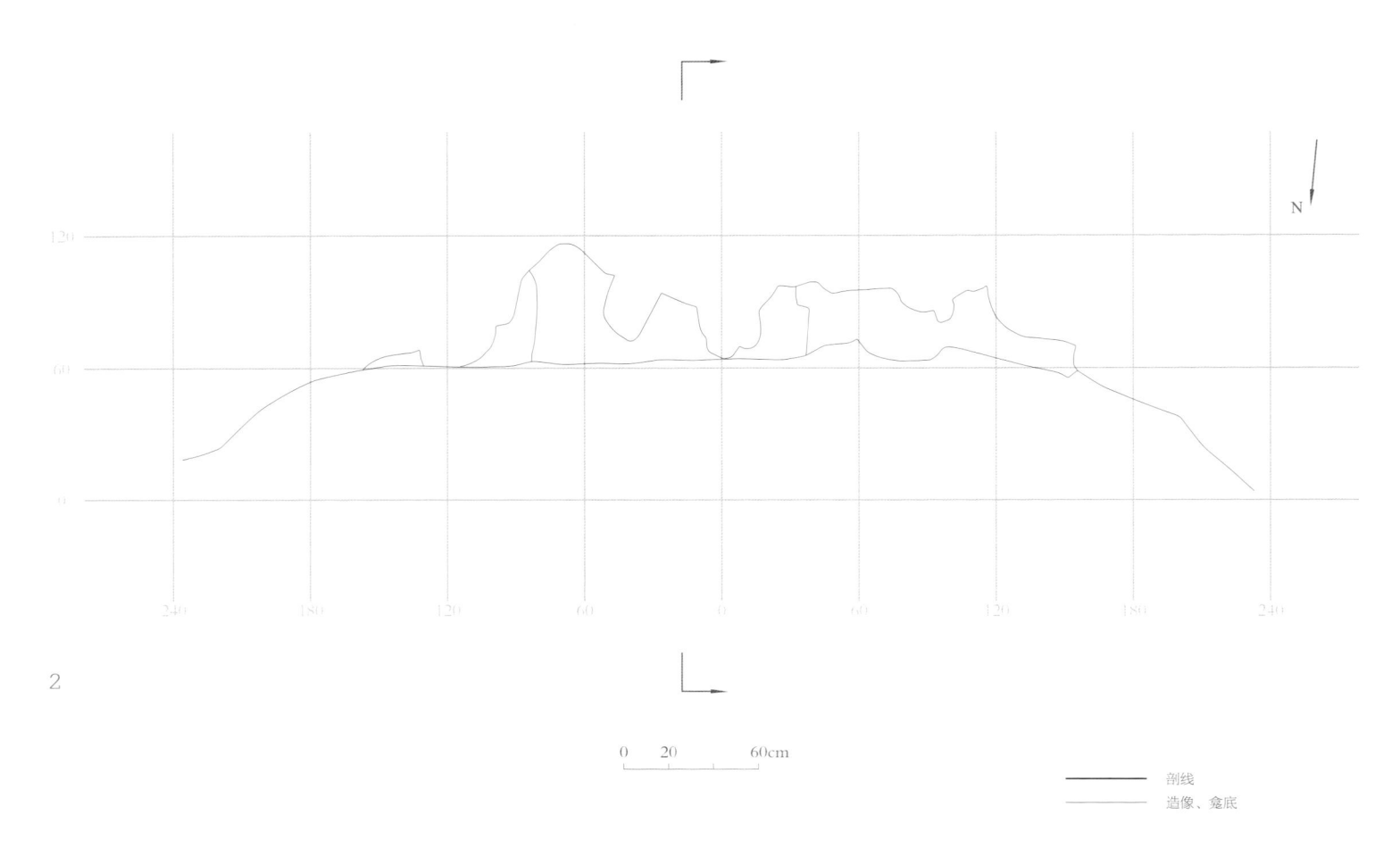

图 126　龙头山摩崖造像第 2 号龛平、剖面图
1　剖面图　2　平面图

主尊像　立像高290厘米，头长70厘米，肩宽66厘米，胸厚25厘米（图版Ⅰ：249）。头戴巾，面方，隆眉鼓眼，鼻毁口残。胸剥落，内着甲衣，外着对襟窄袖长服，腰束带作结，再束革带。左手屈肘平举，齐腕残断，肘部外侧刻火焰纹。右手于腰外侧握刀。刀身残断，残长约65厘米，柄末端系细带。双足略残，直身站立。右足前侧（龛底正面）存风火轮遗迹，外径38厘米。其左上方饰火焰纹，焰尖延至左足。头顶上方左右各起两道毫光，斜向上飘，延至龛顶。毫光间刻一坐像，头毁，残坐高约30厘米，浅浮雕圆形头光和桃形身光；可辨内着僧祇支，外着双领下垂式袈裟，双手腹前结印，结跏趺坐于仰莲台上。

左侧像　共立像3身（图版Ⅰ：250）。上方立像，身高110厘米。头戴冠，面方，极目远眺。着圆领窄袖服，腰系带作结。左手屈肘上举，右手胸前握绳索，侧身向右直立。中立像，身高118厘米，头戴盔形皮革帽，下颌系带作结。圆眼阔口（残），胸剥蚀，着圆领窄袖长服，腰系带，佩短刀。左手隐袖内斜伸，持幡扛于左肩。右手前伸，抓握下方立像衣领。下方立像，身高100厘米。戴束发冠，方面上扬，目视中像，双唇紧闭，着圆领窄袖服，腰间系带。左手前伸，抓中像腰带，右手残，屈肘举于胸前，似挡中像右手。

右侧像　共立像3身（图版Ⅰ：251）。上方立像，高145厘米。长发后飘，戴骷髅头发箍。方面略残，隆眉鼓眼，鼻翼粗大，嘴残。着对襟宽袖长服，腰系带。左手残，屈肘上举；右手腕镯，外伸体侧持一物，物残，微俯身站立。中立像半身，高约80厘米。头戴盔，下颌系带。面残，仅辨双目圆睁。肩系巾，着圆领窄袖服。左手横于胸前，右手握下方立像枷板。下方立像，高75厘米。束发，面残，颈戴枷。枷全长80厘米，宽25厘米。着窄袖服。左手托枷板，右手前伸按山石上。侧身跪地。

三　第3号

（一）位置

位于龙头山大道北侧巨石东面，其右侧紧邻大道；相距第2号龛约600米。

龛口东向，方向85°。

（二）形制

单层圆拱龛（图127；图版Ⅰ：252）。

龛口略呈圆拱形，左侧残毁甚重，龛口残高125厘米，宽145厘米，深65厘米。龛底呈方形，龛壁为弧壁，左侧毁，龛顶为券顶。

（三）造像

龛内刻半身佛像1身（图版Ⅰ：252）。头毁，后世以水泥补塑完整，高约110厘米。身蚀，可辨着双领下垂式袈裟，双手不现。

四　第4号

（一）位置

位于龙头山大道北侧坡顶巨石的东北壁面，相距第2号龛约600米。

龛口东北向，方向50°。

（二）形制

单层方形龛（图128、图129；图版Ⅰ：253）。

龛口呈横长方形，部分残，高130厘米，宽163厘米，至后壁最深约115厘米。龛底呈方形，后侧建一级低坛，高25厘米，宽160厘米，深约8厘米。壁面竖直，正壁与左右侧壁略垂直相接。龛顶平顶，呈方形。

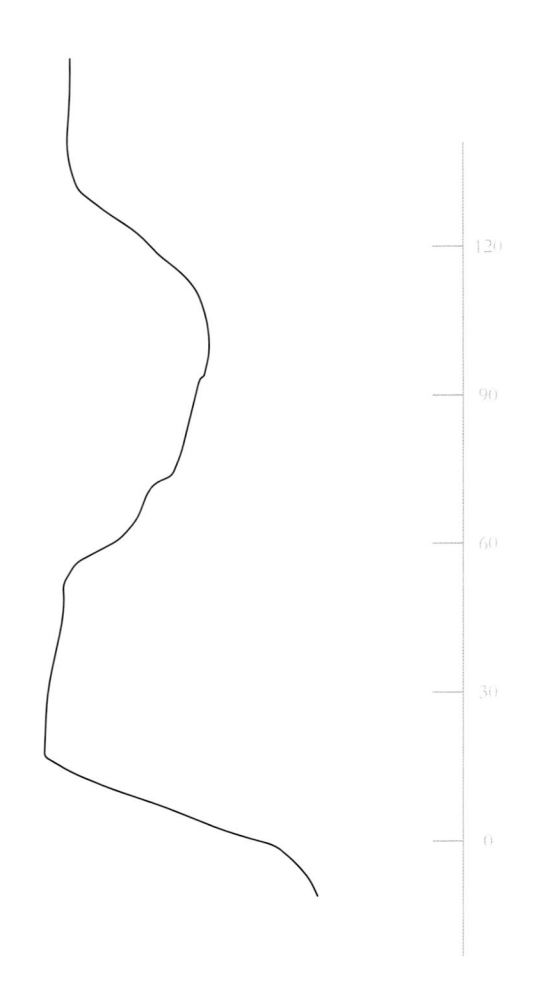

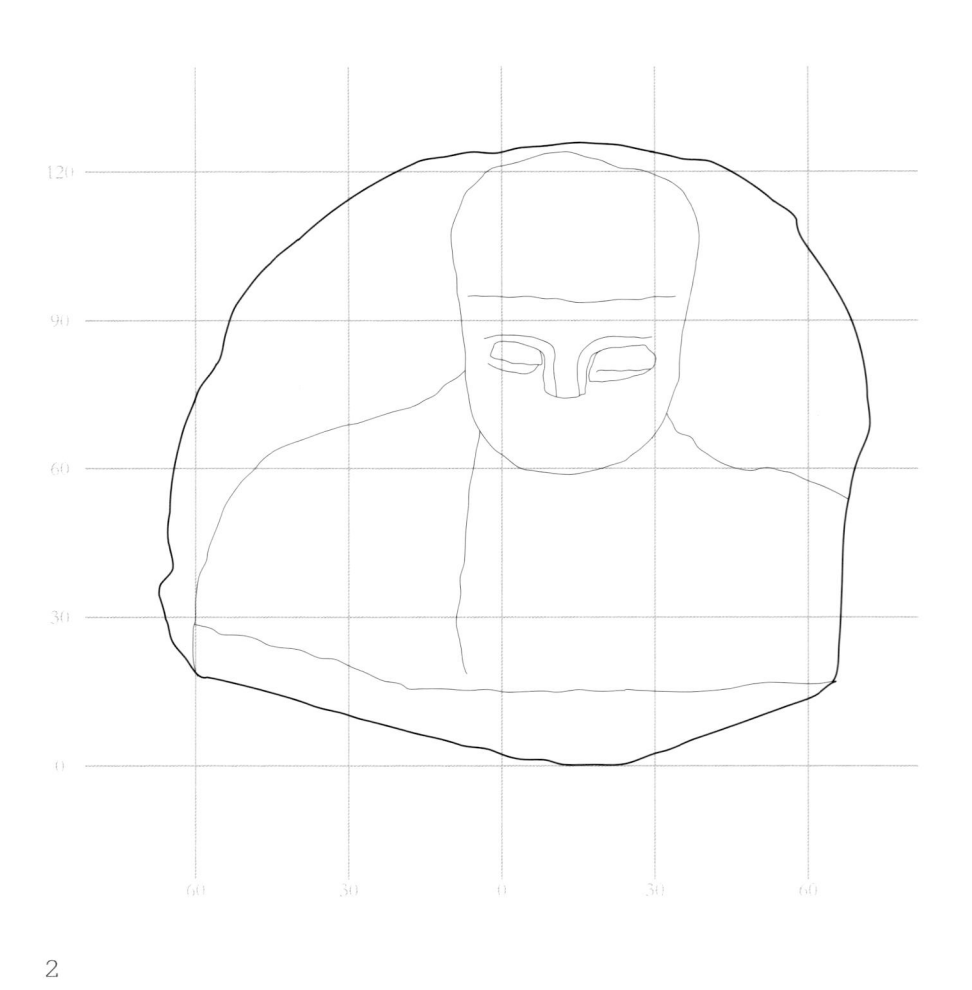

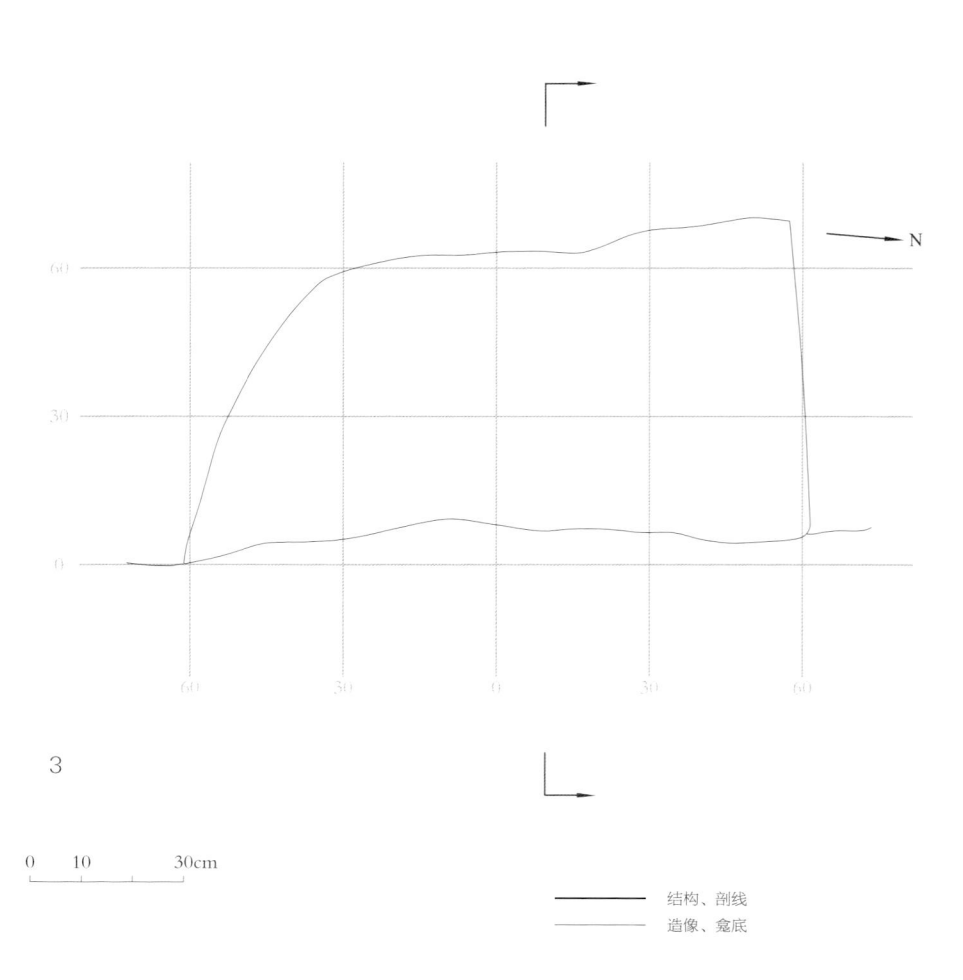

图 127　龙头山摩崖造像第 3 号龛平、立、剖面图
1　剖面图　2　立面图　3　平面图

（三）造像

龛内刻像5身。其中，正壁刻主尊坐像3身，左右侧壁各刻立像1身。壁面饰山石、云纹（图128；图版Ⅰ：253）。

主尊像 3身，皆残毁甚重，仅辨轮廓，残坐高约58—60厘米；结跏趺坐于低台上。台前存下垂的袖摆和裙摆遗迹。低台高26厘米，宽156厘米，深23厘米。

左立像 残蚀甚重，残高约85厘米。

右立像 残损甚重，残高约84厘米。可辨双手置腹前，似持剑，剑身斜置左腿前。

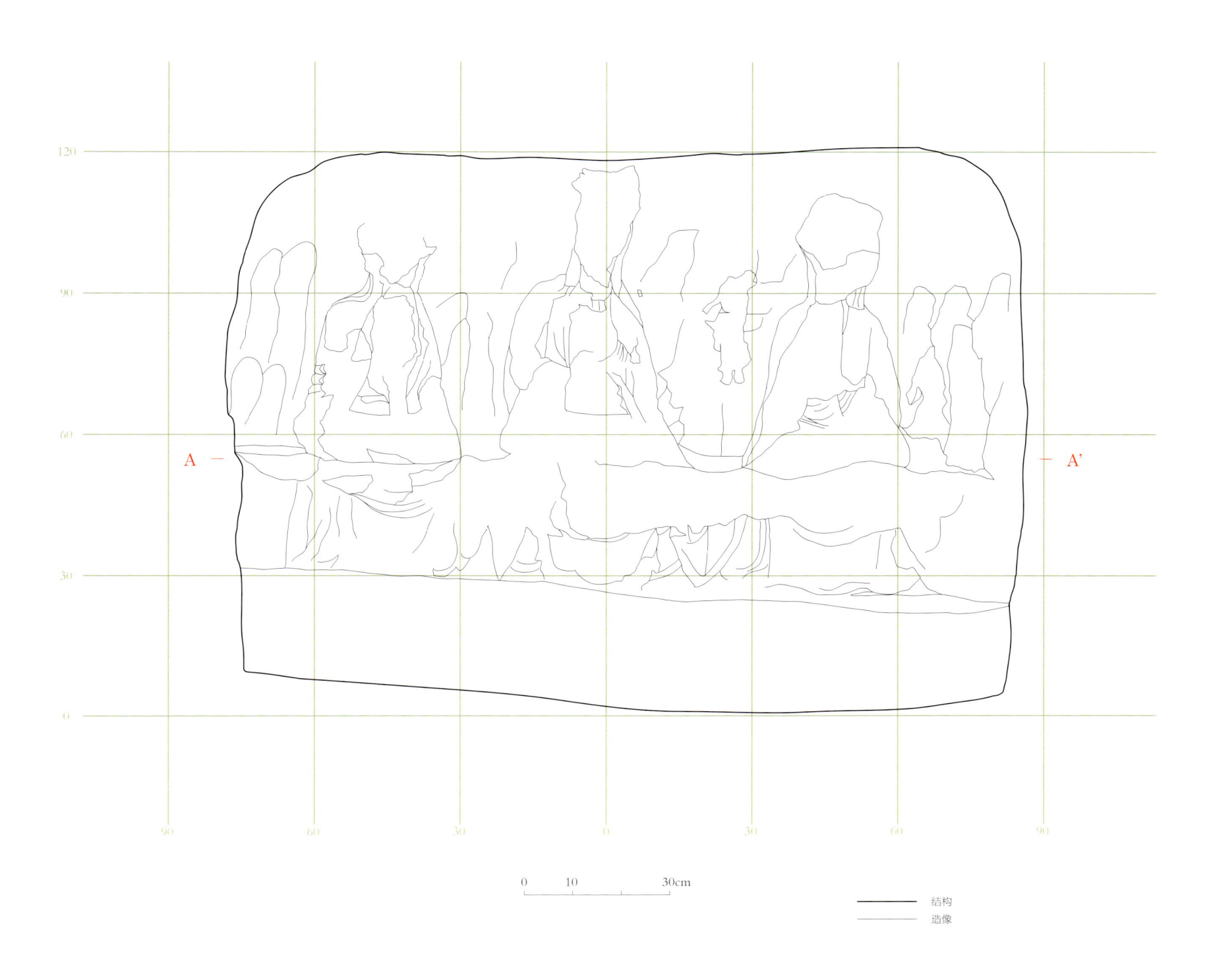

图128 龙头山摩崖造像第4号龛立面图

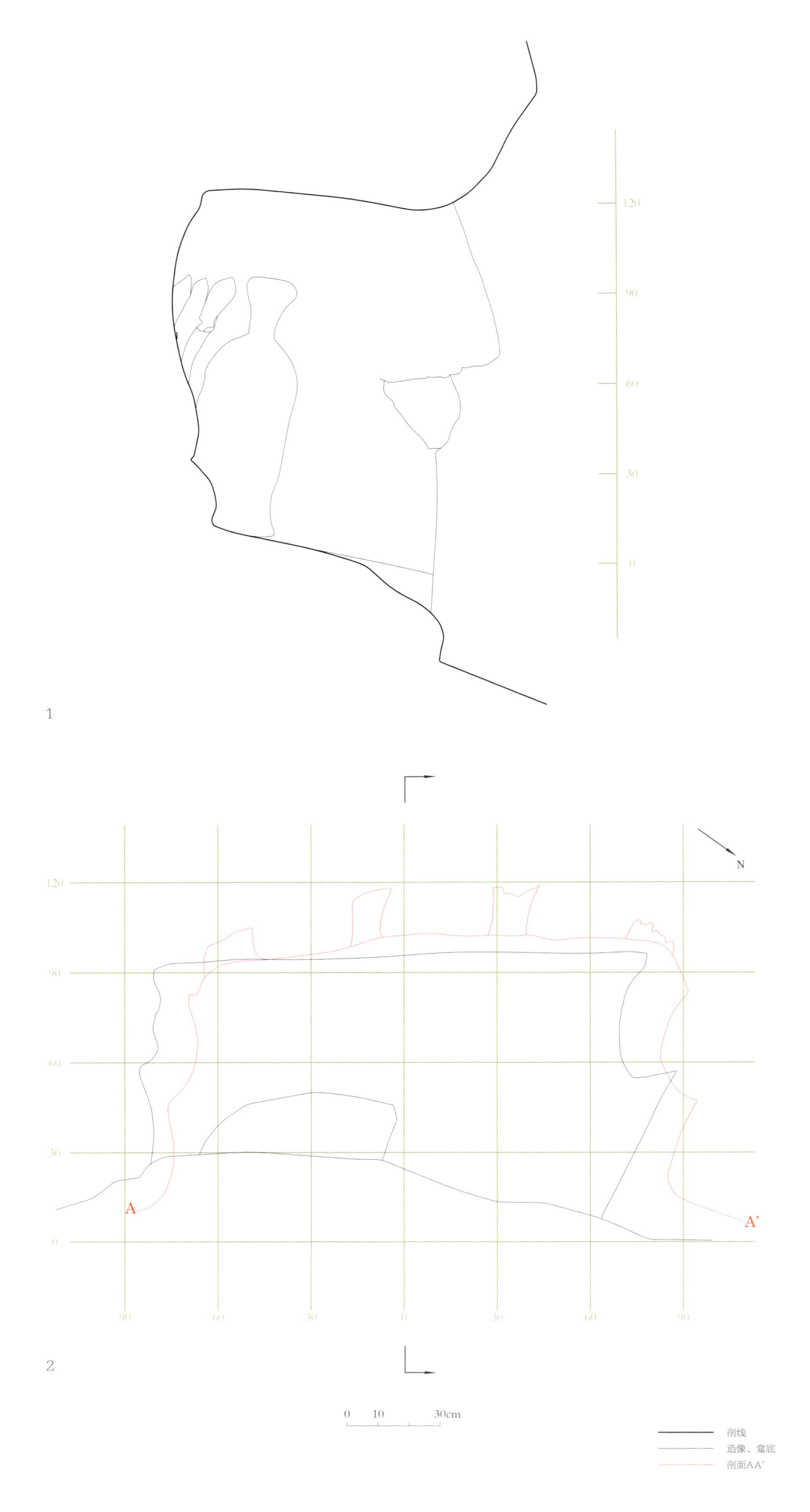

图 129　龙头山摩崖造像第 4 号龛平、剖面图
1　剖面图　2　平面图

五 第5—7号

（一）位置

位于龙头山大道南侧独立巨石堡的西、北、东三面，相距第3号龛约80米，其北侧紧邻大道。

（二）形制

于独立巨石堡西、北、东三壁面直接开龛凿像，三龛像比邻。

1. 第5号龛面东，龛口呈圆拱形，高88厘米，宽100厘米，至后壁最深约65厘米（图130、图131；图版Ⅰ：254）。龛底方形，略呈下垂的弧面。正壁竖直，与左右侧壁垂直相接；左右侧壁为圆弧壁面。龛顶为券顶。

2. 第6号龛面北，龛口呈圆拱形，高90厘米，宽97厘米，至后壁最深约45厘米；形制与第5号龛略同（图132；图版Ⅰ：255）。

3. 第7号龛面西，龛口呈圆拱形，高88厘米，宽100厘米，至后壁最深约65厘米；形制与第5号龛略同（图133；图版Ⅰ：256）。

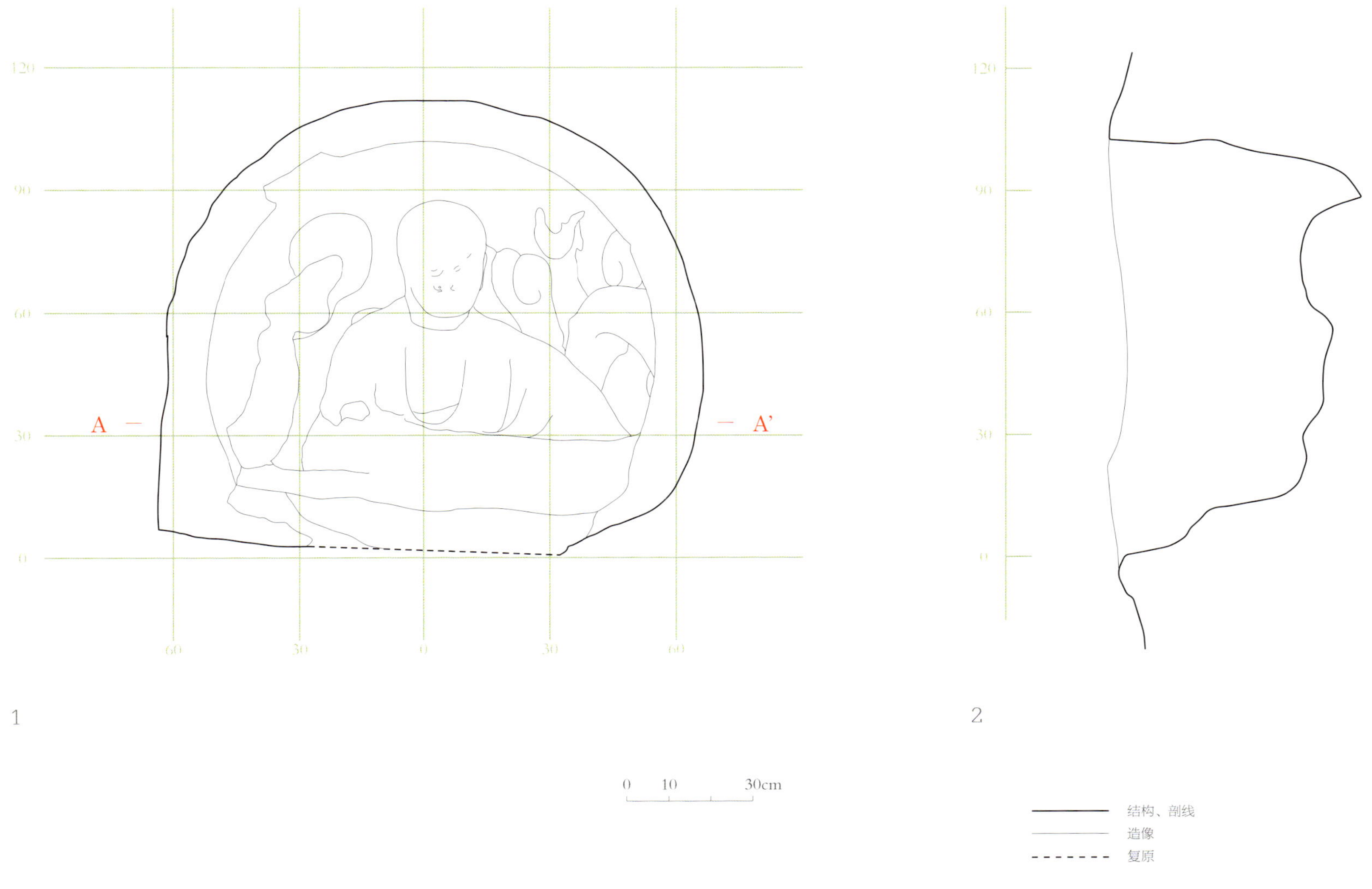

图130　龙头山摩崖造像第5号龛立、剖面图
1　立面图　2　剖面图

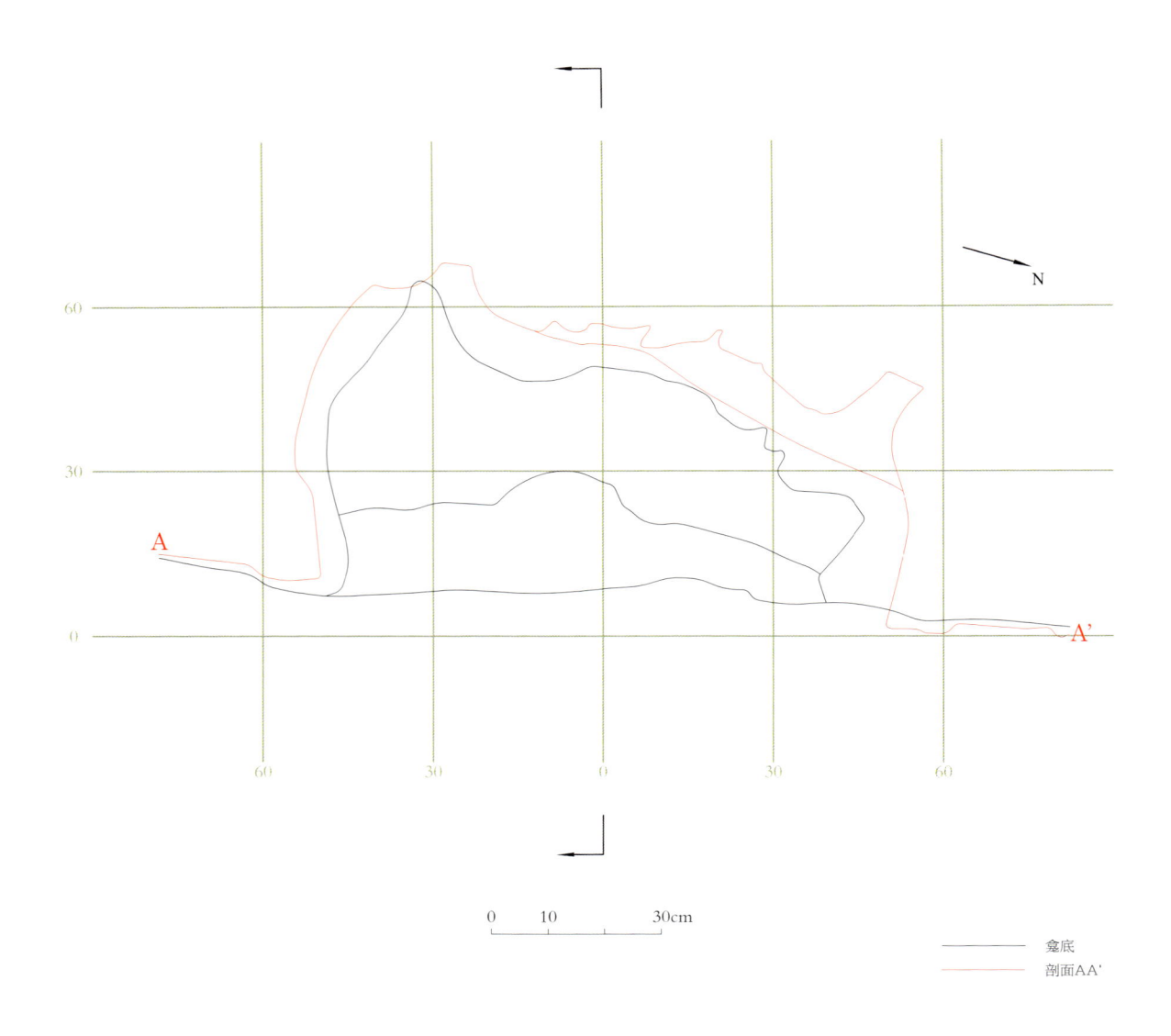

图131　龙头山摩崖造像第5号龛平面图

（三）造像

第5号龛内刻半身佛像1身，高约72厘米（图130-1；图版Ⅰ：254）。头、面残，着双领下垂式袈裟，双手于左前侧抱龙身。龙身残蚀，呈卷曲状，现一腿竖伸，爪半开。壁面饰云纹。

龛外左右刻楹联，高60厘米，宽15厘米，顶作莲叶形，字漶不识。龛外上方饰粗糙的云纹。

第6号龛内刻半身佛像1身，高70厘米（图132-1；图版Ⅰ：255）。头、面残，自头顶发出两道毫光，沿龛顶斜向延至龛口。着双领下垂式袈裟。双手胸前结印，部分残。双手右前侧龛底饰云纹。

龛外左右约40厘米处各竖刻1行，"释迦｜牟尼[1]佛"，共5字，字径16厘米（图版Ⅱ：85）。

龛外左侧约50厘米处凿摩崖方碑，高52厘米，宽106厘米，深11厘米，内素平。

第7号龛内刻半身佛像1身，高66厘米（图133-1；图版Ⅰ：256）。头、面残，可辨内着僧祇支，外着双领下垂式袈裟。左手不现，右手屈肘上举持锡杖。杖全长62厘米，可辨杖首。锡杖与壁面间饰云纹。

龛外左右竖刻楹联，部分残。

龛外左下约78厘米处刻摩崖方碑，泥层遮挡，高24厘米，宽80厘米，深6厘米，内素平。

（四）晚期遗迹

第5、6、7号龛壁皆保存红色、灰白色两种涂层。

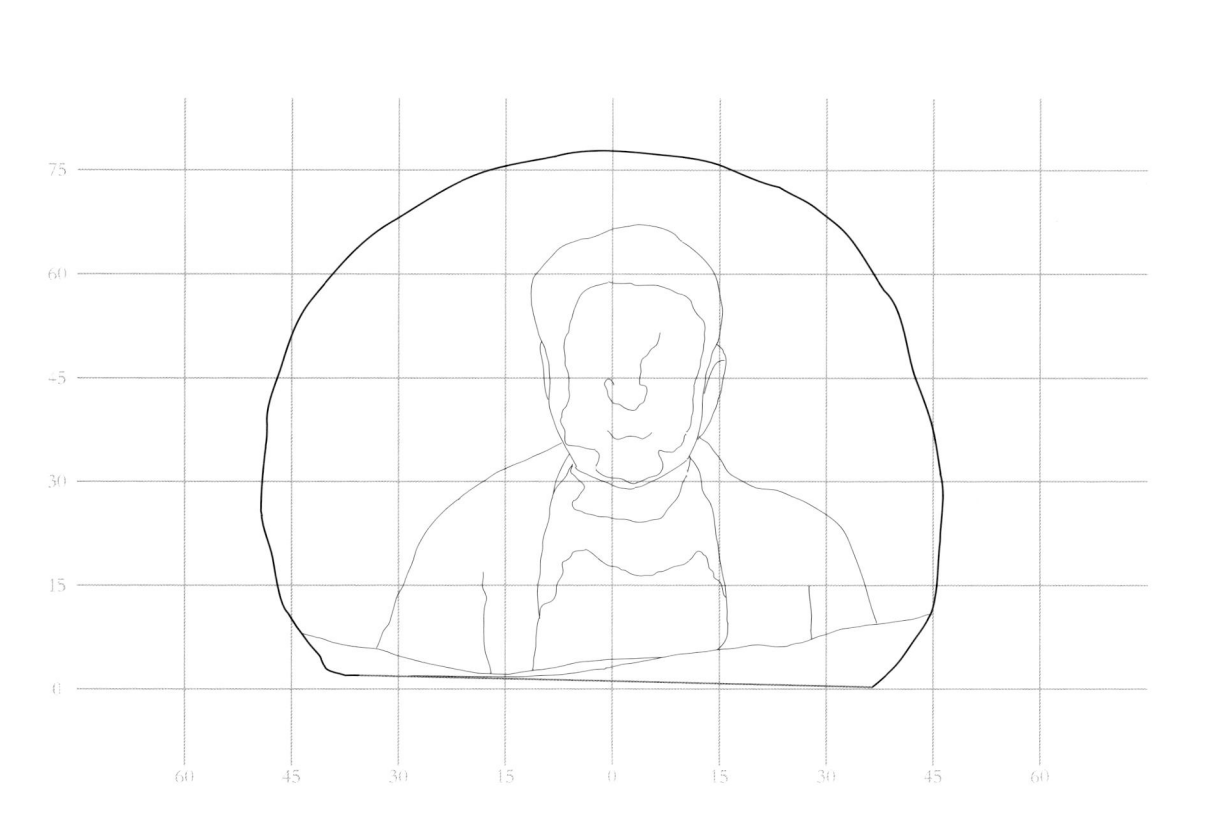

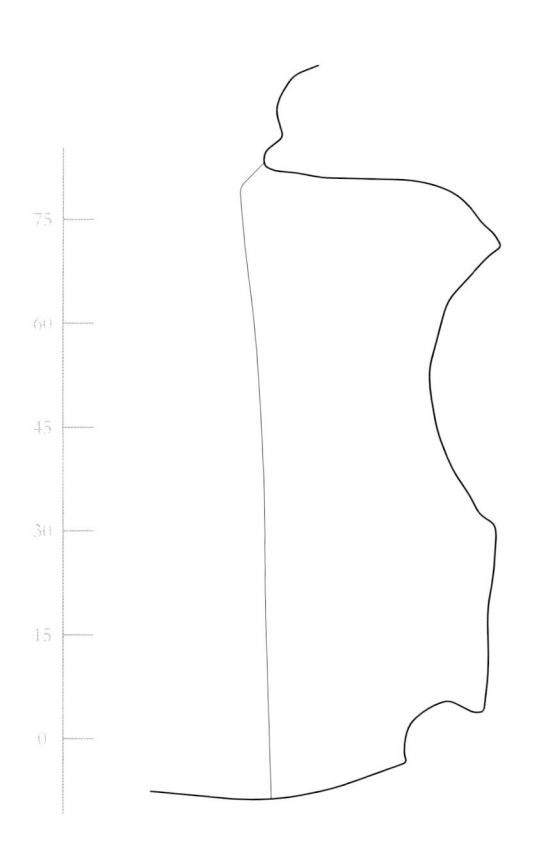

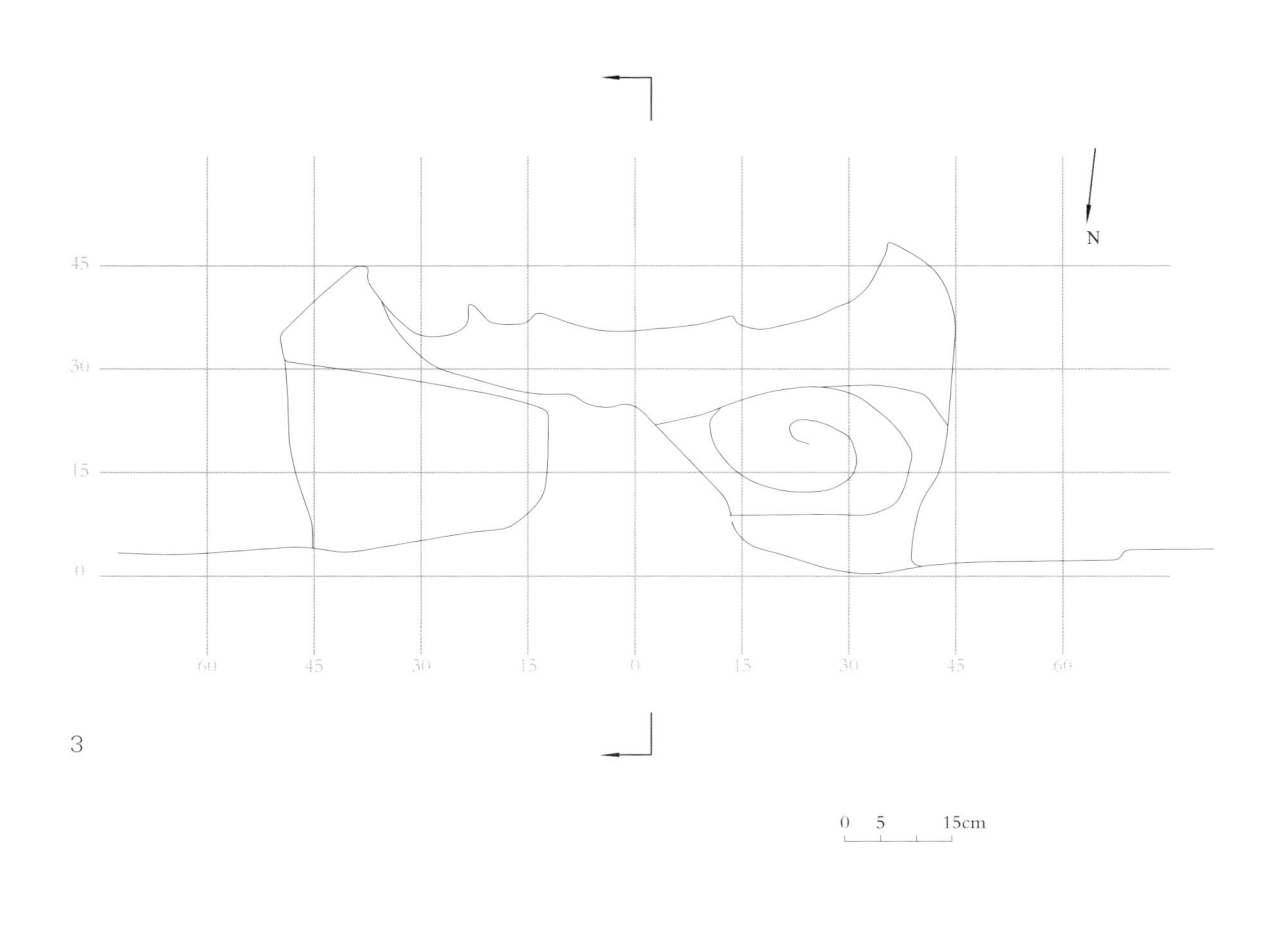

图 132 龙头山摩崖造像第 6 号龛平、立、剖面图
1 立面图 2 剖面图 3 平面图

第三章 宝顶山石窟周边区域造像

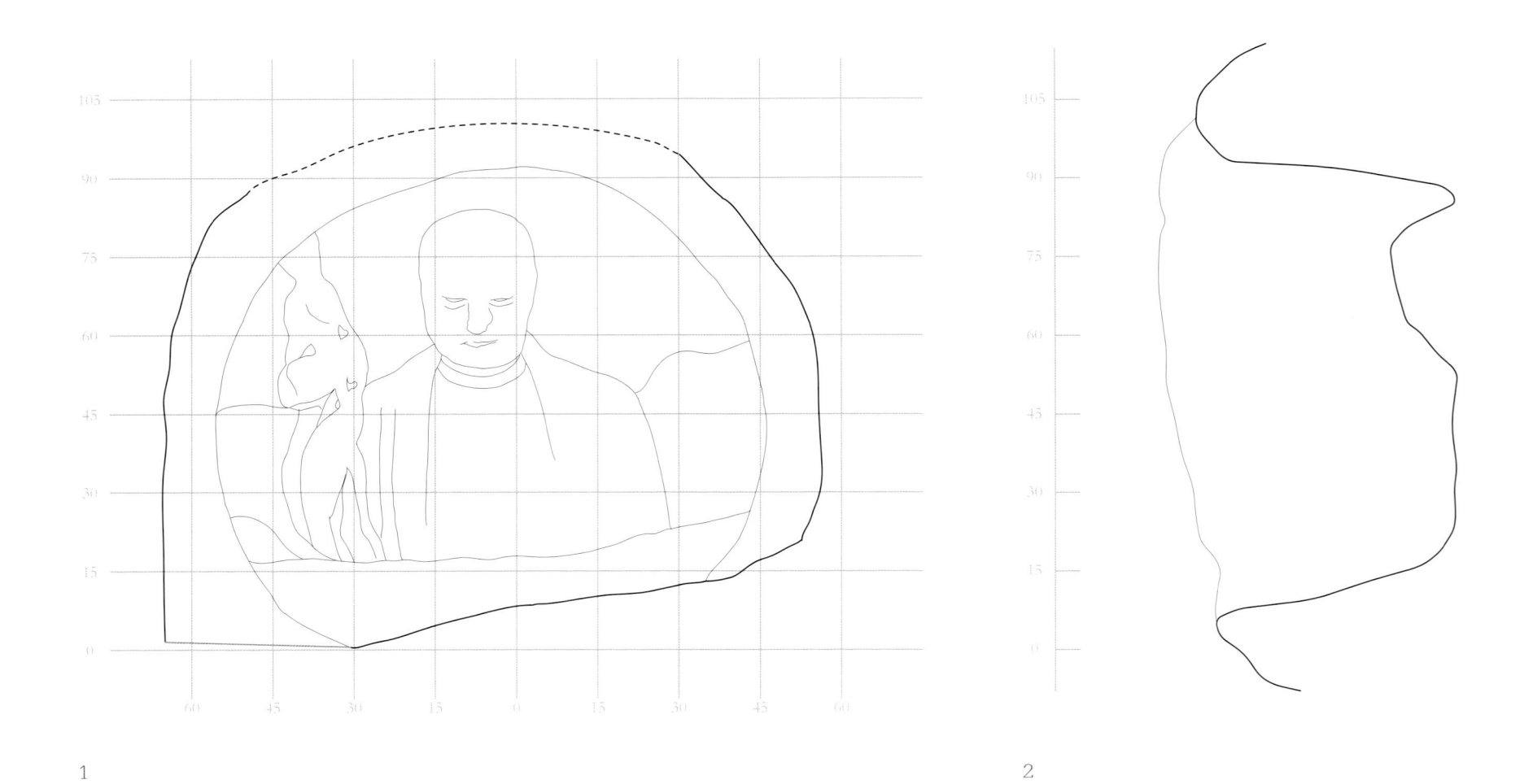

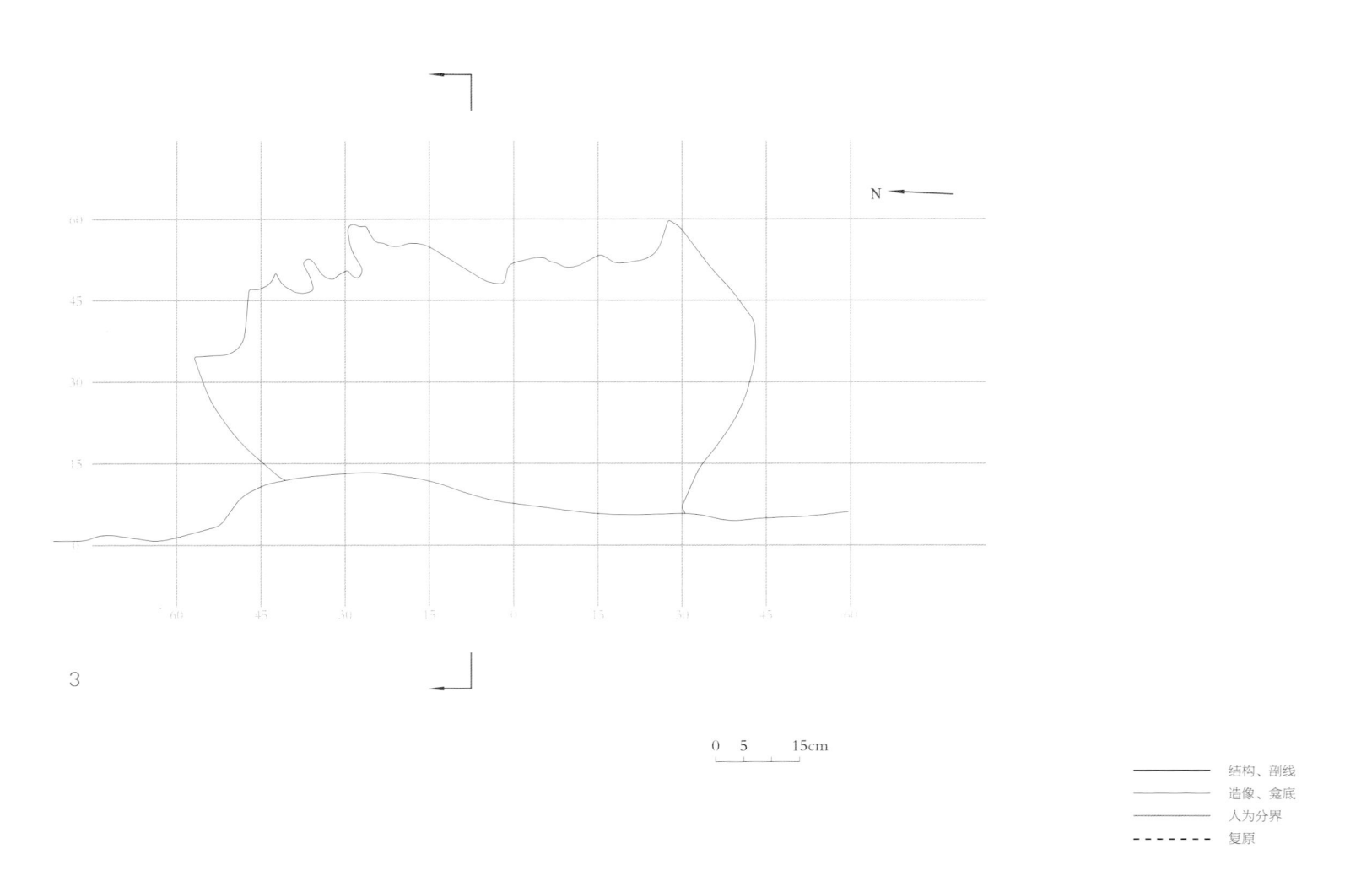

图 133 龙头山摩崖造像第 7 号龛平、立、剖面图
1 立面图　2 剖面图　3 平面图

六　第8号

（一）位置

位于龙头山大道南侧巨石的北壁，相距第5—7号龛所在巨石堡约10米；其北侧相距大道约5米。

龛口西北向，方向330°。

（二）形制

单层方形龛（图134、图135；图版Ⅰ：257）。

龛口呈方形，高145厘米，宽128厘米，至后壁最深约75厘米。龛口左右上角作圆弧处理。龛底毁。龛正壁竖直，与左右侧壁圆转相接。龛顶略呈圆弧形。

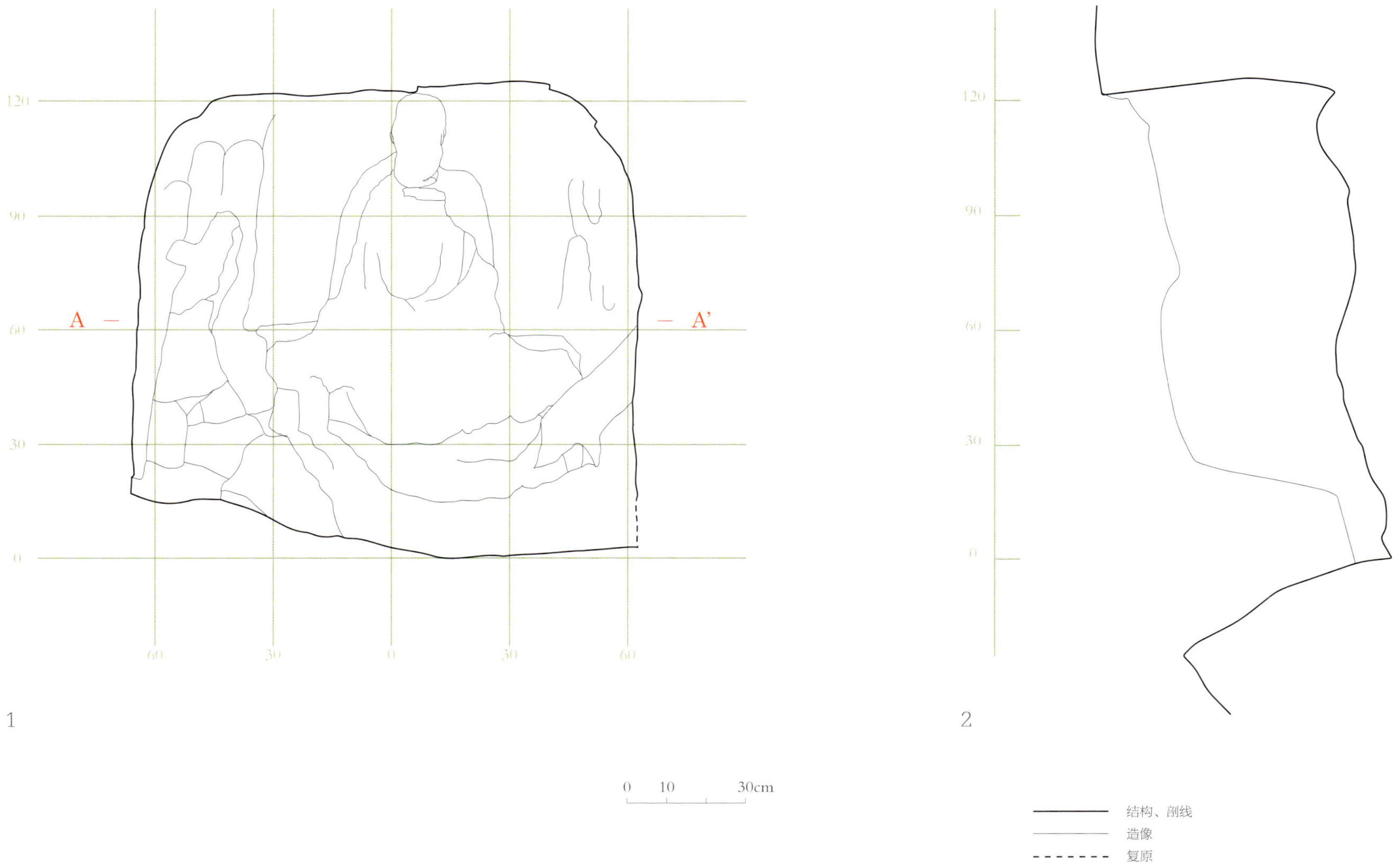

图134　龙头山摩崖造像第8号龛立、剖面图
1　立面图　2　剖面图

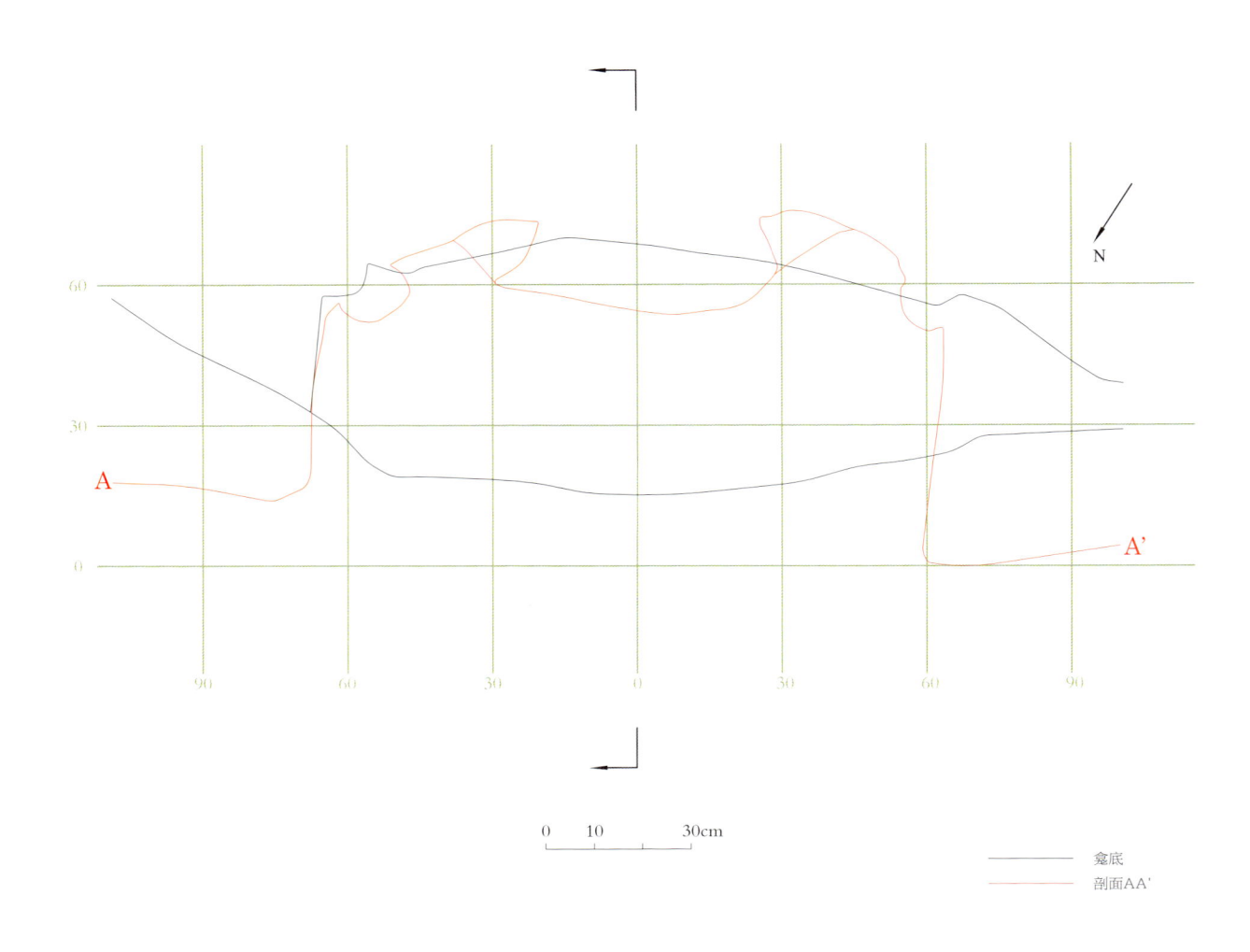

图 135　龙头山摩崖造像第 8 号龛平面图

（三）造像

龛内刻像2身。居中刻主尊坐像1身，右侧壁刻立像1身（图134-1；图版Ⅰ：257）。

主尊像　残蚀甚重，残坐高69厘米。可辨内着僧祇支，外着双领下垂式袈裟。双手置腹前，结跏趺坐于方台上。台大部残。台左下刻一兽，部分残，作低头俯冲状。

立像　残毁甚重，残高62厘米。可辨着齐膝上衣，下着裤。双手上举，迈右腿，作向上摘取状。正壁及左右壁交接处饰山石、云纹。龛外上方左起横刻"南无阿弥陀佛"6字，字径22厘米（图版Ⅱ：86）。

（四）晚期遗迹

龛壁保存红色涂层。

第三节 三元洞

一 位置

位于龙头山大道西北侧5米三元洞坡顶凸显的巨石堡上，相距龙头山第8号龛约250米（图版Ⅰ：258）。地理坐标为东经105°48′09.9″，北纬29°45′47.2″。

龛口东南向，方向140°。

二 形制

单层方形龛（图136、图137；图版Ⅰ：259）。

龛口呈横长方形，残损甚重，残高约380厘米，宽约650厘米，至后壁最深约50厘米。2005年，信众于龛外用砖、石、木建保护性建筑三间，占地约40平方米。

图136 三元洞摩崖造像立面图

第三章 宝顶山石窟周边区域造像 227

1

2

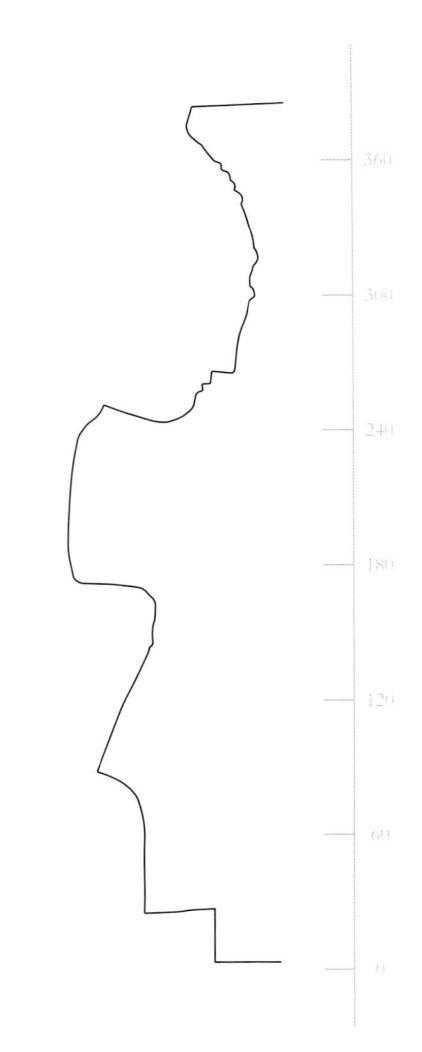

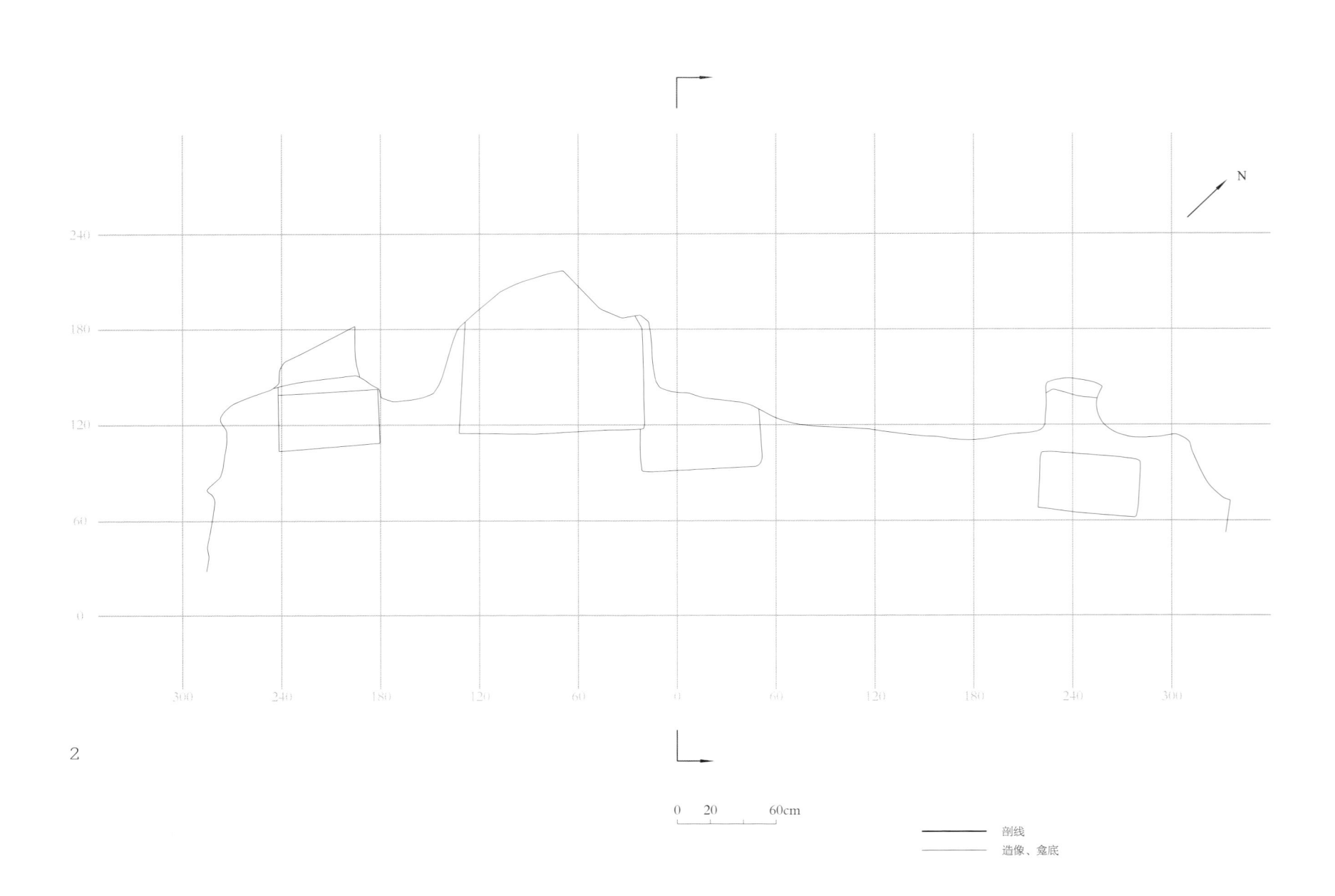

图137 三元洞摩崖造像平、剖面图
1 剖面图　2 平面图

三 造像

原造像部分毁[1]。上世纪末，当地信众将其重新补塑完整，并妆彩；使得造像原貌有极大的改变（图版Ⅰ：259）。

现存造像11身，皆半身，大致分布于石堡的正壁和右壁。其中，正壁中部为佛像1身，其下为文官像1身和盘龙1条；左侧上部横刻菩萨像1身和护法像1身，下部横刻弟子、文官和贵妇像各1身；右侧为菩萨像和护法像各1身。右壁外侧为一老翁和一老妇像，其左侧与正壁转折处刻光头弟子像1身。

四 晚期遗迹

造像被信众重新补塑、妆彩，存红、白、蓝、绿、黄、黑等六种涂层。

龛前侧新建一座保护性建筑，面阔三间；前侧设石板梯道与龙头山大道相接。

第四节 大佛坡

大佛坡造像共2龛，分别位于大佛坡坡顶的巨石堡和独立四方石堡上，相距约20米（图138；图版Ⅰ：260）。将巨石堡龛像编为第1号，四方石龛像编为第2号。

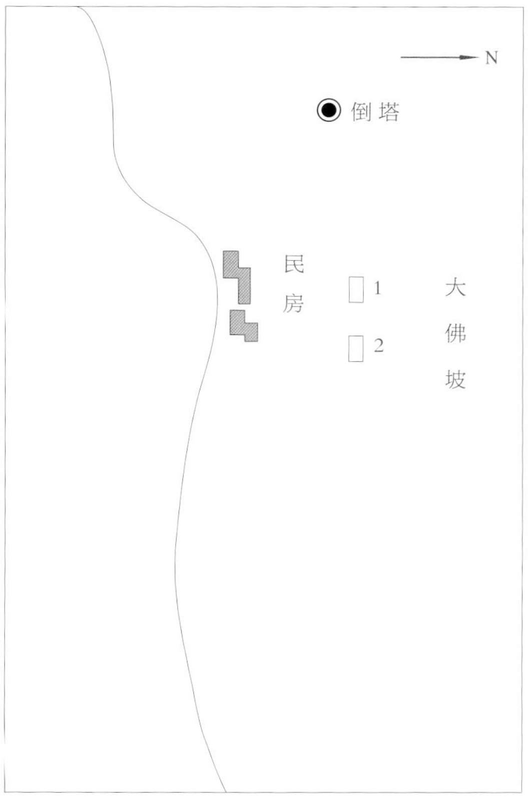

图 I38 大佛坡摩崖造像分布示意图

---

[1]《大足石刻内容总录》记载："主像为毗卢佛，面东，半身，头布螺髻，面下已残。左右侧各立一金刚，均为半身，也已风化剥蚀。三像下方壁面上刻有雷音图。按从左至右（南至北）顺序，分别为：1.风伯，左手抱风袋，右手持袋口向下，作放风状。2.雨师，左手于腹前持钵，右手上指天，胯下骑有一条飞龙，作布雨状。3、4、5.像均风化，残缺破损，不辨何像。6.电母，为妇人打扮，手持一镜，头上方刻有四字：'□□电母'。雷音图各像下方及像间，刻有云彩及云钩。本处造像基本上已全部风化剥蚀"。四川省社会科学院、大足县文物保管所等编：《大足石刻内容总录》，四川省社会科学出版社1985年版，第257—258页。

一　第1号

（一）位置

位于大佛坡坡顶巨石堡东壁，其东向前侧20米为第2号龛，南向约60米为村民住宅，紧邻龙头山大道，西侧约100米为倒塔坡。地理坐标为东经105°47′52.2″，北纬29°45′18.3″。

龛口东南向，方向162°。

（二）形制

单层方形龛（图139、图140；图版Ⅰ：261）。

于巨石堡东壁开凿而成。龛沿宽约15厘米，大部残。龛口呈横长方形，高135厘米，宽243厘米，至后壁最深76厘米，下距地坪约70厘米。龛口左右上角作弧面处理，龛口下部经打磨后，线刻云纹。龛底略呈半圆形。正壁竖直，与左右侧壁圆转相接。龛顶为券顶。

（三）造像

龛内并列半身佛像2身（图139；图版Ⅰ：261）。

图139　大佛坡摩崖造像第1号龛立面图

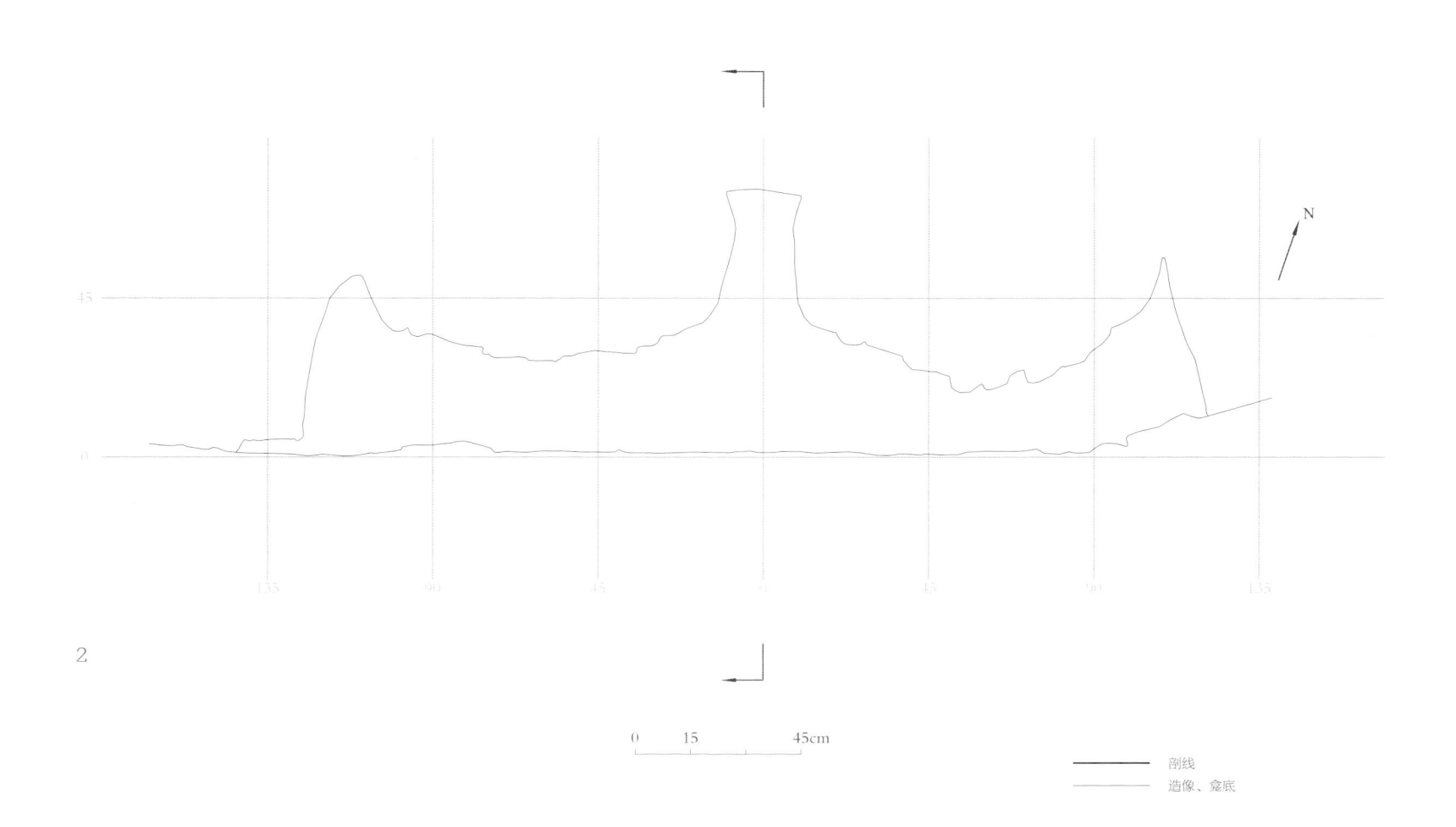

图 140　大佛坡摩崖造像第 1 号龛平、剖面图
1　剖面图　2　平面图

第三章　宝顶山石窟周边区域造像　231

左佛像　半身高118厘米，头长52厘米，肩宽74厘米，胸厚27厘米。头刻尖状螺发，发际线平直，与耳上缘齐平；刻髻珠。面方正，弯眉，眼半睁，直鼻，抿唇，双耳肥大，颈刻三道肉褶线。内着僧祇支，外着双领下垂式袈裟。双手覆巾，置胸前托物，物毁。

右佛像　半身高120厘米，头长52厘米，肩宽75厘米，胸厚27厘米。外着双领下垂式袈裟，袈裟一角系于左肩哲那环上。双手覆巾，于胸前托钵。钵略残，高11厘米，直径24厘米。余与左佛像同。

（四）铭文

偈语，南宋淳熙至淳祐年间（1174—1252年）。位于二佛像之间壁面。刻石面高46厘米，宽46厘米，文左起，竖刻4行20字，楷体，字径9厘米（图版Ⅱ：87）。

01　假使热铁轮

02　于我顶上旋

03　终不以此苦

04　退失菩提心

（五）晚期遗迹

龛内保存灰白色、红色、蓝色三种涂层。

二　第2号[1]

（一）位置

位于大佛坡坡顶东侧约20米的独立四方石堡上。地理坐标为东经105°47′57.5″，北纬29°45′17.4″。

（二）形制

于独立石堡四壁开龛造像（图141、图142；图版Ⅰ：262）。石堡略呈方形，通高约240厘米，周长约1290厘米，四壁宽度不一。其中，北壁最宽约370厘米，东壁最宽约340厘米，南壁最宽约280厘米，西壁最宽约300厘米。

各壁龛口皆呈方形，部分残。其中，北面龛高200厘米，宽350厘米，深45厘米；东面龛高160厘米，宽280厘米，深33厘米；南面龛高180厘米，宽270厘米，深40厘米；西面龛高230厘米，宽281厘米，深35厘米（图143、图144、图145）。

（三）造像

四龛内共刻像25身。其中，北面7身，东、南、西面各6身；皆作水平布置。

1. 北面

刻坐像7身（图143-2；图版Ⅰ：263）。其中，左侧5身位于较为明显的独立浅龛内，右侧2身位于壁面右端，皆部分残，裙摆悬垂座前；座前刻两朵仰莲，高约10—14厘米，直径约11厘米。从左至右编为第1—7像。

第1像　坐高92厘米。戴花冠，部分残。冠正面刻一身坐式化佛，面蚀，上着披巾，下着裙。双手残，置胸前持物，倚坐方台上。双足分踏仰莲。

第2像　头、身残，残坐高约52厘米。双手腹前似结印，结跏趺坐。

第3像　头残身毁，残坐高约62厘米。双手似举于胸前，结跏趺坐。

第4像　头毁身残，残高约49厘米。左手腹前托物，右手抚膝，结跏趺坐。

---

[1] 《大足石刻内容总录》以"大佛坡"附号记录该龛，定名为"二十四诸天像"，所记内容较简单："在一巨形方石（边长3.55米）的四壁，雕有二十四诸天，每壁六像，皆为坐式，坐身高0.92米，肩宽0.43米，中有男有女，风流潇洒，姿态各异，面、身多已风化残蚀。"四川省社会科学院、大足县文物保管所等编：《大足石刻内容总录》，四川省社会科学院出版社1985年版，第259页。

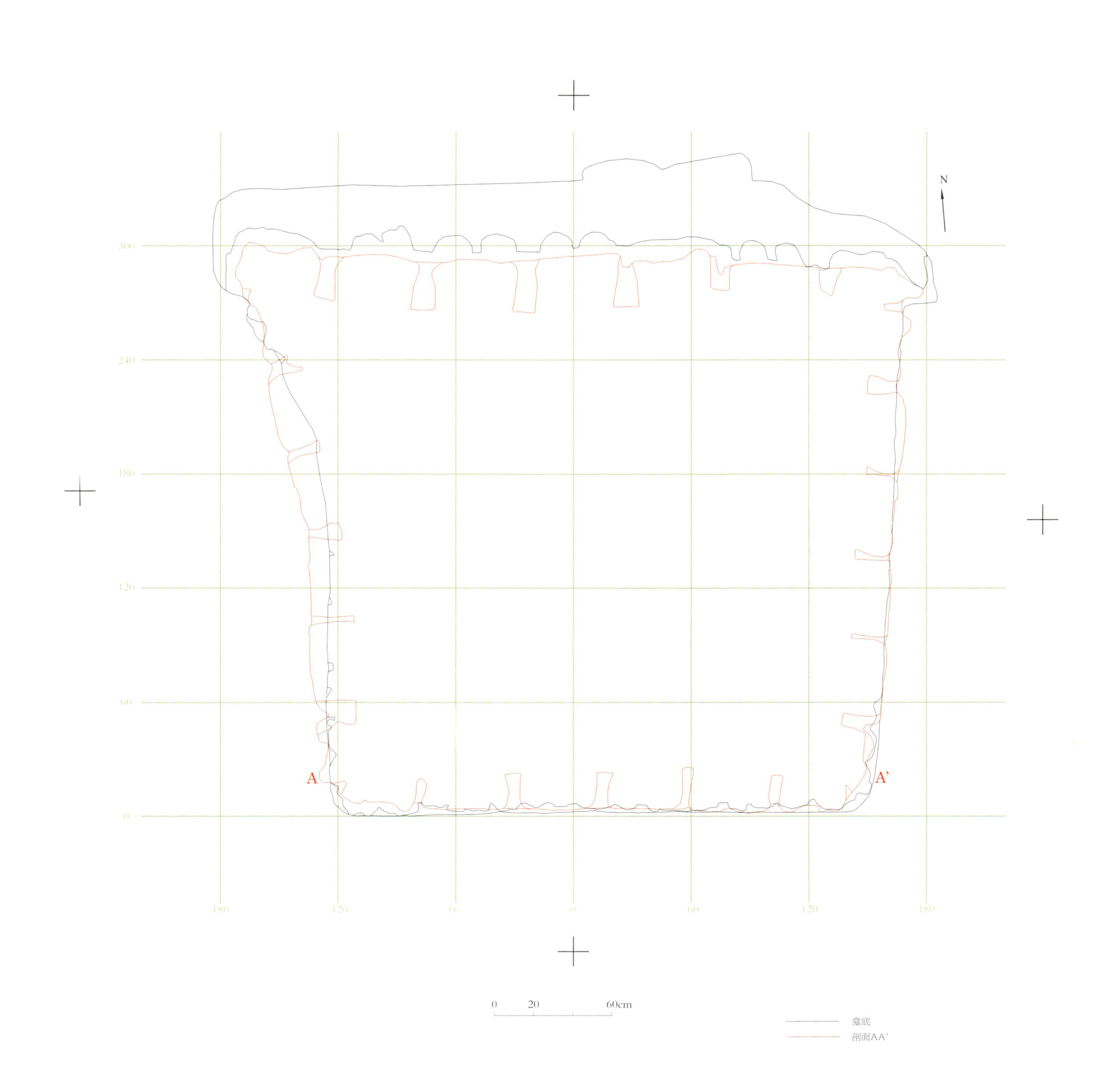

图 141　大佛坡摩崖造像第 2 号龛平面图

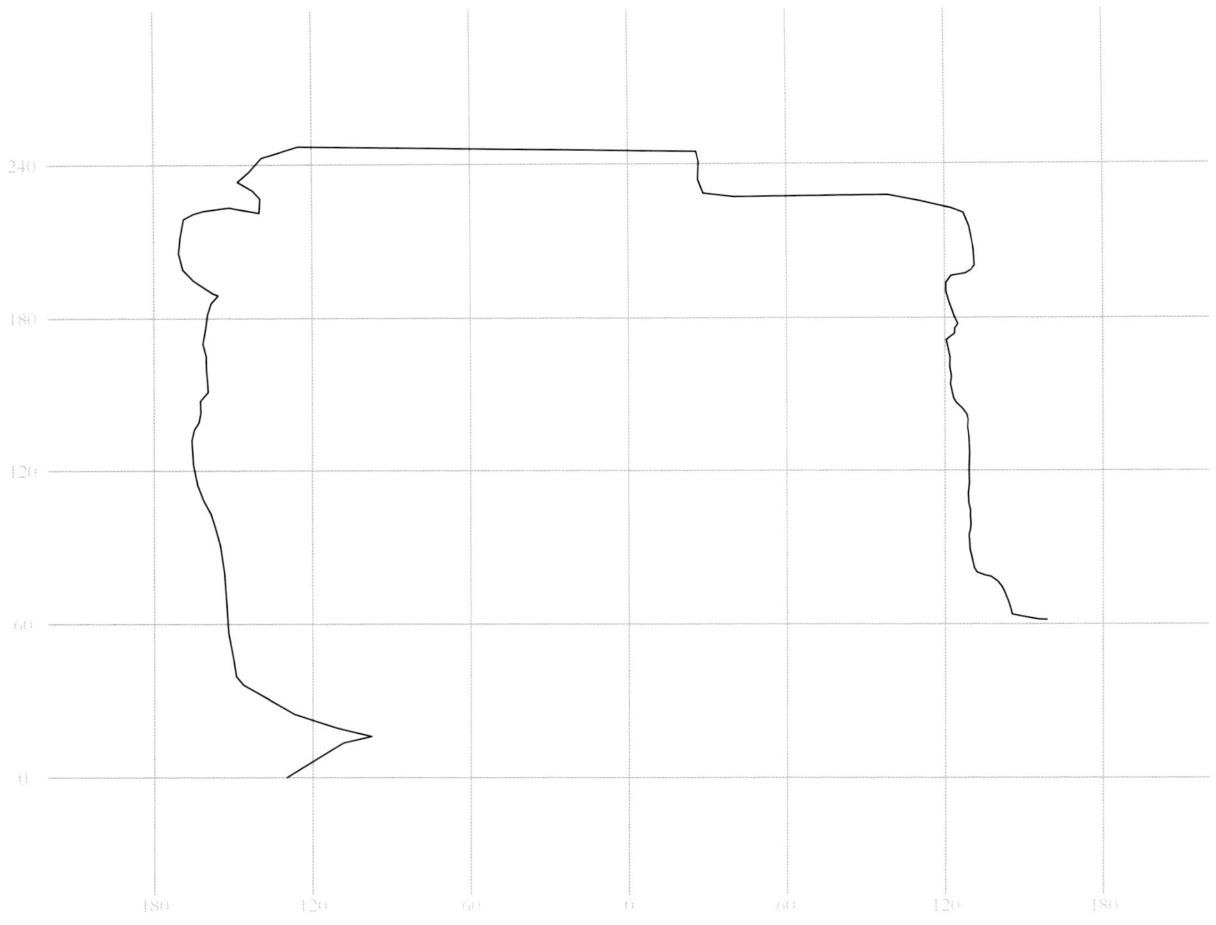

图 142　大佛坡摩崖造像第 2 号龛剖面图
1　东西向　2　南北向

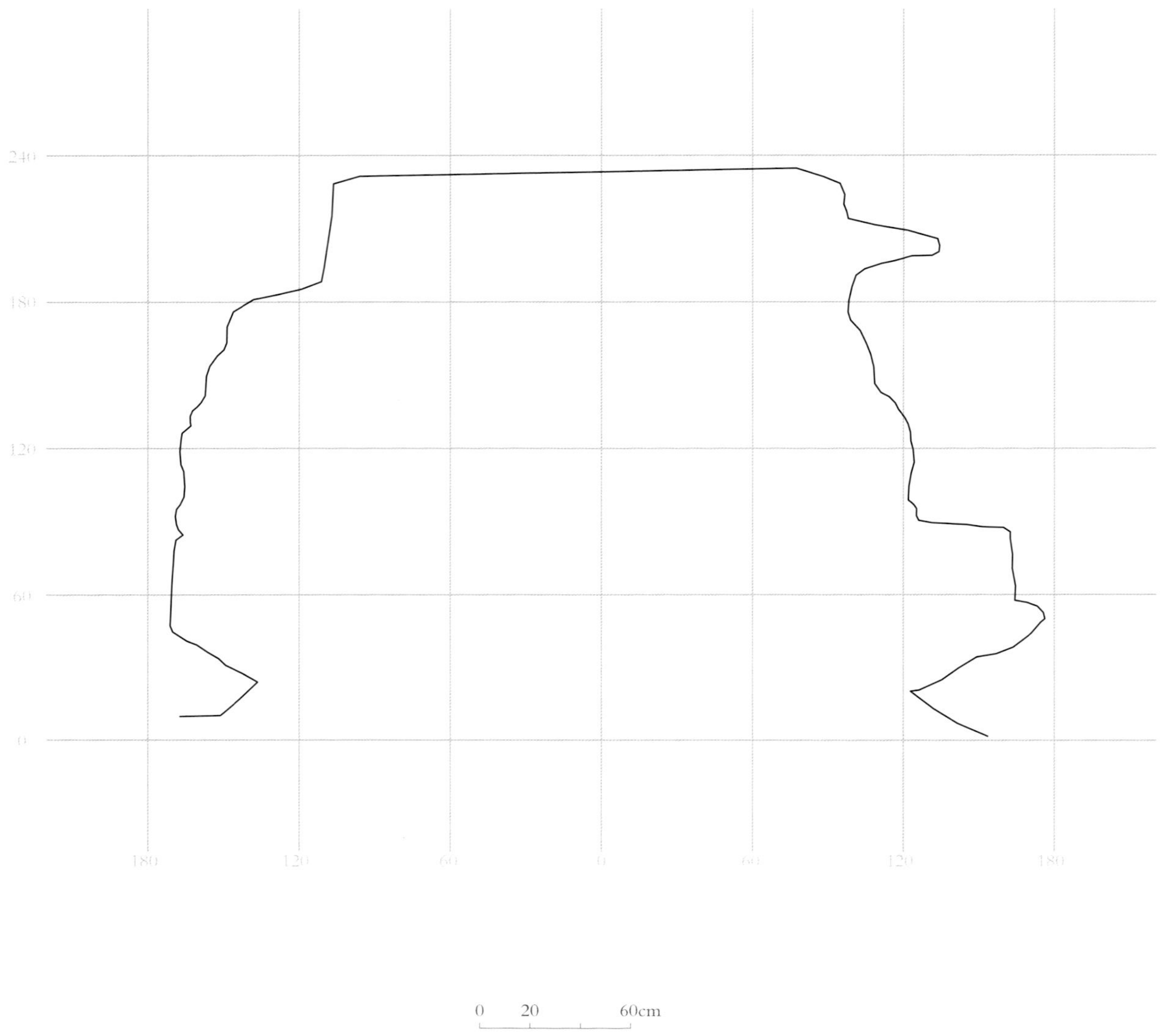

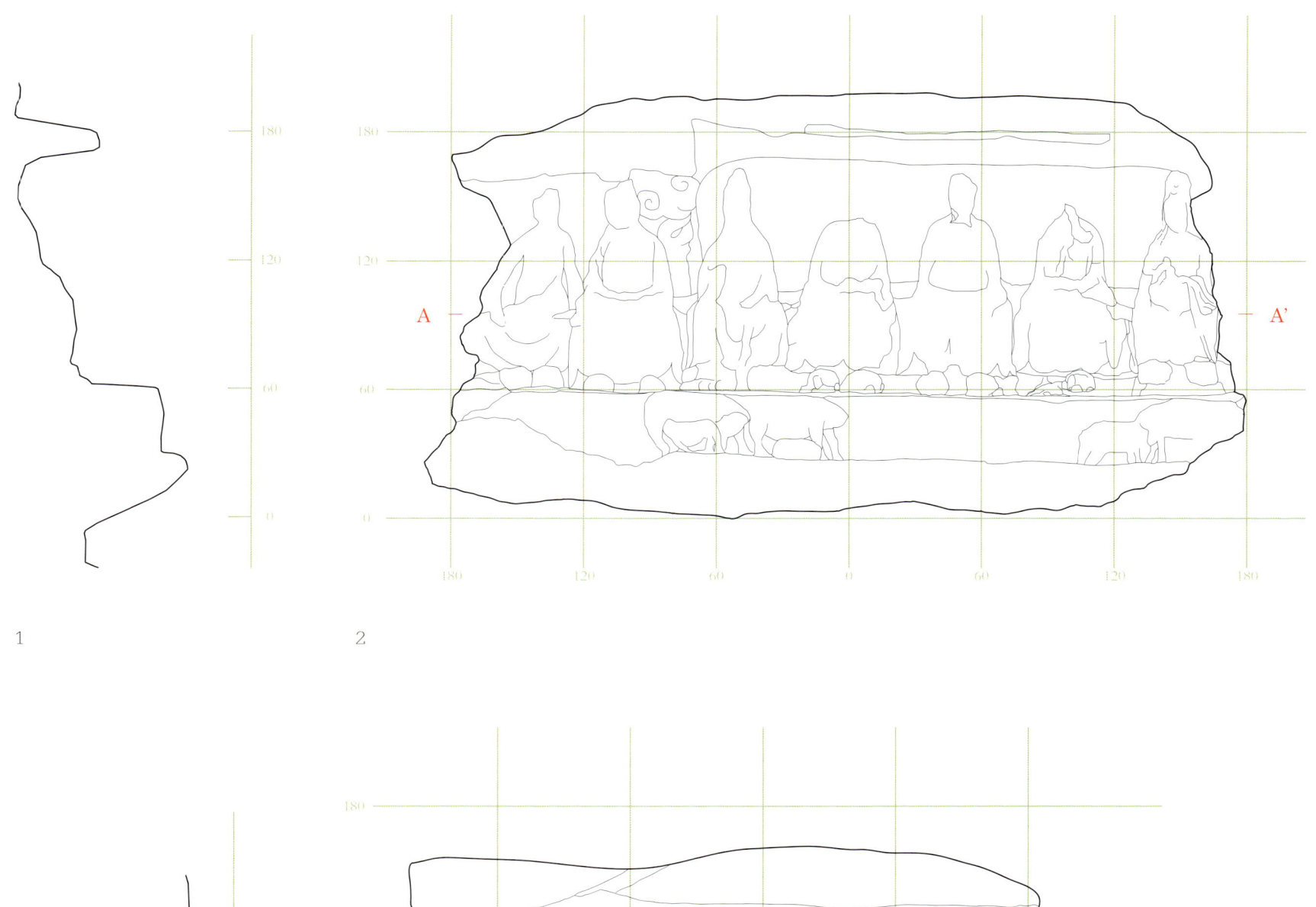

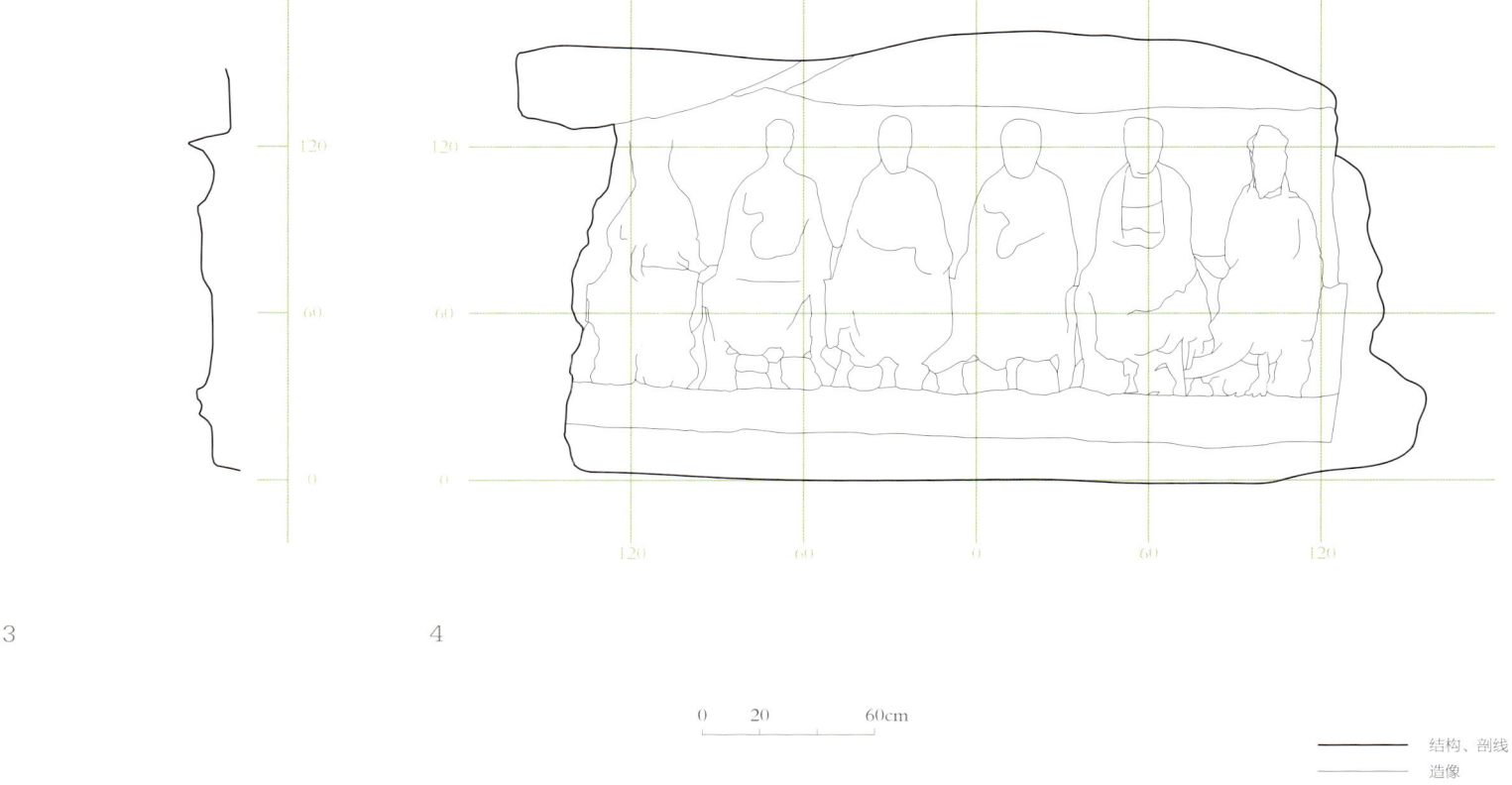

图143 大佛坡摩崖造像第2号龛北壁及东壁立、剖面图
1 北壁剖面图 2 北壁立面图 3 东壁剖面图 4 东壁立面图

第5像　头、肩残，残坐高93厘米。似戴冠，左手置腹前；右手残，举于胸前，倚坐于方台上，双足分踏仰莲。

第6像　坐高62厘米。头刻螺发，部分残。面圆，内着僧祇支，系带作结，外着双领下垂式袈裟，下着裙。双手腹前结禅定印，结跏趺坐。头后左侧刻一朵如意头云纹。

第7像　头毁，残坐高48厘米。上披巾，下着裙。左手直伸撑台，右手斜置右膝上。盘左腿，竖右腿坐于方台上。

龛前竖直平整面左侧似刻牛三头，残毁甚重。右侧刻牛四头，部分残，其中二大牛头西尾东，身长约48厘米；二牛犊于肚腹下作吸奶状。

2. 东面

刻坐像6身，皆部分残，坐高约60厘米（图143-4；图版Ⅰ：264）。座前皆刻两朵仰莲（残），残高约15厘米，直径10厘米。从左至右编为第1—6像。

第1像　头戴冠，面残身毁，似倚坐于座台上，双足分踏仰莲。

第2像　坐高61厘米。头似刻螺发，面残。内着僧祇支，系带作结，外披双领下垂式袈裟，下着裙，裙摆垂于座前。双手腹前隐于袈裟内，结跏趺坐。

第3像　头刻螺发，面残。衣饰不明。左手置腹前，右手举胸前，皆毁。结跏趺坐。

第4像　头、身残，双手残，置腹前，结跏趺坐。

第5像　头毁身残。手皆残，左手似抚左膝，右手举于胸前，结跏趺坐。

第6像　残毁甚重，可辨倚坐、踏莲的姿势。

3. 南面

刻坐像6身，皆残毁甚重，残坐高约50厘米，座前存仰莲及莲蕾（图144-2；图版Ⅰ：265）。仰莲高15厘米，直径11厘米。从左至右编为第1—6像。

第1像　头大部残，存少许花冠遗迹，似倚坐于方台上。

第2像　头毁，双手腹前隐袖内，结跏趺坐。

第3像　头毁，双手腹前结印，结跏趺坐。

第4像　头毁，左手抚膝，右手胸前托钵，钵残，结跏趺坐。

第5像　头毁，双手腹前托宝珠，珠径7厘米，结跏趺坐。

第6像　残毁甚重，仅辨倚坐的姿势。

4. 西面

刻坐像6身，皆残毁甚重，残坐高约60厘米（图145-2；图版Ⅰ：266）。座前皆各刻两朵带茎仰莲，高14厘米，直径10厘米。其中，中部两身坐像仰莲毁。从左至右编为第1—6像。

第1像　头颈毁，存披巾。手皆残，左手斜置腹前，右手横于胸前。前臂各存下垂的一段飘带，倚坐，分踏仰莲。

第2像　头毁，衣饰不明。左手似置腿上，右手斜撑，结跏趺坐。显露右足。

第3像　残毁严重，面略左仰。身着袈裟，左胸前存哲那环，似结跏趺坐。

第4像　毁。

第5像　残毁甚重，仅存轮廓遗迹。

第6像　残毁甚重，存披巾遗迹。左手撑台，右手斜置右膝上。垂左足踏仰莲，右腿屈膝上竖，坐于方台上。

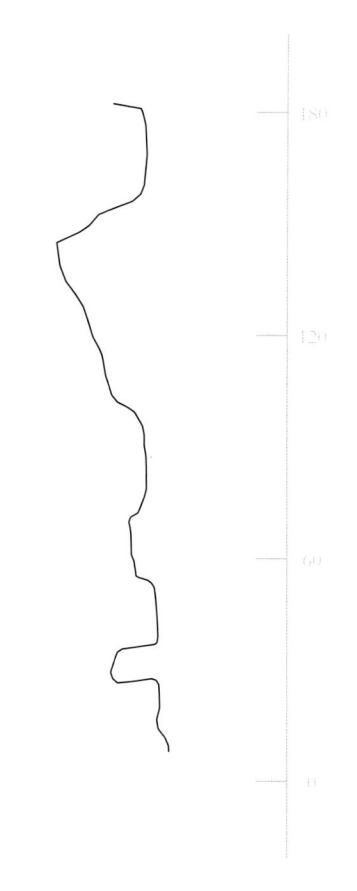

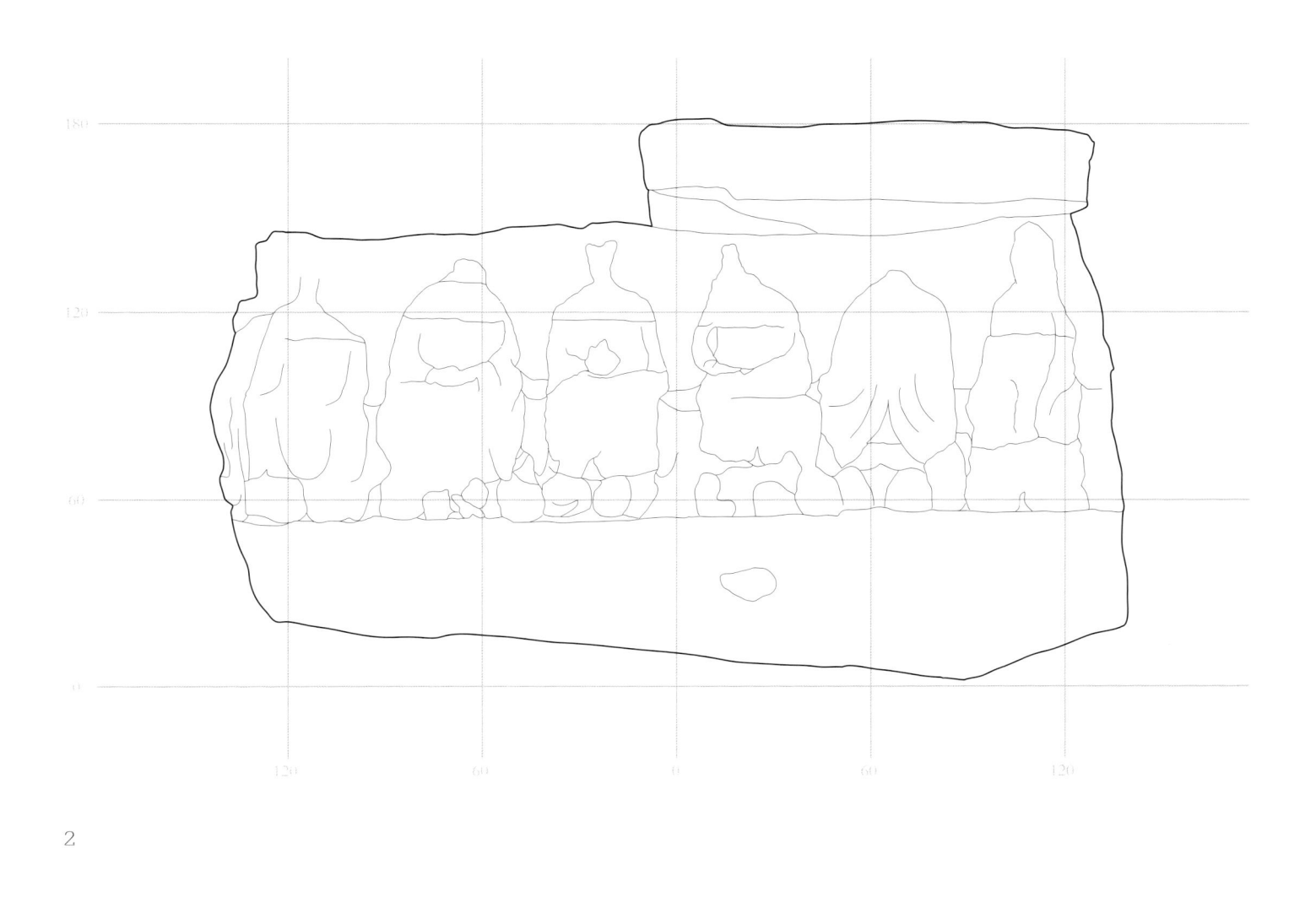

图 144　大佛坡摩崖造像第 2 号龛南壁立、剖面图
1　剖面图　2　立面图

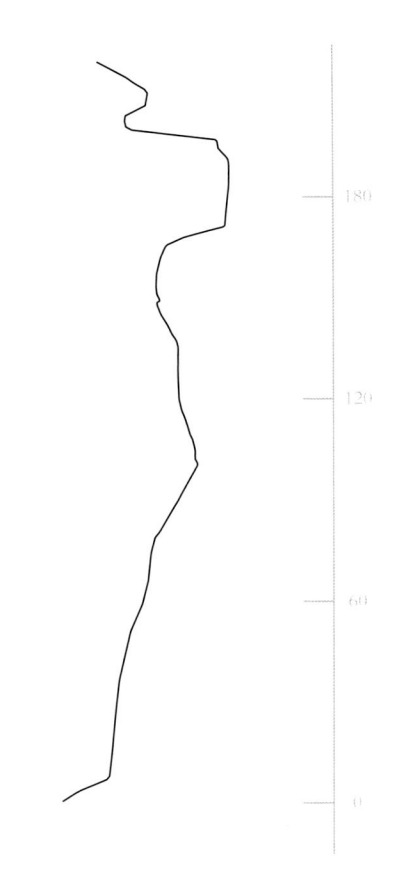

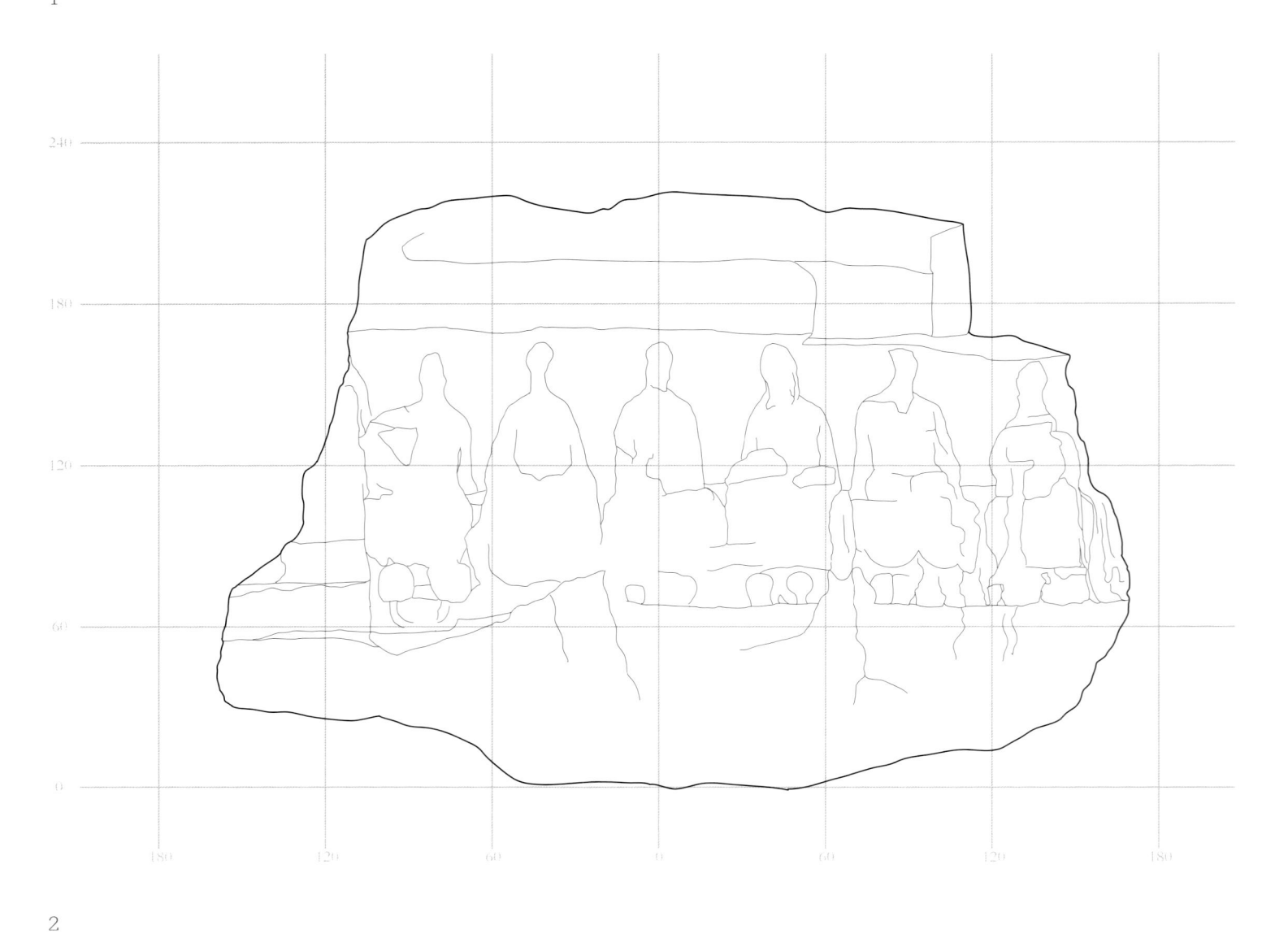

图 145　大佛坡摩崖造像第 2 号龛西壁立、剖面图
1　剖面图　2　立面图

第五节 三块碑

一 位置

位于小圆坡北面岩壁，西北向约100米为黄桷水库，北向600米为高观音造像，东北侧10米为村级道路（图版Ⅰ：267）。地理坐标为东经105°46′56.5″，北纬29°44′23.8″。

龛口东北向，方向16°。

二 形制

于巨石堡东北壁凿像一龛（图146；图版Ⅰ：268）。原龛制被改凿，受损严重。从现存遗迹看，推测龛口呈方形，残高210厘米，宽340厘米，深150厘米。龛前新建条石案台，中部略高，两侧略低，高约107—128厘米。

三 造像

龛内刻半身像3身（图146-2；图版Ⅰ：268）。

中佛像 半身高195厘米，头长145厘米，肩宽220厘米，胸厚50厘米。刻尖状螺发，戴卷草冠，下缘饰一周花卉珠链，冠带作结后斜垂至肩。自额间升起云台，上刻一身居士坐像，高约12厘米，浮雕圆形头光，戴巾，面长圆，着交领窄袖服，左袖斜垂腿间，右手胸前结印，结跏趺坐于云台上。佛像面方圆，双颊饱满，弯眉，眉间刻白毫，眼半睁，鼻高直，双唇闭合，耳垂肥大。肩宽胸厚，着双领下垂式袈裟。

左右菩萨像[1] 体量相近，半身高约165厘米，头长105厘米，肩宽100厘米，胸厚46厘米；相对而立（图147）。皆梳髻，戴卷草高冠，冠正面刻一身坐式化佛。面长圆，额刻白毫。着双领下垂式袈裟。

龛顶左右侧存少许火焰纹。

四 铭文

2则。偈语，南宋淳熙至淳祐年间（1174—1252年）。

第1则

位于佛像头部左侧。刻石面高60厘米，宽63厘米。文左起，竖刻4行20字，楷体，字径9厘米（图版Ⅱ：88）。

01 假使热铁轮
02 于我顶上旋
03 终不以此苦
04 退失菩提心[2]

第2则

位于佛像头部右侧。刻石面高56厘米，宽58厘米。文左起，竖刻4行20字，楷体，字径8厘米（图版Ⅱ：89）。

---

1 《大足石刻内容总录》记载："左侧为文殊菩萨（眼以下已残）……右侧为普贤，像已经破碎，仅余一头。"四川省社会科学院、大足县文物保管所等编：《大足石刻内容总录》，四川省社会科学院出版社1985年版，第268页。本次调查，发现左右菩萨像与岩壁脱离，形如圆雕，并经信众重塑、妆彩后安置于案台左右。

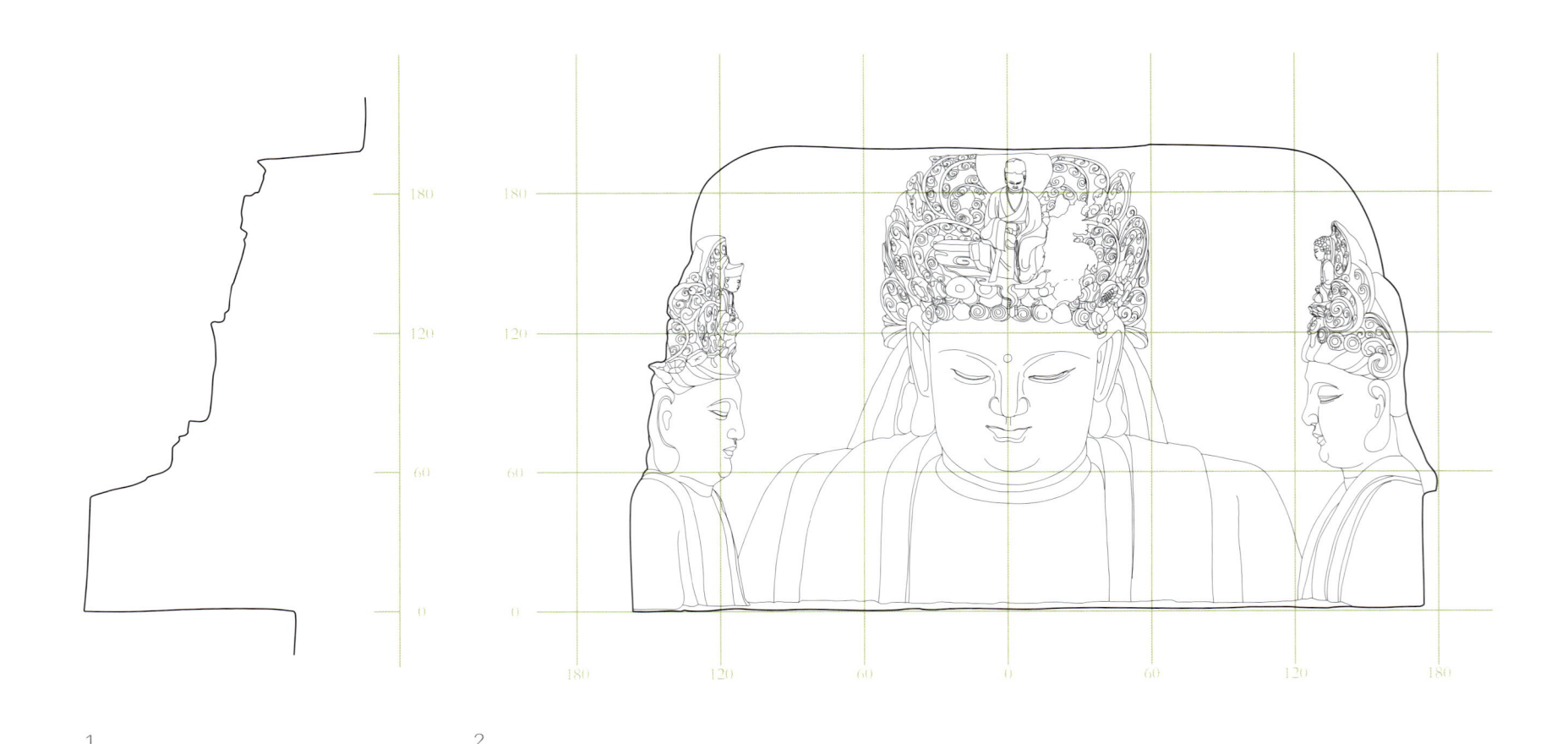

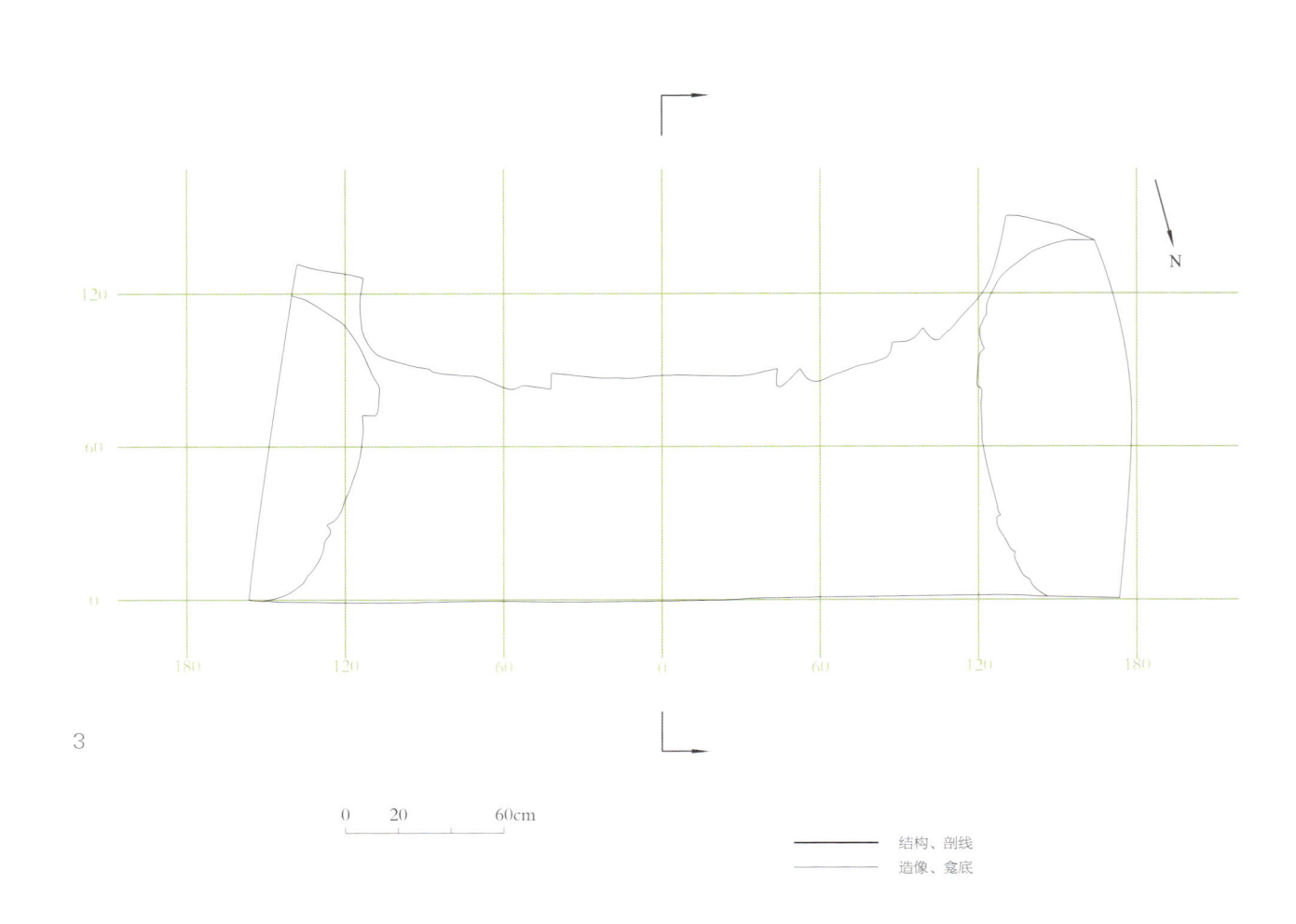

图 146 三块碑摩崖造像平、立、剖面图
1 剖面图 2 立面图 3 平面图

图 147　三块碑摩崖造像左右菩萨像立面图
1　左菩萨像　2　右菩萨像

01	假使百千劫
02	所作业[3]不忘
03	因缘会遇时
04	〔果报还〕自受

第六节　松林坡

一　位置

位于松林坡坡顶巨石东南壁。西北向距广大寺约120米，北距大佛湾约600米；东距新建的大足石刻博物馆建筑约150米（图版Ⅰ：269）。地理坐标为东经105°47′28.7″，北纬29°44′57.5″。

龛口东南向，方向130°。

二　形制

于山顶巨石东南壁凿像一龛（图148；图版Ⅰ：270）。龛口部分残，略呈方形，残高160厘米，宽286厘米；龛底毁，龛壁竖直，部分毁，左右壁仅存少许；龛顶平顶，外挑约150厘米，形如龛檐。

三　造像

龛内刻一佛二菩萨3身半身像（图148-2；图版Ⅰ：270）。

佛像　半身残高120厘米，头长65厘米，肩宽70厘米，胸厚26厘米。戴卷草冠，冠翼外展，额露螺发，正面生起两道毫光，斜向上飘至龛顶。毫光内刻坐佛像1身，头毁，残高15厘米，可辨左手抚膝，右手置腹前，结跏趺坐。主佛像身后背光略残，直径27厘米。冠带作结，下垂至肩。面方，略蚀，内着僧祇支，存少许，外着双领下垂式袈裟；双手毁。

左菩萨像　半身残高100厘米，头长56厘米，肩宽50厘米，胸厚23厘米。梳髻，戴卷草冠，冠带作结后下垂及肩，后侧饰云纹与龛壁相接。冠正面饰仰莲，上承云台。台上刻化佛1身，头残，残坐高17厘米，浅浮雕圆形头光，直径12厘米，内着僧祇支，外着袈裟，双手腹前隐袈裟内，结跏趺坐。菩萨面长圆，略蚀，左耳残，右耳完整。戴项圈，下垂一道璎珞。内着僧祇支，外着双领下垂式袈裟。左肩毁，左手握持经函，函高35厘米，宽15厘米，厚4厘米；右手不现。

右菩萨像　半身残高75厘米，头长51厘米，肩宽50厘米，胸厚22厘米。梳髻，戴卷草冠，冠带作结后下垂及肩，后侧饰云纹与龛壁相接。冠正面饰云台，上刻化佛1身，头毁，余特征与右菩萨化佛略同。菩萨面方圆，略残，胸以下部分毁，右肩外侧存如意头，残长约22厘米。

四　铭文

3则。

第1则

偈语，南宋淳熙至淳祐年间（1174—1252年）。位于佛像左侧壁面。刻石面残高40厘米，宽26厘米，文左起，竖刻2行，存10字，楷体，字径11厘米[1]（图版Ⅱ：90）。

1　《大足石刻铭文录》根据小佛湾第1号祖师法身大藏塔所刻偈语将铭文补录为：假使热铁轮△于我顶上旋」终不以此苦△退失菩提心。重庆大足石刻艺术博物馆编：《大足石刻铭文录》，重庆出版社1999年版，第203页。

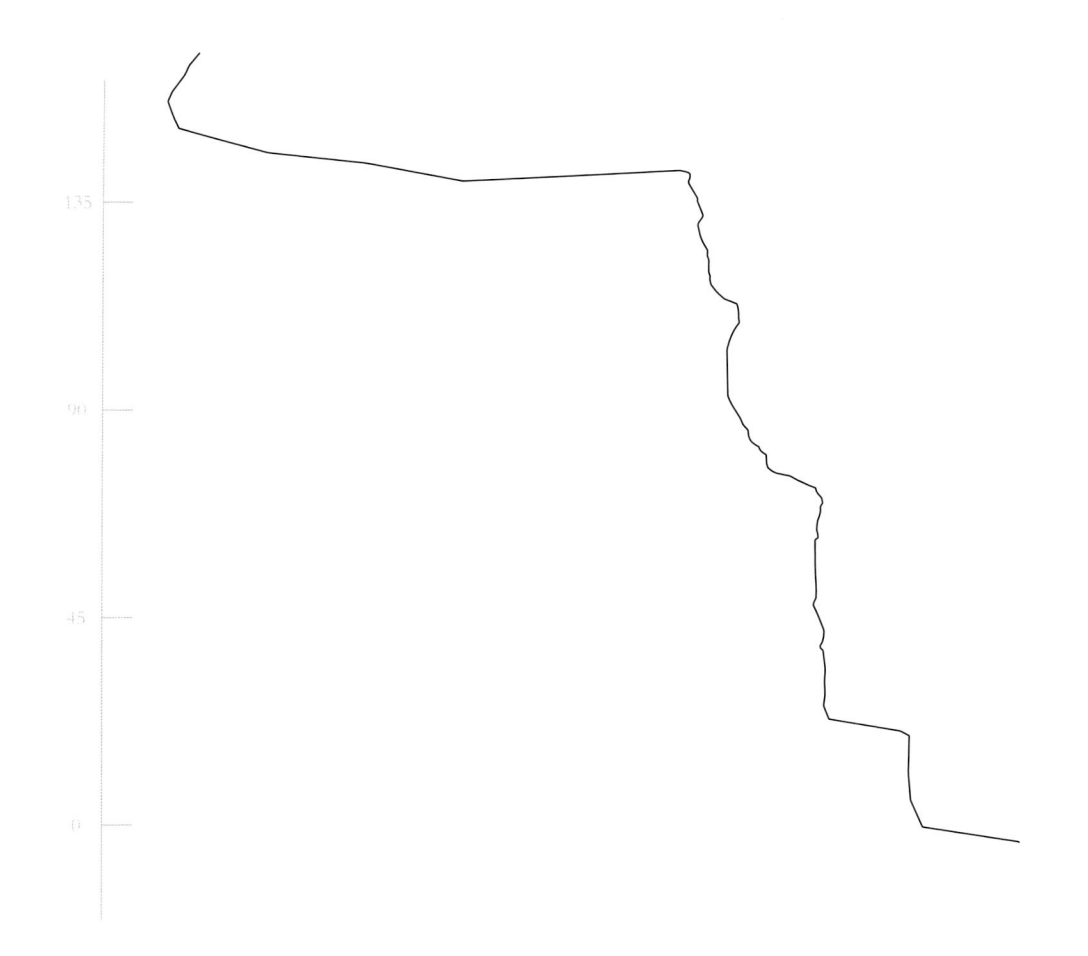

图148　松林坡摩崖造像立、剖面图
1　剖面图　2　立面图

01　（漶）于我顶上旋
02　（漶）退失菩提心[4]

第2则

偈语，南宋淳熙至淳祐年间（1174—1252年）。位于佛像右侧壁面。刻石面残高50厘米，宽26厘米，文左起，竖刻2行，存10字，楷体，字径11厘米¹（图版Ⅱ：91）。

01　（漶）所作业不忘
02　（漶）果报还自受[5]

第3则

颂词，南宋淳熙至淳祐年间（1174—1252年）。位于龛左、右侧壁。刻石面均高40厘米，宽20厘米，存8字，楷体，字径16厘米（图版Ⅱ：92）。

　　风调雨顺（左）
　　国泰民〔安〕（右）

五　晚期遗迹

龛内保存灰白色、红色、蓝色、绿色、黑色等五种涂层。

第七节　维摩顶西崖²

一　位置

位于维摩顶山体西南崖壁。西北距原游客中心停车场约30米，北距大佛湾约150米，东北距圣寿寺新建的西门约5米，东南距维摩顶山顶约50米。地理坐标为东经105°47′40.1″，北纬29°45′12.1″。

壁面北向，方向353°。

二　形制

直接浮雕于崖壁面（图149；图版Ⅰ：271）。造像刻石面最高140厘米，最宽170厘米；其上为外挑约150厘米的崖顶，下距地坪约200厘米，左右为内进倾斜的壁面。

1　《大足石刻铭文录》根据小佛湾第1号祖师法身大藏塔所刻偈语将铭文补录为：假使百千劫△所作业不忘」因缘会遇时△果报还自受。重庆大足石刻艺术博物馆编：《大足石刻铭文录》，重庆出版社1999年版，第203页。
2　此处造像为2015年初新发现。

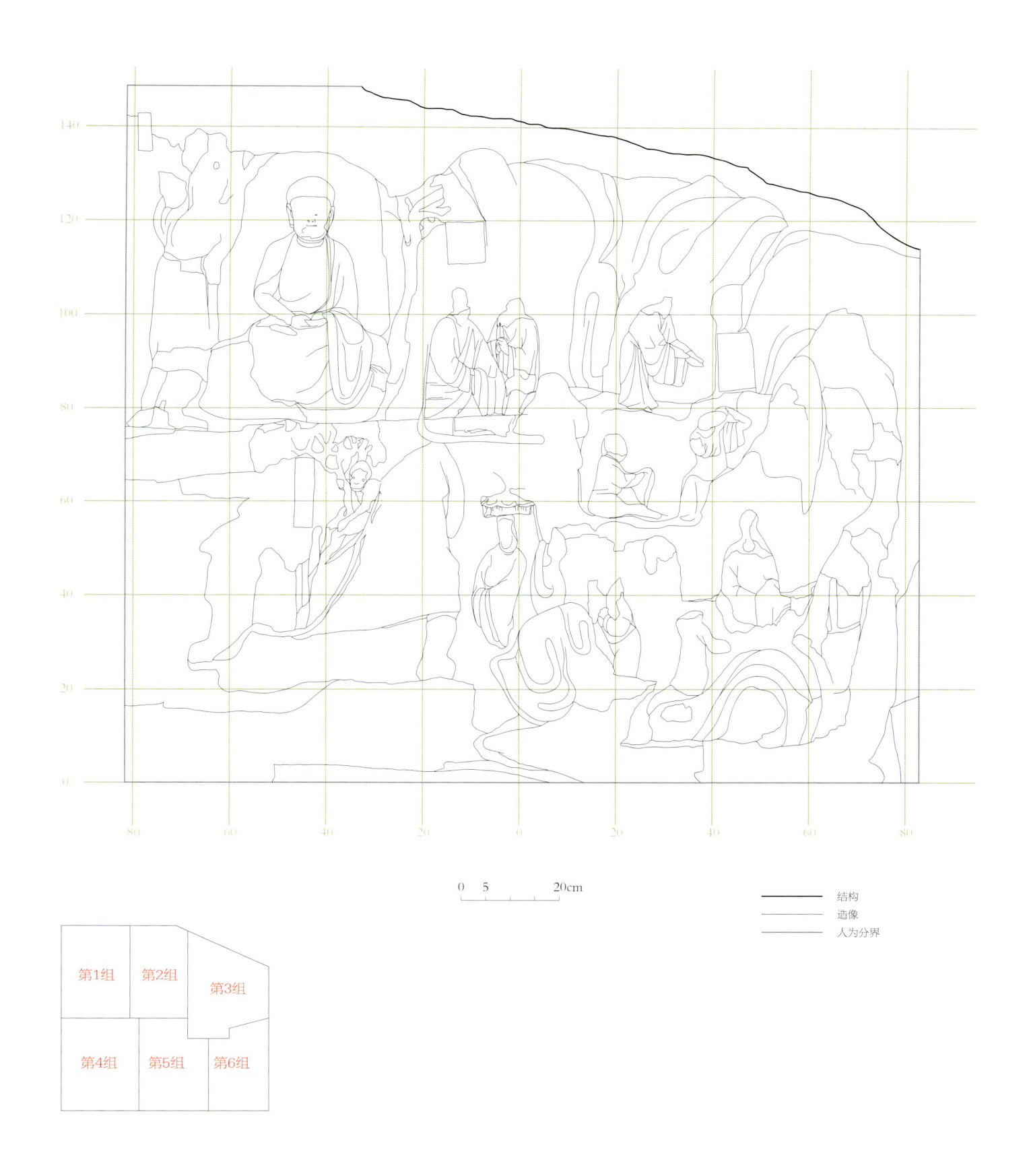

图 149　维摩顶西崖摩崖造像立面图

三　造像

造像残损严重，大致作上下两排布置（图149；图版Ⅰ：271）。根据图像组合可划分为六组。从上至下、从右至左依次编为第1—6组。

第1组　刻坐佛1身。头顶残，面蚀，坐高约38厘米。内着僧祇支，外着偏衫式袈裟。双手腹前似结印。右腿残，结跏趺坐于山石座上。座高22厘米，宽39厘米，深约14厘米。坐像左右各刻一株菩提树，残损略重，可辨其形；右侧树干中部外侧，存立式残像1身，身后存少许上飘的云纹。

坐佛右上方存榜题框，框残高11厘米，宽约5厘米，字已漶。

第2组　刻像2身。左像头毁，残高约25厘米，着交领宽袖服，双手似胸前合十，侧身向右站立。右像头毁，残高约29厘米，内着交领服，外披袈裟，左手半举隐于袈裟内，右手握袈裟一角屈于身前，侧身向左站立。

二像上方存榜题框，框高10厘米，宽8厘米，内左起竖刻"衮服」易衣」"2行4字，字径约3厘米（图版Ⅱ：93）。

第3组　刻像3身。上像头毁，残高约23厘米。着交领宽袖长服，双手屈肘前伸，掌心向上作捧接状，身左侧微躬站立。左下像头

第三章　宝顶山石窟周边区域造像　245

残，坐高约15厘米，着短袖衣，头仰面向上，左手屈肘举于脑后抓握头发，右手残，横于颈下，似作割发状。右下像头残，残高约18厘米，双手前伸，左向侧身跪立。

上像左侧存榜题框，框高12厘米，宽8厘米，左起竖刻"持刀丨落发丨"2行4字，字径约2.5厘米（图版Ⅱ：94）。

第4组　刻像1身，残损甚重，残高约26厘米。可辨着宽袖衣，左手屈肘上举，仰面直视上方一猴。猴半身，身长约12厘米，头顶刻三股髻，左前肢前伸，似抚一物；右前肢抓树枝，仰面俯身。

残像上方残存榜题框，残高约15厘米，宽7厘米，字已漶。

第5组　刻像3身。右像头大部分残，高约29厘米；似着交领宽袖长服，双手隐袖交于腹前，侧头扭身直立；顶悬八角形华盖，华盖高约5厘米，最宽11厘米。中像残损较重，残高约10厘米，仅辨双手举华盖长柄的姿势。左像头残，残高约20厘米，可辨双手置于胸前，右向侧身伏拜。

第6组　刻像2身。上像头毁，坐高约15厘米。可辨双手似置腹前，左腿不明，右腿垂于座前，坐于方座上。右下像头残，残高约15厘米。似仰面，左手不明，右手屈肘触摸上像右足，侧身直立。

壁面空隙处饰云纹、山石图案。

第八节　菩萨屋[1]

一　位置

位于塔坡坡顶巨石堡南侧壁面，面朝箱子沟沟谷，左侧约10米为村民住宅。东南距菩萨堡造像约500米，东距佛祖岩造像约400米。

龛口东南向，方向160°。

二　形制

于巨石堡南壁凿像一龛（图150、图151；图版Ⅰ：272）。因石堡与山体脱落分离，裂隙宽约70厘米[2]，使龛口倾斜，半扣于地面。龛口呈方形，残高248厘米，宽335厘米，至后壁最深约100厘米；左右端部分残脱。龛底毁。正壁竖直，与左右侧壁圆转相接。壁面与龛顶垂直相交，龛顶平顶，略呈方形。

三　造像

龛内刻半身像6身，作上下两层水平布置（图150-1；图版Ⅰ：272）。

1. 上层

刻半身佛像3身，身下饰云纹（图版Ⅰ：273）。

中佛像　半身高78厘米，头长30厘米，肩宽35厘米，胸厚22厘米。螺发，面圆，略蚀。双耳残，颈刻三道肉褶线。内着僧祇支，系带作结，外着双领下垂式袈裟。双手略残，置胸前结印。

左佛像　半身高71厘米，头长30厘米，肩宽38厘米，胸厚18厘米。双手残，置胸前，似持物，存少许巾帕；余同中佛像。

右佛像　半身高70厘米，头长31厘米，肩宽38厘米，胸厚17厘米。双手置胸前覆巾，托钵；余同中佛像。

---

[1] 本处造像于2009年在大足县第三次全国不可移动文物普查时发现并登录。
[2] 据造像巨石左侧约10米处居住的黎姓老人（83岁）介绍，该处原建有寺庙。20世纪60年代，巨石自山体脱落，龛口俯扣地面，估计下降约3米，前移约7米。在本卷报告编写期间，即2016年1月，附近村民将石堡扶正，使龛像竖直。

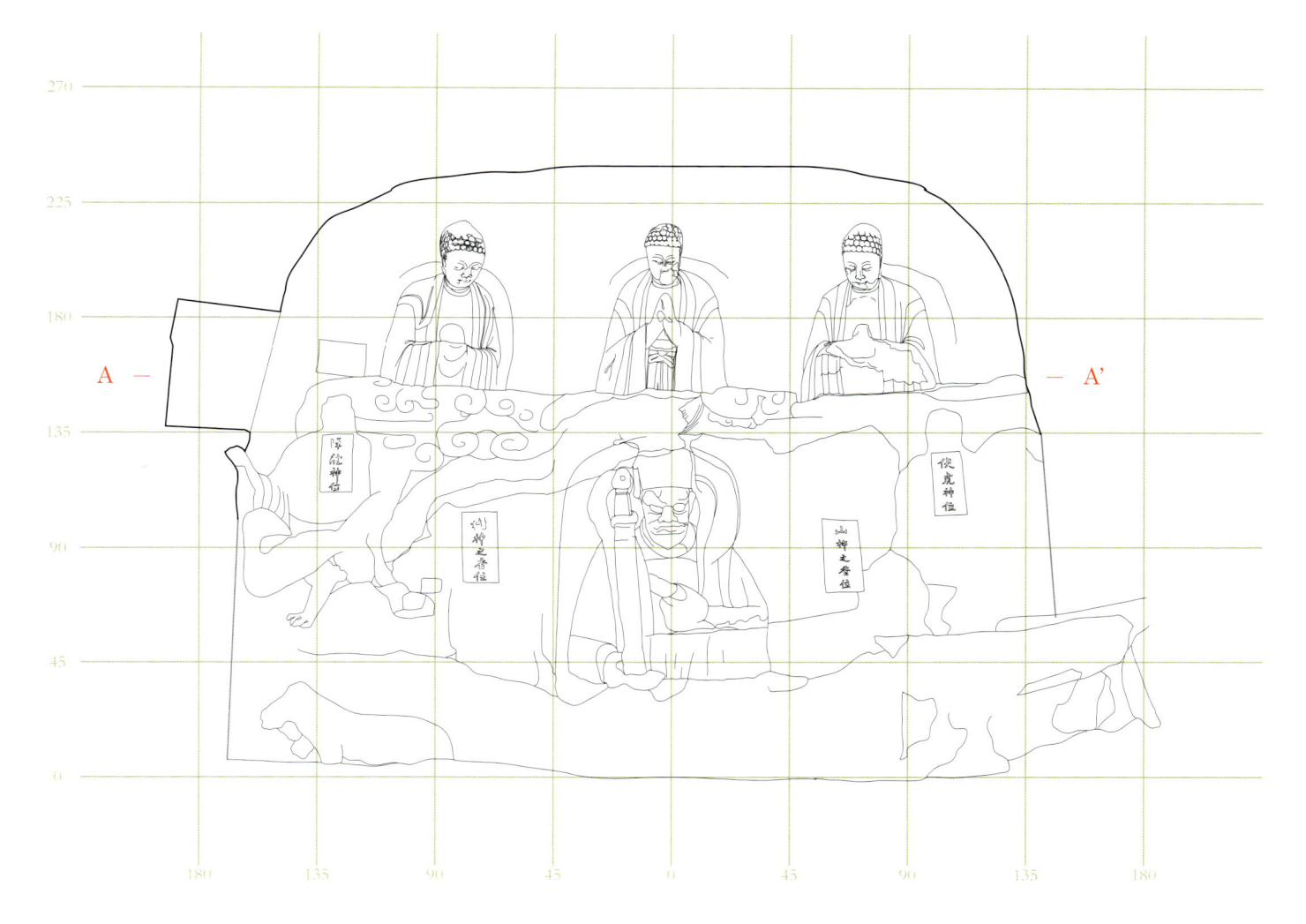

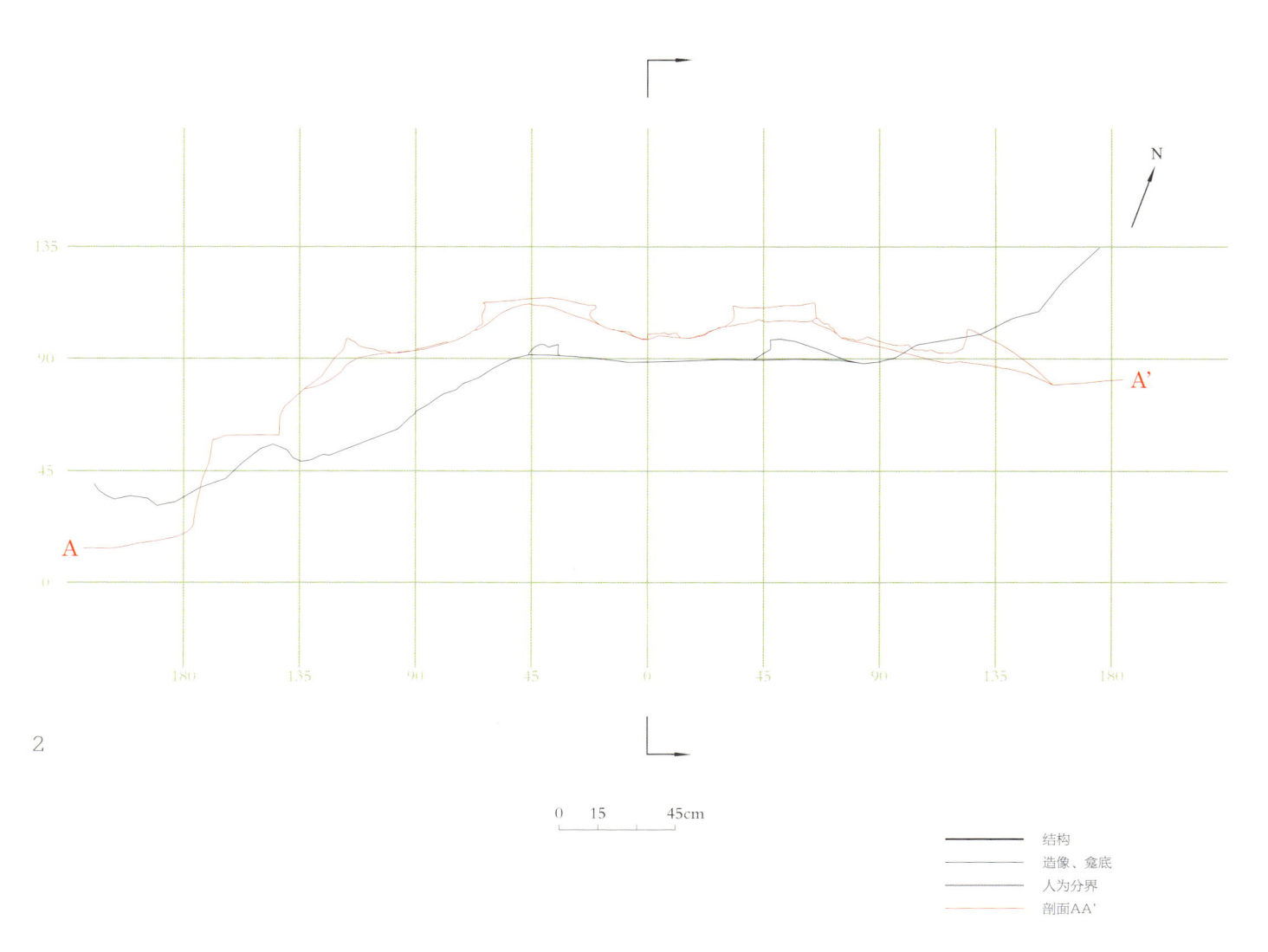

图 150　菩萨屋摩崖造像平、立面图
1　立面图　2　平面图

图 151　菩萨屋摩崖造像剖面图

2. 下层

刻像3身。居中刻半身像1身，其左右上方各刻像1身（图版Ⅰ：274）。

中像　半身高108厘米，头长45厘米，肩宽62厘米，胸厚18厘米。头巾（略残），面方，眉骨隆凸，圆眼略残，短鼻，厚唇阔口，下颔残。着圆领服，左手残，横置胸前，似持物，右手于腰际握剑，剑略残，倚右肩。像下方存少许云纹。

左像　毁，仅辨少许轮廓遗迹。

右像　残蚀甚重，残高56厘米。可辨右臂屈肘上举外展，手残。身前刻一龙，可辨龙身卷曲，尾部现于左上方，腿刻鱼鳞甲。

下层壁面右下侧刻一兽，似犬，身残高40厘米，长75厘米；可辨头右尾左。壁面左下侧刻一身立兽，似虎，残高53厘米，长180厘米；可辨一前足一后足，尾上翘，延至龛外。

四　铭文

偈语，南宋淳熙至淳祐年间（1174—1252年）。位于上层中佛左、右侧壁面。其中，左侧壁面左起竖刻2行，可辨6字，楷体，字径8厘米（图版Ⅱ：95）；右侧字漶不识。

01　假使热（漶）

02　于我顶（漶）

五　晚期遗迹

龛上层左佛外侧，楷体竖刻"大清光绪十八年夏仲"9字，字径5厘米。

龛下层左像胸部残毁处凿榜题框，高25厘米，宽11厘米，深约4厘米，内楷体竖刻"伏虎神位"4字，字径5厘米。

龛下层右像胸部残毁处凿榜题框，高22厘米，宽10厘米，深约3.5厘米，内楷体竖刻"降龙神位"4字，字径5厘米。

龛下层中像左侧凿榜题框，高30厘米，宽12厘米，深约3厘米，内楷体竖刻"山神之香位"5字，字径5厘米。

龛下层中像右侧凿榜题框，高31厘米，宽12厘米，深约3厘米，内楷体竖刻"树神之香位"5字，字径5.5厘米。

龛外右侧中部刻一方碑，高45厘米，宽30厘米。文漶。

龛内保存红色、灰白色、蓝色、绿色、黑色等五种涂层。

第九节　菩萨堡

一　位置

位于菩萨堡巨石堡的西北壁。西北向与菩萨屋造像隔沟相望，相距约500米；巨石堡左前侧为村民住宅，后侧约5米为村级公路。地理坐标为东经105°46′35.3″，北纬29°44′55.0″。

龛口西北向，方向300°。

二　形制

单层方形龛（图152、图153；图版Ⅰ：275）。

于巨石堡西北壁直接凿像一龛。龛口略呈方形，高263厘米，宽230厘米，至后壁最深113厘米。龛内建一级低坛，下与地坪相接。龛壁为弧壁，左右侧壁外端毁。龛顶平顶，外挑约85厘米，形如龛檐。

三　造像

龛内刻半身像6身，作上下两层水平布置（图152-1；图版Ⅰ：275）。

1. 上层

刻半身佛像3身，身下刻云台，台正面饰莲瓣纹（图版Ⅰ：276）。

中佛像　半身高58厘米。螺发，刻髻珠，面长圆，略蚀。双耳肥大，颈刻两道肉褶线。内着僧祇支，外着双领下垂式袈裟。双手于胸前结拱手印式，略残。

左佛像　半身高56厘米。面长圆，左眼、鼻及下颌略残，身着双领下垂式袈裟，袈裟一角敷搭右肩；双手于胸前隐于袈裟内；余同中佛像。

右佛像　半身高57厘米。面圆，略剥蚀，双手置胸前覆巾，托钵；余特征与中佛像略同。

2. 下层

低坛上刻半身神将立像3身（图版Ⅰ：277）。

中像　半身高103厘米。头巾，面方，前额竖刻一目，隆眉鼓眼，粗鼻阔口，双唇紧咬，獠牙外露。内袍外甲，当胸系带。左手残，置胸前持物，后世将物补塑为尖桃形，右手托剑鞘底部。剑全长110厘米，宽13厘米。身饰飘带，于头后呈圆环状，经双肩下垂身前。

左像　半身高112厘米。蓬发上竖，头顶山石。山石高40厘米，宽38厘米，厚28厘米。面方，略残，可辨鼓眼阔口，肩巾作结。

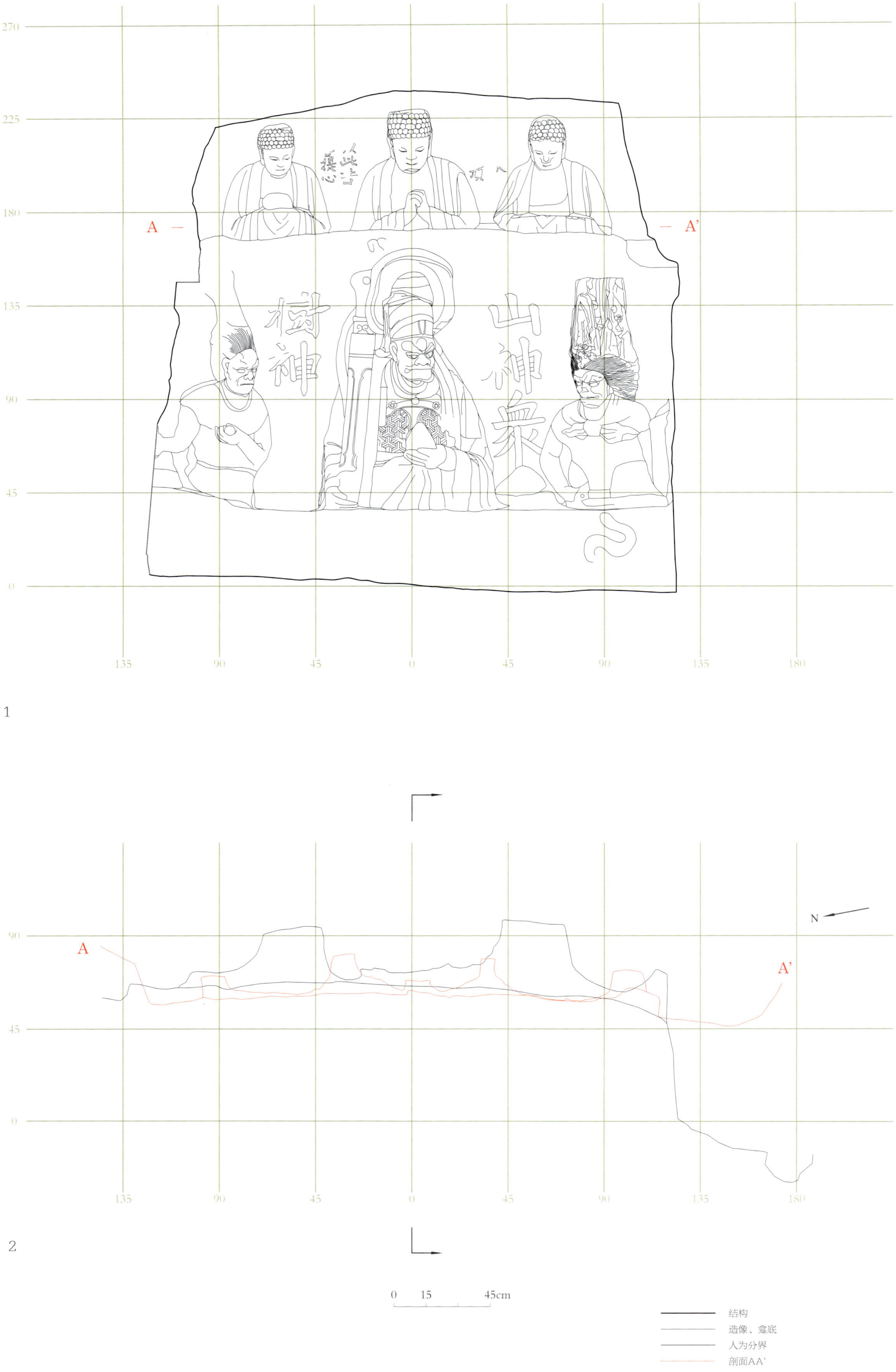

图152　菩萨堡摩崖造像平、立面图
1　立面图　2　平面图

图 153　菩萨堡摩崖造像剖面图

上身裸，腰系抱肚，左手屈肘外展，作指引状；右手残，置腰间。像身前低坛刻一条屈身上扬的蛇。右侧壁面竖刻"山神众"3字，字径28厘米（图版Ⅱ：96）。

右像　半身高112厘米。蓬发上竖，内刻一粗大树干，树残。面部分残，后世补塑。戴圆环式肩巾，身残，已用泥补塑。左手横置胸前，持宝珠，右手残，屈肘外展。像左侧壁面竖刻"树神众"3字，字径28厘米（图版Ⅱ：97）。

四　铭文

2则。

第1则

偈语，南宋淳熙至淳祐年间（1174—1252年）。位于中佛像肩部左右壁面。刻石面皆高44厘米，宽23厘米，各左起竖刻2行10字，楷体，字径7厘米（图版Ⅱ：98）。

　　假使热铁轮
　　于我顶上旋（左）
　　终不以此苦

第三章　宝顶山石窟周边区域造像　251

退失菩提心（右）

第2则

守护大千国土经经目，南宋淳熙至淳祐年间（1174—1252年）。位于下部左像外侧壁面。刻石面高73厘米，宽13厘米，竖刻1行，存7字，楷体，字径7厘米（图版Ⅱ：99）。

守护大千国土经[6]

五　晚期遗迹

龛内保存灰白色、蓝色、黑色等三种涂层。

第十节　杨家坡[1]

一　位置

位于杨家后坡北面岩体的东北壁，紧临桥湾水库约80米，西距菩萨堡石窟约60米，地理坐标为东经105°46′43.4″，北纬29°44′53.5″。

龛口东北向，方向60°。

二　形制

于巨石堡东北壁凿造像一龛（图154；图版Ⅰ：278）。龛受损严重，龛口似呈方形，残宽约360厘米，高130厘米，至后壁最深150厘米。龛底前侧为乱石、泥土掩埋，情况不明；内侧显露一级低坛，高约46厘米，残宽215厘米，深50厘米。龛壁为弧壁，左侧存宽约45—97厘米的一道裂缝。龛顶大部毁，存右侧少许，外挑形如龛檐。

三　造像

刻半身像3身，置于低坛之上（图154-1）。

中像　头毁，存部分身躯，残高约95厘米。可辨着袈裟（图版Ⅰ：279）。

左像　存躯体左侧部分，残高65厘米。可辨冠带沿胸下垂，袈裟一角系于左肩胛那环上；左臂横置。

右像　半身高109厘米，头长50厘米，肩宽57厘米，胸厚22厘米（图版Ⅰ：280）。戴卷草莲花冠，露额发，垂发下垂至肩；冠正面中刻宝珠，升起一道毫光，于顶部再分作左右两道，其间置一粒放焰珠。冠带作结沿胸下垂至肘。面方圆，眉眼细长，直鼻，双唇闭合。胸饰璎珞，内着僧祇支，外着双领下垂式袈裟。双手托持长梗莲，莲略残。

---

[1] 2009年在大足县第三次全国文物普查时发现并登录。

图 154　杨家坡摩崖造像平、立面图
1　立面图　2　平面图

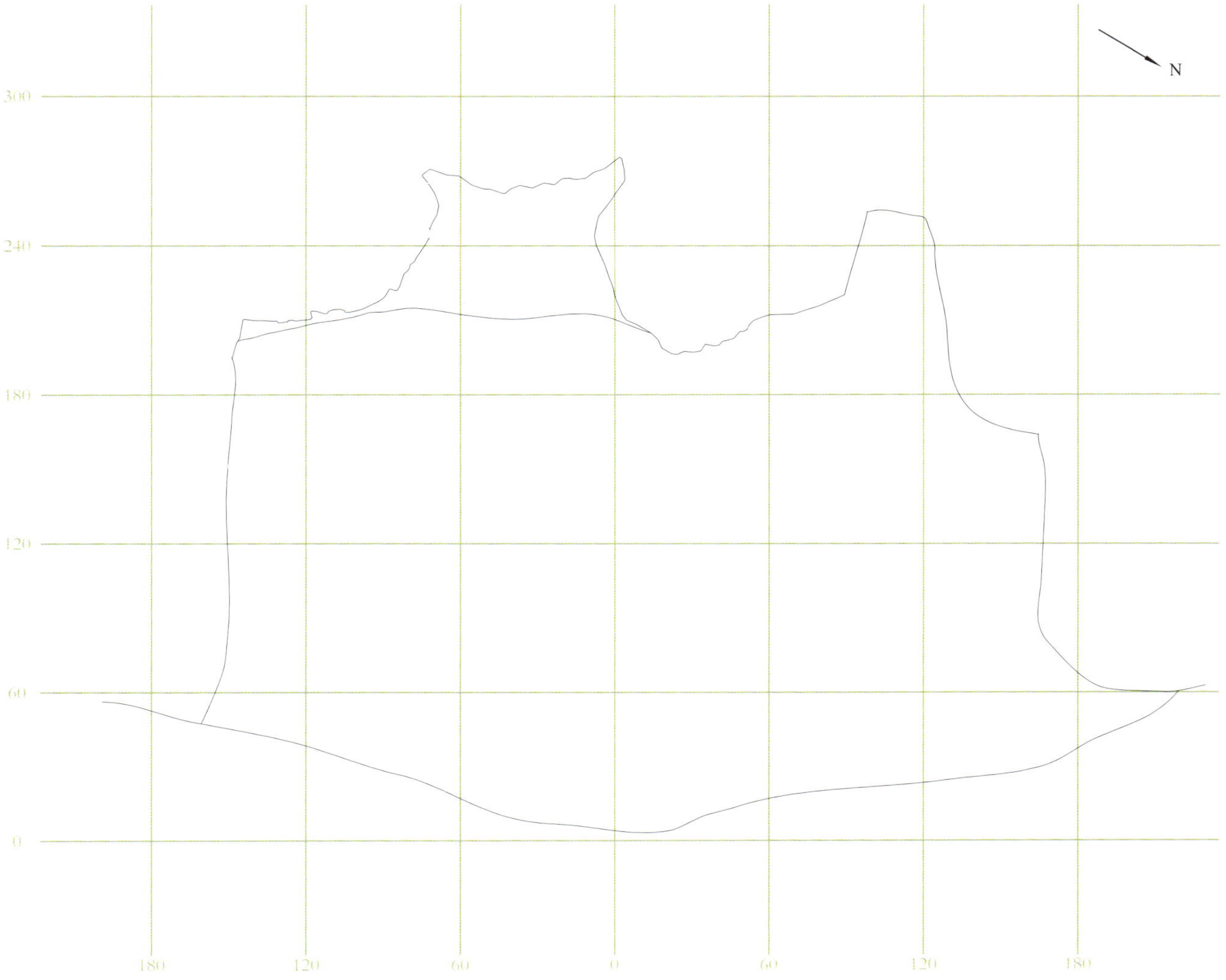

四　铭文

偈语，南宋淳熙至淳祐年间（1174—1252年）。位于右像右肩外侧约30厘米处的竖直壁面上。纵向残存1行，可辨3字，楷体，字径约6.5厘米（图版Ⅱ：100）。

（澐）业不忘

五　晚期遗迹

龛壁及右像花冠存红、蓝色两种涂层。

第十一节　佛祖岩

一　位置

位于担水坡西南面巨石堡上，西距菩萨屋约500米，南距菩萨堡约800米；巨石堡左前侧5米为村级公路。地理坐标为东经105°46′42.5″，北纬29°45′04.4″。

龛口西南向，方向255°。

二　形制

单层方形龛（图155、图156；图版Ⅰ：281）。

于巨石堡西南壁凿像一龛。龛口呈横长方形，高400厘米，宽1010厘米，至后壁最深约170厘米。龛底不明，前侧建条石案台两级，下起地坪，通高约150厘米，最深约290厘米，与龛口等宽。龛正壁竖直，与左右侧壁圆转相接；左右侧壁外端岩体结构不稳，经处理后用条石叠砌；其中左壁外端毁，后世叠砌条石修补。龛顶为平顶，呈方形。

三　造像

龛内刻半身像3身，中为佛像，其身前案台上刻塔一座；左右各刻一菩萨像（图155；图版Ⅰ：281）。

佛像　半身高370厘米，头长140厘米，肩宽210厘米，胸厚65厘米（图版Ⅰ：282）。戴卷草花卉冠，下露螺髻。冠正面起云纹，上承仰莲台。莲台上刻一居士坐像，戴方巾，着对襟长服，左袖空，右手举于胸前结印，结跏趺坐；像左右另饰一朵莲花。佛像冠带作结后下垂及肩。面方圆，刻白毫，弯眉，细眼半睁，直鼻抿唇。耳垂肥大，下颌略凸，颈刻三道肉褶线。内着僧祇支，外着双领下垂式袈裟。腕镯，双手胸前结印，置前侧塔刹上，其下部相接处饰云纹。

佛像身前案台上刻一座单檐塔，通高230厘米（图版Ⅰ：283）。塔基为八面方台，高约28厘米。正面左起横刻"佛日光辉法轮常转[7]"8字（图版Ⅱ：101）；左右侧面各刻一坛，部分残，高约24厘米。塔基上为八边形塔身，显露五面，通高88厘米，顶部饰一周珠串。塔身各面转角处刻倚柱，柱础为仰莲，柱顶刻覆莲叶，柱间略为内凹，形成欢门。塔身正面最宽约88厘米，内开圆形浅龛，直径41厘米，深8厘米。龛内刻一身坐佛，坐高36厘米。螺髻，面残，内着僧祇支，外着双领下垂式袈裟，袈裟悬垂龛外。双手置腹前隐袈裟内，结跏趺坐于仰莲座上。塔身显露的其余四面竖刻佛名，从左至右，依次为"□无宝□□□""南无宝金如来""南无宝光如来[8]""南无宝□□□"，字径皆8厘米（图版Ⅱ：102）。塔身上承八角形塔檐，外挑塔身13厘米；再上为塔刹。塔刹通高102厘米，最下为双重仰莲，中部为圆钵，上部为覆莲叶，最上为放焰珠。

左菩萨像　半身高350厘米，头长135厘米，肩宽190厘米，胸厚65厘米（图版Ⅰ：284）。头戴卷草冠，下缘饰一周花鬘。冠正面刻化佛1身，螺发，方面，内着僧祇支，外着双领下垂式袈裟，袈裟覆于仰莲台；双手置腹前隐袈裟内，结跏趺坐于仰莲座上；化佛左右另刻一朵莲花，花蕊上刻一粒宝珠。菩萨冠带作结后沿胸下垂，面方圆，弯眉细眼，直鼻抿唇，耳垂肥大，颈刻三道肉褶线；胸饰璎珞，内着僧祇支，外披双领下垂式袈裟；双手胸前覆巾，持贝叶。

右菩萨像　半身高360厘米，头长140厘米，肩宽195厘米，胸厚80厘米（图版Ⅰ：285）。身着双领下垂式袈裟，袈裟一角系于左肩哲那环上。左手斜置腹前，其下饰刻云纹；右手横置，持如意。如意全长约240厘米。余特征与左菩萨像略同。

四　铭文

7则。

第1则

偈语，南宋淳熙至淳祐年间（1174—1252年）。位于佛像左肩外侧壁面。刻石面高105厘米，宽110厘米，文左起，竖刻4行20字，楷体，字径20厘米（图版Ⅱ：103）。

01　假使热铁轮
02　在我顶上旋
03　终不以此苦
04　退于无上道

第2则

偈语，南宋淳熙至淳祐年间（1174—1252年）。位于佛像右肩外侧壁面。刻石面高105厘米，宽110厘米，文左起，竖刻4行20字，楷体，字径20厘米（图版Ⅱ：104）。

01　假使百千劫
02　所作业不忘
03　因缘会遇时
04　果报还自受[9]

第3则

偈语，南宋淳熙至淳祐年间（1174—1252年）。位于左菩萨像左肩外侧。刻石面高150厘米，宽50厘米，文左起，竖刻2行12字，楷体，字径2厘米（图版Ⅱ：105）。

01　家家孝养二亲
02　处处皈依三宝

第4则

偈语，南宋淳熙至淳祐年间（1174—1252年）。位于右菩萨像右肩外侧。刻石面高200厘米，宽57厘米，文左起，竖刻2行，存17字，楷体，字径17厘米[1]（图版Ⅱ：106）。

1　《大足石刻铭文录》据宝顶山大佛湾第16号龛所刻偈语将铭文补为：湛湛清天不可欺未曾举动已先知「善恶到头终有报只争来早与来迟。重庆大足石刻艺术博物馆编：《大足石刻铭文录》，重庆出版社1999年版，第201页。

图 155　佛祖岩摩崖造像立面图

256　大足石刻全集　第八卷（上册）

第三章　宝顶山石窟周边区域造像　257

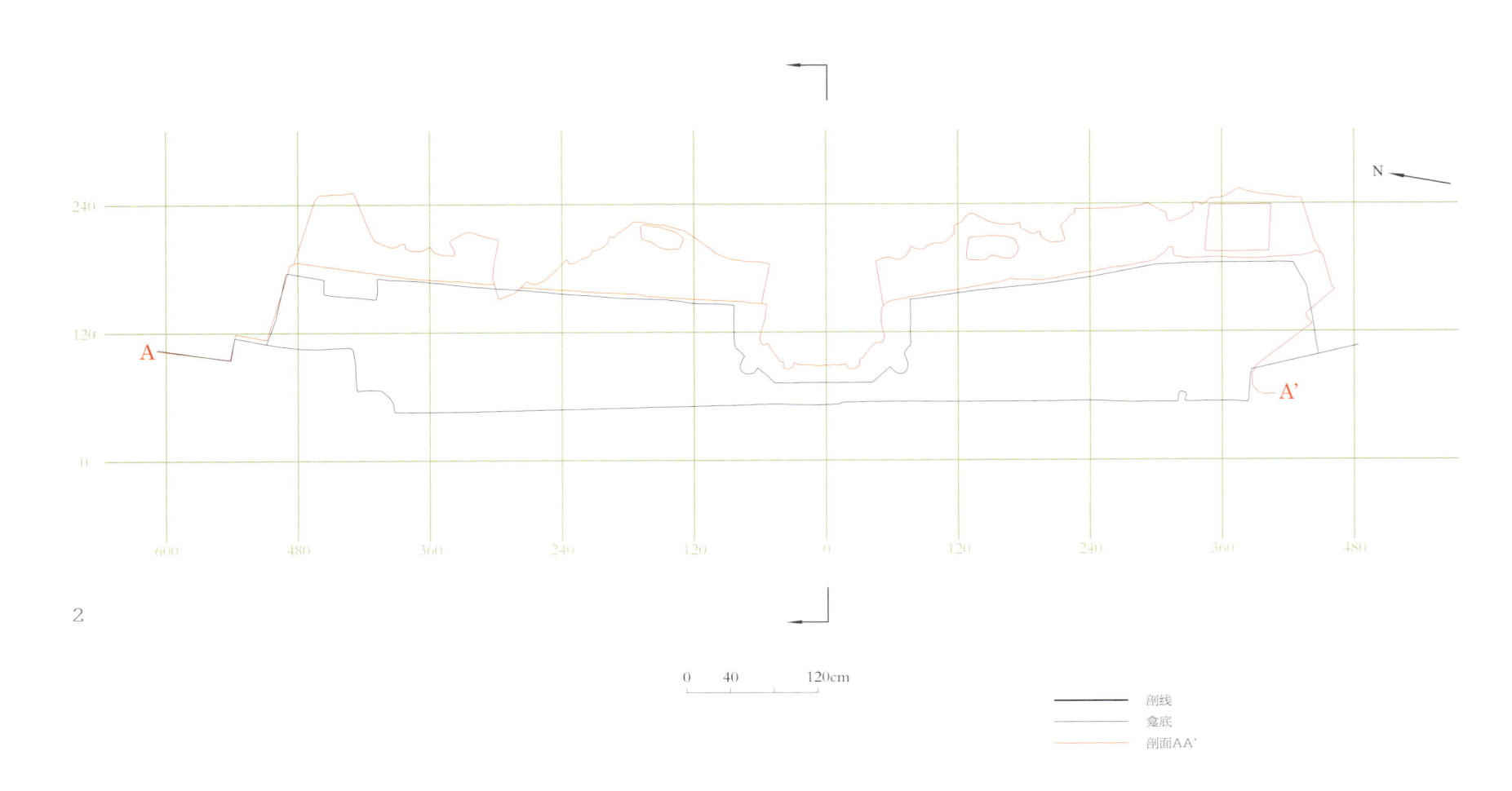

图156 佛祖岩摩崖造像平、剖面图
1 剖面图　2 平面图

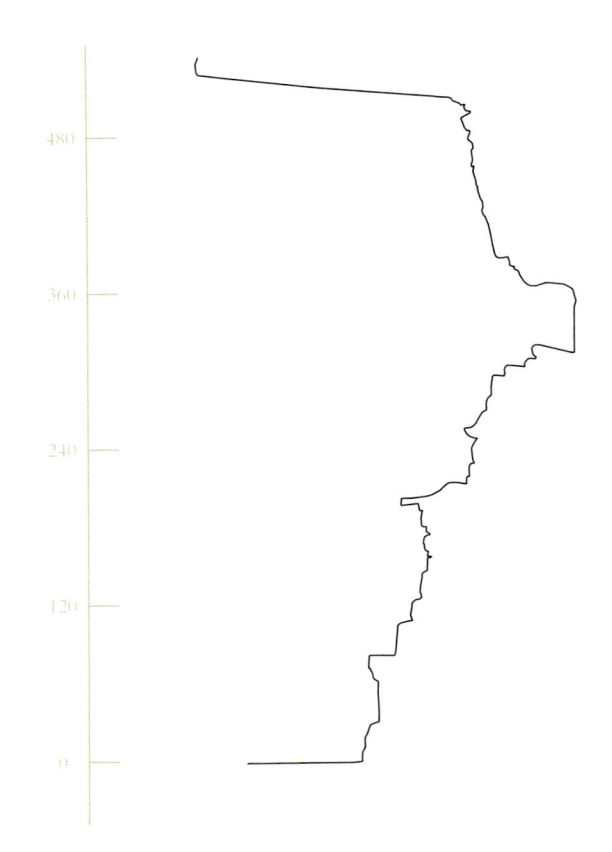

01　湛湛清天不可欺人[1]（漶）
02　善恶到头终有报只争[10]（漶）

第5则

偈语，南宋淳熙至淳祐年间（1174—1252年）。位于龛左右侧壁中部。刻石面皆高200厘米，宽28厘米。各竖刻1行，存10字，楷体，字径27厘米（图版Ⅱ：107）。

欲[11]得不（漶）（左）

莫谤如来正法轮（右）

第6则

大藏佛说守护大千国土经，南宋淳熙至淳祐年间（1174—1252年）。位于龛右侧壁外端。刻石面高225厘米，宽73厘米，文左起，竖刻7行，存158字，楷体，字径8厘米（图版Ⅱ：108）。

01　金罡宝山一寸地一树丛林一钱物一禽兽一应用等各[2]立华□□□□□□□
02　□□四千会每会转大藏经一遍戒定永充宝山香灯□□□□□□□□
03　心逆九十六种天魔外道鬼怪精灵妄起贪嫉谋妒盗心□□□□□□□□
04　□正信遵依经戒同护持者现受吉祥富贵长寿果若□□□□□□□□
05　□立受不祥贫穷短命报生遭□王法死入阿鼻百劫□□□□□□□天龙
06　八部梵释四王苏罗药叉护法护道天神地神雷神八大六通□□□□□□
07　日夜巡察护守施行伏请十方三世九十九亿恒河洹沙一切诸佛菩萨□□□□[12]

第7则

龛前案台题刻，南宋淳熙至淳祐年间（1174—1252年）。位于龛前案台正面右侧。刻石面高50厘米，宽430厘米，现存6字，楷体，字径34厘米。推测左侧也应有铭刻，但已不存（图版Ⅱ：109）。

无一□不归华藏[13]

五　晚期遗迹

龛顶中部左起横刻"古迹佛[14]祖岩[15]"5字，楷体，字径约70厘米（图版Ⅱ：110）。龛左起横刻"风调雨顺"4字，龛右左起横刻"国泰民安"4字，皆楷体，字径31厘米（图版Ⅱ：111）。

案台中部前侧，置一座六角形镂空石香炉，通高约170厘米（图版Ⅰ：286）。座基呈六边形，边宽约50厘米。香炉中空，炉身分为三层，底层镂空刻四只石狮，中层镂空刻两条蟠龙，上层镂空刻两只凤凰。最上为莲花云纹露盘。炉身后背残存"明（漶）」舍财（漶）成化八年（漶）」□□人□汪□□发心镌」"等字。

龛内左上壁存一则铭文，文漶甚不识[3]。

1　此"人"字《大足石刻铭文录》录为"未"。重庆大足石刻艺术博物馆编：《大足石刻铭文录》，重庆出版社1999年版，第201页。
2　此"各"字《大足石刻铭文录》录为"名"。同前引，第200页。
3　《大足石刻铭文录》据拓片辨识，碑额依稀可辨"□无阿弥陀佛"6字，字径5厘米。文竖刻10行，存72字，字径3厘米。录文为：□无阿弥陀佛」（漶）舍财装大（漶）」（漶）上同□余应廉母梁（漶）」（漶）弟余志立志道（漶）」（漶）侄余大金大银一家（漶）」（漶）喜舍良子三两装彩大（漶）」（漶）伏愿」（漶）物康华过（漶）」（漶）生智慧之男愿叶熊婴也」□□福（漶）」（漶）吉祥于见岁者（漶）」（漶）龙」天顺元年岁在丁丑五月十一日记（漶）」。同前引，第255页。

此外，龛外右侧存碑一通，清同治二年（1863年）上石。位于佛祖岩龛外右，置素面座，碑身高135厘米，宽115厘米，厚19厘米。额左起横书"佛宇重新"4字，字径10厘米。文左起，竖刻，下部漶灭，前碑序8行及末行纪年残存172字，字径3厘米。第8行后的出资人名略（图版Ⅱ：112）。

  佛宇重新（额）

  重修大佛寺碑序

  余闻中国崇佛始于汉明天马脱形传自成华赫赫三年（漶）

  国之观瞻亦与宝鼎名胜同为不朽者也无如历久而（漶）

  梯崩坏且佛之金容剥落上院住持目击心思飞[1]百有（漶）

  山邻相商出簿募化另行改厄幸诸君闻之愿为倡首（漶）

  于是鸠工庀材卜日兴造未几告竣勒石垂碑以标姓字（漶）

  能玺玉其相尽态极研行见佛颜庙貌较昔之倾颓崩□者（漶）

  前之目击心思者不畅然满念乎至若报施之说可□而（漶）

  （出资人姓名略）

  大清同治二年岁次癸亥流火月上浣（漶）[16]

龛内保存红色、灰白色、蓝色、绿色、黑色等五种涂层。

第十二节　广大山

一　位置

位于游城坡坡顶巨石的东北壁，南向约80米为广大寺，东北500米为宝顶山大佛湾（图版Ⅰ：287）。地理坐标为东经105°47′23.9″，北纬29°45′07.1″。

龛口东北向，方向60°。

二　形制

单层方形龛（图157、图158；图版Ⅰ：288）。

于山顶岩体东北壁凿像一龛。龛口呈方形，部分残，高450厘米，宽620厘米，至后壁最深约330厘米。龛底不明，后世于前侧建简易条石堡坎。龛内建一级低坛，高120厘米，深130厘米，与龛口等宽。龛壁竖直，略内凹，与左右侧壁垂直相接；左右侧壁外侧毁，内侧饰云纹。龛顶平顶，呈方形，前端残脱。

三　造像

龛内低坛上刻半身像3身。其中，中刻主尊佛像1身，左右各刻菩萨像1身（图157-1；图版Ⅰ：288）。

佛像　半身高355厘米，头长162厘米，肩宽200厘米，胸厚55厘米（图版Ⅰ：289）。戴卷草冠，额际刻三排螺发；冠正面中部刻仰莲，自莲蕊出两道毫光，左右斜向上飘延至龛顶；毫光间置一粒放焰珠。冠带作结下垂至胸，部分残断。面方圆，弯眉，双眼半

1　此"飞"字《大足石刻铭文录》录为"非"。重庆大足石刻艺术博物馆编：《大足石刻铭文录》，重庆出版社1999年版，第270页。

图157 广大山摩崖造像平、立面图
1 立面图　2 平面图

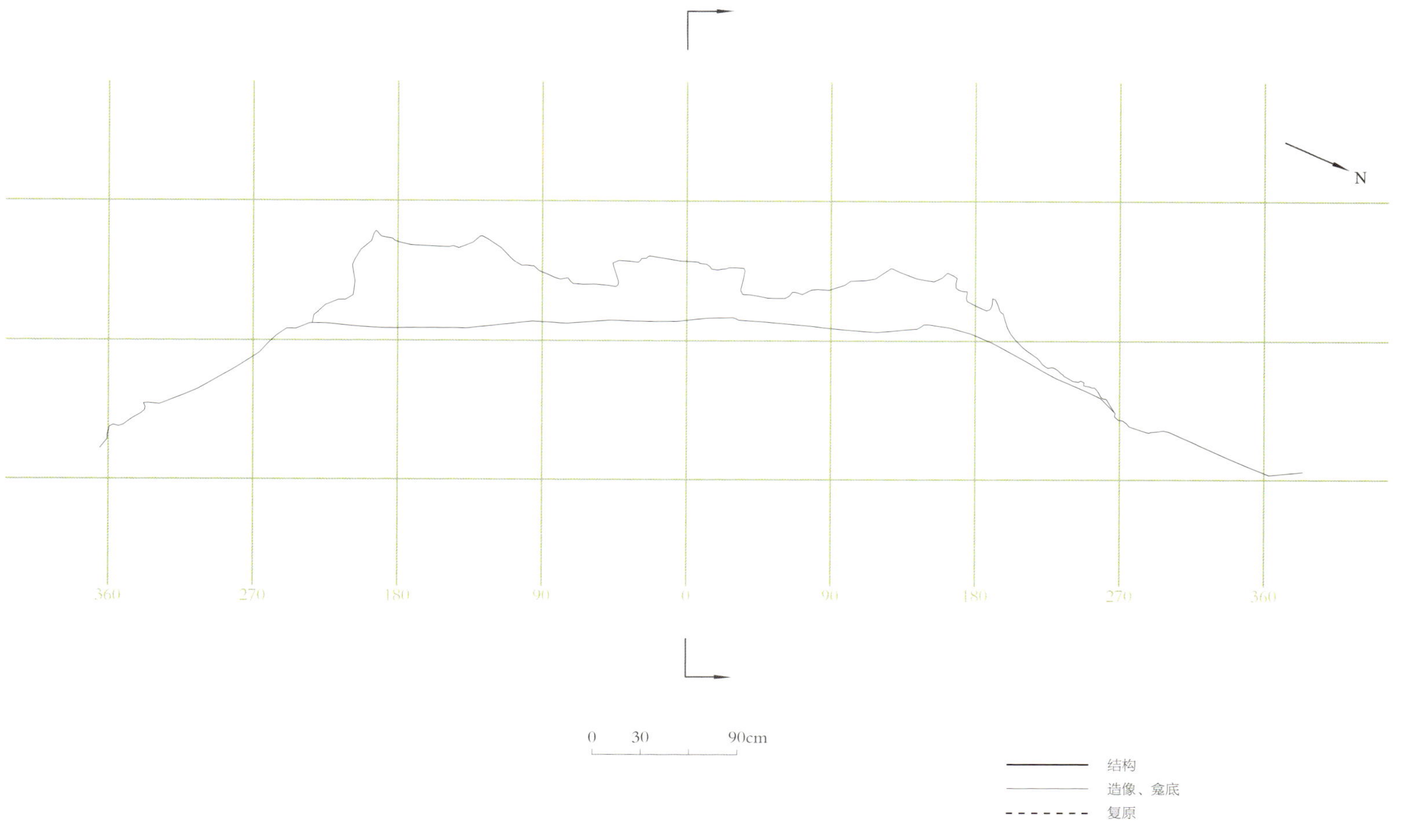

图158 广大山摩崖造像剖面图

睁，直鼻厚唇，口闭合。耳垂略残，颈刻三道肉褶线。肩宽体健，内着僧祇支，系带作结，外着双领下垂式袈裟，部分残。双手置胸前结拱手印式。

左菩萨像　半身高260厘米，头长115厘米，肩宽115厘米，胸厚45厘米（图版Ⅰ：290）。戴卷草冠，下缘饰一周团花。冠正面刻云台，上坐一化佛，坐高22厘米，浅浮雕圆形头光和身光，直径分别为14、18厘米；双手置腹前隐袖内，结跏趺坐。菩萨冠带作结后沿胸下垂，右侧冠带残。面丰圆，略右侧，弯眉，双眼细长，直鼻小口，耳垂肥大，颈刻三道肉褶线。戴项圈、垂坠饰，略残。内着僧祇支，系带，外着双领下垂式袈裟，袈裟一角系于左肩哲那环上。左臂屈肘上举外展，手覆巾，托束带经函。函长56厘米，宽25厘米，厚9厘米。右手残，置胸前。

右菩萨像　残毁甚重，残高160厘米（图版Ⅰ：291）。可辨腹前横束的系带和外着的袈裟，双手残，似置胸前。

四　铭文

3则。

第1则

偈语，南宋淳熙至淳祐年间（1174—1252年）。位于低坛正面左侧。刻石面高80厘米，宽190厘米。文右起，竖刻5行，存15字，楷体，字径18厘米[1]（图版Ⅱ：113）。

01　□使热铁
02　□于我顶
03　□旋终不
04　□此苦退
05　□菩提心[17]

第2则

大藏佛言残文，南宋淳熙至淳祐年间（1174—1252年）。位于低坛正面中部偏右。残存刻石面高35厘米，宽185厘米。左起横刻，存2字，楷体，字径22厘米（图版Ⅱ：114）。

藏言

第3则

偈语，南宋淳熙至淳祐年间（1174—1252年）。位于第2则右侧。刻石面高80厘米，宽190厘米。文左起，竖刻5行，存5字，楷体，字径18厘米[2]（图版Ⅱ：114）。

01　□□□□
02　□所作业
03　□忘因□
04　□□□□
05　□□□□

五　晚期遗迹

龛顶前端左起横刻"古迹广大山"5字，字径54厘米；其左右各竖刻颂词1行共8字，左为"风调雨顺"，右为"国泰民安"，字径皆21厘米（图版Ⅰ：292；图版Ⅱ：115）。

龛外右侧竖刻一摩崖方碑，高67厘米，宽61厘米；碑首竖刻"重绚[3]"2字，字径3厘米，其后竖刻13行功德主名，漶甚不识，末行（第15行）竖刻"大清同治十三年八月（漶）吉旦△立"（图版Ⅱ：116）。

龛内保存红色、黑色、蓝色、绿色等四种涂层。

1　《大足石刻铭文录》根据小佛湾第1号祖师法身大藏塔所刻偈语将铭文补录为：假使热铁」轮于我顶」上旋终不」以此苦退」失菩提心。重庆大足石刻艺术博物馆编：《大足石刻铭文录》，重庆出版社1999年版，第203页。
2　《大足石刻铭文录》根据小佛湾第1号祖师法身大藏塔上所刻偈语将铭文补录为：假使百千」劫所作业」不忘因缘」会遇时果」报还自受。同前引。
3　此"绚"字《大足石刻铭文录》录为"徇"。同前引，第270页。

第十三节　龙潭

一　位置

位于宝顶山大佛湾西北张家坡坡脚巨石堡的西南壁，西向面朝吴家沟沟谷，南距大佛湾约500米。地理坐标为东经105°47′23.4″，北纬29°45′24.3″。

龛口西南向，方向213°。

二　形制

于巨石堡西南壁浮雕渔翁像1身（图159-2；图版Ⅰ：293）。像上距岩顶约35厘米，下距地坪约40厘米，左上方为清代并列开凿的两龛造像[1]，其下建有案台。

三　造像

渔翁像高118厘米，头长27厘米，肩宽49厘米，胸厚26厘米（图159-2；图版Ⅰ：293）。头戴斗笠，略残，面方，粗眉上竖，眼圆睁，短鼻粗大，唇颔前凸，阔口闭合；左向仰面，目视上方。外披蓑衣，颈下作结。上着交领窄袖长服，腰带作结，下着裤。左手按置右膝上，右手部分隐于腹前。赤足，左腿跪地，右腿屈膝上竖，呈蹲跪状。

渔翁像左侧刻鱼篓，口、颈残，残通高23厘米，宽45厘米，厚17厘米，置于方台上。台高11厘米，宽50厘米。

四　铭文

2则，皆南宋淳熙至淳祐年间（1174—1252年）上石。

第1则

位于鱼篓上方。刻石面高72厘米，宽50厘米。文左起，竖刻2行，存9字，楷体，字径21厘米（图版Ⅱ：117）。

01　佛说[18]大鱼事
02　弥勒艹艹[2]□□

第2则

位于第1则左上方，作碑形。碑座为仰莲；碑身方形，高47厘米，残宽20厘米；碑首为覆莲。内左起竖刻2行，存9字（左行因改凿为凹槽，大部残），楷体，字径7厘米（图版Ⅱ：118）。

01　□□□□□亦观
02　一篮鱼变显天花

1　左龛龛口呈方形，内刻菩萨坐像一身，身前刻二小孩像；右龛龛口呈圆拱形，内刻立式菩萨像一身。见四川省社会科学院、大足县文物保管所等编：《大足石刻内容总录》，四川省社会科学院出版社1985年版，第263—264页。
2　"艹艹"为"菩萨"二字的简化写法，相同情形见北山佛湾第249号龛右壁外侧铭文，"……妆此△地藏观音二艹艹……"。见本报告集第三卷上册第234页。

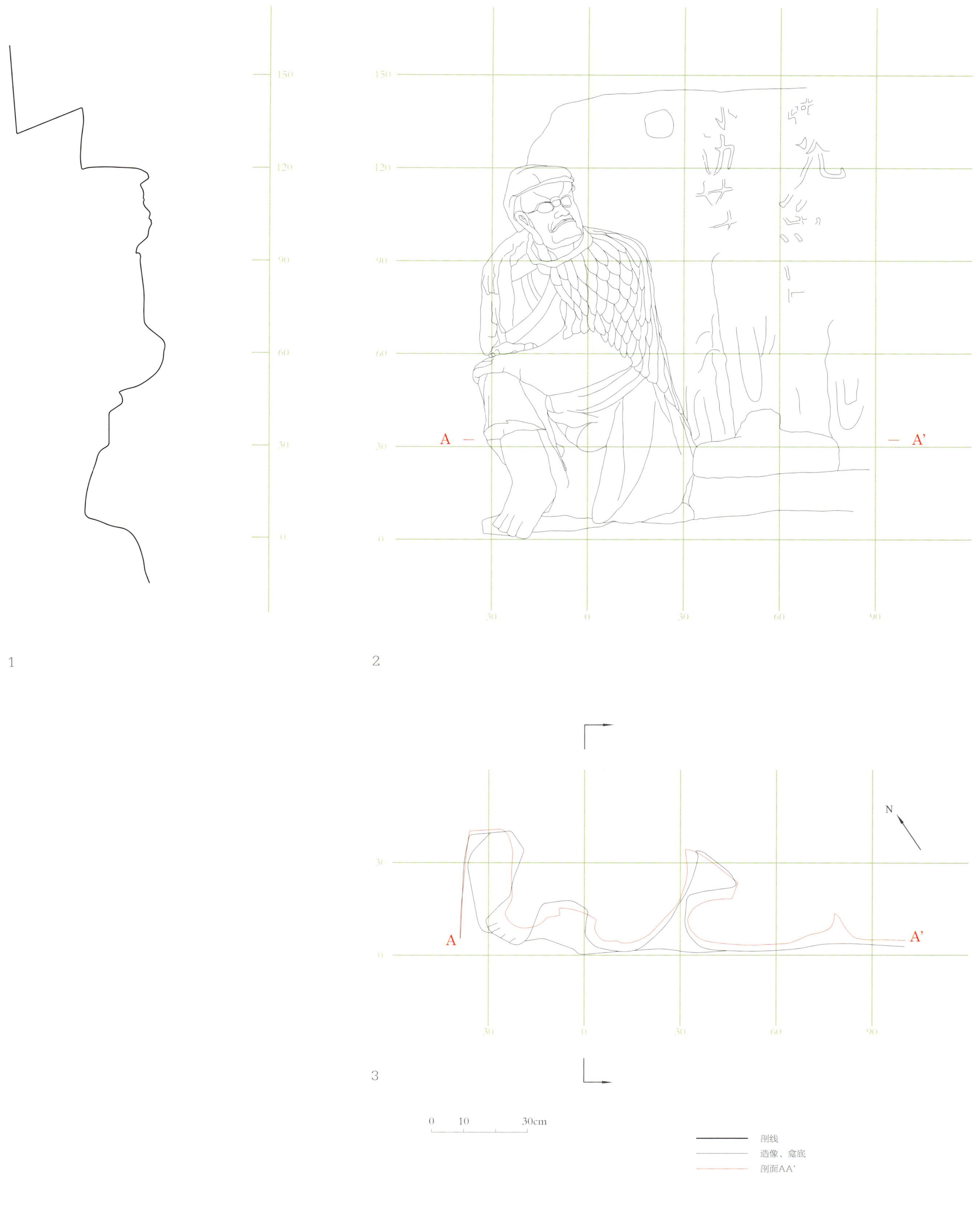

图 159　龙潭摩崖造像平、立、剖面图
1　剖面图　2　立面图　3　平面图

第三章　宝顶山石窟周边区域造像　265

五　晚期遗迹

鱼篓左侧竖直壁面刻铭文1则，大部漶，从左至右可辨"□王」神位」"等3字。该铭文左侧150厘米转折处刻一方碑，内存"人心转眼别」□普告□□"等7字。

造像巨石左前方3米处的另一巨石堡西北面，左起竖刻"古迹」龙潭」所求」灵感[19]"4行8字，楷体，字径44厘米（图版Ⅱ：119）。

造像被后世彩绘存红色、黄色、黑色、蓝色等四种涂层。

第十四节　岩湾

一　位置

位于宝顶山大佛湾北面木鱼坡岩体西北壁。西北向约300米为吴家沟沟谷，南侧约240米为大佛湾，东侧150米为宝顶老街街道。地理坐标为东经105°47′36.0″，北纬29°45′23.1″。

龛口西北向，方向291°。

二　形制

单层圆拱龛（图160、图161；图版Ⅰ：294）。

在岩壁中部凿像一龛。龛口呈圆拱形，高224厘米，宽133厘米，至后壁最深39厘米；下距地坪约270厘米。龛口上部岩体外挑，形如龛檐；下部82厘米处凿方形平台，宽146厘米，深65厘米；平台后侧及左右侧壁面线刻云纹图案。龛底为弦月形，龛壁为弧壁，龛顶为券顶。

三　造像

龛内刻像4身（图160；图版Ⅰ：294）。其中，中刻主尊坐佛1身，左右各刻供养人立像1身；左供养人立像怀抱小孩像1身。

佛像　坐像高100厘米，头长31厘米，肩宽51厘米，胸厚26厘米。有后世彩绘的圆形头光，横径120厘米。螺发，发际线平直，略高。面方圆，弯眉，双眼半开，目光下视，鼻高直，厚唇闭嘴，耳垂肥大，颈刻三道肉褶线。胸厚实，内着僧祇支，外着双领下垂式袈裟，下着裙；袈裟一角经腹前上撩，系于左胸哲那环上；袈裟袖摆和裙摆敷垂座前。腕镯，左手横置腹前，右手举胸前结印，手皆略残，结跏趺坐于方台上。台高56厘米，宽102厘米，深26厘米。台下方刻一方案，高52厘米，宽67厘米，深25厘米，覆两层帷幔，上置圆形法器，似木鱼，高约23厘米。

案前下方平台刻两重仰莲台，高42厘米，深46厘米，与平台等宽；上重莲瓣残。

左立像　高83厘米，头长14厘米，肩宽14厘米，胸厚8厘米。齐耳短发，面蚀。内着齐膝窄袖衫，外着褙子，下着裙。左手身前抱小孩，右手残，屈肘外展，作敲击状。身向龛外，着鞋直立。小孩像高27厘米，头面残，袒胸露腹，上着对襟无袖衫，下着裤；左臂毁，右臂残，前伸；盘左腿，右腿斜向前伸，坐于立像怀中。

右立像　残高78厘米。头毁身残，后世改刻。可辨上着宽袖服，下着裙。双手残，置胸前，侧身向左，着鞋直立。

四　铭文

龛口右下外侧5厘米处凿一方碑，高41厘米，宽27厘米，深4厘米，文漶。

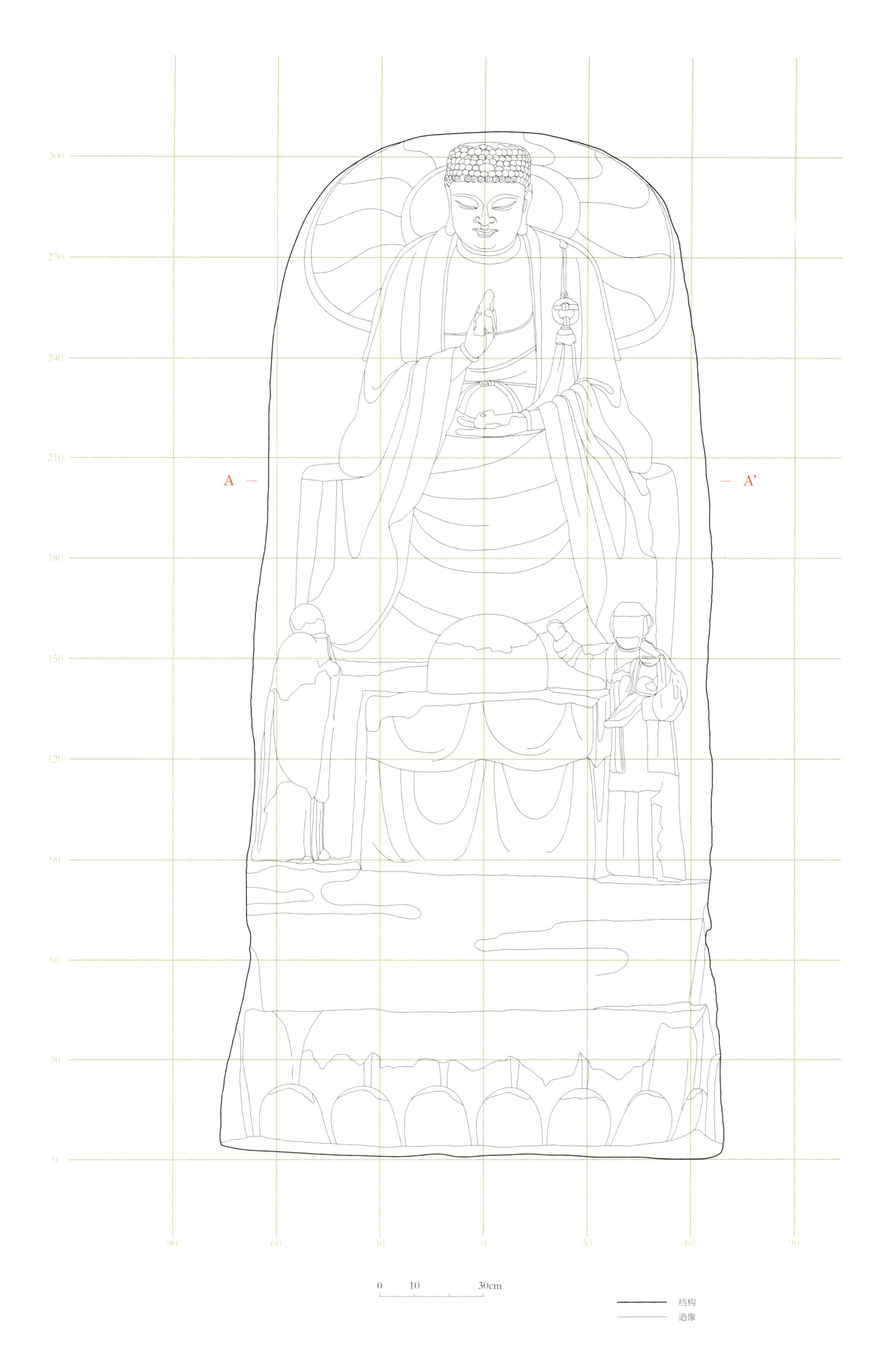

图 160　岩湾摩崖造像立面图

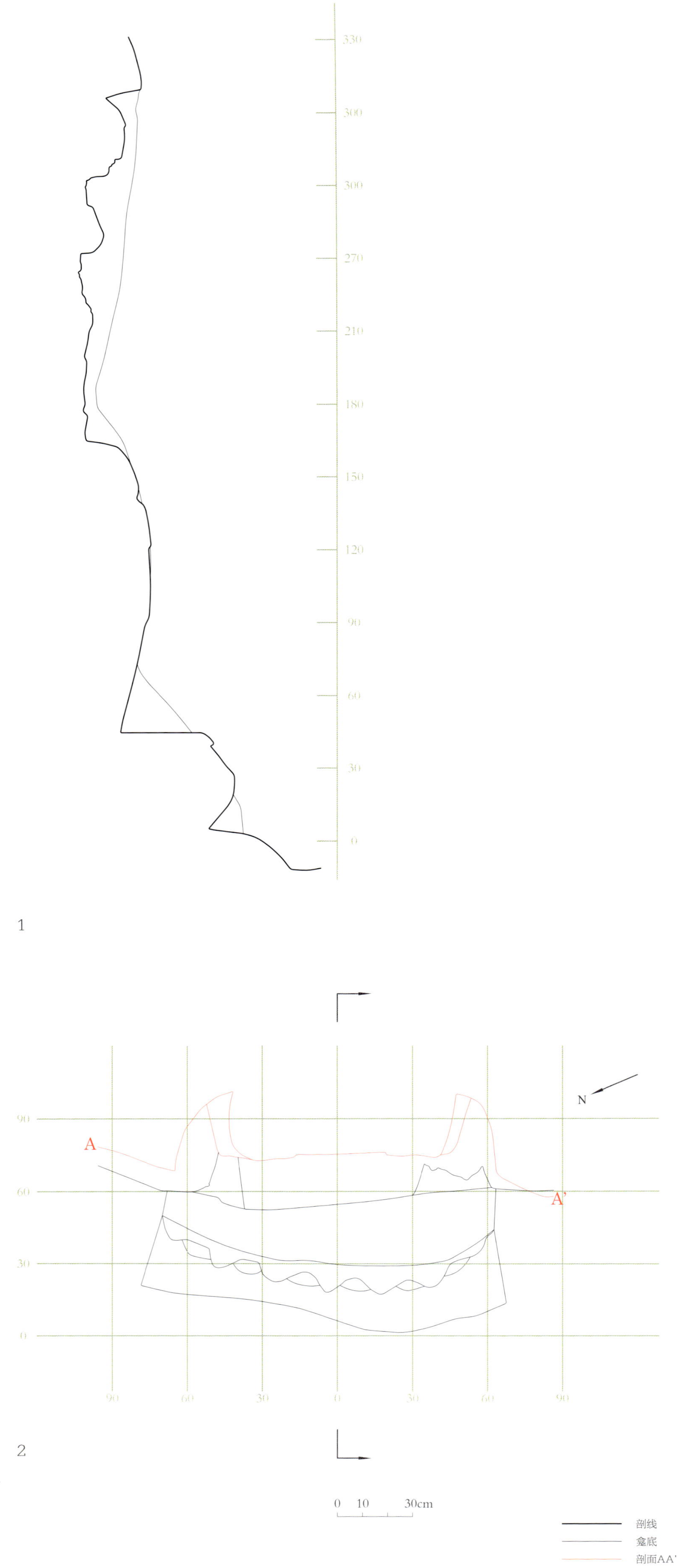

图 161　岩湾摩崖造像平、剖面图
1　剖面图　2　平面图

五　晚期遗迹

佛像头光主要遗存红色涂层，身躯保存蓝色、绿色和灰白色等三种涂层。

第十五节　古佛寺[1]

一　位置

位于新建S309道路东侧约10米的曾家寨子坡西侧岩体，岩前有现代简易木构建筑，其明间大门上方悬挂"古佛寺"匾额（图版Ⅰ：295）。南向距宝顶山大佛湾约2公里。地理坐标为东经105°47′45.0″，北纬29°46′19.4″。

龛口西南向，方向240°。

二　形制

于倾斜岩壁中部凿像一龛（图162；图版Ⅰ：296）。龛口呈圆形，直径约115厘米，至后壁深45厘米。龛外上方岩体外挑，形如岩檐。龛前建条石案台，置数身后世圆雕造像。

三　造像

龛内刻半身佛像1身，高157厘米，头长56厘米，肩宽68厘米，胸厚26厘米；被后世彩绘贴金（图162-1；图版Ⅰ：296）。戴卷草冠，下露螺髻。冠中刻两道毫光，斜飘至龛顶，毫光间置一粒放焰珠；毫光左右各饰一朵莲花。冠带作结后沿胸下垂。面方圆，双耳下垂，颈刻三道肉褶线。内着僧祇支，外着双领下垂式袈裟。腕镯，双手残，置胸前，后世补塑呈合十状。

佛像身前另有5身造像，现已重塑、妆彩，原貌不明，估计为清代作品。

第十六节　对面佛

一　位置

位于新建的S309道路西侧约15米的乌龟堡西南壁，东向15米有后世开凿的观音造像，南距宝顶山大佛湾约820米（图版Ⅰ：297）。地理坐标为东经105°47′39.9″，北纬29°45′42.8″。

龛口西南向，方向253°。

二　形制

单层圆拱龛（图163；图版Ⅰ：298）。

于乌龟堡西南岩壁中上部凿像一龛。龛口呈圆拱形，高200厘米，宽223厘米，深146厘米；下距地坪320厘米。龛底略呈半圆形，龛壁为弧壁，龛顶为券顶。

---

[1] 2009年在大足县第三次全国文物普查时发现并登录。

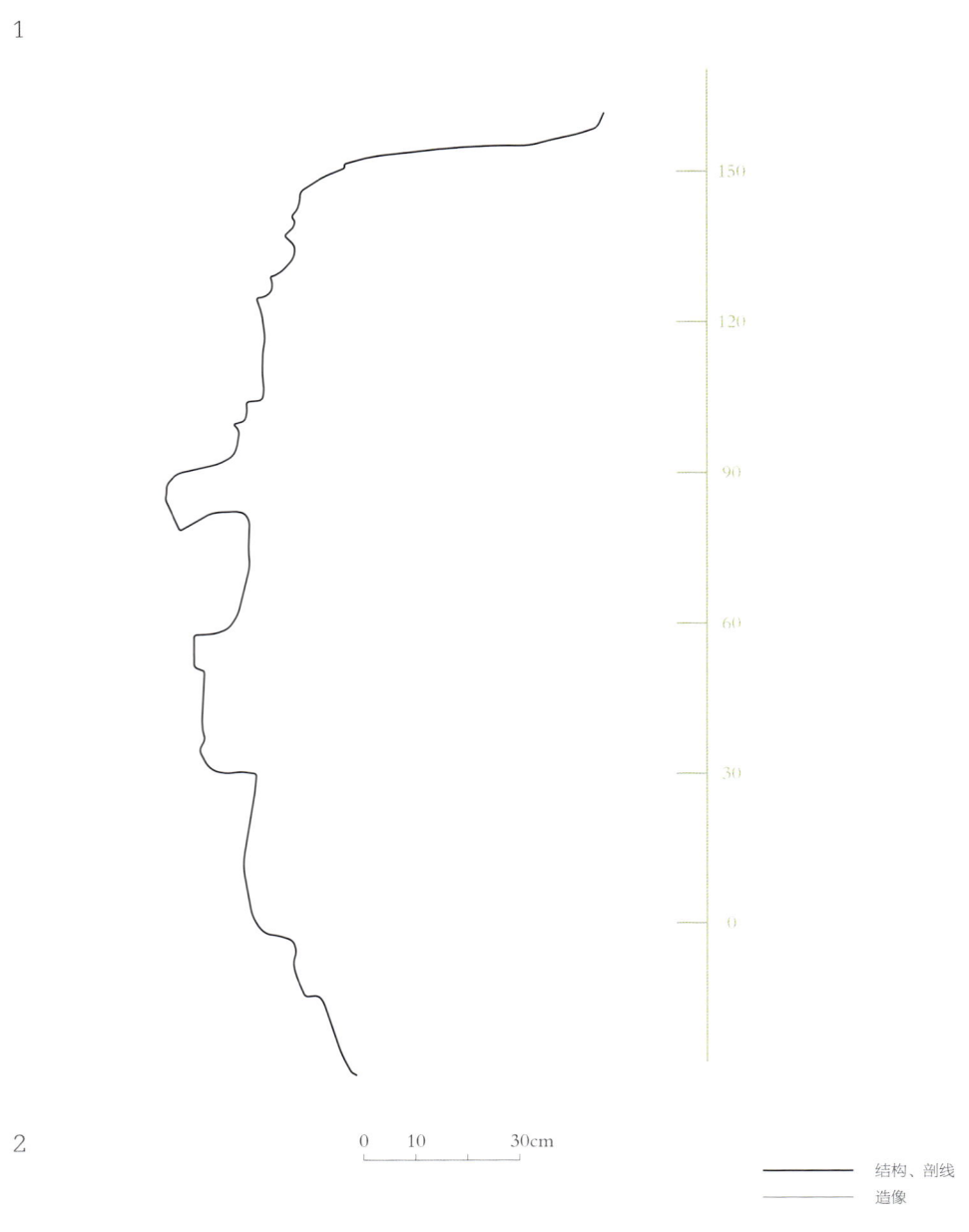

图 162 古佛寺摩崖造像立、剖面图
1 立面图   2 剖面图

三　造像

龛内刻坐佛1身，被后世彩绘贴金（图163-1；图版Ⅰ：298）。像坐高185厘米，头长55厘米，肩宽85厘米，胸厚32米。浅浮雕圆形头光和椭圆形身光，后世以红、黄、白、黑色颜料彩绘成放射状的毫光。螺髻，面方圆，鼻高直，双唇闭合，耳垂肥大，颈刻三道肉褶线。肩宽胸厚，内着僧祇支，外着双领下垂式袈裟。双手腹前托宝珠，珠径12厘米。结跏趺坐于龛底。

龛壁饰山石、云纹等。

四　铭文

偈语，南宋淳熙至淳祐年间（1174—1252年）。刻于佛像头光左右壁面。刻石面皆高73厘米，宽20厘米。各竖刻10字，径皆13厘米（图版Ⅱ：120）。

　　一称南无佛（左）
　　皆共成佛道[1]（右）

佛像左臂外侧27厘米处刻一方碑，高31厘米，宽27厘米。碑文漶，仅辨四行字迹。

龛口上方15厘米处左起横刻"南无无量佛"5字[2]，楷体，字径45厘米。

五　晚期遗迹

龛口以条石砌筑神龛，左右龛柱浮雕穿梭于云纹中的游龙戏珠图案，上部横枋浮雕花卉、拍板、宝剑、提篮、笛、葫芦、蟠桃等。

龛外右下侧和下部共开三个浅龛，内刻观音和民间俗神造像，已彩画。其中，右下浅龛下部壁面打磨平整，刻功德碑两通，已漶。

左龛柱内侧中部存黄清元装彩佛像金身记，清道光三十年（1850年）上石。文左起，清道光三十年（1850年）上石。文左起，竖刻5行，26字，字径4厘米（图版Ⅱ：121）。

01　信人黄清元为
02　男长元装彩
03　佛像金身
04　祈保平安
05　道光三十年吉日立

龛外左下方摩崖刻圆首碑一通，清道光八年（1828年）上石。碑高45厘米，宽30厘米，深3厘米。碑首左起横刻"指路碑记"4字，碑文左起，竖刻，存49字，楷体，字径4厘米（图版Ⅱ：122）。

　　左手走大□堡
　　后上岩走宝□□

1　《大足石刻内容总录》录为："一称南无佛自贡成佛道"。见四川省社会科学院、大足县文物保管所等编：《大足石刻内容总录》，四川省社会科学院出版社1985年版，第262页。
2　在外仅可见"南"字，其余4字被后世以条石砌筑的神龛遮挡，从神龛与壁面间的缝隙可见其全貌。

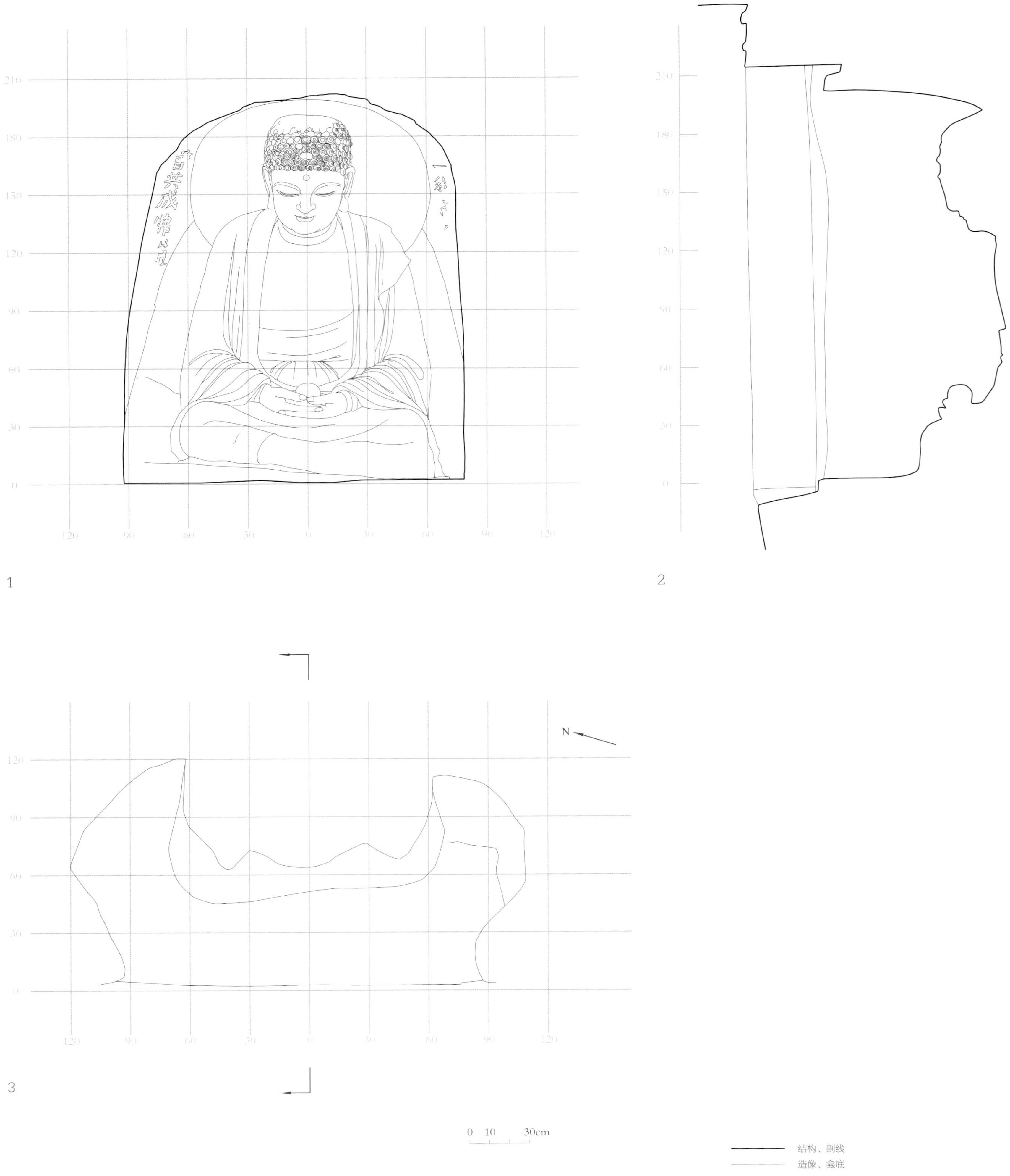

图163 对面佛摩崖造像平、立、剖面图
1 立面图 2 剖面图 3 平面图

信士罗元昌同缘王氏为长男景万敬文

前上坎走龙神寺

右手走回□场

道光八年二月十七日△吉立

在龛外右侧20米处东南向转折壁面，摩崖刻方碑一通，碑高95厘米，宽384厘米，内左起横刻"古迹无忧石"5字，楷体，字径70厘米（图版Ⅱ：123）。该碑左侧另刻方碑一通，高45厘米，宽130厘米；内左起横刻"天理良心"4字，楷体，字径25厘米，署款"道光丁未年吉旦善士黄星华陆氏"14字，楷体，字径4厘米（图版Ⅱ：124）。

第十七节　仁功山

仁功山，俗名黄桷坡，与对面佛造像隔沟相望，相距约200米。西距宝顶山大佛湾约600米（图版Ⅰ：299）。地理坐标为东经105°47′49.9″，北纬29°45′33.0″。

造像开凿于坡顶东北岩壁中上部，开凿进深约150厘米，共计三龛。三龛相互比邻，上距岩顶约100厘米，下距地坪约150厘米；从左至右，从上至下，编为第1—3号（图164）。

一　第1号

（一）位置

位于壁面左侧，左为壁面转折边缘，右侧与第2、3号龛紧邻。

龛口东北向，方向33°。

（二）形制

单层方形龛（图165、图166；图版Ⅰ：300）。

龛口方形，高285厘米，宽345厘米，至后壁最深约160厘米。龛底略呈半圆形，龛壁为弧壁，饰山石、云纹，与龛顶券面相接。龛顶为平顶，略残，外挑形如龛檐。

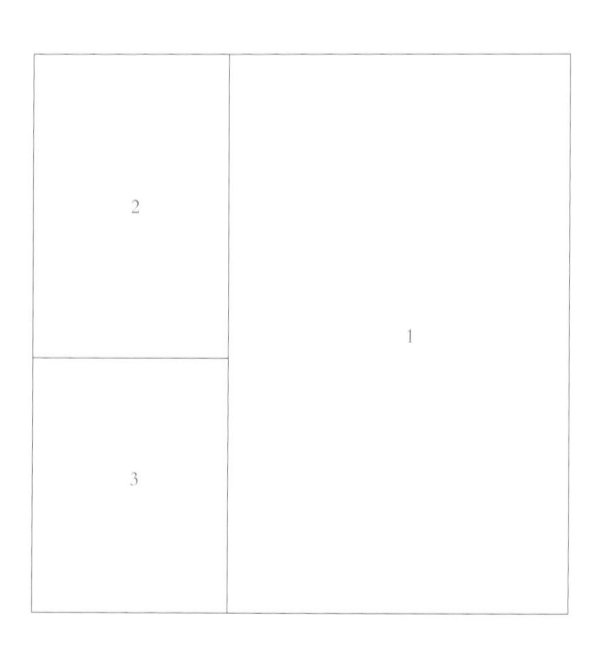

图164　仁功山摩崖造像编号图

1

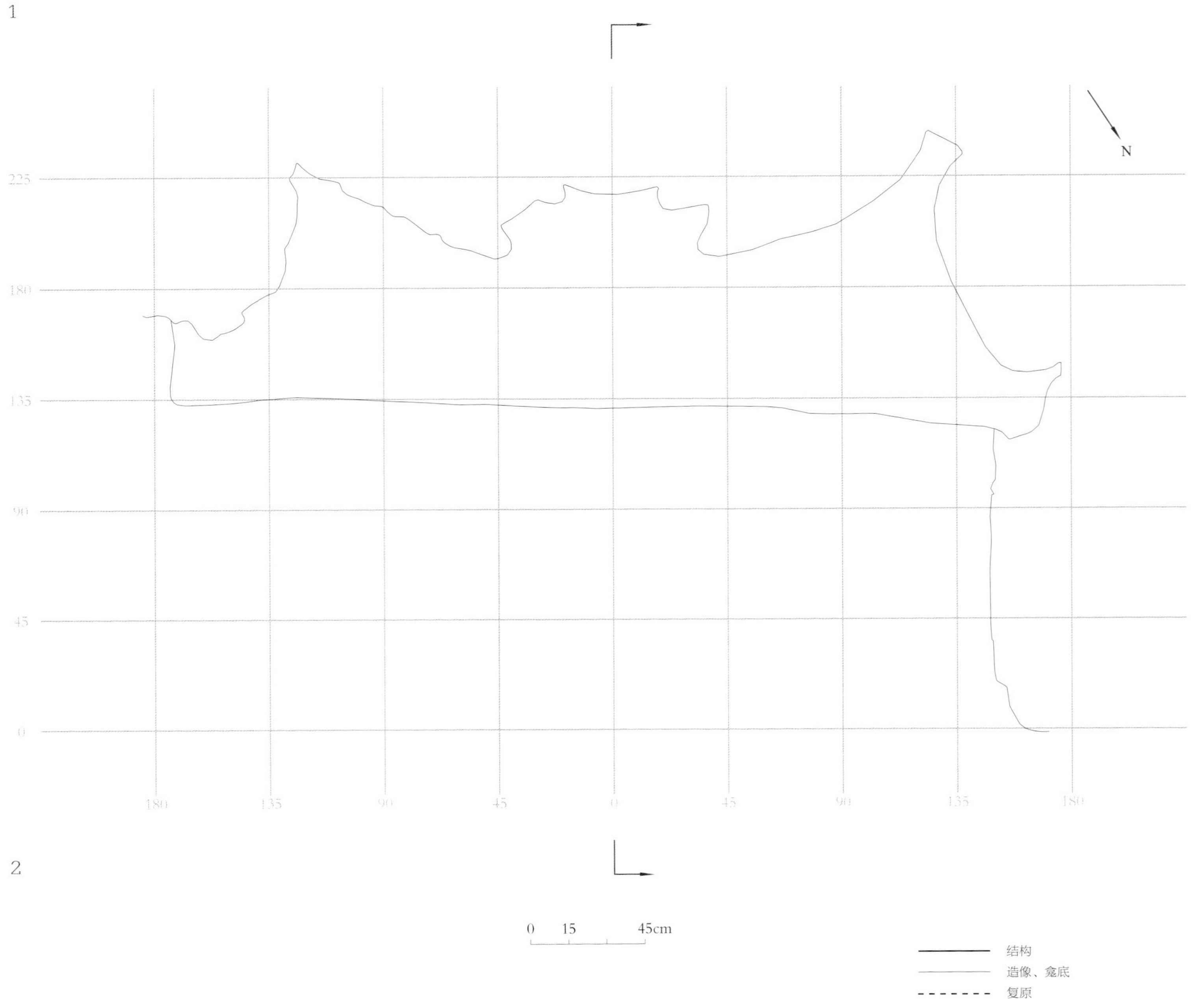

2

0　15　45cm

图165　仁功山摩崖造像第1号龛平、立面图
1　立面图　2　平面图

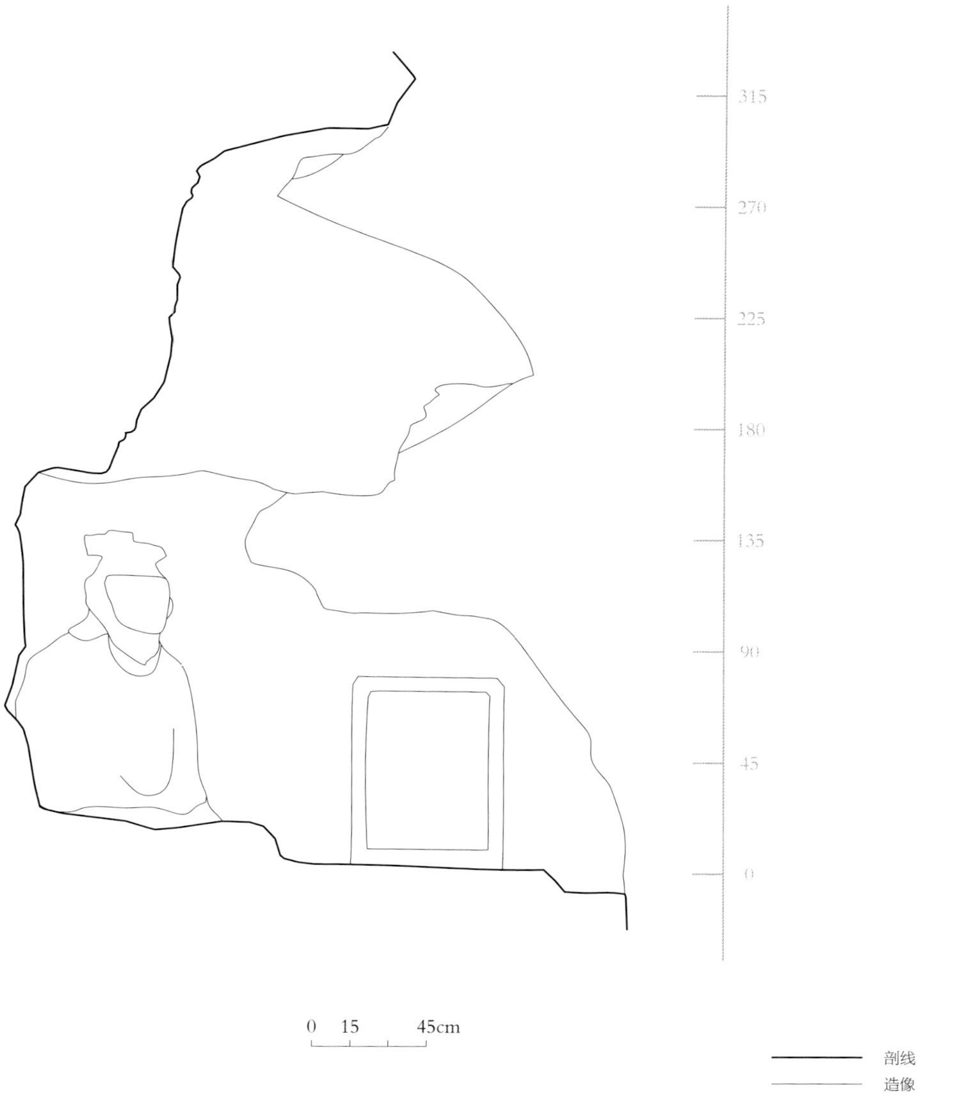

图 166　仁功山摩崖造像第 1 号龛剖面图

（三）造像

龛内刻半身像3身（图165-1；图版Ⅰ：300）。中刻主尊佛像1身，左右各刻菩萨像1身。

佛像　半身高270厘米，头长130厘米，肩宽170厘米，胸厚55厘米。戴卷草冠，下露三层螺髻。冠正面起云台，上承仰莲，莲上刻圆轮，轮径15厘米；自轮心出两道毫光，交绕上升，延至龛顶。冠左右各饰一莲朵。冠带作结下垂及肩。面方圆，右颊残，眉间刻白毫，弯眉细眼，鼻残，厚唇闭合。双耳残，颈蚀身漶。可辨内着僧祇支，外着袈裟。双手残，似置胸前。

左右菩萨像　仅可辨轮廓，左像残高110厘米，右像残高105厘米。

（四）晚期遗迹

龛外右壁竖刻"古迹仁功山"5字，楷体，字径24厘米，刻石面高134厘米，宽39厘米[1]。

龛壁保存红色和灰白色涂层，主尊花冠保存少许绿色、蓝色涂层。

二　第2号

（一）位置

位于壁面右上方，左与第1号龛紧邻，右距壁面边缘约200厘米；上距岩顶约100厘米，下与第3号龛紧邻。

龛口东北向，方向60°。

1　铭文现已不存，今据2001年至2003年重庆大足石刻艺术博物馆《大足石刻内容总录》课题组调查资料如实转录。

（二）形制

单层方形龛（图167、图168；图版Ⅰ：301）。

龛口方形，高140厘米，宽171厘米，至后壁最深55厘米。龛底略呈半圆形，前端残。龛壁为弧壁，与龛顶略垂直相接。龛顶平顶，呈半圆形。

（三）造像

龛内刻立像4身，皆残毁甚重（图167-1；图版Ⅰ：301）。居中主像，头毁，残高约108厘米，可辨左臂外展，右臂置腰际；自左腰斜垂飘带（图169）。左壁外侧像，残高95厘米，可辨轮廓；左壁内侧像毁，残高约50厘米。右壁立像，残高约90厘米，仅辨轮廓。

三　第3号

（一）位置

位于壁面右下方，上与第2号龛紧邻，左侧紧邻第1号龛，右距壁面边缘约200厘米，下距地坪约150厘米。

龛口东北向，方向60°。

（二）形制

单层方形龛（图170；图版Ⅰ：302）。

龛口呈方形，部分残，高约120厘米，宽148厘米，至后壁最深约35厘米。龛底略呈弦月形，龛壁为弧壁，龛顶即为第2号龛底，部分残。

（三）造像

龛内刻立像2身，残毁甚重，似相对而立。左像残高93厘米，右像残高84厘米。

第十八节　珠始山

一　位置

位于宝顶老街街尾东侧10米处的豹子坡西北巨石堡北壁，北距对面佛造像约300米，东北距仁功山造像约200米，西距大佛湾石窟约500米。地理坐标为东经105°47′43.2″，北纬29°45′30.6″。

龛口东北向，方向11°。

二　形制

单层方形龛（图171、图172、图173；图版Ⅰ：303）。

于北侧岩壁凿像一龛。龛口方形，高359厘米，宽550厘米，至后壁最深284厘米，左右上角作圆弧处理。龛底略呈弦月形，大部毁；龛壁间存一道宽大的裂隙。龛底前侧建平台，相距约66厘米。龛壁为弧壁。龛顶平顶，略呈半圆形。

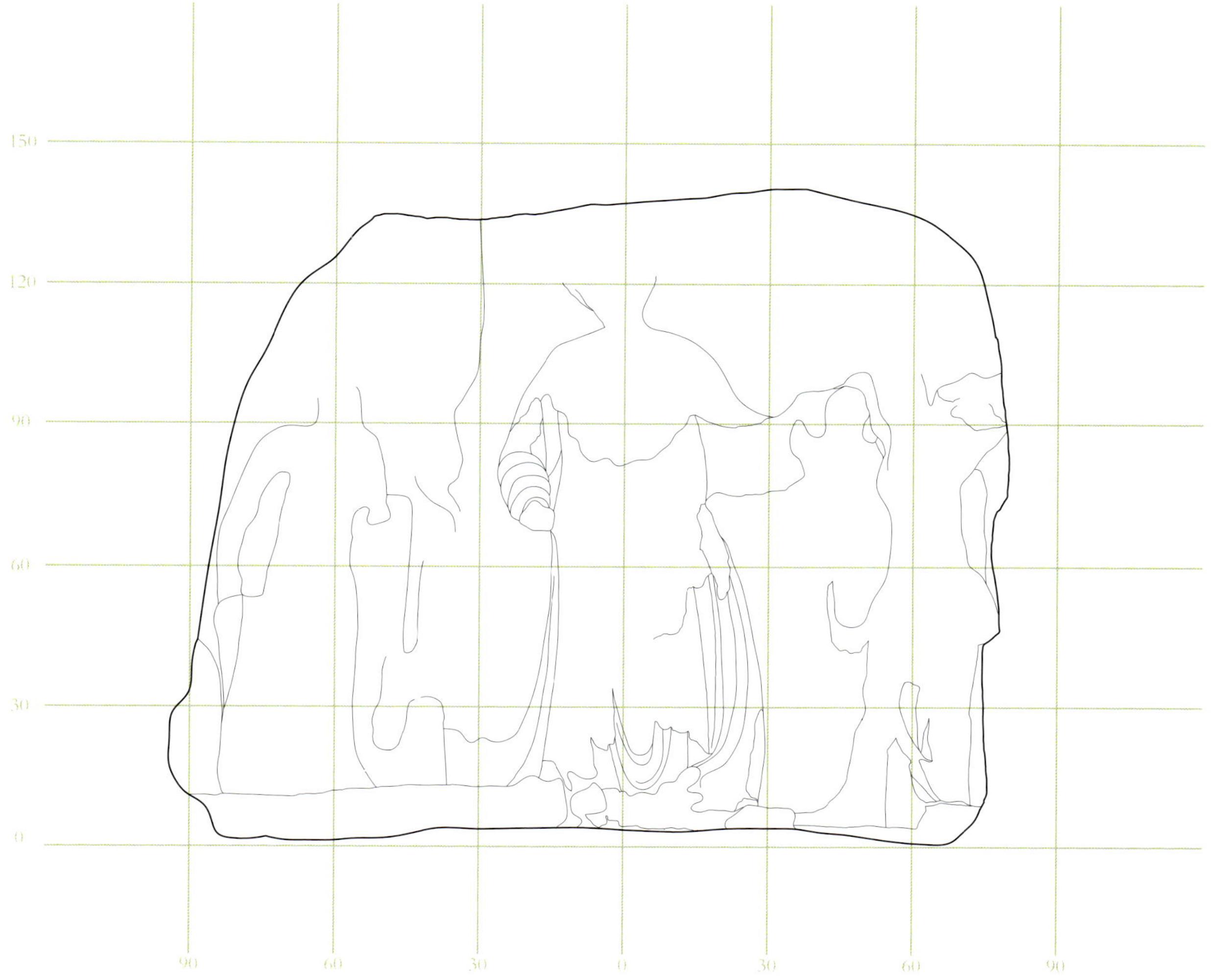

图167 仁功山摩崖造像第2号龛平、立面图
1 立面图 2 平面图

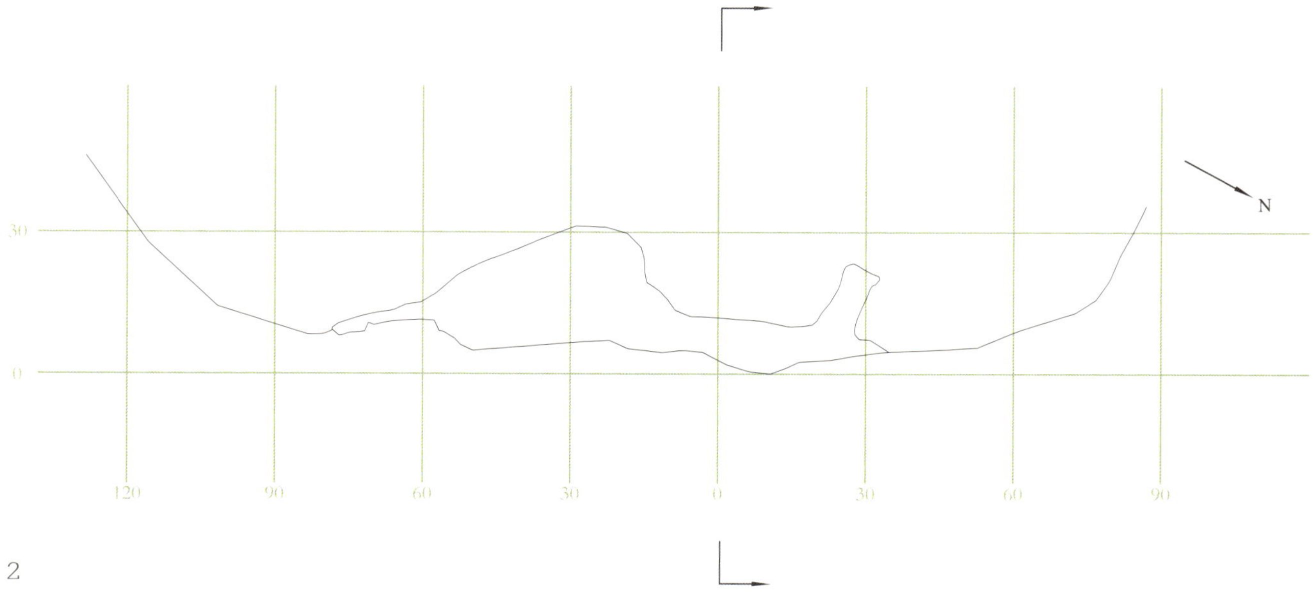

第三章 宝顶山石窟周边区域造像

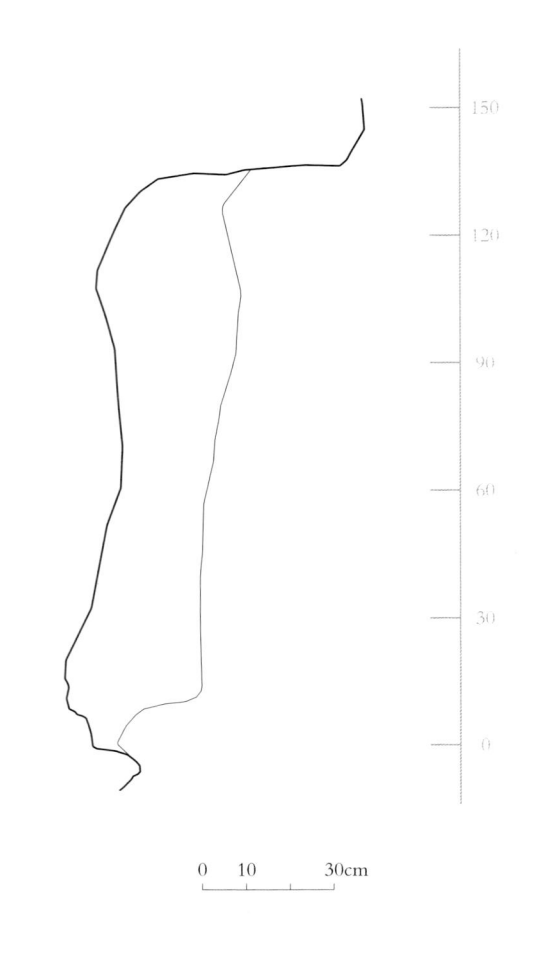

图 168　仁功山摩崖造像第 2 号龛剖面图

图 169　仁功山摩崖造像第 2 号龛主尊像效果图

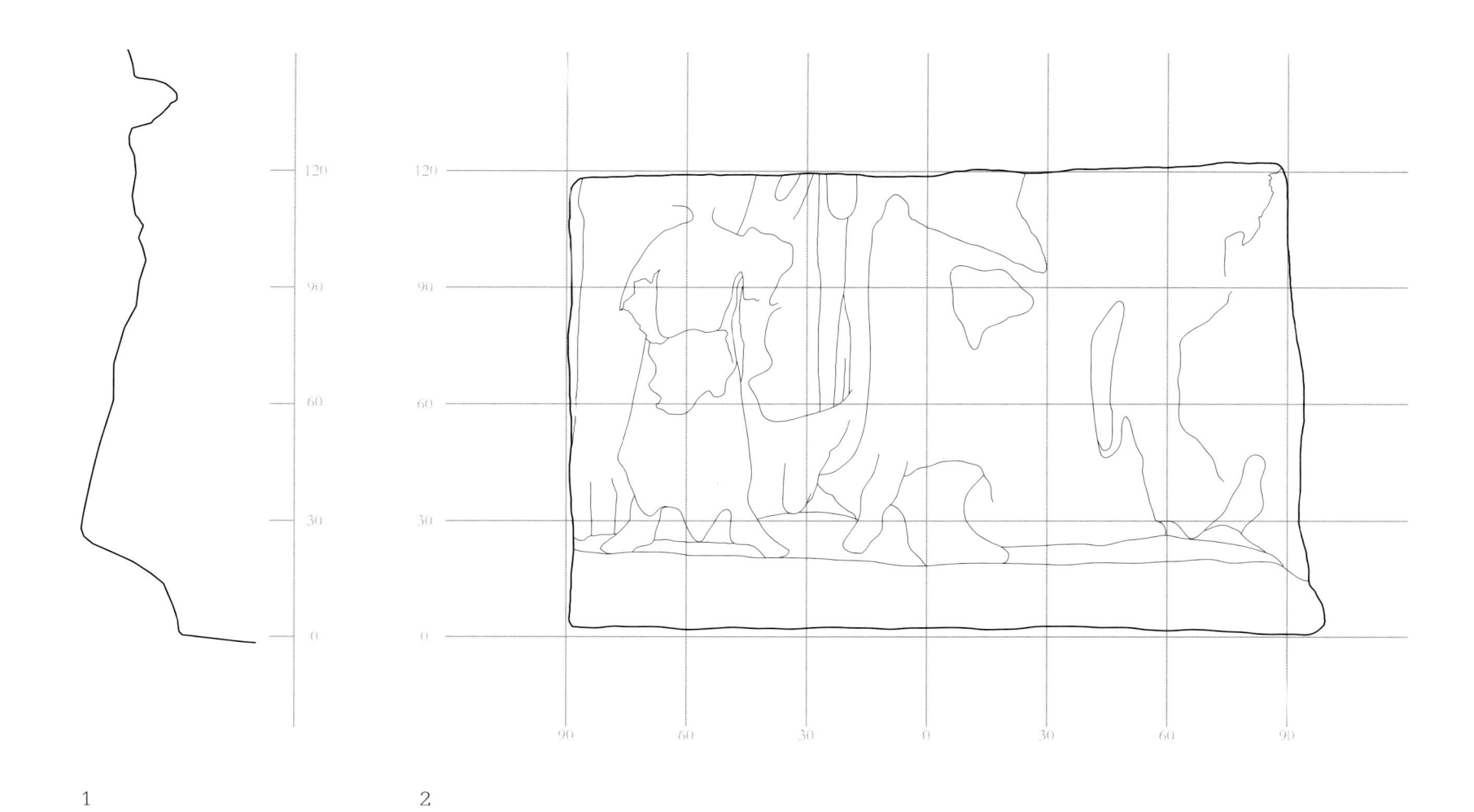

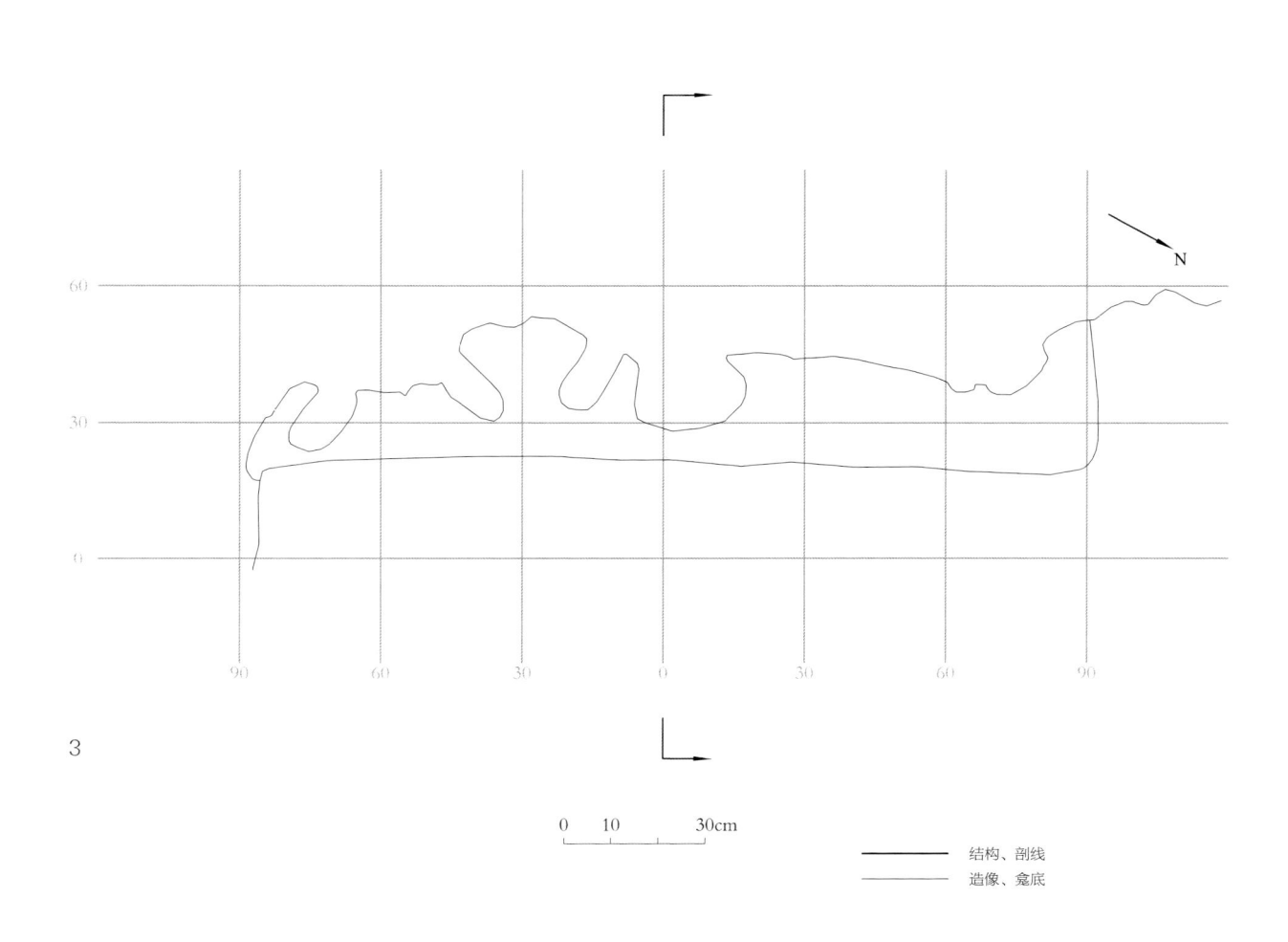

图 170　仁功山摩崖造像第 3 号龛平、立、剖面图
1　剖面图　2　立面图　3　平面图

图 171 珠始山摩崖造像立面图

第三章　宝顶山石窟周边区域造像　281

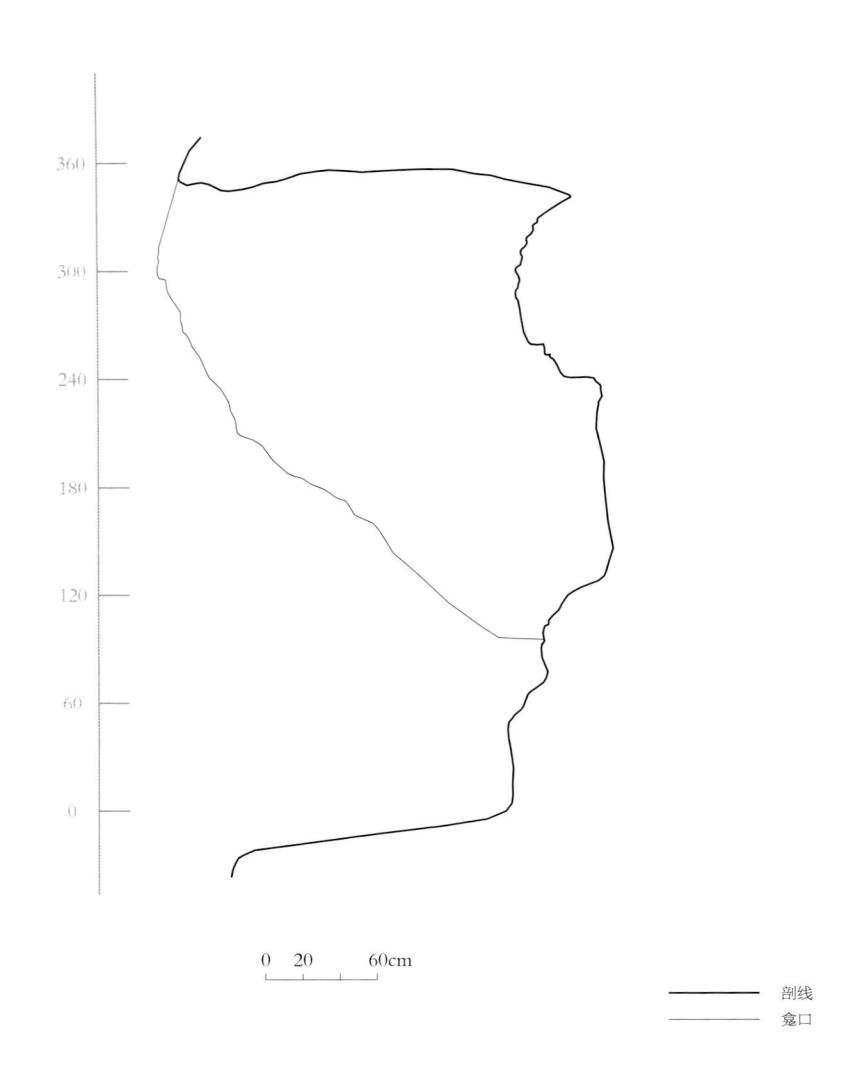

图172 珠始山摩崖造像剖面图

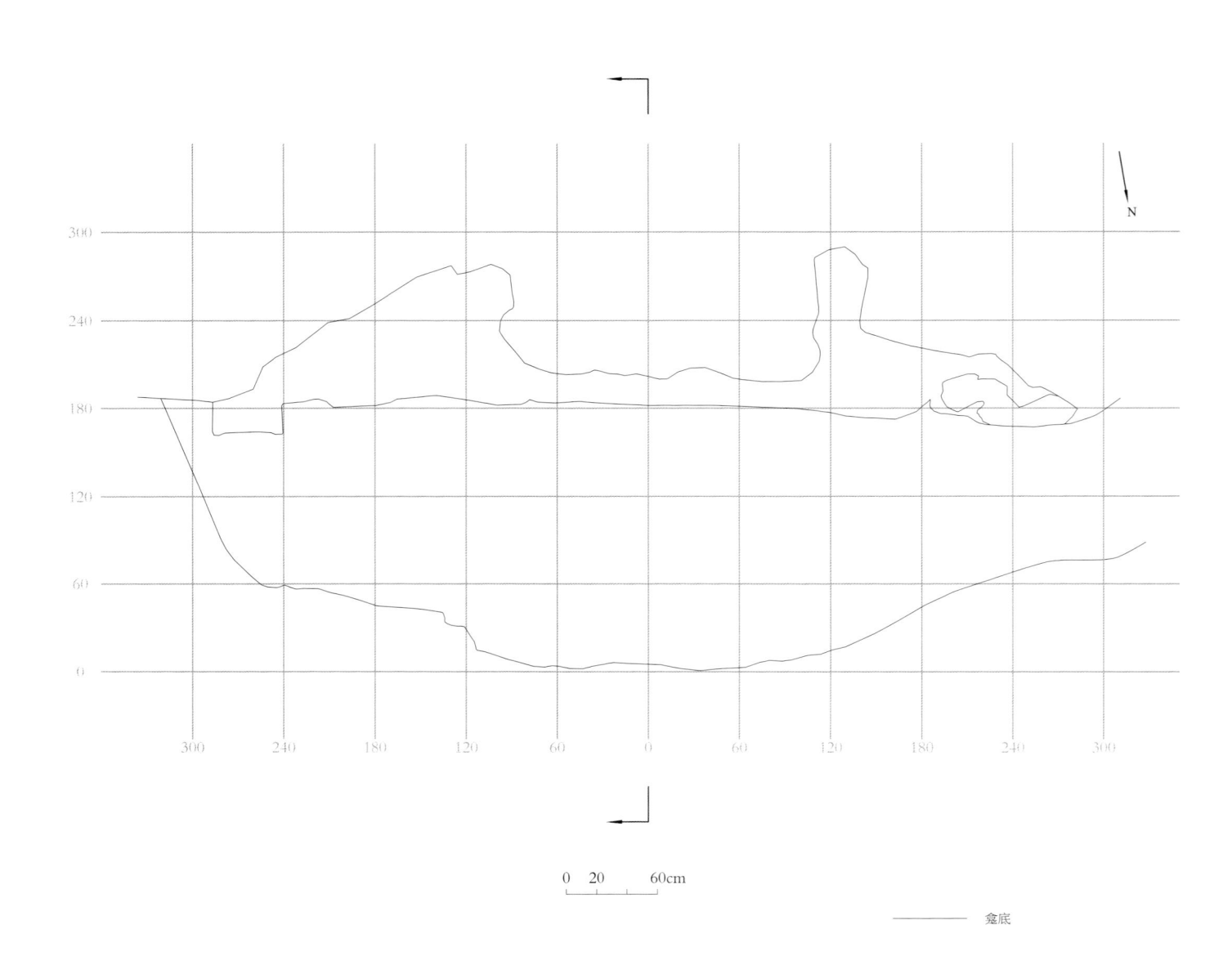

图173 珠始山摩崖造像平面图

三 造像

龛内共刻像9身（图171；图版Ⅰ：303）。其中，中刻主尊半身佛像1身，左右各刻立式护法神像4身。

主尊佛像 半身高270厘米，头长90厘米，肩宽175厘米，胸厚60厘米（图版Ⅰ：304）。浅浮雕圆形头光，被后世彩绘，毫光呈蜿蜒放射状。尖状螺发规整，发际线平直，略高；刻髻珠，白毫。面圆，弯眉细长，以墨描画，双眼微睁，略残。鼻梁高直，厚唇闭合，嘴角微翘；右耳垂残，颈粗短，刻三道肉褶线。胸残，着双领下垂式袈裟，左胸前刻哲那环。双手残，横置胸前，后世以泥补塑。

佛像头光左右竖刻楹联。刻石面皆高70厘米，宽18厘米，左为"风调雨顺"，右为"国泰民安"，字径皆16厘米。

左护法神像 4身，作上下两排对称布置（图版Ⅰ：305）。从上至下，从左至右依次编为第1—4像。

第1像 头残，残像立高153厘米。后世以泥补塑，可辨阔口大开，着对襟窄袖服，腰束带。手皆残，左臂斜举前伸，右臂横于胸前。

第2像 头毁，残像立高135厘米。后世补塑，竖发上飘。系肩巾，着窄袖长服，腰系带束抱肚。双手握长柄刀，斜置于右肩。刀长96厘米。足残。

第3像 残像立高120厘米。戴冠，前额外鼓，高眉深目，嘴鼻残。着圆领宽袖长服，袖摆扎束。双手置左腰际持剑。剑长81厘米。小腿以下残。

第4像 残像立高117厘米（图174）。头盔，下颌系带作结，顶饰缨，顿项披垂。面方，向右仰面；隆眉深目，鼻翼粗大，阔口微翘。内着窄袖长袍，外着甲，腰系革带，革带下的腰带作结垂于身前。双手残，似于胸前结拱手印式。小腿以下残。飘带环于后颈，沿腋下垂体侧。

右护法神像 4身，作上下两排对称布置（图版Ⅰ：306）。从上至下，从左至右编为第1—4像。

第1像 立像高130厘米。戴冠，冠带头后上扬。面方，额中部外凸，隆眉鼓眼，短鼻厚唇，向右仰面。肩巾于下颌作结，着窄袖长服，腰系带。左手残，似扛长枪。枪残长165厘米，枪头垂缨。右手残，横置胸前。足残。飘带沿肩下垂体侧。

第2像 立像高127厘米。长发圆环于头后，扎巾，呈"U"字形上扬。面方，隆眉深目，鼻残，厚唇，阔口闭合。系肩巾，内着窄袖长服，外着甲，腰间刻抱肚、垂鹊尾，腰带长垂身前。双手于右肩外侧挂立伞幢。幢长202厘米。双足不现，立于云纹内。

第3像 立像高90厘米。戴四角瓦棱帽，下颌系带作结。面方，隆眉深目，短鼻阔口，齿微露。左肩、胸残，衣饰不明。左手毁，右手残，置胸前。大腿以下毁。

第4像 立像残高105厘米。头巾，作结上扬。面方，特征与第3像略同。身为后世补塑，原迹不明。双手于身右前侧持葫芦。葫芦长33厘米，嘴残。双膝以下毁。

四 晚期遗迹

龛顶中部刻方形匾额，略内凹，高88厘米，宽330厘米；内左起横刻"古迹珠始山"5字，字径55厘米（图版Ⅰ：307）。

佛像与左侧第4身护法神像之间的壁面存题刻，可辨"（漶）撰」（漶）拾五日吉（漶）"5字。

第十九节 本章小结

一 形制特点

本章17处27个龛像中无洞窟造像，均表现为摩崖形式。大多数龛像位于较为显著的岩壁或巨石堡上，系从壁面直接开凿而成。除个别龛像外，一般位置不是很高，但主像较突出。整体而言，龛制较为简单。龛口、龛底、龛壁以方形和圆拱形为主，龛顶多为平

图174 珠始山摩崖造像左壁第4身护法神像效果图

顶，但其分界不是很明显。龛顶岩石向外挑出，形成龛檐，起到天然的保护作用。龛口朝向，皆面向古道方向。

除龙潭、维摩顶西崖2处为直接在岩壁上浮雕造像，未设龛制，三元洞、三块碑、杨家坡等3处龛制残毁甚重，特征不明外，其余22个龛像的龛制较简单，大体可分为三类。

一类 单层圆形龛。仅古佛寺1龛，龛口呈圆形，龛外岩体向外挑出，形如岩檐。

二类 单层圆拱龛。有龙头山第3、5—7号、岩湾1龛、对面佛1龛等6龛。龛口呈圆拱形，龛底略呈半圆形，龛壁为弧壁，顶为券顶。龛外岩体亦向外挑出。

三类 单层方形龛。有龙头山1、2、4、8号，大佛坡第1、2号，松林坡1龛，菩萨屋1龛，菩萨堡1龛，佛祖岩1龛，广大山1龛，仁功山第1、2、3号，珠始山1龛等15龛。龛口方形，龛底呈方形或半圆形，龛壁为弧壁，左右侧壁分界较为模糊，龛顶为平顶方形。龛外上方岩体挑出。

二 题材内容

本章27个龛像中，部分龛像保存较完好，题材可辨；另一部分龛像残毁较重，或被后世改刻、补塑，题材不可辨。

1. 龙头山（8龛）

第1号 龛中主尊头布螺髻，内着僧祇支，外着双领下垂式袈裟，结拱手印式，应为毗卢遮那佛像；左右立像残，据所存甲衣特征判断，应为护法像。

第2号 龛中主尊头顶化佛，面目凶恶，身材魁梧，内甲外袍，手持刀，足下有风火轮，应为护法神像；左右各三像，视其服饰、手势，应为护法像与受刑者；根据造像特征，将此龛定名为"护法神龛"。

第3号 龛内主像头毁身残，题材不辨，为"残像龛"。

第4号 龛内主尊及左右造像残毁甚重，特征不明，为"残像龛"。

第5号　龛内半身主尊头面残，着双领下垂式袈裟，双手抱持一龙，其身份待考[1]。

第6号　龛内主尊头、面残，头顶发出两道毫光，着双领下垂式袈裟，双手置胸前结印，据龛外题名，应为释迦佛龛。

第7号　龛内主尊头、面残，内着僧祇支，外着双领下垂式袈裟，左手不现，右手屈肘举持锡杖，据此特征，疑为药师佛龛。

第8号　龛内主尊残，可辨僧祇支及外着的袈裟，据龛口上方题名，应为阿弥陀佛龛[2]。

2. 三元洞（1龛）

龛内造像残损较重，已为后世补塑、妆彩，特征不明。《大足石刻内容总录》记为"一佛二菩萨像龛"。

3. 大佛坡（2龛）

第1号　龛内二主尊皆头布螺髻，眉间刻白毫，内着僧祇支，外着双领下垂式袈裟，双手于胸前覆巾；其中右像手托钵，左像手持物（残）。其形象、姿势、持物均与北山多宝塔下二佛大同，故此二像疑为释迦、多宝佛像。

第2号　在巨石堡东南西北四面壁上开龛造像。其中，东、南、西面龛中，每龛各刻像6身，且布局相近。其中部四身，虽残蚀较重，但可见存螺髻，着袈裟，持物或结印，皆结跏趺坐，根据这些特征，初步认为是四佛像。四佛左右侧两身像，着披巾，倚坐或游戏坐，似为菩萨像。可见，此三壁造像各为"四佛与二菩萨像组合"[3]。北面龛共刻像7身，左侧五身与右侧两身之间，似存在一定的分界。左侧五身中，中三身头部皆可辨少许螺髻，结跏趺坐，似为佛像；左右两身，存花冠遗迹，且冠顶有化佛，着披巾，倚坐踏仰莲，应为菩萨像，据此可知此五身像为"三佛二菩萨像组合"。右侧两身中，左像头存螺髻，内着僧祇支，外着袈裟，双手于腹前结定印，结跏趺坐，似为阿弥陀佛像；右像着披巾，左手撑台，右手置右膝，呈游戏坐式，应为菩萨像，据此可知此二像为"一佛一菩萨像组合"。如果忽视左侧五身与右侧两身像之间的分界（在开凿时也有可能受到壁面限制而为，并非雕刻者有意作分界处理），此壁造像即为"四佛与三菩萨像组合"，与东南西三面"四佛与二菩萨像组合"基本相同，仅在四佛间多了一菩萨。但无论哪种组成，都显得较为特殊，应作进一步探讨。

4. 三块碑（1龛）

龛内主像虽被彩绘，但仍可见头冠、冠下露螺髻，且冠正面刻居士（柳本尊）坐像，着双领下垂式袈裟，应为毗卢遮那佛像。左右两像已被改刻，据《大足石刻内容总录》记载[4]，原为文殊、普贤菩萨。据此，此龛似为"华严三圣龛"。

5. 松林坡（1龛）

龛内中像戴卷草化佛冠，冠下露螺髻，内着僧祇支，外着双领下垂式袈裟，为毗卢遮那佛像。左像戴卷草化佛冠，内着僧祇支，外着双领下垂式袈裟，左手持经函，为文殊菩萨像；右像亦戴卷草化佛冠，右肩外侧存如意头，为普贤菩萨像。据此，此龛应为"华严三圣龛"。

6. 维摩顶西崖（1龛）

造像共分为六组，但保存较差。从部分细节看，第1组为结跏趺坐于菩提双树下的佛像，双手腹前结印，应为坐禅修行或说法图；第2组、第3组分别刻"衮服易衣"、"持刀落发"的榜题，确切指明图像表现的是更换服饰、剃发等具体情节；第5组刻有华盖，似为出行图。由此推测，此龛造像或表现的是释迦太子出家修行的事迹，故暂定为"佛传图"。

7. 菩萨屋（1龛）

龛内上层三像皆头布螺髻，内着僧祇支，外着双领下垂式袈裟。其中，中像双手于胸前结印；左像双手于胸前似持物，存少许巾帕；右像双手置胸前覆巾托钵，据此，三像应为三佛像。下层三像虽残，但可识为护法神像。据其主像，将此龛名为"三身佛龛"。

8. 菩萨堡（1龛）

龛内造像布局与特征大同于菩萨屋造像，亦为"三身佛龛"。下层所刻"山神众""树神众""守护大千国土经"等题铭，可确证下层造像为护法神像。

1　经仔细辨识，此像似应为一佛像，但双手抱持一龙的佛像，笔者多方查寻资料未果，有待进一步考证探讨。

2　龙头山第5—7号龛刻于一巨石三面，在距其北面10米左右的巨石上刻第8号龛，均为佛像，形成四方佛的格局。但从其布局上看，各龛龛口朝向与地理方位未完全一致，且按四方佛，是居于东南西北四方佛土之四佛，据《金光明经》卷一、《观佛三昧经》卷九所举，即住于东方妙喜国之阿閦佛、住于南方欢喜国之宝相佛、住于西方极乐国之无量寿佛、住于北方莲华庄严国之微妙声佛。此四龛佛像中，仅阿弥陀佛相同，余均有异。据此，将此四龛暂定为四佛龛而非四方佛龛。

3　《大足石刻内容总录》将此四龛造像视为一个整体，将其定名为"二十四诸天像"。四川省社会科学院、大足县文物保管所等编：《大足石刻内容总录》，四川省社会科学院出版社1985年版，第259页。本次笔者调查后认为，四壁造像并非为一个整体，而各为一个组合，且其内容亦并非二十四诸天像。

4　四川省社会科学院、大足县文物保管所等编：《大足石刻内容总录》，四川省社会科学院出版社1985年版，第268—269页。

9. 杨家坡（1龛）

龛内三身半身像残毁甚重。其中，中像体量较大，头毁，可辨身着袈裟；左像可辨冠带沿胸下垂，袈裟一角系于左肩圆环上；右像戴卷草莲花冠，内着僧祇支，外着双领下垂式袈裟，双手持长梗莲。据其造像遗存特征及组合，以及与宝顶山同类造像比较，推测此龛似"华严三圣龛"[1]。

10. 佛祖岩（1龛）

龛内中像戴卷草冠，冠下露螺髻，冠正面刻居士（柳本尊）坐像，内着僧祇支，外着双领下垂式袈裟，双手于胸前结拱手印式，应为毗卢遮那佛像。左像戴化佛冠，内着僧祇支，外披双领下垂式袈裟，双手于胸前覆巾，托持贝叶，应为文殊像；右像亦具菩萨特征，手持如意，应为普贤像。据此，将此龛定名为"华严三圣龛"。

11. 广大山（1龛）

龛内中像戴卷草化佛冠，冠下露螺髻，冠体饰仰莲、毫光及放焰珠，内着僧祇支，外着双领下垂式袈裟，双手置胸前结拱手印式，应为毗卢遮那佛像。左像戴卷草化佛冠，内着僧祇支，外着双领下垂式袈裟，手托束带经函，应为文殊菩萨；右像残，特征不明，但从其组合看，似为普贤菩萨。据此，此龛为"华严三圣龛"。

12. 龙潭（1龛）

龛内主像戴斗笠，披蓑衣，蹲身赤足作观望状，身前刻鱼篓，为渔翁形象，据"佛说大鱼事□"铭文，将其定名为"大鱼事经变相龛"[2]。

13. 岩湾（1龛）

龛内主尊头布螺髻，外披袈裟，左手于腹前托钵，右手于胸前结说法印，结跏趺坐，似为释迦牟尼佛龛。

14. 古佛寺（1龛）

龛内主尊头戴卷草冠，冠下露螺髻，冠体饰毫光、放焰珠及莲花，内着僧祇支，外着双领下垂式袈裟，结合宝顶山大佛湾同类菩萨装造像判断，应为"毗卢遮那佛龛"。

15. 对面佛（1龛）

龛内主尊刻螺发、髻珠，内着僧祇支，外披袈裟，双手腹前托珠，结跏趺坐。据龛口上方"南无无量佛"题刻，此龛应定名为"阿弥陀佛龛"。

16. 仁功山（3龛）

第1号　龛半身主尊像头戴卷草冠，冠下刻螺髻，冠体饰圆轮、毫光、莲花，应为毗卢遮那佛像，左右胁侍菩萨为文殊、普贤像，构成"华严三圣龛"。

第2、3号　造像残损甚重，题材不明。

17. 珠始山（1龛）

龛内主尊头布螺髻，眉间有白毫，着双领下垂式袈裟，左肩系哲那环，应为释迦佛像；左右立像面凶貌丑，着军戎装束，手持兵器，应为护法神像，故将此龛定名为"释迦佛与护法神像龛"。

为了方便进一步的综合讨论，我们将上述造像题材情况列入表18。

表18　宝顶山石窟周边区域造像题材简表

序号	方位	造像点	造像题材
1	东	龙头山	（1）毗卢遮那佛与二护法神像；（2）护法神像；（3）佛像；（4）残像；（5）待考；（6）释迦佛；（7）药师佛；（8）阿弥陀佛

1　从造像组合、布局、表现形式等特征看，此龛造像与佛祖岩、广大山、松林坡等"华严三圣像"基本相同，推测应为"华严三圣像"。

2　《大鱼事经》系东晋天竺三藏竺昙无兰译，见《大正藏》第四册第216页。经云："尔时世尊，告诸比丘，往昔时，有一水，饶诸大鱼，尔时大鱼勅小鱼曰：'汝等莫离此间往至他处所，备为恶人所得。'尔时小鱼，不从大鱼教，便往至他处所。尔时鱼师，以饭网罗线捕鱼，诸小鱼见，便趣大鱼处所。尔时大鱼见小鱼来，便同小鱼曰：'汝等莫离此间往至他所。'尔时小鱼便答大鱼曰：'我等向者以至他所来。'大鱼便勅小鱼曰：'汝等至彼，不为人所捕耶？'小鱼答大鱼曰：'我等至彼，不为人所捕。然遥见长线寻我后。'大鱼便语小鱼：'汝等以为所害，所以然者，汝所遥见线寻后来者，昔先祖父母，尽为此线所害，汝今必为所害，汝非我儿。'尔时小鱼，尽为鱼师所捕，举着岸上。如是小鱼，大鱼有死者，此亦如是。"

续表18

序号	方位	造像点	造像题材
2	东	三元洞	一佛二护法
3		大佛坡	（1）释迦、多宝佛；（2）四佛二菩萨（或三菩萨）组合
4	西南	三块碑	华严三圣
5		松林坡	华严三圣
6		维摩顶西崖	佛传图
7	西	菩萨屋	三身佛与护法神像
8		菩萨堡	三身佛与护法神像
9		杨家坡	华严三圣
10		佛祖岩	华严三圣
11		广大山	华严三圣
12	西北	龙潭	大鱼事经变相
13		岩湾	释迦佛
14	北	古佛寺	毗卢遮那佛
15		对面佛	阿弥陀佛
16		仁功山	（1）华严三圣；（2）残像；（3）残像
17		珠始山	释迦与护法神像

根据上表所列，宝顶山石窟周边17处27龛造像题材，除龙头山第4号龛及仁功山第2、3号龛残，龙头山第5号龛题材待考外，其余造像的综合情况是：[1]

（1）华严三圣像，共6龛。分布于西南面的三块碑、松林坡、广大山，西面的杨家坡、佛祖岩，以及北面的仁功山。主要特征是均为半身，主尊着菩萨装（即冠下露螺髻）、结智拳印（或称拱手印），与宝顶山大佛湾第5、14号，小佛湾第8、9号等窟龛的主尊特征大同；主尊左右的文殊、普贤菩萨均无大象或青狮的配置。上述造像，不仅数量多，且规模较大，形象显著，但主要集中于西南面和西面区域，共5例，北面区域仅出现仁功山第1号龛1例。

（2）四佛组合，共4组。主要见于东面的大佛坡第2号龛。该编号龛刻于巨石堡四壁，除东壁为四佛三菩萨组合外，其余南、西、北三壁均为四佛二菩萨组合，其题材较为特殊，需作进一步探讨。

（3）三身佛像，共2龛。主要见于西面的菩萨屋、菩萨堡两处。两龛造像的布局大体相同，上层均为三身半身像组合，下层为护法神像。其中菩萨堡中佛双手于胸前结拱手印式的特征明显。

（4）释迦、多宝并列，仅东面大佛坡第1号龛，螺髻，半身。

（5）单尊佛像，7龛。其中，东面的龙头山第3号龛刻佛像、第6号龛刻释迦佛、第7号龛刻药师佛、第8号龛刻阿弥陀佛，北面的古佛寺刻毗卢遮那佛，对面佛刻阿弥陀佛，岩湾刻释迦佛。

（6）一佛二护法或八护法神像组合，3龛。前者见于东面三元洞和龙头山第1号龛。其中龙头山主尊头布螺髻，双手胸前结拱手印式，似为毗卢遮那佛，左右刻二护法神像。后者见于北面的珠始山，中为较为显著的释迦佛，左右环列八身护法神像。

（7）其他造像，5龛。除上述及龙头山第5号龛内容待考外，东面龙头山第2号龛为护法神像龛，西南面的维摩顶西崖为佛传图，北面的龙潭为大鱼事经变相龛。

---

[1] 李静杰根据《大足石刻内容总录》《大足石刻铭文录》等已刊布的宝顶山石窟周边区域12处造像资料，对其题材内容等作了较为详尽的综合分析研究。见李静杰：《大足宝顶山南宋石刻造像组合分析》，大足石刻研究院编：《2014年大足学国际学术研讨会论文集》，重庆出版社2016年版，第1—38页。本报告综合本次调查的新材料，对17处造像的题材内容再作简要归纳分析。

三 年代分析

本章17处27个龛像中，未发现明确的造像纪年。据其龛像及龛制特征，对其相对年代讨论如下。

为方便讨论，现将各龛主尊，即佛或菩萨像，以及相关造像特征列入表19。

表19 宝顶山石窟周边区域造像特征简表

序号	造像点	龛号	半身像	尖状螺发	冠式[1]	山石、云纹装饰	"假使"偈
1	龙头山	1	√	√		√	
		2				√	
		3	√				
		4				√	
		5	√			√	
		6	√			√	
		7	√			√	
		8				√	
2	三元洞	1	√	√		√	
3	大佛坡	1	√	√		√	√
		2					
4	三块碑	1	√	√	√	√	√
5	松林坡	1	√	√	√	√	√
6	维摩顶西崖	1				√	
7	菩萨屋	1	√	√		√	√
8	菩萨堡	1	√	√		√	√
9	杨家坡	1	√			√	√
10	佛祖岩	1	√	√	√	√	√
11	广大山	1	√		√	√	√
12	龙潭	1					
13	岩湾	1		√		√	
14	古佛寺	1	√	√	√		
15	对面佛	1		√		√	

---

[1] 指佛或菩萨所戴的单重卷草高冠，冠具两道毫光、放焰珠、圆轮、仰莲、居士形象或化佛等特征。

续表19

序号	造像点	龛号	半身像	尖状螺发	冠式	山石、云纹装饰	"假使"偈
16	仁功山	1	√	√	√	√	
		2					
		3					
17	珠始山	1	√	√		√	

由上表可见，宝顶山周边区域造像具有以下特点：

（1）半身像。即主尊像或显露至胸，或显露大半身位。这样的半身像计有17例，占全部主尊像的三分之二以上。其中，龙头山第1号龛、大佛坡第1号龛、三块碑、佛祖岩、广大山、古佛岩、仁功山第1号龛、珠始山的主尊半身像形体都较大，状如圆雕，似如从地涌出般呈现于半空，显得自然天成。这种处理手法，与宝顶山大佛湾如"涅槃图""大方便佛报恩经变""净土变""十大明王"等诸多半身像如出一辙，有异曲同工之妙。

（2）佛像螺髻。27个龛像中的佛像螺髻（包括宝冠佛的螺髻），有14例呈尖螺状，且发际线平直，高度与耳廓上缘齐平。最为明显者如龙头山第1号、大佛坡第1号、广大山、菩萨堡等佛像。这种特点，不同于宝顶山之外的佛像螺髻，但与宝顶山大、小佛湾的佛像螺髻却极为相似。

（3）佛或菩萨冠式。无论菩萨像花冠还是宝冠佛像花冠，多戴单重卷草高冠，冠正面刻有两道毫光、放焰珠、圆轮、仰莲、居士形象或化佛等。典型者如仁功山第1号龛主像头戴卷草冠，下露三层螺髻；冠正面起云台，上承仰莲，莲上刻圆轮，自轮心生起毫光两道，交绕上升，延至龛顶；冠左右各饰一莲朵。再如佛祖岩左右菩萨像头戴卷草冠，下缘饰一条花鬘；冠正面刻一身化佛，化佛左右另刻一莲朵，花蕊上刻一粒宝珠。此类冠式，与宝顶山大佛湾第14号主尊毗卢佛、第27号主尊佛像、第29号圆觉洞正壁中主尊佛像等冠式相同，雕刻技法亦相似。

（4）龛内装饰。龛外均无装饰。龛内装饰图案也较简单，主要以山石、云纹为主。在27龛中，以山石、云纹装饰者有20例，此亦与宝顶山大佛湾龛像壁面装饰略同。

（5）"假使"偈及其他铭文

在27龛造像中，东面的大佛坡第1号，西南面的三块碑、松林坡，西面的菩萨屋、菩萨堡、杨家坡、佛祖岩、广大山等8龛铭刻"假使热铁轮，于我顶上旋，终不以此苦，退失菩提心"偈语；三块碑、松林坡、佛祖岩则铭刻"假使百千劫，所作业不忘，因缘会遇时，果报还自受"偈语。此外，菩萨堡、佛祖岩两龛内铭刻"大藏佛说守护大千国土经"名；松林坡、广大山、佛祖岩、珠始山铭刻"风调雨顺、国泰民安"等颂词；佛祖岩铭刻"家家孝养二亲，处处皈依三宝""湛湛清天不可欺，善恶到头终有报""欲得不（漯），莫谤如来正法轮""佛日光辉法轮常转"等。上述偈语、颂词、戒语、经名等，在宝顶大小佛湾造像中比比皆是，甚至"大""佛""日""经""法"等异体字的书写都与大、小佛湾相同。

综上所述可见，本章27个龛像的年代大体与宝顶山大、小佛湾石窟一致，即开凿于南宋淳熙至淳祐年间（1174—1252年）。如果说宝顶山石窟是有统一规划的话，那么周边区域造像也应是其规划中的一部分。

四　分布特点

在宝顶山圣寿寺大雄殿后檐保存的清乾隆三年（1738年）《亘古昭然》碑[1]，不仅记载了宝顶山常住田土东西南北四至界畔范围，且明确提到，在宝顶山范围内，有"过大路""古石梯""小宝顶路""龙头山大路"等道路的存在。这些道路不仅是乡民来往的通道，更是善男信女进山朝拜的路径。

1　详见本册第405、406页。另见重庆大足石刻艺术博物馆编：《大足石刻铭文录》，重庆出版社1999年版，第225—227页。

《大足宝顶香会》也记载[1]，每逢观音生日期，因从外地来的方向不同，架香团队抵达宝顶山的上山路线有六条。

一条："由成都、隆昌、荣昌、泸州、宜宾等地经邮亭、铁山、三驱过县城上宝顶的，从倒马坎上山，在山王庙、高观音处启香"。

一条："由成都、荣昌、隆昌、永川太平、双石等地经龙水、复隆、弥陀，从毗卢寺上宝顶"。

一条："由重庆、万古、铜梁等地而来的在龙头山倒塔附近启香坪启香"。

一条："由铜梁小林、潼南等地来的从对面佛上山启香"。

一条："由中敖、潼南来的走吴家沟上山启香"。

一条："由遂宁等地来的从古佛村曹家安启香"。

2009年6月，在修建宝顶香山社区三块碑村级公路时，在三块碑造像附近路边，发现一通清光绪五年（1879年）的圆首石质指路碑[2]。本次调查时，又在对面佛造像石壁的左下方，发现清道光八年（1828年）信士罗元昌撰写的"指路碑记"一通[3]。这些碑记亦证实，在历史上，抵达宝顶山大、小佛湾石窟的古道不仅存在，且有数条。经实地调查和走访，大致可以明确在宝顶山存在与四方信众进山朝拜有关的五条古道。这五条古道，大致呈放射状布置（图122）。

一条自龙头山脚上山，上至坡顶平台，沿大佛坡、砂坡，过倒塔坡脚南侧，至圣寿寺、小佛湾、大佛湾。

一条自倒马坎上山，沿大路至山顶平台后，经三块碑、高观音，再经山王庙，至松林坡脚后，沿现礼佛大道，至大佛湾、小佛湾、圣寿寺。

一条自香纸沟上山，至山顶平台后，过杨家后坡，经菩萨堡，到佛祖岩，再经现桥湾水库，下至杨尚沟，经黎家坡脚，上沟至广大寺，沿游城坡下至大佛湾，由大佛湾到小佛湾、圣寿寺。

一条自吴家沟进山，经龙堂沟、文家坡，过龙潭，折至大佛湾沟底，至大佛湾、小佛湾、圣寿寺。

一条分别自潼南和铜梁方向上山，过古佛寺，至对面佛，经香樟沟、豹子坡，沿倒塔坡西北侧，至圣寿寺、小佛湾、大佛湾。

通过对上述五条古道的重构，把宝顶山周边区域造像置其中考察分析便可看到，东面进山路线上布置了龙头山、三元洞、大佛坡等三处造像；西南面路线上布置了三块碑、松林坡等两处造像[4]；西面路线上布置了菩萨屋、佛祖岩、菩萨堡、杨家坡、广大寺等五处造像；西北面路线上布置了龙潭、岩湾等两处造像；北面路线上布置了古佛寺、对面佛、仁功山、珠始山等四处造像。其中，西面路线布置的造像点最多，且佛祖岩是其规模最大的造像，显示其是信众进山的一条主要通道。

正如前面所介绍，宝顶山周边区域造像或开凿于路旁巨石堡上，或雕刻于山坡岩壁上，虽距离不等，但当信众在进山途中，均可仰视观瞻或直接朝拜。

五　晚期遗迹

（一）构筑

在本章27个龛像中，龙头山第3号、三元洞、三块碑、菩萨屋、菩萨堡、广大山、珠始山等7龛造像被后世或改凿补塑、或切割凿毁，有不同程度的破坏。

龙头山第3号、三元洞、三块碑、菩萨堡、佛祖岩、龙潭、古佛寺、对面佛等8龛造像前现建有简易保护性建筑。

明代宝顶山圣寿寺僧玄极在培修造像时，在对面佛、佛祖岩、龙潭、珠始山、广大山等5处龛顶或龛外岩壁题刻"古迹"类铭文，至今保存。

（二）妆绘

本章27龛中，仅大佛坡第2号龛未见妆彩，其余龛像后世皆妆彩描画。一般而言，龛壁以灰白色作底，表层再施绘红色图层；造

1　李传授、张划、宋郎秋：《大足宝顶香会》，中国文联出版社2005年版，第34—35页。
2　杨光宇、李朝元、邓启兵在宝顶镇香山社区6组进行第三次全国文物普查实地调查时发现，并将其征集回馆，现存大足石刻研究院文物库房。碑高53厘米，宽33厘米，厚6厘米，正面额刻"指路碑"三字，下部竖刻："左走宝顶山丨右走东关场丨对走毗卢寺丨信人龙久福为成易彩丨光绪五年正月吉立丨"。
3　碑文为："左手走大囗堡丨后上岩走宝囗囗丨信士罗元昌同缘王氏为长男景万敬文丨前上坎走龙神寺丨右手走回囗场丨道光八年二月十七日　吉立丨"。
4　明代在其线路上开凿了高观音造像。

像则根据不同部位，涂抹红色、黑色、黄色、蓝色、绿色等颜料。佛祖岩和珠始山彩绘涂层保存最为完好，至今颜色明艳；其余造像彩绘涂层淡化，剥落现象较为严重。三块碑和三元洞因重新改刻、补塑，于近年被老百姓再次妆彩，颜色鲜艳。

注释：

[1] 此"尼"字，铭文为：

[2] 本则铭文第2行第4字"上"；第4行第1字"退"；第4行第2字"失"；第4行第5字"心"，铭文分别为：

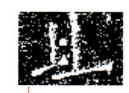

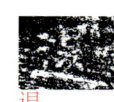

[3] 此"业"字，铭文为：

[4] 本则铭文第2行第2字"失"；第2行第5字"心"，铭文分别为：

[5] 本则铭文第1行第3字"业"；第1行第5字"忘"；第2行第3字"还"，铭文分别为：

[6] 此"经"字，铭文为：

[7] 本则铭文第1字"佛"、第2字"日"，铭文分别为：

[8] 本则铭文第3字"宝"、第4字"光"，铭文分别为：

[9] 本则铭文第2行第3字"业"；第2行第5字"忘"；第3行第2字"缘"；第3行第3字"会"；第4行第3字"还"，铭文分别为：

[10] 本则铭文第1行第4字"天"；第1行第8字"人"；第2行第1字"善"；第2行第2字"恶"；第2行第6字"有"，铭文分别为：

[11] 此"欲"字，铭文为：

[12] 本则铭文第1行第10字"丛"；第2行第3字、第6行第5字"四"；第2行第5字"会"；第2行第7字"会"；第3行第1字"心"；第3行第7字、第6行第15字"天"；第3行第10字、第6行第14字"道"；第3行第11字"鬼"；第3行第12字"怪"；第3行第14字"灵"；第3行第18字"曷"；第4行第2字"正"；第4行第10字"持"；第4行第16字"富"；第5行第9字"命"；第5行第12字"遭"；第5行第19字"鼻"；第6行第4字"释"；第6行第7字"苏"；第6行第10字"叉"；第7行第1字"日"；第7行第14字"世"；第7行第18字"亿"；第7行第26字"佛"，铭文分别为：

第三章 宝顶山石窟周边区域造像

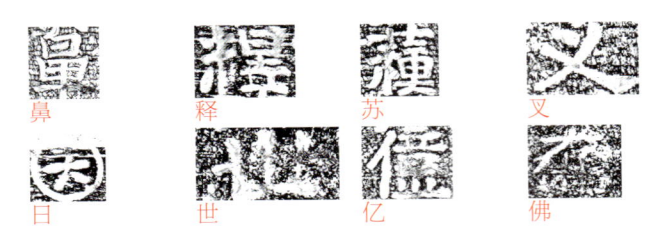

[13] 本则铭文第5字"归"、第7字"藏",铭文分别为:

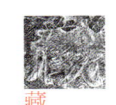

[14] 此"佛"字,铭文为:

[15] 此"岩"字,铭文为:

[16] 本则铭文第1行第6字、第6行第18字"碑";第2行第8字、第6行第1字"于";第5行第10字、第7行第10字"行";第6行第17字"垂";第7行第1字"能";第29行第7字"岁",铭文分别为:

[17] 此"心"字,铭文为:

[18] 此"说"字,铭文为:

[19] 此"感"字,铭文为:

第四章　转法轮塔和释迦真如舍利宝塔

第一节　转法轮塔

一　位置

转法轮塔位于宝顶山倒塔坡坡顶巨石堡上（图1；图版Ⅰ：308），地理坐标为东经105°47′51.9″，北纬29°45′00.0″。东面约600米与三元洞造像相望，西面距宝顶老街约250米，西南距宝顶山大佛湾石窟约320米，东南距宝顶山小佛湾石窟约300米。

塔所在倒塔坡顶点海拔525米。其东面约50米有两小丘峦；东北面坡势陡峭，其下沟壑纵横；西面和西南面平缓开阔。

塔现置于木构楼阁建筑之中（图版Ⅰ：309、图版Ⅰ：310）。该建筑系1956—1967年为保护该塔新建[1]，2001年对塔及保护建筑进行全面维修[2]。1990年，于其周边用条石和板石砌建三级圆环平台，可绕塔而行。

二　形制

转法轮塔以条石砌筑，为楼阁式实心塔，通高约9.73米（图175、图176、图177）。现存塔基、四级塔身和三重塔檐，无塔刹。塔基及各级塔身、额枋、塔檐等皆为八边形。塔身中上部略大，中下部略小，形似倒立，故俗称"倒塔"。

（一）塔基

塔基建于倒塔坡顶巨石堡上。除东北面保存较好外，其余各面残毁略重，尤以西北面为甚。塔基高56厘米，各面宽130厘米，宽出塔身40厘米，周长约1040厘米。塔基转角处刻八身托塔力士像，仅存轮廓。

（二）塔身

现存塔身四级，塔檐三重。第四级塔身之上无构造。

1. 第一级塔身

塔基之上，为第一级塔身，通高331厘米，外距塔基边缘40厘米。塔身竖直，分上下两部分。

塔身下部高约132厘米，每面宽105厘米；上部高约128厘米，每面宽107厘米。上下塔身皆开椭圆形浅龛凿像，下为立像，上为坐像，上下龛像呈纵向布置。塔身中部以外凸的仰莲瓣和平台作为上下分界。仰莲沿平台下沿一周，高12厘米，莲瓣大小相同；平台高19厘米，每面宽113—120厘米，略有残损。平台各面均刻壸门，内题菩萨名。塔身之上的额枋形如梯形，向外倾伏，上宽131厘米，下宽116厘米，高40厘米，其上均水平凿三圆形浅龛，龛内皆凿像。

塔身之上为第一重塔檐，部分残，通高约26厘米，翼角微翘。各面檐口宽150厘米，出檐40厘米。檐口中部嵌有楔形构件，与檐口齐平。塔檐底部素面，剥蚀严重。屋面刻瓦垄、瓦沟，垄径9厘米，沟宽8厘米。瓦当为圆形，直径约9厘米，内刻一坐佛。滴水呈如意头，高9厘米。

2. 第二级塔身

第二级塔身置于第一重塔檐之上。塔身竖直，通高约235厘米，由七级条石叠砌而成。塔身下为平座、仰莲台，上为额枋和第二重塔檐。

1　重庆大足石刻艺术博物馆编：《大足石刻研究文集·大足石刻年表》，重庆出版社1993年版，第413页。
2　见大足石刻研究院工程档案资料：《大足宝顶山转法轮塔维修工程》，档案号：2-117，2001年。

1　　　　　　　　　　2　　　　　　　　　　3　　　　　　　　　　4

0　40　120cm

结构
造像
人为分界

图 175　转法轮塔立面图
1　东北面　2　北面　3　西北面　4　西面　5　西南面　6　南面　7　东南面　8　东面

294　大足石刻全集　第八卷（上册）

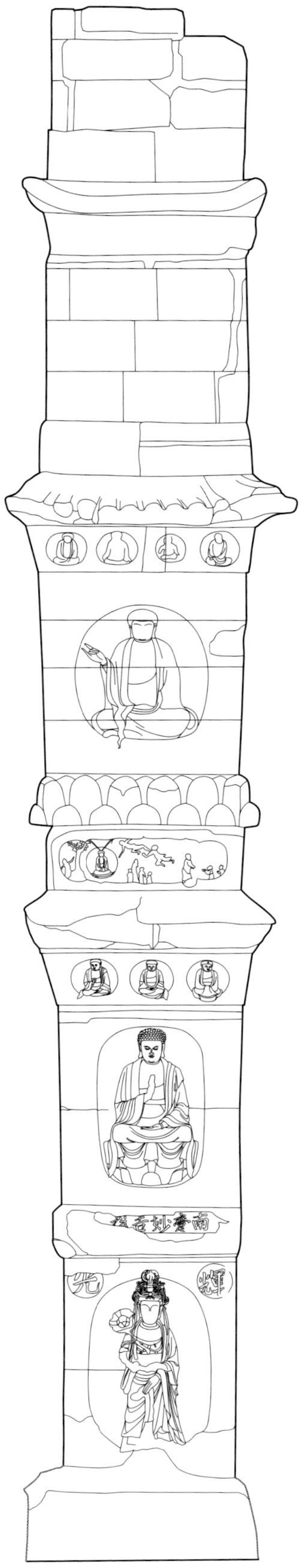

第四章 转法轮塔和释迦真如舍利宝塔　295

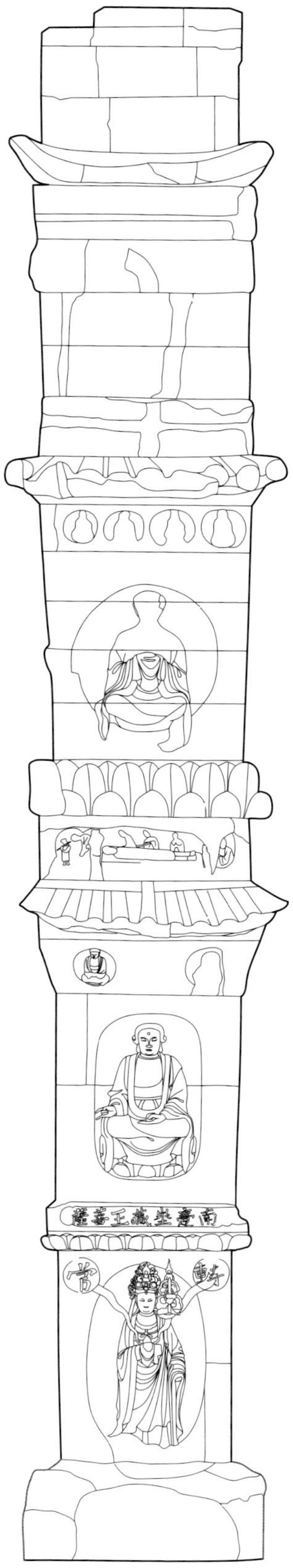

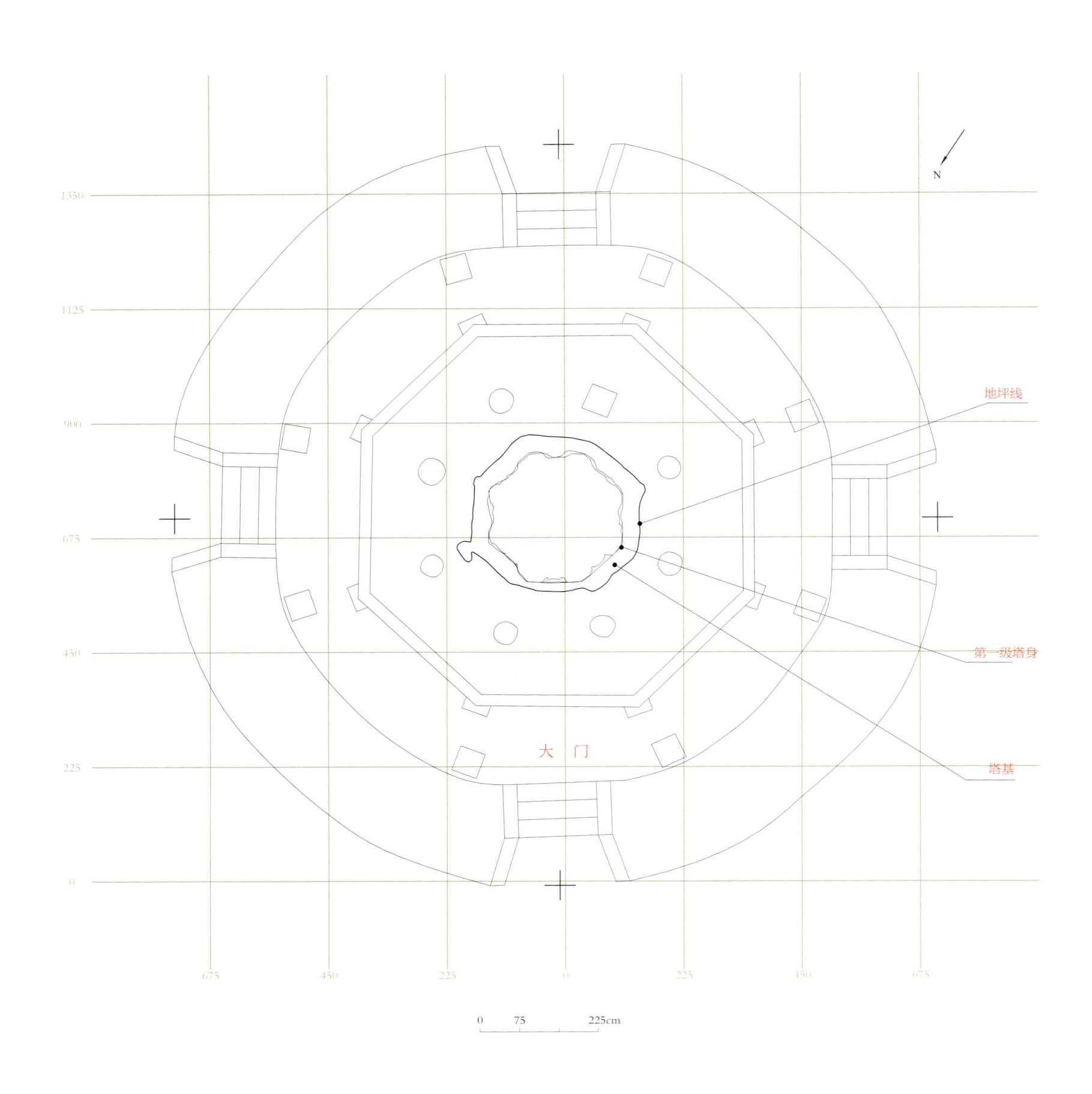

图 176　转法轮塔平面图

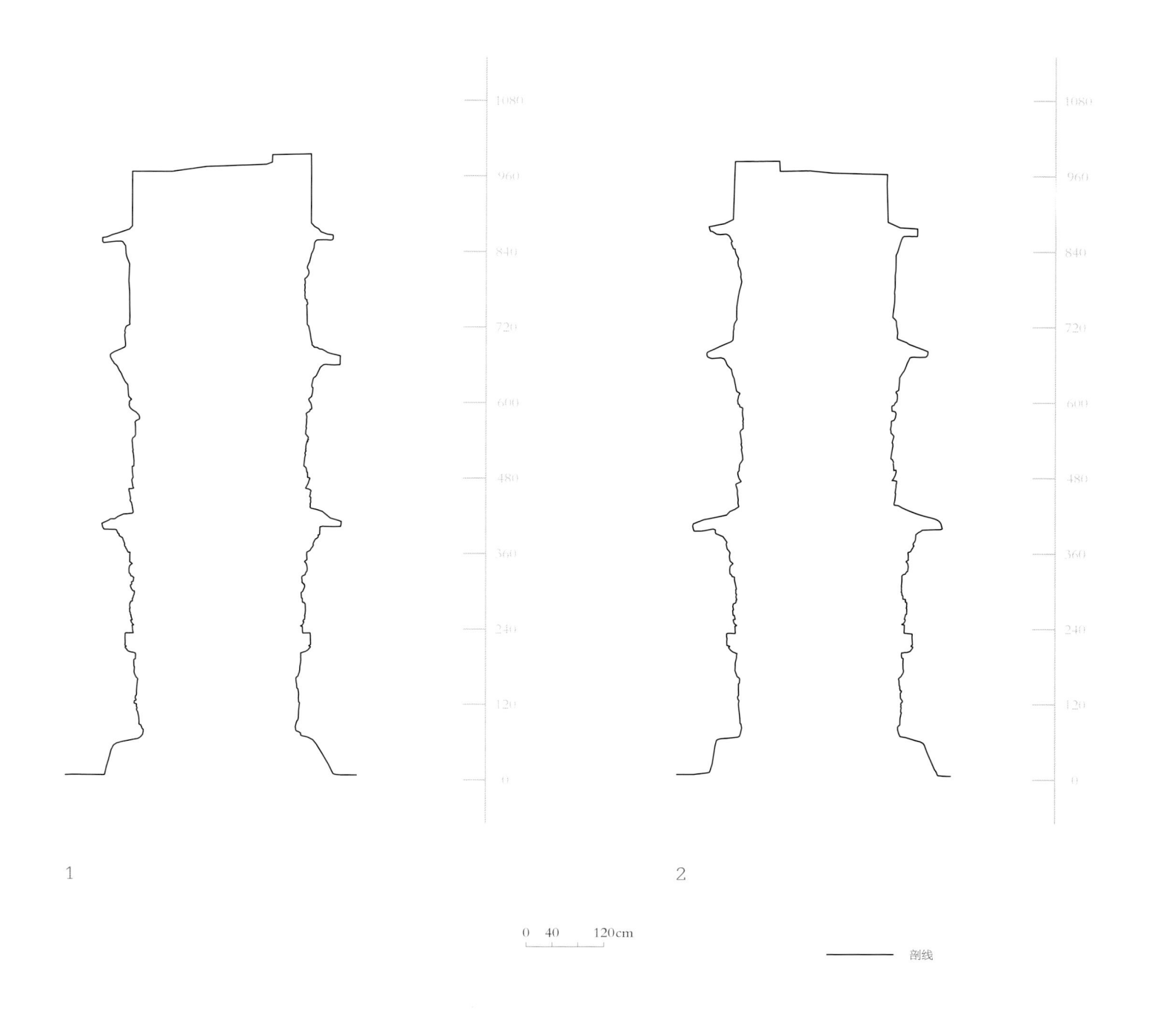

图 177　转法轮塔剖面图
1　东北—西南向　2　西北—东南向

平座通高40厘米，每面宽约123—125厘米，由上至下略收分，宽出上部仰莲台10厘米。各面均刻壸门，内减地造像。仰莲台置于平座上，每面宽120厘米，饰三重仰莲瓣，莲瓣高34厘米。

塔身通高128厘米，各面上宽约129厘米，下宽约117厘米。各面皆开椭圆形浅龛凿像，与第一级塔身龛像纵向一致。

额枋形如梯形，向外倾伏，上宽140厘米，下宽129厘米，高30厘米，略残损。各面均水平均匀布置四个圆形浅龛，间距约9厘米，内皆刻像，残毁甚重。

第二重塔檐翼角略翘，部分残损。檐高25厘米，每面檐口外宽167厘米，出檐32厘米。檐底素平，剥蚀甚重。屋面刻瓦垄、瓦沟。垄径9厘米，沟宽7厘米。瓦当圆形，直径9厘米，内刻一坐佛。滴水为如意头，高9厘米。

3. 第三级塔身

第三级塔身亦由七级条石叠砌，下部为平座，上部为额枋和第三重塔檐，通高165厘米。

平座高35厘米，每面宽约130厘米，无像。

塔身竖直，高97厘米，每面宽124厘米。其东北、东、东南、南等四面开椭圆形浅龛凿像，残毁甚重；其余四面素平，未见凿像。

额枋形如梯形，向外倾伏。上宽134厘米，下宽124厘米，高33厘米，略残。塔身四面开龛凿像上方的额枋，亦开小圆形浅龛凿像，残毁甚重。其余四面额枋仍素平。

第三重塔檐翼角略翘，残损略重。檐高24厘米，檐口宽158厘米，出檐28厘米。檐底素平，剥蚀严重。屋面残损，未见凿刻。

4. 第四级塔身

塔身由条石叠砌而成，各面宽约127厘米。其中，东南、南、西南、西面等四面以四级条石叠砌，高约114厘米；其余四面由三级条石叠砌，高约93厘米。各面皆素平，未见开龛造像。

综合上述，现将转法轮塔各部分的形制结构及尺寸，简要列入表20。

表20 转法轮塔结构尺寸简表

结构		高（厘米）	每面宽（厘米）	备注（厘米）
塔基		56	130	平面呈八边形。
第一级	塔身下部	132	105	外距塔基边缘约40。
	仰莲台	12	113—120	
	平台	19	113—120	平面呈八边形。
	塔身上部	128	107	
	额枋	40	上宽131，下宽116	形如梯形。
	塔檐	26	150	出檐约40。
第二级	平座	40	123—125	平面呈八边形。
	仰莲台	34	120	外距平座边缘约10。
	塔身	128	上宽129，下宽117	
	额枋	30	上宽140，下宽129	形如梯形。
	塔檐	25	167	出檐约32。
第三级	平座	35	130	平面呈八边形。
	塔身	97	124	
	额枋	33	上宽134，下宽124	形如梯形。
	塔檐	24	158	出檐约28。
第四级	塔身	93—114	127	各面叠砌条石数量、规格不均。

三 造像

根据塔身结构，造像分为塔基和塔身第一级、第二级、第三级四部分。

（一）塔基

塔基转角处各刻半身力士像1身，共8身，残毁甚重，仅东北角（方向40°）造像保存略好。该像似从地踊出，高54厘米，肩宽64厘米，胸厚30厘米；头大部残，面向塔身，双手外展抱基座，作托举状（图版Ⅰ：311）；衣饰风化模糊不清。其余转角7身像仅存遗迹，且后世以水泥涂抹，细节难辨。从轮廓看，西北、西南、东南、东北四角像体量相近，与其四角相间的其余四角像体量略小。

（二）第一级塔身

按其位置，可分为塔身下部、上部及额枋造像三部分（图175；图版Ⅰ：312、图版Ⅰ：313、图版Ⅰ：314、图版Ⅰ：315、图版Ⅰ：316、图版Ⅰ：317、图版Ⅰ：318、图版Ⅰ：319）。

1. 下部

第一级塔身下部八面各开椭圆形浅龛。龛制大同，皆高114厘米，宽70厘米，深10厘米，内刻一菩萨立像。各像上方平台壸门内刻菩萨名。自东北面始，沿逆时针方向，编为第1—8像（图178、图179、图180、图181）。

第1像　立高115厘米，头长32厘米，肩宽25厘米，胸厚7厘米（图178-1；图版Ⅰ：320）。头梳髻，露额发，鬓发绕耳。戴卷草高冠，冠带作结，斜垂双肩后侧，端头现于上臂外侧。面长圆，略残，戴耳饰，颈刻三道肉褶线。胸饰璎珞，内着僧祇支，外着双领下垂式袈裟，袈裟一角系左肩哲那环上；下着长裙。双手残，于腹前托净瓶，瓶内插柳枝；瓶及柳枝残。双足毁。冠正面刻化佛1身，略残，高7厘米，浅浮雕桃形头光，双手置腹前，结跏趺坐于仰莲台上。

该像上方平台壸门内左起横刻"南无[1]观世音菩萨[1]"7字，字径11厘米（图版Ⅱ：125）。

第2像　立高113厘米，头长31厘米，肩宽25厘米，胸厚10厘米（图178-2；图版Ⅰ：321）。头梳髻，戴卷草冠，冠带垂于双肩后侧。面长圆，戴项圈，内着僧祇支，外披双领下垂式袈裟，下着裙。双手残，似置腹前。双足毁。冠正面刻化佛1身，高6厘米，浅浮雕桃形头光，双手置腹前，结跏趺坐于仰莲台上。

该像上方平台壸门内左起横刻"南无弥勒大[2]菩萨"7字，字径约11厘米（图版Ⅱ：126）。

第3像　立高117厘米，头长30厘米，肩宽24厘米，胸厚6厘米（图179-1；图版Ⅰ：322）。头梳髻，戴卷草冠，冠带沿肩下垂至胸前。面长圆，胸饰璎珞，内着僧祇支，外披双领下垂式袈裟，下着裙，双足部分残。左手覆巾，屈肘横置于右胸外侧托塔座，右手扶塔身。塔平面呈方形，通高27厘米，面宽10厘米；正面开圆拱浅龛，内刻坐像1身，仅辨轮廓。冠正面刻化佛1身，高6厘米，浅浮雕桃形头光，可辨其头顶出两道毫光，交绕后斜上飘出，双手置腹前，结跏趺坐于仰莲台上。

该像上方平台壸门内左起横刻"南无虚空藏菩萨"7字，字径11厘米（图版Ⅱ：127）。

第4像　立高119厘米，头长30厘米，肩宽26厘米，胸厚8厘米（图179-2；图版Ⅰ：323）。头梳髻，戴卷草冠，冠带沿肩下垂。面方圆，戴项圈，坠璎珞。上着宽博披巾，两端绕前臂后下垂体侧；腰带系长短两重裙，裙腰上束胸下。双手腹前持物，物残，似如意。双足不现。冠正面刻化佛1身，略残，残高9厘米，浅浮雕桃形头光，可辨双手置腹前，结跏趺坐于云台上。

该像上方平台壸门内左起横刻"南无普贤[3]王菩萨"7字，字径11厘米（图版Ⅱ：128）。

第5像　立高118厘米，头长30厘米，肩宽27厘米，胸厚8厘米（图180-1；图版Ⅰ：324）。头梳髻，戴卷草冠，冠带斜垂双肩外侧。面方，胸饰璎珞。上着宽博披巾，其左端隐于袈裟下，右端绕前臂后下垂体侧；外披袒右式袈裟，下着裙。左手于腹前托金刚杵底部，右手于胸前执杵身。双足残。冠正面刻一化佛，残毁甚重；可辨浅浮雕圆形头光。

该像上方平台壸门内左起横刻"南无金刚手菩萨"7字，字径11厘米（图版Ⅱ：129）。

第6像　立高115厘米，头长33厘米，肩宽26厘米，胸厚8厘米（图180-2；图版Ⅰ：325）。头梳髻，戴卷草冠，冠带沿肩下垂。面长圆，下颌残。戴项圈，坠璎珞。内着僧祇支，上着宽博披巾，其左端隐于袈裟下，右端折叠敷搭前臂后下垂；外着右袒式袈裟，下着裙。左手腕镯，于腹前握披巾右端，右手横于腹前斜持长梗莲。双足残。冠正面刻化佛1身，高6厘米，浅浮雕圆形头光，可辨双手置腹前，结跏趺坐于仰莲台上。

该像上方平台壸门内左起横刻"南无妙吉祥菩萨"7字，字径11厘米（图版Ⅱ：130）。

第7像　立高113厘米，头长30厘米，肩宽27厘米，胸厚8厘米（图181-1；图版Ⅰ：326）。头梳髻，戴卷草冠，冠带沿肩下垂。面长圆，剥蚀甚重。胸饰璎珞。内着僧祇支，外着双领下垂式袈裟，下着裙。左手屈肘外展龛外结印（拇指掐于向内弯曲的中指、无名指上，食指和小指直伸），右手腹前持剑；剑斜置于右肩外侧，长约62厘米，剑尖两侧饰云纹。双足毁。冠正面刻化佛1身，头毁身蚀，残高约5厘米，浅浮雕桃形头光，结跏趺坐。

该像上方平台壸门内左起横刻"南无除盖障菩萨"7字，字径11厘米（图版Ⅱ：131）。

第8像　立高118厘米，头长32厘米，肩宽27厘米，胸厚5厘米（图181-2；图版Ⅰ：327）。头梳髻，戴卷草冠，冠带沿肩下垂于胸前。面长圆，戴项圈，坠璎珞。内着僧祇支，外着双领下垂式袈裟；下着长裙。左手于体侧持锡杖，杖柄残毁，残长75厘米；右手上覆巾，置于胸前托宝珠。珠发出两道毫光，左右斜飘至龛外。双足毁。冠正面刻化佛1身，高约6厘米，饰葫芦形背光，双手置腹前，结跏趺坐于仰莲台上。

1　本塔第一级塔身下部铭文中所有"无"字，皆相同书写。

图 178　转法轮塔第一级塔身下部东北面、北面菩萨造像立面图
1　东北面　2　北面

图 179　转法轮塔第一级塔身下部西北面、西面菩萨造像立面图
1　西北面　2　西面

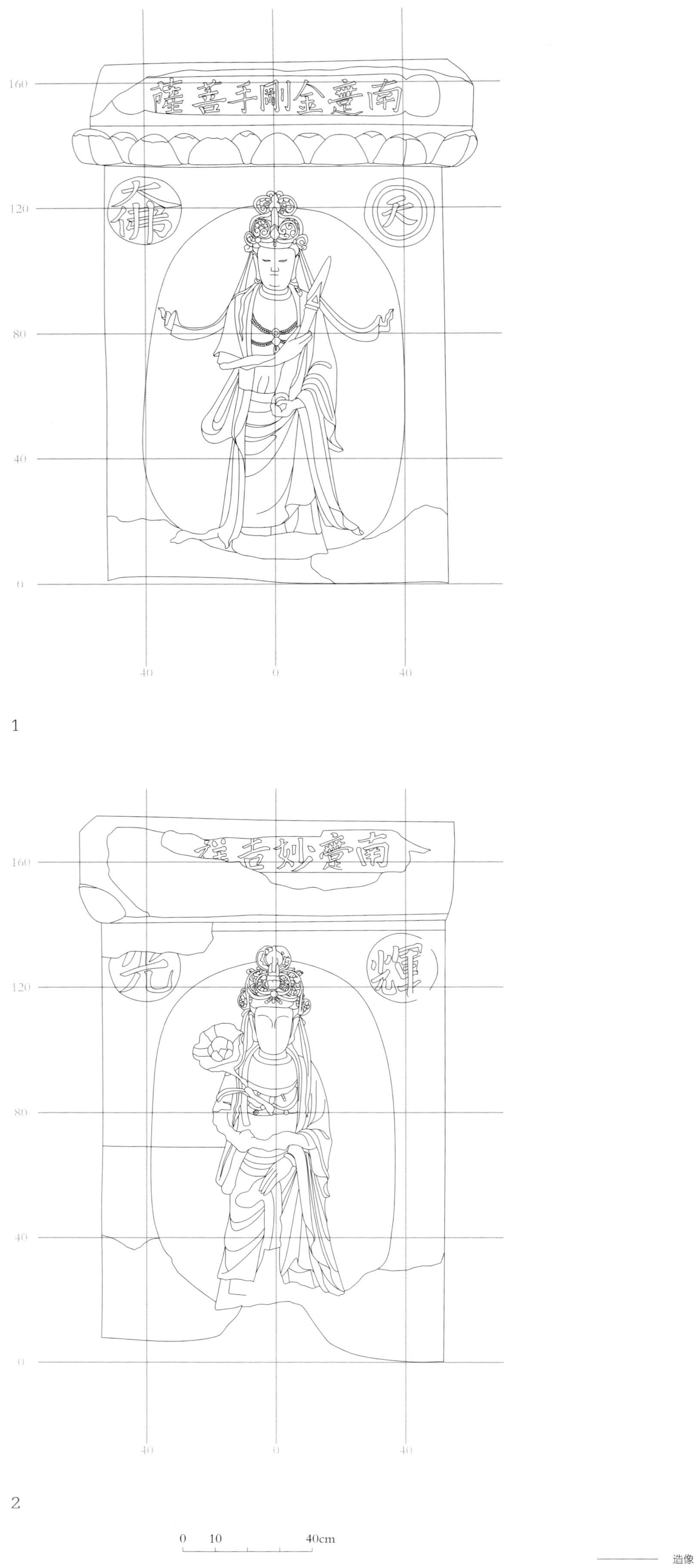

图 180　转法轮塔第一级塔身下部西南面、南面菩萨造像立面图
1　西南面　2　南面

图 181　转法轮塔第一级塔身下部东南面、东面菩萨造像立面图
1　东南面　2　东面

该像平台上方壸门内左起横刻"南无地藏王菩萨"7字，字径11厘米（图版Ⅱ：132）。

此外，每龛左、右上角皆线刻一圆圈，共16个，直径均22厘米。圈内双线题刻颂词1字，字径16厘米（图版Ⅱ：133、图版Ⅱ：134）。自塔身东北面始，沿逆时针方向依次为"风""调""雨"[4]"顺""国"[5]"泰""民""安""佛"[6]"日"[7]"光""辉""法"[8]"轮""常""转"等16字。

2. 上部

第一级塔身上部八面各开椭圆形浅龛。龛制略同，皆高106厘米，宽74厘米，深11厘米，内刻一坐像。坐像体量相近，坐高76厘米，头长22厘米，肩宽34厘米，胸厚7厘米，结跏趺坐于三重仰莲台上。台高27厘米。自东北面始，沿逆时针方向，编为第1—8像。其中，第1—3、5—7像等6身为佛像，第4、8像为髽发人像（图182、图183、图184、图185）。

佛像皆头布螺髻，面长圆，两耳垂肩，细眼微闭，直鼻小口，颈刻一道肉褶线；内着僧祇支，系带作结，除第7像外着偏衫式袈裟外，余均外着双领下垂式袈裟；腕镯，结跏趺坐。髽发人像齐耳髽发，第8像眉间有白毫，余与佛像同。现将各像手姿等特征记述如下。

第1像　双手屈肘上举斜伸龛外，皆食指、小指直伸，中指和无名指卷曲压拇指（图182-1；图版Ⅰ：328）。

第2像　左手左下斜伸，食指、小指直伸，中指和无名指卷曲压拇指；右手屈肘斜上举，拇指叠压于直伸的食指、中指上，余指弯曲（图182-2；图版Ⅰ：329）。

第3像　左手屈肘横置腹前，中指、无名指内弯叠压拇指，余指直伸；右手屈肘举胸前，食指、中指、无名指、小指向掌内弯曲，压拇指（图183-1；图版Ⅰ：330）。

第4像　左手屈肘横置腹前，掌心向上，拇指掐于微翘的中指、无名指上，食指和小指直伸；右手残，屈肘举胸前（图183-2；图版Ⅰ：331）。

第5像　双手腹前结定印（图184-1；图版Ⅰ：332）。

第6像　左手置腹前，掌心向上，拇指内弯，余指直伸；右手略残，屈肘举胸前，指尖上刻云纹（图184-2；图版Ⅰ：333）。

第7像　左手略残，置于腹前，可辨拇指掐于略内曲的食指和中指上，余指直伸。右手略残，屈肘举胸前，可辨食指、中指直伸，拇指叠压于内曲的无名指和小指上。指尖刻云纹（图185-1；图版Ⅰ：334）。

第8像　左手置腹前，食指、小指直伸，中指和无名指内弯压于直伸的拇指上。右手垂于体侧，掌心向外，食指、小指直伸，中指和无名指内弯压于拇指上（图185-2；图版Ⅰ：335）。

3. 额枋

八面额枋各开三圆龛，内皆刻坐像1身，计24身。各像体量相近，坐高22厘米，头长6厘米，肩宽9厘米，胸厚2厘米，结跏趺坐（图186）。自东北面最右坐像始，沿逆时针方向一周，依次编为第1—24像。各像特征列入表21。

表21　转法轮塔第一级塔身额枋造像特征简表

额枋	编号	特征
东北面 （图版Ⅰ：336）	1	仅辨轮廓。
	2	仅辨轮廓。
	3	双手似置胸前。
北面 （图版Ⅰ：337）	4	可辨着袈裟，下着裙。左手置腹前，右手持物。
	5	双手腹前捧珠。
	6	可辨着袈裟，下着裙。左手腹前持物，右手举至胸前。

续表21

额枋	编号	特征
西北面 （图版Ⅰ：338）	7	可辨内着僧祇支，外着双领下垂式袈裟。左手横置腹前，右手屈肘外展结印。
	8	可辨内着僧祇支，外着双领下垂式袈裟。双手胸前作拱。
	9	可辨着双领下垂式袈裟。左手置左腿上，手结印；右臂屈肘外展，结印。
西面 （图版Ⅰ：339）	10	可辨内着僧祇支，外着双领下垂式袈裟。双手置腹前隐袈裟内。
	11	可辨着袈裟。左手腹前托珠，右手举至胸前。
	12	同第10像。
西南面 （图版Ⅰ：340）	13	螺髻，面圆。内着僧祇支，外着双领下垂式袈裟。左手腹前结印，右手胸前结印。
	14	螺髻，面圆。内着僧祇支，外着双领下垂式袈裟。双手腹前结印。
	15	螺髻，面圆。内着僧祇支，外着双领下垂式袈裟。双手腹前隐于袈裟内。
南面 （图版Ⅰ：341）	16	面略左侧，内着僧祇支，外着双领下垂式袈裟。左手抚膝，右手置于腹前。
	17	面残，内着僧祇支，外着双领下垂式袈裟。双手腹前隐于袈裟内。
	18	双手似置腹前，余同第17像。
东南面 （图版Ⅰ：342）	19	可辨内着僧祇支，外着双领下垂式袈裟。双手腹前隐于袈裟内。
	20	毁。
	21	毁。
东面 （图版Ⅰ：343）	22	毁。
	23	毁。
	24	螺髻，内着僧祇支，系带作结，外着双领下垂式袈裟，双手置腹前，手残。

（三）第二级塔身

可细分为平座、塔身、额枋等三部分造像（图175；图版Ⅰ：344、图版Ⅰ：345、图版Ⅰ：346、图版Ⅰ：347、图版Ⅰ：348、图版Ⅰ：349、图版Ⅰ：350、图版Ⅰ：351）。

1. 平座

平座八面均刻壸门，内皆减地刻像。像残漶略重，细节依稀可辨。自东北面始，沿逆时针方向，依次编为第1—8组（图187、图188、图189、图190）。

第1组　造像分为左、中、右三部分（图187-1；图版Ⅰ：352）。

左刻房屋建筑一座，显露部分。屋身右上方刻一圆轮。圆轮发出一道光芒，斜入室内。光芒上刻一小象，向屋内作行进状。

中刻树下立一贵妇、一侍女。贵妇头梳高髻，着交领宽袖长服，腹微隆，右手攀扶树枝，左手下垂，被侍女搀扶。侍女略矮，梳总角，着长服，挽扶贵妇。

右刻像五身，呈左三右二布置。左侧中像立于圆盆内，右手屈肘上举，似指天；左手下伸，腕微曲，似指地。盆左右二像现半身，残毁较重，似戴头盔，作抬盆状。右侧二像面左侧，呈一前一后布置。前像略高，头梳髻，着交领宽袖服，双手胸前捧一物；后像稍矮，头梳总角，着交领窄袖服，双手胸前捧一物；物皆残。

第2组　造像以山石为界分为左、右两部分（图187-2；图版Ⅰ：353）。左刻五像。中为一骑马者，头悬华盖，戴束发冠，面左，手于腹前似拽缰绳，骑于马背上前行。马头前立一像，扭头后望骑马者，着袍服，腰系革带，左手垂体侧，右手屈肘前伸，侧身而立。其前方另刻一立像，小腿以下残，左手腹前似托钵，右手屈肘持锡杖。马尾内侧立一像，扭头侧身，似戴盔，双手于左腰际持华盖柄。其身后立一老者，身着宽袖长服，面身左侧，双手斜置扶山石。

1

2

图 182　转法轮塔第一级塔身上部东北面、北面坐像立面图
1　东北面　2　北面

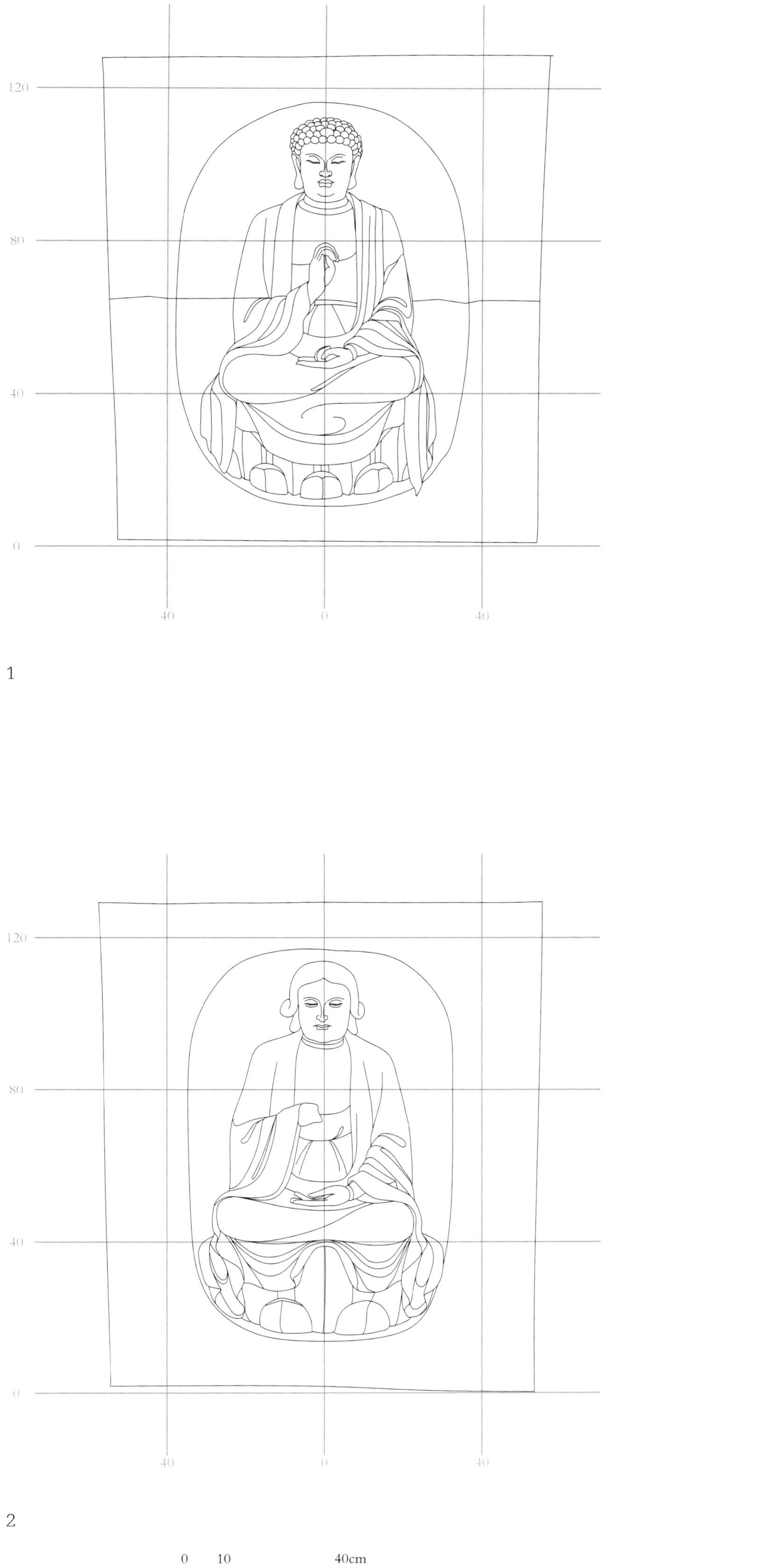

图 183　转法轮塔第一级塔身上部西北面、西面坐像立面图
1　西北面　2　西面

1

2

图184 转法轮塔第一级塔身上部西南面、南面坐像立面图
1 西南面　2 南面

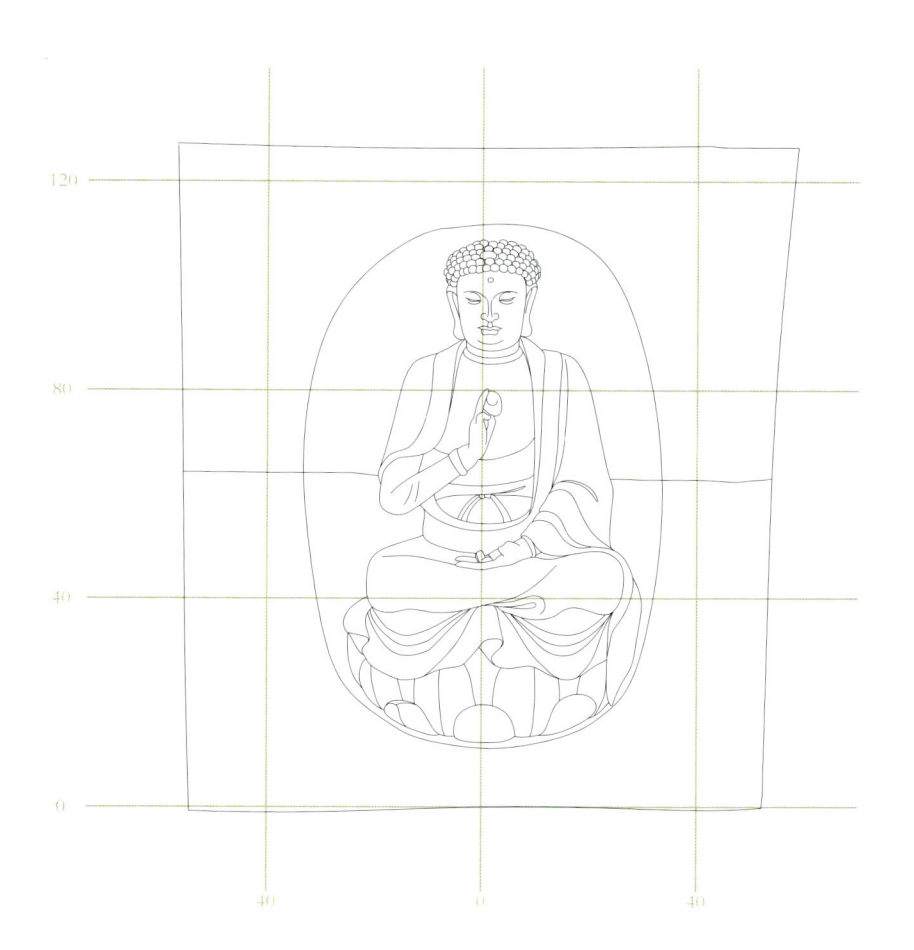

图 185　转法轮塔第一级塔身上部东南面、东面坐像立面图
1　东南面　2　东面

第四章　转法轮塔和释迦真如舍利宝塔

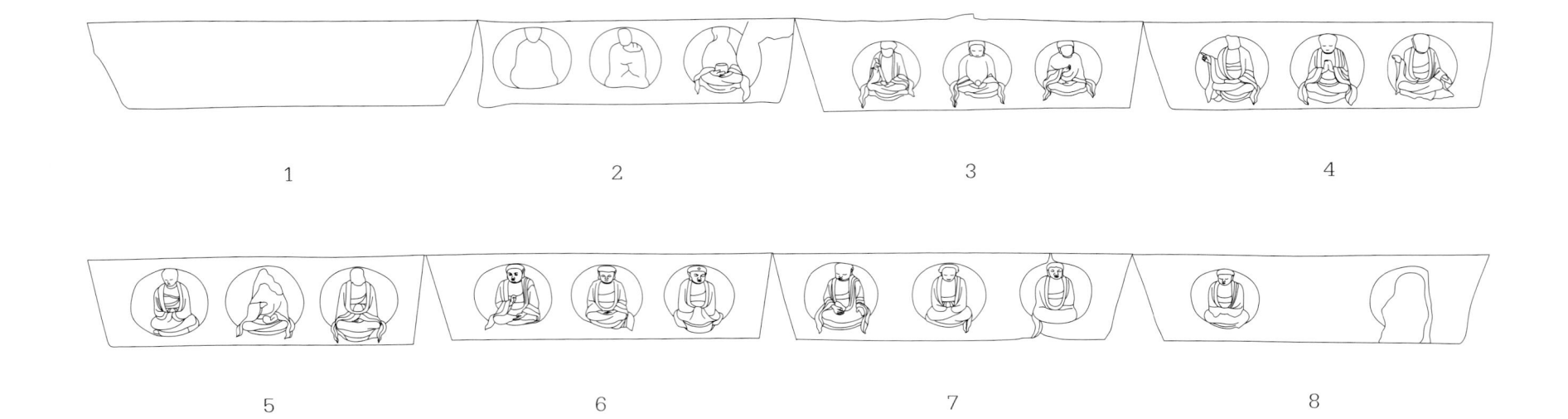

图186 转法轮塔第一级塔身额枋造像展开图
1 东北面　2 北面　3 西北面　4 西面　5 西南面　6 南面　7 东南面　8 东面

右刻四像。中为一具棺材。其上部刻像两身，左像仅存轮廓，右像头披孝巾，顶呈斗笠形；其下部刻一坐一立两像，坐像体量略大，立像体量稍小，两像似相对而拥。

第3组　造像可辨7身（图188-1；图版Ⅰ：354）。中部刻一骑马者，头面略蚀，着交领宽袖长服，双手执缰绳，骑于马背上。马头上扬，奋蹄作奔跑状。马头内侧立一像，头毁，着交领长服，左手贴体下垂，右手隐马头后，立于山石上。马头前方立二像，水平布置，皆残蚀。左像头左扭，似戴冠，着长裙，左手屈肘横置右腰际握蛇状物下部，右手屈举头顶持蛇状物上部，物残，跣足而立；该像左外侧似刻芭蕉，其左刻一坐像，头冠，着交领宽袖长服，左手撑山石上，右手屈肘于胸际。右像头右扭，着交领广袖长服，左手残，屈肘外展，右手于袖内贴体下垂，袖口直至山石，侧身立于山石上。马尾后侧立二像。左像头微右扭，着宽袖长服，双手胸前似合十。右像略矮，仰面向骑马者，双手似置腹前；其身后刻弯曲的蛇状物。壸门右侧造像残泐甚重，不可辨。

第4组　造像分为左、中、右侧三部分（图188-2；图版Ⅰ：355）。

中刻圆拱浅龛，外饰山石。龛内刻一像，头面残蚀，内着僧祇支，外着双领下垂式袈裟，双手于腹前隐于袈裟内，结跏趺坐于山石台上。

左刻三立像。右立像头身微左侧，内着僧祇支，外着双领下垂式袈裟，双手腹前隐于袈裟内。其身左侧刻二像，现大半身，面右，头梳总角，着交领窄袖服，双手胸前捧物，作敬献状；物残难辨。

右亦刻三立像，像间刻树两株。左像立于树左侧，头右扭，似戴冠，着宽袖长服，双手腹前隐于袖内，扭腰直立。中像和右像为半身，位于二树之间，侧身向左。中像仰面，着宽袖长服，双手胸前合十；右像似着窄袖服，双手胸前似拱揖。二像下部饰山石。

第5组　造像分为左、中、右三部分（图189-1；图版Ⅰ：356）。

中刻一河流，波浪翻滚。河中有莲叶、莲花、莲苞及一身像。像为半身，仰面向左，双手举抬前伸。其左侧上方祥云中刻一飞天，身饰飘带，双手身前持物，凌空向左飞翔。

左刻山石，石上饰云纹。石右端刻一树，枝干分叉，冠幅阔大，向右斜伸。

右刻二立像。左像头右扭，顶悬华盖，双手似置腹前。右像半身，仰面，双手置胸前，似持物，躬身侧立，身后饰山石。

第6组　造像分为左、右侧两部分（图189-2；图版Ⅰ：357）。

左侧刻三像。右像体量最大，光头，着长服，双手略前伸，侧身向左站立。在该像前，一前一后刻二半身像，双手胸前持物，侧身面左像，作敬献状。

右侧刻八像。中刻一坐像，饰圆形大身光；光头，头顶发出两道毫光，呈"V"形过身光直达壸门顶部。面圆，内着僧祇支，外

310　大足石刻全集　第八卷（上册）

图187　转法轮塔第二级塔身下部东北面、北面壸门造像立面图
1　东北面　2　北面

第四章　转法轮塔和释迦真如舍利宝塔

图 188　转法轮塔第二级塔身下部西北面、西面壸门造像立面图
1　西北面　2　西面

图189 转法轮塔第二级塔身下部西南面、南面壸门造像立面图
1 西南面 2 南面

1

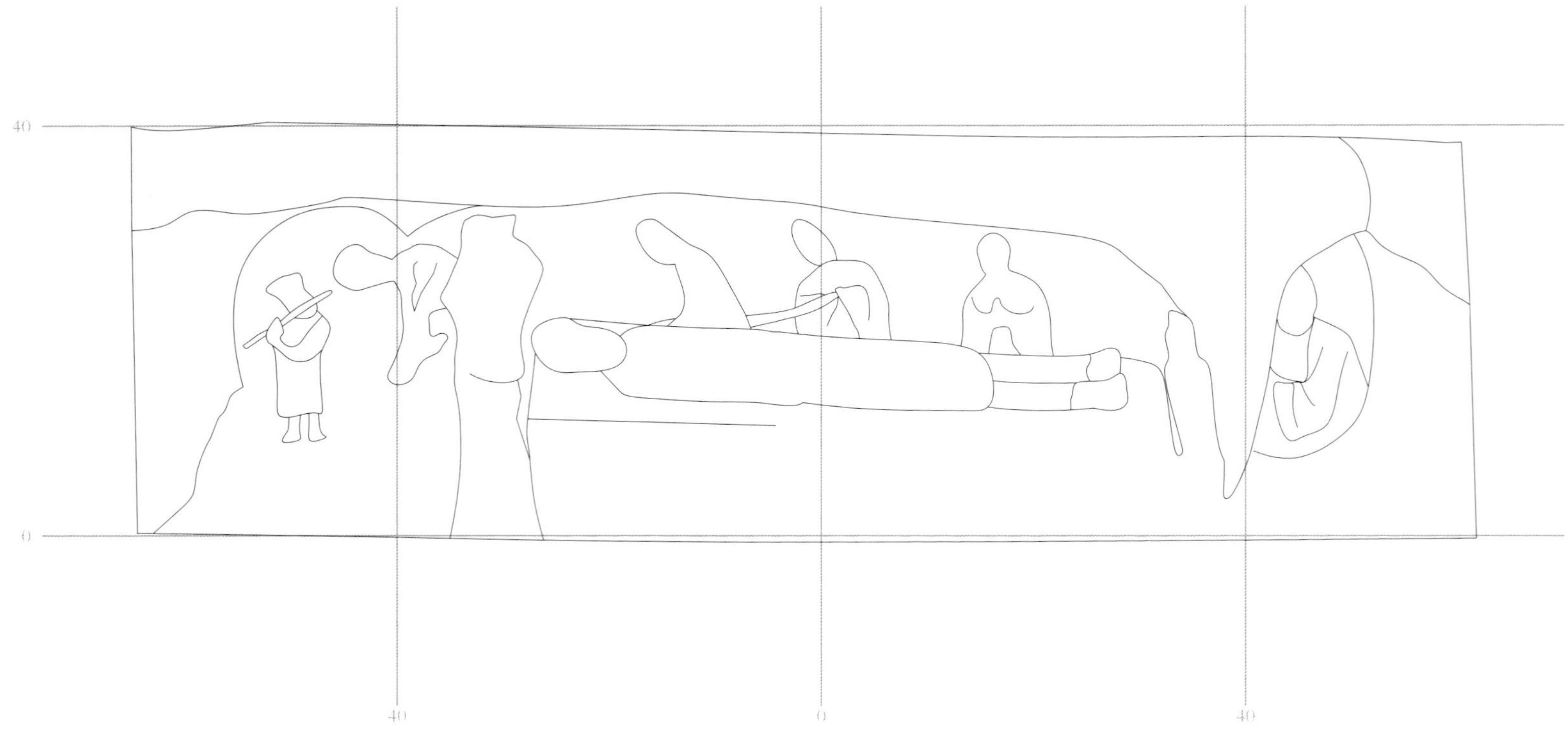

2

图190 转法轮塔第二级塔身下部东南面、东面壸门造像立面图
1　东南面　2　东面

着双领下垂式袈裟，双手腹前隐于袈裟内，结跏趺坐于须弥座上。身光左上方，一前一后刻两身像，披头散发，展臂抬腿，向右凌空作飞翔状；前像似持长枪，后像似持弓。其下方刻四立像，仅辨轮廓。身光右侧，刻树两株，枝叶茂盛。树下立一像，残毁甚重。

第7组　可辨像7身，大致呈横向布置，皆残毁甚重，仅存少许（图190-1；图版Ⅰ：358）。左侧刻像四身，中部一像体量最大，位置略高；其左侧存二像，右侧存一像，三像皆双手胸前合十。右侧刻三像，仅辨轮廓。该二像的右侧，另刻一只鹿，扭头回望，作行进状。

第8组　中刻卧像，头北脚南，侧身横卧（图190-2；图版Ⅰ：359）。身残，衣饰不明。其头部右前侧刻一树，树右侧立一像，可辨侧头持笛作吹奏状。卧像内后侧刻三像，皆半身，作俯身状。卧像双足左侧刻一像，可辨侧身向右，双手隐于袖内，躬身作揖。

2. 塔身

第二级塔身八面各开一个椭圆形浅龛（图191、图192、图193、图194）。龛形制略同，皆高92厘米，宽82厘米，深11厘米，内刻一坐像，计8身。自东北面始，沿逆时针方向，编为第1—8像。其体量相近，皆坐高88厘米，头长22厘米，肩宽32厘米，胸厚8厘米。像略残，头布螺髻，面圆，两耳垂肩，颈刻三道肉褶线，内着僧祇支，系带作结，除第4像袈裟一角系于左肩哲那环上外，余像皆外披双领下垂式袈裟，结跏趺坐。各像手姿、持物等特征如下。

第1像　双手腹前隐于袈裟内（图191-1；图版Ⅰ：360）。

第2像　左手抚膝，右手腹前持贝叶。贝叶长24厘米，最宽8.5厘米，厚1.5厘米（图191-2；图版Ⅰ：361）。

第3像　双手腹前托钵（图192-1；图版Ⅰ：362）。

第4像　左手腹前托经函底，右手胸前持经函。经函长28厘米，宽8.5厘米，厚2厘米（图192-2；图版Ⅰ：363）。

第5像　双手胸前合十（图193-1；图版Ⅰ：364）。

第6像　左手残，似抚左膝，右手屈肘上举体侧结印。印式为食指、小指直伸，中指、无名指内弯叠压于拇指上（图193-2；图版Ⅰ：365）。

第7像　双手腹前隐于袈裟内（图194-1；图版Ⅰ：366）。

第8像　双手举于胸前，覆巾，似捧一物，物毁（图194-2；图版Ⅰ：367）。

3. 额枋

第二级塔身上部八面额枋各开四小圆龛。龛形制相同，皆直径约30厘米，深约3厘米。内各刻一坐像，计32身，皆残毁甚重（图195）。自东北面最右坐像始，沿逆时针方向一周，依次编为第1—32像。各像特征列入表22。

表22　转法轮塔第二级塔身额枋造像简表

额枋	编号	造像特征
东北面 （图版Ⅰ：368）	1—4	毁。
北面 （图版Ⅰ：369）	5—8	毁。
西北面 （图版Ⅰ：370）	9、10	毁。
	11	可辨双手腹前托钵。
	12	可辨双手腹前隐袈裟内。
西面 （图版Ⅰ：371）	13、14	毁。
	15	仅存轮廓。
	16	可辨双手似抚膝。

续表22

额枋	编号	造像特征
西南面 （图版Ⅰ：372）	17	可辨着袈裟，双手腹前隐于袈裟内。
	18	双手似置腹前。
	19	可辨轮廓。
	20	可辨着袈裟，双手隐于袈裟内，交置于腹前右侧。
南面 （图版Ⅰ：373）	21	可辨双手腹前隐于袈裟内。
	22	仅辨轮廓。
	23、24	毁。
东南面 （图版Ⅰ：374）	25	仅存遗迹。
	26	仅存遗迹。
	27	仅存遗迹。
	28	仅存遗迹。
东面 （图版Ⅰ：375）	29—32	毁。

（四）第三级塔身

分为塔身、额枋造像两部分（图175）。

1. 塔身

塔身东北面、北面、西北面、西面等四面各开一浅龛，皆高76厘米，宽72厘米，深12厘米；内各刻一坐佛像，依次编为第1—4像。其余四面素平。

第1像　残毁甚重，残坐高73厘米。可辨袈裟下摆悬垂于龛外（图196；图版Ⅰ：376）。

第2像　残毁甚重，残坐高约70厘米。可辨轮廓，头左侧，双手似置腹前，结跏趺坐。（图197；图版Ⅰ：377）。

第3像　残坐高67厘米，头长16厘米，肩宽32厘米，胸厚8厘米（图198-1；图版Ⅰ：378）。头、面残，两耳垂肩，内着僧祇支，外着袒右式袈裟，双手腹前结印，结跏趺坐。

第4像　坐高67厘米，头长15厘米，肩宽34厘米，胸厚8厘米（图198-2；图版Ⅰ：379）。面残，内着僧祇支，外着双领下垂式袈裟，左手置左膝上，右手撑地。左腿屈膝上竖，盘右腿而坐。

2. 额枋

仅东北面和北面各凿四小圆龛，直径约28厘米，像毁甚重不可辨，仅见残迹（图199；图版Ⅰ：380、图版Ⅰ：381）。其余额枋未凿龛像。

四、晚期遗迹

2001年，重建八角攒尖顶木构楼阁遮覆石塔。阁内地坪铺设石板。

塔基力士像部分被水泥涂抹。

塔身及造像裂缝现已修补加固。

1

2

0　10　　40cm

——— 造像

图191　转法轮塔第二级塔身东北面、北面坐像立面图
1　东北面　2　北面

第四章　转法轮塔和释迦真如舍利宝塔　317

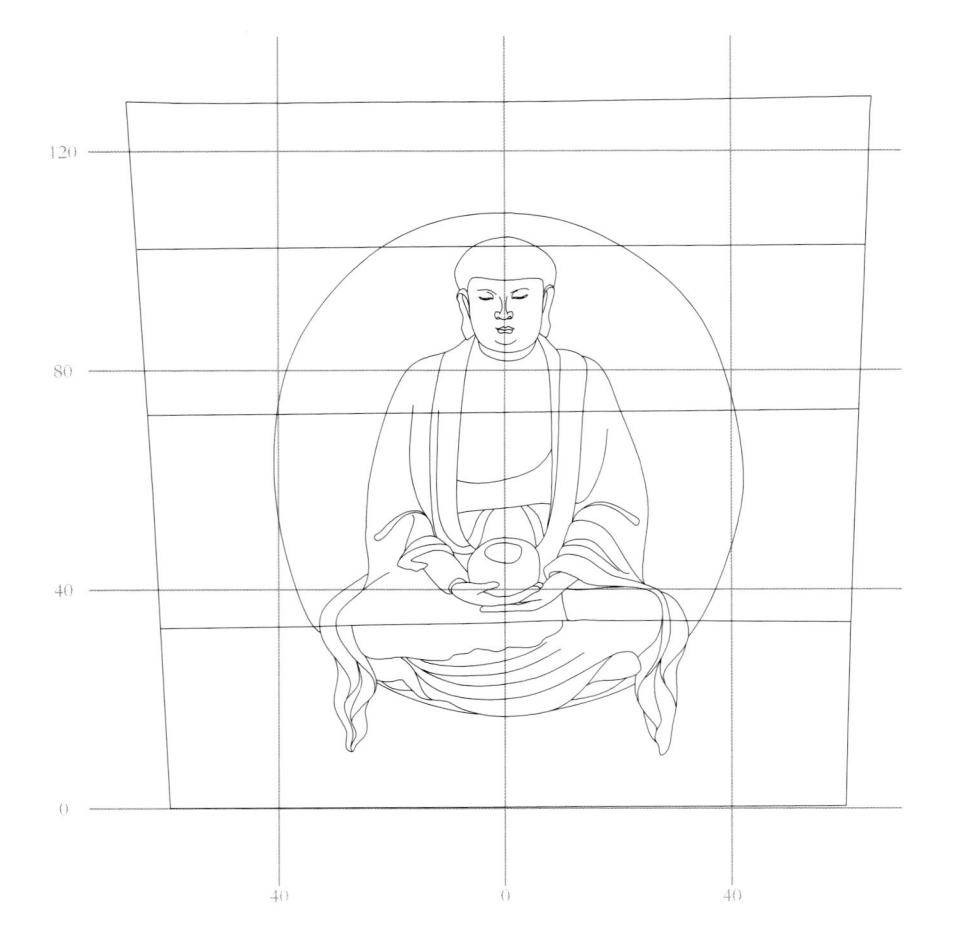

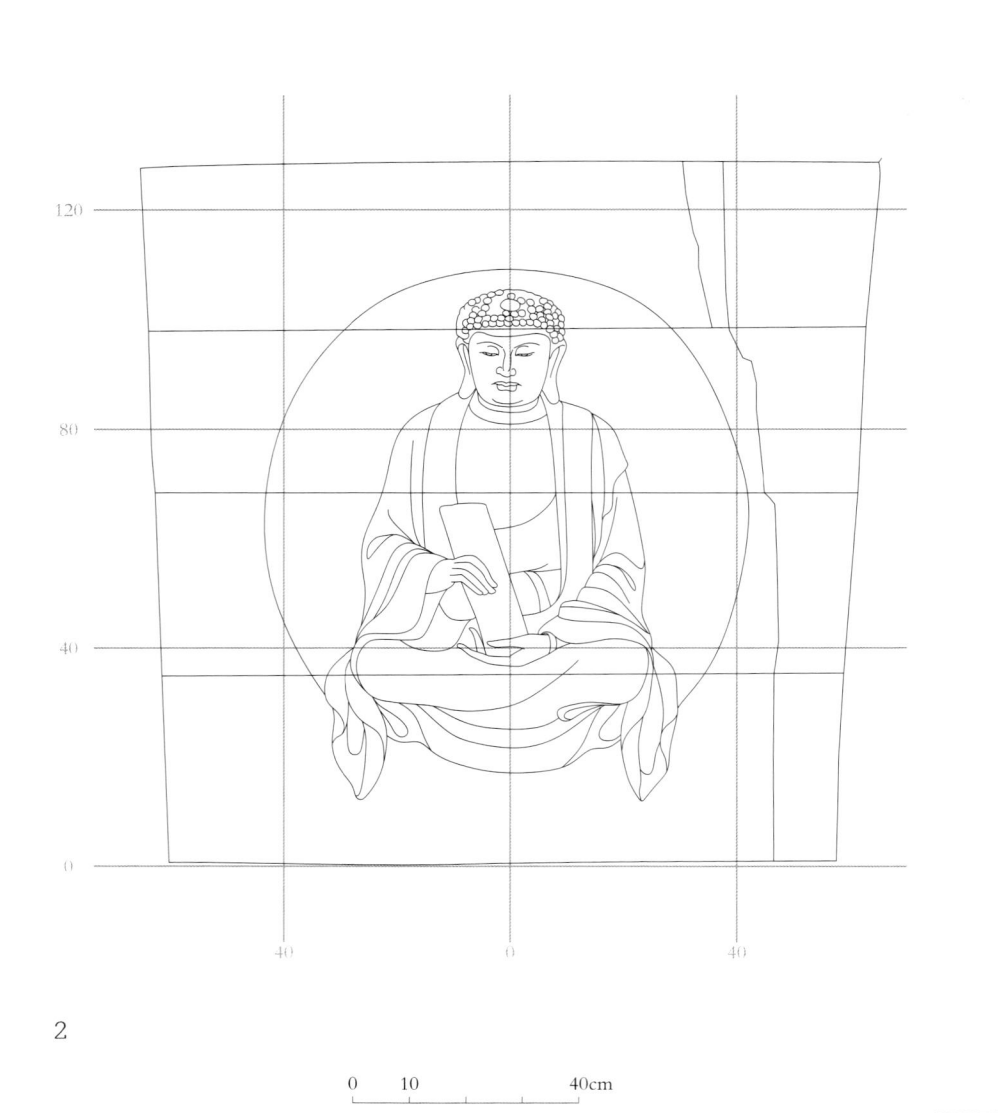

图192 转法轮塔第二级塔身西北面、西面坐像立面图
1 西北面 2 西面

图193 转法轮塔第二级塔身西南面、南面坐像立面图
1 西南面 2 南面

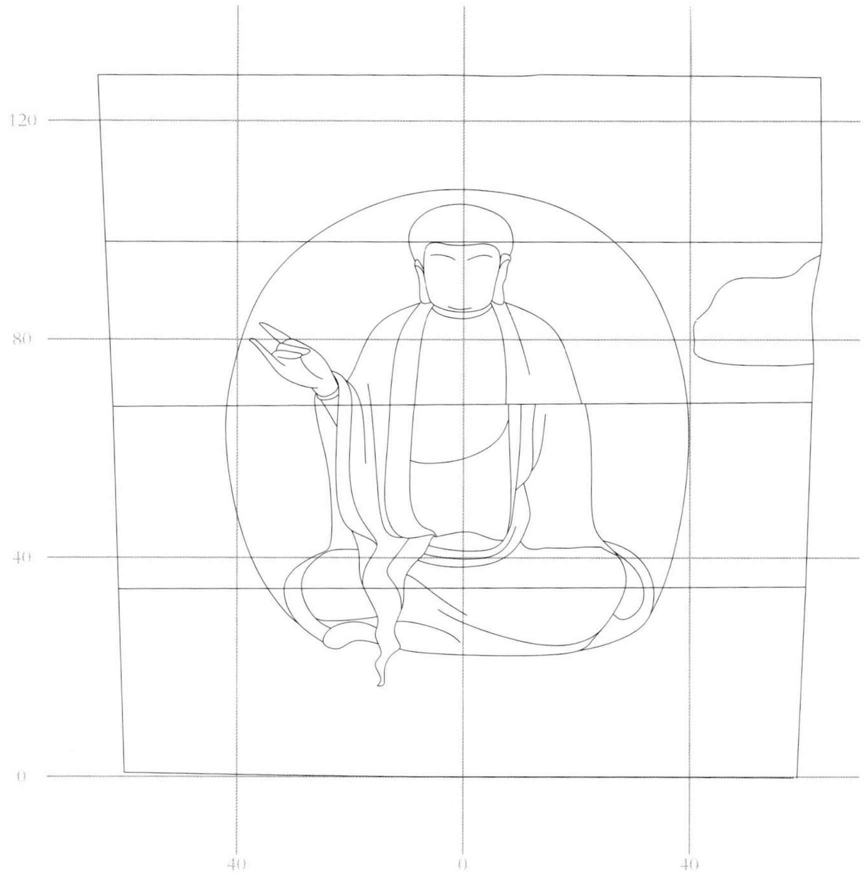

1

2

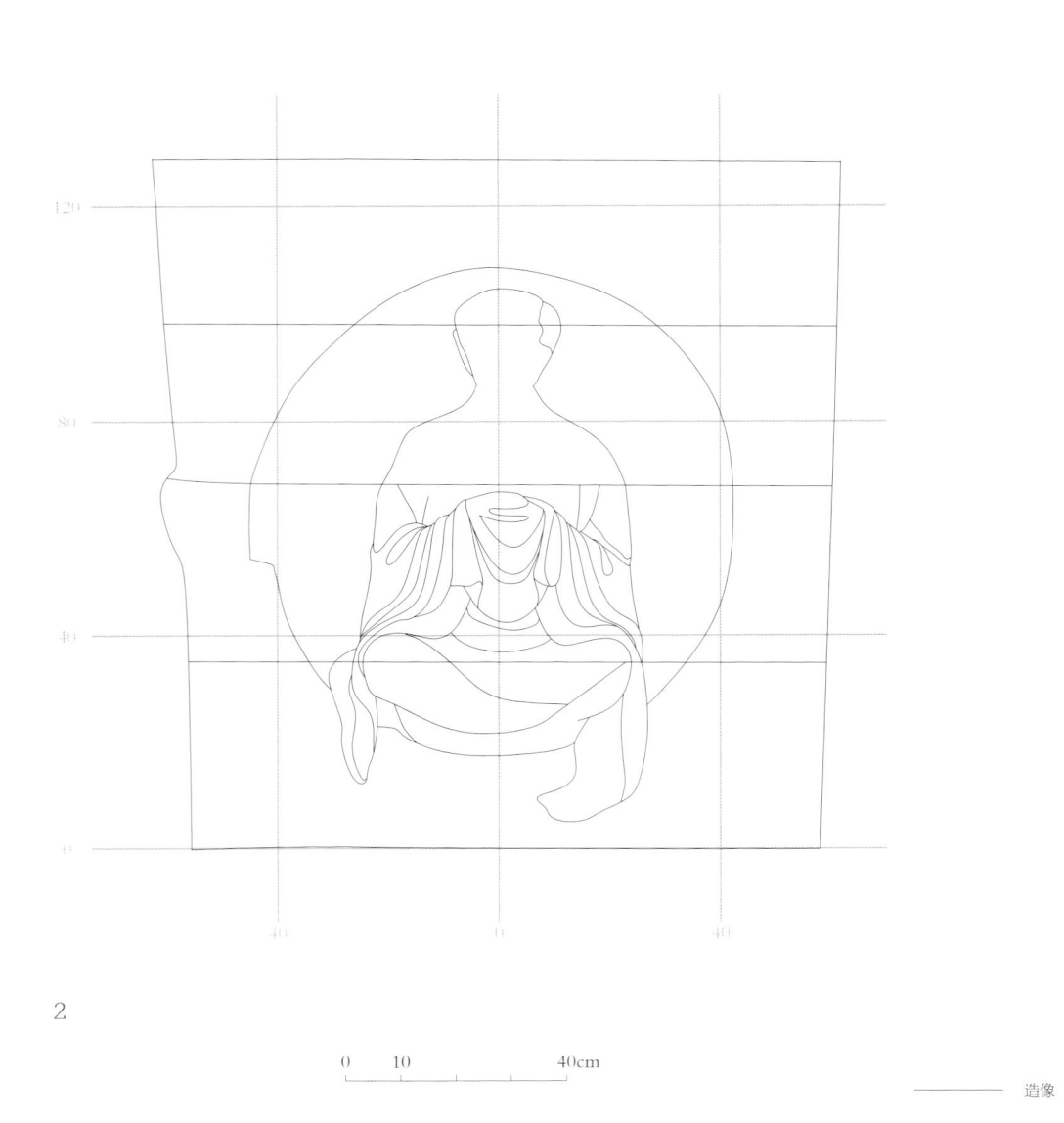

图 194　转法轮塔第二级塔身东南面、东面坐像立面图
1　东南面　2　东面

图 195　转法轮塔第二级塔身龛楣造像展开图
1　东北面　2　北面　3　西北面　4　西面　5　西南面　6　南面　7　东南面　8　东面

图 196　转法轮塔第三级塔身东北面坐佛立面图

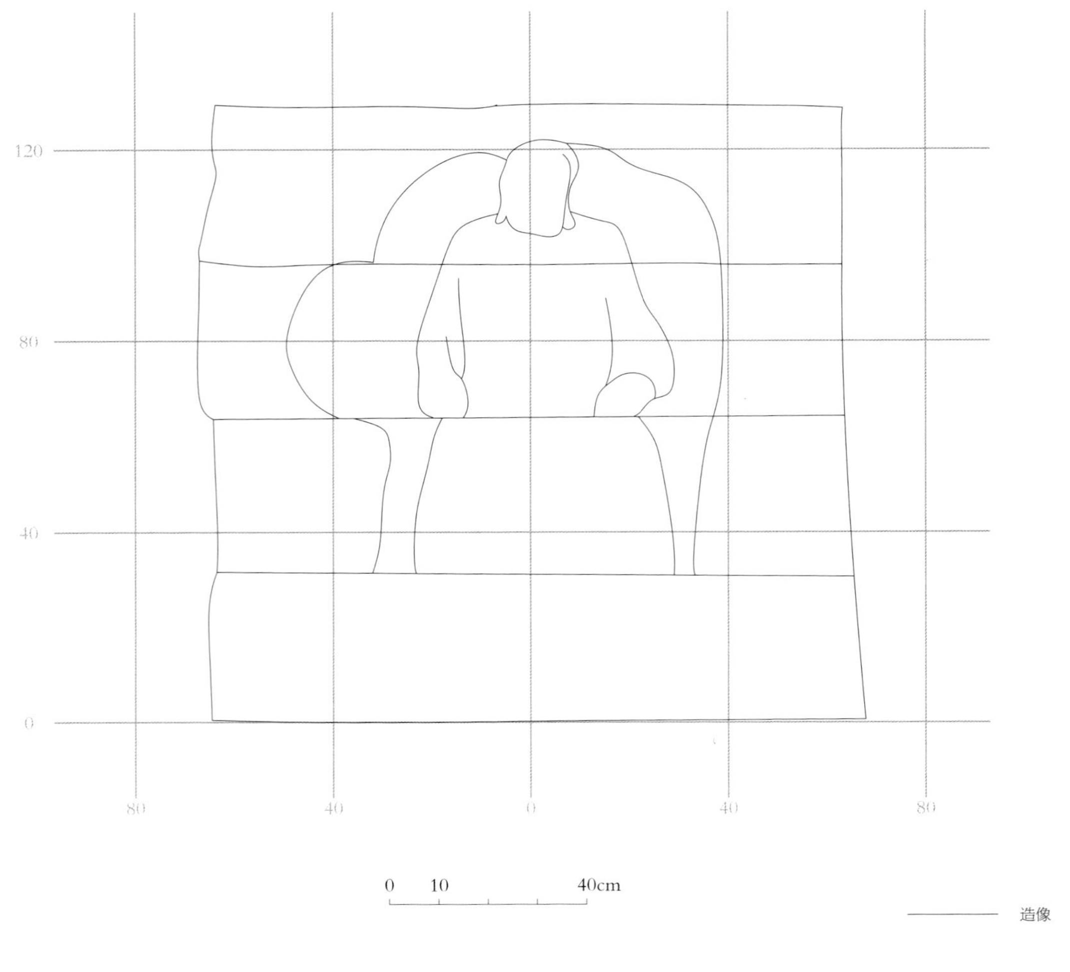

图 197　转法轮塔第三级塔身北面坐佛立面图

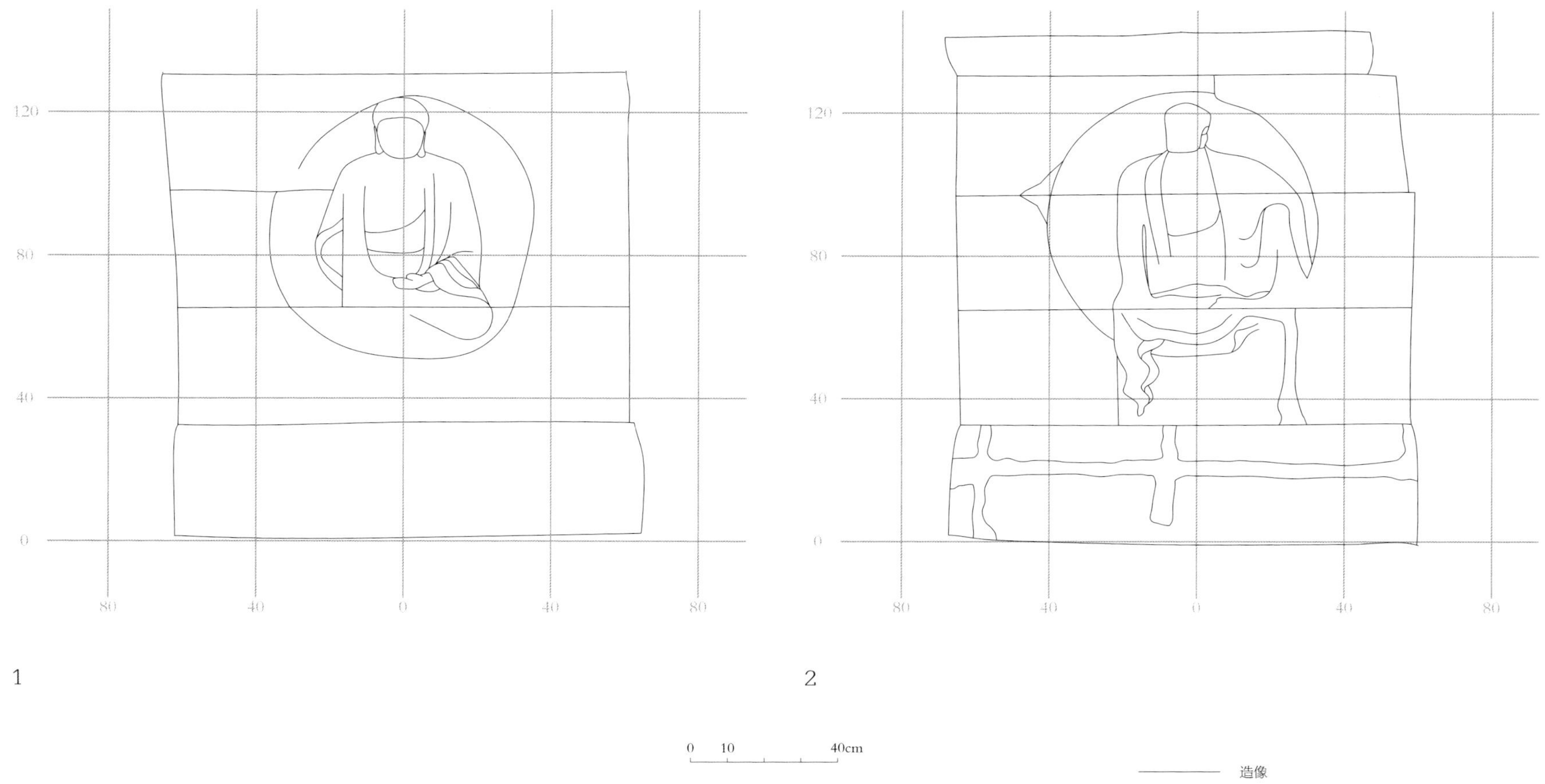

图 198　转法轮塔第三级塔身坐佛造像立面图
1　西北面　2　西面

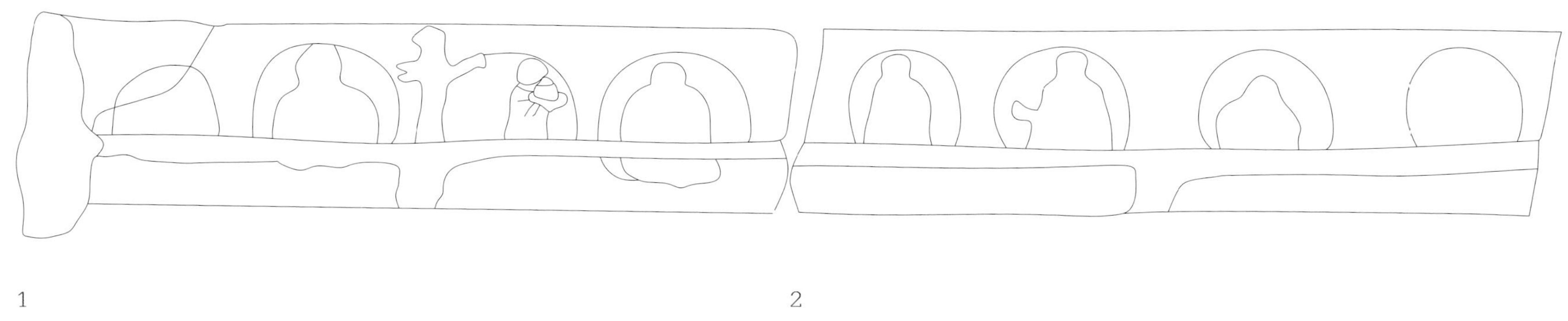

图 199　转法轮塔第三级塔身额枋造像展开图
1　东北面　2　北面

第四章　转法轮塔和释迦真如舍利宝塔　　323

第二节 释迦真如舍利宝塔

一 位置

位于小佛湾与转法轮塔之间（图1）。西南距宝顶山小佛湾石窟约90米，东北距转法轮塔约200米，西距圣迹池约8.5米、圣寿寺山门约110米。地理坐标为东经105°47′42.9″，北纬29°45′18.7″。

塔身正面向北，方向358°。

二 形制

该塔由数块巨石叠砌而成，为重檐方形实心石塔，分塔身、塔刹两部分（图200、图201、图202；图版Ⅰ：382、图版Ⅰ：383、图版Ⅰ：384、图版Ⅰ：385）。塔底被石板遮覆，无法作考古观察。塔身三级，檐三重。塔身逐层内收，高度递减，通高约660厘米；第二、三级塔身与下部塔檐之间皆设仰莲台平座。

第一级塔身，方形，高约254厘米，南、北面宽约69厘米，东、西面宽约75厘米。塔身四面中上部皆开圆拱龛，内刻一立佛。塔身上接额枋，仅存少许遗迹，残高约14厘米。第一重塔檐呈方形，部分残，通高27厘米，外挑额枋约20厘米。

第二级塔身，方形，高约91厘米，面宽约61厘米；转角作抹棱处理，抹面宽13厘米。塔身各面皆开方形浅龛，内各刻一坐佛。塔身下部为单层仰莲台平座，高33厘米，直径78厘米。上部为第二重塔檐，通高35厘米，作上下两层。下层内收为八角台，残存珠串等饰物；上层呈八角形，外挑下层约14厘米，檐口略作弧线，翼角起翘。

第三级塔身，圆柱形，高53厘米，直径39厘米。绕塔身刻八立像。塔身下部为三层仰莲台平座，高34厘米，直径55厘米；塔身上接第三重塔檐，通高30厘米，作上下两层。下层内收为圆台，高14厘米，直径69厘米，残存流苏、珠串等饰物；上层为圆形攒尖顶，大部残，存东北侧少许，外挑下层约21厘米。

塔刹通高82厘米，最下为单层仰莲台，高27厘米，直径37厘米，上部为三重圆形相轮，部分残。

三 造像

据造像布置，将其造像分为第一级、第二级、第三级塔身三部分记述。各级均自北面始，沿顺时针方向进行。

（一）第一级塔身

四面各开一圆拱龛，皆高168厘米，宽54厘米，深14厘米，内刻一立佛，共4身（图200）。立佛像体量相当，高约164厘米，头长29厘米，肩宽41厘米，胸厚12厘米；衣饰相近，内着僧祇支，外着双领下垂式袈裟，下着裙，腰带垂于足间。跣足站立。各像特征列入表23。

表23 释迦真如舍利宝塔第一级塔身造像特征简表

位置	造像特征
北面	头、面部分残，存少许螺发，右耳完整，身大部毁，可辨着袈裟，左手似屈肘，右手毁（图版Ⅰ：386）。
东面	螺发，刻髻珠，面方圆，眉间有白毫，弯眉细眼，鼻高直，双唇闭合，耳垂残，颈刻三道肉褶线，腕镯，左手横置胸前结印，右手斜置胸前，指部分残，似结印（图版Ⅰ：387）。
南面	螺发，刻髻珠，方圆脸，略剥蚀，两耳垂肩，颈刻三道肉褶线，双手置胸前覆巾，上置宝珠，部分残（图版Ⅰ：388）。
西面	螺发，刻髻珠，面方，左耳残。内着僧祇支，系带作结。双手胸前结印，指部分残（图版Ⅰ：389）。

（二）第二级塔身

四面各开一方形浅龛，皆龛高60厘米，宽43.5厘米，深9厘米，内均刻一坐佛，共4身（图203、图204）。坐佛像体量相当，坐高约58厘米，头长17厘米，肩宽24厘米，胸厚7厘米。衣饰相近，内着僧祇支，系带作结，外着双领下垂式袈裟，下摆垂于龛外。结跏趺坐。各像特征列入表24。

表24　释迦真如舍利宝塔第二级塔身造像特征简表

位置	特征
北面	螺髻，略蚀，面圆，耳垂残，颈刻三道肉褶线，腕镯，双手胸前结印（图203-1；图版Ⅰ：390）。
东面	头面残，存右侧少许螺发，耳垂残，颈刻三道肉褶线，袈裟一角系于左肩哲那环上，左手置腹前，右手置胸前，皆残，似结印（图203-2；图版Ⅰ：391）。
南面	头面残，双耳毁，双手腹前隐于袈裟内（图204-1；图版Ⅰ：392）。
西面	头面残，存右侧少许螺发，左耳毁，左手残，似置腹前，右手略残，于胸前结印，双腿部分残（图204-2；图版Ⅰ：393）。

（三）第三级塔身

刻立佛8身，呈环状布置，残毁甚重，仅存轮廓，残高约45厘米。其中，北侧2身可辨上着袈裟，下着裙，其右侧佛像双手胸前合十。南侧2身可辨部分身躯轮廓，其余佛像仅存少许遗迹（图205；图版Ⅰ：394、图版Ⅰ：395）。

四　铭文

存5则[1]。

第1则

释迦真如舍利宝塔塔名，南宋淳熙至淳祐年间（1174—1252年）。文左起，竖刻2行，存5字，楷体，字径24厘米（图版Ⅱ：135）。

01　释迦真□

02　舍利□□[2]

第2则

佛名题刻，南宋淳熙至淳祐年间（1174—1252年）。位于第二级塔身北面方龛上部。刻石面高13厘米，宽45厘米。左起横刻1行，9字，楷体，字径4厘米（图版Ⅱ：136）。

南无宝自在王定光佛[3][9]

第3则

佛名题名，南宋淳熙至淳祐年间（1174—1252年）。位于第二级塔身北面、西面相接的抹棱壁面。刻石面高60厘米，宽13厘米。文左起，竖刻2行，存18字，楷体，字径4厘米（图版Ⅱ：137）。

01　南无宝相不动尊王佛

02　南无宝相不动最胜佛

1　1999年《大足石刻铭文录》只录入第1、2则铭文。
2　1993年收集大足石刻铭文时尚存全文："释迦真如」舍利宝塔"。见重庆大足石刻艺术博物馆编：《大足石刻铭文录》，重庆出版社1999年版，第97页。
3　本塔铭文中其余"无""佛"二字，与本则铭文中的"无""佛"二字书写相同。

图 200 释迦真如舍利宝塔立面图
1 北面 2 东面 3 南面 4 西面

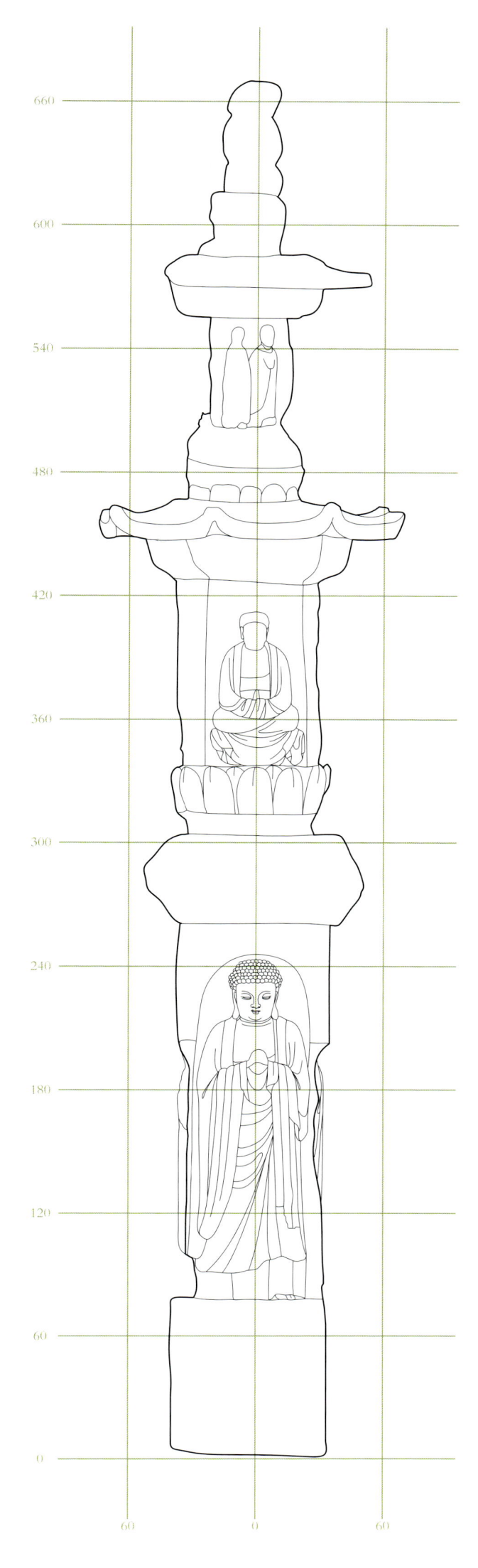

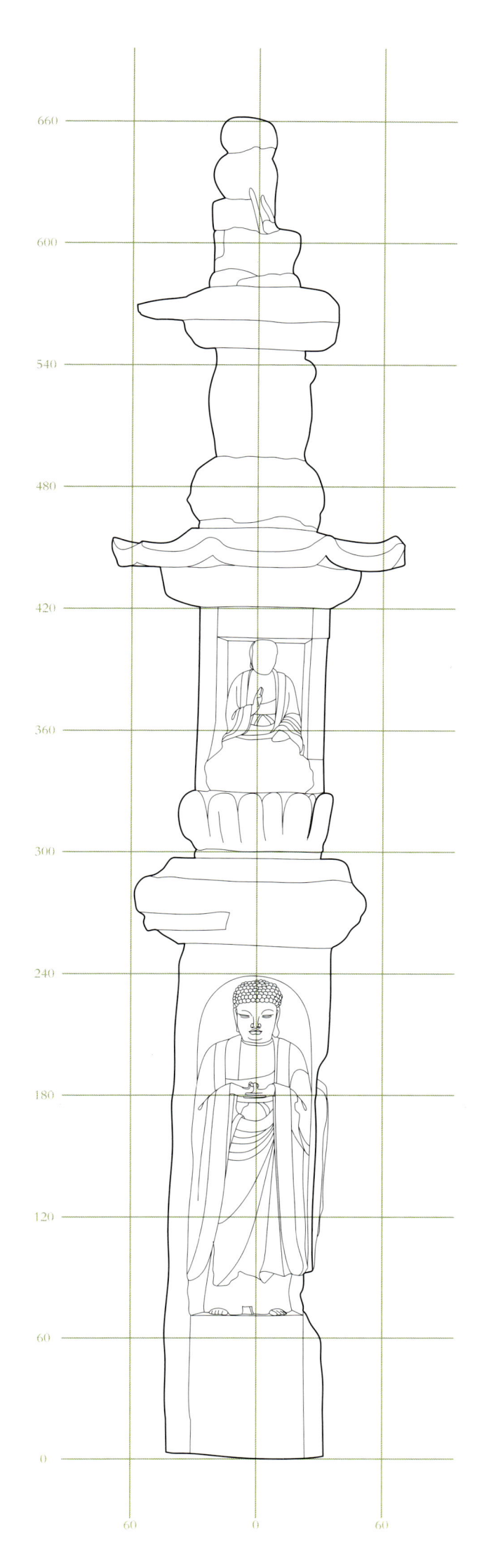

第四章　转法轮塔和释迦真如舍利宝塔　327

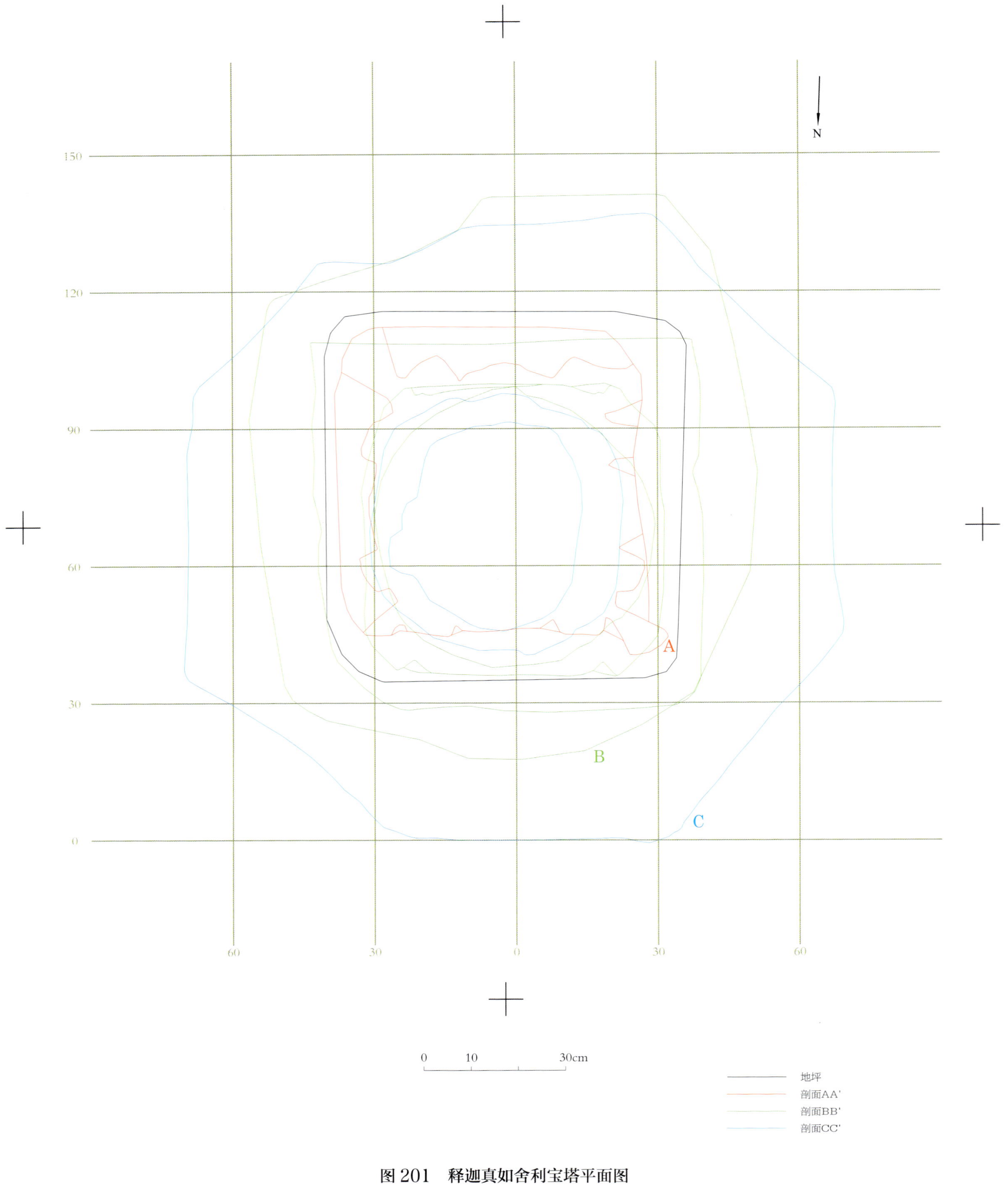

图 201　释迦真如舍利宝塔平面图

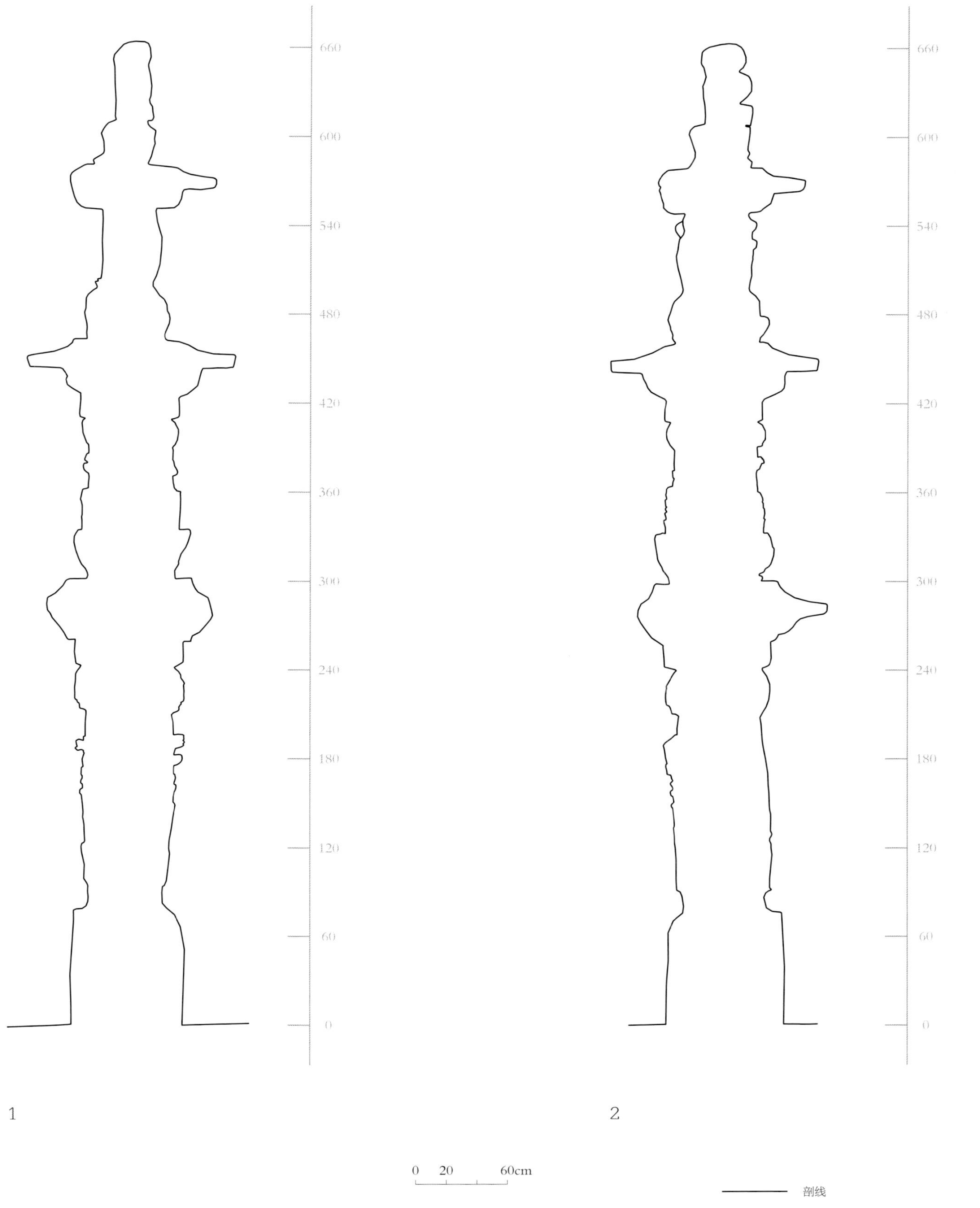

图 202　释迦真如舍利宝塔剖面图
1　东西向　2　南北向

图 203　释迦真如舍利宝塔第二级塔身北面、东面坐佛立面图
1　北面　2　东面

图 204 释迦真如舍利宝塔第二级塔身南面、西面坐佛立面图
1 南面 2 西面

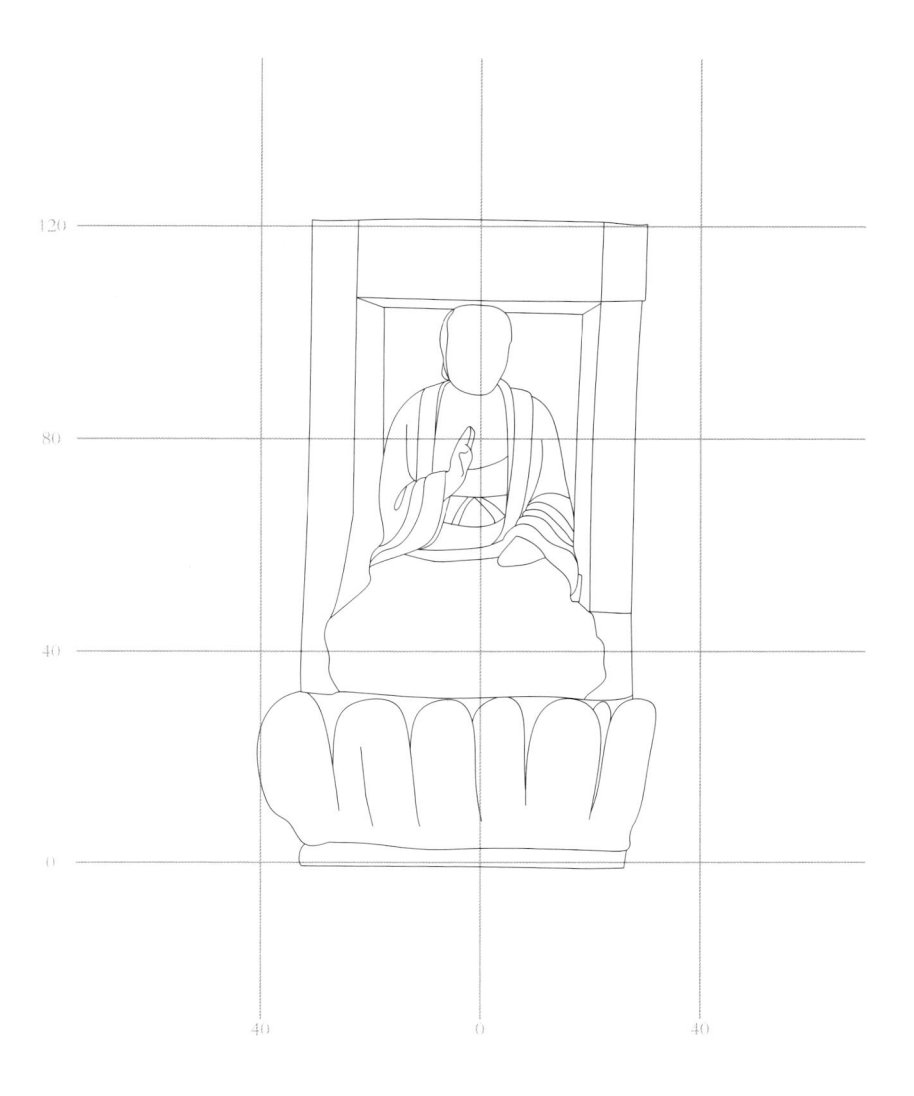

图 205　释迦真如舍利宝塔第三级塔身造像展开图
1　北面　2　西面　3　南面　4　东面

第4则

残存佛名题刻，南宋淳熙至淳祐年间（1174—1252年）。位于第二级塔身东面、南面相接的抹棱壁面下部，残存竖刻的"囗佛"2字，楷体，字径4厘米。

第5则

佛名题刻，南宋淳熙至淳祐年间（1174—1252年）。位于第二级塔身南面、西面相接的抹棱壁面。刻石面高60厘米，宽13厘米。文左起，竖刻2行，存12字，楷体，字径4厘米（图版Ⅱ：138）。

01　南无宝胜然灯法[10]炬佛
02　南无宝（漶）

五　晚期遗迹

塔身裂缝现已粘合加固，造像局部作修补处理。
塔前地坪现为石板铺设。塔前约1米处设八角形条石护栏，高59厘米，厚23厘米。

第三节　本章小结

一　建筑特点

本章介绍的转法轮塔立于山顶巨石堡上，为八边形楼阁式实心塔。该塔现存塔基和四级塔身、三重塔檐，高仅10米，外观上中上部略大，中下部略小，形似倒立。从该塔现存顶部各面仍宽约127厘米的状况看，其上应为塔刹部分，整体上应呈腰鼓形状，因某种原因致其塔刹未完工遗至今日。

释迦真如舍利宝塔原立于水田中，为三级塔身三重塔檐方形实心塔。每级塔身和塔檐均以巨形条石上下叠压垒砌而成，逐级内收，高度递减；通高约660厘米，南、北面最宽仅约69厘米，东、西面最宽仅约75厘米，使塔如笋直立挺拔。

转法轮塔和释迦真如舍利宝塔每级各面均镌龛刻像。根据龛口外形，可分为圆形、圆拱形、椭圆形和方形四种。其中，转法轮塔第一级塔身为椭圆形浅龛，其余各级主要表现为圆形浅龛。释迦真如舍利宝塔第一级塔身为圆拱形浅龛，第二级则为方形浅龛。

二　年代分析

本章介绍的转法轮塔和释迦真如舍利宝塔均未发现纪年题记。现通过建筑形制、造像特征、铭刻特点等，对其建造年代作简要分析讨论。

如前所述，转法轮塔现存四级塔身、三重塔檐，无塔刹，系未完工之作，推测为一座七级石塔。塔身平面呈八边形，塔基转角处刻力士像踊出，作托举状；塔身仿木砌筑塔檐、梁头、平座层，有较为显著的宋代楼阁式塔的特征。塔身镌刻的佛像头部尖状螺发，发际线平直，面圆，置身于圆形浅龛中，袈裟少许悬垂龛外；菩萨像戴卷草冠，冠带长垂，袈裟略显厚重，手持法器。其特征与宝顶山大、小佛湾造像相近，风格一致。特别是所刻髻发人像，形象和姿态与大、小佛湾髻发人像高度相似。塔身保存的榜题、颂词等，不仅在大、小佛湾随处可见，且书写方式亦同。因此，可以认为，转法轮塔的营建年代与大佛湾造像相近。另从转法轮塔系未完工的情况看，其因多为兵祸所致。如是，当与宝顶山大佛湾第22号龛十大明王未及完工的原因一样，为南宋后期蒙古军在征战四川过程中，大足遭受摧残，"存者转徙，仕者退缩"[1]，宝顶山石窟的开凿被迫停止所致。由此推测，转法轮塔的下限年代大致在南宋淳祐七年（1247年）左右。

释迦真如舍利宝塔所刻佛像，其螺髻、面相、衣饰、技法等与宝顶山大、小佛湾造像大同，且塔身佛像题名的书法风格都与大、小佛湾类似。据此推测，该塔亦建于南宋时期。

三　题材内容

本章介绍的转法轮塔和释迦真如舍利宝塔两座建筑均设龛造像，但因造像多有残蚀，部分题材内容已难辨识，现据造像特征及榜题等，作简要讨论。

转法轮塔塔基转角处各刻半身像1身，共8身，面塔，双手外展抱扶基座，作托举状，应为力士像。

第一级塔身下部八个椭圆形龛内，刻8身立式菩萨像，据龛外上方榜题，自东北面始，沿逆时针方向，依次为"观世音、弥勒、虚空藏、普贤、金刚手、妙吉祥、除盖障、地藏"八大菩萨像，其顺序与《八大菩萨曼陀罗经》所述顺序一致[2]，但所持法器和手印与经大多不同。第一级塔身上部八面各刻坐像1身，与下部八面菩萨位置对应；其中6身为佛像，2身为髻发人像，所对应的下部菩萨为普贤和地藏。髻发人像除头蓄髻发外，其余特征与佛像无异，不仅体量相近，且皆着袈裟，手印印，结跏趺坐。

第二级塔身下部平座层八面均刻壶门，内皆减地刻像一组，从其特征看，应为八组佛传故事图。自东北面始，沿逆时针方向，第1组左刻建筑一座，中刻一贵妇、一侍女立于大树下，右刻半身力士抬圆盆，盆内立一身像，似左手指地，右手指天，为"太子降生图"。第2组刻一骑马者，头戴冠，顶悬盖，有侍者托钵持杖随行；图中另有老者、披巾送葬者、棺材等，为"太子出城巡游图"。第3组可辨一人骑于马上，马侧有随从，马昂头上扬，奋蹄作奔跑状，为"太子逾墙出城图"。第4组刻山石，一像结跏趺坐于山石台上，左右各立三像，为"深山苦修图"。第5组刻大河波浪翻滚，河中有莲叶、莲花、莲苞及一半身像，为"尼连禅河沐浴图"。第6组刻一像结跏趺坐于大树下，身饰圆形大身光；其左上方，一前一后两像披头散发，展臂抬腿，持枪执弓，面向坐像作凌空飞翔状；二像下另立四像；为"降魔成道图"。第7组残毁甚重，除造像轮廓外，可辨一头鹿作扭头回望行进状，疑为"初转法轮图"。第8组中刻一身像，头北脚南，侧身横卧；身侧有侍者躬身而立，为"涅槃静寂图"。

第二级塔身八面椭圆龛内各刻坐像1身，为佛像，共8身。第三级塔身四面圆龛内亦各镌坐像1身，为佛像，共4身。其定名尚待探讨。

此外，第一级塔身八面额枋各开三圆龛，内皆刻坐像1身，为佛像，计24身。第二级塔身上部八面额枋各开四小圆龛，内各刻一坐像，为佛像，残毁甚重，计32身。第三级额枋仅东北面和东面各凿四小圆龛，内刻一坐像，像毁甚重，共8身。

释迦真如舍利宝塔第一级塔身四面开圆拱形浅龛，内各刻一立佛。疑东面像为阿閦佛，西面像为阿弥陀佛，南面像为宝生佛，北面像为不空成就佛，合为四方佛。第二级塔身四面开方形浅龛，内刻坐佛1身。据铭文题名，北面像为"南无宝自在王定光佛"，西

---

[1]《何光震饯郡守王梦应记碑》，见本报告集第五卷上册第351页；另见重庆大足石刻艺术博物馆编：《大足石刻铭文录》，重庆出版社1999年版，第300页。碑上石于南宋淳祐七年（1247年）。

[2]《大正藏》第20册，第1167页。

面像为"南无宝相不动最胜佛",南面像为"南无宝胜燃灯法炬佛",东面像题名漶不明。第三级塔身刻8身立像,均为佛像,残毁较重。据第一级塔身北面下部铭刻,此塔应为"释迦真如舍利宝塔"。

四 晚期遗迹

1956年之前,转法轮塔露于坡顶。1956—1957年,新建一座三重木构亭宇遮护[1]。至2001年,基本失去防护功能,随时有垮塌的危险,加之石塔长久失修,岌岌可危,为此2001年对转法轮塔及其保护建筑进行了全面维修保护[2]。

释迦真如舍利宝塔原立于俗称"塔耳田"的水田中央,至今裸露于外。1997年填田铺砌石板硬化成小广场,并于其西侧建莲花池。2013年又在其北侧建"焚香池"。2004年对该塔进行了表面清洗、脱盐、微生物防治、纠偏加固、防风化处理等维修保护[3]。

两座石塔建筑及龛像皆部分受损,妆绘涂层脱落严重。转法轮塔现存红色和灰白色两种涂层,释迦真如舍利宝塔仅存灰白色涂层。

注释：

[1] 本则铭文第2字"无"、第4字"世",铭文分别为：

[2] 此"大"字,铭文为：

[3] 此"贤"字,铭文为：

[4] 此"雨"字,铭文为：

[5] 此"国"字,铭文为：

[6] 此"佛"字,铭文为：

[7] 此"日"字,铭文为：

[8] 此"法"字,铭文为：

[9] 本则铭文第2字"无"、第9字"佛",铭文分别为：

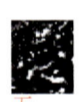

[10] 此"法"字,铭文为：

---

1 见《大足石刻年表》,重庆大足石刻艺术博物馆编：《大足石刻研究文集》(1),重庆出版社1993年版,第413页。
2 见大足石刻研究院工程档案资料：《大足宝顶山转法轮塔维修工程》,档案号：2-117,2001年。
3 见大足石刻研究院工程档案资料：《宝顶地狱变相龛及舍利塔防风化加固工程》,档案号：2-162,2004年；大足石刻研究院档案：《宝顶山四方形字库石塔保护维修工程》,2012年。

附录一　宝顶山小佛湾石窟、宝顶山石窟周边区域造像及转法轮塔、释迦真如舍利宝塔造像一览表

一、宝顶山小佛湾石窟

序号	编号	形制	名称	主要内容
1	1	石砌三级四方方形三重檐楼阁式石塔	祖师法身大藏塔	各级除刻佛像、祖师髡发人像和偈语、颂词外，其余壁面遍刻经目，经目存字4343字，共715种（部）。
2	2	条石砌筑廊墙	七佛壁	廊墙正壁刻"七佛"；右端隔断墙西壁上方刻"恒沙佛说大藏灌顶法轮经"，中部刻"南无金幢宝胜佛教诫碑"，下部刻"祖师传偈"。
3	3	石砌双重方形平顶窟	行孝报恩经变窟	窟正壁刻主尊释迦佛坐像。
				窟左壁内侧刻"证三十二相""剜睛出髓为药""鹦鹉行孝""割肉供父母""舍身济虎""六师外道谤佛不孝"等图像。
				窟右壁内侧刻"雁书报太子""因地剜肉""睒子行孝""诣父王所诊病""舍身求法""释迦亲抬父王棺"等图像。
				窟左右壁外侧上层各刻三身坐佛像，合正壁释迦佛像，为"七佛像"。
				窟右壁外侧刻"投佛祈求嗣息图""怀胎守护恩""推干就湿恩""生子忘忧恩""洗濯不净恩""远行忆念恩"等图像。
				窟左壁外侧刻"临产受苦恩""咽苦吐甘恩""乳哺养育恩""究竟怜悯恩""为造恶业恩"等图像。
4	4	石砌方形窟	毗卢庵	窟正壁中部中刻毗卢佛像，其左为柳本尊像，右为释迦佛像；下部中刻金刚护法神像，左右刻"六通"像。窟左右壁开小圆龛刻坐佛像。
5	5	石砌方形屋顶窟	禅室窟	无造像。

续表一

序号	编号	形制	名称	主要内容
6	6	石壁	佛坛殿	正壁（南壁）中上部壁面及梁头现存小圆龛坐像170身，其中坐佛像148身，披发人坐像7身，髻发人坐像15身；下部刻"十恶罪报图"。
				左壁现存小圆龛坐像40身，其中坐佛像30身，披发人坐像1身，髻发人坐像6身。
				右壁壁面及梁头现存小圆龛坐像122身，其中坐佛像118身，髻发人坐像4身。
7	7	方形碑		坛台左前侧为宋立"唐柳本尊传碑"，右前侧为"恩荣圣寿寺记碑"。
8	8	石砌方形屋顶窟	华严三圣窟	窟正壁上中下各凿三个圆龛，皆中刻毗卢佛，左刻文殊，右刻普贤像。
9	9	方形屋顶窟	毗卢庵	窟内正壁刻毗卢佛、文殊、普贤像，合为"华严三圣"。
				窟内左右壁内侧刻阿弥陀佛、不空成就佛、阿閦佛、宝生佛像，以及普贤菩萨、观音菩萨、文殊菩萨、地藏菩萨像。
				窟内左右壁上部外侧刻"立雪""剜眼""炼心""舍臂""炼膝""炼指""炼踝""割耳""炼顶""炼阴"等柳本尊十炼图。
				窟内左右壁下部刻八大明王像。
				窟外后壁嵌"释迦舍利宝塔禁中应现之图"碑，刻四天王像。
				东壁及西壁下部各刻六身金刚护法像。此外，窟外三壁还遍刻千佛。

二、宝顶山石窟周边区域造像

序号	石窟名	编号	形制	名称	主要内容
1	龙头山	1	单层方形龛	毗卢佛龛	中刻主尊毗卢佛像，左右各立一护法神像。

续表一

续表二

序号	石窟名	编号	形制	名称	主要内容
1	龙头山	2	单层方形龛	护法神龛	中刻一护法神像，左右各立三像。
		3	单层圆拱形龛	残像龛	
		4	单层方形龛	残像龛	
		5	单层圆拱形龛	待考	半身佛像双手抱龙。
		6	单层圆拱形龛	释迦佛龛	仅刻主尊佛像。
		7	单层圆拱形龛	药师佛龛	仅刻主尊佛像。
		8	单层方形龛	阿弥陀佛龛	仅刻主尊佛像。
2	三元洞		单层方形龛	一佛二菩萨龛	龛内造像残毁补塑，据《大足石刻内容总录》所记，推测为"一佛二菩萨像龛"。
3	大佛坡	1	单层方形龛	释迦、多宝佛龛	仅刻二主尊佛像。
		2	单层方形龛	待定	东、南、西面龛中，每龛各刻像六身，为"四佛与二菩萨组合"；北面龛共刻像七身，似为"四佛与三菩萨组合"。
4	三块碑		被改刻，不明	华严三圣龛	主尊为毗卢佛像，左右为文殊、普贤像。
5	松林坡		单层方形龛	华严三圣龛	主尊为毗卢佛像，左右为文殊、普贤像。
6	维摩顶西崖		未作龛制	佛传图	刻佛传图六组。
7	菩萨屋		单层方形龛	三身佛龛	上层刻三佛像，下层像残。
8	菩萨堡		单层方形龛	三身佛龛	上层刻三佛像，下层刻神将三身像。
9	杨家坡		单层方形龛	华严三圣龛	中为毗卢佛像，左右为文殊、普贤像。
10	佛祖岩		单层方形龛	华严三圣龛	中为毗卢佛像，左右为文殊、普贤像。
11	广大山		单层方形龛	华严三圣龛	中为毗卢佛像，左右为文殊、普贤像。
12	龙潭		未作龛制	大鱼事经变相龛	刻渔翁像一身。
13	岩湾		单层圆拱形龛	释迦佛龛	仅刻主尊坐佛像一身和三身供养人像。
14	古佛寺		单层圆形龛	毗卢佛龛	仅刻主尊佛像。
15	对面佛		单层圆拱形龛	阿弥陀佛龛	龛口上方刻"南无无量佛"题名。
16	仁功山	1	单层方形龛	华严三圣龛	中为毗卢佛像，左右为文殊、普贤像。

续表二

序号	石窟名	编号	形制	名称	主要内容
16	仁功山	2	单层方形龛	不明	残毁甚重。
		3	单层方形龛	不明	残毁甚重。
17	珠始山		单层方形龛	释迦佛与护法神龛	中刻释迦佛像，左右立八护法神像。

三、宝顶山转法轮塔、释迦真如舍利宝塔造像

塔名	位置	名称	主要内容
转法轮塔	基座	力士像	八面转角处刻半身力士像，七身残蚀甚重。
	第一级塔身下部	八菩萨像	自东北面始，沿逆时针方向，依次为观世音、弥勒、虚空藏、普贤、金刚手、妙吉祥、除盖障、地藏菩萨像。
	第一级塔身上部	八佛像	与下部八面菩萨位置对应；其中6身为佛像，两身为髽发人像。髽发人对应的下部菩萨为普佉和地藏像。
	第一级塔身额枋	坐佛像	共24身，其中4身毁。
	第二级塔身平座	佛传故事图	残蚀甚重。共八组，约60余身。自东北面始，沿逆时针方向，依次为"太子降生图""太子出城巡游图""太子逾墙出城图""深山苦修图""尼连禅河沐浴图""降魔成道图""初转法轮图""涅槃静寂图"。
	第二级塔身	八佛像	
	第二级塔身额枋	佛像	残蚀甚重，共32身。
	第三级塔身	四佛像	
	第三级塔身额枋	八佛像	仅存轮廓。
	第四级塔身		未刻像。
释迦真如舍利宝塔	第一级塔身	四方佛	四面开圆拱形浅龛，内各刻一立佛。疑东面像为阿閦佛，西面像为阿弥陀佛，南面像为宝生佛，北面像为不空成就佛。
	第二级塔身	四佛	据铭文题名，北面像为"南无宝自在王定光佛"，西面像为"南无宝相不动最胜佛"，南面像为"南无宝胜燃灯法炬佛"，东面像题名漶不明。
	第三级塔身	八佛像	残毁甚重。

附录二　宝顶山小佛湾石窟零散文物

宝顶山小佛湾石窟除石砌窟壁、墙体、塔身等遍刻造像外，现还尚存宋、明、清等时期的零散石刻造像、香炉及碑碣等。

一　石刻造像

共10身。

1. 释迦牟尼佛像

圆雕，宋刻。原置于小佛湾坛台第8号窟门前，2015年6月藏于大足石刻博物馆（图版Ⅰ：396）。佛像坐高102厘米，头长29厘米，肩宽43厘米，胸厚23厘米。螺髻，面方，眉间刻白毫，双目微睁，鼻高直，口微闭，下颌浑圆，耳垂肥大。颈刻三道肉褶线。溜肩胸厚，内着僧祇支，系带作结；外着双领下垂式袈裟，下着裙。袈裟一角系于左肩哲那环上，裙摆垂搭台前。腕镯，左手置腹前结印，右手残，屈举胸前；结跏趺坐于三重仰莲台上。台高42厘米，直径约116厘米。台下为圆形莲叶基座，座高约25厘米，直径116厘米。

2. 观音像

圆雕，2身，宋刻。原置于小佛湾第8号窟口左前侧，2015年6月藏于大足石刻博物馆。

第1身　坐高140厘米，头长50厘米，肩宽46厘米，胸厚24厘米（图版Ⅰ：397）。梳高髻，扎发箍。面长圆，略低俯。自额心升起云台，台上刻坐式化佛1身。胸饰璎珞，内着僧祇支，系带作结，外披双领下垂式袈裟，袈裟一角敷搭头顶；下着裙。双手腹前笼袈裟内，结跏趺坐。化佛像头毁，残高约16厘米，可辨内着僧祇支，系带作结，外着双领下垂式袈裟，双手置腹前笼袈裟内，结跏趺坐。

第2身　坐高118厘米，头长43厘米，肩宽45厘米，胸厚18厘米（图版Ⅰ：398）。梳高髻，髻下刻发箍。自额发中升起云台，台上刻坐式化佛1身。面长圆，小口微闭，颈细长；宽肩，胸饰璎珞，内着僧祇支，系带作结，外披双领下垂式袈裟，袈裟一角敷搭头顶；下着裙，裙摆垂于台前。双手置腹前笼袈裟内，结跏趺坐于方台上。台高70厘米，宽108厘米，深46厘米。台正面左侧竖刻"那伽常在定△无[1]有不定时"10字，右侧竖刻"为彼散乱人△故现如是相[1]"10字，字径6厘米（图版Ⅱ：139）。化佛头毁，残高约12厘米，可辨内着僧祇支，外着双领下垂式袈裟，双手腹前笼袈裟内，结跏趺坐。

3. 柳本尊像

圆雕，宋刻。原置于小佛湾第8号窟口左前侧，2015年6月藏于大足石刻博物馆。像坐高115厘米，头长41厘米，肩宽48厘米，胸厚22厘米（图版Ⅰ：399）。戴圆顶高巾，巾正面饰云纹，其上方刻一像，残。坐像面长圆，左眼半睁，右眼微闭，双颊丰满，下颌刻短须。着双层交领宽袖长服，腰系带，下着裙。左手隐袖内（缺左手），袖置于左腿上；右手屈举胸前结印，手指（部分残）与胸间刻云纹。盘腿坐。

4. 护法神像

背屏式造像，2身，宋刻。置于小佛湾第3号窟口前方回廊，斜靠于后世条石增建的门楼墙体，呈左右布置[2]。

左像　立高137厘米（图版Ⅰ：400）。头毁，后世泥塑补接，已大部残。似内甲外袍，腰系带。腹前、左腰外侧各存一段下垂的

1　此"相"字《大足石刻铭文录》录为"像"。重庆大足石刻艺术博物馆编：《大足石刻铭文录》，重庆出版社1999年版，第188页。
2　（清）张澍《前游宝顶山记》云："庵之下有石洞，内镌佛像，门前立二力士，手持杵钺"。此二残像疑为张澍所见之二力士像。

飘带。双手前臂毁，似置胸前。双足毁。

右像　立高160厘米，头长40厘米，肩宽35厘米，胸厚19厘米（图版Ⅰ：401）。头戴凤翅盔，顿项披垂，下颌系带。盔正面刻卷云，云内似刻坐式化佛1身，残漶不清。面方，鼓眼，鼻、口毁，后世改刻。内甲外袍，袍服袖摆挽结。腰系带，束抱肚，飘带于腰际下垂体侧。左手握右手腕，右手腹前挂剑，剑身全长81厘米。似着鞋站立。

5．圆龛佛像残件

圆龛造像，4件，宋刻。原应系小佛湾窟室或墙体造像，后脱落，脱落部位不详。2015年6月藏于大足石刻博物馆。

第1件　石高56厘米，最宽65厘米，厚11厘米（图版Ⅰ：402）。正面凿一圆形浅龛，直径47厘米，深8厘米，内刻坐佛1身。坐佛高37厘米，头布螺髻，面圆，头身微左侧，耳垂肥大，着双领下垂式袈裟，双手腹前笼袈裟内，结跏趺坐于仰莲台上。

第2件　石高54厘米，最宽53厘米，厚12厘米（图版Ⅰ：403）。正面水平凿二圆形浅龛。左龛部分残，存右侧，宽约28厘米，深约7厘米。龛内存残坐像1身，残高约22厘米。可辨着袈裟，左手毁，右手屈肘外展托钵，结跏趺坐。右龛直径约30厘米，深约8厘米，其右上角毁。龛内刻坐像1身，坐高约28厘米。头布螺髻，面圆，头身右侧，耳垂肥大，内着僧祇支，外着双领下垂式袈裟，下着裙。左手置圆枕上，右手置右膝上，盘左腿，竖右腿，身略斜卧。

第3件　石高55厘米，最宽70厘米，厚11厘米（图版Ⅰ：404）。正面凿一圆形浅龛。龛残，直径约41厘米，深约6厘米，内刻坐佛1身。坐佛高约38厘米。头布螺髻，面圆，耳垂肥大。内着僧祇支，外着双领下垂式袈裟。双手腹前笼袈裟内，结跏趺坐于仰莲台上。

第4件　石高48厘米，最宽76厘米，厚10厘米（图版Ⅰ：405）。正面凿上下两排四个圆形浅龛，错对布置。浅龛形制相近，直径约31厘米，深约8厘米，内各刻坐像1身。上左像，肩以上毁，残高约16厘米，可辨双手笼袈裟内，置于右腿上；竖左腿，盘右腿坐。上右像，肩以上毁，残高约26厘米，可辨双手于身左侧持簿，结跏趺坐。下左像，坐高约30厘米，头低垂，面圆；着双领下垂式袈裟，袈裟一角绕于头顶；双手置腹前笼袈裟内，似结跏趺坐。下右像，坐高27厘米。头布螺发，面圆，头身左侧，头右后侧饰云纹。内着僧祇支，外着双领下垂式袈裟，双手腹前笼袈裟内，结跏趺坐。

二　香炉

共2座。

1．第1座

石质，圆雕，明成化十一年（1475年）造。原置于宝顶山大佛湾石窟内，1988年迁至小佛湾第6号正壁中部前侧。炉平面呈圆形，通高约109厘米（图版Ⅰ：406）。最下为炉座，高19厘米，直径约98厘米，饰云纹。炉身刻一盘龙，头现于左侧，缠绕香炉一周。龙左前腿内侧刻半身立像1身，高约18厘米，蓬发上竖，侧头仰面，衣饰不明，双手胸前作拱。炉束腰部分与圆台之间，垒叠不规整的石块和砖块。炉盘为云纹台，高18厘米，直径约86厘米。最上为炉钵，呈三重仰莲台式；台高26厘米，直径约85厘米；其中部凿空，形如圆盆。

炉钵西侧刻碑一通。碑高20厘米，宽32厘米，内刻造炉镌记一则。碑文左起，竖刻10行，存58字，楷体，字径2厘米（图版Ⅱ：140）。

01　□□□□阳府寿州蔡
02　□□□人氏见在四川蓬州
03　□东□□金城里金天
04　□山福念氏施衣资造
05　□炉比丘□智晓惠印
06　□□□智圆上同
07　□□□□□沈氏二徒惠庆
08　□□立悟传

09 □□□□
10 □成化十一年六月上旬题造

2．第2座

石质，圆雕，明成化七年（1471年）造。原置于宝顶山圣寿寺燃灯佛殿内，1962年迁至小佛湾平坝小亭内，2015年6月藏于大足石刻博物馆。炉中空镂刻，通高114厘米，自下而上由基台、炉座、炉身、炉盘、炉钵四部分组成（图版Ⅰ：407）。

基台呈圆形，高约20厘米，饰云纹及花卉。炉座呈花瓣式，外凸六瓣。各瓣下部刻壶门，内饰卷草纹，上部镂刻长枝花卉。炉身呈圆柱形，高20厘米，直径约66厘米，绕刻四狮。狮两两成组，相对衔绣球丝带。绣球直径12厘米，饰圆形柿蒂纹，两端系丝带。炉盘高16厘米，直径96厘米，镂刻云纹。炉盘中部上竖圆筒式中空炉钵，高30厘米，直径46厘米，内径33厘米。钵壁饰云纹，云内刻二龙戏珠，龙头相对，龙口半开，身蜿蜒穿梭于云内。

钵壁刻方碑一通，高24厘米，宽13厘米，内刻造炉镌记一则。碑文左起，竖刻6行58字，字径2厘米（图版Ⅱ：141）。

01 大明成化七年辛卯六月一日为
02 首比丘法常命匠造炉入于
03 藏殿永充供养△信士岳添辅
04 欧必铎梁志昭
05 员寂本师超敬祖关
06 铜梁县匠人汪孟良镌[2]

三　碑碣

共4通。

1．悟朝立《临济正宗记》碑

竖碑。位于小佛湾第3号窟前回廊左侧壁。碑座方形，高33厘米，宽117厘米，厚43厘米。碑身方形，高146厘米，宽65厘米，厚15厘米；左右上端抹角。碑身正面左右及上方刻出宽4厘米的边框，内饰卷草纹；碑身正面及边框已部分剥落。碑阴平整。碑文刻于碑阳和碑阴。

碑阳

明隆庆五年（1571年）上石。碑额右起，篆书"临济正宗记"5字，字径12厘米。碑文左起，竖刻，348字，楷体，字径2厘米[1]（图版Ⅱ：142）。

临济正宗记（额）
敕赐圣寿寺传灯记（首行）
【我朝扫胡元以】开天取渝【土于明氏棠城乃渝州】之属邑也其间【名山大观虽不可纪】惟宝顶【称】
【诸山之甲考其开创始于】
【唐宣宗】大中九年【奉朝敕赐三道所以表佛迹之奇】
【蜀王令旨二道所以嘉天作之美迄今万年香火代不乏人焚献唐宋开山历代祖师讳虽传灯有人而讳派失实粤稽】上古【传灯释迦首传迦叶次授阿难及二十八祖达摩初入东土一花五叶至六祖三十三祖方立】五家宗派【本寺乃临济派脉自始祖元亮系陕西平凉人氏洪武初年居此传灯无尽教海汪洋第恐世远讳讹宗派拂紊谨将前代祖图后续发派暨各祖宗谱勒诸石焉则】兹石之【传

---

[1] 1994年时碑已漶甚重，《大足石刻铭文录》课题组辨识93字，并据清道光《大足县志》在【】内补入255字；因碑第5—11行大部分已漶灭，而志又未分行录写，故将其合录于一行。此次调查时，碑文漶灭更甚，已不可读，现将《大足石刻铭文录》录文转录于此，供参考。此外，原录文为16行，现据拓片调整为17行，个别姓名略有改动。见重庆大足石刻艺术博物馆编：《大足石刻铭文录》，重庆出版社1999年版，第217页。

于派者】

当与宝顶渝水同高深矣何患【夫讳之失实也哉谨记】

临济下二十一代祖僧会司僧会【元亮晓山铭海月舟监昭然】

奉命△住持△惠妙【元极△】旭【丽天】

【奉】旨[3]△住持△【超禅性空△圯翠岩】

【后代】住持△性正△悟南△觉本△觉诗△性儒△法全△【□洪△法明△觉珣△觉高△悟顶】

大明隆庆五年岁在辛未【冬十二月之吉当代住持悟朝立】

碑阴

清康熙年间（1662—1722年）上石[1]。碑文左起，竖刻10行，117字，楷体，字径6厘米（图版Ⅱ：143）。

01　宝顶山颂
02　慈悲广大愿力弘深具足诸相[2]普化众
03　生魔王雄杰恶鬼狰狞铁围万丈琅锁
04　千寻佛以何故得大光明西来大意即
05　佛即心诸恶莫作众善奉行千江同日
06　万户皆春如我所说是谓佛说不如我
07　说是谓波旬南无阿弥陀佛西方救苦
08　观音
09　长寿县八十二岁戴发僧
10　李开先敬颂昌元王济书丹[4]

2．功德碑

位于小佛湾第3号窟外左侧，相距窟门柱石约40厘米。碑座方形，高33厘米，宽119厘米，厚45厘米。碑身方形，高162厘米，宽10厘米，厚9厘米。碑文刻于正面，左起竖刻29行，字径约2厘米。文皆为功德主人名及捐资额，略。

3．僧晴舟立《实录碑记》

竖碑。置于小佛湾第2号七佛壁前侧中部[3]。无座，左右上端抹角；通高118厘米，宽86厘米，厚12厘米。碑文刻于碑阳和碑阴。

碑阳

清乾隆四十年（1775年）上石。额左起，横书"实录碑记"4字，楷体，字径7厘米。碑文左起，竖刻26行，存665字，楷体，字径2厘米（图版Ⅱ：144）。

　　实录碑记（额）
01　住持实录
02　吾铜菩提寺僧晴舟者高僧也前丙戌夏足邑宝顶山绅士约邻等以方丈乏人□
03　接上院时宝顶事[4]烦兼之时歉不丰辞不就固请之五月三日坐院后大众无食
04　乃与接僧数人共计厥艰借银若干两以度饥岁嗣时来时和年丰百废俱兴连年

1　张澍《后游宝顶山记》载："开先，康熙时举人，长寿县籍"。见《大足石刻志略》，1955年油印本，第109页。
2　此"相"字《大足石刻铭文录》录为"像"。重庆大足石刻艺术博物馆编：《大足石刻铭文录》，重庆出版社1999年版，第245页。
3　碑曾被用作宝顶山圣寿寺燃灯殿壁石，1980年培修时取出，置小佛湾第2号七佛壁下。
4　此"事"字《大足石刻铭文录》录为"寺"。重庆大足石刻艺术博物馆编：《大足石刻铭文录》，重庆出版社1999年版，第222页。

05 修补益未获宁处焉先宝顶旧规租谷仅贰百余石僧以寺大僧多朝参络绎田多[1]

06 租少不足于用况前僧遗欠者累[2]千其何能偿于是始有加租之议良佃则增益之

07 强佃则讼逐之遂加至四百石余而新规一成迨壬辰冬晴舟以力疲难支辞归故

08 里乃未及两月而宝顶之监院等山者负债遂至贰百余贯至问其所出则茫无以

09 对于是众恶其浪费也又群然来铜复请晴舟住持势不得已又坐方丈僧于此山

10 寔[3]难艰哉且夫茂林修竹丛林之巨观[4]也方晴舟未坐院时山林材木芟除尽矣僧

11 爱严[5]巡山禁剪伐买[6]窑炭以供燎爨历今[7]拾年而蔚然深[8]秀讵不盛欤虽今所负债

12 新旧总计亦有多金然租谷之数每年多贰百石零林木之美其值亦可制数百余

13 两其培植之功讵不足多耶今年夏僧向予求记予曰予何记即以足邑之绅士庶

14 人交口称君者为之实录以告来兹是记△△铜邑廪[9]膳生员刘侗撰

15 计开一上寺乏食借银买谷杂费三百余两△一买窑炭柴薪钱不具数

16 一为悟参讼事及加租逐佃控界七载争讼用银不具数

17 一旧佃户诳骗具控荒旱不等历年共短租谷不具数

18 一土租钱历年短少共计一千六十有零△一请工栽值柏树麻柳一万余千

19 一屡年上军需钱不具数△一各县修硚[10]路出银百余金有碑可凭

20 一建修山门灵官殿照墙垣卫买运瓦石用钱不具数

21 一赎取前僧所当什物及新置家业去钱不具数

22 一户佃容凭地邻算[11]计少田租土财钱四十四千文

23 一禁蓄青岗烧瓦兼以所加之租培补万岁楼阁七佛园功所借帐目亦将

24 此租陆续还明

25 临济正宗三十六世磬山下第七代上晴下舟大和尚两序同立

26 乾隆四十年五月（澅）榖旦[5]

碑阴

清光绪十六年（1890年）上石。额左起横刻"皇恩"2字[12]，楷体，字径8厘米。碑文左起，竖刻24行，存534字，楷体，字径3—5厘米（图版Ⅱ：145）。

皇恩（额）

01 总理四川全省塘务使□□□□□□□□□次△刘为晓谕□

02 太子少保头品顶戴兵部尚书兼□□□□□总督部堂△刘遵□

03 礼部咨议制司案呈本部具奏前事一折□□□一纸内开据护三宝以□□

04 道事照得佛地之设有寺无僧终无焚献有僧无寺空无落典自我国家□□

---

1 此"多"字《大足石刻铭文录》录为"奴"。重庆大足石刻艺术博物馆编：《大足石刻铭文录》，重庆出版社1999年版，第222页。
2 此"累"字《大足石刻铭文录》录为"垒"。同前引。
3 此"寔"字《大足石刻铭文录》录为"实"。同前引。
4 此"观"字《大足石刻铭文录》录为"睹"。同前引。
5 此"严"字《大足石刻铭文录》录为"岩"。同前引。
6 此"买"字《大足石刻铭文录》录为"卖"。同前引。
7 此"今"字《大足石刻铭文录》录为"经"。同前引。
8 此"深"字《大足石刻铭文录》录为"生"。同前引。
9 此"廪"字《大足石刻铭文录》录为"禀"。同前引。
10 此"硚"字《大足石刻铭文录》录为"桥"。同前引书，第224页。
11 此"算"字《大足石刻铭文录》录为"等"。同前引。
12 此2字被后人凿毁，现仅依稀可辨。

05　盛朝以来原有佛道两门庵堂系□□□之所近有本省石经寺僧毕云□□□
06　佛地情事于光绪八年赴京具□□□□□等人伙党冒称山主把[1]占□□□
07　差□□一并在案本部堂△批准□□□□□该二犯生审明讯确果系□□
08　三宝把[2]占佛地等情实□□□□□□□□□外永远不回本督部王公□
09　臣议奏由内阁抄出一折前因
10　圣主仁皇帝有爱惜丛林之意已曾恩于山东遐龄寺恩赐四字颁行天下只许培
11　修勿得损坏岂容尔等滋扰至今我国朝天下往往有不法之徒损坏庙宇□
12　占佛地者甚多只得依例据奏
13　钦恩批准查得佛地之设有乐施好善之家或施以田土佛道均沾其厚泽以待世
14　世远年裡有等无耻[3]之徒冒称山主名色从中串吃余利凡遇寺中有□□□
15　引类撗搕[4]僧道或以大题诬赌诬奸种种弊端难以枚举等语
16　皇上入太庙懿旨泽被寰宇三教并重名山古刹庵堂寺院只许培修勿得□□□
17　此行知仰本省督□[5]司道转饬地方官或行纂入通志该僧道一体遵照如有□
18　冒山主诬搕[6]僧道之徒该住持等指名具禀以除佛道之害为此传谕仰驻□
19　塘差赴送各府州县庵堂寺院诸山僧道□□□□□大雄殿以亦杜诬□
20　之风亦以生佛道之辉永作□□□□□□□□□□□务要各守
21　清规勤诵经典亦不准贪□□□□晓谕诸色人知□□□如有冒称诬□
22　僧道禀明地方官重究惩办各□凛遵毋[7]违特示
23　光绪十六年正月二十四日赴给诸山实贴晓谕勿损
24　比丘释书同大众道立[6]

4．众善立《善由人作》碑

竖碑，清同治年间（1862—1874年）上石。位于小佛湾第2号七佛壁左前侧。圆首，无座，通高153厘米，宽67厘米，厚15厘米。碑文刻于正面。额左起横刻"善由人作"4字，楷体，字径11厘米。文左起，竖刻，除人名外，存203字，楷体，字径3厘米（图版Ⅱ：146）。

善由人作（额）

募化装彩神像碑记

尝思三朝敕旨皇封万年噫此真永垂不朽之佛地哉虽然天地有盈虚之数人物
有迁变之情若论佛灵神验原同日月长明无如神像金光每因风霜并朽岂人力
之能神功德之所造卧佛九皇至于三品之真经七佛送子之圣体梵王十刹雷洞
之诸神有求必应凡进香观望深金容落倾圮而不顾因非一乡一邑之所能为哉
予等爰约同人计议公订善簿募化诸翁无吝锱铢乐助金帛共种菩提然而宝顶
宇宙大庇圣寿佛光普照众[8]共襄厥事集人工速完璧因将神人两感恩福无量矣

（人名略）

1　此"把"字《大足石刻铭文录》录为"霸"。重庆大足石刻艺术博物馆编：《大足石刻铭文录》，重庆出版社1999年版，第224页。
2　同前引。
3　此"耻"字《大足石刻铭文录》录为"此"。重庆大足石刻艺术博物馆编：《大足石刻铭文录》，重庆出版社1999年版，第224页。
4　此"搕"字《大足石刻铭文录》录为"磕"。同前引。
5　此"督□"《大足石刻铭文录》录为"路"。同前引。
6　此"搕"字《大足石刻铭文录》录为"磕"。同前引。
7　此"毋"字《大足石刻铭文录》录为"勿"。同前引。
8　此"众"字《大足石刻铭文录》录为"已"。同前引书，第258页。

大清同（澫）[7]

注释：

[1] 此"无"字，铭文为：

无

[2] 本则铭文第3行第1字"藏"；第5行第1字"员"，铭文分别为：

藏　员

[3] 此"旨"字，铭文为：

旨

[4] 本则铭文第2行第5字"愿"；第2行第7字"弘"；第3行第4字"雄"；第3行第7字"鬼"；第3行第10字"铁"；第4行第10字"明"；第4行第15字、第5行第2字"即"；第10行第2字"开"，铭文分别为：

愿　弘　雄　鬼
铁　明　即　开

[5] 本则铭文碑额第2字、第14行第10字"录"；碑额第4字"记"；第3行第26字等3处"坐"；第4行第16字等7处"以"；第5行第1字、第20行第3字"修"；第5行第16字"仅"；第5行第17字等3处"贰"；第5行第28字、第16行第4字"参"；第6行第5字、第9行第2字"于"；第6行第13字"累"；第7行第31字"归"；第8行第13字、第17行第12字"等"；第9行第20字"持"；第9行第21字"势"；第10行第11字"丛"；第10行第15字"观"；第11行第9字、第15行第21字"窖"；第11行第14字"爨"；第12行第3字"总"；第12行第14字"每"；第12行第26字"值"；第13行第25字"即"；第13行第32字"庶"；第16行第13字"界"；第18行第4字、第21行第16字"钱"；第18行第24字"麻"；第19行第15字"硗"；第19行第16字"路"；第19行第23字"碑"；第20行第15字、第23行第7字"瓦"；第20行第16字"石"；第21行第14字"业"；第22行第8字"算"；第23行第17字"岁"；第24行第5字"还"；第25行第2字"济"；第25行第24字"同"；第26行第9字"旦"，铭文分别为：

录　记　坐　以
修　仅　贰　参
于　累　归　等
持　势　丛　观
窖　爨　总　每
值　即　庶　界
钱　麻　硗　路
碑　瓦　石　业
算　岁　还　济
同　旦

[6] 本则铭文第3行第16字、第9行第10字"折"；第5行第11字等3处"庵"；第6行第20字"伙"；第6行第22字等4处"冒"；第6行第26字、第8行第3字"把"；第6行第27字等3处"占"；第16行第7字"旨"，铭文分别为：

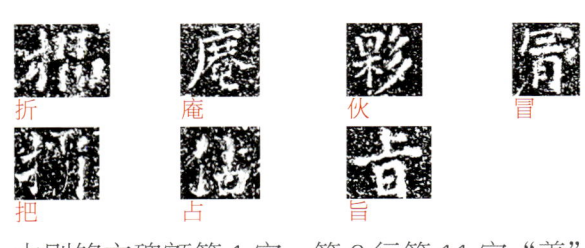

折　庵　伙　冒
把　占　旨

[7] 本则铭文碑额第1字、第6行第11字"善"；第2行第5字"敕"；第2行第6字"旨"；第2行

15字"垂";第2行第17字、第3行第29字"朽";第3行第11字"验";第3行第17字"明";第4行第2字、第5行第30字"能";第4行第14字"于";第4行第16字"品";第6行第22字"助";第7行第11字"众";第7行第13字"襄",铭文分别为:

附录三　宝顶山圣寿寺

一　位置

位于宝顶山维摩顶坡北坡坡地。东侧与宝顶山小佛湾石窟一墙之隔，西侧自南向北分别邻近宝顶山石刻老游客中心及内部停车场；南侧为坡地，北侧前方约10米为圣迹池；西北侧最近距宝顶山大佛湾石窟约10米，东北向距转法轮塔约300米（图1；图版Ⅰ：408）。

山门北向，方向0°。

二　历史沿革

据刘畋人撰《重开宝顶石碑记》载，宝顶山石窟主建者赵智凤"年十六，西往弥牟云游三昼，既还，命工首建圣寿本尊殿"，"是院之建肇于智凤莫不毕具"[1]。由此可知圣寿寺由赵智凤于南宋淳熙时始建。其后"元季兵燹，一无所存，遗基故址，莽然荆棘"[2]。

明洪武年间，大足僧元亮住持圣寿寺。明永乐十年（1412年），"蜀献祖驾临本寺，见得石像俨然，殿宇倾颓，缺僧修理"[3]，方令僧玄极住持重建。明永乐十六年（1418年），玄极"乃以协谋重修为己任，常相与劳身焦思，夙夜展力，薙其榛莽，畚其土石，高者平之，虚者实之，纵横延袤，高低广狭，相度适宜"[4]，至宣德元年（1426年），立仓库、盖浴堂、饭堂、法堂、大雄宝殿、僧堂、两廊、天王殿、山门，装塑珠金彩绘大佛三尊、祖师、龙神、天王，重开石池一所，养游鱼，种莲藕，植松柏，建石桥等[5]。至此，圣寿寺殿宇修葺一新，此为圣寿寺历史上第一次大培修。

明末清初，大足迭遭兵燹，民多逃散。清康熙二十年（1681年），天津监生史彰知荣昌摄大足县事，次年巡视大足。闻云："邑有山，山名宝顶寺。""山寺兴废，关系邑之盛，寺盛则民皆安堵，寺废则民尽逃散。如欲招集逃亡，宜先开宝顶，叩其景胜。"然见宝顶山"自献贼逞戾以后，僧堂寺烬，迄今四十余载，即所存瓦砾亦不可睹，惟修藤巨木缠绵，蓊翳红翠填塞，飞鸟上下而已"。史彰深感有地方官之责，遂给示招僧开建。清康熙二十四年（1685年），僧性超偕五僧入寺重修[6]。"性超独坚韧而不顾""以身许佛、立誓永守"[7]。历六年，圣寿寺再度兴盛，为其历史上第二次大规模培修。

至清乾隆前期，圣寿寺"梵呗之胜，甲于全省。其斋田僧产，颇称丰裕"[8]。清乾隆后期至道光末年，圣寿寺僧人逐年减少，佛灯冷落，殿宇倾颓。同治年间，僧德芳以重修为己任，于同治元年至九年（1862—1870年）将寺庙和殿内塑像重修[9]，为其历史上第三次大规模培修。

1953年，圣寿寺交由大足县文物保管所管理。同年，西南军政委员会文教部拨专款培修宝顶山石窟，亦对圣寿寺各殿宇及右厢房进行修复。1961年，国务院公布为全国重点文物保护单位。1980年，国家文物局拨专款将圣寿寺各殿宇培修一新，并将"文革"期间拆建成石条粮仓的"天王殿"按20世纪50年代测量图样修复。1990年，圣寿寺交由僧众管理。2011—2015年，重庆市、大足区政府

1　刘畋人撰《重开宝顶石碑记》，见本报告集第七卷上册第313、315页；另见重庆大足石刻艺术博物馆编：《大足石刻铭文录》，重庆出版社1999年版，第212页。
2　同前引。
3　《恩荣圣寿寺记》，见本册第122、123页；另见重庆大足石刻艺术博物馆编：《大足石刻铭文录》，重庆出版社1999年版，第215页。
4　刘畋人撰《重开宝顶石碑记》，见本报告集第七卷上册第313、315页；另见重庆大足石刻艺术博物馆编：《大足石刻铭文录》，重庆出版社1999年版，第212—214页。
5　玄极立《重修宝顶事实》，见本报告集第七卷上册第314页。另见《重庆大足石刻艺术博物馆：《大足石刻铭文录》，重庆出版社1999年版，第251页。
6　史彰撰《重开宝顶碑记》，见本报告集第七卷上册第312页；另见重庆大足石刻艺术博物馆编：《大足石刻铭文录》，重庆出版社1999年版，第221页。
7　同前引。
8　僧慧心立《正堂示禁》碑，见本册第406页；另见重庆大足石刻艺术博物馆编：《大足石刻铭文录》，重庆出版社1999年版，第229页。
9　廖沛霖撰《重修宝顶山圣寿寺记》碑，见本册第408页；另见《重庆大足石刻艺术博物馆编：《大足石刻铭文录》，重庆出版社1999年版，第264页。

拨专款对其进行全面整修，为其历史上第四次大规模培修。

三　建筑及造像

圣寿寺规模宏大，气势雄伟。整座建筑依山势高低，由北至南布置。中轴线上布置山门、天王殿、帝释殿、大雄宝殿、三世佛殿、圆通殿（并藏经楼）[1]、维摩殿等七重大殿；两侧配置厢房、僧房、僧堂、方丈室、厕所等附属建筑[2]。整体上为多重进深的四合院平面布局，占地面积约1600平方米（图206、图207、图208）。

此外，山门前另开凿圣迹石池，池北侧现存牖壁。

（一）山门

山门为两柱一间三重庑殿式牌楼建筑。柱础刻蹲立的二石狮，扭头相对。牌楼上方悬挂透雕九龙华带牌，内书"圣寿寺"3个大字（图209、图210、图211、图212、图213；图版Ⅰ：409）。

山门后侧接六柱五间悬山式殿宇，进深四间，明、次间内收形成廊道；通面阔1485厘米，通进深685厘米，总面积95.78平方米。殿额悬"梵刹永辉"横匾。殿内脊木、檩木遗存有清乾隆五十三年（1788年）、咸丰十年（1860年）等墨书题记。殿内明间中柱置"海螺"抱鼓石，外侧分两行刻"古迹仙境」海螺石此处」"9字（图版Ⅱ：147）；内侧刻《重修山门内石坝碑记》一通。

殿内左右对称彩塑密迹金刚坐像1身。左金刚像，坐高约305厘米，左手腹前持金刚杵，刺入小鬼后背，右手握拳屈至腰际。右金刚像，坐高约305厘米，左手握拳屈至腰际，右手腹前持金刚杵，刺入鸟形兽后背。

（二）天王殿

位于山门内石板铺砌的平坝（狮子坝）两侧，平行相对（图214、图215、图216、图217、图218、图219、图220、图221、图222、图223、图224、图225）。大殿皆为四柱三间歇山式建筑，进深五间，中为抬梁式，山墙为穿斗式梁架结构。通面阔1210厘米，进深550厘米。其山墙两端另建高低悬山顶附属建筑。

殿内20世纪80年代重塑四天王像，体量相近，坐高约330厘米。身后竖方形背屏，彩画云纹、日、月等。天王像皆头戴五方化佛冠，方面鼓眼，内袍外甲，下着裤，足靴，飘带绕身；盘腿端坐于方台上。其中，左内侧为持国天王像，双手持直颈六弦琵琶，左足踏鱼形兽。左外侧为增长天王像，左手握兽，右手执剑，左足踏小鬼。右外侧为广目天王像，左手缠绕一蛇，右手屈肘上举捻一枚圆物；左足踏兽。右内侧为多闻天王像，左手握银鼠，右手持宝幡，左足踏兽。

（三）帝释殿

位于天王殿南侧台阶之上，为重檐歇山式建筑。其前侧接四柱三间五楼牌楼式大门，悬"帝释殿"华带牌，华带之下横置横匾，内书"圣寿禅院"4字（图版Ⅰ：410）。帝释殿面阔六柱五间，进深五间，前后设廊。明间为抬梁式，次间、尽间为穿斗式梁架。通面阔2100厘米，通进深2150厘米，总面积262.5平方米（图226、图227、图228、图229、图230、图231）。其檐柱均有撑弓（或柱或枋），雕刻精美、题材丰富（图版Ⅰ：411、图版Ⅰ：412）。

殿内明间正壁前侧中设石台，其上木质神龛内塑像三身。主像为玉皇大帝，高约300厘米，戴冕冠，着圆领宽袖袍服，双手胸前捧玉圭，倚坐于方台上；其左右侍立二女童，高约150厘米，头皆双髻，罩云肩，着华服，着鞋直立。正壁后侧神龛内塑一尊韦陀立像，顶盔贯甲，手持金刚杵，叉腰挺立。

殿内明间正壁左右端各置一石台，其上塑神像。左侧四尊，分别为关圣及侍者、文昌父子；右侧四身，分别为水神、火神及其侍者像。

殿内外保存明清碑碣7通，清代水墨壁画21幅。

1　1992年，重庆建筑工程学院测绘时，改建筑名为"观音阁"，今名为"圆通殿"。
2　近年来，在寺内空隙处新增部分附属建筑。

（四）大雄宝殿

位于帝释殿之上，为重檐歇山式建筑，是圣寿寺中最大的殿宇（图版Ⅰ：413）。其面阔六柱五间，进深四间；前后有廊。明间为抬梁式，次间、尽间为穿斗式结构。通面阔2040厘米，通进深1570厘米，总面积320.3平方米（图232、图233、图234、图235、图236、图237）。

殿内正壁设石台，台上供奉主尊毗卢佛，坐高约330厘米。戴卷草化佛冠，面相丰圆，着双领下垂式袈裟，双手结智拳印，结跏趺坐于束腰须弥座上。其左右各塑二力士像。主尊身后背光极其华美，塑童子、云海、龙纹、山石等图案。

殿内左右悬挂20世纪80年代绘制的十八罗汉卷轴画。

殿正壁后侧设石台，上设神龛，内置1985年重塑的阿弥陀佛立像1身，着偏衫式袈裟，左手持灯盏，右手作接引印，跣足直立。

殿内、外保存碑碣6通，水墨壁画3幅。

（五）三世佛殿及灌顶井窟

1. 三世佛殿

位于大雄宝殿之上，是一座重檐歇山式大殿（图版Ⅰ：414）。其面阔六柱五间，进深五间，附前廊。通面阔2210厘米，进深1295厘米，总面积286.2平方米。其明间为抬梁式，次间、尽间为穿斗式梁架结构（图238、图239、图240、图241、图242、图243）。

殿内明间正壁前设石台，上置神龛，内供奉主尊三世佛及其左右前侧的阿难、迦叶像。佛像皆螺发，面方圆，着双领下垂式袈裟，结跏趺坐于束腰须弥莲座上；身后刻桃形火焰纹背光。其中，居中佛像，石刻，坐高约170厘米，左手抚膝，右手举置胸前结印；左侧佛像，泥塑，坐高约140厘米，袒胸露肚，双手腹前结印；右侧佛像，木刻，坐高约150厘米，双手腹前结印。阿难、迦叶二像，木刻，高约120厘米，皆光头，内着交领服，外披袈裟，双手合十，直身而立。

神龛上方悬方匾一块，内书"维摩道场"4字。

殿内明间正壁左端设石台，上置二神龛，内分别供奉日光菩萨和月光菩萨，坐高约130厘米；右端石台上安置地藏菩萨像1身。殿内明间左右侧壁前置须弥台，上彩塑十八罗汉像。殿明间正壁后侧新塑济公像1身。

殿内、外保存石碑5通，水墨壁画19幅。

2. 灌顶井窟[1]

三世佛殿后670厘米处，叠砌条石护墙堡坎[2]。坎高约1000厘米，宽约3000厘米。护墙左右设斜向石梯，连接上方圆通殿殿前平坝。堡坎底部中央，砌筑一洞窟。窟口北向，方向0°（图244、图245、图246；图版Ⅰ：415）。

窟口呈圆拱形，高239厘米，宽205厘米，至后壁深210厘米。窟口中上方22厘米处设圆拱形门楣，外凸洞口11厘米，楣宽44厘米，底端下距地坪约138厘米；外凸堡坎壁面约17厘米。门楣中部刻"观音洞"3字，字径21厘米。窟底平面呈方形，后世环壁建低台一级，高30厘米，深31厘米。台上竖直安放七块造像石。窟壁竖直平整，相互垂直相接。窟顶为券顶。

造像石可移动。其中，正壁三块，以水泥粘合拼接，形似屏风；左右壁各二块。各造像石规格列入表25。

表25 圣寿寺灌顶井窟造像石材规格简表

位置		高（厘米）	宽（厘米）	厚（厘米）
正壁	中	139	61	20
	左	139	48	20
	右	139	41	20
左壁	内	127	51	21
	外	129	49	20
右壁	内	128	48	22
	外	128	53	21

1　该处造像被认为是修行者灌顶受戒之所，故称其为"灌顶井窟"。
2　据窟内顶部铭刻，该堡坎至迟于民国十年（1921年）修建或复建。

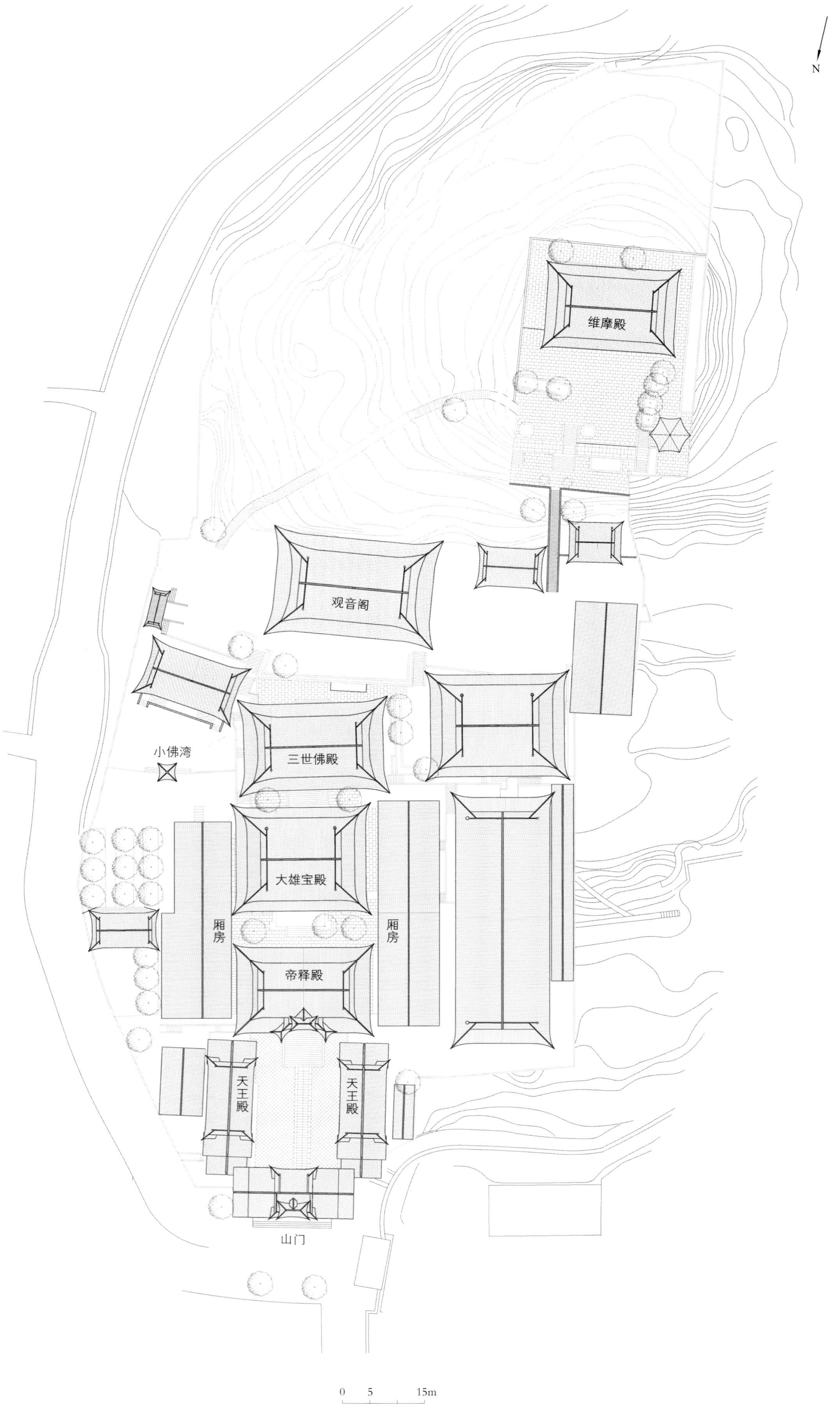

图 206 圣寿寺建筑群总平面图
采自李先逵等编著《大足石刻与古建筑群》，重庆大学出版社，2015 年

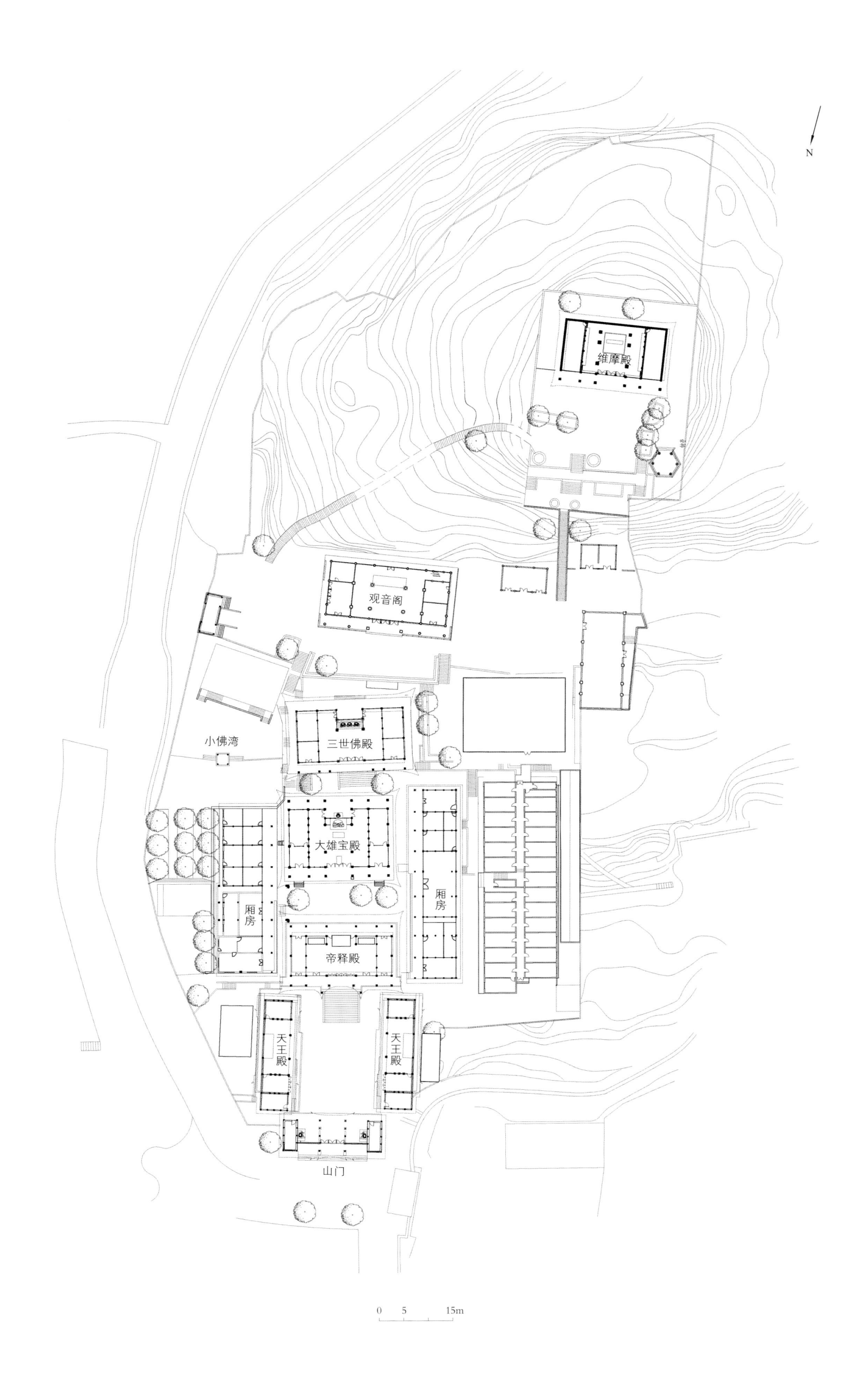

图 207 圣寿寺建筑群平面图
采自李先逵等编著《大足石刻与古建筑群》，重庆大学出版社，2015 年

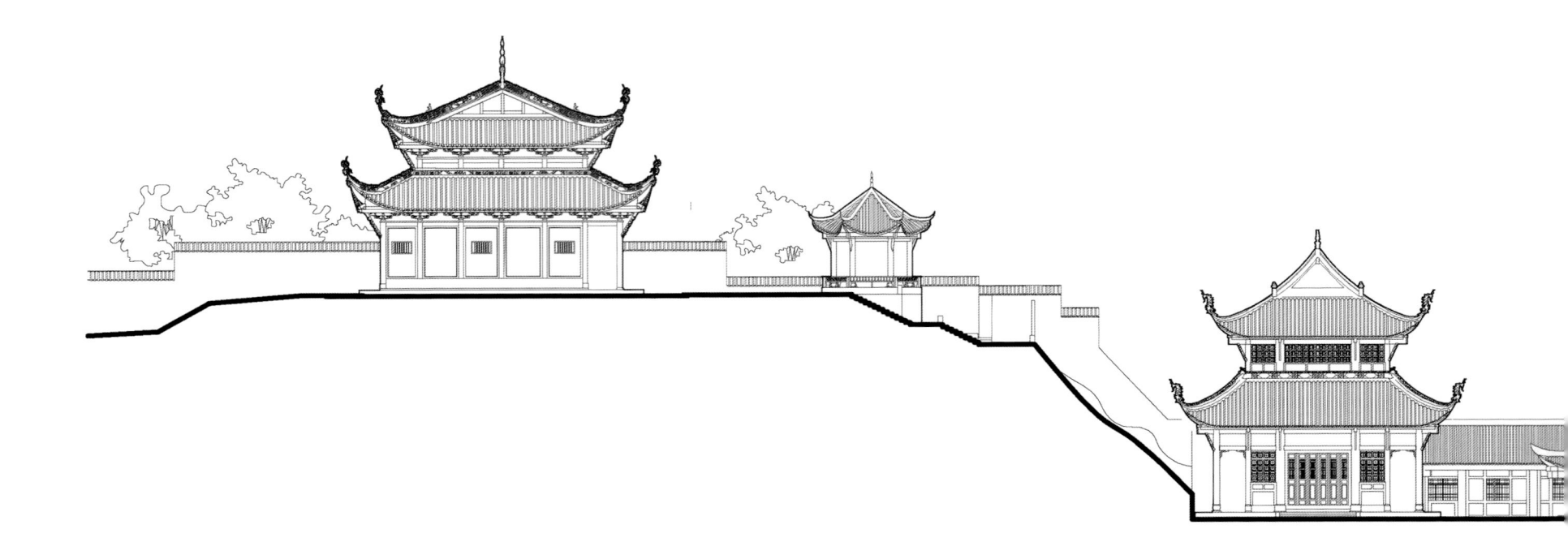

维摩殿　　　　　　　　　　　　　　　　　　　　　　　　　观音阁

图 208　圣寿寺建筑群展开侧立面图

采自李先逵等编著《大足石刻与古建筑群》，重庆大学出版社，2015 年

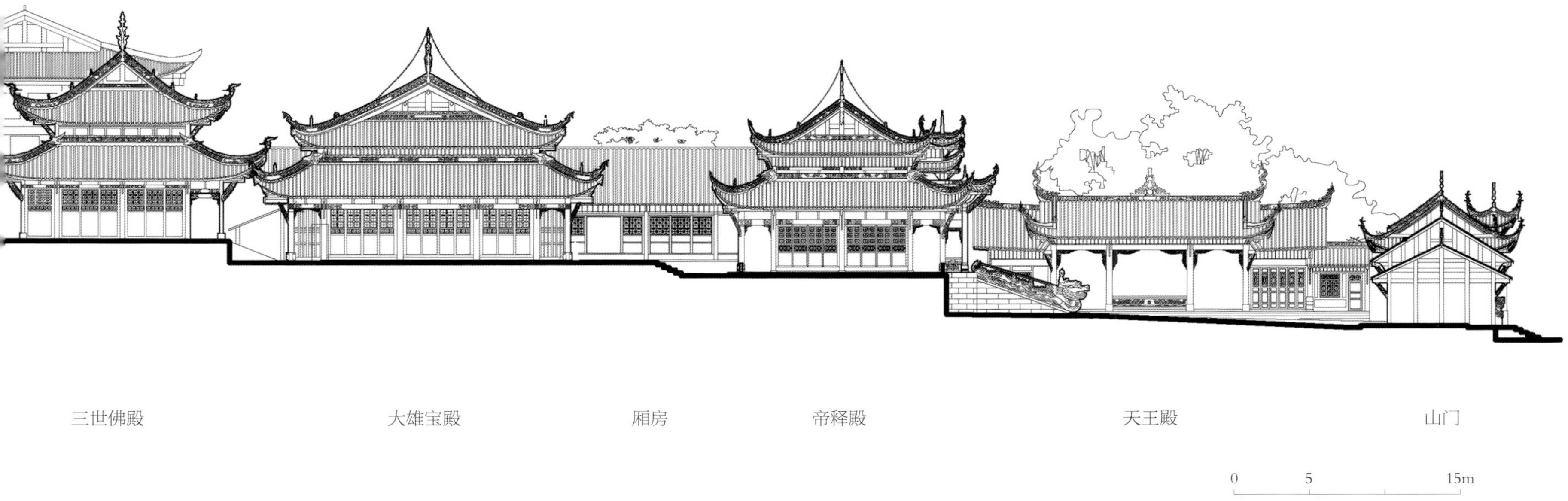

三世佛殿　　　　　　　大雄宝殿　　　　厢房　　　帝释殿　　　　　　天王殿　　　　　　山门

附录三　宝顶山圣寿寺　　353

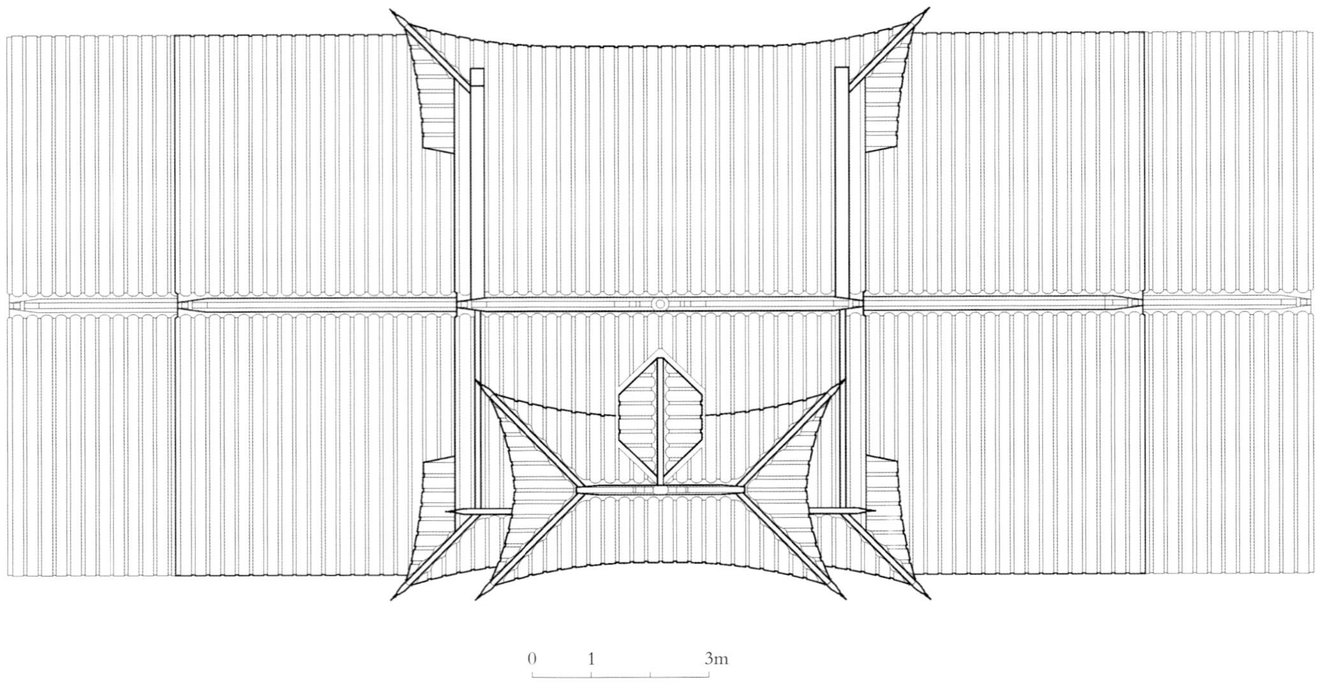

图 209 圣寿寺山门屋顶俯视图
采自李先逵等编著《大足石刻与古建筑群》，重庆大学出版社，2015 年

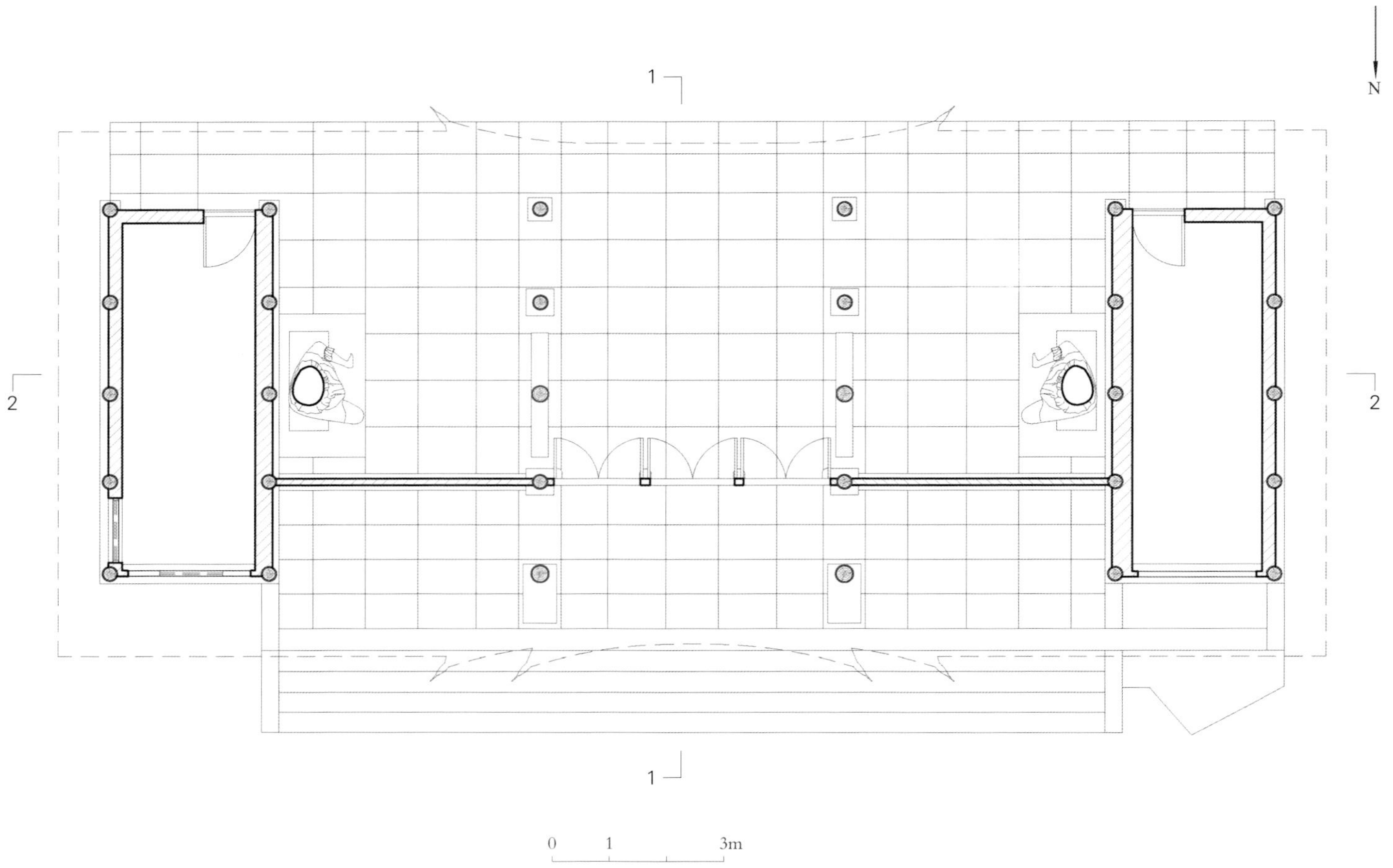

图 210 圣寿寺山门平面图
采自李先逵等编著《大足石刻与古建筑群》，重庆大学出版社，2015 年

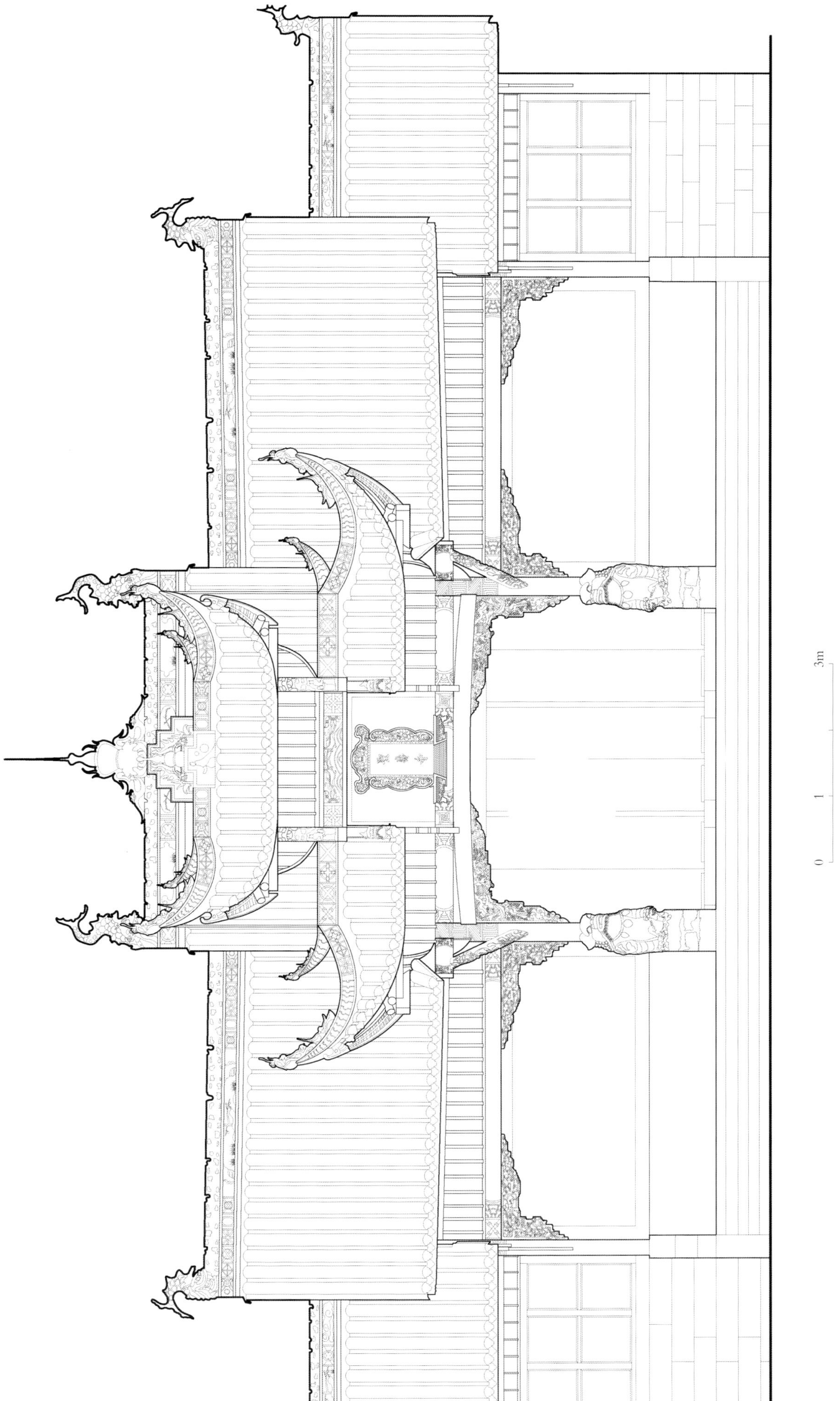

图 211　圣寿寺山门正立面图
采自李光涵等编著《大足石刻与古建筑群》，重庆大学出版社，2015 年

附录三　宝顶山圣寿寺　355

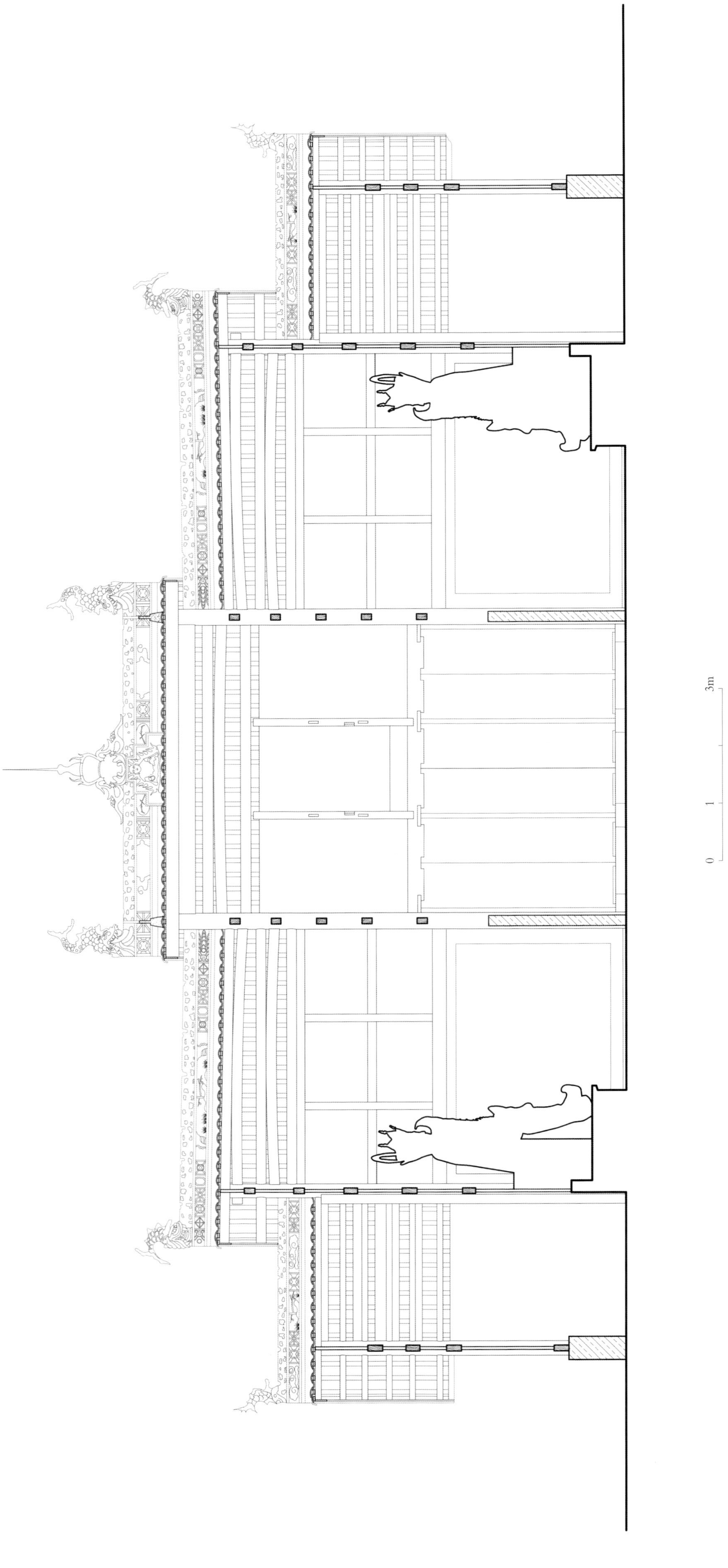

图212 圣寿寺山门纵剖面图

采自李送峰等编著《大足石刻与古建筑群》，重庆大学出版社，2015年

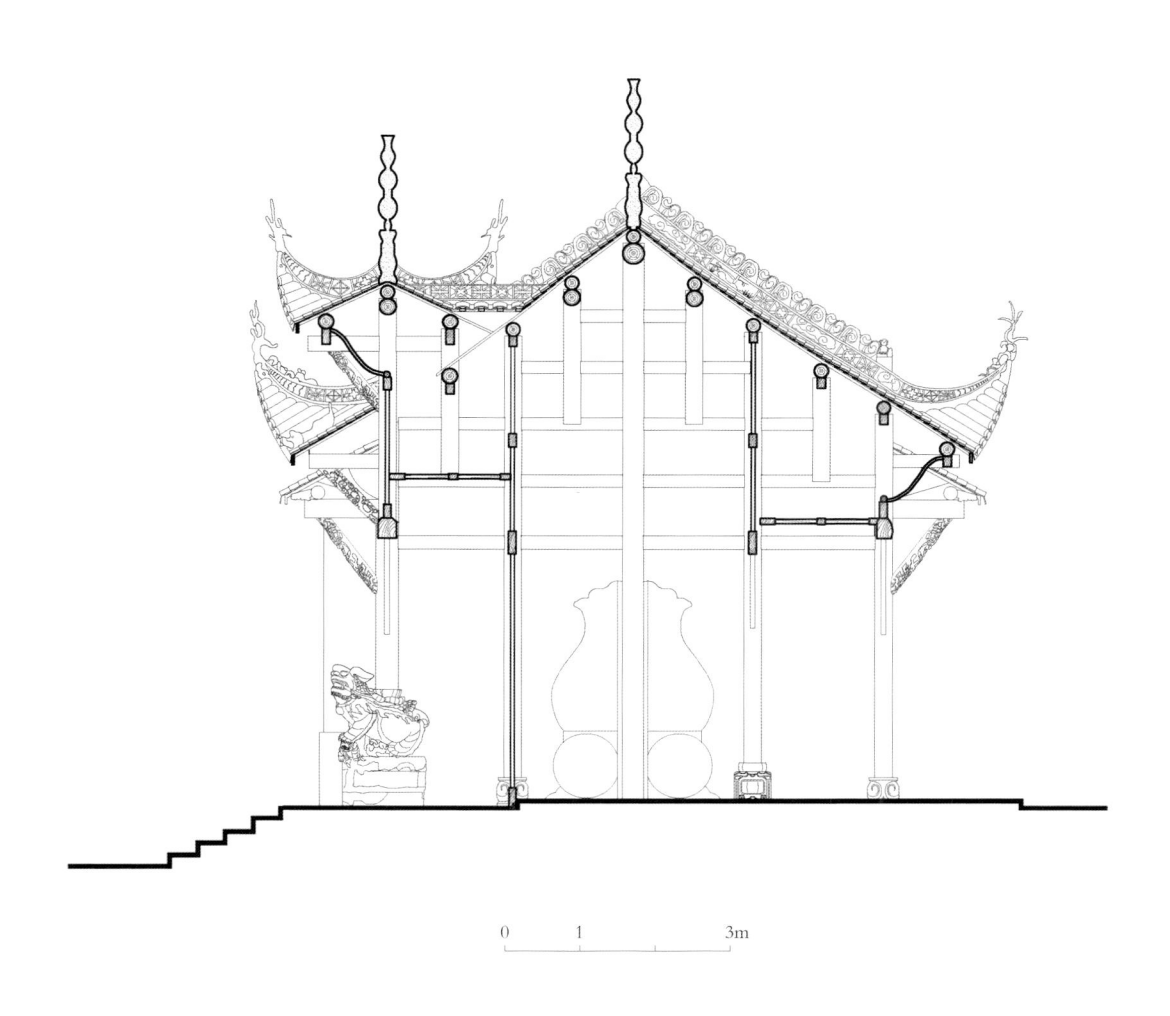

图213 圣寿寺山门横剖面图
采自李先逵等编著《大足石刻与古建筑群》，重庆大学出版社，2015年

（1）正壁造像

7身（图246-2；图版Ⅰ：416）。其中，中部造像石正面开一椭圆形浅龛，龛高118厘米，宽44厘米，深10厘米，内刻菩萨立像1身。左右造像石正面上部各开一圆形浅龛，直径29.5厘米，深6厘米；下部各开一圆形拱形龛，高75厘米，宽31厘米，深6厘米；外侧上部各开一圆形浅龛，直径19厘米，深3厘米；龛形皆略残，内刻像1身。各像特征列入表26。

表26 圣寿寺灌顶井窟正壁造像特征简表

位置	体量	造像特征
中部椭圆形龛	立高118厘米，头长26厘米，肩宽23厘米，胸厚5厘米。	梳髻，戴卷草花卉冠，略残，冠带作结斜垂至肩。椭圆脸，弯眉细眼，鼻尖残，小口微闭。颈刻三道肉褶线。戴项圈，下垂璎珞。内着僧祇支，上着双领下垂式袈裟，袈裟一角以环系于左肩，下着裙，裙带长垂足间。腕镯，左手腹前托钵，钵高4厘米，口径6厘米，右手胸前似持柳枝，手略残。跣足站立。
左侧上圆龛	坐高29厘米，头长10厘米，肩宽12厘米，胸厚3.5厘米。	螺髻。仰面右倾，面圆，略蚀。内着僧祇支，系带作结，外着袒右式袈裟，袈裟一角敷搭右肩，下着裙。左手笼袖内直撑，右手置右膝，盘左腿，竖右腿，身略左倾，跣足而坐。
左侧下圆龛	立高69厘米，头长16厘米，肩宽17厘米，胸厚5.5厘米。	头右侧，戴巾，面方，额微凸，眼眶略深，眼微鼓，短鼻略残，闭口，刻连鬓胡须。着双层交领宽袖服，腰带作结下垂，下着裙，双手拱于胸前，着鞋而立。
左侧外圆龛	坐高18厘米。	头及左肩部分残。内着僧祇支，系带，外披双领下垂式袈裟。袈裟下摆垂于龛外，双手腹前隐袈裟内，结跏趺坐。
右侧上圆龛	坐高29厘米，头长9厘米，肩宽11厘米，胸厚3.5厘米。	仰面右倾，螺髻。面圆，略蚀。内着僧祇支，外披双领下垂式袈裟，袈裟一角以环系于左肩，双手抱左小腿，盘右腿，竖左腿，身略右倾，跣足而坐。
右侧下圆龛	立像高68厘米，头长15厘米，肩宽15厘米，胸厚5厘米。	头左侧，余特征同左侧造像石下部圆拱龛内立像。
右侧外圆龛	坐高16厘米。	头及右肩大部残，余特征同左造像石外侧上部圆龛坐像。

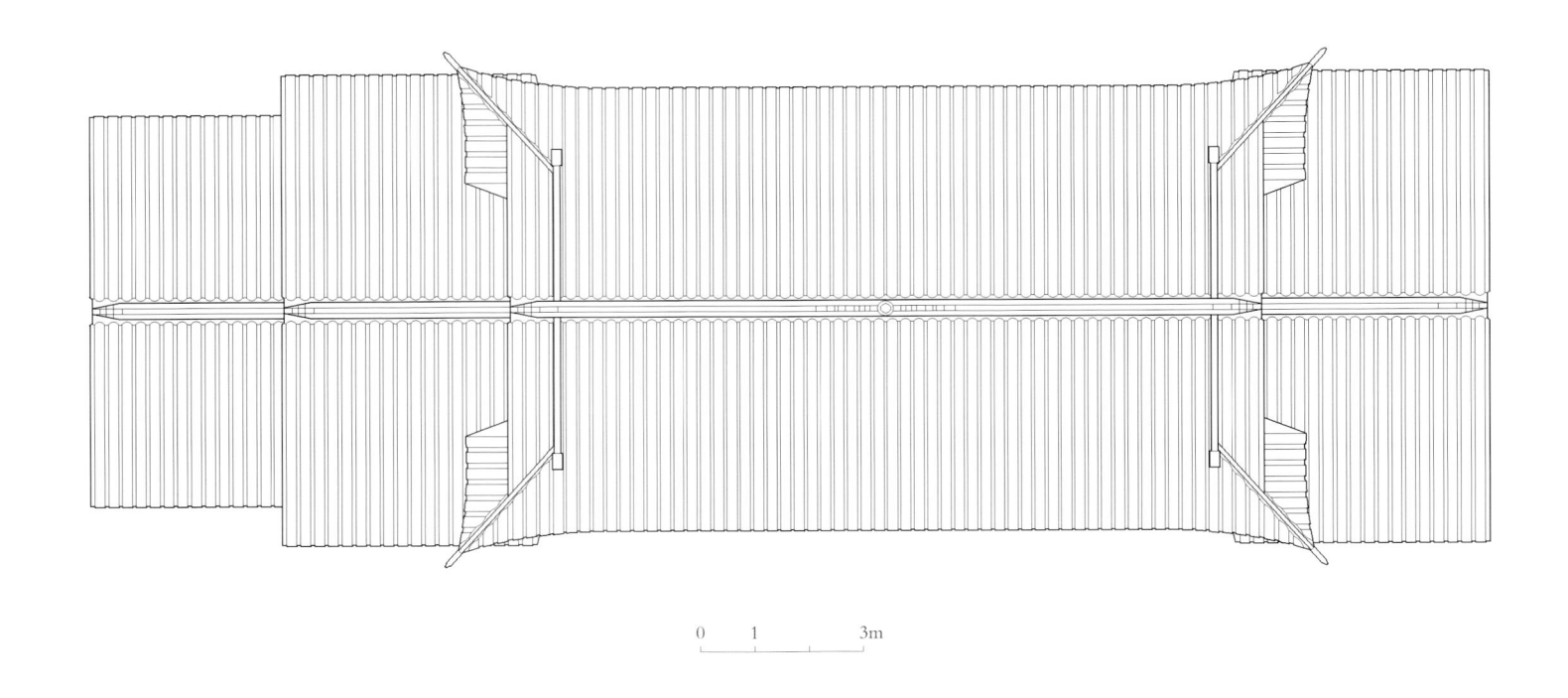

图 214　圣寿寺天王殿左殿屋顶俯视图

采自李先逵等编著《大足石刻与古建筑群》，重庆大学出版社，2015年

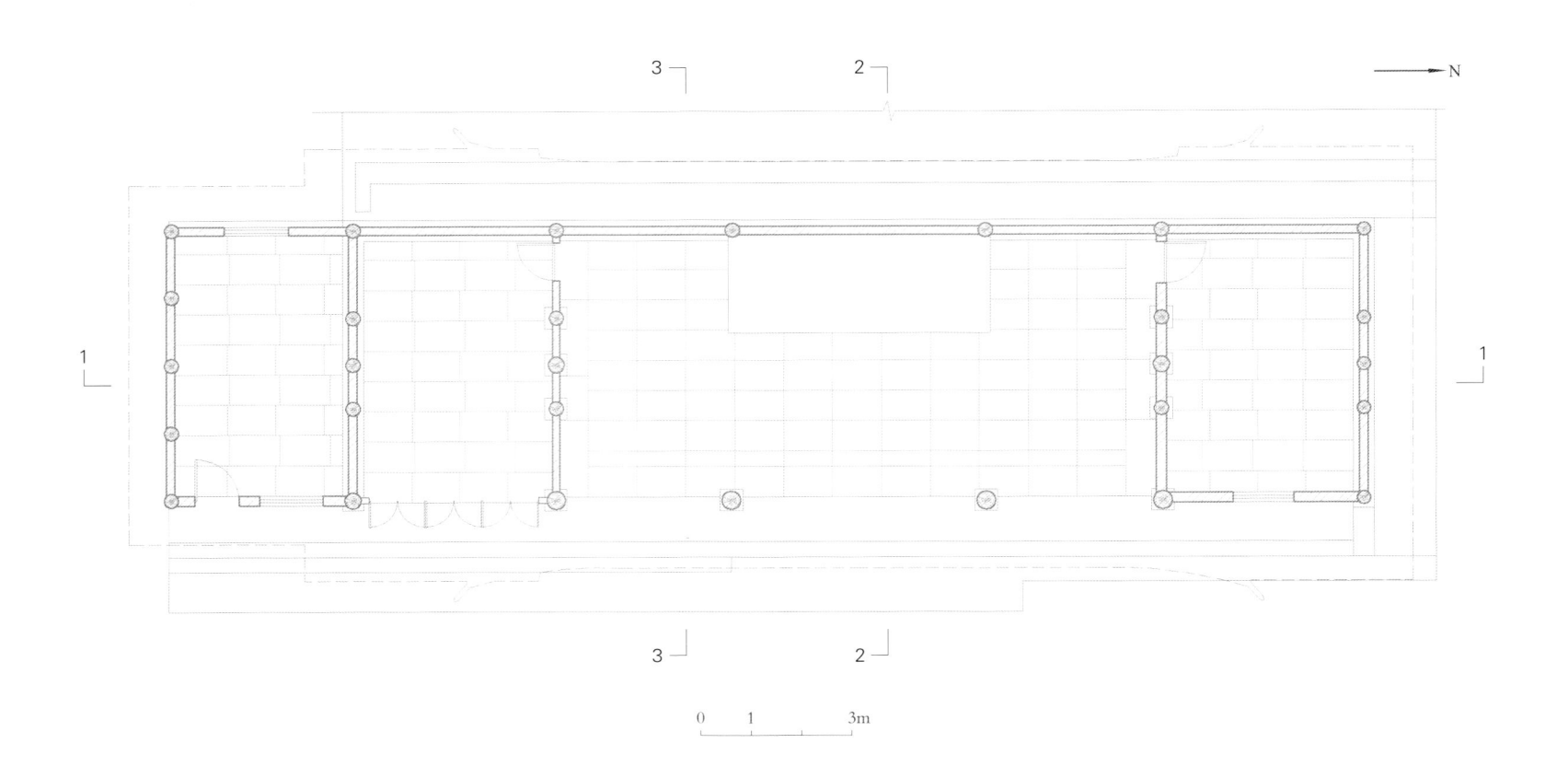

图 215　圣寿寺天王殿左殿平面图

采自李先逵等编著《大足石刻与古建筑群》，重庆大学出版社，2015年

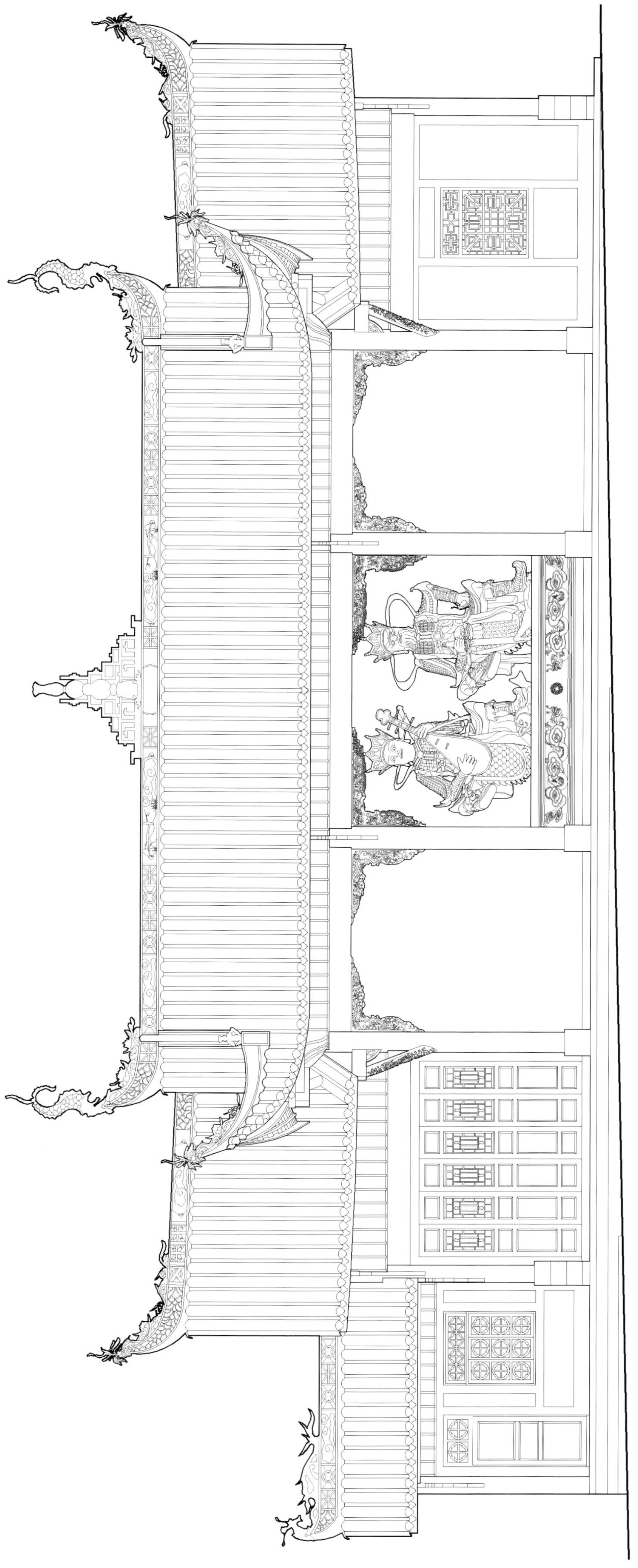

图 216 圣寿寺天王殿左殿正面图

采自李先逵等编著《大足石刻与古建筑群》，重庆大学出版社，2015 年

附录三 宝顶山圣寿寺 359

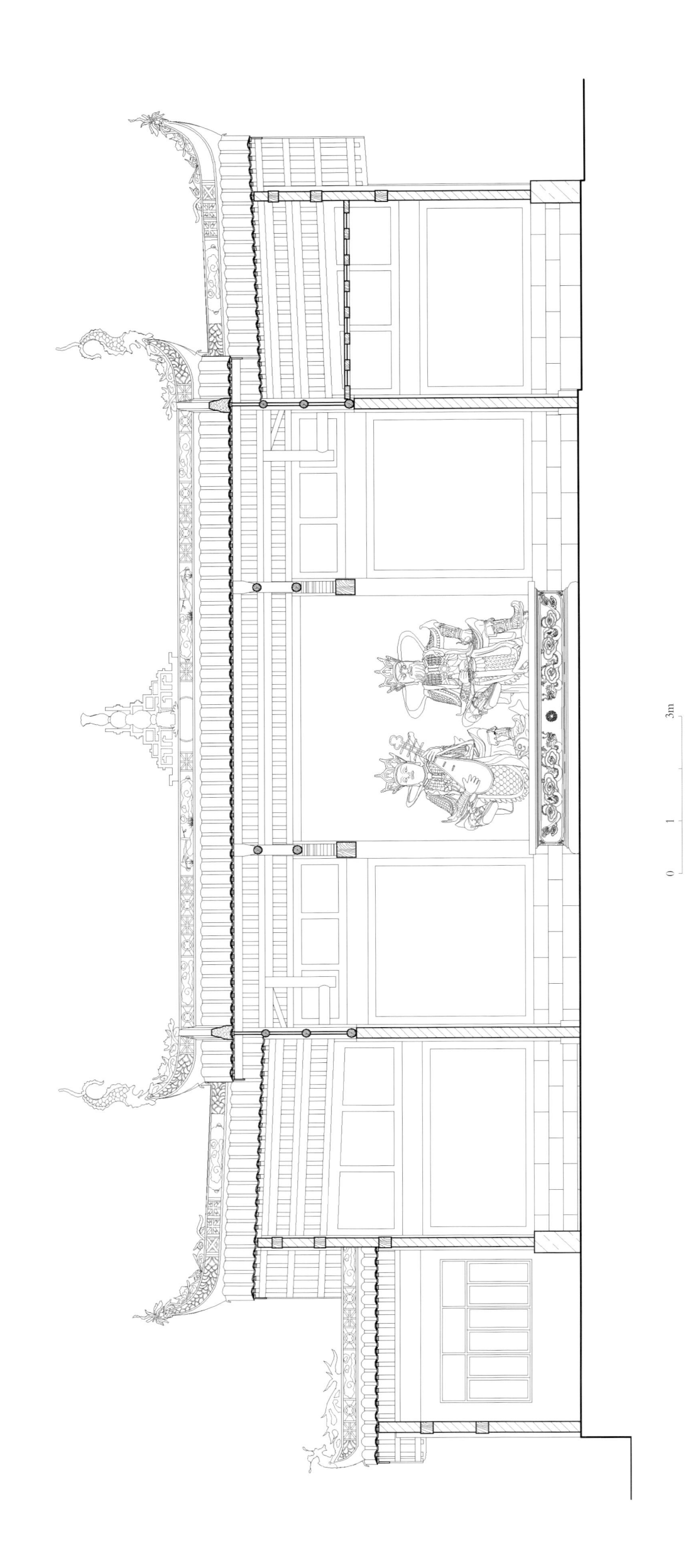

图 217　圣寿寺天王殿左殿剖面图

采自李先逵等编著《大足石刻与古建筑群》，重庆大学出版社，2015 年

图 218　圣寿寺天王殿左殿明间剖面图
采自李先逵等编著《大足石刻与古建筑群》，重庆大学出版社，2015 年

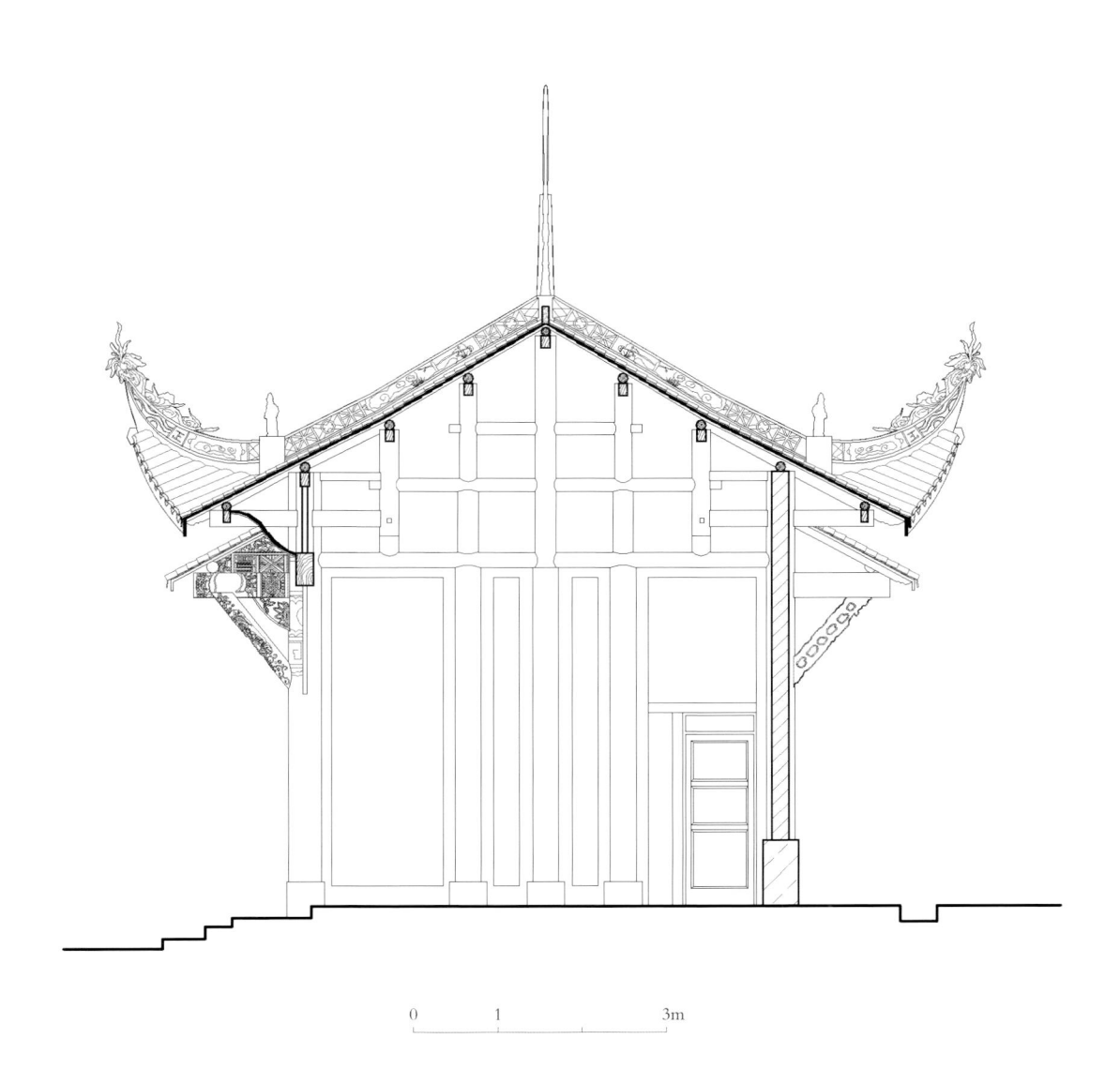

图 219　圣寿寺天王殿左殿次间剖面图
采自李先逵等编著《大足石刻与古建筑群》，重庆大学出版社，2015 年

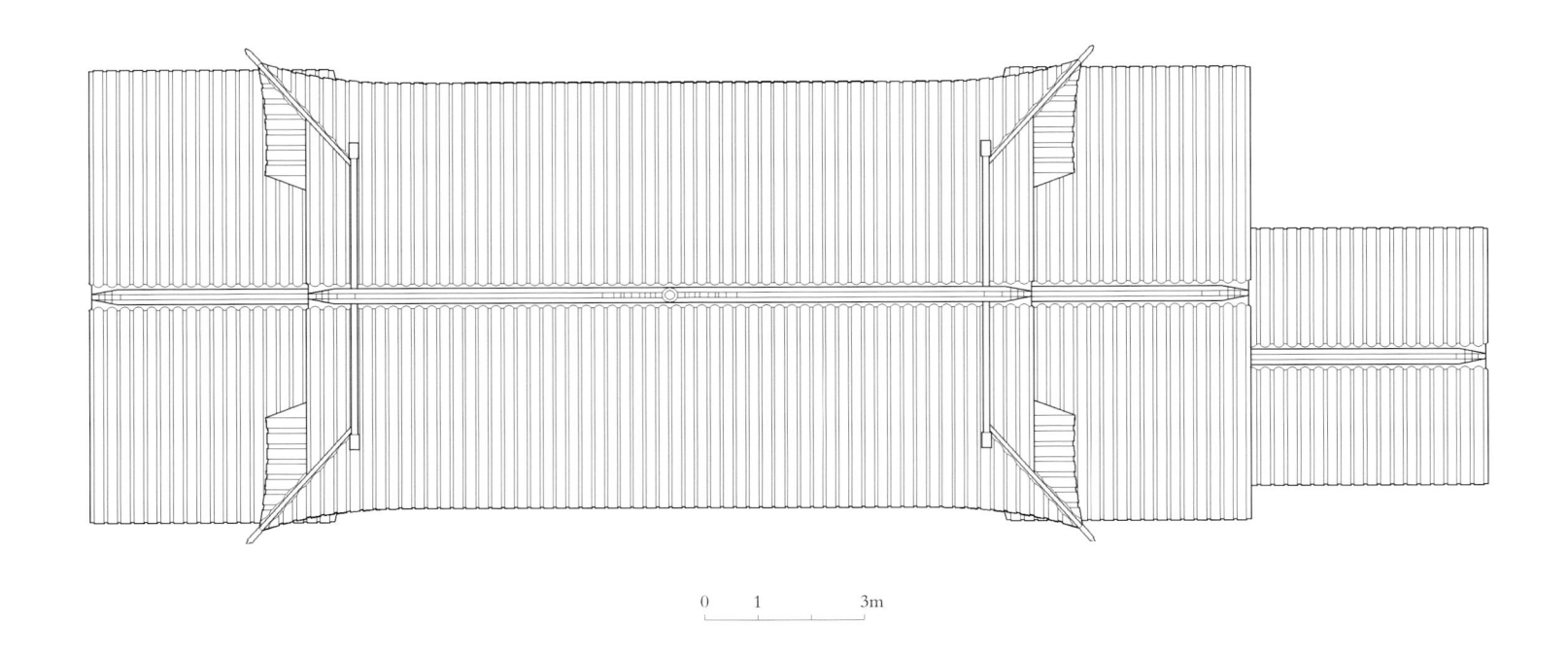

图 220　圣寿寺天王殿右殿屋顶俯视图
采自李先逵等编著《大足石刻与古建筑群》，重庆大学出版社，2015 年

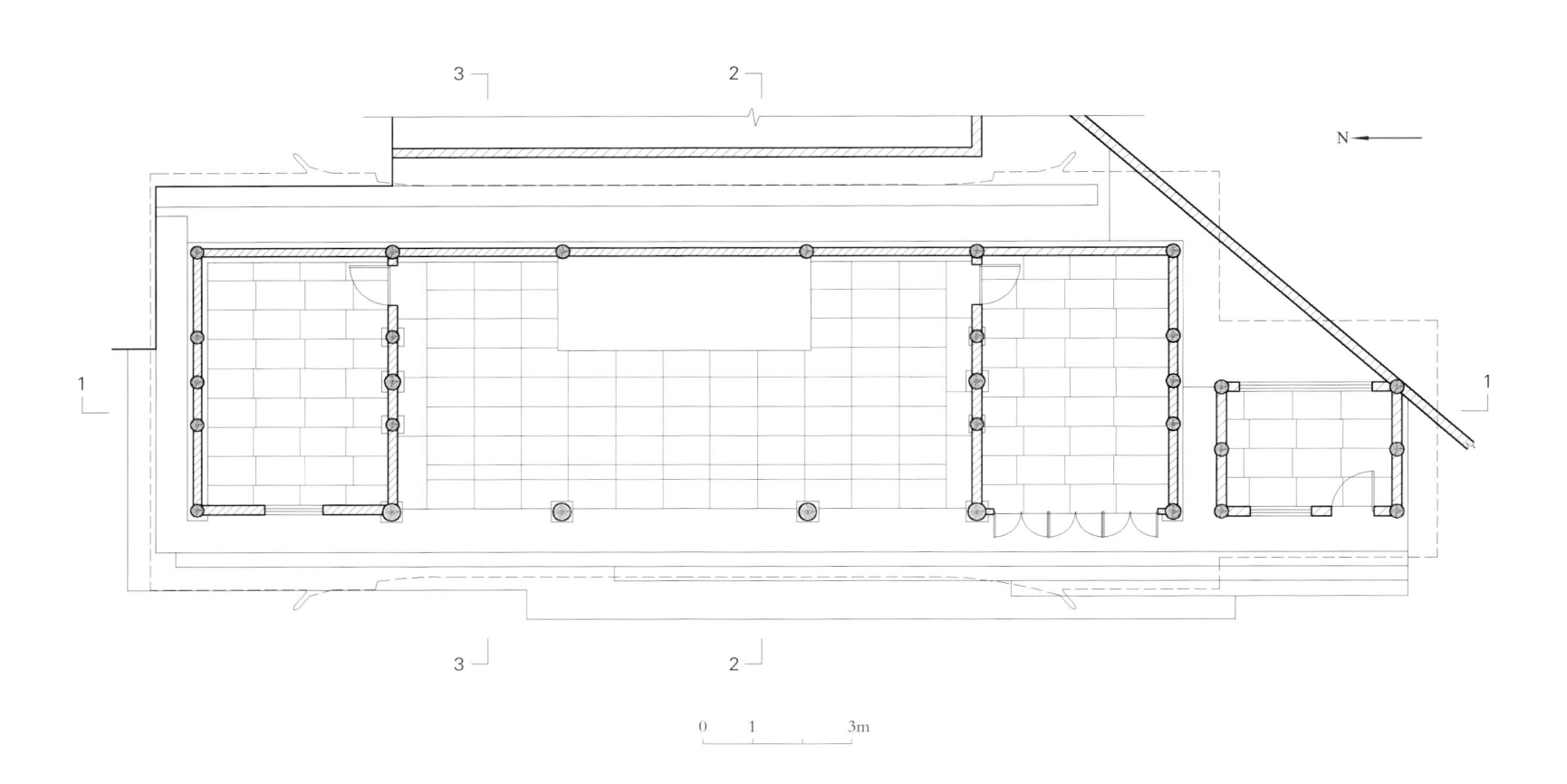

图 221　圣寿寺天王殿右殿平面图
采自李先逵等编著《大足石刻与古建筑群》，重庆大学出版社，2015 年

图 222 圣寿寺天王殿右殿正立面图
采自李先逵等编著《大足石刻与古建筑群》，重庆大学出版社，2015 年

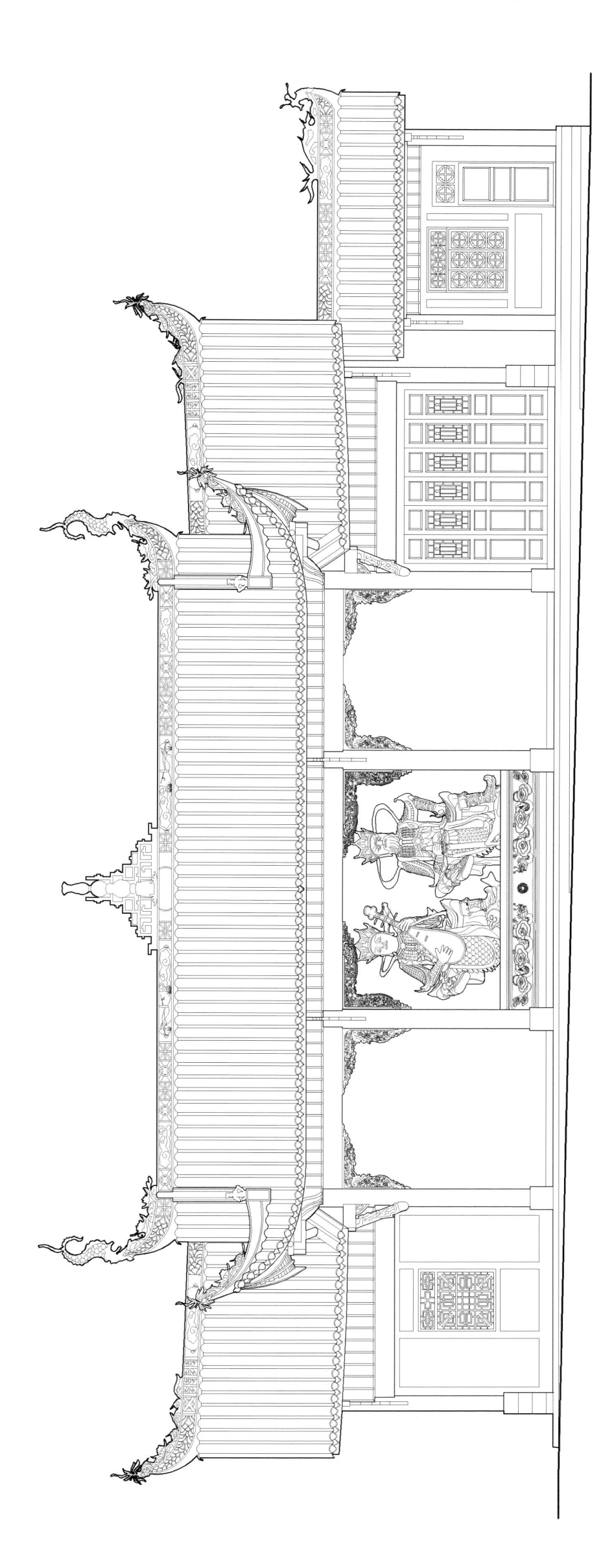

附录三 宝顶山圣寿寺

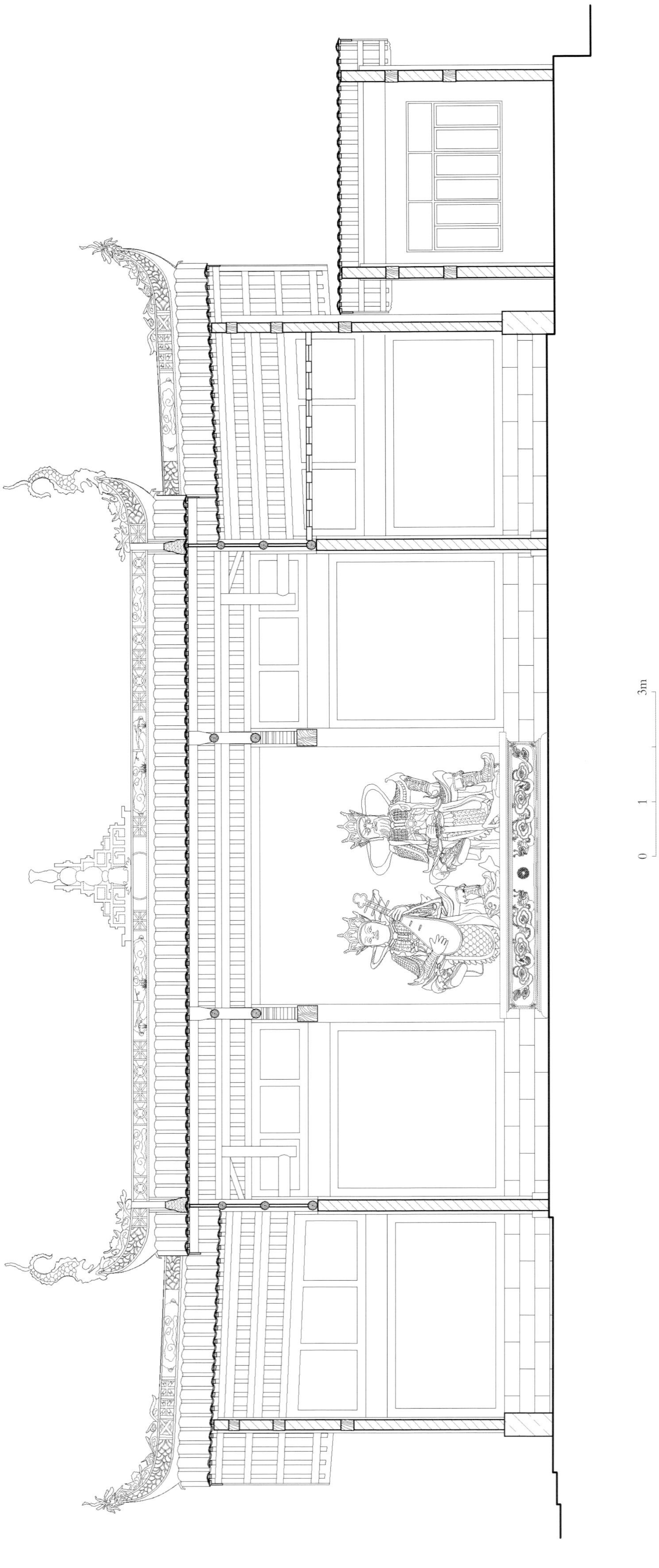

图 223 圣寿寺天王殿右殿剖面图
采自李先逵等编著《大足石刻与古建筑群》，重庆大学出版社，2015 年

图 224　圣寿寺天王殿右殿明间剖面图
采自李先逵等编著《大足石刻与古建筑群》，重庆大学出版社，2015年

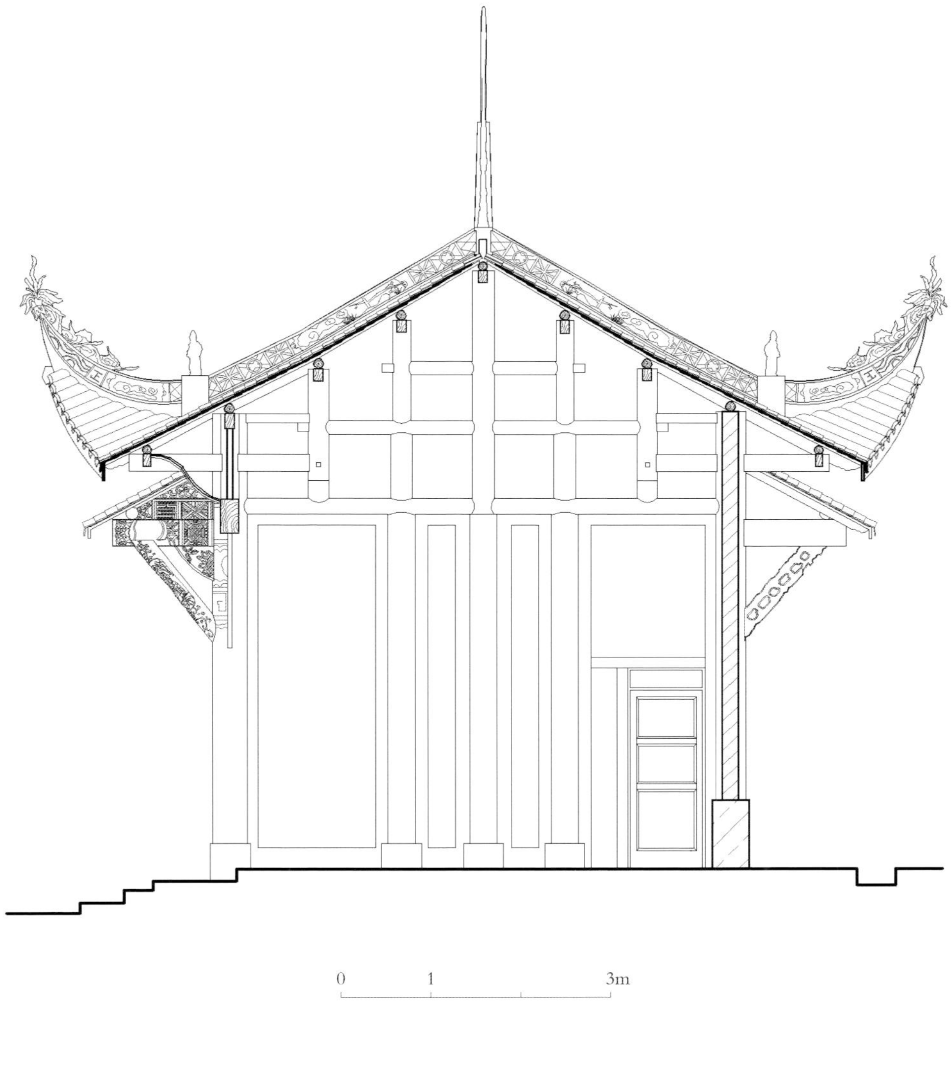

图 225　圣寿寺天王殿右殿次间剖面图
采自李先逵等编著《大足石刻与古建筑群》，重庆大学出版社，2015年

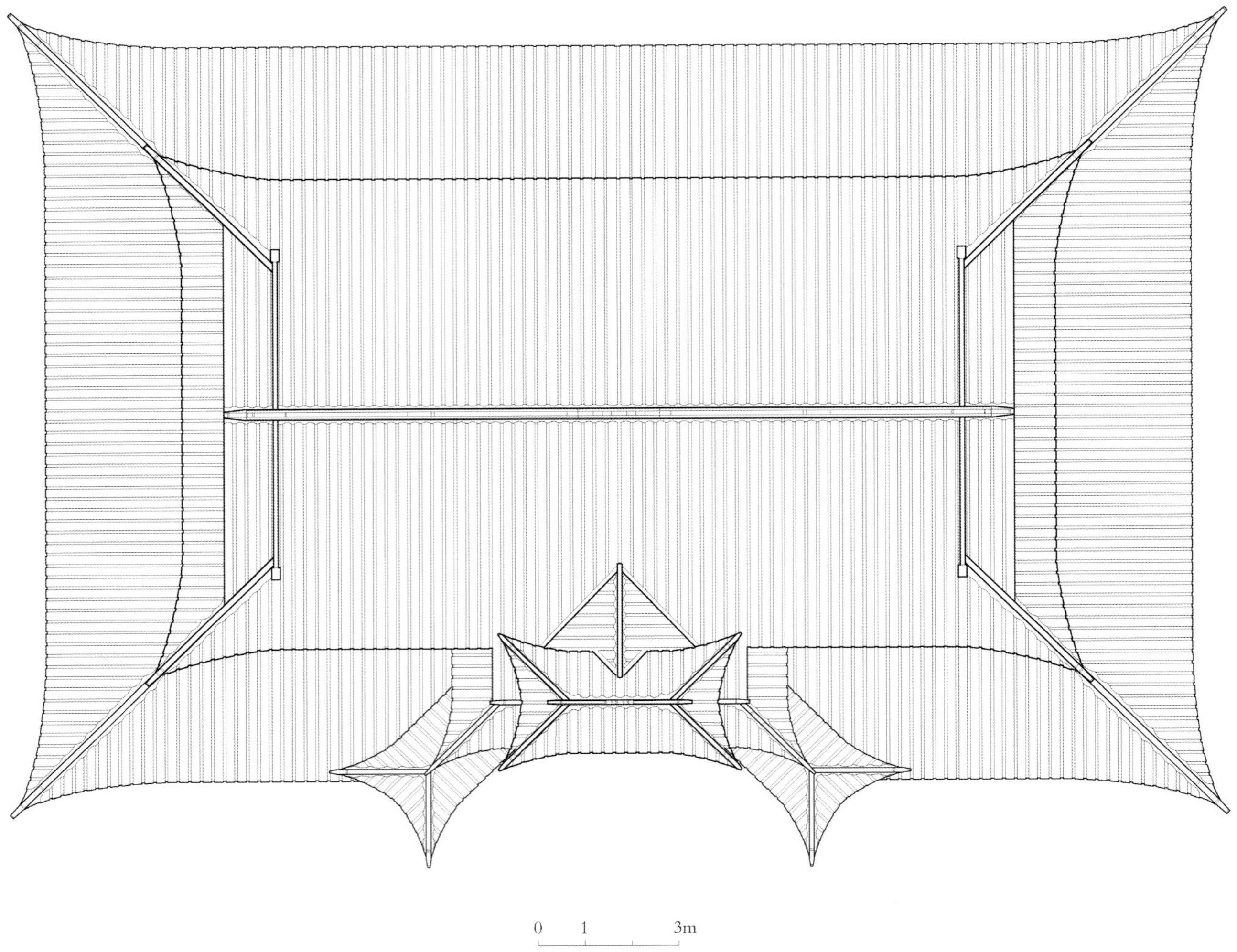

图 226　圣寿寺帝释殿屋顶俯视图
采自李先逵等编著《大足石刻与古建筑群》，重庆大学出版社，2015 年

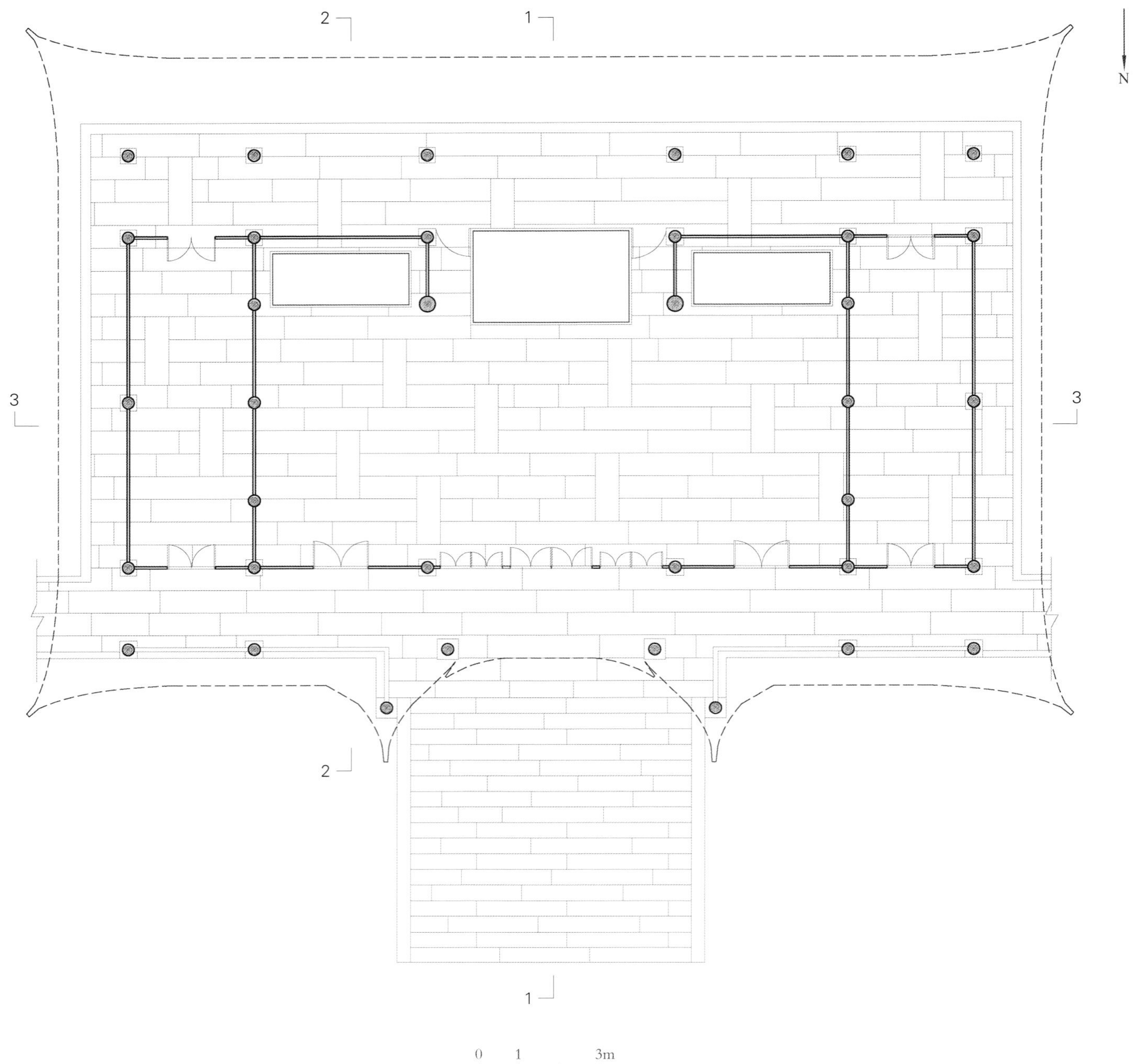

图 227　圣寿寺帝释殿平面图
采自李先逵等编著《大足石刻与古建筑群》，重庆大学出版社，2015 年

366　大足石刻全集　第八卷（上册）

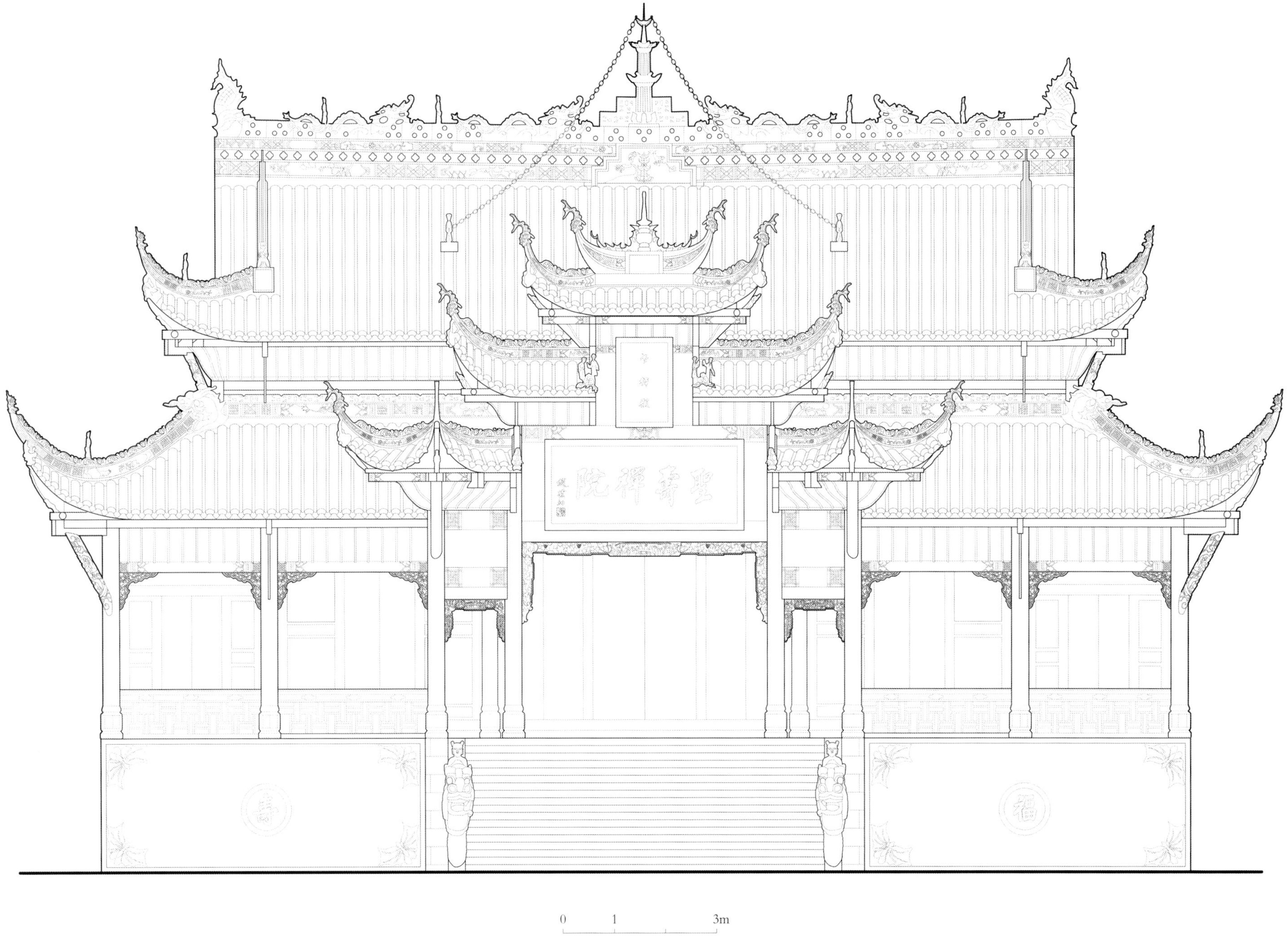

图 228　圣寿寺御释殿立面图
采自李光逵等编著《大足石刻与古建筑群》，重庆大学出版社，2015 年

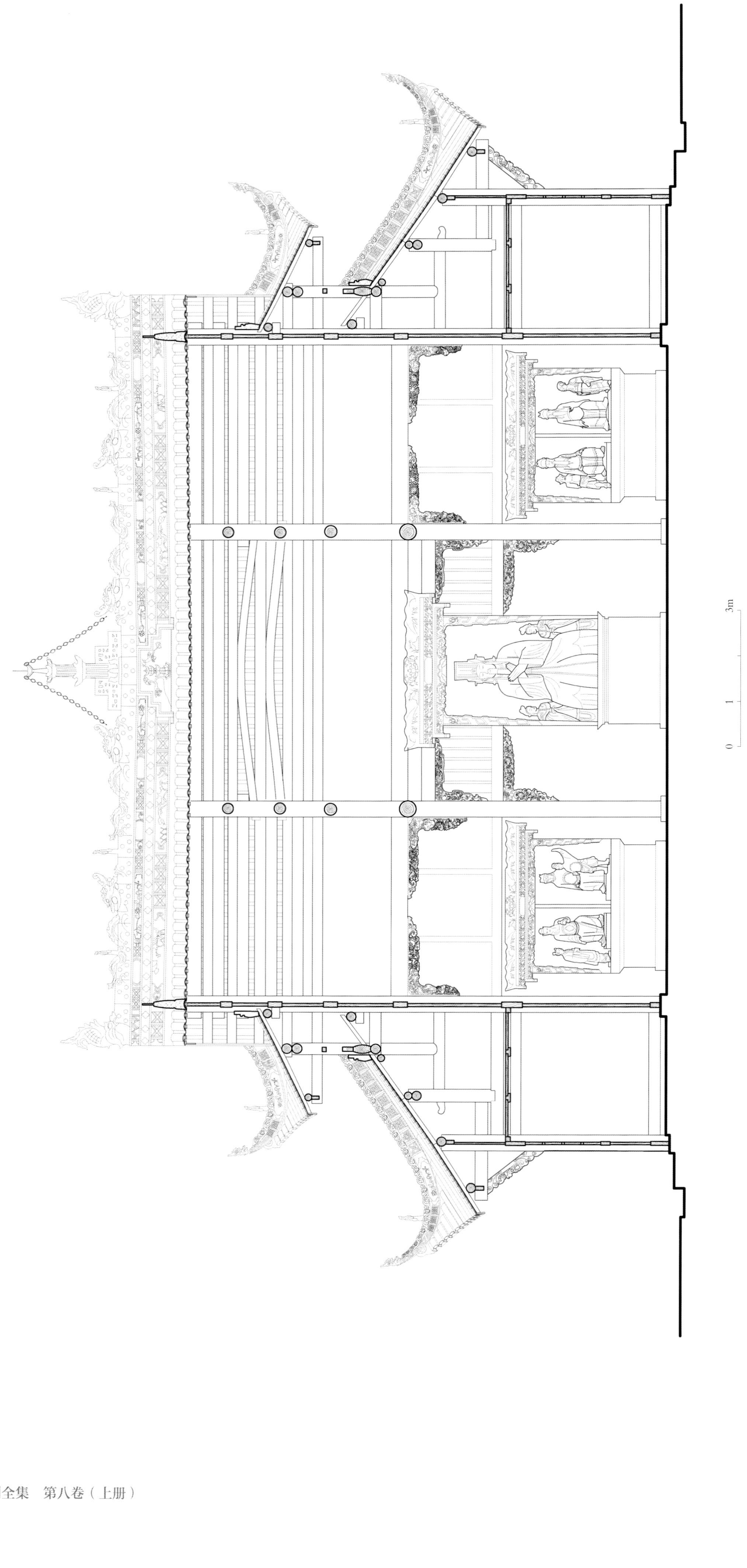

图 229　圣寿寺峰释殿剖面图
采自李光逵等编著《大足石刻与古建筑群》，重庆大学出版社，2015 年

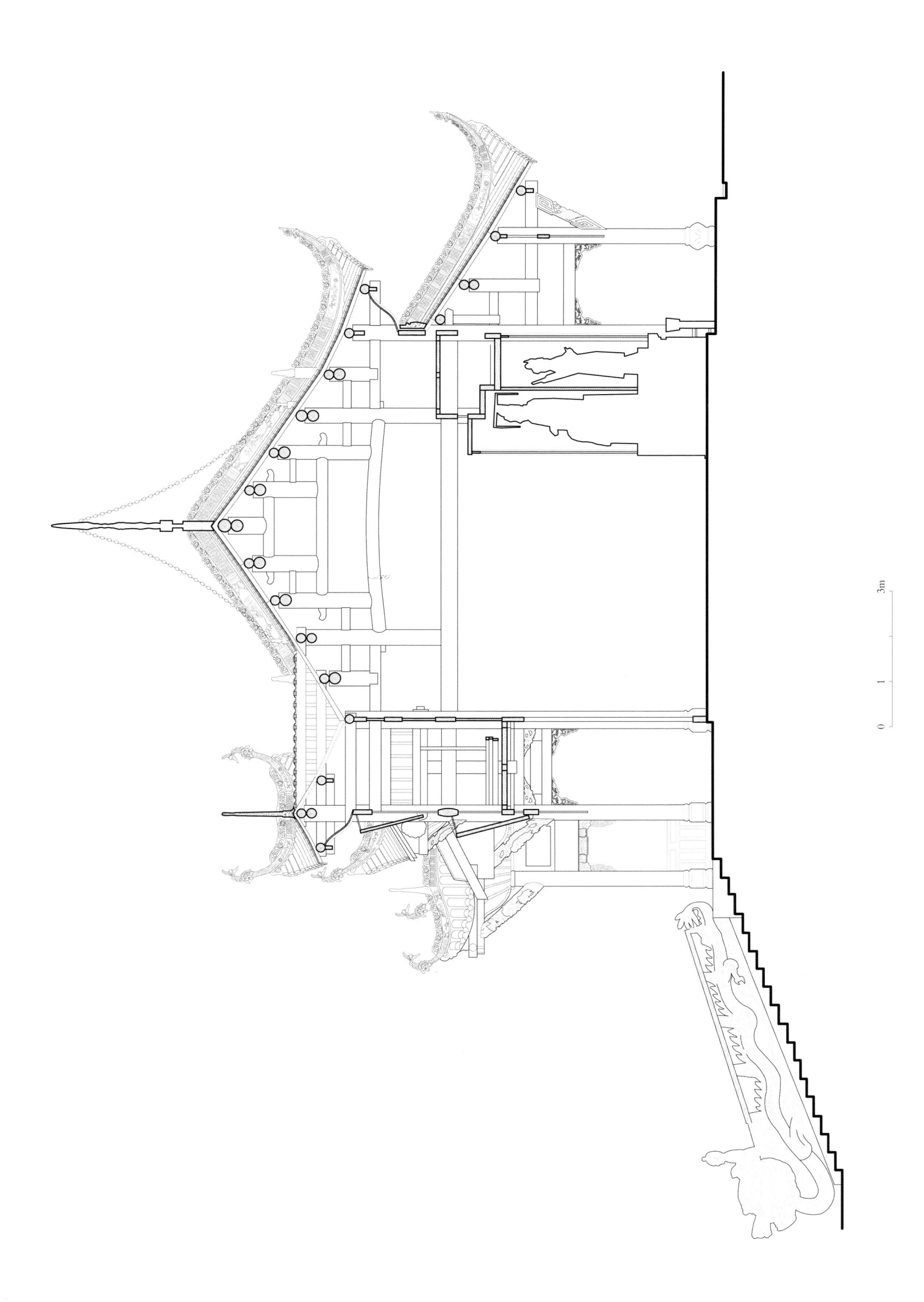

图 230 圣寿寺帝释殿明间剖面图
采自李光选李翰著《大足石刻与古建筑群》，重庆大学出版社，2015 年

附录三 宝顶山圣寿寺　369

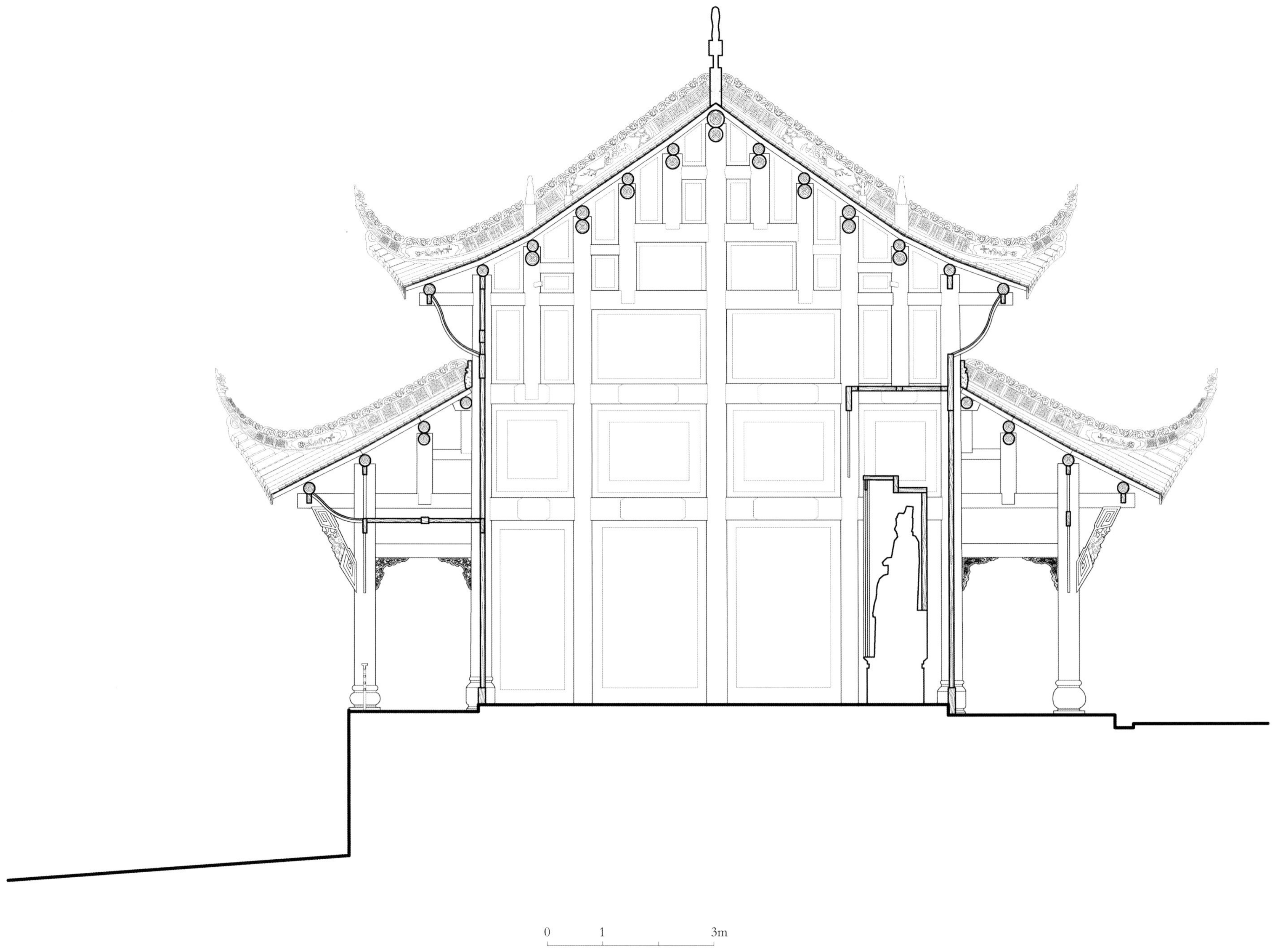

图 231　圣寿寺帝释殿次间剖面图

采自李先逵等编著《大足石刻与古建筑群》，重庆大学出版社，2015 年

（2）左壁造像

5身。分刻于内侧造像石正面和外侧造像石浅龛内。

内侧造像石　刻像2身（图246-3，图版Ⅰ：417）。其正面刻立像1身，高109厘米，头长22厘米，肩宽24厘米，胸厚14厘米。戴凤翅盔，略残，顿项披垂，顶缨向左右延伸。面方，浓眉鼓眼，眼眶深陷，短鼻，阔口露齿，颈肌凸显。内着翻领窄袖服，外着圆领宽袖服，披帛经右肩绕腋下，再下垂体侧。腰系革带束抱肚，下着裤，双手于左肩抱持假山，假山上饰花钿、放焰珠；着鞋呈"八"字形立于方台上；足间似刻曲柄斧，长28.5厘米，斧面最宽6.5厘米。台高9厘米，宽49厘米，深20厘米。

该像头部左侧刻坐像1身，仅辨轮廓，残坐高6.5厘米。

外侧造像石　刻像3身（图246-3；图版Ⅰ：418、图版Ⅰ：419）。

造像石正面上部开一圆拱形浅龛，直径26厘米，深6厘米，内刻像1身，坐高26厘米，头长7.5厘米，肩宽11厘米，胸厚3厘米。螺髻，圆脸，略蚀，耳垂至肩。内着僧祇支，系带作结，外披双领下垂式袈裟，袈裟袖摆及下摆垂至龛外。左手屈举体侧，上覆巾，巾上置圆珠，直径3厘米，右手抚右膝，结跏趺坐。

造像石下部开一圆拱形浅龛，高81厘米，宽35厘米，深9厘米，内刻像1身，显露高59.5厘米，头长20厘米，肩宽14厘米，胸厚6.5厘米。浓发后梳，面方，略左侧，隆眉鼓眼，鼻翼宽大，阔口半开，存短须。着窄袖服，系肩巾，形如云肩，胸前以结扣系。左手横于腹前，略残，右手不现，身前右侧竖刻一柄大刀，全长43厘米，柄圈饰睚眦。身右侧及下部刻出山石，小腿以下隐入山石内。

造像石外侧上部开一圆拱形浅龛，直径17厘米，深3厘米，内刻像1身，头毁，残坐高13厘米。内着僧祇支，外披双领下垂式袈裟；双手腹前隐于袈裟内，结跏趺坐。

（3）右壁造像

5身。与左壁对称布置，分刻于内侧和外侧造像石浅龛内。

内侧造像石　刻像2身（图246-1；图版Ⅰ：420）。其正面刻立像1身，高110厘米，头长20厘米，肩宽27厘米，胸厚10厘米。头巾，巾带飘于头后。面方，眉骨突出，长眉斜向上飘，鼓眼，鼻翼宽大，自鼻孔斜出细长触角，阔口闭合，斜出二颗獠牙，刻细密胡须，耳垂残。身剥蚀，衣着似与左壁立像同。左手残，横置胸前；右手置腹前，持剑，手及剑部分残，剑全长67厘米。着鞋直立于方台上。台高10厘米，最宽47厘米，深18厘米。台正面刻装饰。

该像头部右侧刻坐像1身，仅辨轮廓，残坐高12厘米；其残身上凿3排不规则的小圆孔。

外侧造像石　刻像3身（图246-1；图版Ⅰ：421、图版Ⅰ：422）。其中，造像石正面上部开一圆形浅龛，直径27.5厘米，深5厘米，内刻像1身，坐高26厘米，头长8厘米，肩宽11厘米，胸厚3厘米。螺髻，圆脸，略残。左手抚膝，右手于体侧屈肘上举，手覆巾，上置经函。余与左壁外侧造像石上部造像同。

造像石下部开一圆拱形龛，高60厘米，宽35厘米，深7.5厘米，内刻像1身，显露高57厘米，头长20厘米，肩宽18厘米，胸厚7厘米。面右侧，阔口闭合，露獠牙。左手不现，右手斜置胸前，身左侧竖刻方形剑鞘，饰装饰纹样，显露长40厘米，宽7.5厘米，厚4厘米。双膝下部隐于山石内；余与左壁外侧造像石下部造像同。

造像石外侧上部开一圆形浅龛，直径17.5厘米，深3厘米，内刻像1身，坐高17厘米，头长4.5厘米，肩宽6.5厘米，胸厚2厘米。像基本完整，仅左肩残脱，与左壁外侧造像同。

窟内刻铭文4则，均为偈语或颂词，南宋淳熙至淳祐年间（1174—1252年）。

第1则

位于正壁造像石椭圆形浅龛外左侧。刻石面高50厘米，宽7厘米。文竖刻1行，14字，楷体，字径4厘米（图版Ⅱ：148）。

观音菩萨不思议救度众生无尽期

第2则

位于正壁左、右造像石外侧面。刻石面高117厘米，宽20厘米。文各竖刻1行8字，楷体，字径14厘米（图版Ⅱ：149）。

宁以守戒贫贱而死（左）

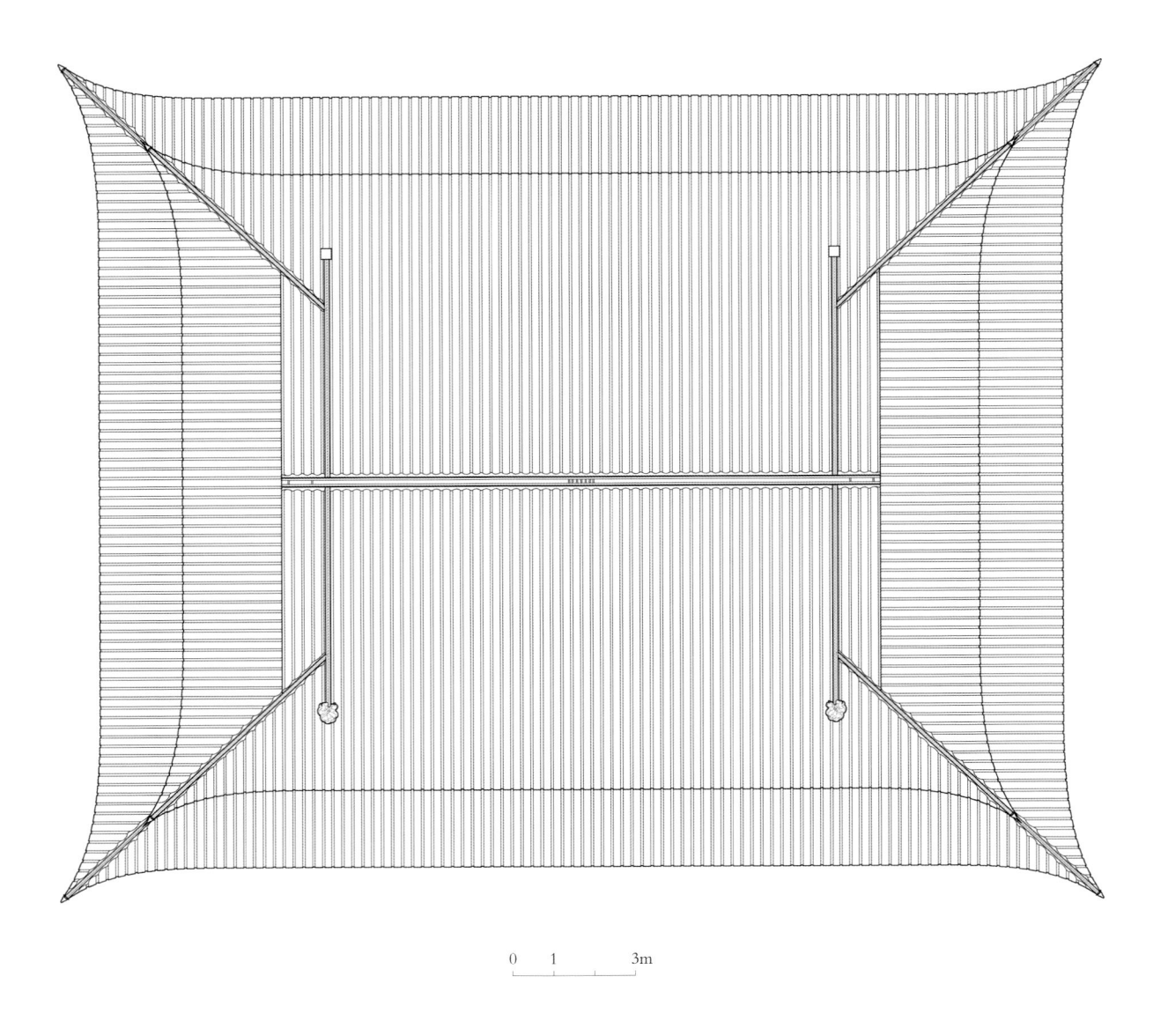

图 232　圣寿寺大雄宝殿屋顶俯视图
采自李先逵等编著《大足石刻与古建筑群》，重庆大学出版社，2015 年

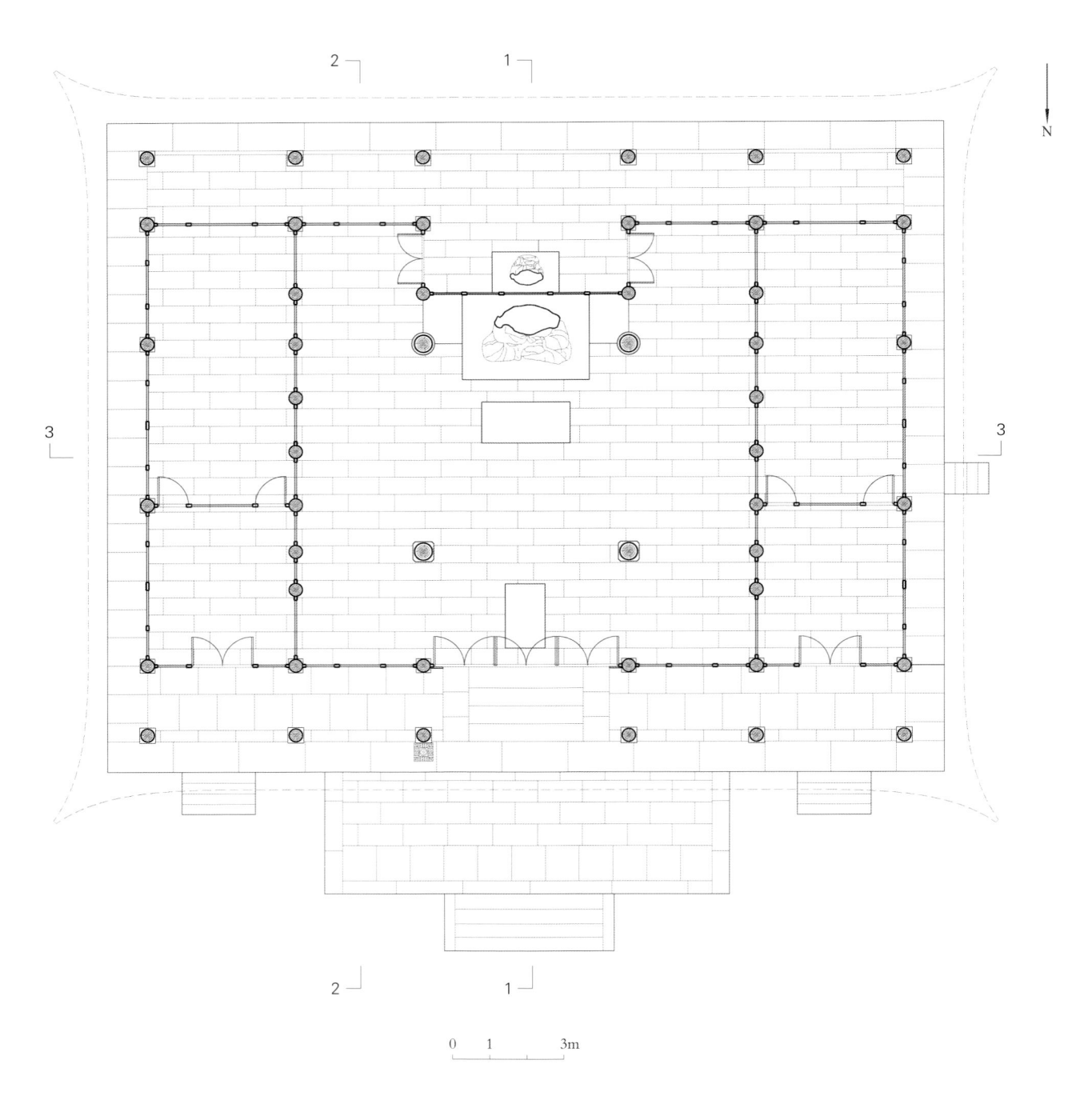

图 233　圣寿寺大雄宝殿平面图
采自李先逵等编著《大足石刻与古建筑群》，重庆大学出版社，2015 年

372　大足石刻全集　第八卷（上册）

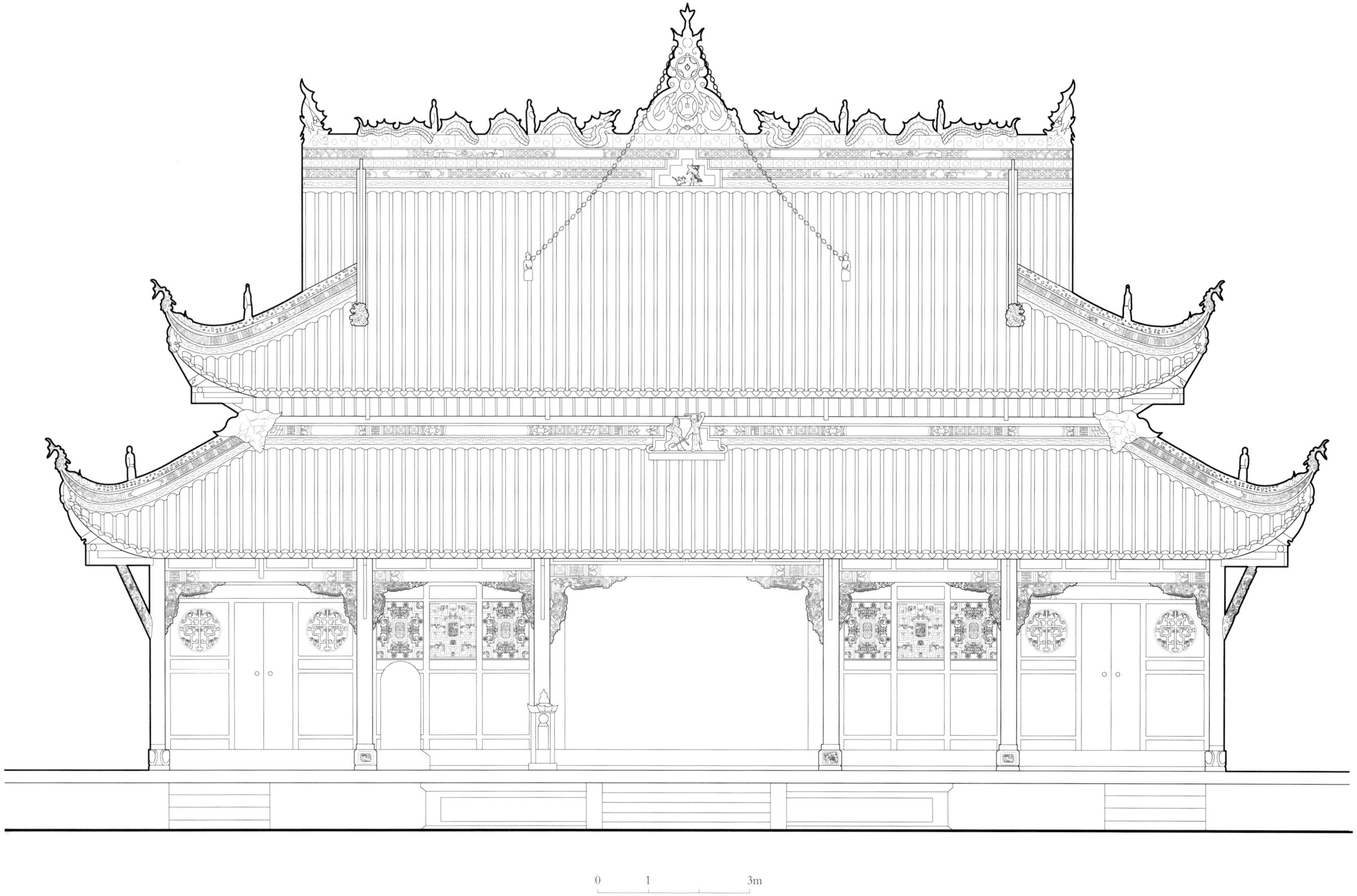

图 234 圣寿寺大雄宝殿正立面图

采自李光涫等编著《大足石刻与古建筑群》，重庆大学出版社，2015 年

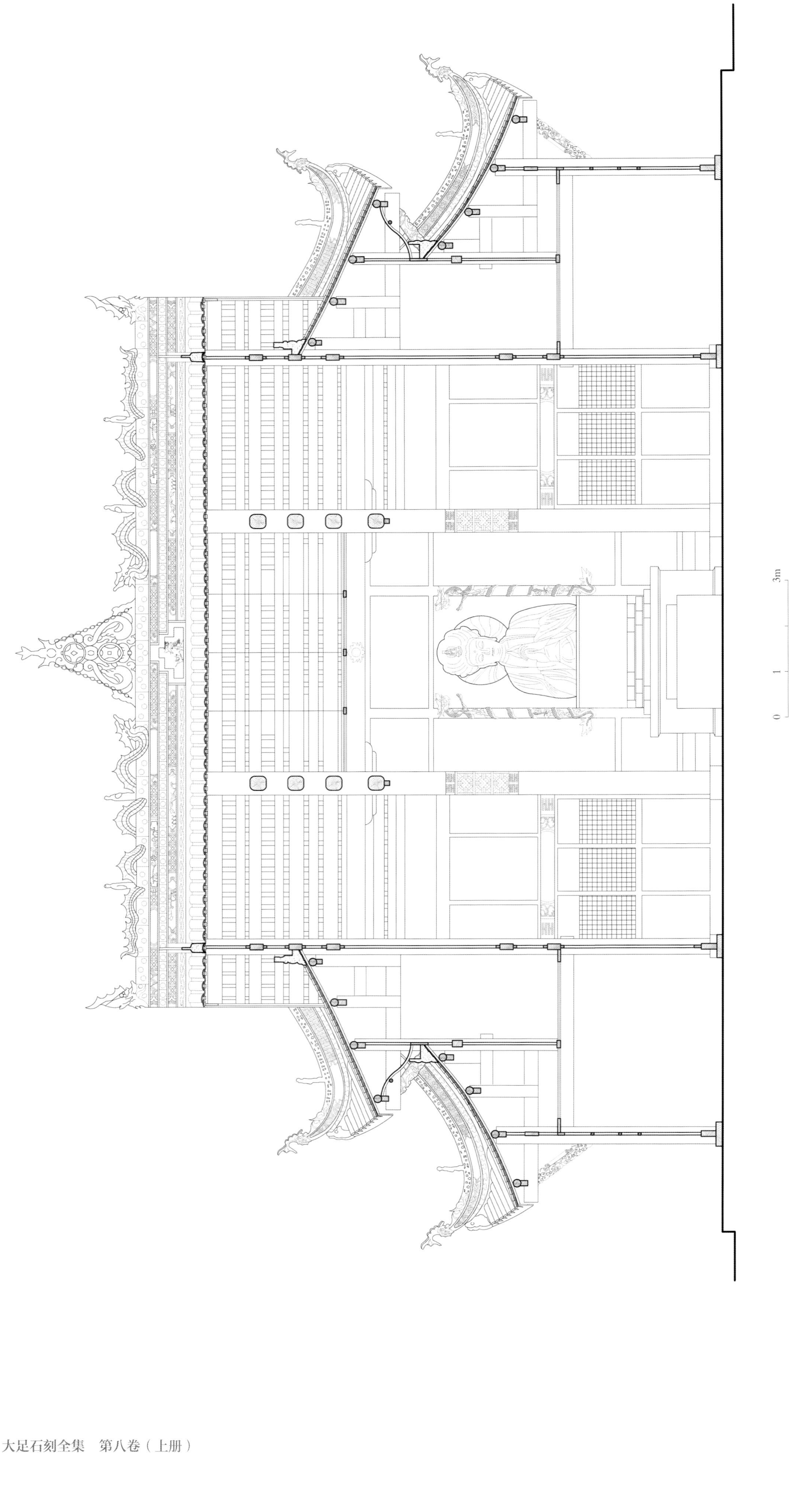

图 235 圣寿寺大雄宝殿剖面图

采自李光进等编著《大足石刻与吉建筑群》，重庆大学出版社，2015 年

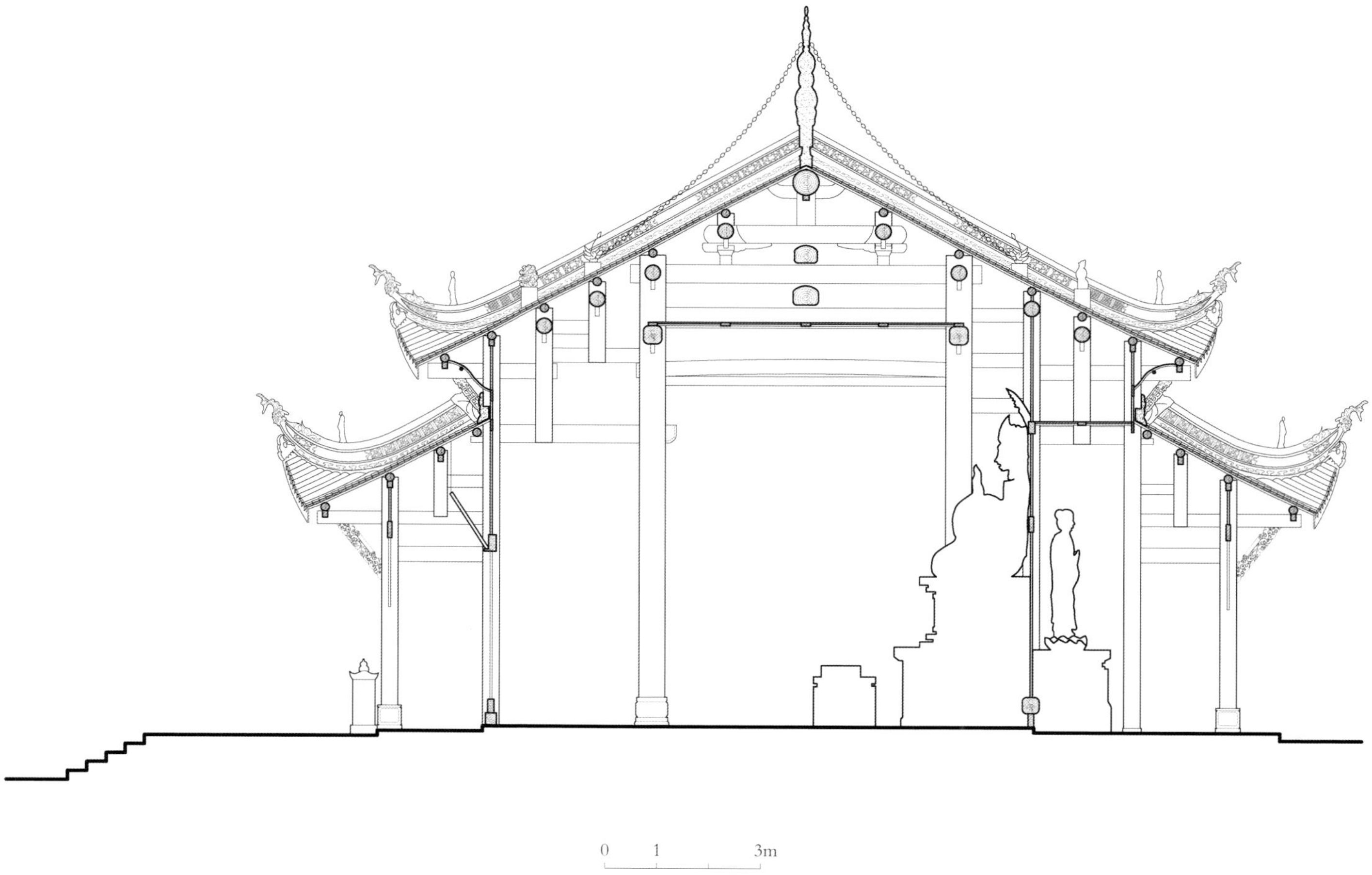

图 236　圣寿寺大雄宝殿明间剖面图

采自李先逵等编著《大足石刻与古建筑群》，重庆大学出版社，2015年

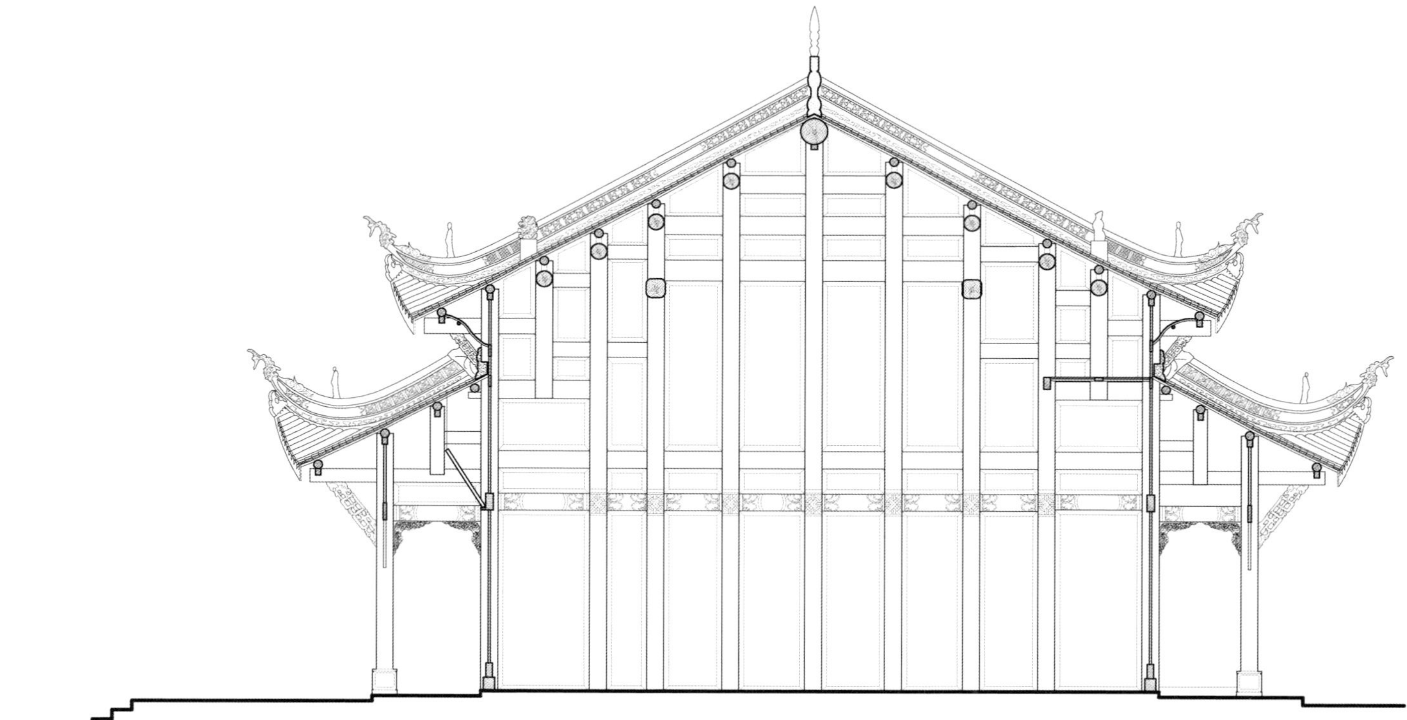

图 237　圣寿寺大雄宝殿次间剖面图

采自李先逵等编著《大足石刻与古建筑群》，重庆大学出版社，2015年

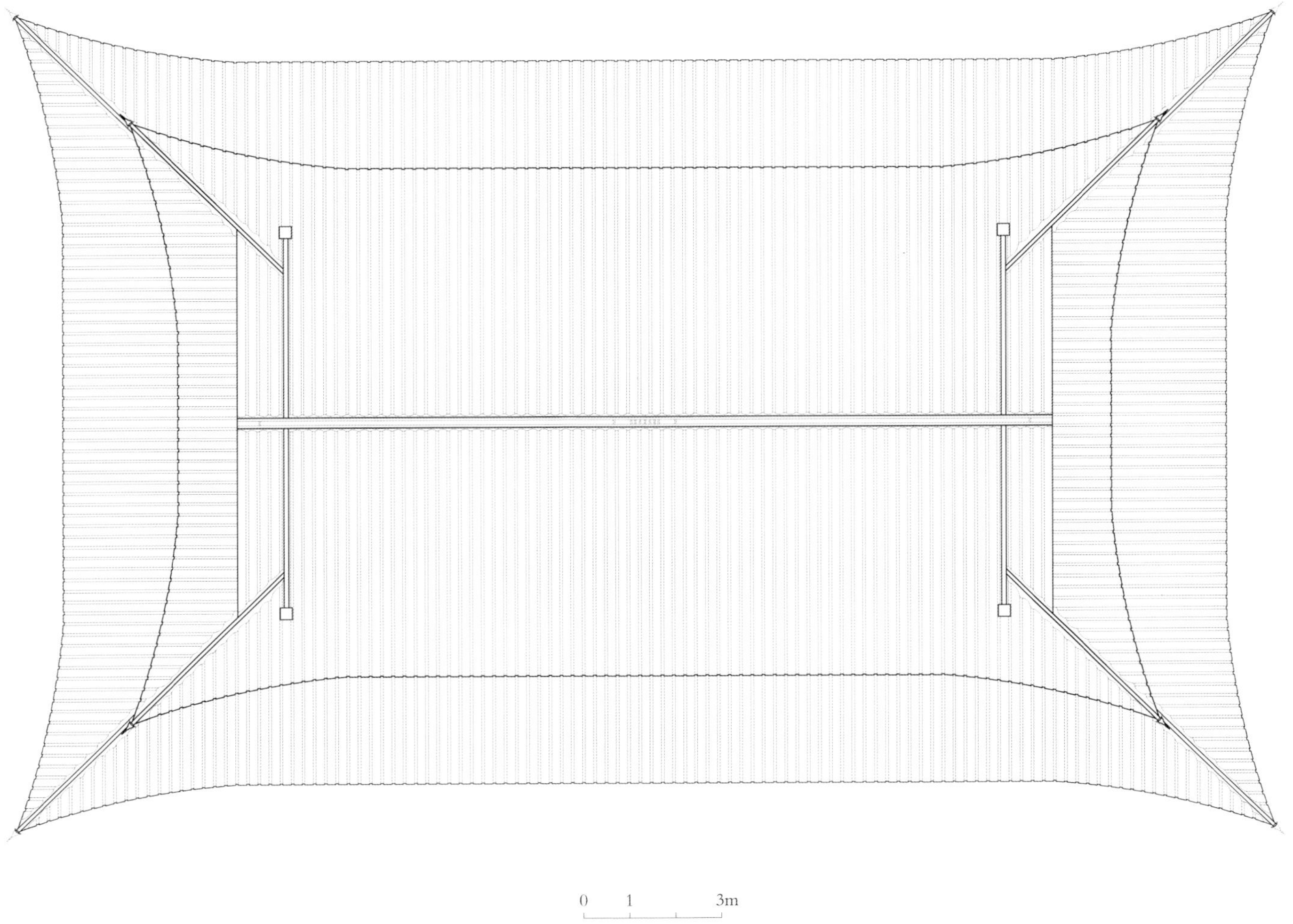

图 238　圣寿寺三世佛殿屋顶俯视图

采自李先逵等编著《大足石刻与古建筑群》，重庆大学出版社，2015年

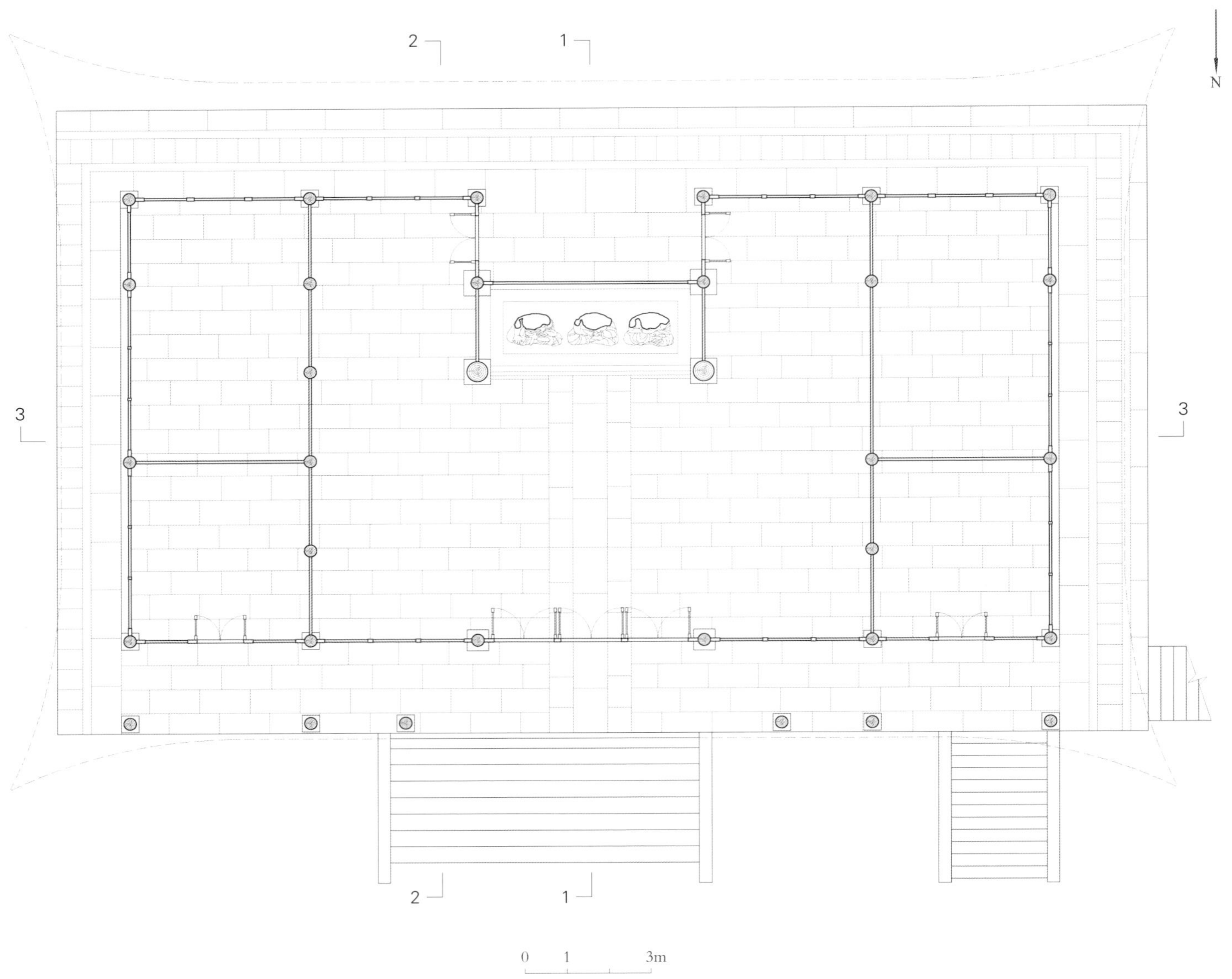

图 239　圣寿寺三世佛殿平面图

采自李先逵等编著《大足石刻与古建筑群》，重庆大学出版社，2015年

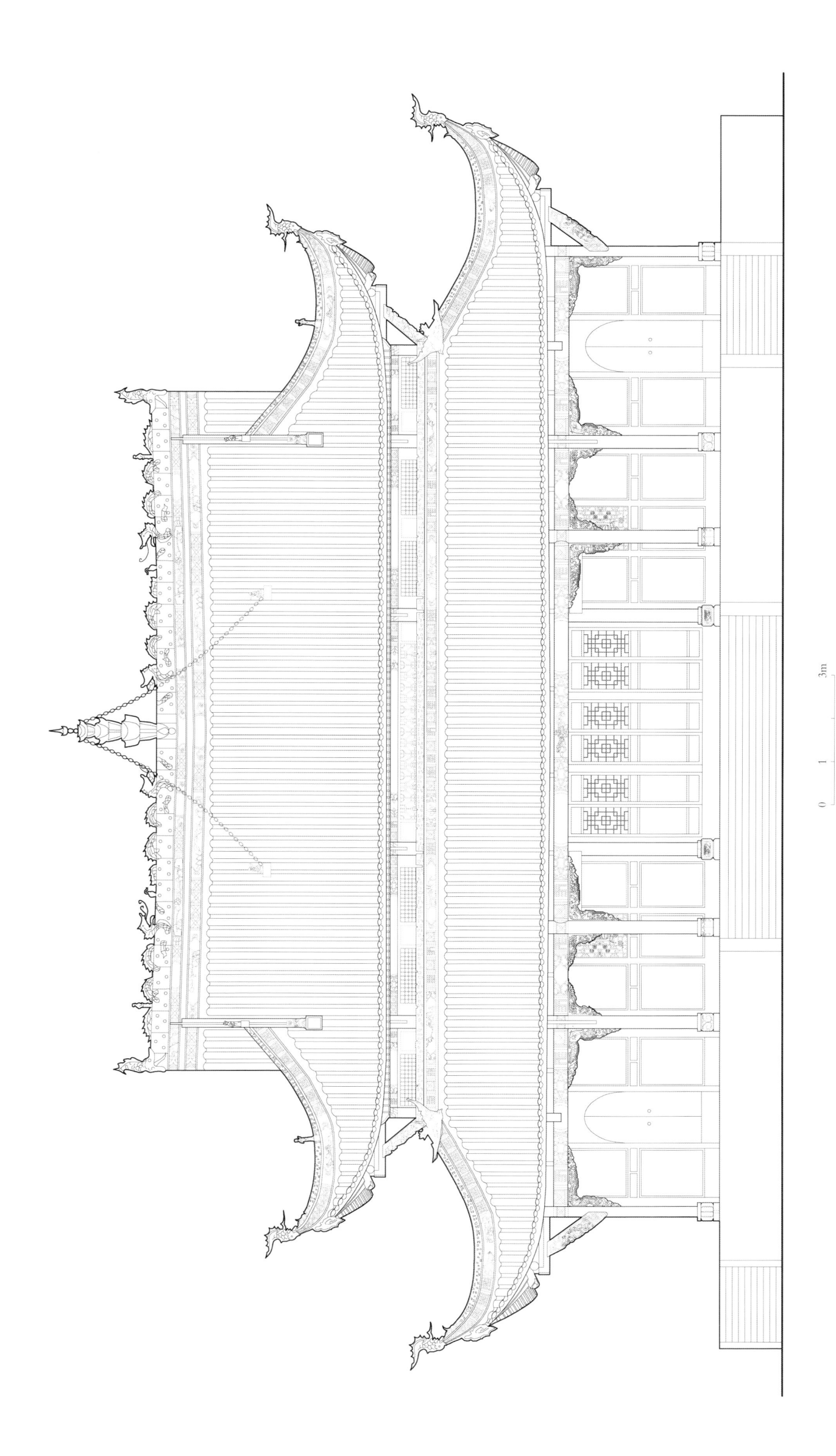

图 240 圣寿寺三世佛殿立面图

采自李先逵等编著《大足石刻与古建筑群》，重庆大学出版社，2015 年

附录三 宝顶山圣寿寺 377

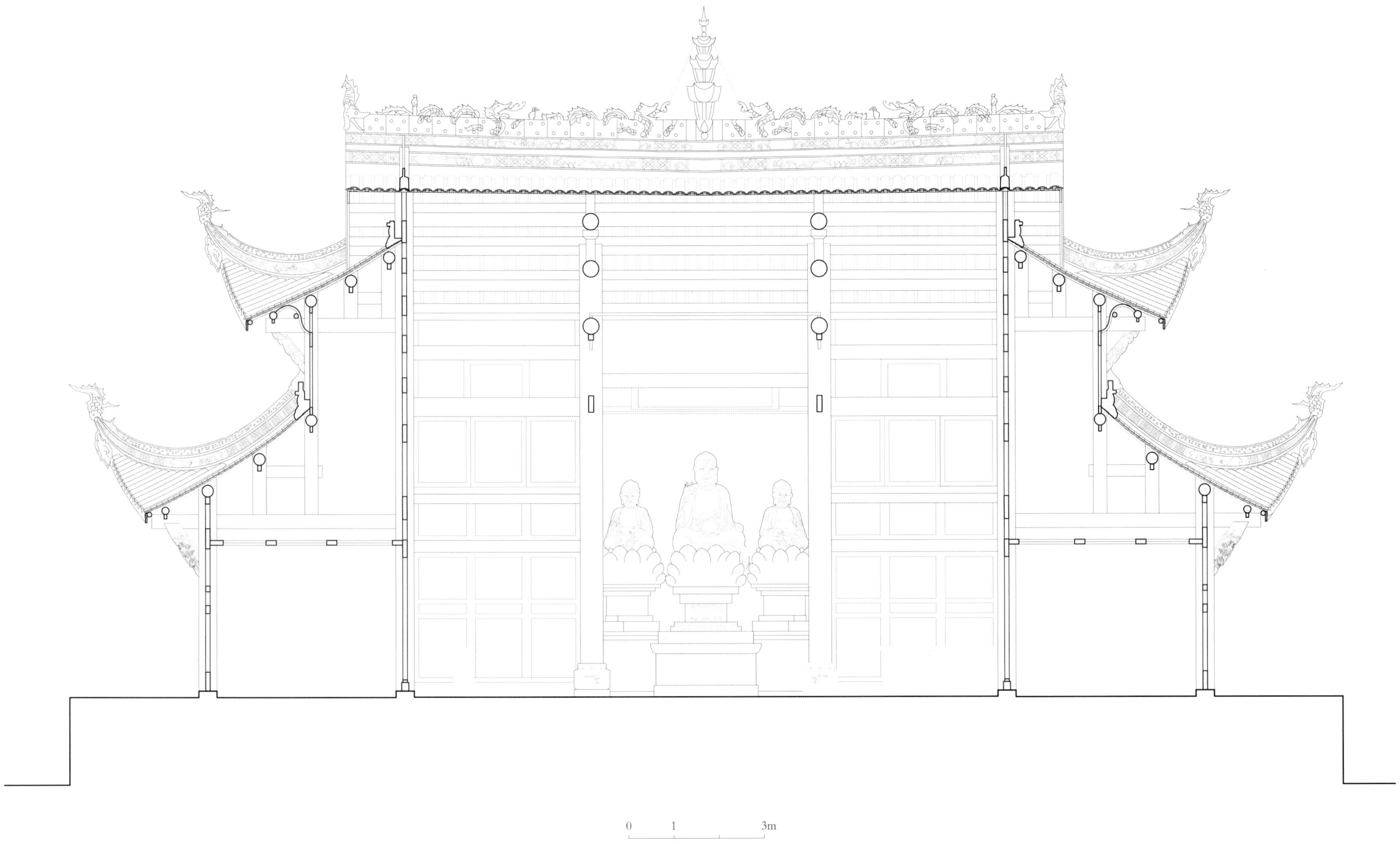

图 241 圣寿寺三世佛殿剖面图

采自李光达等编著《大足石刻与古建筑群》，重庆大学出版社，2015 年

图 242　圣寿寺三世佛殿明间剖面图
采自李先逵等编著《大足石刻与古建筑群》，重庆大学出版社，2015 年

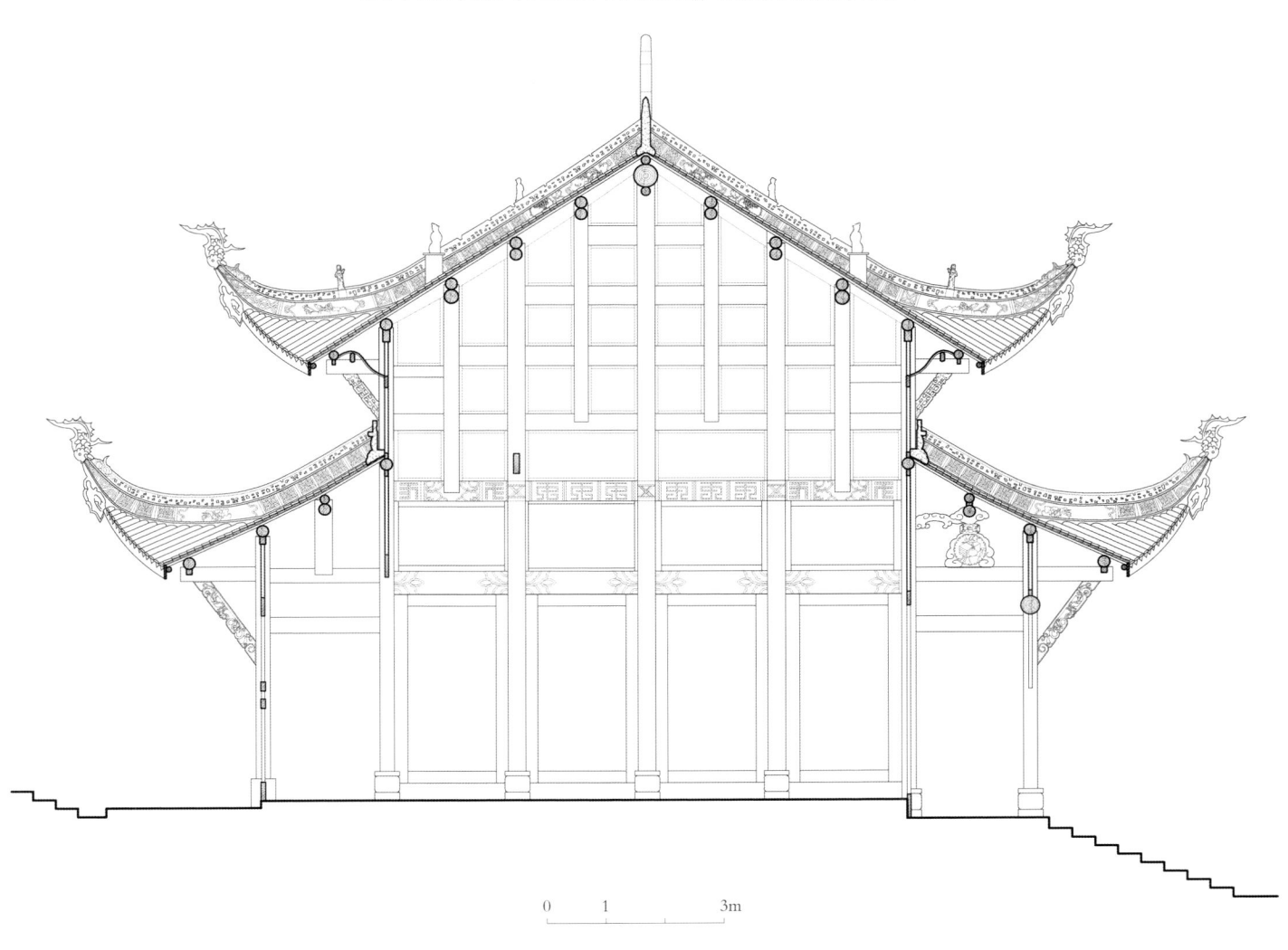

图 243　圣寿寺三世佛殿次间剖面图
采自李先逵等编著《大足石刻与古建筑群》，重庆大学出版社，2015 年

图 244　圣寿寺灌顶井窟立面图

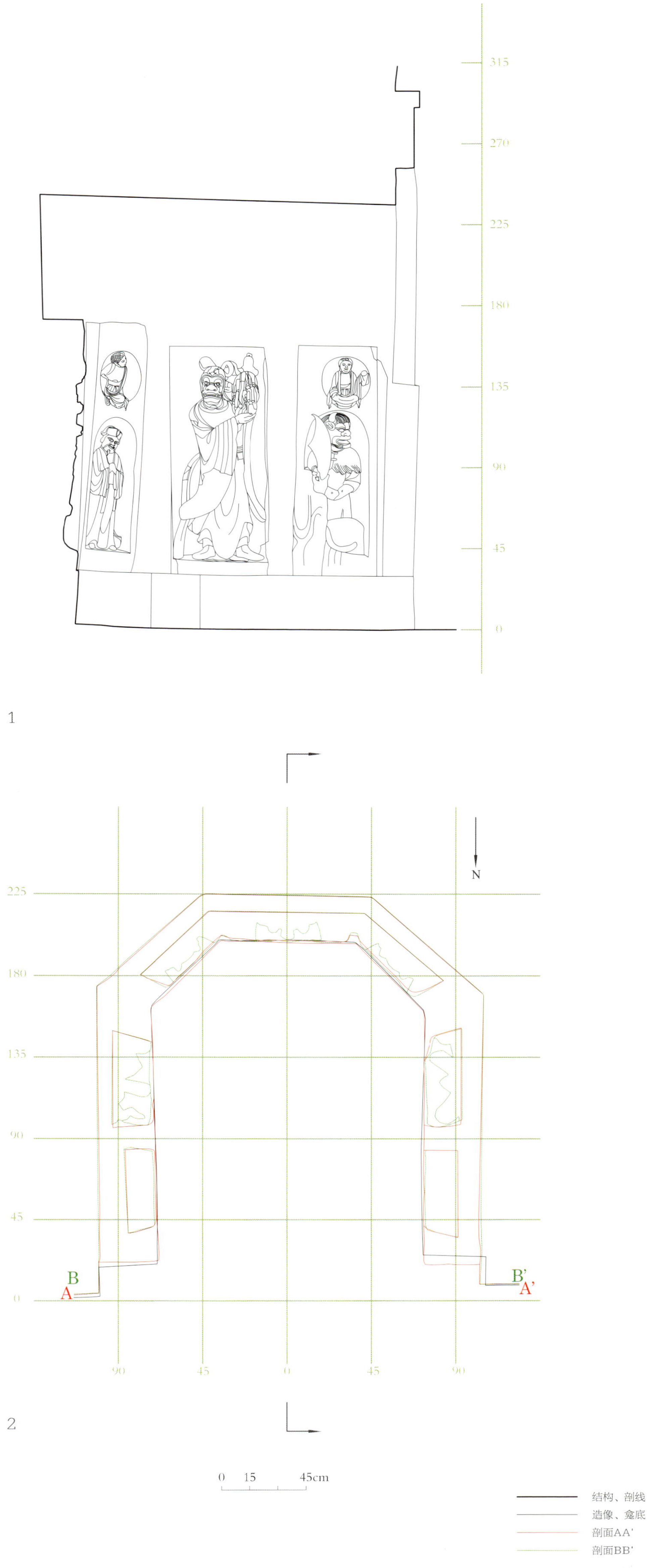

图 245　圣寿寺灌顶井窟平、剖面图
1　剖面图　2　平面图

附录三　宝顶山圣寿寺　381

图 246　圣寿寺灌顶井窟正壁、左壁、右壁造像立面图
1　右壁　2　正壁　3　左壁

附录三 宝顶山圣寿寺 383

不以破戒富贵而生[1]（右）

第3则

位于左右壁最外造像石外侧面。刻石面高105厘米，宽20厘米。文各竖刻1行8字，楷体，字径13厘米（图版Ⅱ：150）。

持[2]佛戒律现受吉祥（左）

犯佛戒律现受不痒[3]（右）

第4则

位于正壁左、右造像石上部圆龛上方。刻石面高10厘米，宽32厘米。文左起，各横刻4字，楷体，字径6厘米（图版Ⅱ：151）。

风调雨[4]顺（左）

国泰民安（右）

此外，窟内券拱顶部正中条石上，残存竖刻"民国十年辛酉岁春三月"10字，字径4厘米（图版Ⅱ：152）。

在窟前190厘米处，开凿一深井，井水常年不涸。从铭文内容及所存的深井推测，此处似系修行者灌顶受戒之所，故将其称为"灌顶井窟"。而从窟内造像风格看，虽后世曾修补彩绘，但仍与宝顶山小佛湾石窟大体相同。考虑到此处造像与圣寿寺及小佛湾石窟的位置关系，大多认为此处造像与小佛湾石窟密切相关，在内容上可视为一个整体[1]。

（六）圆通殿

位于三世佛殿后侧高台平坝东南侧，为重檐悬山式大殿（图247、图248、图249、图250；图版Ⅰ：423）。其面阔六柱五间，进深三间，通面阔为1620厘米，通进深为880厘米，总面积约142.6平方米。明间为抬梁式，次间、尽间为穿斗式梁架结构。此建筑为2003年重建（此前为燃灯佛殿）。

大殿平坝左前侧为新建的食堂，下接客房、厢房等建筑；左侧（水平向）为新建的方丈室，方丈室后侧为新建的牌楼式西大门，上书"维摩圣境"4字；右侧为券拱式东大门。

殿内明间中部安置2012年新塑的千手观音像，左右侧分别安放观音和燃灯佛。

（七）维摩殿及佛坛

1. 维摩殿

位于维摩顶坡之巅，是圣寿寺最高的一座大殿，系重檐歇山式建筑（图版Ⅰ：424）。其面阔六柱五间，进深五间，附有前廊；通面阔2050厘米，通进深1090厘米，总面积219.5平方米。明间为抬梁式，次间、尽间为穿斗式梁架结构（图251、图252、图253、图254、图255、图256、图257）。

殿内明间正中设方形条石佛坛。其左右壁及殿外前廊左右保存20余件石刻残像，系1981年复建维摩殿时出土，皆头毁身残，视其风格疑为明清之作。

殿外前侧平坝内置六边形石鼎1座，建于20世纪90年代后期。各面线刻文字及装饰图案；台面中部立汉白玉雕像，前为观音像，后为普贤像，二像贴背站立。平坝左右前端于2005年新建亭阁一座，平面呈六边形，攒尖顶。其中，左亭内悬"世纪宏盛钟"一口，铜质。右亭内置清乾隆三十二年（1767年）《僧慧心立圣旨碑》一通。左亭东约5米处，存清乾隆年间四方体石柱碑。

殿外东北侧斜坡存石塔1座[2]。塔通高约372厘米，分为塔基、塔身、塔刹三部分（图版Ⅰ：425）。塔基呈方形，高约58厘米，面宽约114厘米，四转角处各刻一力士像作抬举状。塔身三级。第一级塔身呈方形，高53厘米，面宽54厘米，各面凿一半身天王像。第

---

1 邓之金：《大足宝顶山小佛湾石窟调查——兼述小佛湾属宋世原貌造像》，重庆大足石刻艺术博物馆：《大足石刻研究文集》（3），中国文联出版社2002年版，第214页。
2 石塔原位于小佛湾石窟东侧150米的黄桷湾，1983年移至此处。见重庆大足石刻艺术博物馆：《大足石刻铭文录》，重庆出版社1999年版，第196页。

二级塔身呈方形，高111厘米，面宽48厘米，各面刻一佛像立于仰莲台上。在第二、三级塔身间设仰莲平坐层。第三级塔身呈圆形，高约114厘米，环刻12身坐佛像。最上为宝珠塔刹。

塔存铭文3则[1]，南宋淳熙至淳祐年间（1174—1252年）。

第1则

位于塔基东面、西面空壁处。各竖刻2行，存7字，字径8厘米（图版Ⅱ：153、图版Ⅱ：154）。

□界神

山神众（东面）

□者众

□□□（西面）

第2则

位于第一级塔身东南面和西南面，各横刻4字，字径8厘米（图版Ⅱ：155、图版Ⅱ：156）。

持国天王（东南面）

增长天王（西南面）

第3则

位于第二级塔身下部东南西北四面空壁处。各面皆左起横刻4字，共存11字，字径8厘米（图版Ⅱ：157）。

佛日光辉

法轮常转

□□□□

□泰民安[2]

2. 维摩殿佛坛[3]

佛坛位于维摩殿明间正中。左距明间左端隔断墙约410厘米，右距明间右端隔断墙约380厘米，前距门槛石约445厘米，后距扇面墙身约193厘米。正面向北，方向345°。

佛坛建于巨石堡上，平面呈方形，由五级条石叠砌、围合而成。佛坛通高约157厘米，面宽约440厘米（图258、图259、图260；图版Ⅰ：426）。其顶以石板封实，内部结构不明。石堡显露部分高出地坪约7厘米，外凸坛台约10—13厘米。石堡四周地坪现以石板铺砌平整。

佛坛四壁竖直，由五级条石叠砌，其砌筑方式与小佛湾石窟大同。其中，下部四级条石大小相近，高约30—37厘米，长约120—126厘米；顶部一级条石高约17厘米，长约120厘米，外凸壁面约7厘米，其下部抹棱内凹，形如坛沿。坛台条石部分剥蚀，缝隙间以灰浆或黄泥粘合、填塞。

佛坛顶部中央置须弥方座，其上刻维摩居士卧像1身，身长约200厘米。维摩卧像身后，另置坐佛1身，高约68厘米，双手置胸前持经函，结跏趺坐。经函正面左起竖刻铭文两行，存15字："□持维摩不思议解脱[5]〔经〕，□□□□过去金粟如来"，字径约3厘

1　此三则铭文现已不存。据1999年《大足石刻铭文录》收录。

2　《大足石刻铭文录》据倒塔坡转法轮塔所刻铭文将湮灭字补为"风调雨顺""国泰民安"。重庆大足石刻艺术博物馆编：《大足石刻铭文录》，重庆出版社1999年版，第196页。

3　佛坛条石砌筑，其建筑风格与小佛湾建筑相同。坛台四壁镌刻圆龛佛像，形似千佛，其表现方式、造像风格等与小佛湾造像相同。此外，坛台还遗存"假使经百劫，所作业不忘，因缘会遇时，果报还自受""假使热铁轮，于我顶上旋，终不以此苦，退失菩提心""相识满天下，知心能几人"的题刻，不仅见于大、小佛湾，而且书写式样亦相同。因此，我们认为，佛坛的建造与大、小佛湾造像年代相近，亦应在南宋后期。

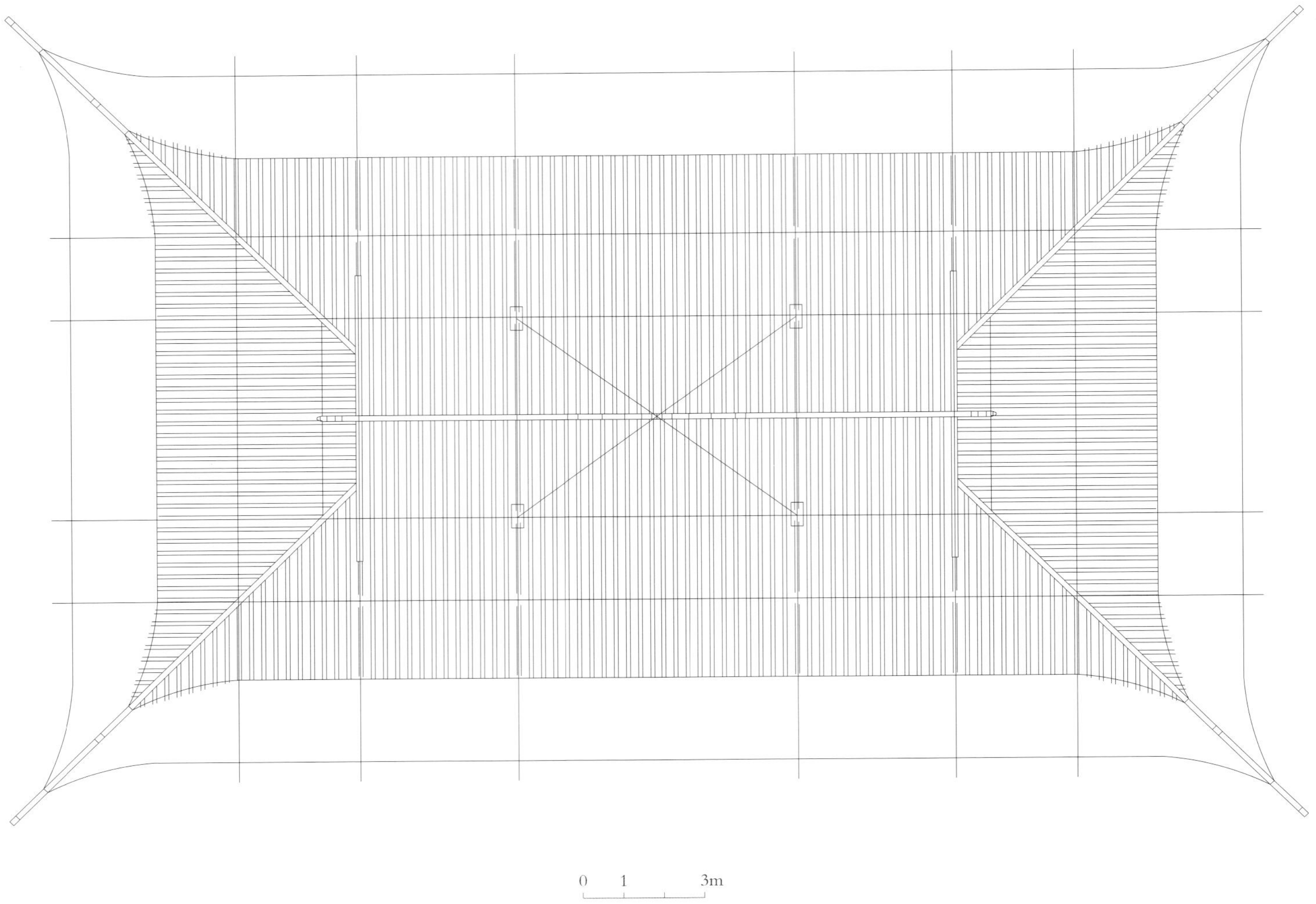

图 247　圣寿寺圆通殿上层屋顶俯视图
采自李先逵等编著《大足石刻与古建筑群》，重庆大学出版社，2015年

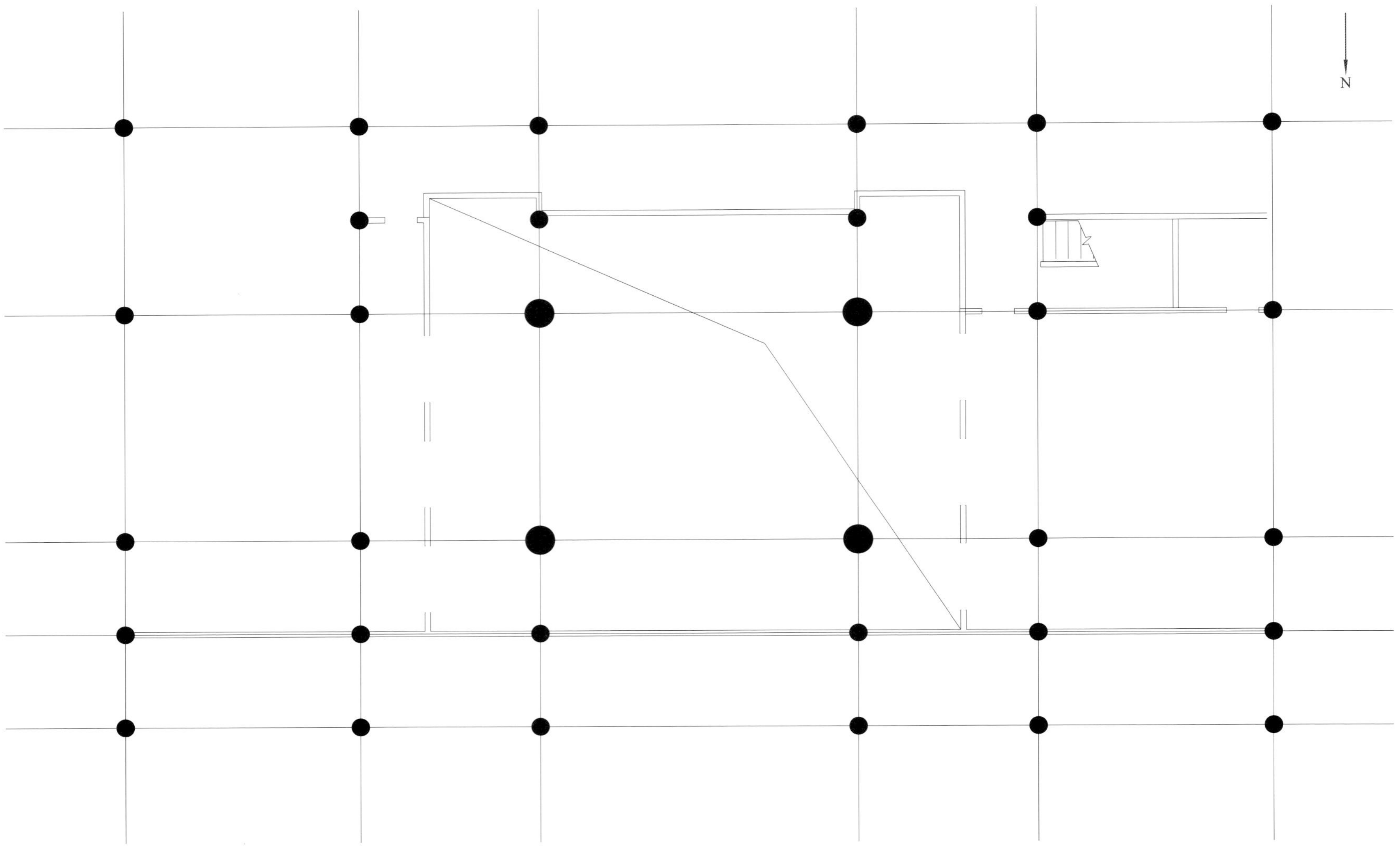

图 248　圣寿寺圆通殿平面图
采自李先逵等编著《大足石刻与古建筑群》，重庆大学出版社，2015年

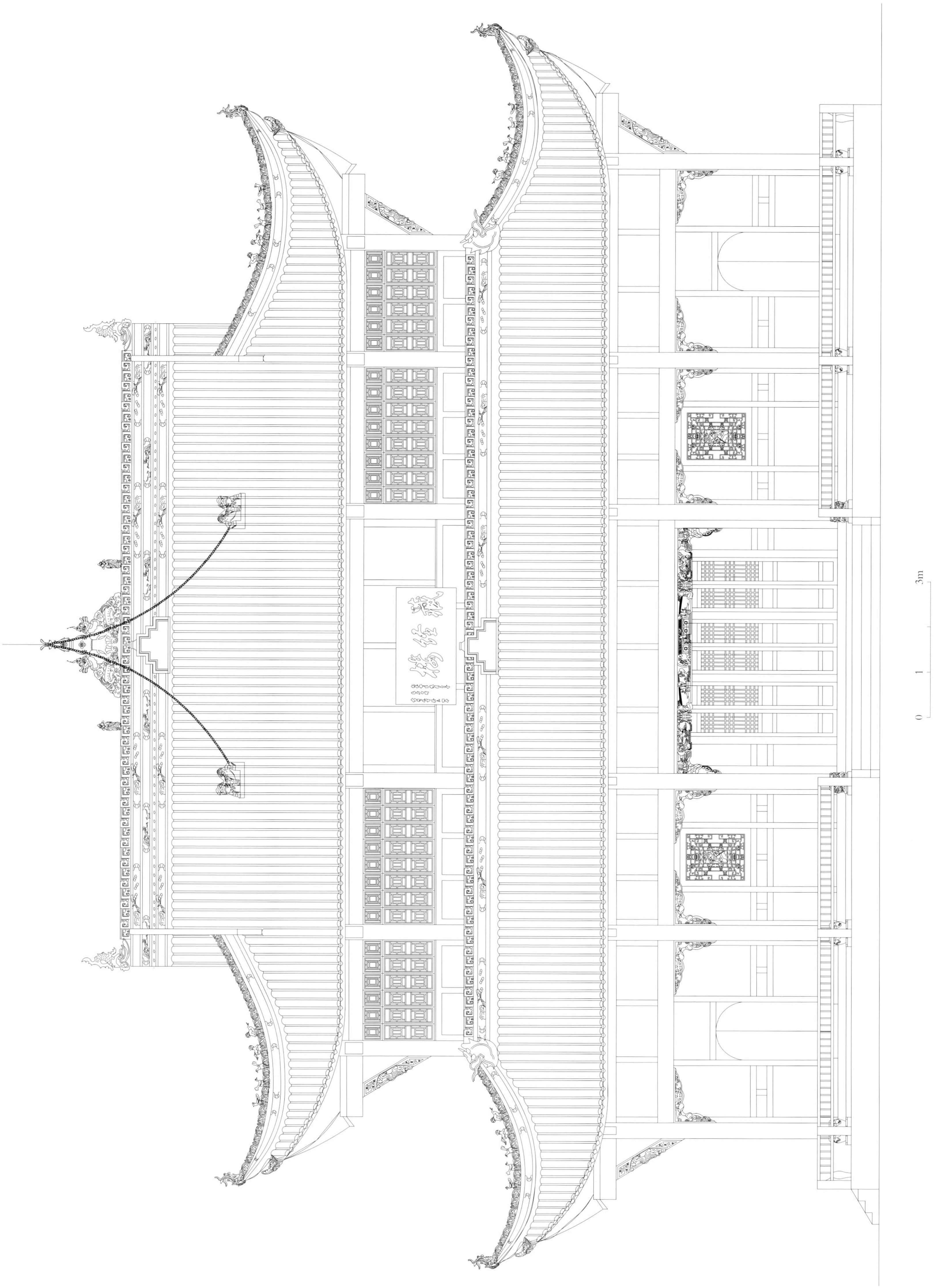

图 249 圣寿寺圆通殿立面图

来自李达李达等编著《大足石刻与古建筑群》，重庆大学出版社，2015 年

附录三 宝顶山圣寿寺 387

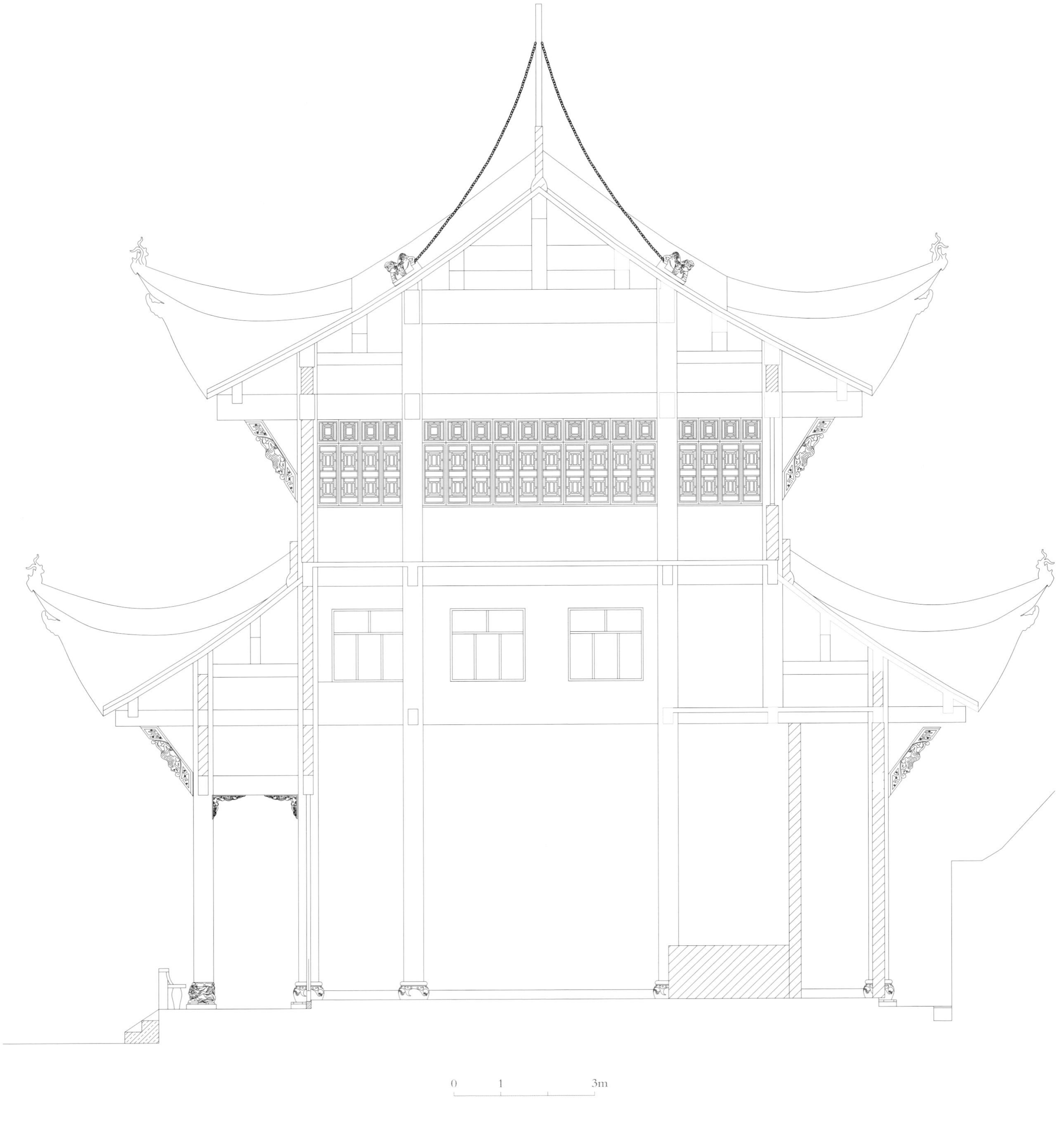

图 250　圣寿寺圆通殿纵剖面图

采自李先逵等编著《大足石刻与古建筑群》，重庆大学出版社，2015 年

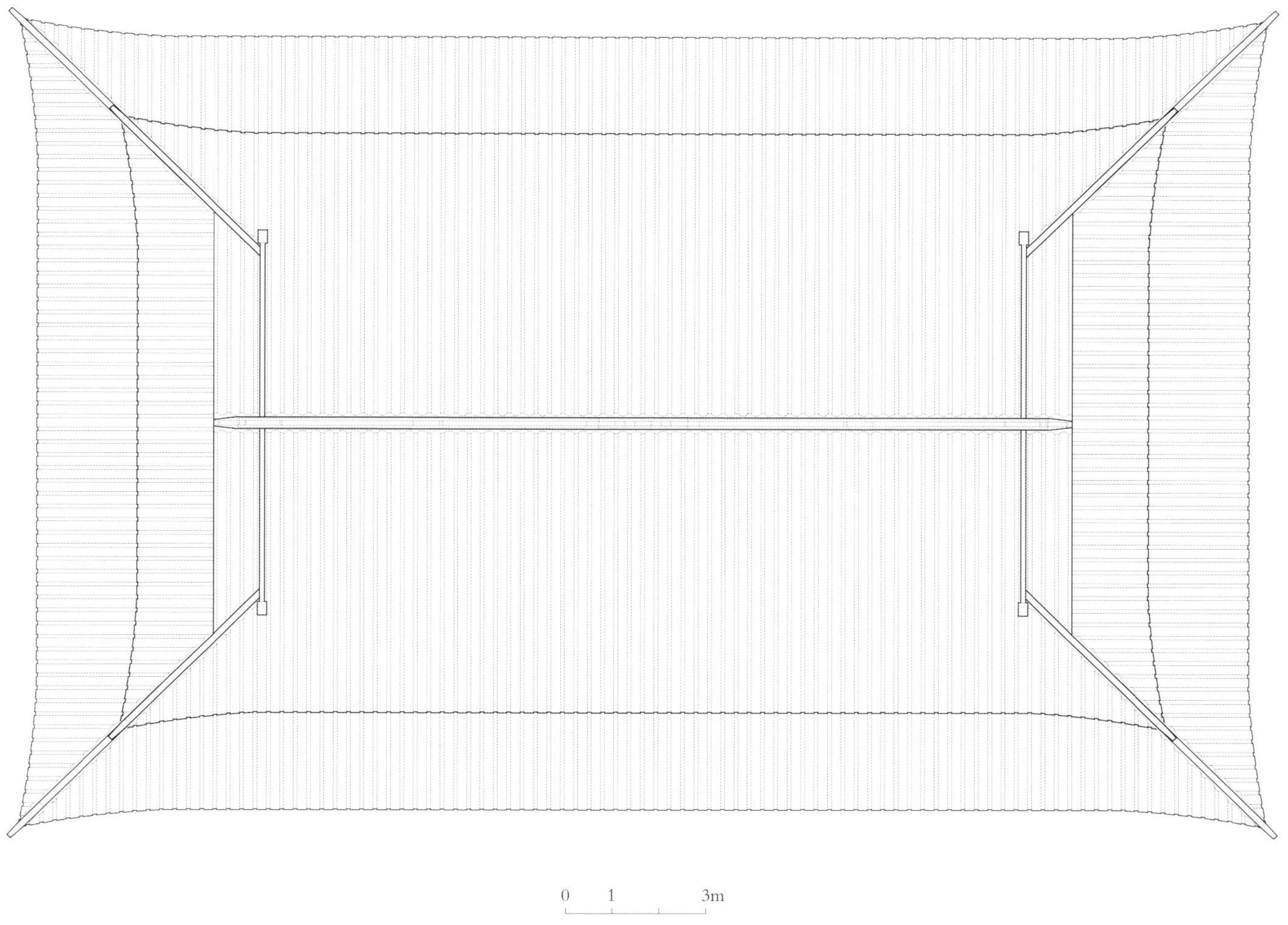

图251 圣寿寺维摩殿屋顶俯视图
采自李先逵等编著《大足石刻与古建筑群》，重庆大学出版社，2015年

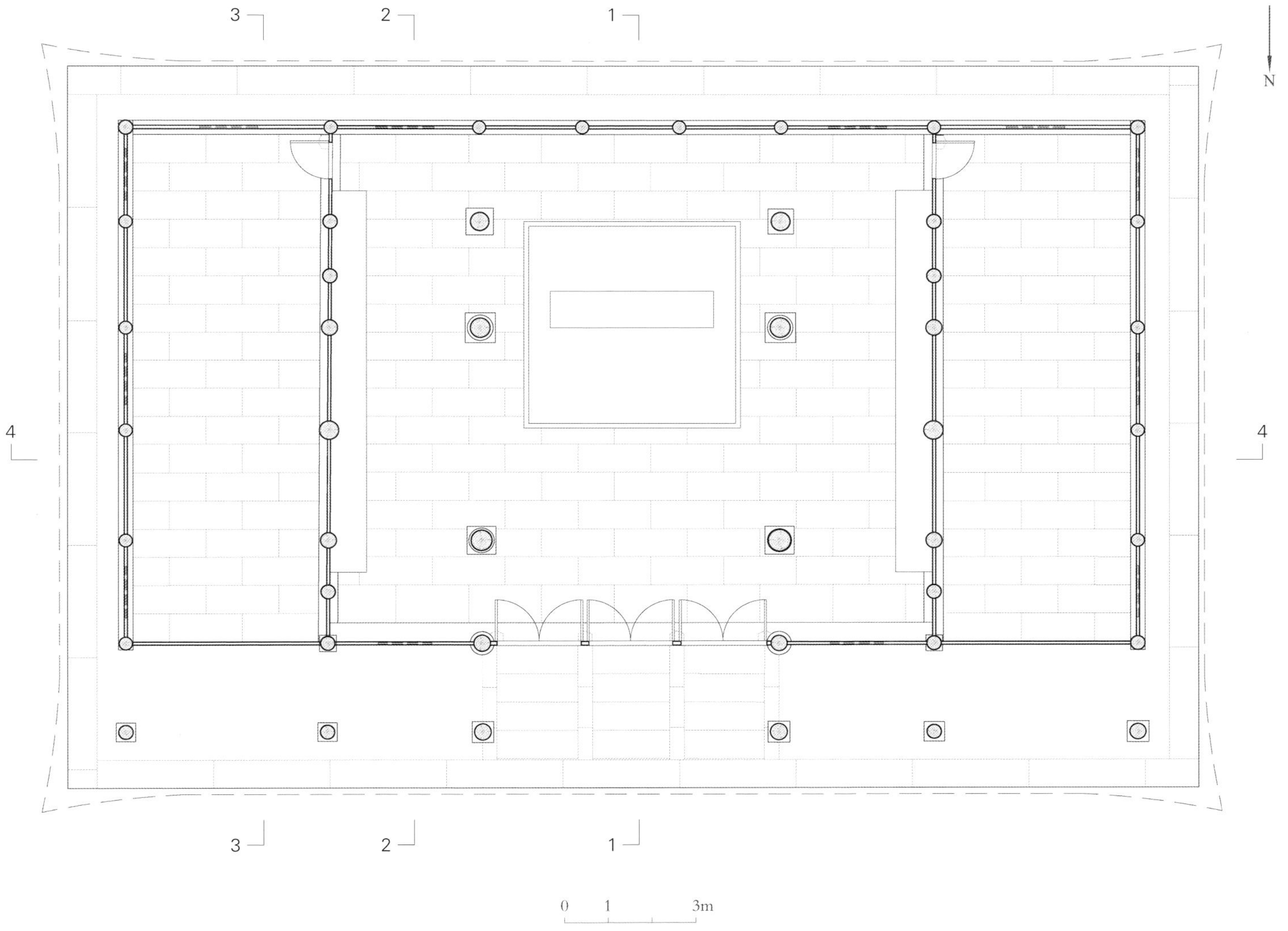

图252 圣寿寺维摩殿平面图
采自李先逵等编著《大足石刻与古建筑群》，重庆大学出版社，2015年

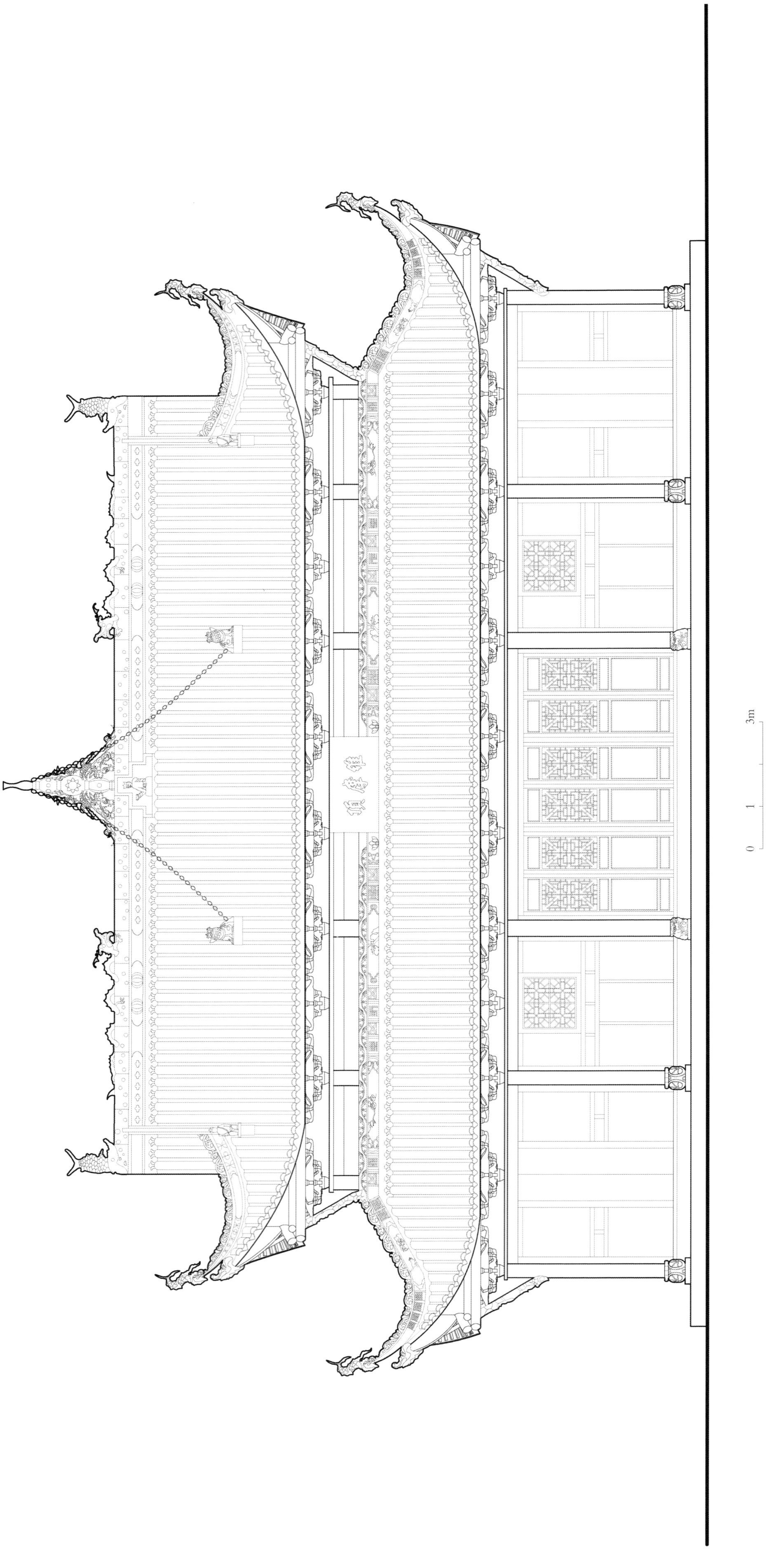

图 253　圣寿寺维摩殿立面图

采自李先逵等编著《大足石刻与古建筑群》，重庆大学出版社，2015 年

图 2.5.4 圣寿寺维摩殿纵剖面图
采自李洁芳等编著《大足石刻与古建筑群》，重庆大学出版社，2015 年

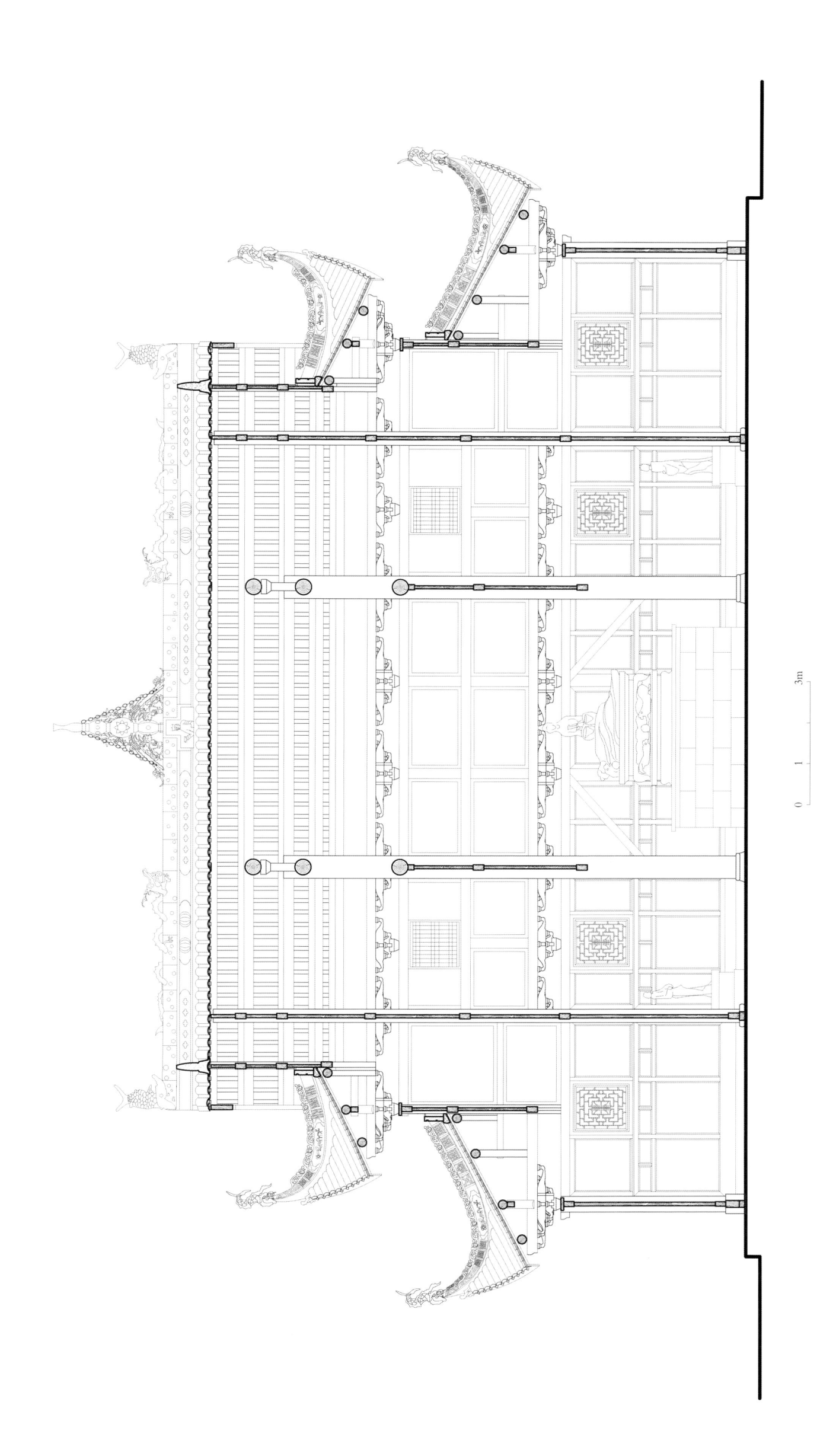

附录三 宝顶山圣寿寺 391

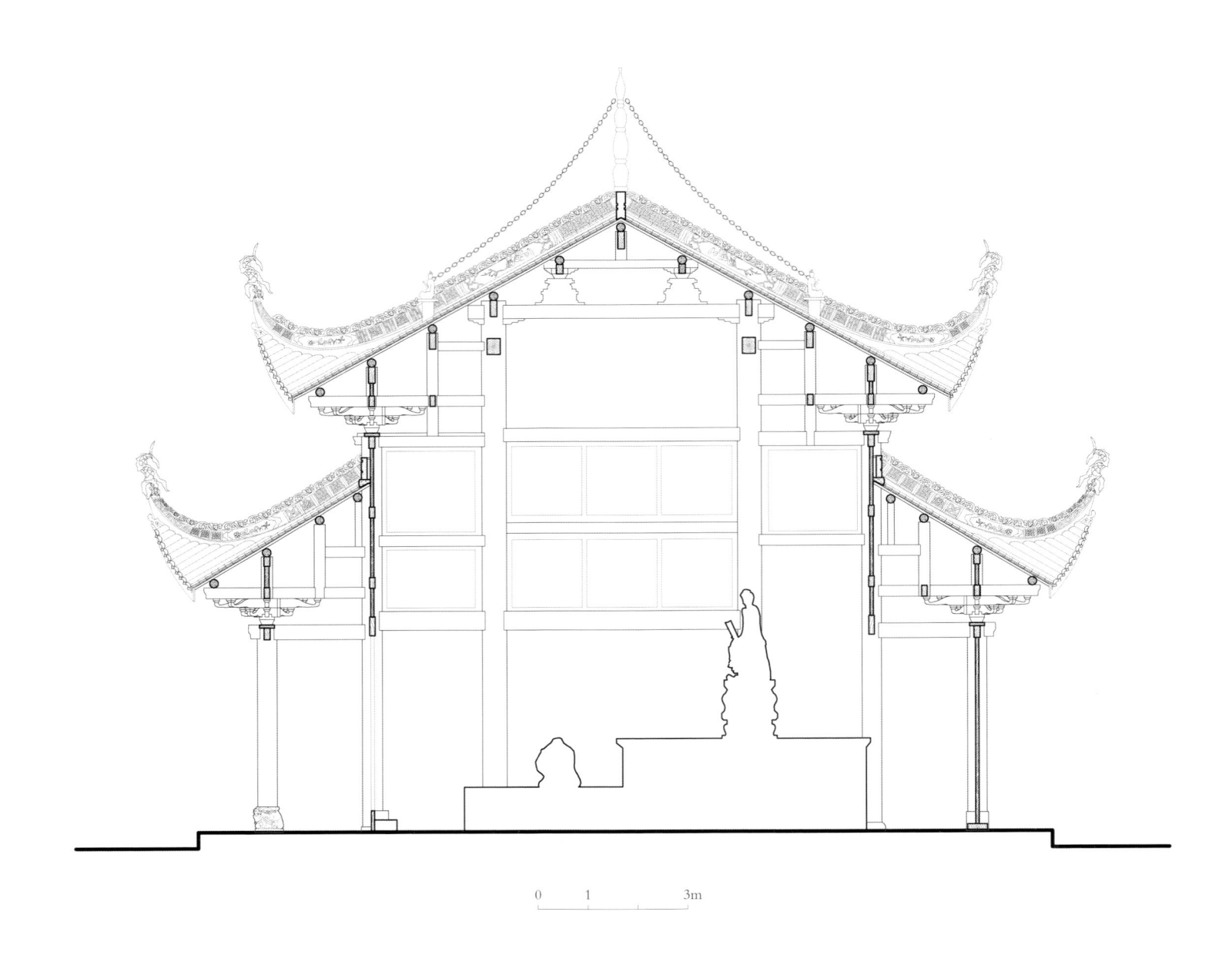

图 255　圣寿寺维摩殿明间剖面图

采自李先逵等编著《大足石刻与古建筑群》，重庆大学出版社，2015 年

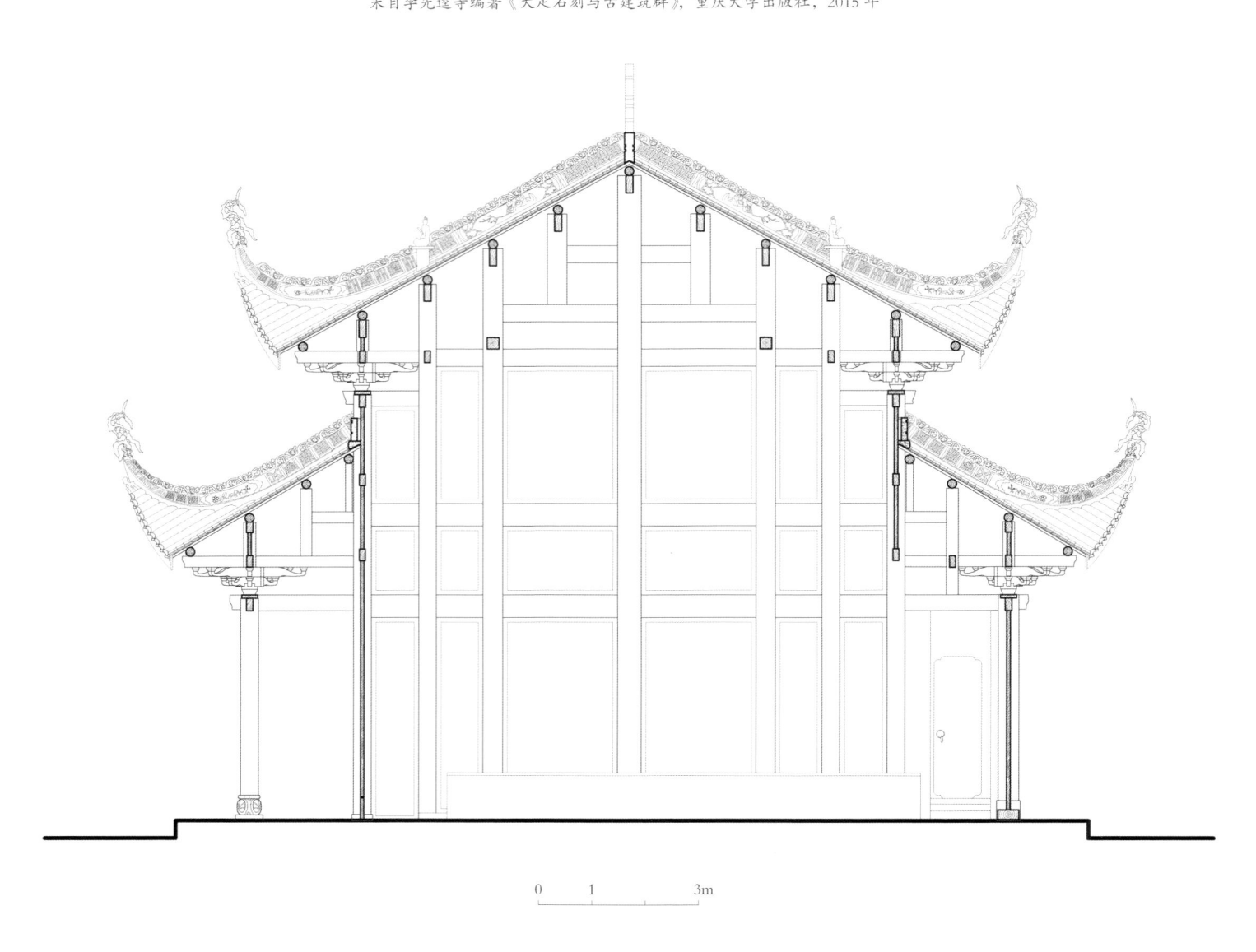

图 256　圣寿寺维摩殿次间剖面图

采自李先逵等编著《大足石刻与古建筑群》，重庆大学出版社，2015 年

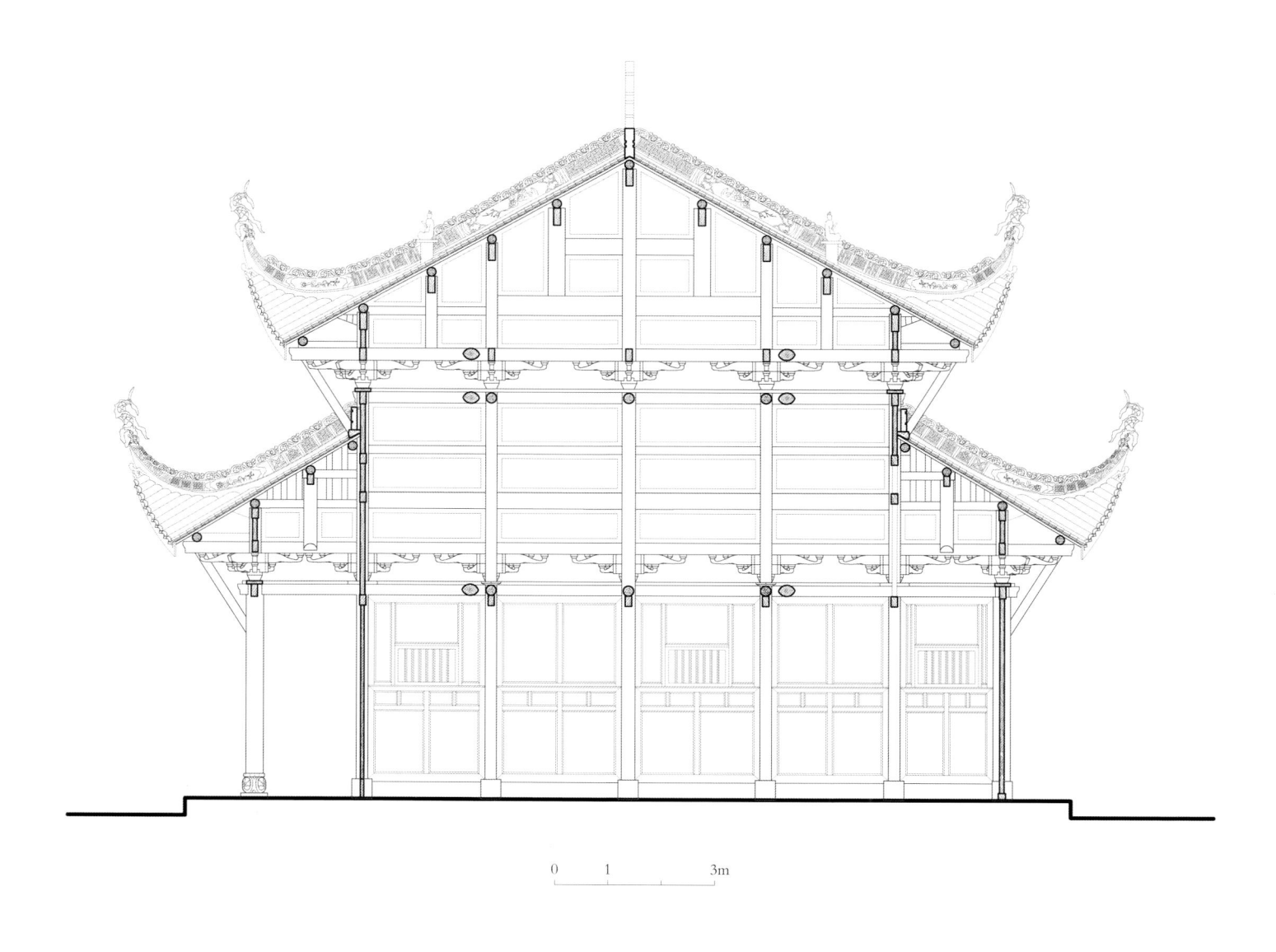

图257　圣寿寺维摩殿尽间剖面图
采自李先逵等编著《大足石刻与古建筑群》，重庆大学出版社，2015年

米[1]（图版Ⅱ：158）。坐佛后背存清乾隆年间妆彩记碑1通。

佛坛四壁凿圆形浅龛，共存79个（图261、图262）。其中，北壁4个，分刻于第四级（自下而上，下同）条石左右端，水平布置。东壁、南壁、西壁各25个，皆作上下两排分刻于第三级、第四级条石上；上下排圆龛错对布置。

圆龛部分残，大小一致，龛直径约28厘米，深6厘米，内皆刻坐佛1身。

（1）北壁

4身。从左至右，编为第1—4像（图261-1；图版Ⅰ：426）。

第1像　坐高约24厘米（图版Ⅰ：427）。头残身蚀，内着僧祇支，外披双领下垂式袈裟，双手残，置腹前；结跏趺坐。双腿及下部龛沿后世改凿，存点状凿痕。

第2像　坐高约25厘米。头残身蚀，可辨双手置腹前，结跏趺坐。

第3像　头毁，残坐高约20厘米（图版Ⅰ：428）。身似披袈裟，双手腹前隐袈裟内，结跏趺坐。

第4像　毁，仅存少许弧形龛壁。

（2）东壁

25身（图261-2；图版Ⅰ：429、图版Ⅰ：430）。其中，上排刻13身，下排刻12身。从上至下，从左至右编为第1—25像。

皆为坐佛，不同程度残损，体量相近，坐高约25厘米。螺髻，面长圆，略蚀。内着僧祇支，外着袈裟。结跏趺坐。其中，第10像着偏衫式袈裟，余着双领下垂式袈裟。各像手姿、持物等特征如下：

第1像　左手置腹前，右手胸前覆巾，巾上置宝珠。宝珠略残，发出两道毫光，沿左肩上升至龛外（图版Ⅰ：431）。

---

[1] 1999年《大足石刻铭文录》未收录。

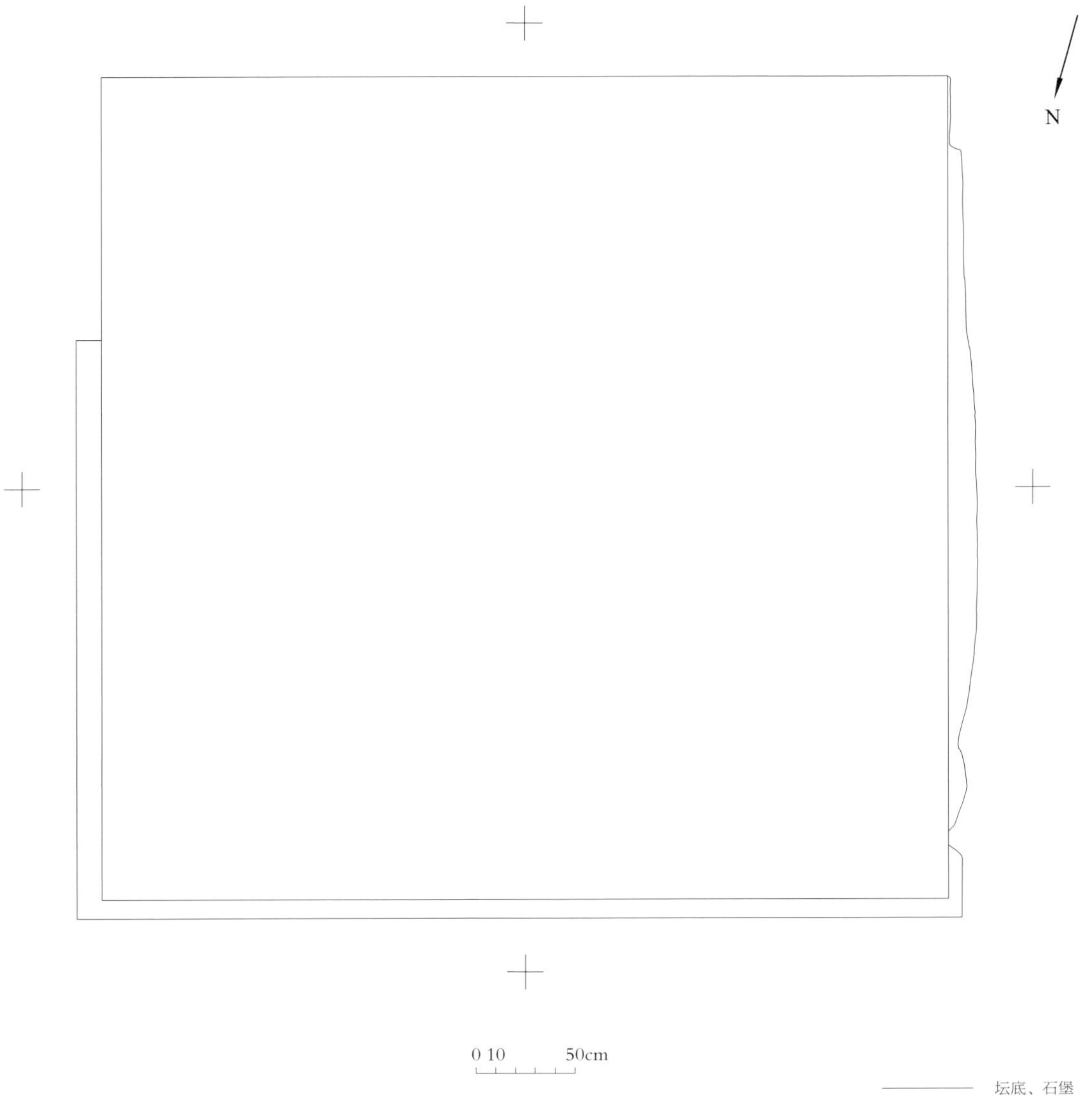

图 258　圣寿寺维摩殿佛坛平面图

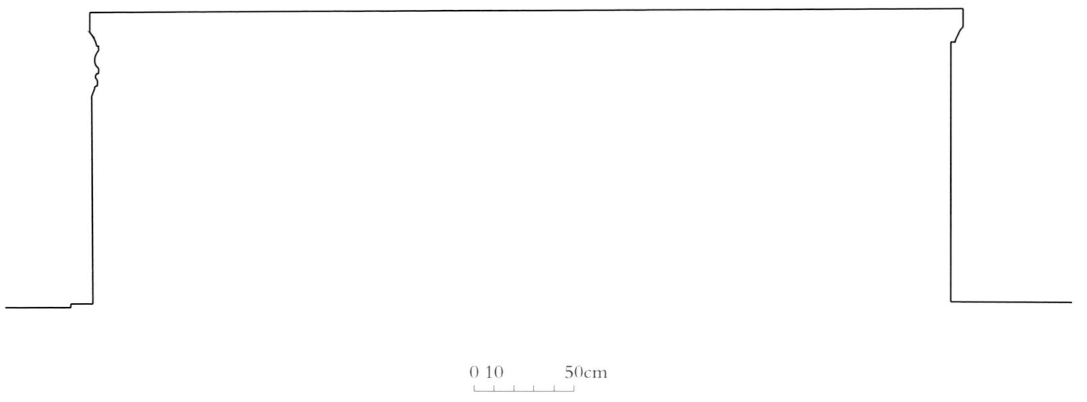

图 259　圣寿寺维摩顶佛坛剖面图（南北向）

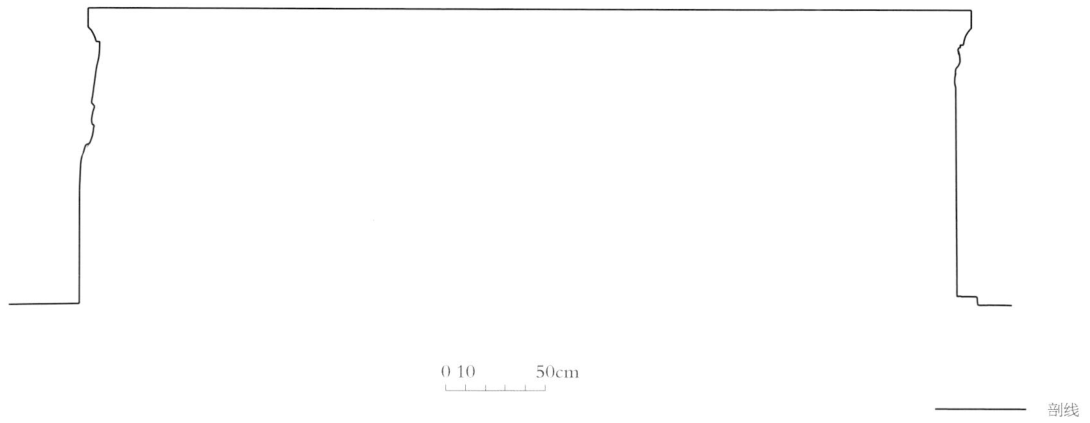

图 260　圣寿寺维摩殿佛坛剖面图（东西向）

第2像　双手腹前笼袈裟内。

第3像　双手抱持右膝（图版Ⅰ：432）。

第4像　双手腹前笼袈裟内。

第5像　双手胸前托钵（图版Ⅰ：433）。

第6像　双手腹前结印。

第7像　双手胸前合十。

第8像　双手腹前笼袈裟内。

第9像　双手腹前结印。

第10像　双手抱持左膝（图版Ⅰ：434）。

第11像　双手残。

第12像　双手腹前结印。

第13像　双手残，置腹前。

第14像　双手腹前笼袈裟内。

第15像　双手腹前结印。

第16像　左手抚膝，右手腹前持贝叶经。

第17像　身后置凭几，双手置几上。

第18像　双手腹前笼袈裟内。

第19像　左手置腹前，右手置胸前，共持一条状物；物残。

第20像　双手置腹前，似结印。

第21像　双手腹前笼袈裟内。

第22像　左手置腹前，右手残，置胸前。

第23像　双手腹前持经函。

第24像　双手腹前托钵。

第25像　双手腹前笼袈裟内。

（3）南壁

25身（图262-1；图版Ⅰ：435、图版Ⅰ：436、图版Ⅰ：437、图版Ⅰ：438、图版Ⅰ：439）。其中，上排13身，下排12身。从上至下，从左至右编为第1—25像。

附录三　宝顶山圣寿寺　395

图 261　圣寿寺维摩殿佛坛北壁、东壁立面图
1　北壁　2　东壁

皆坐佛，残损略重，坐高皆约25厘米。螺髻，面长圆，略蚀。内着僧祇支，外着袈裟；结跏趺坐。其中，第1、4、5、15、16、17、18像双手残，第3、6、14、23像双手腹前结印，第7、24像双手拱于胸前，第8、25像左手横置腹前，右手胸前结印；其余各像双手腹前笼袈裟内。

（4）西壁

25身（图262-2；图版Ⅰ：440、图版Ⅰ：441）。其中，上排13身，下排12身。从上至下，从左至右编为第1—25像。

皆坐佛，略残，体量相近，坐高约25厘米。螺髻，面长圆，略蚀。内着僧祇支，外着袈裟。其中，第9、17像着偏衫式袈裟，其余为双领下垂式袈裟。结跏趺坐。各像手姿、持物等特征如下：

第1像　双手腹前笼袈裟内。

第2像　双手腹前托珠（图版Ⅰ：442）。

第3像　双手腹前笼袈裟内。

第4像　双手胸前作拱（图版Ⅰ：443）。

第5像　双手腹前结印。

第6像　双手腹前笼袈裟内。

第7像　双手胸前合十。

第8像　双手毁，残毁处后世以黄泥填补。

第9像　双手抱左膝。

第10像　左手腹前托钵，右手胸前结印。

第11像　双手腹前笼袈裟内。

第12像　双手腹前结印。

第13像　毁，仅存少许龛壁。后世以条石重新嵌入，并仿刻造像。

第14像　双手残，似置腹前。

第15像　双手胸前托巾，巾上置宝珠。

第16像　双手腹前持贝叶经。

第17像　双手抱左膝。

第18像　双手腹前笼袈裟内。

第19像　左手置腹前，右手置胸前，共持一物；物残。

第20像　双手腹前笼袈裟内。

第21像　左手置腹前，右手置胸前，似结印。

第22像　双手置胸前，似合十。

第23像　双手腹前持贝叶经。

第24像　双手腹前笼袈裟内（图版Ⅰ：444）。

第25像　左手置腹前，右手置胸前，似结印（图版Ⅰ：445）。

佛坛壁上，现存铭文3则[1]，均为偈语，南宋淳熙至淳祐年间（1174—1252年）。

第1则

位于东壁第二级条石。刻石面高约26厘米，与坛面等宽，左起双钩横刻20字，字径20厘米（图版Ⅱ：159）。

假使热铁轮于我顶上旋终不以此苦退失菩提心

---

[1] 铭文部分残失，现据《大足石刻铭文录》录文转录于此。见《大足石刻铭文录》，重庆出版社1999年版，第195—196页。

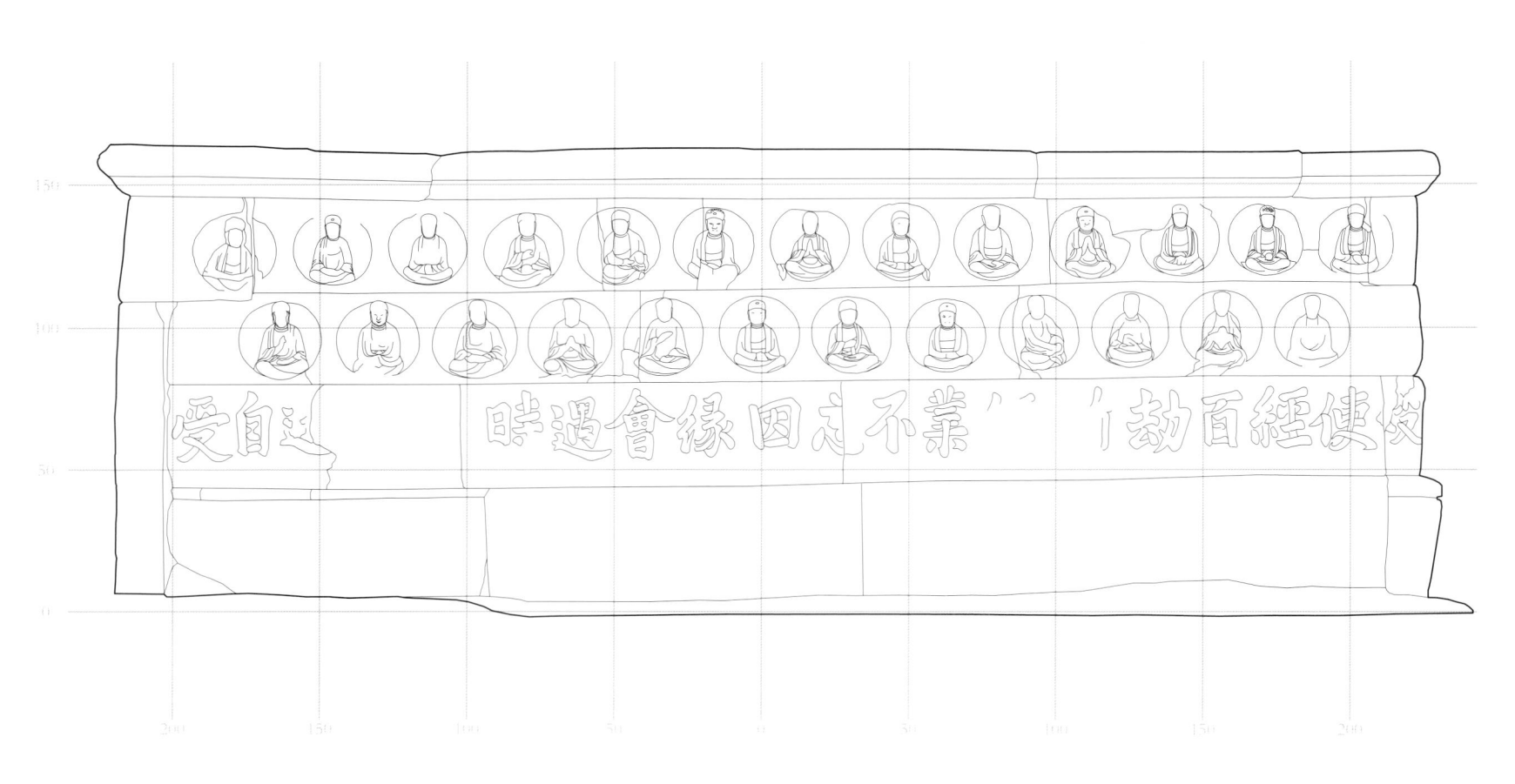

1

2

图 262　圣寿寺维摩殿佛坛南壁、西壁立面图
1　南壁　2　西壁

第2则

位于南壁第二级条石。刻石面高约26厘米，与坛面等宽，左起双钩横刻10字，字径20厘米（图版Ⅱ：160）。

相识满天下△知心能几人

第3则

位于西壁第二级条石。刻石面高约26厘米，与坛面等宽，左起双钩横刻20字，字径20厘米（图版Ⅱ：161）。

假使经百劫所作业不忘因缘会遇时果报还自受[6]

佛坛北壁与西壁转折相接处，原条石毁，后世重新嵌石修补，与原壁面齐平。修补面通高约140厘米，左右延伸最深约45厘米。

条石间裂隙和造像残毁处，后世用黄泥填补。

坛沿和圆龛壁面保存灰白色、红色两种涂层。造像存少许灰白色、黑色、蓝色、绿色等四种涂层。

（八）圣迹池

位于圣寿寺山门北向前侧约15米，大致呈横长方形，占地约2000平方米（图版Ⅰ：446）。

圣迹池始建年代不明。推测原规模较小，为圣寿寺放生池。明永乐十六年（1418年），僧惠妙住持宝顶山寺后，于"丙午年正月重开石池一所，计深丈余，内种莲藕菱茨，养畜游鱼千数"[1]，石池得以拓宽加深。

圣迹池中部有凸露的两个巨石堡，水平相距约500厘米。东侧石堡上刻佛双足印，西侧石堡上刻臀印。1985年，在两个巨石堡四周修筑圆形隔水护墙，以保护足印及臀印；并于东侧石堡上建六角形重檐攒尖亭一座，西侧石堡边缘建露水圆环平台；从南侧池边至石堡，以莲叶石蹬连接。1998年，在申报大足石刻列入《世界遗产名录》进行环境整治时，彻底清理池内淤泥，扩大池面，沿池新建堡坎及条石护栏一周。

西侧巨石堡上所刻臀印较大，东西宽120厘米，南北宽80厘米，深约25厘米。

东侧巨石堡中部所刻双足印最近相距约130厘米；单足印长180厘米，最宽110厘米，深40厘米。足间鼓凸的石面竖刻"释迦佛｜天龙八部｜大（漶）｜"3行，存8字，字径20厘米。足跟后侧石面凿出凹槽，竖直嵌入三块石板，三面合围扣砌形成一屋型神龛（图版Ⅰ：447）。左、右石板皆高217厘米，宽53厘米，厚12厘米，后侧石板高216厘米，宽75厘米，厚13厘米。龛口北向，通高240厘米，宽115厘米，深40厘米。龛顶作两坡屋顶式样，凿瓦垄瓦沟。龛内嵌背屏式立佛1身（图版Ⅰ：448）。背屏石通高200厘米，宽43厘米，厚26厘米。立佛通高200厘米，头长29厘米，肩宽37厘米，胸厚17厘米。头部与背屏间浮雕云纹，云纹正面饰刻五道上升的毫光。螺髻，面方圆，眉间刻白毫，双耳垂肩，颈刻三道肉褶线。内着僧祇支，外着双领下垂式袈裟，袈裟一角系于左肩哲那环上；下着裙。双手置腹前笼袖内，跣足立于云台上。足及云台残。自佛像当胸处升出两道毫光，沿双肩上飘，延至头顶上方毫光外侧。

浅龛后侧石板南向壁面存碑文2则。

第1则

玄极重开石池镌记，明宣德元年（1426年）。碑文位于左侧，刻石面高62厘米，宽33厘米。文左起，上部竖刻3行，下部被水侵蚀，现存20字，字径5厘米（图版Ⅱ：162）。

01　大明永乐丙午[2]（漶）

02　玄极重开建此池（漶）

03　世人止许空观美（漶）

1　玄极立《重修宝顶事实》碑，见本报告集第七卷上册第314、315页。另见重庆大足石刻艺术博物馆编：《大足石刻铭文录》，重庆出版社1999年版，第251页。
2　碑刻"永乐丙午"纪年有误，永乐自"癸未"至"甲辰"共计22年，无"丙午"年。永乐后的第二年，即明宣德元年（1426年），其干支方为"丙午"。

第2则

僧秀然装彩古佛记，清道光十一年（1831年）。碑文位于右侧，刻石面高50厘米，宽25厘米。文左起竖刻，41字，字径3—5厘米（图版Ⅱ：163）。

　　本山住持僧秀然发心装彩

　　古佛一尊祈保山门清吉

　　李自富吴立元各一钱[7]

　　道光十一年四月初三日立

东侧石堡东、西边缘对称各凿二圆形柱洞。洞直径约48厘米，深约17厘米。清康熙二十九年（1690年）大足知县史彰《重开宝顶碑记》云："山门外石上有佛双足印覆以亭。"[1]清嘉庆二十三年（1818年）知县张澍《后游宝顶山记》云："仍返至山门，欲寻所谓双足迹者，池中左侧树一碑，碑左右石上有双足迹。架木至碑所谛视，乃永乐丙午岁正月立者……旧碑言，昔时有亭覆石，今无之矣"[2]。由此可知，石堡上原覆亭宇，且至迟建于明永乐前，清康熙年后毁，1985年方复建。

（九）牖壁

现位于圣迹池北侧约7米处的草坪内[3]。南与圣寿寺山门相对，相距约30米。西距大佛湾石窟东崖约30米，东距新建的宝顶老街入口大门约15米。

据小佛湾僧晴舟立《实录碑记》载，清乾隆三十一年至四十年间（1766—1775年），时僧晴舟住持宝顶山圣寿寺，致力于寺院恢复，"建修山门灵官殿照墙垣卫"[4]。

牖壁呈东西走向布置。基石深埋，显露青砖砌筑的中空壁身。壁身通高317厘米，宽1100厘米，厚42厘米。青砖匹长29厘米，宽19厘米，厚9厘米。青砖间以白灰浆接缝。南、北面壁身光平，残存涂抹的泥层，东西端残损，顶上残留砖瓦（图版Ⅰ：449）。

东西两侧壁身下部各镶嵌碑铭1通，形制一致，皆高0.42厘米，宽0.88厘米，厚度不明。其中，西侧（右）碑铭在1997年时即已漶灭，东侧（左）碑铭时存，为"牖壁四邻赞"，清乾隆五十九年（1794年）上石。碑文左起，竖刻24行，字径2.5厘米，计203字。现已漶不识，今据拓片及陈明光先生1998年调查成果转录[5]（图版Ⅱ：164）。

01　牖壁四邻赞云

02　晴祖建牖数十秋堂内寺

03　外福禄攸堪舆迁改塘

04　外立

05　安公择补更高楼千僧过

06　堂胜百代万人朝贺在

07　此求莲池不断甘泉水

08　牌额万古培昌州徒子

09　法孙大众海人人寿域

10　海添筹△又云

11　此池名为放生塘

12　释迦沐浴古今彰鱼鳖虾

1　见本报告集第七卷上册第312页；另见《重开宝顶碑记》，重庆大足石刻艺术博物馆编：《大足石刻铭文录》，重庆出版社1999年版，第219页。
2　《民国重修大足县志》卷一。
3　陈明光先生疑此牖壁原立于圣寿寺山门前，乾隆五十九年（1794年）方迁至现地。1997年冬，在拆除宝顶老街西段杨大友家后露出，并作原址保存。见陈明光：《宝顶发现圣寿寺"牖壁"及其他——宝顶山石窟拾遗》，《大足石刻研究文集》（5），重庆出版社2005年版，第474—475页。
4　见本册第342、343页；另见重庆大足石刻艺术博物馆编：《大足石刻铭文录》，重庆出版社1999年版，第221—224页。
5　陈明光：《宝顶发现圣寿寺"牖壁"及其他——宝顶山石窟拾遗》，《大足石刻研究文集》（5），重庆出版社2005年版，第474—475页。

13　鳝修行所龙宫海藏始
14　脉芳布鱼切莫塘中取
15　举网勤步走他乡强取
16　由恐得罪佛霸用一怕
17　鬼神魍千看万看看佛
18　面又看赵柳古坛场自
19　此告禀众檀越从今化
20　众作善良若是人人皆
21　培养儿子儿孙佐朝堂
22　住持僧上大下安监院戈五
23　合堂大众同立
24　乾隆甲寅年六月上浣立[8]

（十）碑碣题刻

圣寿寺各殿内、外保存有明至民国时期的碑碣和题刻22通（则）。其中，山门存1通，帝释殿存7通，大雄宝殿存6通，三世佛殿存5通，维摩殿存3通。

1. 僧慧灿《重修山门内石坝碑记》[1]

石刻，清嘉庆年间（1796—1820年）上石。位于山门殿明间右侧中柱抱鼓石左面。刻石面高65厘米，宽50厘米。碑文左起，竖刻14行，前6行，存92字，字径3厘米（图版Ⅱ：165）。

重修山门内石坝碑记
从来世之好善乐施者莫如眼见之功为最著
之念若宝鼎[2]山门内之石坝谓非眼见之功
果乎历年既久因以圮颓有寺内知客僧慧
灿目思古迹朝拜要道之□□自愿□倡义
补修今功告竣就石以志永远不朽是序[9]
（第7—14行人名略）

2. 曹琼撰《恩荣圣寿寺记》碑

竖碑，碑阳上石于明弘治十七年（1504年），碑阴上石于明嘉靖九年（1530年）。位于帝释殿明间右侧。置盘龙座上，碑身方形，上端抹角，高171厘米，宽89厘米，厚15厘米，边框饰卷草纹。碑阳篆书左起横刻碑额"恩荣圣寿寺记"6字，字径高13厘米，宽8厘米[3]；碑文左起，竖刻24行，存833字，字径2厘米。碑阴左起竖刻6行104字，行书，字径6厘米（图版Ⅱ：166、图版Ⅱ：167）。

碑阳

恩荣圣寿寺记（额）
01　赐进士第文林郎南京山东道监察御史富顺△曹琼△撰文

1　碑无纪年。按僧慧灿，与嘉庆元年立《圣旨》碑的住持僧慧心同辈，故视为清嘉庆年间碑记。
2　此"鼎"字《大足石刻铭文录》录为"顶"。重庆大足石刻艺术博物馆编：《大足石刻铭文录》，重庆出版社1999年版，第261页。
3　《大足石刻铭文录》据道光和民国《大足县志》对本碑进行过校补，详见重庆大足石刻艺术博物馆编：《大足石刻铭文录》，重庆出版社1999年版，第218—219页。

02　赐进士及第奉训[1]大夫翰林院学士古渝△刘春△书丹

03　赐进士第中宪大夫云南按察司副史前监察御史永川△赵炯△篆额

04　重庆郡属邑曰大足去城东三十里有山曰宝顶有寺曰圣寿建立自唐至宋熙宁间

05　敕赐今号相传为毗卢佛[2]氏讬[3]俗炼形之所也毗卢爱是山独秀于众峰卑撑中白云冉冉荫蔚蔽天遂栖焉□□□□□□□□

06　外有池一泓可[4]鉴[5]池傍[6]巨迹双印盘石池下有崖悬石如两壁抱溪而西盖自巅岩至此周遭凡六百尺□□□□□□□□

07　千象据自大藏经中挈出故迹炳炳两崖之上盖以寓上天下地有福善祸淫之报大意宛然景迹非□□□□□□□□

08　皆毗卢之功也寺因是[7]著名

09　朝廷久矣弘治癸亥秋今

10　皇上以海内平宁宫掖多福乃绘观音水莲画象信以

11　国宝

12　命僧录觉义成完领捧亲置雁堂为诸释弟子供侍以祈邦国无疆之庇甲子秋九月九日完公始驻大足明日会余与邑之贰尹吉水□□

13　冲埋[8]判簿安基李公时雍徽州刘公文纬莲幕蒲城许公文明鸿胪同邑尹公尚德分教九溪胡公国佐江陵张公廷和致政大尹□□

14　朱公孔阳辈于官邸余曰宝顶之约久而不约[9]今兹[10]盛事[11]盍乘兴一游以各偿所愿乎诸公唯唯是日遂与完公偕往登山展[12]祭舆□□

15　香致祝毕侍者引憩一丈室荼顷曰[13]尚在高春完公复邀余辈环寺步览既而叹曰完奉

16　命西自[14]五台东及补[15]陀以为天下名山莫有俪者至历斯境崖迹迥异又不在二山之下佳哉佳哉余[16]亦叹吾儒恒以佛氏为谈空不据之□

17　今考其书毗卢佛再世讬[17]生于本邑米粮里赵延富之家奉母最孝母尝抱疾乃礼求于其师将委身[18]救之母疾以愈他凡可以济人□

18　物者靡所不至清苦七十余年始幻化超如来地之上品观此又未必无据也自唐大中及今几七百年而丛林愈盛灵应益[19]赫每□

19　空日丽或有五彩光射于峰岩之表是亦犹吾儒中若岳武穆之墓木隗孝子之江崖至今不泯岂非兴[20]忠笃孝足以动天地感鬼□

20　故身虽去而一念之灵犹托迹于山川草木间耿耿欲[21]与两仪同悠久者亦其理之必然也假令事不足征何以有是

21　九重恩光远被万谷中而俾天乔争耀也欤坐中龙公刘公起而揖余曰今日之事不容不纪乃命寺僧住持法金磨石以促[22]□□□□

22　遂尔执事然境界之胜神功之殊

23　圣恩之荣衣冠之会愧不足以状[23]其盛正欧阳所谓安得巨笔如长虹而□山之□当必有待于大家焉

24　·大明弘治十七年岁在甲子冬十二月一日朔初十日丙寅吉旦△本寺住持法金立[10]

1　此"训"字《大足石刻铭文录》录为"顺"。重庆大足石刻艺术博物馆编：《大足石刻铭文录》，重庆出版社1999年版，第218页。
2　此"佛"字《大足石刻铭文录》未录。重庆大足石刻艺术博物馆编：《大足石刻铭文录》，重庆出版社1999年版，第218页。
3　此"讬"字《大足石刻铭文录》录为"托"。同前引。
4　此"可"字《大足石刻铭文录》未录。同前引。
5　此"鉴"字《大足石刻铭文录》录为"监"。同前引。
6　此"傍"字《大足石刻铭文录》未录。同前引。
7　此"是"字《大足石刻铭文录》未录。同前引。
8　此"埋"字《大足石刻铭文录》录为"墟"。同前引。
9　此"约"字《大足石刻铭文录》录为"践"。同前引。
10　此"兹"字《大足石刻铭文录》录为"之"。同前引。
11　此"事"字《大足石刻铭文录》录为"世"。同前引。
12　此处《大足石刻铭文录》多录一"拜"字。同前引。
13　此"曰"字《大足石刻铭文录》录为"日"。同前引。
14　此"自"字《大足石刻铭文录》录为"至"。同前引。
15　此"补"字《大足石刻铭文录》录为"普"。同前引。
16　此"余"字《大足石刻铭文录》录为"吾"。同前引。
17　此"讬"字《大足石刻铭文录》录为"托"。同前引。
18　此处《大足石刻铭文录》多录一"以"字。同前引。
19　此"益"字《大足石刻铭文录》录为"亦"。重庆大足石刻艺术博物馆编：《大足石刻铭文录》，重庆出版社1999年版，第219页。
20　此"兴"字《大足石刻铭文录》未录。同前引。
21　此"欲"字《大足石刻铭文录》补录为"然"。同前引。
22　此"促"字《大足石刻铭文录》补录为"俟"。同前引。
23　此"状"字《大足石刻铭文录》录为"壮"。同前引。

碑阴

01　游宝顶寺和壁间郭通府韵一首虽词格鄙俗殊不可

02　观将以纪岁月云耳

03　拨冗春游眼界明远迎箫鼓数山僧观风愧我荒新

04　政爱古令工洗旧铭草软陇头黄犊卧松幽[1]洞口白云生千

05　秋胜概都收览谁禁禅堂笑[2]语声△时

06　嘉靖庚寅仲春二日知大足县事桂林袁衍△书[11]

3. 住持僧立《正堂示禁》碑

竖碑，清乾隆五十七年（1792年）上石。位于帝释殿明间右侧。碑座方形素面，碑身方形，上端抹角；通高197厘米，宽95厘米，厚11厘米，边饰几何纹。额左起横刻"正堂示禁"4字，字径10厘米。碑文左起，竖刻12行，存324字，径3厘米（图版Ⅱ：168）。

正堂示禁（额）

01　署四川重庆府大足县事垫江县正堂加五级纪录十次军功纪录三次又卓异加一级许△为

02　镌石严禁滋扰以清禅院以垂久远事照得寺庙庵观供设△神佛募僧道以资焚

03　献宜清净以肃旗檀今查宝顶寺屡被山主地邻及土豪流棍欺凌难堪搅扰靡宁

04　平日贪饕饮食巧口如簧借[3]端勒磕钱财存心若蝎遇事生风移花接木或以丐妇

05　偶憩岩硐[4]指为藏奸或因游僧借寓梵宫称为匪匪他如起逐佃户与人何干而地

06　棍播弄反令讦讼霸居经理寺务惟僧自主而山邻把持必欲夺权搅事且于寺前

07　开设店铺招引匪徒惹祸滋非波连僧众种种滋扰需索殊堪搅除密差查拏[5]外

08　合行示禁为此示仰该寺山邻地主及诸色人等知悉示之后各宜凛遵如敢仍

09　前入寺搅扰把持需索一经访闻或被该僧告发轻则枷号山门重则照凶恶棍徒

10　扰害良民例投畀远方决[6]不稍微宽假毋违特示

11　当代住持僧□□

12　乾隆五十七年六月△日[12]

4. 罗元吉撰《关圣碑记》

竖碑，清道光二十八年（1848年）上石。位于帝释殿明间右侧。置素面座上，碑身方形，上端抹角，通高190厘米，宽85厘米，厚17厘米。额左起横书"关圣碑[13]记"4字，字径10厘米。碑文左起，竖刻，碑序6行及末行纪年，存287字，字径2厘米；捐资人名略（图版Ⅱ：169）。

关圣碑记（额）

1　此"幽"字《大足石刻铭文录》录为"香"。重庆大足石刻艺术博物馆编：《大足石刻铭文录》，重庆出版社1999年版，第239页。
2　此"笑"字《大足石刻铭文录》录为"叹"。同前引。
3　此"借"字《大足石刻铭文录》录为"偕"。重庆大足石刻艺术博物馆编：《大足石刻铭文录》，重庆出版社1999年版，第227页。
4　此"硐"字《大足石刻铭文录》录为"洞"。同前引。
5　此"拏"字《大足石刻铭文录》录为"拿"。同前引。
6　此"决"字《大足石刻铭文录》录为"绝"。同前引。

窃闻大而化之之谓圣圣而不□知之之谓神夫子殆圣而神者乎人恒称之为忠勇目之为义勇或有当于夫子否讵知夫子神□
天亶武纬文经匪直日武而实武中之文想当年武艺绝伦固[1]著威风栗烈及尔时文章大雅犹存气度雍容武耶文耶圣而神也化
而不可知者也以余戴盆之见醯鸡之能敢拟高深于万一第崇善有心理合题赠若兹领袖诸君既感格于神灵复悯忱而鼎礼慕
镏铢以创金身不辞己瘁作股肱以襄玉体俞见寅恭则英爽之气和蔼之容望俨然而即也温凛凛乎其若生焉从此祀典常昭荐
馨香于俎豆明禋弗替隆冠带于春秋越数[2]千百年后适兹庙堂仰赫濯之声灵想圣神之功化诚令人低徊留之不能去云
爰志姓名悉列左△△邑庠生罗元吉瑞亭氏撰△△书额
（捐资人名略）
大清道光二十八年戊申岁花月中浣榖旦立[14]

5. 饶玉成书诗

木刻，年代不详。位于帝释殿后檐下左板壁外侧。刻字面高175厘米，宽70厘米。行书，文左起，竖刻5行63字，前3行字径10厘米，后2行字径5厘米（图版Ⅱ：170）。

01　大将南征胆气豪腰横秋水雁翎
02　刀风吹鼍鼓山河动电闪旌旗日
03　月高天上麒麟原有种人间蝼蚁
04　岂能逃太平待诏归来日朕[3]与先生解
05　战袍△癸亥春日△饶玉成[15]

6. 柳涯居士书诗

木刻，年代不详。位于帝释殿后檐下左板壁内侧。刻字面高175厘米，宽70厘米。行草，文左起，竖刻5行60字，字径9厘米，款字径4厘米（图版Ⅱ：171）。

01　夫因兵乱守蓬茅麻苎裙衫鬓
02　发焦桑柘废来犹纳税田园荒
03　尽[4]尚征苗时挑野菜和根煮旋
04　砍生柴带叶烧任是深山家深处也应
05　无计避征徭△柳涯居士[16]

7. 饶玉成书诗

木刻，年代不详。位于帝释殿后檐下右板壁外侧。刻字面高155厘米，宽70厘米。行书，文左起，竖刻4行32字，字径10厘米，款字径3厘米（图版Ⅱ：172）。

01　眼中不必名山大川千万
02　耳中不必鎏笙凤吹迎
03　风起△性子才城
04　秀山主人饶玉成[17]

1　此"固"字《大足石刻铭文录》录为"国"。重庆大足石刻艺术博物馆编：《大足石刻铭文录》，重庆出版社1999年版，第262页。
2　此"数"字《大足石刻铭文录》未录。重庆大足石刻艺术博物馆编：《大足石刻铭文录》，重庆出版社1999年版，第262页。
3　此"朕"字《大足石刻铭文录》录为"联"。同前引书，第246页。
4　此"尽"字《大足石刻铭文录》录为"后"。同前引。

8. 鹤寿书诗

木刻，年代不详。位于帝释殿后檐下右板壁内侧。刻字面高155厘米，宽70厘米。行草，文左起，竖刻4行30字，字径12厘米（图版Ⅱ：173）。

01　问余何事栖碧山笑而不

02　答心自闲桃花流水渺然

03　去别有天地非人间

04　鹤寿[18]

9.《亘古昭然》碑

竖碑，碑阳上石于清乾隆三年（1738年）。位于大雄宝殿右后檐下。碑座素面方形，碑身方形，上端抹角，通高199厘米，宽114厘米，厚16厘米，边饰卷草纹。碑阳双钩左起横刻碑额"亘古昭然"，字径9厘米。碑文左起，竖刻，存810字，字径3厘米（图版Ⅱ：174）。碑阴刻《万岁阁题名记》碑，无序，全为功德主人名，无上石年月，录文略（图版Ⅱ：175）。

碑阳

亘古昭然（额）

重建宝顶山四至界畔碑记

宝顶一山蜀中名地也自兵燹后不无圮毁荒秽逮我

朝定鼎以来鸿恩浩荡历

简仁厚长吏[1]抚绥招徕士民乐业已有可观兼荷前任昌侯摄理足邑之△史公△陆公△李公及嗣任之△史公接踵捐修庙貌巍严[2]及四至界畔厘[3]定清楚皆勒贞砥以示永久则斯山之住僧惟恪[4]遵已定之界畔耕种输赋应无异议已但是时地尚荒芜其所纪[5]载不过标其大概至于四至中之土田歪斜曲突之形势未尽详记因启近民渐开竞端而住持僧名万庵者又复颓靡不振前任△陈公欲驱未果昨[6]年秋幸蒙我邑侯△许公慨[7]然复古令换住持复命邑中绅士耆老再将僧俗各已耕熟之界畔会集踩明重建碑记俾空门衲子焚献有资行见蜀中之名[8]地山河共固而列侯之嘉迹日月同长矣是为记

文林郎知大足县事正堂加一级纪[9]录五次许

儒学正堂加一级△△△杨

驻防部厅加一级△△△△姚

督捕[10]厅加一级△△△△李△协同勘定常住田土四至界畔详列于后

一东至龙头山路左边山岭连张姓分水径至何姓山后土沿坎至土地祠转下小河穿桥抵正河分水心径至□□小水沟石硚[11]上过田坎朝东分岭直上车家庙山顶横过朝西分岭直下大柏树抵小水沟直下小石硚[12]为界□□

1　此"吏"字《大足石刻铭文录》录为"史"。重庆大足石刻艺术博物馆编：《大足石刻铭文录》，重庆出版社1999年版，第226页。
2　此"严"字《大足石刻铭文录》录为"然"。同前引。
3　此"厘"字《大足石刻铭文录》录为"历"。同前引。
4　此"恪"字《大足石刻铭文录》录为"格"。同前引。
5　此"纪"字《大足石刻铭文录》录为"记"。同前引。
6　此"昨"字《大足石刻铭文录》录为"作"。同前引。
7　此"慨"字《大足石刻铭文录》录为"概"。同前引。
8　此"名"字《大足石刻铭文录》录为"明"。同前引。
9　此"纪"字《大足石刻铭文录》录为"记"。同前引。
10　此"捕"字《大足石刻铭文录》录为"扑"。同前引。
11　此"硚"字《大足石刻铭文录》录为"桥"。同前引。
12　此"硚"字《大足石刻铭文录》录为"桥"。同前引。

一南至高姓小水沟朝西正河分水心径上脚庵河朝南上孔姓田坎径上大柏树古坟嘴横过下大柏树小塆[1]□□

田坎直过土地祠下河分水心转下至罗姓水沟分心直上罗姓田坎横过转黄连嘴直上山分岭抵二层岩朝□

顺岩至水沟过上岩嘴顺岩径至二层岩壁朝上径至古石梯为界

一西至石梯大岩连龙黄二姓长岩转黎姓坳土沿坎至彭姓高岩坎软岩曲转上小子岭翻过直下水沟沿岩过大

路上山分岭下啄头石[2]过坳坎直下坍田过[3]山分岭过坳人[4]上山分岭直过岚坳大扯角田上山分岭直下转

长圵小田坎过烂沟烂田坎转至大路左边上山分岭至观音岩后分岭直下过坳至山王殿顺岩径抵大青杠树转

上大路径至小塆[5]顺岩直下岩嘴向小宝顶路抵岩帮岩径至龙塘为界

一北至龙塘当沟直下抵黄姓正岩转上对面佛翻坳顺土边转下岩正水沟抵张姓二水沟跟沟转上抵大岩顺岩

朝东径至龙头山大路左傍山顶为界

田土通共九百九十贰亩

住持僧□然△维庵△宗祥△市庵△净明△徒孙自光△月海△全两序大众[6]

大清乾隆三年岁次戊午仲春中浣之吉阆[7]邑绅士乡耆里民△公立[19]

10. 僧慧心立《正堂示禁》碑

竖碑，清嘉庆元年（1796年）上石。位于大雄宝殿右后檐下。与《善果流芳》碑合置一梯形石座上。碑身方形，高129厘米，宽95厘米，厚17厘米；左右及上方刻出宽7厘米的边框，内刻卷草纹。额左起横书"正堂示禁"4字，字径10厘米。碑文左起，竖刻14行，存482字，字径3厘米（图版Ⅱ：176）。

正堂示禁（额）

01 署四川重庆府大足县事名山县正堂加三级纪录五次又随带军功加一级七△为严禁恶

02 棍生事扰害佃户霸种赖租僧卖寺产以清净土而申△国法事照得宝鼎为大足胜都

03 人士往往登眺其间披襟选胜翰墨之迹溢于碑石惟昔维摩祖师阐扬宗教建寺于兹香花

04 梵呗之盛甲于全省其斋田僧产颇称丰裕乃无圣僧继起以致内则顽耗乏其财外则痞棍

05 驳削其产各佃户乘隙吞租霸种讼牍繁兴丛林日败殊堪痛恨查例载丛林古刹旧经官

06 入册斋田不许私相售卖典当违者发边远充军其山地田仍归该寺管业倘有续置田地亦

07 令报明地方官申报上司载入清查册各等语今宝鼎寺本县于旧冬将从前不法顽僧驱

08 逐之后另选戒僧慧心住持在案诚恐尚有该寺近邻者无知棍徒借称檀[8]越在寺寻衅兹扰

09 设计陷害或以局赌骗钱或以诱奸索诈或称饮酒食肉而供其欲壑或以借钱不还而估物

10 拉牛种种扰害不可枚举言念及此殊堪发指除蜜[9]访严拏外合行出示严禁为此示仰合邑

11 军民僧道人等知悉自示之后如再有前项不法棍徒胆敢在寺扰害许该住持指名具禀以

12 凭严拘讯明照例先在该寺门首枷号三个月满日充发倘该寺僧不守清规自蹈不法一经

13 犯案亦必按律究办决不少贷各宜凛遵毋违特示△右△谕△通△知

14 大清嘉庆元年三月朔五日△当代方丈慧心立△统领合堂两序大众同立[20]

---

1. 此"塆"字《大足石刻铭文录》录为"湾"。重庆大足石刻艺术博物馆编：《大足石刻铭文录》，重庆出版社1999年版，第226页。
2. 此"石"字《大足石刻铭文录》录为"岩"。同前引。
3. 此"上"字《大足石刻铭文录》录为"正"。同前引。
4. 此"人"字《大足石刻铭文录》录为"口"。同前引。
5. 此"塆"字《大足石刻铭文录》录为"湾"。同前引。
6. 此"全两序大众"5字《大足石刻铭文录》未录。重庆大足石刻艺术博物馆编：《大足石刻铭文录》，重庆出版社1999年版，第227页。
7. 此"阆"字《大足石刻铭文录》录为"圆"。同前引。
8. 此"檀"字《大足石刻铭文录》录为"擅"。同前引。
9. 此"蜜"字《大足石刻铭文录》录为"密"。同前引。

11. 《善果流芳》碑

竖碑，清嘉庆十五年（1810年）上石。位于大雄宝殿右后檐下。与僧慧心立《正堂示禁》碑合置一梯形石座上。碑身方形，通高185厘米，宽85厘米，厚15厘米，左右上端抹角。碑额左起横书"善果流芳"4字，字径10厘米。碑文左起，竖刻，碑下部分字泐灭，存365字，字径2厘米；出资人名略（图版Ⅱ：177）。

善果流芳（额）
装彩关圣夫子文昌夫子火德星君金容碑志铭川主火神圣□□并善士□□人等（泐）
神有金容犹[1]人之有衣冠□人必来□□□□瞻视尊神□金□□□后（泐）
玉皇大殿左右先□奉有关圣夫子文昌夫子火德星君以及灵（泐）
庚午岁[2]夏六月有首领等谋及同人装彩金身一时环近善士□□欣然乐（泐）
生为正人死为正神史[3]之书者彰矣人之赞者多矣其有附会之说□响而（泐）
而知夫子[4]之为夫子矣于戏是亦一[5]天也是以声名洋溢十方国地及□□凡（泐）
其在天为张星为文昌在地为□岳为□□在人为将相为士夫其为神□在□□文昌（泐）
诗云张仲孝友非谓我夫子与[6]自隋唐以来镌□〔灵异[7]〕至今飞□降笔处处彰美（泐）
尤[8]□亦兼[9]掌禄嗣此又夫子降灵而自叙者也至于火神□熙[10]朝之万□荧咸循度（泐）
泰金鞭耀处众魔潜踪赤面霁时群品沾泽是火神之足以御灾捍患咸镇四方不与关圣（泐）
庄严俨然黄金之相以视昔之泥塑装彩而真面难睹者今则焕乎维新而神光普照□则相（泐）
直[11]如日月之经天山河之纬地矣若夫果报之说自有攸归且置不道△棠城府学庠[12]生黄□（泐）
龙神圣像二尊（泐）
（出资人名略）
大清嘉庆十五年六月下浣吉旦立[21]

12. 僧永学立《县正堂示》碑

竖碑，清光绪三十一至三十四年（1905—1908年）上石。位于大雄宝殿右前檐下，为圆首方碑，置素面方座上。碑身高163厘米，宽81厘米，厚17厘米。额左起横书"县正堂示"4字，字径13厘米。碑文左起，竖刻，除立碑人名外，存423字，字径4厘米（图版Ⅱ：178）。

县正堂示（额）
钦加同知衔[13]赏戴花翎奏署重庆府大足县事即补县正堂加五级记[14]录十次记大功十三次沈△为
出示刊碑永遵办理事据米粮里宝顶局山邻职员李鸿勋州同李学刚职员黄民[15]德

1　此"犹"字《大足石刻铭文录》录为"尤"。重庆大足石刻艺术博物馆编：《大足石刻铭文录》，重庆出版社1999年版，第261页。
2　此"岁"字《大足石刻铭文录》未录。同前引。
3　此"史"字《大足石刻铭文录》录为"足"。同前引。
4　此"子"字《大足石刻铭文录》未录。同前引。
5　此"一"字《大足石刻铭文录》未录。同前引。
6　此"与"字《大足石刻铭文录》录为"兴"。同前引。
7　此"灵异"2字《大足石刻铭文录》未识别。同前引。
8　此"尤"字《大足石刻铭文录》录为"龙"。同前引。
9　此"兼"字《大足石刻铭文录》未录。同前引。
10　此"熙"字《大足石刻铭文录》录为"兴"。同前引。
11　此"直"字《大足石刻铭文录》录为"真"。同前引。
12　此"庠"字《大足石刻铭文录》录为"师"。同前引。
13　此"衔"字《大足石刻铭文录》录为"御"。重庆大足石刻艺术博物馆编：《大足石刻铭文录》，重庆出版社1999年版，第229页。
14　此"记"字《大足石刻铭文录》录为"纪"。同前引。
15　此"民"字《大足石刻铭文录》录为"明"。同前引。

保正刘资生副正杨芯臣绅黄增黄崇善黄义官李修五李相廷王合钦文自钧张

锡文陈泽生住持僧永学僧永桂僧安国僧昌远等禀称情绅等附近宝顶系名

山古刹每逢观音胜会各邑士民多虔心来庙进香庆祝询买白蜡清油烛以

洁神灵无如奸巧谋利之徒来此发卖大小神烛均擅用漆蜡棬油假烛燃照

佛前黑烟环绕不惟亵渎神圣且污秽佛像金身朦垢殿宇虽历年经各

主示禁伊等视为具文及今昨[1]会甚至价减少数希图获利绅等目击心伤只

得禀恳赏示严禁勒石镌碑大张禁革自禁之后大小神烛务照城东规模概

用白蜡清[2]油没如有不遵绅等禀恳究治以达神庥而昭郑重神人均沾伏乞等

情据此除禀批示外合行出示严禁△为此示仰远近卖烛人等一体知[3]悉自

示之后务须遵照城东规模大小神烛概用白蜡清油以答[4]神庥倘有敢于违

抗仍卖漆蜡棬油假烛者许山邻等指名具禀带案讯究其各凛遵勿违特示

（立碑人名略）

光绪三十□年△三月初七日右谕通知宝顶山晓谕勿损[22]

13. 廖沛霖撰《重修宝顶山圣寿寺记》碑

木刻，清光绪四年（1878年）镌刻。位于大雄宝殿次间左侧隔断木板壁上。刻字面高260厘米，宽80厘米。碑文左起，竖刻，前10行序424字，字径3厘米；出资人名略（图版Ⅱ：179）。

重修宝顶山圣寿寺记

邑西[5]北多山山在亘或数十里或[6]百里若眠蚕若奔马若蹲狮踞[7]象求一冈峦特峙者则难之宝顶居众山中群峰拱揖叠嶂回环洵天生选佛场也考

寺始于唐盛于宋沿于元明而毁于明季张李之乱荒烟蔓草没为邱墟

国[8]朝雍正[9]年间邑令史公彰有吏才善因地为治以为山之兴废与邑与盛衰相倚伏因征绥阳僧性超理治焉寻故址于榛荆饰空山以碧珠宫贝阙斳

然一新而邑之文风民俗遂果[10]蒸蒸日上越道光季年岁欠稔寺僧以田瘠逋租去禅榻荒寒佛灯冷落邻寺僧德芳见而伤焉慨然以重修为己任因

功浩费繁虑难以橐金葳乃事也适茂才罗君珊李君明元黄君清贵李君自文黄君性炳文君庆廷张君孝荣住持玉宽等乃相与赞成之工始于同

治壬戌五月竣于丙寅三月是年五月将其齐[11]施茶果以落之也不陋余[12]挽余纪其事余见夫曲径穿云危楼插汉雕甍耀日飞阁流丹登其堂精神焕

发凭其岩气象万千此日之辉煌大异当年之倾颓矣特不识邑之文风民俗其臻盛又当奚似也余更知此中之振兴鼓舞大有人在也不然西京钟

1　此"昨"字《大足石刻铭文录》录为"作"。重庆大足石刻艺术博物馆编：《大足石刻铭文录》，重庆出版社1999年版，第229页。
2　此"清"字《大足石刻铭文录》录为"青"。同前引。
3　此"知"字《大足石刻铭文录》录为"自"。同前引。
4　此"答"字《大足石刻铭文录》录为"达"。同前引。
5　此"邑西"2字《大足石刻铭文录》录为"足邑"。重庆大足石刻艺术博物馆编：《大足石刻铭文录》，重庆出版社1999年版，第264页。
6　此处《大足石刻铭文录》多录一"数"字。同前引。
7　此"踞"字《大足石刻铭文录》录为"巨"。同前引。
8　此"国"字《大足石刻铭文录》录为"皇"。同前引。
9　此"正"字《大足石刻铭文录》录为"政"。同前引。
10　此处《大足石刻铭文录》多录一"然"字。同前引。
11　此"齐"字《大足石刻铭文录》录为"斋"。同前引。
12　此"余"字《大足石刻铭文录》录为"佘"。同前引。

11. 《善果流芳》碑

竖碑，清嘉庆十五年（1810年）上石。位于大雄宝殿右后檐下。与僧慧心立《正堂示禁》碑合置一梯形石座上。碑身方形，通高185厘米，宽85厘米，厚15厘米，左右上端抹角。碑额左起横书"善果流芳"4字，字径10厘米。碑文左起，竖刻，碑下部分字漶灭，存365字，字径2厘米；出资人名略（图版Ⅱ：177）。

善果流芳（额）

装彩关圣夫子文昌夫子火德星君金容碑志铭川主火神圣□□并善士□□人等（漶）

神有金容犹[1]人之有衣冠□人必来□□□□瞻视尊神□金□□□后（漶）

玉皇大殿左右先□奉有关圣夫子文昌夫子火德星君以及灵（漶）

庚午岁[2]夏六月有首领等谋及同人装彩金身一时环近善士□□欣然乐（漶）

生为正人死为正神史[3]之书者彰矣人之赞者多矣其有附会之说□响而（漶）

而知夫子之为夫子[4]矣于戏是亦一[5]天也是以声名洋溢十方国地及□□凡（漶）

其在天为张星为文昌在地为□岳为□□在人为将相为士夫其为神□在□□文昌（漶）

诗云张仲孝友非谓我夫子与[6]自隋唐以来镌□〔灵异[7]〕至今飞〕降笔处彰美（漶）

尤[8]亦兼[9]掌禄嗣此又夫子降灵而自叙者也至于火神□熙[10]朝之万□荧威循度（漶）

泰金鞭耀处众魔潜踪赤面霁时群品沾泽是火神之足以御灾捍患威镇四方不与关圣（漶）

庄严俨然黄金之相以视昔之泥塑装彩而真面难睹者今则焕乎维新而神光普照□则相（漶）

直[11]如日月之经天山河之纬地矣若夫果报之说自有攸归且置不道△棠城府学庠[12]生黄□（漶）

龙神圣像二尊（漶）

（出资人名略）

大清嘉庆十五年六月下浣吉旦立[21]

12. 僧永学立《县正堂示》碑

竖碑，清光绪三十一至三十四年（1905—1908年）上石。位于大雄宝殿右前檐下，为圆首方碑，置素面方座上。碑身高163厘米，宽81厘米，厚17厘米。额左起横书"县正堂示"4字，字径13厘米。碑文左起，竖刻，除立碑人名外，存423字，字径4厘米（图版Ⅱ：178）。

县正堂示（额）

钦加同知衔[13]赏戴花翎奏署重庆府大足县事即补县正堂加五级记[14]录十次记大功十三次沈△为

出示刊碑永遵办理事据米粮里宝顶局山邻职员李鸿勋州同李学刚职员黄民[15]德

---

1 此"犹"字《大足石刻铭文录》录为"尤"。重庆大足石刻艺术博物馆编：《大足石刻铭文录》，重庆出版社1999年版，第261页。
2 此"岁"字《大足石刻铭文录》未录。同前引。
3 此"史"字《大足石刻铭文录》录为"足"。同前引。
4 此"子"字《大足石刻铭文录》未录。同前引。
5 此"一"字《大足石刻铭文录》未录。同前引。
6 此"与"字《大足石刻铭文录》录为"兴"。同前引。
7 此"灵异"2字《大足石刻铭文录》未识别。同前引。
8 此"尤"字《大足石刻铭文录》录为"龙"。同前引。
9 此"兼"字《大足石刻铭文录》未录。同前引。
10 此"熙"字《大足石刻铭文录》录为"兴"。同前引。
11 此"直"字《大足石刻铭文录》录为"真"。同前引。
12 此"庠"字《大足石刻铭文录》录为"师"。同前引。
13 此"衔"字《大足石刻铭文录》录为"御"。重庆大足石刻艺术博物馆编：《大足石刻铭文录》，重庆出版社1999年版，第229页。
14 此"记"字《大足石刻铭文录》录为"纪"。同前引。
15 此"民"字《大足石刻铭文录》录为"明"。同前引。

保正刘资生副正杨苾臣绅黄增黄崇善黄义官李修五李相廷王合钦文自钧张

　　锡文陈泽生住持僧永学僧永桂僧安国僧昌远等禀称情绅等附近宝顶系名

　　山古刹每逢观音胜会各邑士民多虔心来庙进香庆祝询买白蜡清油烛以

　　洁神灵无如奸巧谋利之徒来此发卖大小神烛均擅用漆蜡梏油假烛燃照

　　佛前黑烟环绕不惟亵渎神圣且污秽佛像金身朦垢殿宇虽历年经各

　　主示禁伊等视为具文及今昨[1]会甚至价减少数希图获利绅等目击心伤只

　　得禀恳赏示严禁勒石镌碑大张禁革自禁之后大小神烛务照城东规模概

　　用白蜡清[2]油没如有不遵绅等禀恳究治以达神庥而昭郑重神人均沾伏乞等

　　情据此除禀批示外合行出示严禁△为此示仰远近卖烛人等一体知[3]悉自

　　示之后务须遵照城东规模大小神烛概用白蜡清油以答[4]神庥倘有敢于违

　　抗仍卖漆蜡梏油假烛者许山邻等指名具禀带案讯究其各凛遵勿违特示

　　（立碑人名略）

　　光绪三十□年△三月初七日右谕通知宝顶山晓谕勿损[22]

13. 廖沛霖撰《重修宝顶山圣寿寺记》碑

木刻，清光绪四年（1878年）镌刻。位于大雄宝殿次间左侧隔断木板壁上。刻字面高260厘米，宽80厘米。碑文左起，竖刻，前10行序424字，字径3厘米；出资人名略（图版Ⅱ：179）。

　　重修宝顶山圣寿寺记

　　邑西[5]北多山山在亘或数十里或[6]百里若眠蚕若奔马若蹲狮踞[7]象求一冈峦特峙者则难之宝顶居众山中群峰拱揖叠嶂回环洵天生选佛场也考

　　寺始于唐盛于宋沿于元明而毁于明季张李之乱荒烟蔓草没为邱墟

　　国[8]朝雍正[9]年间邑令史公彰有吏才善因地为治以为山之兴废与邑与盛衰相倚伏因征绥阳僧性超理治焉寻故址于榛荆饰空山以碧珠宫贝阙薪

　　然一新而邑之文风民俗遂果[10]蒸蒸日上越道光季年岁欠稔寺僧以田瘠遁租去禅榻荒寒佛灯冷落邻寺僧德芳见而伤焉慨然以重修为己任因

　　功浩费繁虑难以囊金葳乃事也适茂才罗君珊李君明元黄君清贵李君自文黄君性炳文君庆廷张君孝荣住持玉宽等乃相与赞成之工始于同

　　治壬戌五月竣于丙寅三月是年五月将其齐[11]施茶果以落之也不陋余[12]挽余纪其事余见夫曲径穿云危楼插汉雕甍耀日飞阁流丹登其堂精神焕

　　发凭其岩气象万千此日之辉煌大异当年之倾颓矣特不识邑之文风民俗其臻盛又当奚似也余更知此中之振兴鼓舞大有人在也不然西京钟

1　此"昨"字《大足石刻铭文录》录为"作"。重庆大足石刻艺术博物馆编：《大足石刻铭文录》，重庆出版社1999年版，第229页。
2　此"清"字《大足石刻铭文录》录为"青"。同前引。
3　此"知"字《大足石刻铭文录》录为"自"。同前引。
4　此"答"字《大足石刻铭文录》录为"达"。同前引。
5　此"邑西"2字《大足石刻铭文录》录为"足邑"。重庆大足石刻艺术博物馆编：《大足石刻铭文录》，重庆出版社1999年版，第264页。
6　此处《大足石刻铭文录》多录一"数"字。同前引。
7　此"踞"字《大足石刻铭文录》录为"巨"。同前引。
8　此"国"字《大足石刻铭文录》录为"皇"。同前引。
9　此"正"字《大足石刻铭文录》录为"政"。同前引。
10　此处《大足石刻铭文录》多录一"然"字。同前引。
11　此"齐"字《大足石刻铭文录》录为"斋"。同前引。
12　此"余"字《大足石刻铭文录》录为"佘"。同前引。

鼓东国辟雍犹将茂草鞠之况宝顶一荒凉寂寞之区哉是记

邑廪[1]贡生廖沛霖澍生氏撰并书

（出资人名略）[23]

14. 僧万庵等立《重修大佛碑记》

石刻，清雍正四年（1726年）上石。位于大雄宝殿明间主尊佛像座台左侧。刻石面高40厘米，宽180厘米。碑文左起，竖刻，前序及纪年27行，278字，字径2厘米。后列出资人名，录文略（图版Ⅱ：180）。

重修大佛碑记

香国宝鼎原系赵本尊于绍兴年

开创建之寺也三奉敕赐永作

医王之地无奈年远岁更

佛像殿堂皆遭兵燹至我

大清康熙甲子年有僧容众禅宿

开山复修殿阁后遇本邑县主

讳李维钧者捐俸协同合邑绅

士耆老费金四十余两共成

毗卢大佛一尊敬奉香火不意

佛像虽存而金身破坏为僧坐视

则善何生特起毫念先捐己资

复募十方依成万德

毗卢大佛一尊求证佛地庶几前

后功德昭然人间集斯美利上

报四恩下济三有愿祈在会人

等世世生生普沾福[2]利永享遐

龄当必道德超隆福果奇瞻因

此勒石以垂不朽云耳

前住此山中兴第一代禅师上南下

翁和尚捐资二拾两

当代住持嗣祖沙门万庵监同

两序合院大众鼎建

时△化主维庵

大清雍正四年岁次丙午十二[3]月

初八日立

施财众姓芳名开列于此

（略）[24]

15. 佚名立《清正廉明》碑

竖碑，清光绪二十九年（1903年）上石。位于三世佛殿左外。碑身高250厘米，宽103厘米。竖刻，字径41厘米。左右落款，存

1　此"廪"字《大足石刻铭文录》录为"禀"。重庆大足石刻艺术博物馆编：《大足石刻铭文录》，重庆出版社1999年版，第264页。
2　此"福"字《大足石刻铭文录》录为"佛"。重庆大足石刻艺术博物馆编：《大足石刻铭文录》，重庆出版社1999年版，第259页。
3　此"二"字《大足石刻铭文录》录为"一"。同前引。

26字，字径11厘米（图版Ⅱ：181）。

　　清正廉明
　　邑侯[25]公实唐老父台大人△德政（左）
　　光绪二十九年季夏明〔东〕[1]□□□民等敬颂（右）

16. 王德嘉书张澍《前游宝顶山记》碑

竖碑，清同治十三年（1874年）上石。位于三世佛殿内右下角。置素面方座上。碑身高260厘米，宽130厘米，厚24厘米。碑文左起，竖刻25行，存1377字，字径3厘米（图版Ⅱ：182）。

01　前署邑令武威张澍前游宝顶山记
02　久欲蹑宝顶山巅寻幽探异问毗卢佛之遗迹以牒诉悾偬未暇扪壁旋因涔霙隃[2]月路甚滒淖不便肃骖乃擂鼓北岩宣阳排阴天大晴霁于十月十八
03　日载涂[3]焉出东门十余里渐折而北路渐艮坎将至宝顶山五里许有孤峰斗绝在外镌白衣观音像上镌小佛三尊悬崖[4]覆之远望西北诸山如狻猊蹲
04　踞伺攫行人抵山隅路侧有石屋镌林林央央生狞堪当转而东则至山门门外大石池方圆三亩许池中左侧竖一碑左右石上有双足迹大如箕惜
05　水深不得至碑所摩挲整衿入则石坊高峙横书西竺仙境四字循阶上内为韦驮殿再进即维摩殿像极庄严令人祇[5]悚再进为观音殿由维摩殿之右
06　而[6]行有大宝楼阁[7]即宝顶也内藏毗卢肉身凡三层以石砌成下层刻达摩中层刻迦叶上层刻释迦周围刻经间以佛像楼阁[8]后石壁下截镌八字大如
07　斗仅存末大宝楼阁[9]四字由右侧陟石级而升高丈许为平台建石屋屋亦高丈余自东壁抵西壁长三十步后壁镌小佛数盈万凡柱梁棼栱罔[10]非佛者
08　或向或背或坐或卧或行或立或曲膝或伸臂或瞑目或欢笑或悲戚靡不生动曲肖所执香花宝珠钹钵缨络之属亦复精巧寡伦西壁多镌女菩萨像
09　东壁上镌毗沙天王像怒气郁勃阴森逼人旁镌佛数百妙丽端严天人俱足屋檐外左侧有毗卢石庵左右壁外均镌佛又镌天神弯弓拔剑擒[11]袄极威
10　猛之状庵后壁外画宝塔图图上镌佛横书释迦舍利宝塔禁中应现之图十二字佛下画宝塔像旁刻嘉定十年僧道权记叙事雅洁有体庵前楣横刻
11　毗卢庵三字庵之下有石洞内镌佛像门前立二力士手执杵钺左右壁亦镌二力士像厥状复悬良喜色可掬由观音殿右出沿缘而上约十弓许为圣
12　寿寺寺踞山顶巍峨宏敞老松幽篁宗生族攒殿中塑如来上有楼木刻晓山和尚卧像俛视群峰罗列环拱如小儿孙洵此山独秀矣寺侧石佛数十立

1　此"明东"2字《大足石刻铭文录》录为"月□"。重庆大足石刻艺术博物馆编：《大足石刻铭文录》，重庆出版社1999年版，第245页。
2　此"隃"字《大足石刻铭文录》录为"逾"。重庆大足石刻艺术博物馆编：《大足石刻铭文录》，重庆出版社1999年版，第247页。
3　此"涂"字《大足石刻铭文录》录为"途"。同前引。
4　此"崖"字《大足石刻铭文录》录为"岩"。同前引。
5　此"祇"字《大足石刻铭文录》录为"祗"。同前引。
6　此"而"字《大足石刻铭文录》录为"西"。同前引。
7　此"阁"字《大足石刻铭文录》录为"阁"。同前引。
8　此"阁"字《大足石刻铭文录》录为"阁"。同前引。
9　此"阁"字《大足石刻铭文录》录为"阁"。同前引。
10　此"棼栱罔"3字《大足石刻铭文录》录为"斗拱网"。同前引。
11　此"擒"字《大足石刻铭文录》录为"拎"。同前引。

13	丛芳间悉皆断裂土人云系张献忠所毁东南小阜有白塔下狭上广无顶土人云康熙时飞至泸州为铁索缧[1]住不能飞来矣乃返禅室少憩出山门折
14	而西百余步至佛塆[2]纵观右岩腰镌猛虎下山状势极奔逸折而东岩高百尺镌金刚十尊三世佛三尊各高五丈许有转轮佛口衔金轮霞光万道状极
15	雄伟少进屏颜横镌宝顶山三字末署衔朝请大夫权尚书兵部侍郎兼同修国史兼军□录试官修撰杜孝严书下镌大佛尤为奇特顶上圆光配藜于
16	崖际再进则为千手大悲殿慈悯之怀溢于眉睫真鬼工也杜觊龟画所不到稍转至岩曲镌睡佛首大如屋身长九丈旁镌弟子十余向佛若悲泣者又
17	折而西则为北岩为九龙口九龙口溃[3]清泉飞洒益寿始生之儿流于方池九曲入涧旁有孔雀明王洞明王骑孔雀势欲凌虚旁有毗卢阁[4]像静闷若有
18	思者再进则镌佛牙六贼图又镌地狱变相鬼怪纷沓暨兜率天宫诸佛拈花及雪岭鹰崖[5]释迦苦炼令观者神游其境复返至南崖[6]之左沿崖[7]而西凡镌
19	牛九头十牧童牛或龀[8]草或饮水或跧卧或倚树或仰首鸣或控勒不可制其牧童或用力牵拽或挥鞭或倚石卧或坐石吹笛[9]或延颈斜睨或相抱而戏
20	乃杨次公得道牧牛事也山峰忽危耸而起突出丈余则为圆觉洞有大狮雄踞洞口拳毛斗尾恍闻吼声洞甚黔[10]暗上镌观音文殊普贤两旁十二尊
21	者仪态幻眇匪复人间周围及顶俱镌鹫岭峰峦大海波涛花鸟飞舞鱼龙变幻愕[11]眙者久之惟前岩上漏一线天天光斜穿入洞乃辨诸像由狮子崖[12]而
22	西路径逼仄镌坐佛岩际有若城者名鲁班仓仍返至右岩口缘磴[13]而登其上平阿四彻建万岁楼作八卦形檐拱翼[14]骞势若飞动盖是山分南北二岩中
23	为深涧由涧底西行有大足川土人云川亦有大足双迹也嗟摩余行天下遍矣凡所登览已极耳目之观今至宝顶浩眺岩壑穷睇法像则撵[15]舌而惊曹
24	能始曰宝顶寺者唐柳本尊学吴道子笔意环崖[16]数里凿浮屠像奇谲幽怪古今所未有也噫信矣△△△△△△知大足县事城固王德嘉勒石
25	大清同治十三年岁次甲戌孟春上浣穀旦[26]

17. 陈宗昭等立《释迦佛碑》

竖碑，清嘉庆六年（1801年）上石。位于三世佛殿内左上角，置素面座上。碑身高154厘米，宽85厘米，厚15厘米。额左起横书"释迦佛碑"4字，字径14厘米。碑文左起，竖刻15行，除第11、12行外共263字，字径4厘米（图版Ⅱ：183）。

1　此"缧"字《大足石刻铭文录》录为"锁"。重庆大足石刻艺术博物馆编：《大足石刻铭文录》，重庆出版社1999年版，第247页。
2　此"塆"字《大足石刻铭文录》录为"湾"。同前引。
3　此"溃"字《大足石刻铭文录》录为"喷"。同前引。
4　此"阁"字《大足石刻铭文录》录为"阁"。同前引。
5　此"崖"字《大足石刻铭文录》录为"岩"。同前引。
6　此"崖"字《大足石刻铭文录》录为"岩"。同前引。
7　此"崖"字《大足石刻铭文录》录为"岩"。同前引。
8　此"龀"字《大足石刻铭文录》录为"吃"。同前引。
9　此"笛"字《大足石刻铭文录》录为"篷"。同前引。
10　此"黔"字《大足石刻铭文录》录为"黝"。同前引。
11　此"愕"字《大足石刻铭文录》录为"腭"。重庆大足石刻艺术博物馆编：《大足石刻铭文录》，重庆出版社1999年版，第248页。
12　此"崖"字《大足石刻铭文录》录为"岩"。同前引。
13　此"磴"字《大足石刻铭文录》录为"蹬"。同前引。
14　此"翼"字《大足石刻铭文录》录为"异"。同前引。
15　此"撵"字《大足石刻铭文录》录为"举"。同前引。
16　此"崖"字《大足石刻铭文录》录为"岩"。同前引。

释迦佛碑（额）

虔修释迦文佛碑记

宝鼎[1]佛地也而弟[2]一世祖灵应遐方放古棠胜境几与吾邑

白鹊并盛古遂宁郡南惟陈氏繁族甲于乡其君显者特崇

文佛而修之以一介来告曰某非遐福于父母子孙也闻花

雨之润溯石点之奇思[3]以损金五十用是崇佛万一焉厥功

既成属[4]予为记予系以佛[5]赞曰维四十九包藏万有天中之

天濣谁匹偶阿㮈多罗历劫不磨优昙献异亦曰摩诃匪直

唵继是奇宊耒乌[6]洛念三藐三菩提佛流显烁兹乃损金丈

六一茎种波罗于宝鼎[7]兮万载知名

△遂宁县下安里十甲地名颜家沟陈宗昭室人董氏男陈

（11至12行出资人名略）

△△戊申科乡[8]进士遂宁淳庵刘人骥腾千甫撰

△住持方丈上惠下崑[9]副寺知客合同两序常住损银五十千文建修

大清嘉庆六年岁在辛酉季夏月中浣[27]

18. 廖沛霖撰重修宝顶山圣寿寺等处庙宇并诸佛像总碑

竖碑，清光绪四年（1878年）复镌。位于三世佛殿内左下角，置素面座上。碑身高223厘米，宽127厘米，厚20厘米。碑文左起，竖刻24行，除第15—22行外共556字，字径3厘米（图版Ⅱ：184）。

01　重修宝顶山圣寿寺维摩殿经殿正殿玉皇殿东南二岳灵官殿万岁楼等处庙宇并诸佛像总碑

02　邑西北多山山连亘或数十里或百里若眠蚕若奔马若蹲狮踞象求一冈峦特峙者则难之宝顶居众山中

03　群峰拱揖叠嶂回环洵天生选佛场也考寺始于唐盛于宋沿于元明而毁于明季张李之乱荒烟蔓草没为

04　丘墟

05　国朝雍正年间邑令史公彰有吏才善因地为治以为山之兴废与邑之盛衰相倚伏因征绥阳僧性超理治焉寻

06　故址于榛荆饰空山以金碧珠宫贝阙薪然一新而邑之文风民俗遂蒸蒸日上越道光季年岁欠稔寺僧

07　以田瘠逋租去禅榻荒寒佛灯冷落邻寺僧德芳见而伤焉慨然以重修为己任因功浩费繁虑难以蒉金藏

08　乃事也适茂才罗君珊李君明元黄君性炳李君自文黄君清贵文君庆廷张君孝荣住持玉宽等乃相与赞

09　成之工始于同治壬戌五月竣于庚午正月是年二月将具齐[10]施茶果以落之也不陋余挽余记其事余见夫

10　曲径穿云危楼插汉雕甍耀日飞阁流丹登其堂精神焕发凭其岩气象万千此日之辉煌大异当年之倾颓

11　矣特不识邑之文风民俗其臻盛又当奚似也余更知此中之振兴鼓舞大有人在也不然西京钟鼓东国碎

12　雍犹将茂草鞠之况宝顶一荒冷寂寞之区哉△△△△邑岁进士廖沛霖澍生氏撰

1　此"鼎"字《大足石刻铭文录》录为"顶"。重庆大足石刻艺术博物馆编：《大足石刻铭文录》，重庆出版社1999年版，第260页。
2　此"弟"字《大足石刻铭文录》录为"第"。同前引。
3　此"思"字《大足石刻铭文录》录为"恩"。同前引。
4　此"属"字《大足石刻铭文录》录为"嘱"。重庆大足石刻艺术博物馆编：《大足石刻铭文录》，重庆出版社1999年版，第261页。
5　此"以佛"2字《大足石刻铭文录》录为"佛以"。同前引。
6　此"耒乌"2字《大足石刻铭文录》录为"来鸟"。同前引。
7　此"鼎"字《大足石刻铭文录》录为"顶"。同前引。
8　此处《大足石刻铭文录》多录"贡"字。同前引。
9　此"崑"字《大足石刻铭文录》录为"宽"。同前引。
10　此"齐"字《大足石刻铭文录》录为"斋"。重庆大足石刻艺术博物馆编：《大足石刻铭文录》，重庆出版社1999年版，第262页。

13　邑文生蒋鸿勋子元氏书丹
14　广大寺僧德芳徒觉澄侄孙昌远前后共捐银陆千捌百两正
　　（第15—22行捐银人名略）
23　兼理领簿首事唐一高等共四十人所化众姓功资概录正殿木碑兹不复赘
24　大清同治九年庚午月建[1]戊寅上元后三日复镌计此举前后九载通共费用壹万余金特立总碑以垂不朽[28]

19. 僧德芳捐银重修圣寿寺碑

竖碑，清光绪十二年（1886年）上石。位于三世佛殿内右后角，置素面座上。碑身高155厘米，宽87厘米，厚17厘米。文左起，竖刻5行48字，字径10厘米（图版Ⅱ：185）。

01　广大寺僧德芳共捐银陆千八
02　百两正重修宝顶山△圣寿寺
03　各处殿宇并诸佛像工竣重镌
04　于石以纪其吏[2]云
05　丙戌嘉平△复刊[29]

20. 张龙□等装修大佛湾、圣寿寺像记[3]

石刻，清乾隆四十五年（1780年）上石。位于维摩殿内佛坛维摩卧像身后坐佛像背屏阴，刻石面高36厘米，宽42厘米。文左起，竖刻，存182字，字径3厘米（图版Ⅱ：186）。

　　遂宁县中安里
　　善士张龙□同缘黄氏男昌文次子昌德
　　合家发心施银钱装修宝鼎名山
　　大慈悲千手目观音大士金身一尊
　　维摩大帝金身一尊△三□感应护韦陀尊天菩萨金身一尊
　　送子娘娘金身十尊
　　毗卢佛金身一尊△佛光主照本命乙丑年十二月十三巳时
　　施银叁百八十两功德园[4]满像果周隆祈保修主增福延寿
　　子贵孙贤报今生之四恩享来世之福田（澋）
　　贵为人□福源添浩〔渺[5]〕之〔波寿[6]〕山增嵯峨之算祥光瑞气
　　门庭吉庆△雕匠刘光汉
　　乾隆四十伍庚子岁△夏月△吉旦[30]

21. 李德《创修□宇大殿碑记》

竖碑，清乾隆九年（1744年）上石。位于维摩殿外前左侧，方形，高210厘米，面宽50厘米。碑首四面各左起横刻2字，合为"创修□宇大殿碑记"8字，字径15厘米（图版Ⅱ：187）。碑文唯北面存9行，碑文左起，竖刻130字，字径5厘米；余三面毁（图版

1　此处《大足石刻铭文录》多录"成"字。重庆大足石刻艺术博物馆编：《大足石刻铭文录》，重庆出版社1999年版，第262页。
2　此"吏"字《大足石刻铭文录》录为"史"。重庆大足石刻艺术博物馆编：《大足石刻铭文录》，重庆出版社1999年版，第264页。
3　2014年4月26日，在对宝顶山大佛湾第8号千手观音主尊实施修复时，在千手观音像腹部发现一块方砖，砖正面所刻铭文反映的事件与本则铭文相同。
4　此"园"字《大足石刻铭文录》录为"圆"。重庆大足石刻艺术博物馆编：《大足石刻铭文录》，重庆出版社1999年版，第260页。
5　此"渺"字《大足石刻铭文录》未识别。同前引。
6　此"波寿"2字《大足石刻铭文录》未识别。同前引。

Ⅱ：188）。

创修□宇大殿碑记（碑首）

01 四川重庆府正堂加一级纪录二次李
02 文林郎知荣昌县事前署大足县印务许元基
03 敕[31]授征仕郎知大足县事沈潜
04 赐进士出身知大足县事李德
05 署理重庆镇标左营中军守府事周洪谟
06 大足县儒学正堂加一级杨作栋
07 重庆府镇标左营驻防大足汛右部厅李
08 大足县督捕厅加一级纪录一次李
09 乾隆玖年岁次甲子八月吉日榖旦

22. 僧慧心立《圣旨》碑

竖碑，清乾隆三十二年（1767年）上石。位于维摩殿右前侧八角亭内[1]。碑座素面梯形，碑身椭圆形，通高190厘米，宽98厘米，厚17厘米，边镂刻卷龙。额竖刻"圣旨[32]"2字，字径6厘米。碑文左起，竖刻15行584字，字径3厘米（图版Ⅱ：189）。

圣旨（额）

01 四川重庆府大足县事名山县正堂加三级纪录五次随带军功加一级七△为遵例示禁永远奉行
02 事照得案奉新例内开△礼部为敬抒管见等事案内议得浙江学政钱奏生监侵牟恶习宜勒石
03 严禁一条查各寺庙均有生监主持名为檀越一切田地山场视同己业考其所自皆玄祖先创建
04 或加鼎新或捐田在寺其源流远无可考或据志书或据家谱皆渺茫而不足凭而一寺或一姓或三四
05 姓不等以寺产之多寡为多寡其中此争彼夺无岁无之无郡不有经历数年不能完结皆由彼此各有
06 私据即经断结更换一官必翻控其中牵连生监数人至数十人不等下结上翻滋累殊甚窃思祖宗即
07 有创助子孙永作衣食尤可笑者捐数十亩即合寺之田皆归掌握又甚荒远难稽嗜利纷争最为恶习应请
08 旨饬部通行禁止无论有凭无凭年远年近所有檀越一概革除勒石寺门永远遵守等语查士民捐赀[2]
09 产于寺庙本属乐施何得竟起檀越名[3]色侵牟霸占滋生讼[4]端也地方官如遇[5]此等讼案即应随时断结
10 以息纷争应如所请通行禁直省出示晓谕将檀越名[6]色一概革除不许借有私处争夺许告其士民施
11 舍之田产建修之寺庙但许僧尼道士经管亦不许擅自售卖如有犯案到官者该地方官随时酌办按
12 例惩处仍勒石示禁可也等因转行到县奉此合行出示晓谕为此示仰阖邑士民僧家人等知悉嗣后
13 檀越名色一概革除凡有施舍田产建修之寺庙其施主及施主之子孙不许藉施产建修根由经寺务
14 觊觎生事但许僧尼道士经管亦不许擅自售卖仍于寺庙门首勒石永远禁革均勿故违须至告示遵
15 乾隆三十二年七月△日请案△嘉庆元年立△△住持僧慧心合堂两序大众同建[33]

---

1 此碑原位于大雄殿右后檐下，2013年移于此。
2 此"赀"字《大足石刻铭文录》录为"资"。重庆大足石刻艺术博物馆编：《大足石刻铭文录》，重庆出版社1999年版，第228页。
3 此"名"字《大足石刻铭文录》录为"各"。同前引。
4 此"讼"字《大足石刻铭文录》录为"事"。同前引。
5 此"遇"字《大足石刻铭文录》录为"过"。同前引。
6 此"名"字《大足石刻铭文录》录为"各"。同前引。

注释：

[1] 本则铭文第2行第5字"富"、第8字"生"，铭文分别为：

（富　生）

[2] 此"持"字，铭文为：

（持）

[3] 此"痒"字，铭文为：

（痒）

[4] 此"雨"字，铭文为：

（雨）

[5] 此"脱"字，铭文为：

（脱）

[6] 本则铭文第3字"经"、第12字"缘"，铭文分别为：

（经　缘）

[7] 此"钱"字，铭文为：

（钱）

[8] 本则铭文第12行第2字"迦"；第12行第9字"鳖"，铭文分别为：

（迦　鳖）

[9] 本则铭文第3行第5字"鼎"；第5行第1字"灿"，铭文分别为：

（鼎　灿）

[10] 本则铭文第5行第1字"敕"；第5行第13字"俗"；第5行第28字、19行第11字"峰"；第7行第3字等3处"据"；第7行第6字"藏"；第10行第14字"观"；第12行第12字"雁"；第12行第28字"庇"；第14行第22字"事"；第14行第45字"往"；第17行第9字"世"；第19行第12字"岩"；第19行第24字"穆"；第23行第9字"愧"，铭文分别为：

（敕 俗 峰 据 藏 观 雁 庇 事 往 世 岩 穆 愧）

[11] 本则铭文第1行第17字"鄙"；第2行第1字、第3行第15字"观"；第2行第5字"岁"；第5行第3字"概"；第5行第11字"笑"，铭文分别为：

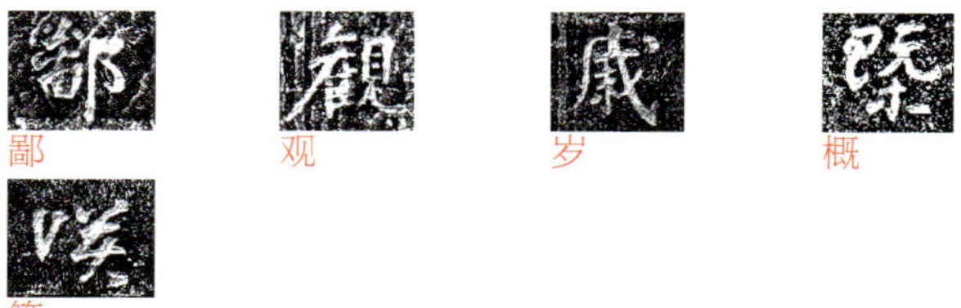

（鄙　观　岁　概　笑）

[12] 本则铭文第2行第3字"严"；第2行第13字"久"；第2行第14字、第10行第8字"远"；第2行第21字"观"；第3行第26字"凌"；第4行第13字"勒"；第5行第5字"指"；第5行第17字"称"；第6行第2字"播"；第6行第3字"弄"；第6行第10字、第9行第11字"经"；第7行第4字"铺"；第7行第26字"发"；第8行第8字"仰"；第8行第9字、第9行第16字"该"；第8行第21字"悉"；第9行第20字"轻"；第9行第23字"号"；第9行第29字"凶"；第10行第14字"宽"，铭文分别为：

（严 久 远 观 凌 勒 指 称 播 弄 经 铺 发 仰 该 悉 宽 号 凶 轻）

[13] 此"碑"字，铭文为：

（碑）

[14] 本则铭文第2行第8字"直"；第4行第4字"创"；第4行第15字"襄"；第4行第24字"爽"；第5行第12字"带"，铭文分别为：

（直　创　襄　爽）

［15］ 本则铭文第1行第8字"腰"；第1行第10字"秋"；第3行第6字"麟"；第4行第2字"能"；第4行第3字"逃"；第4行第6字"待"；第4行第15字"解"；第5行第1字"战"，铭文分别为：

［16］ 本则铭文第1行第12字"鬟"；第2行第2字"焦"；第2行第4字"柘"；第2行第5字"废"；第3行第6字"挑"；第3行第11字"煮"；第4行第3字"柴"，铭文分别为：

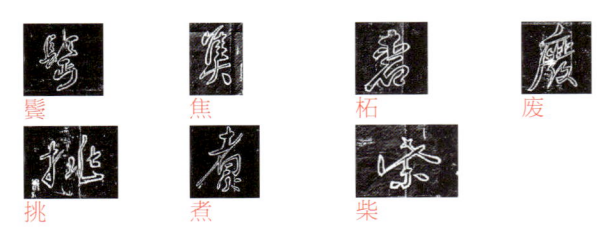

［17］ 本则铭文第2行第7字"凤"；第3行第2字"起"，铭文分别为：

［18］ 本则铭文第2行第5字"桃"；第2行第7字"流"，铭文分别为：

［19］ 本则铭文第1行第10字、第8行第23字"碑"；第5行第21字"永"；第5行第22字"久"；第5行第40字"输"；第6行第16字"其"；第6行第18字"概"；第7行第7字等3处"庵"；第7行第33字"慨"；第8行第25字"俾"；第9行第2字"侯"；第15行第14字等13处"直"；第19行第18字等4处"坳"；第21行第41字"青"；第25行第9字"贰"；第25行第10字"宙"；第27行第2字"清"；第27行第14字"浣"，铭文分别为：

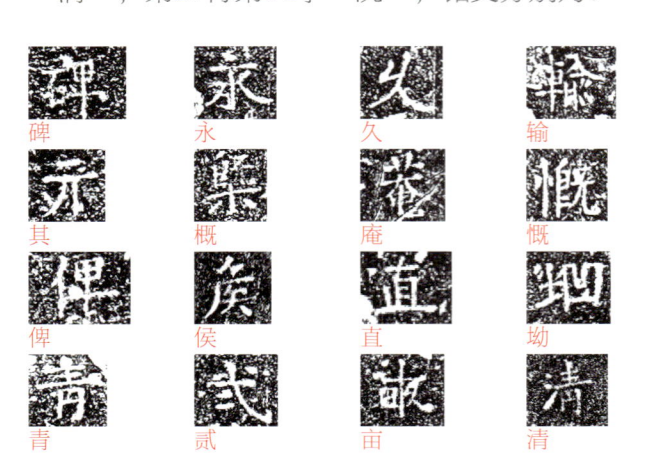

［20］ 本则铭文第1行第10字、第2行第26字"事"；第1行第24字"随"；第1行第25字"带"；第2行第10字"赖"；第2行第29字、第7行第21字"鼎"；第3行第3、4字"往"；第3行第16字"迹"；第3行第19字"碑"；第3行第34字、第8行第35字"兹"；第4行第10字、第6行第3字"斋"；第6行第7字"私"；第6行第16字"边"；第6行第26字等5处"该"；第6行第28字"管"；第6行第33字"置"；第8行第27字"借"；第8行第29字"檀"；第9行第3字"陷"；第9行第5字等4处"或"；第9行第7字"局"；第9行第26字"欲"；第9行第27字"鏊"；第9行第33字"还"；第10行第10字"举"；第10行第18字、第11行第32字"指"；第10行第19字"除"；第10行第22字等3处"严"；第12行第1字"凭"；第14行第9字"朔"；第14行第26字"众"；第14行第27字"同"，铭文分别为：

［21］ 本则铭文第1行第17字"碑"；第7行第14字"岳"；第9行第1字"尤"；第10行第11字、第11行第19字"面"；第11行第2字"严"；第11行第13字"泥"；第11行第21字"睹"，铭文分别为：

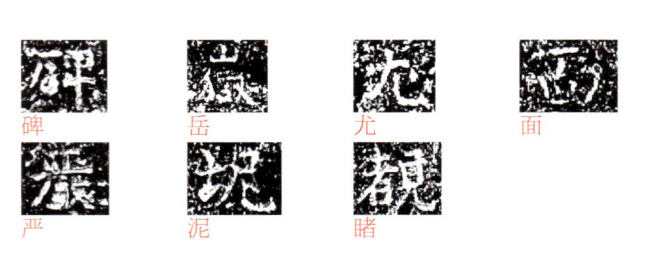

[22] 本则铭文第1行第5字"衔";第2行第3字"刊";第2行第19、29字"职";第2行第23字"勋";第4行第19字、第11行第20字"远";第6行第29字"燃";第7行第5字"环";第7行第15字"秽";第9行第15字"革";第12行第5字"须";第13行第4字"漆";第13行第15字"指",铭文分别为:

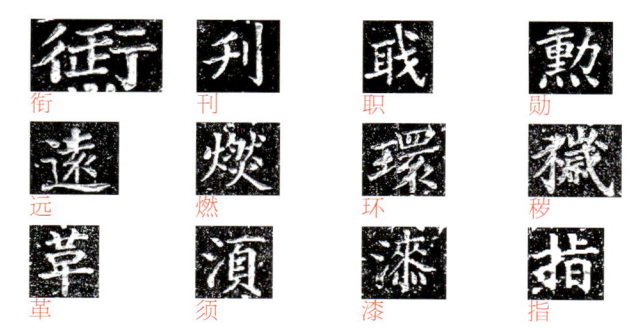

[23] 本则铭文第1行第2字、第5行第54字"修";第2行第43字"群";第2行第44字"峰";第2行第50字"环";第2行第58字"考";第3行第3字等7处"于";第3行第4字"唐";第3行第5字等3处"盛";第3行第13字"毁";第3行第15字"明";第4行第32字"倚";第7行第43字"插";第8行第2字"凭";第8行第4字"岩";第8行第15字"异";第8行第20字"颓";第8行第21字"矣";第9行第1字"鼓";第10行第2字"廪",铭文分别为:

[24] 本则铭文第1行第5字"碑";第2行第4字、第23行第7字"鼎";第3行第9字"敕";第4行第8字"远";第8行第6字等3处"捐";第9行第9字等3处"两";第10行第1字、第14行第1字"毗";第14行第11字"庶";第16行第5字"济";第17行第1字"等";第17行第7字"沾";第18行第10字"奇";第19行第5字"垂";第22行第10字"庵";第24行第1字"时";第26行第1字"初",铭文分别为:

[25] 此"侯"字,铭文为:

[26] 本则铭文第1行第8字"澍";第2行第13字、第9行第5字"毗";第2行第27字"壁";第2行第31字"霰";第2行第46字等9处"岩";第2行第53字"晴";第3行第28字"孤";第4行第36字、第15行第54字"圆";第4行第44字"竖";第4行第46字、第5行第6字"碑";第5行第11字"衿";第5行第43字"严";第6行第44字"间";第7行第42字"步";第8行第5字等8处"或";第8行第11字等3处"或";第9行第4字、第10行第14字"镌";第9行第40字等3处"庵";第9行第56字"摘";第12行第8字"峨";第12行第36字"视";第12行第37字"群";第12行第38字"峰";第15行第28、33字"兼";第15行第36字"录";第15行第49字"尤";第16行第19字"睫";第16行第21字"鬼";第17行第41字"明";第17行第43字"骑";第17行第48字"凌";第18行第19字"怪";第18行第39字"炼";第19行第49字"笛";第20行第18字"突";第20行第37字"尾";第22行第3字"径";第22行第43字"檐";第22行第51字"盖";第23行第30字"遍";第23行第35字"览";第23行第49字"垫";第24行第49字"勒",铭文分别为:

[27] 本则铭文第2行第2字、第9行第9字"鼎";第3行第20字、第8行第17字"显";第5行第8字、第8行第4字"奇";第6行第1字"既";第6行第3字"属";第6行第11字"赞";第7行第11字"劫";第8行第7字"乌";第8行第9字"念";第8行第19字"兹";第13行第10字"庵",铭文分别为:

[28] 本则铭文第1行第22字"岳";第1行第27字"岁";第1行第38字"碑";第2行第9字"或";第3行第1字"群";第3行第2字"峰";第3行第5字"叠";第3行第8字"环";第3行第21字等3处"盛";第3行第29字"毁";第3行第37字、第12行第12字"荒";第4行第1字"丘";第5行第32字"倚";第5行第34字"因";第6行第23字、第8行第21字"文";第6行第38字、第12行第20字"岁";第6行第40字"稔";第7行第7字"禅";第7行第33字、第23行第19字"功";第7行第40字"囊";第8行第12字"明";第8行第29字"廷";第9行第34字等4处"余";第10行第7字"插";第10行第22字"焕";第10行第26字"岩";第10行第42字"颡";第11行第9字"民";第11行第20字"更";第11行第39字"鼓";第12行第6字"鞠";第13行第6字"勋";第14行第10字"侄";第14行第13字"远";第23行第21字"概";第23行第22字

"录",分别铭文为:

[29] 本则铭文第1行第8字"捐";第4行第5字"其";第4行第6字"吏",铭文分别为:

[30] 本则铭文第7行第1字"毗";第8行第7字"两";第8行第14字"周";第9行第10字"恩";第10行第18字"算",铭文分别为:

[31] 此"敕"字,铭文为:

[32] 此"旨"字,铭文为:

[33] 本则铭文第1行第23字"带";第2行第1字等3处"事";第2行第15字等3处"管";第2行第37字等4处"勒";第3行第1字"严";第3行第28字"业";第4行第3字"鼎";第4行第13字等4处"远";第5行第20字"岁";第5行第24字"郡";第5行第37字"彼";第6行第3字等4处"即";第6行第32字、第9行第21字"滋";第7行

第24字"归";第8行第1字"旨";第8行第24字"革";第9行第20字"占";第10行第25字等3处"革";第11行第10字、第14行第5字"但";第15行第24字"两";第15行第28字"同",铭文分别为:

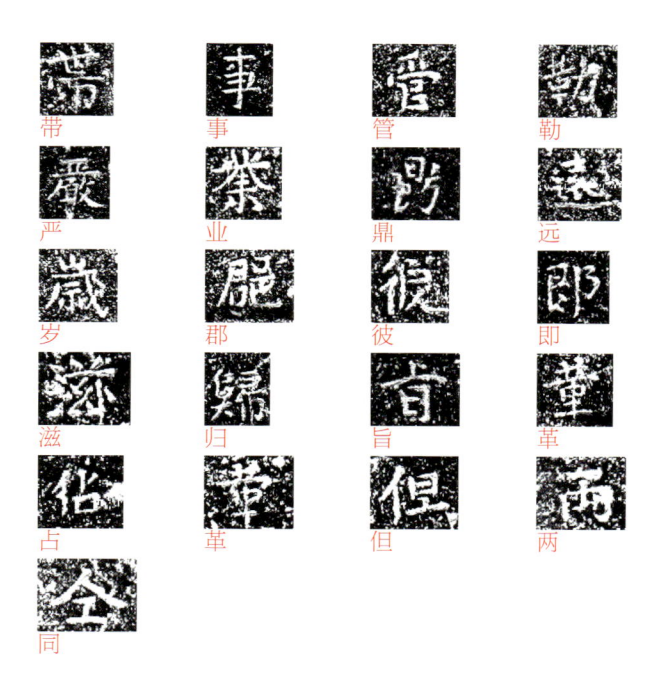

附录四　宝顶山广大寺

一　位置

位于大佛湾西南约800米处的松林坡西侧。其西北距广大山摩崖造像约100米，东北距松林坡摩崖造像约120米，南距新建的大足石刻博物馆约150米（图1；图版Ⅰ：450）。

山门西北向，方向297°。

二　历史沿革

据僧洪参《重修小宝顶广大寺观音殿普陀岩碑志铭》，寺"创自康熙年间"[1]。又僧德芳《重创广大寺碑》载，清康熙四十八年（1709年），僧西意禅师"雄草开林置经室立禅堂"，并"以能广行大迦叶故以广大为寺名"。清乾隆十九年（1754年），主持僧雪纯于寺内"始妆塑诸神像以肃瞻仰"[2]。

清嘉庆四年（1799年），僧洪参"尤幸众善同心喜捐乐助复修万岁龙牌一座"；嘉庆二十二年（1817年），施主于利富等将"田土山场房屋基址一契载粮十亩……愿施入三宝以作焚献寺产归僧永远照□管"；随后，僧洪参复又发慈悲心种菩提果。清道光四年（1824年），在僧洪参的主持下，信众"彩灵官大帝文昌神像金身二尊立太子一尊"[3]。

清道光十四年（1834年），广大寺主持僧德芳率僧众"重修观音大殿募塑普陀像"；道光十八年（1838年），"重建前殿"；道光二十二年（1842年），又复修正殿佛像下殿文武诸神像[4]。历数载寒暑而梵堂壮丽，金彩焕然，"虽未结构尽善然规模气象巍乎焕乎数倍于前矣"[5]。至此，广大寺香火盛极一时。

20世纪50年代初，广大寺前殿及塑像被拆毁，两侧厢房划给18户村民居住，至1999年方全部迁出。2001—2003年，国家拨款对其修葺。

三　建筑及塑像

广大寺面西背东，依山势而建。中轴线（由西及东）布置山门、大雄宝殿（前殿）、观音殿（后殿）等3座大殿，左右配置单列厢房。前殿后侧与厢房间以廊道相连，形成两组四合院的平面布局；总面积约3000平方米（图263、图264）。

1. 山门

为四柱三间五重庑殿式牌坊建筑，左右次间外敞；通面阔3米，进深1.5米（图265）。其前接台阶十七级，直至山门前侧平坝，坝外接放生池（图版Ⅰ：451）。牌坊柱础系清代遗物，方形，四面浅浮雕人物、花卉、盘龙等图案。

山门后紧接六柱五间悬山式殿宇，通面阔25米，进深6.7米。明间梁架为抬梁式，左右为穿斗式结构，前后有廊；占地约167.5平方米。

殿内明间正壁设石质方台，上为须弥座，最上置弥勒佛一尊。左右壁设低矮方台，2002年重塑四大天王，对称布置。天王像高约

---

[1] 见本册报告第426页。另见重庆大足石刻艺术博物馆编：《大足石刻铭文录》，重庆出版社1999年版，第266页。
[2] 见本册报告第423、425页。另见重庆大足石刻艺术博物馆编：《大足石刻铭文录》，重庆出版社1999年版，第266—267页。
[3] 黄体□撰《永垂万古碑记》，见本册第425页；另见重庆大足石刻艺术博物馆编：《大足石刻铭文录》，重庆出版社1999年版，第265页。
[4] 《僧德芳重创碑》，见本册第423、425页；另见重庆大足石刻艺术博物馆编：《大足石刻铭文录》，重庆出版社1999年版，第266—267页。
[5] 僧洪参《重修小宝顶广大寺观音殿普陀岩碑志铭》，见本册第426页。另见重庆大足石刻艺术博物馆编：《大足石刻铭文录》，重庆出版社1999年版，第266页。

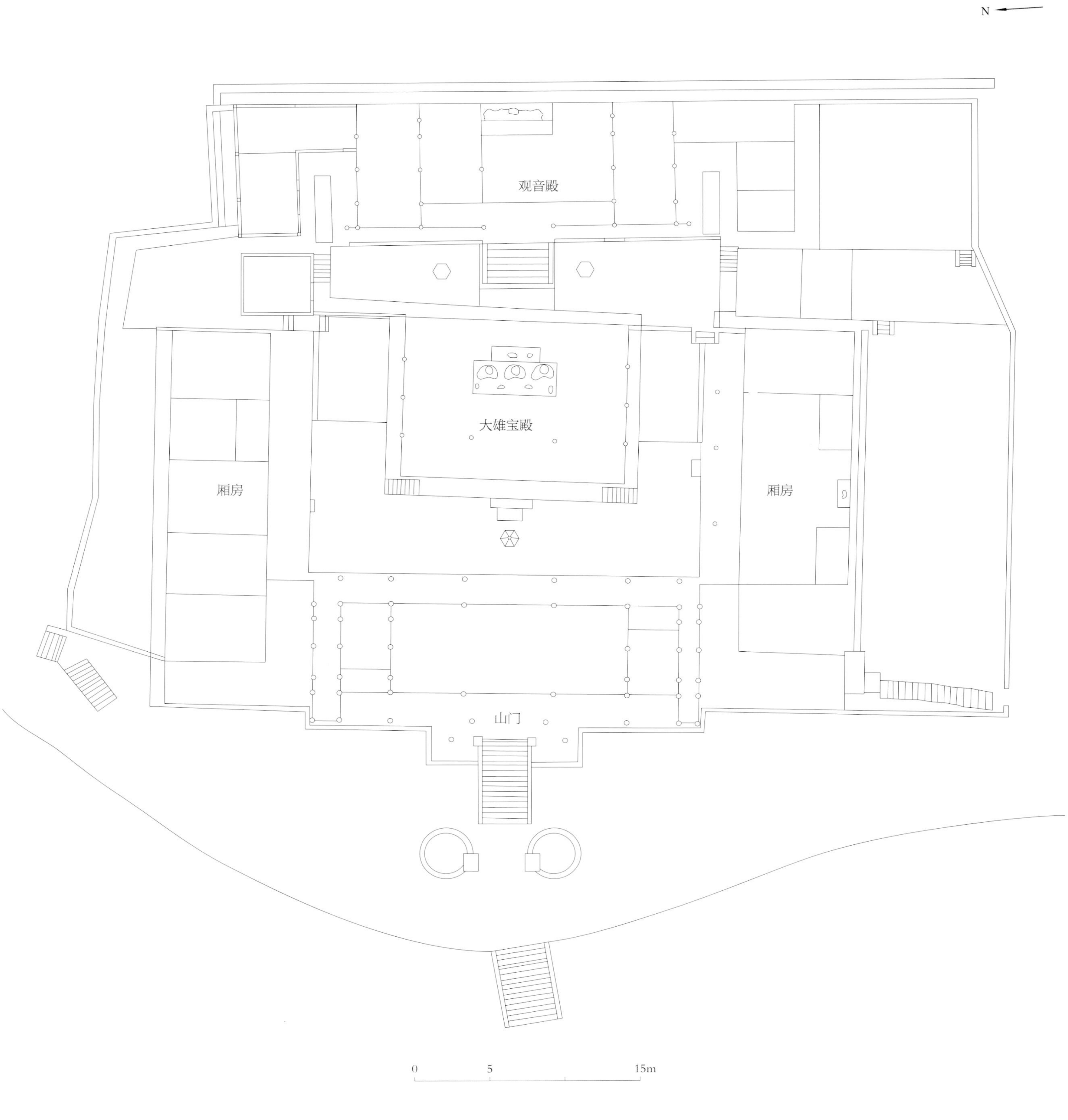

图 263　广大寺平面图

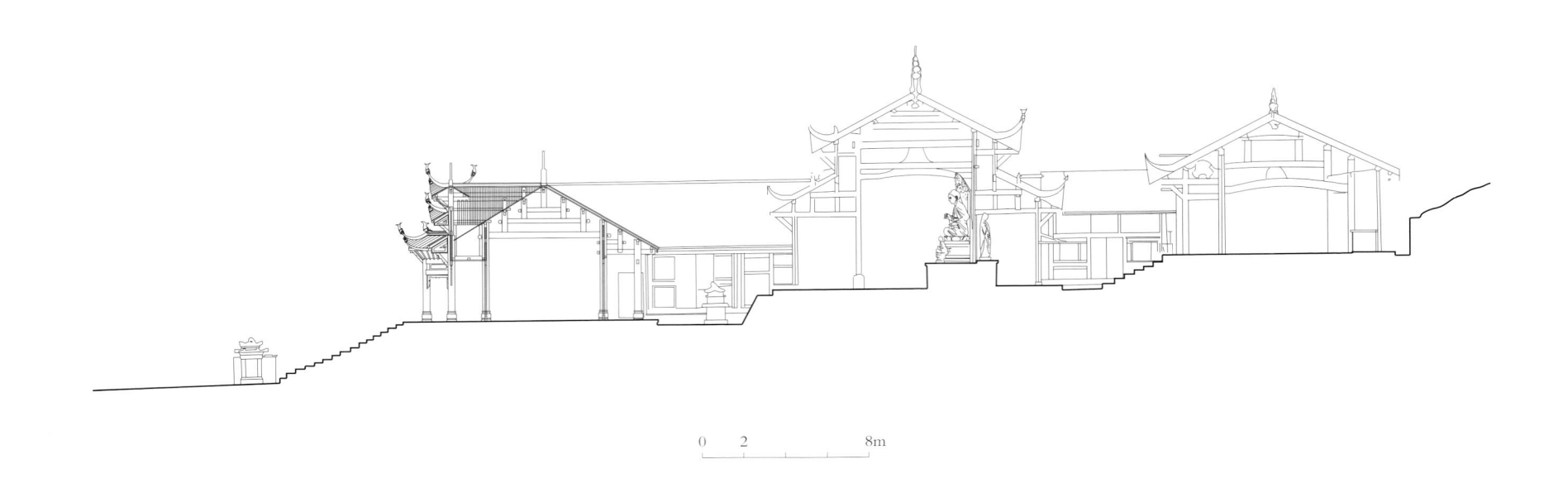

图 264　广大寺剖面图

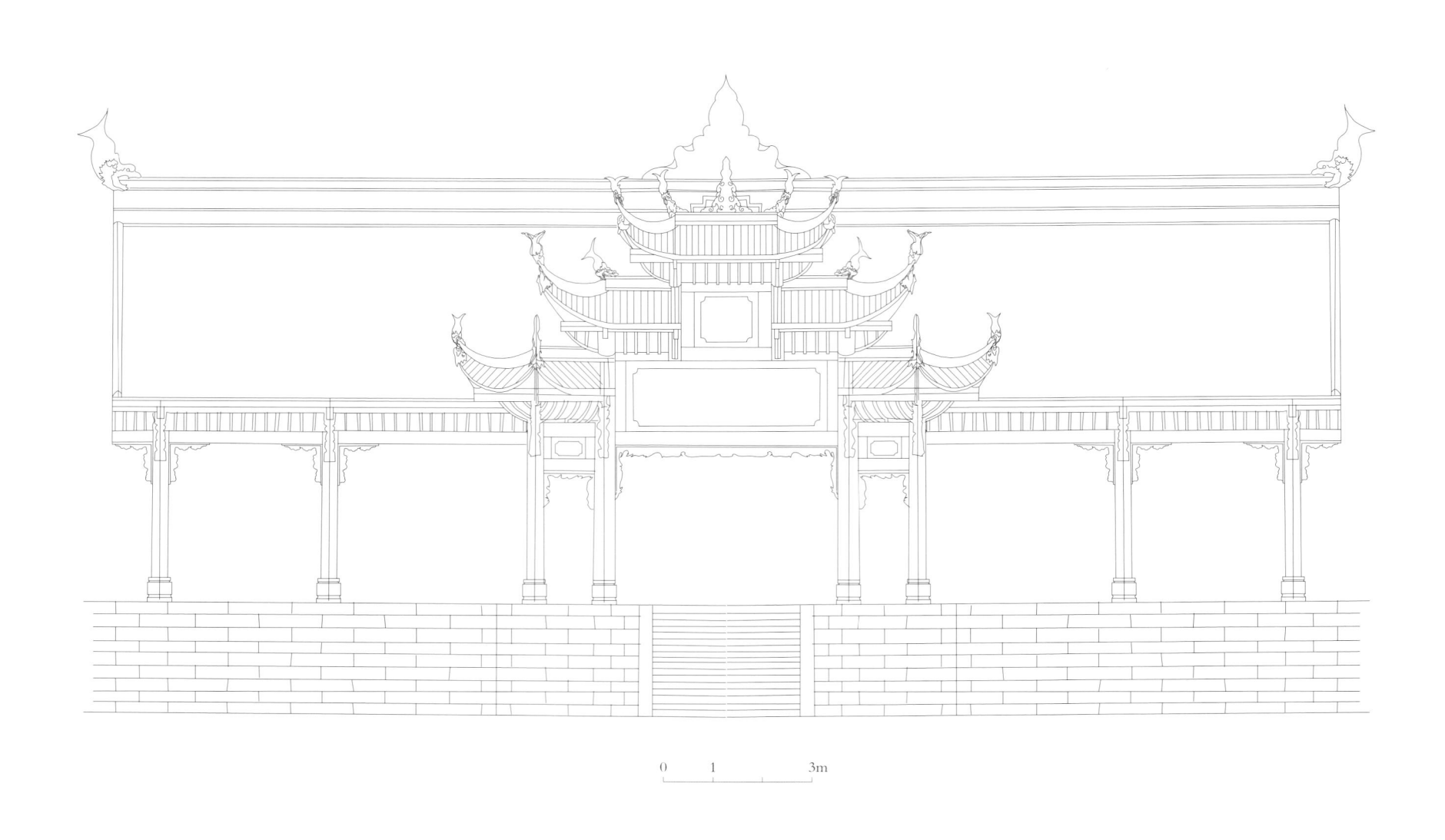

图 265　广大寺山门立面图

265厘米。

正壁后侧置韦陀像，高165厘米，顶盔冠甲，双手胸前捧持金刚杵，挺胸直立。

2. 大雄宝殿

为四柱三间重檐歇山式建筑（图266；图版Ⅰ：452）。其面阔三间，进深四间，通面阔15米，进深11.5米，占地约172.5平方米。大殿后侧与两侧厢房间设置廊道。

殿外前侧平坝置石质香炉，两级，平面呈六边形。炉顶蹲狮部分残（图版Ⅰ：453）。炉身后侧接方形九龙石，刻于清嘉庆四年（1799年），高180厘米，宽173厘米，厚22厘米（图版Ⅰ：454）。

殿内中设坛台，上塑像5身。其中，中为释迦佛像，双手结印；左为文殊菩萨，腹前持贝叶经；右为普贤菩萨，手臂残毁。前端左右塑阿难、迦叶二像，光头，合十站立。左右壁设木质的长条形案台，上置新塑的泥质十八罗汉像，左右对称。

殿内左后壁安置燃灯古佛坐像1身，旁设龛，内置财神坐像2身。右后壁龛内供奉送子观音坐像1身，面容慈祥，衣饰华丽；怀抱小孩，膝前另立小孩。

殿内坛台后侧亦设高台，台上塑接引佛1身。

3. 观音殿

清道光年间重建，为六柱五间歇山式大殿（图267；图版Ⅰ：455）。其面阔五间，进深四间；通面阔22.7米，进深8.8米，占地约200平方米。明间、次间内收形成前廊。明间梁架为抬梁式，左右为穿斗式。大殿与左右厢房相接，形成方形天井。

殿内明间正壁泥塑普陀岩，高460厘米，宽305厘米，怪石突兀。主尊为观音像，左右立侍者。普陀岩上部左右塑四天王像，其下有城楼，开圆拱形城门，两侧接城墙。另塑有僧人、女像等。

殿内左右扇面墙保存有九幅水墨画，题材为山水、人物、瑞兽等。

此外，大殿左侧与厢房间的通道旁竖有方形"明月屏"石屏，高122厘米，宽130厘米，厚11厘米。其四周刻方框装饰纹样，屏中刻"寿"字，四角刻蝙蝠图案（图版Ⅰ：456）。

四 碑碣

广大寺大雄宝殿与左右厢房之间的廊壁存石碑6通。其中，左侧廊壁2通，右侧廊壁4通。

1. 僧德芳《重创碑》

竖碑，清道光二十九年（1849）上石。位于大雄宝殿左侧廊壁。碑身方形，高211厘米，宽105厘米，厚13厘米。碑额中部篆书左起横刻"重创碑"3字，字径14厘米；左右角各书"福""寿"2字，字径15厘米。碑文左起，竖刻，除出资人名外，存502字，字径3厘米（图版Ⅱ：190）。

    重创碑（额）
    重创小宝鼎广大寺并塑修佛像序
    自方广东被教肆[1]西移周鲁二庄亲昭夜景之鉴汉晋两明并列丹青之饰然后遗文间出列刹相望图澄道流于西□
    罗什名被于东川矣广大寺者沙门释氏之所立也南则玉皇古洞云霞之所沃荡北则层盐悬岩日月之所回薄西□
    城邑百雄纡余东连宝鼎千里超忽信棠山之胜概也△西意禅师行挈珪壁拥锡来游澄心相度已久于康熙四十八
    年为之薙草开林置经室立禅堂以能广行大迦叶故以广大为寺名迨乾隆十九年有△住持雪纯始装[2]塑诸神像以
    肃瞻仰厥后高轨难追藏舟易远僧徒阒其无人榱橡毁而莫构可为长太息矣惟△德芳禅师原广大苗裔也杜口[3]□

---

1. 此"肆"字《大足石刻铭文录》录为"肄"。重庆大足石刻艺术博物馆编：《大足石刻铭文录》，重庆出版社1999年版，第267页。
2. 此"装"字《大足石刻铭文录》录为"妆"。同前引。
3. 此"口"字《大足石刻铭文录》未识别。同前引。

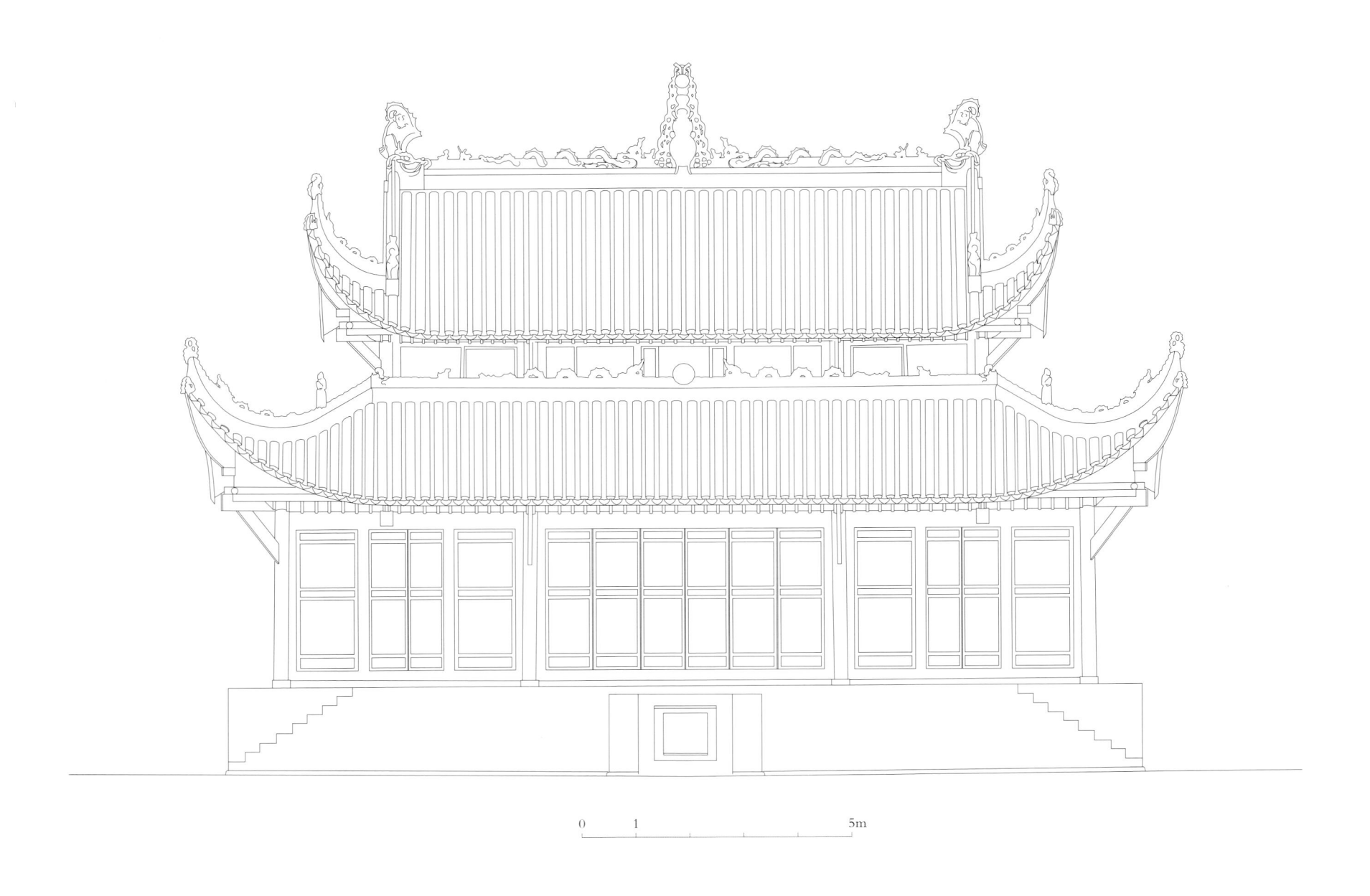

图 266　广大寺大雄宝殿立面图

图 267　广大寺观音殿立面图

邪养志五桂之市掩室摩竭系心两地之山慨[1]深覆[2]赞悲同弃井乃移远回籍积青铁而有余就近归农间灵山之□□
值道光十四年庀徒搽日重修观音大殿募塑普陀像△黄公之序详矣属十八年又重建前殿至二十二年又复□□
殿暨上下左右海面石工并正殿佛像下殿文武诸神像募众五十余金共计费二千余金历数载寒暑而梵堂壮丽□
彩焕然此不徒△师之智能所致而亦△佛神之感通泽施于无穷工竣托余以序余升[3]高而望层叠延袤上出云□□
间逶迤下临无地金姿宝相永藉间安息心了义终焉游集当镂文于殿侧宜树碑于山间世弥久而功宣身愈久而□
劭敢寓言于雕篆庶仿佛乎众妙△△邑岁贡生胡朝品撰[4]并书
（出资人名略）
大清道光二十九年己酉岁春三月△吉旦住持僧德芳△建□[1]

2. 黄体□撰《永垂万古碑记》

竖碑，清道光四年（1824年）上石。位于大雄宝殿左侧廊壁。碑身方形，高211厘米，宽170厘米，厚16厘米。碑额6个线刻圆圈内，左起横刻"永垂[2]万古碑记"6字，字径7厘米。碑文左起，竖刻，除出资人名外，存391字，字径3厘米。碑文后刻律诗一首（图版Ⅱ：191）。

碑文

永垂万古碑记（额）
小宝鼎装塑△万岁龙牌灵官文昌大帝合碑记
棠东广大名山也与宝鼎遥相辉映其东南诸峰林壑尤[5]美望之蔚然（漶）
著灵明焚礼众询其所自创自康熙庚寅辛卯年间亦极辉煌壮丽（漶）
末云自幼披剃赖师公玉贤抚育成立受戒沙门得衣钵真传禅机（漶）
寺颇兴旺焉迨及己未秋尤幸众善同心喜捐乐助复修△祯[6]（漶）
万岁龙牌一座住持力居其半越至嘉庆二十二年施主于利富利祯利行（漶）
得买幺房[7]名下田土山场房屋基扯[8]一契载粮拾亩田价铜钱柒拾四千文（漶）
滋讼不休请凭山邻绅约等情愿施入三宝以作焚献寺产归僧永远照□管（漶）
碑为据而寺僧宏[9]参复又发慈悲心种菩提果于道光四甲申春[10]倡为首领谋□□近善□□
彩灵官大帝文昌神像金身二尊并[11]太子一尊众皆欣然乐从喜舍锱铢未数月□因□□□
文记之予等将前后众姓行捐之功德金名勒石合碑而为之序然□斯举也而寺僧□□□
善乐助之功永堪流传奕祀于不坠云为之□七言律云
嘉庆四年修龙牌
（出资人名略）
龙飞道光四年岁次甲申南吕月△建立当代住持僧宏[12]参△徒秀峰△徒（漶）[3]

1　此"慨"字《大足石刻铭文录》录为"概"。重庆大足石刻艺术博物馆编：《大足石刻铭文录》，重庆出版社1999年版，第267页。
2　此"覆"字《大足石刻铭文录》录为"复"。同前引。
3　此"余以序余升"字《大足石刻铭文录》录为"余序以升"。同前引。
4　此"撰"字《大足石刻铭文录》录为"篆"。同前引。
5　此"尤"字《大足石刻铭文录》录为"龙"。重庆大足石刻艺术博物馆编：《大足石刻铭文录》，重庆出版社1999年版，第265页。
6　此"祯"字《大足石刻铭文录》未识别。同前引。
7　此"幺房"2字《大足石刻铭文录》录为"么□"。同前引。
8　此"扯"字《大足石刻铭文录》录为"址"。同前引。
9　此"宏"字《大足石刻铭文录》录为"洪"。同前引。
10　此"四甲申春"4字《大足石刻铭文录》录为"四年甲申秋"。同前引。
11　此"并"字《大足石刻铭文录》录为"立"。同前引。
12　此"宏"字《大足石刻铭文录》录为"洪"。同前引。

律诗

　　宝溪庠生黄体□（漶）
　　览胜寻芳步宝山（漶）
　　四围树色种声静（漶）
　　断碣残碑舒眼界（漶）
　　我来此地凭瞻仰（漶）[4]

3. 僧洪参《重修小宝顶广大寺观音殿普陀岩碑志铭》

竖碑，清道光十六年（1836年）上石。位于大雄宝殿右侧廊壁。碑身方形，高212厘米，宽105厘米，厚17厘米。碑文左起，竖刻，除出资人名外，共存426字，楷体，字径4厘米（图版Ⅱ：192）。

重修小宝顶广大寺观音殿普陀岩碑志铭
寺有前殿犹人之有颜寺有后殿犹人之有脑寺有两廊犹人之有耳人必数者具而□为完人□□□□而□
为完寺今广大寺亦古梵刹也创自康熙年间百余年来基宇尚临庙貌且颓是亦□□一□□□为起□□□□
有僧上德下芳原系释祖门下弟子年类乌尼之少才似妙喜之长髻年披剃颇知□学禅□早透□□□□
于遂邑之五桂场禹王庙居焉历年苦积颇存锱铢因师公宏[1]参年已衰迈常住淡□□□□而僧□□□□
理事务将所出佃之田赎回自行耕种朝夕焚献衣食颇足又复重修观音大殿普□□大小□□□□□□
辉煌虽未结构尽善然规模气象巍乎焕乎数倍于前矣计费赎田修寺共捐金柒□□□□□□家[2]□□□□
助玉成其事所谓自作者还自受而好善乐施者可知矣经始于甲午春兴工遂落□□□□告竣今□□□□
故问记于予予登山观之叹曰善哉是诚僧之智也众之力也抑佛之灵也虽然予□□□□天下□千□年不朽
之物彼夫秦宫汉殿至今何在吴苑越台于今安存而广大寺为神所凭依众所□□□□□皆祀当□□□□□
荒烟然非得人随时补修不可若夫后来居上愈出愈奇踵事增华自在后人而□□□□□□岂遂为观止□□
不文并溯前推后而为之记△△庠生黄体训撰△△云山黄朝觐书
（出资人名略）
道光十六年六月△十九△日立△本寺方丈师公上洪下参△监院徒孙德芳△徒觉华△朗法众（漶）[5]

4. 佚名立《无量□□》碑[3]

竖碑，清乾隆九年（1744年）上石。位于大雄宝殿右侧廊壁。碑身方形，左右上端抹角。碑高212厘米，宽99厘米，厚14厘米；碑额左起横刻"无量□□"4字，字径10厘米。碑文左起，竖刻，除出资人名外，共存136字，字径2厘米（图版Ⅱ：193）。

无量□□（额）
夫谓棠城东隅二十里许有山名[4]曰宝鼎山其山峻领[5]四顾旋绕实渝东之分水也亦乃（漶）
何代自兵燹后殿府额纪今朝定鼎以来因吾师[6]公西意于康熙四十八年开建□□上中下殿左右两廊（漶）
别去但今住持忖思殿府俱备然则无像观今鉴古无非修葺古人云若□□□□□□受者是若（漶）

1　此"宏"字《大足石刻铭文录》录为"洪"。重庆大足石刻艺术博物馆编：《大足石刻铭文录》，重庆出版社1999年版，第266页。
2　此"家"字《大足石刻铭文录》未识别。同前引。
3　碑刻纪年仅存"乾……冬"字。按碑云"刻石二块，载籍姓名"，碑右侧立一碑，与本碑高宽等同，额横书"修像碑记"，无序，文竖刻，皆为出资人名，末行书"龙飞乾隆九年岁运甲子季冬（漶）"。此碑当是"刻石二块"之一。据此，本碑定为乾隆九年。《修像碑记》，鉴于全为出资人名，未收编。
4　此"山名"2字《大足石刻铭文录》录为"名山"。重庆大足石刻艺术博物馆编：《大足石刻铭文录》，重庆出版社1999年版，第265页。
5　此"领"字《大足石刻铭文录》录为"岭"。同前引。
6　此"师"字《大足石刻铭文录》未录。同前引。

恐遗失漏于是鸠工刻石二块载籍姓名永垂千古无量之福田矣是以△□序

（出资人名略）

（漶）¹乾（漶）冬（漶）[6]

5. 僧弘参立《万古不朽》碑

竖碑，清道光十一年（1831年）上石。位于大雄宝殿右侧廊壁。碑身方形，高190厘米，宽70厘米，厚12厘米。碑额左起横刻"万古不朽[7]"4字，字径5厘米。碑文左起，竖刻，除人名外，共存33字，字径3厘米（图版Ⅱ：194）。

万古不朽（额）

装²修观音金像碑记

（人名略）

大清道光（漶）辛卯岁正月吉旦立△当代住持弘参△徒秀峰岐△孙德□芳（漶）[8]

注释：

[1] 本则铭文第1行第2字"创"；第1行第11字、第8行第12字"修"；第2行第7字"肄"；第2行第20字"汉"；第2行第24字"并"；第2行第30字"然"；第3行第5字"于"；第3行第15字"释"；第3行第18字等4处"所"；第4行第19字"胜"；第4行第20字"概"；第4行第25字等3处"师"；第4行第29字"璧"；第5行第8字"置"；第5行第15字、第10行第10字"能"；第6行第4字"厥"；第6行第5字"后"；第6行第9字"追"；第6行第13字、第7行第28字"远"；第6行第16字"阒"；第6行第22字"毁"；第6行第25字"构"；第7行第8字"掩"；第7行第26字"乃"；第10行第2字"焕"；第10行第3字"然"；第10行第20字"泽"；第10行第24字"穷"；第11行第30字"宜"；第11行第31字"树"；第11行第32字"碑"；第12行第7字"篆"；第12行第15字、第127行第11字"岁"，铭文分别为：

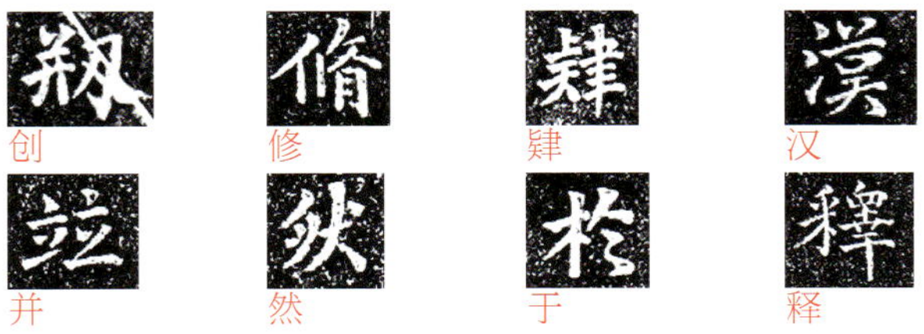

[2] 此"垂"字，铭文为：

[3] 本则铭文第1行第3字、第2行第10字"鼎"；第1行第9字等3处"牌"；第2行第8字"与"；第2行第19字"峰"；第3行第1字"著"；第3行第14字"熙"；第4行第4字"幼"；第7行第20字"宙"；第8行第6字"凭"；第8行第11字"等"；第8行第

---

1 此处《大足石刻铭文录》根据《修像碑记》补录"龙飞"2字。重庆大足石刻艺术博物馆编：《大足石刻铭文录》，重庆出版社1999年版，第265页。

2 此"装"字《大足石刻铭文录》录为"妆"。同前引书，第266页。

27字"远";第9行第8字、第43行第22字"参";第10行第14字"并";第11行第5字"等",铭文分别为:

[鼎著凭 牌熙并等 与幼远 峰苗参]

[4] 本则铭文第4行第4字"碑";第5行第5字"凭",铭文分别为:

[碑 凭]

[5] 本则铭文第1行第15字"碑";第2行第2字等7处"有";第2行第18字"脑";第2行第21字"两";第3行第16字"熙";第5行第1字等3处"于";第5行第25字、第24行第21字"参";第6行第5字等4处"所";第6行第23字"足";第7行第6字"构";第7行第16字"焕";第8行第1字"助";第8行第23字"经";第8行第29字"兴";第10行第5字"秦";第11行第1字"荒";第11行第2字"烟";第11行第22字"奇";第11行第23字"踵";第11行第26字"华";第12行第4字"溯";第12行第22字"觐",铭文分别为:

[碑熙足经烟溯 有于构兴奇觐 脑参焕秦踵 两所助荒华]

[6] 本则铭文第1行第16字、第2行第14字"鼎";第2行第25字"熙";第2行第40字"两";第3行第12字"备";第4行第12字"块",铭文分别为:

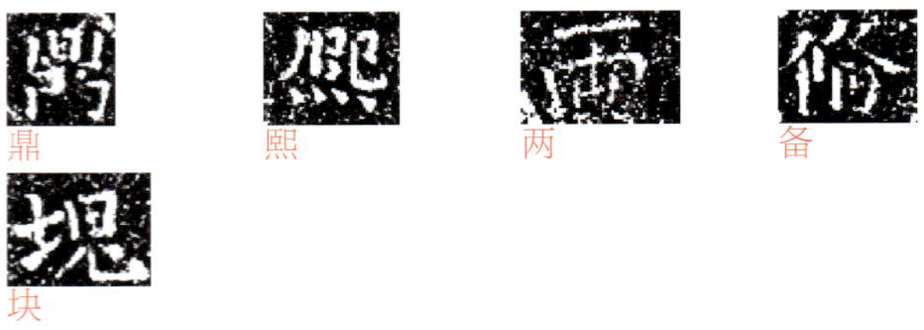

[鼎熙两备 块]

[7] 此"朽"字,铭文为:

[朽]

[8] 本则铭文第1行7字"碑";第16行7字"岁";第16行18字"参",铭文分别为:

[碑 岁 参]

附录五　宝顶山万岁楼

一　位置

位于宝顶山大佛湾石窟南崖圆觉洞顶后上方坡地，北距崖体边缘保护围墙约10米；其东北面20米处为牧牛亭保护建筑及大佛湾原进口，东距石巷子石板道路约15米，西南距大佛湾现出口大门约30米（图1；图版Ⅰ：457）。

正面东北向，方向45°。

二　历史沿革

万岁楼始建年代无明确记载。据刘畋人撰《重开宝顶石碑记》载，明初，宝顶山"遭元季兵燹，一无所存。遗基故址，莽然荆棘"[1]。明永乐十年（1412年），蜀献王朱椿驾临宝顶山，见得石像俨然，殿宇倾颓，缺僧修理。方令僧玄极住持重建。明永乐十六年（1418年），僧玄极奉旨住持，重修宝顶山[2]。疑万岁楼即为纪念蜀王朱椿驾临宝顶山而建[3]。

自清康熙以来，曾数次对其维修。清康熙五十六年（1717年），僧闻慧重修万岁楼[4]。同年，董佩笈等官员于万岁楼内墨书题写"皇图永固帝道遐昌佛日增辉法轮常转"。清同治七年（1868年），僧德芳等僧俗又于楼内题名[5]。

1953年，按照"不塌不漏"的原则，维修万岁楼。1957年，更换楼顶筒瓦。1978年，对其进行比较彻底的维修，除更换部分损坏的构件、油漆楼身外，并重新填描水墨壁画。1994年，对其实施综合性保护工程。2008年，再次实施维修保护[6]。

三　形制

万岁楼为八角攒尖顶木质楼阁，四级屋身四重檐，通高21.2米。楼阁置于八边形基台上，侧脚向心造，榫卯结构。屋身平面呈八边形，其中底层屋身平面为金厢斗底槽加副阶周匝，第一至四层屋身为单围金厢斗底槽。最上为八角攒尖顶（图268、图269、图270、图271、图272、图273；图版Ⅰ：458、图版Ⅰ：459）。

（一）外部形制

1. 基台

条石砌筑，平面呈八边形，显露高30厘米，边宽550—580厘米。

2. 屋身

四级，皆为八边形，各级屋身形制略同。第一级屋身外部设副阶周匝一圈，其余各级屋身外部未设副阶周匝。除第一级屋身安装板壁外，其余各级皆透空。屋檐三级，形制大致相同，皆中部平直，翼角起翘。

1　见本报告集第七卷上册第313、314页；另见重庆大足石刻艺术博物馆编：《大足石刻铭文录》，重庆出版社1999年版，第212页。
2　《恩荣圣寿寺记》碑，见本册第122、123页；另见重庆大足石刻艺术博物馆编：《大足石刻铭文录》，重庆出版社1999年版，第215页。
3　大足县志编纂委员会编：《大足县志》，方志出版社1996年版，第823页。
4　（清）嘉庆《大足县志》卷一《舆地志·古迹》。
5　僧德芳等《培修万岁楼记》，见本册第434页；另见重庆大足石刻艺术博物馆编：《大足石刻铭文录》，重庆出版社1999年版，第255页。
6　1949年后有关万岁楼维修的史实，主要参见邓之金《大足石刻维修工程四十年回顾》，《大足石刻研究文集》（2），重庆出版社1997年版，第569—584页。

（1）第一级

距基台边缘200厘米，面宽360厘米。屋身底部置地栿石，高21厘米。檐柱置于基台转角处，柱础方形，柱间距（以柱中心线为计）480厘米。屋身柱和檐柱均为梭柱，间距110厘米。屋身柱柱础为方形，与地栿石等高，柱间距360厘米。檐柱间施横枋，柱枋间皆施雀替。檐柱与上部挑梁间设圆木斜撑，与屋身柱间施穿插枋。东北面屋身中部设板门，其余各面设封闭式板壁。屋身柱与檐柱间顶部设天花遮护，再上为第一重屋檐。

第一重屋檐底部设卷棚，椽子、立柱上部结构皆遮护于内。卷棚上置两道撩檐枋，上枋呈圆形，叠置于挑梁之上；下枋呈方形，左右端卯入挑梁内。撩檐枋与角梁间出昂，断面呈方形。檐口下施连檐板，其内侧另施一连檐条。屋面铺琉璃瓦，圆形瓦当，如意头滴水。正脊、垂脊上分别嵌饰回纹、卷草纹。

（2）第二、三、四级

未设副阶周匝。屋身面宽分别为245、230、205厘米，内外柱间距分别为195、95、95厘米。斜撑皆为方木条，其余形制略同第一层。

3. 屋顶

为八角攒尖顶，屋面铺设琉璃瓦。顶为塔刹式，底部为须弥座，中部作宝瓶，最上呈圆锥形。

（二）内部形制

屋身内部设单围金厢斗底槽，第一至第三级屋顶部皆建天花，第四级屋身上部直承攒尖屋顶。除第三和第四级屋身间未设梯道外，其余屋身间于西南面设上下通行的木梯。

第一级屋身层高（自地坪至天花计）415厘米。内柱柱础方形，高20厘米，边宽60厘米。外柱间距36厘米，内柱间距245厘米，内、外柱间距190厘米。内、外柱上部设上下两道穿插枋。西南面二内柱间施扇面墙，其前侧设方形佛案，案上供置泥塑观音、善财和龙女像。

第二级屋身层高（第一、二层天花垂直距离）317厘米。外柱间距240厘米，内柱间距230厘米，内、外柱间距190厘米。余同第第一级屋身。

第三级屋身层高267厘米（第二、三层天花垂直距离）。外柱间距225厘米，内柱间距205厘米，内、外柱间距95厘米。

第四级屋身层高（自天花至第三级屋檐底部）约70厘米。内、外柱间距略同于第三级屋身。两两内柱间施枋一周，并于对角另施三层抬梁，以45°角错位安置；由下至上，第一、三层为十字形，第二层梁为方形（第二层梁下部于西南侧再安设一道梁）。梁两端皆设立柱，柱间施穿枋，立柱上承屋顶垂脊。

四 铭文及彩画

（一）墨书题记

3则，分别题写于第四级屋身内部三根抬梁下。

第1则

书于康熙五十六年（1717年）。位于第二层西侧抬梁底部，两端对写，计31字。

皇图巩固△帝道遐昌△佛日增辉△法轮常转（左）

大清康熙五十六年丁酉廿一日吉旦（右）

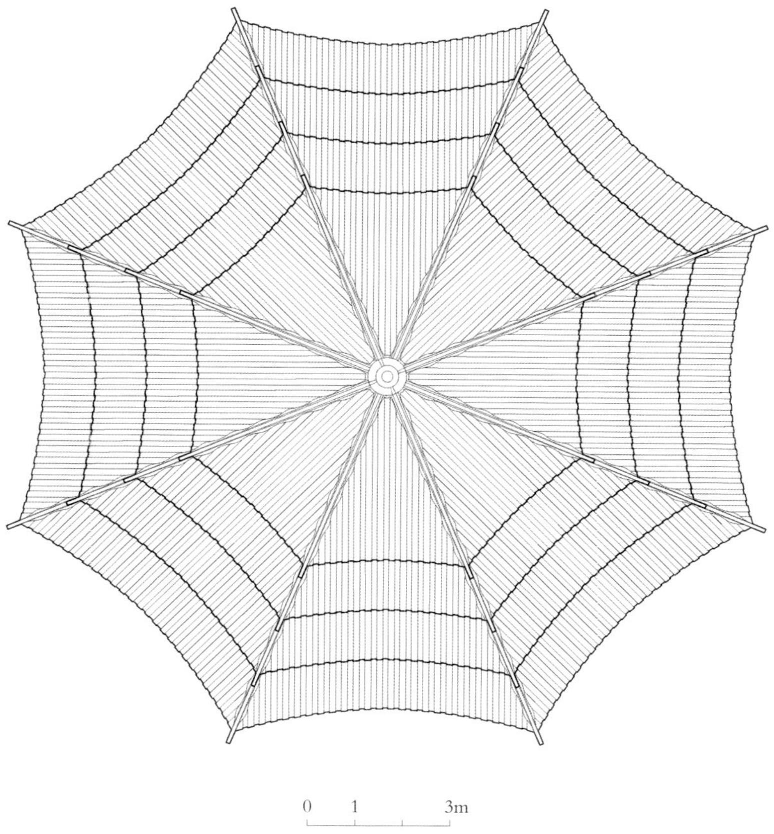

图 268　万岁楼屋顶俯视图
采自李先逵等编著《大足石刻与古建筑群》，重庆大学出版社，2015 年

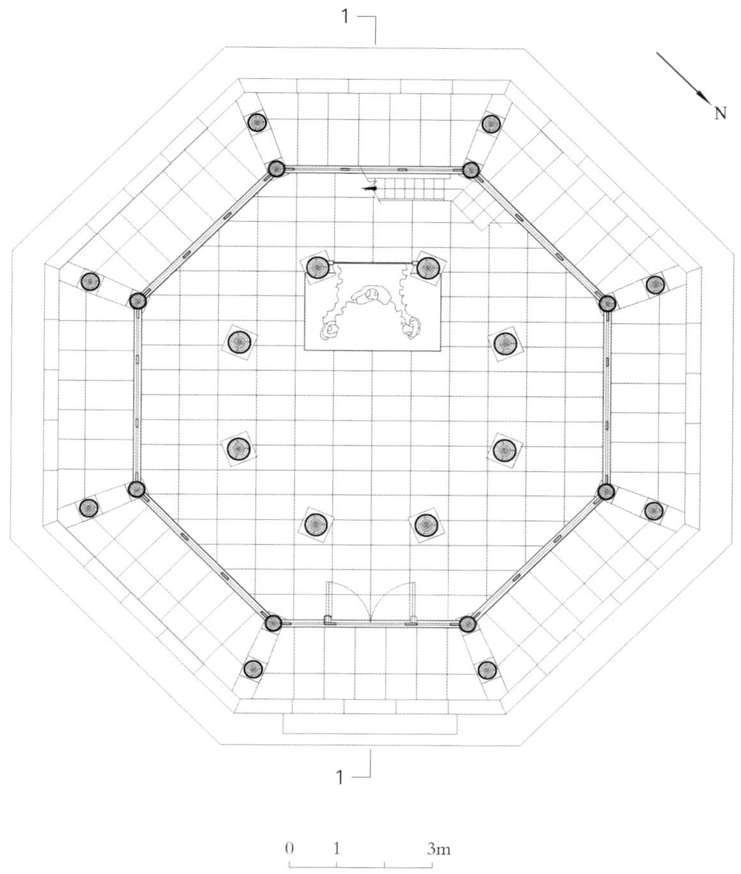

图 269　万岁楼首层平面图
采自李先逵等编著《大足石刻与古建筑群》，重庆大学出版社，2015 年

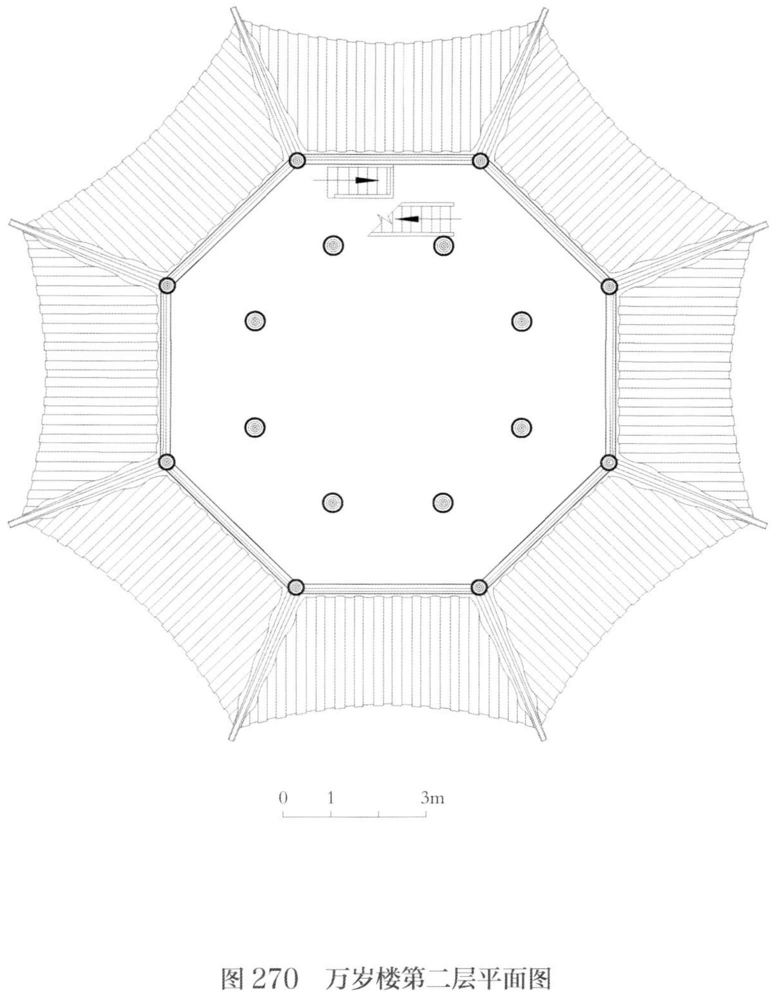

图 270　万岁楼第二层平面图
采自李先逵等编著《大足石刻与古建筑群》，重庆大学出版社，2015 年

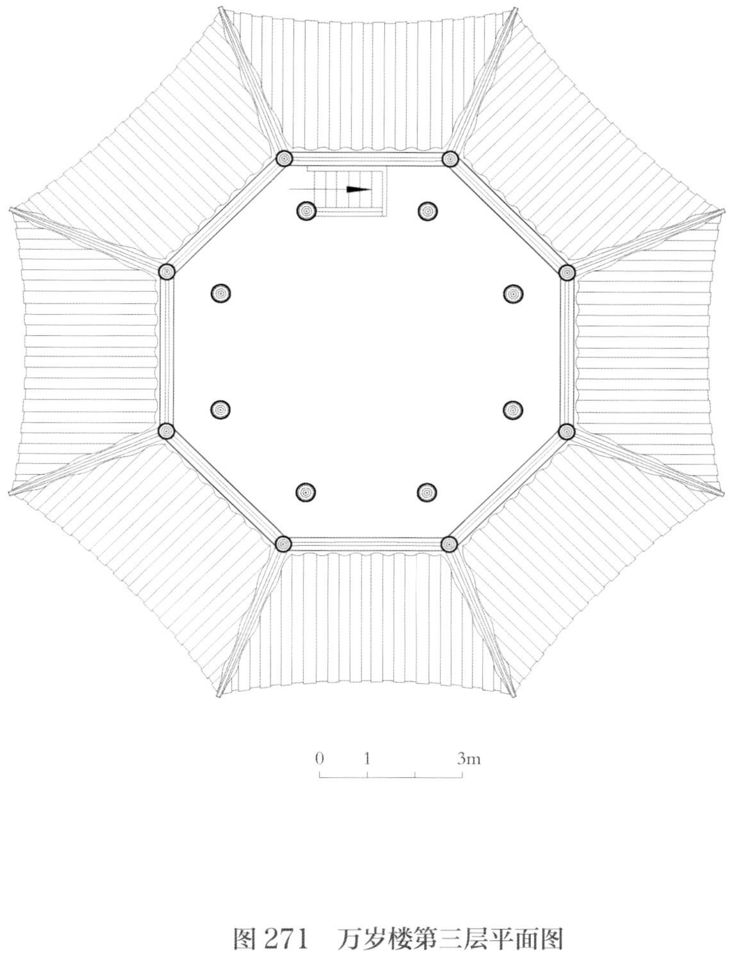

图 271　万岁楼第三层平面图
采自李先逵等编著《大足石刻与古建筑群》，重庆大学出版社，2015 年

附录五　宝顶山万岁楼　431

图 272　万岁楼立面图

采自李先逵等编著《大足石刻与古建筑群》，重庆大学出版社，2015 年

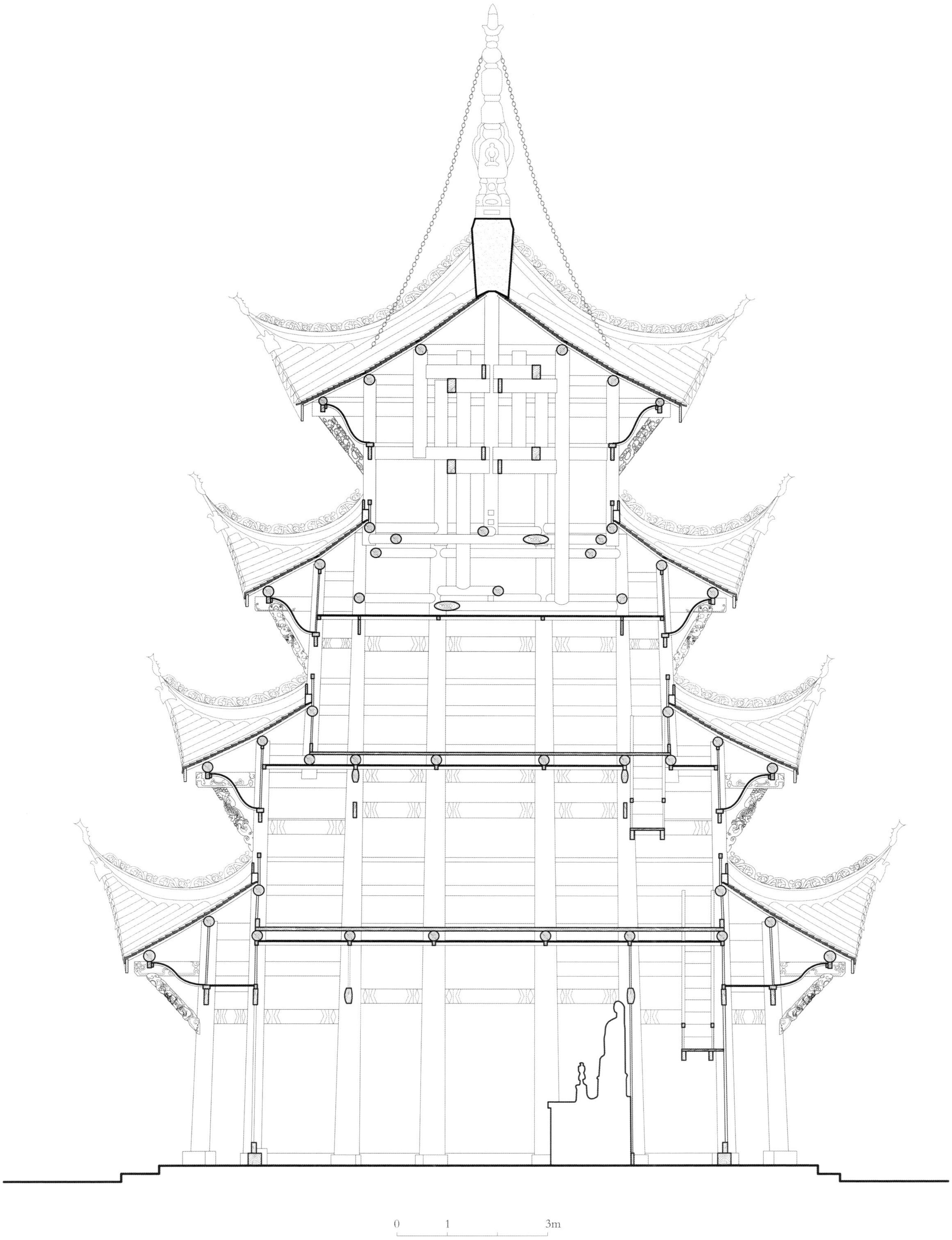

图 273 万岁楼剖面图

采自李先逵等编著《大足石刻与古建筑群》，重庆大学出版社，2015 年

第2则

书于清同治七年（1868年）。位于第二层西南侧抬梁下方台梁底部，两端对写，计51字。

   大善士僧德芳△觉澄△黄昌觐△李自文△张孝荣

   总首罗珊△李明元△黄清贵△文庆廷△僧玉宽（左）

   大清同治七年岁次戊辰正月初六日建修立（右）

第3则

书于康熙五十六年（1717年）。位于第二层南侧抬梁底部，存121字。

   □□□道□察□司签事△董佩筊

   重庆府正堂记录一次加一级△周元勋

   提调汉土官□□□□□石柱土司镇淮□府副总兵加一级△杜清□

   □提调□□官□总□纪录五次加□□△韩□

   重庆府□□□□□堂兼大足县事加三级△李敬之

   重庆府荣昌县驻防兼摄大足县事加一级△朱相吉

   重庆府荣昌县儒学兼摄大足县事加一级艾国寿△刘绮△荣昌县兼摄大足县事范庭□

（二）水墨画、彩画

第一层屋身八面板墙上部共绘制23幅水墨画，除正面为2幅外，其余各面皆并列绘制3幅。幅面高95厘米、宽80厘米。有山水花鸟、人物、劳作等题材。

各层横枋、穿插枋、雀替、挑枋、屋脊等处皆绘仿清式彩画。

附录六　宝顶山灵官殿

一　位置

位于宝顶山大佛湾石窟东崖第11号"释迦涅槃圣迹图"所在崖体上部边缘。左前侧5米为圣迹池，右前侧6米为圣寿寺山门（图1）。

建筑明间东向，方向90°。

二　历史沿革

据小佛湾僧晴舟立《实录碑记》载，清乾隆三十一至四十年间（1766—1775年），时僧晴舟住持宝顶山圣寿寺，致力于寺院恢复，"修建山门灵官殿照墙垣卫"[1]。

清同治年间，圣寿寺等逐日衰败。广大寺僧德芳以重修为己任，相约乡僧，于同治元年至同治九年（1862—1870年）重整圣寿寺，修复灵官殿等殿宇[2]。

20世纪70年代，在维修宝顶山圣寿寺时，亦对"山门及灵官殿侧面配殿等，皆按修复方法逐步进行彻底翻修"[3]。2012年11月，大足石刻研究院对灵官殿屋面各类脊、堆塑及彩绘、屋面木基层、屋面瓦件和檩等进行全面维修，更换腐朽、损坏构件，使灵官殿焕然一新。

三　形制

灵官殿置于方形条石基台上（图版Ⅰ：460）。基台长约960厘米，宽约620厘米，凸露前侧地坪石板15厘米（图274、图275、图276、图277）。

屋身平面呈方形，面阔四柱三间，通宽约940厘米，进深约530厘米。柱身皆圆形。明间柱础呈方形，略残。次间柱直接置于屋身山墙下部的条石槛墙上。明间柱身上部各安置两道45°斜向斜撑，支撑屋檐。次间柱身上部正向安置一道斜撑。明间宽约460厘米，设四扇板门。门框左右上角施雀替。左右次间宽约240厘米，左右上角施雀替。次间下部设木质槛墙，上部均开扇面窗。左右山墙最下部叠砌两级条石槛墙，通高55厘米，厚30厘米；其余墙体夯实。

明间额枋之上设卷棚，再上为屋顶。屋顶为歇山顶，屋面铺设小青瓦。正脊中设宝瓶，两端装饰鸱吻；垂脊端头饰站立的仙人像，戗脊上翘，装饰花叶纹。檐下施连檐板，内侧设檐枋。左右次间屋顶为悬山顶，低于明间屋顶约120厘米。其屋脊端头上翘，装饰花叶纹。

室内中空，未设隔断墙。上部设置天花板，无法观察内部梁架结构。明间后壁中部设方窗，高240厘米，宽470厘米，下距地坪高约60厘米。左右次间后壁上部各设一方形直棂窗，高70厘米，宽110厘米。

殿宇屋身通体彩绘红色，屋脊、梁、枋、斜撑、雀替等描摹清式彩画。

1　见本册第342、343页。另见重庆大足石刻艺术博物馆编：《大足石刻铭文录》，重庆出版社1999年版，第221—224页。
2　廖沛霖撰《重修宝顶山圣寿寺等处庙宇并诸佛像总碑》，见本册第412、413页。另见重庆大足石刻艺术博物馆编：《大足石刻铭文录》，重庆出版社1999年版，第262页。
3　王庆煜：《大足石窟维修保护概况》，重庆大足石刻艺术博物馆编：《大足石刻研究院》2002年创刊号（内刊），第64页。

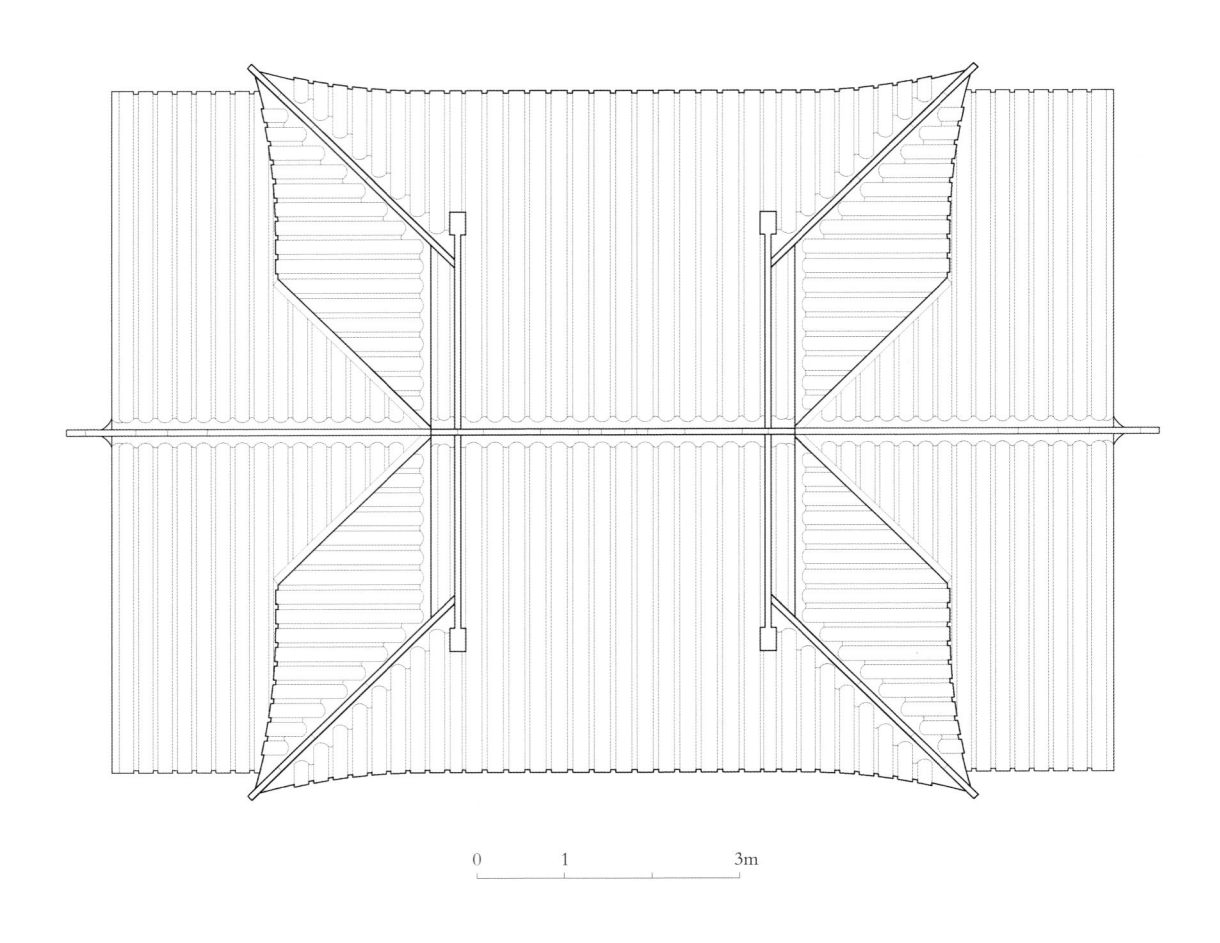

图 274　灵官殿屋顶俯视图

采自李先逵等编著《大足石刻与古建筑群》，重庆大学出版社，2015 年

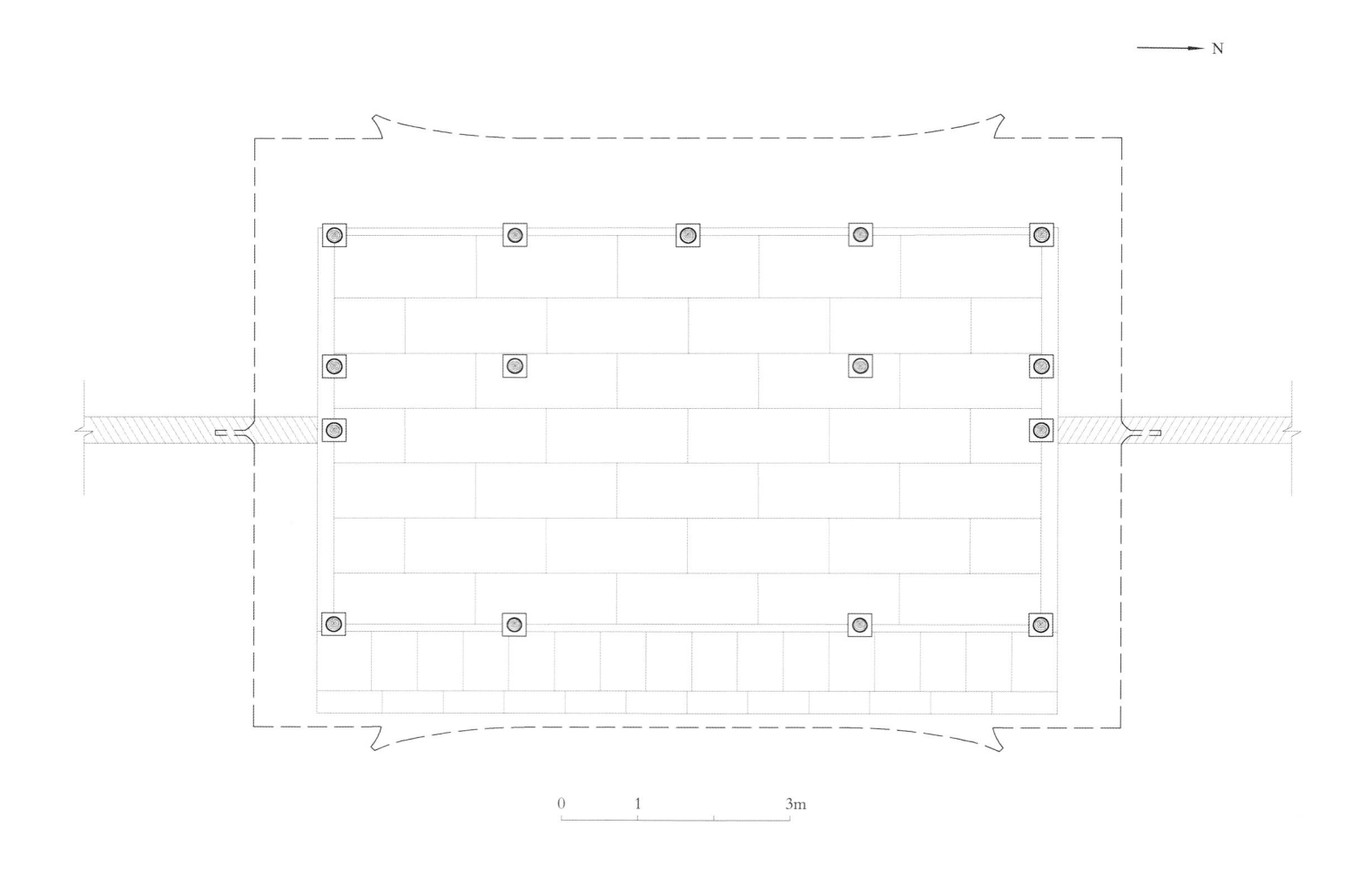

图 275　灵官殿平面图

采自李先逵等编著《大足石刻与古建筑群》，重庆大学出版社，2015 年

436　　大足石刻全集　第八卷（上册）

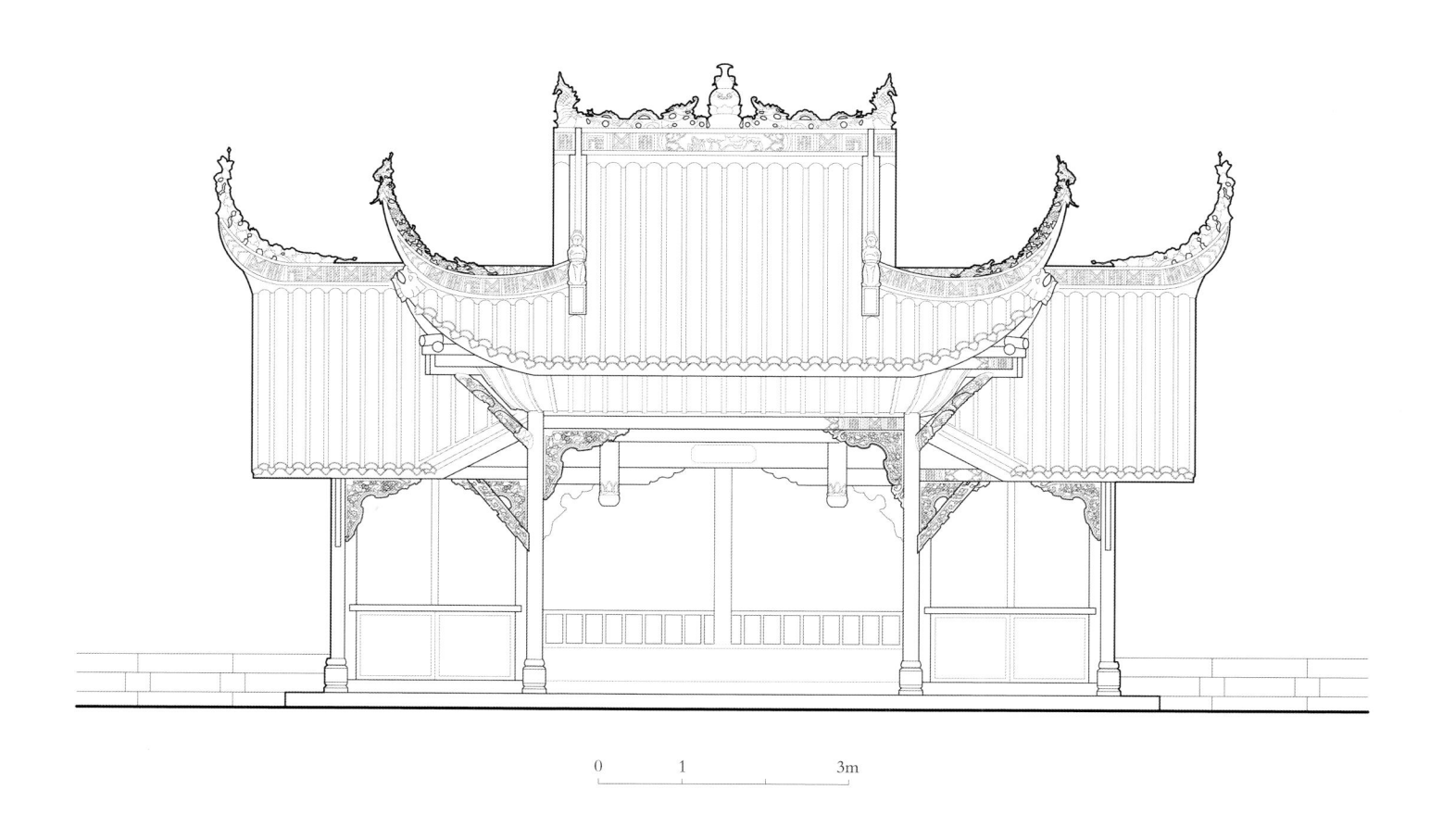

图 276 灵官殿正立面图

采自李先逵等编著《大足石刻与古建筑群》，重庆大学出版社，2015 年

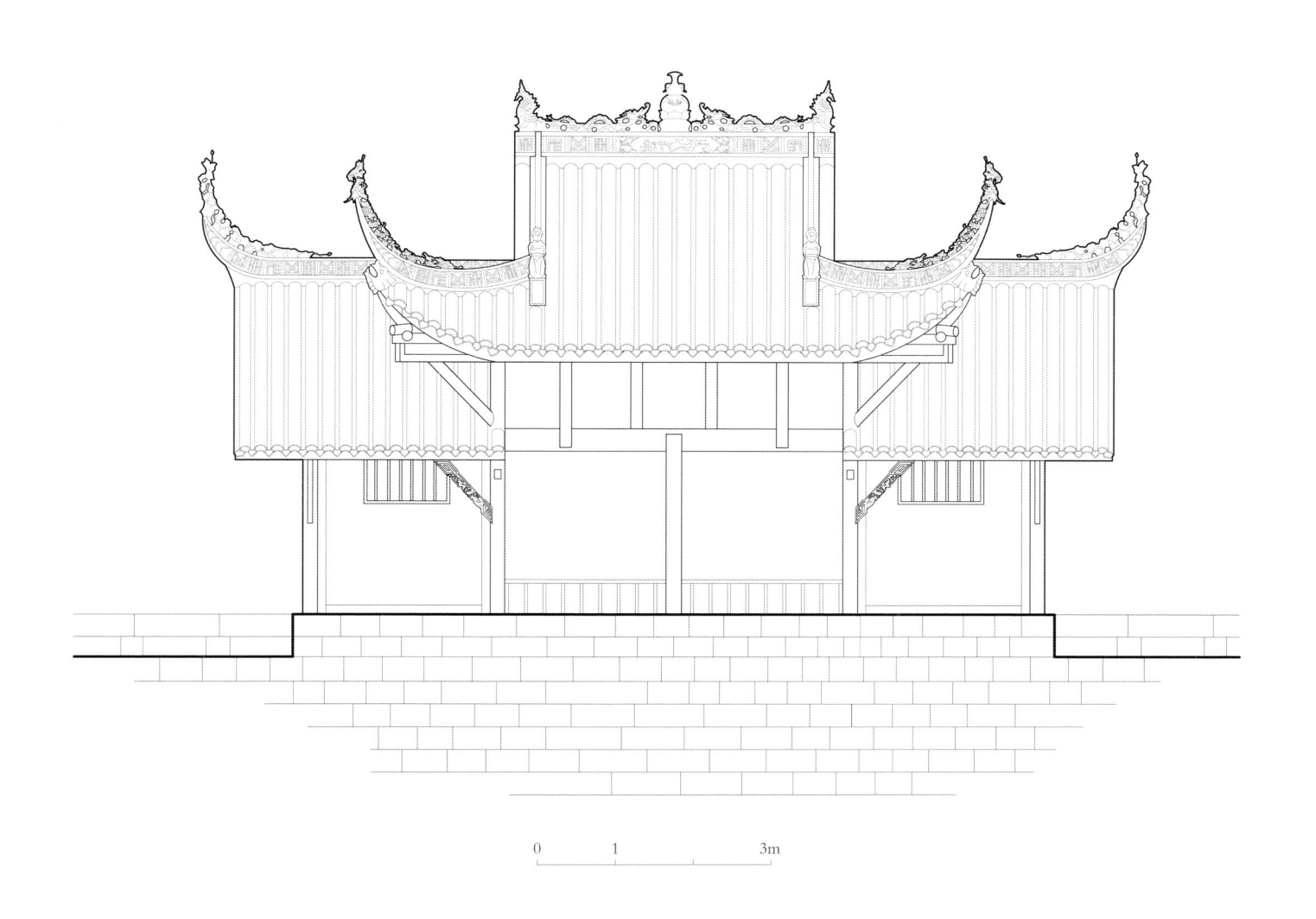

图 277 灵官殿背立面图

采自李先逵等编著《大足石刻与古建筑群》，重庆大学出版社，2015 年

附录七　宝顶山惜字塔

一　位置

位于宝顶山大佛湾石窟北崖"九龙浴太子图"顶部后侧。南距"九龙浴太子图"崖顶约10米，东距圣迹池约8米（图1；图版Ⅰ：461）。

塔身正面向东，方向85°。

二　形制

为重檐式中空石塔。以条石、石板扣合、叠砌而成。平面呈方形（图278、图279、图280；图版Ⅰ：461、图版Ⅰ：462、图版Ⅰ：463、图版Ⅰ：464）。塔身剥落、残损略重，2012年对其加固维修。塔身下部被新铺设的石板遮覆，情况不明。现显露五级塔身五重檐，通高约525厘米。

第一级塔身，方形，距地坪高26厘米，面宽180厘米；由四块条石砌合而成，壁面素平。其上接塔檐，方形，高约30厘米，上部抹棱；外挑下部塔身约5厘米。

第二至五级塔身呈方形，逐层内收，四角置方形立柱，柱间嵌入石板，壁面平整；其上接塔檐。各重塔檐与第一重略同。其中，第五级塔身上部另嵌入额枋，额枋通高23厘米，宽93厘米。顶为庑殿顶，翼角起翘，屋面刻细密线纹，以示瓦垄瓦沟。第二至五级塔身结构、尺寸列入表27。

表27　宝顶山惜字塔结构尺寸简表

塔级	结构	高（厘米）	宽（厘米）	备注
二	塔身	94	161	较第一重塔檐内进16厘米。
二	角立柱	94	30.5	
二	塔檐	26	180	外挑第二级塔身9厘米。
三	塔身	87	137	较第二重塔檐内进22厘米。
三	角立柱	87	28.5	
三	塔檐	23	152	外挑第三级塔身6厘米。
四	塔身	76	112	较第三重塔檐内进20厘米。
四	角立柱	76	25	
四	塔檐	22	130	外挑第四级塔身8.5厘米。
五	塔身	58	89	较第四重塔檐内进20厘米。
五	角立柱	58	22.5	
五	塔檐	42	140	外挑额枋14厘米。

第二级塔身东面中部凿一圆拱形孔洞，高40厘米，宽17厘米；现以石板封闭。孔洞上方左起圆弧镌刻"惜字阁"3字，残蚀略重，楷体，字径14厘米（图版Ⅱ：195）。东、西面立柱刻楹联，南、西、北三面刻题记。

第三级塔身东面和西面中部对应处各开一浅龛，内刻造像；东面立柱刻楹联。南、北两面刻题记。

第四级塔身东面和西面中部对应处各开一浅龛，内刻造像；南、北面刻题记。

第五级塔身四面各镌刻1字。

塔刹呈"井"字形，高41厘米，下宽54厘米，上宽45厘米，由石板拼合而成。刹顶四面石块中部各凿一槽口，高6厘米，宽8厘米，深12厘米。

三　造像及铭文[1]

根据造像和题记分布，以及塔身结构状况，自第二级塔身东面始，沿顺时针方向介绍。

（一）第二级塔身

1. 东面

左右立柱竖刻楹联，存7字，楷体，字径10厘米（图版Ⅱ：196）。

□西天地□（左）

□重古今文（右）

2. 南面

左立柱及中部壁面共刻题记1则。刻石面高90厘米，宽130厘米。文左起，竖刻20行，存81字，楷体，字径4厘米（图版Ⅱ：197）。

01　世人（漶）

02　论□村市（漶）堂寺（漶）

03　知（漶）牛（漶）

04　（漶）不必至于门上对（漶）

05　（漶）空处（漶）出门字画则来（漶）

06　（漶）

07　（漶）法所贴（漶）

08　（漶）王沂公拾宁而子□三（漶）登善（漶）

09　（漶）科荣五世□若坐□文（漶）家客（漶）

10　（漶）州杨百行残（漶）而（漶）灭亡（漶）

11　（漶）鲜于（漶）鉴以（漶）

12　（漶）之（漶）闻

13　（漶）球

14　（漶）文之（漶）也

15　（漶）佛之（漶）斯（漶）贤

16　（漶）信不可

---

[1] 本塔为石板扣砌，平面方形，根据塔身造像题材、艺术风格等推测，该塔建于清末民国初期。

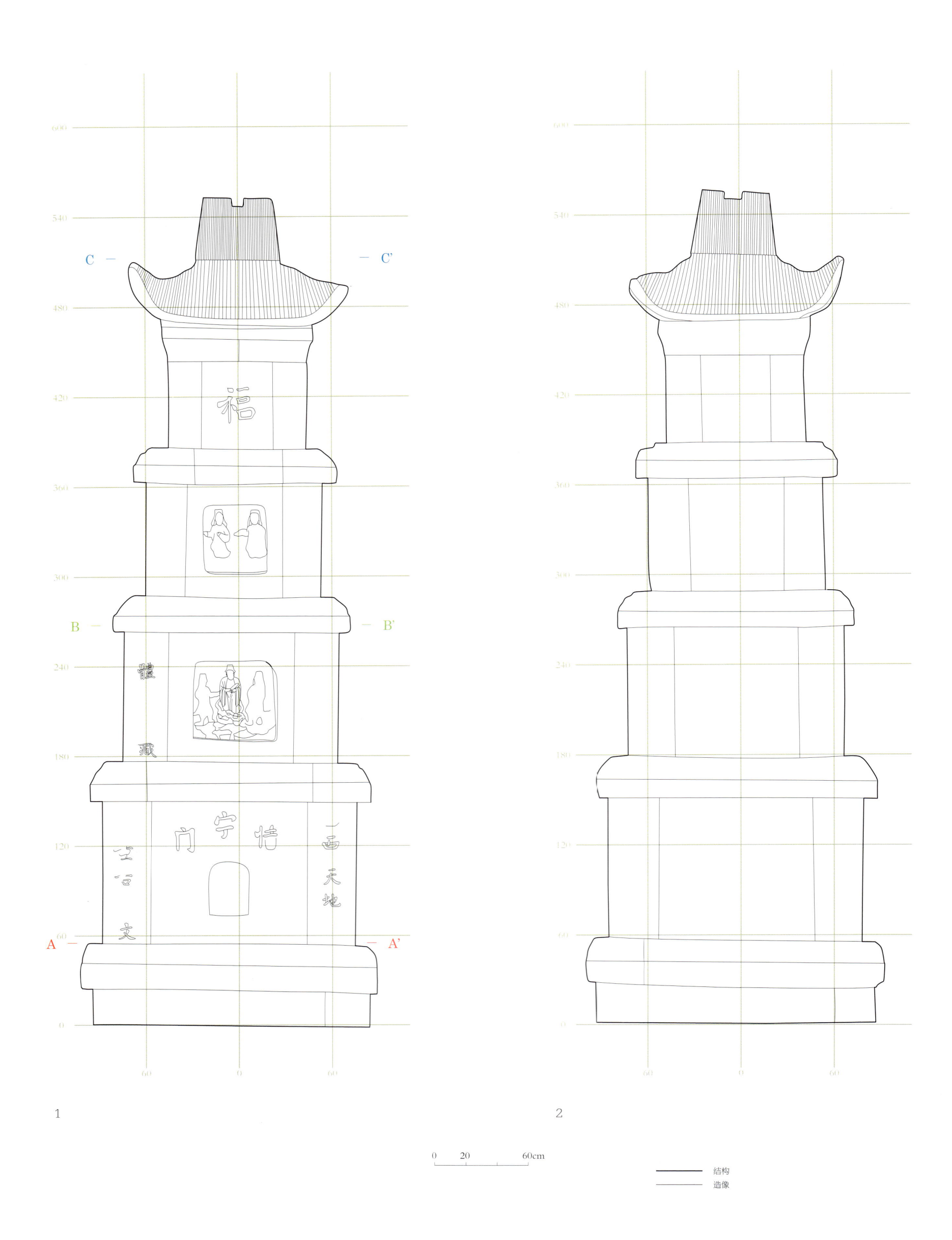

图 278　惜字塔立面图
1　东面　2　南面　3　西面　4　北面

440　大足石刻全集　第八卷（上册）

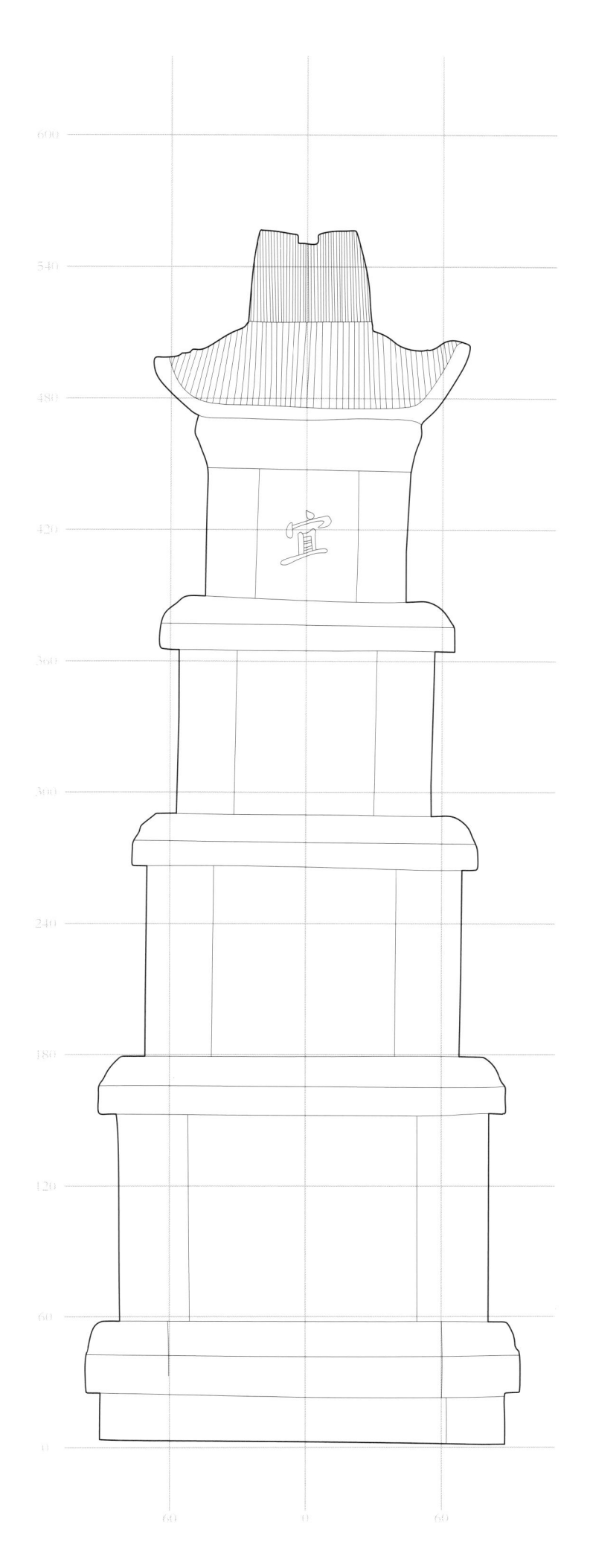

附录七 宝顶山惜字塔

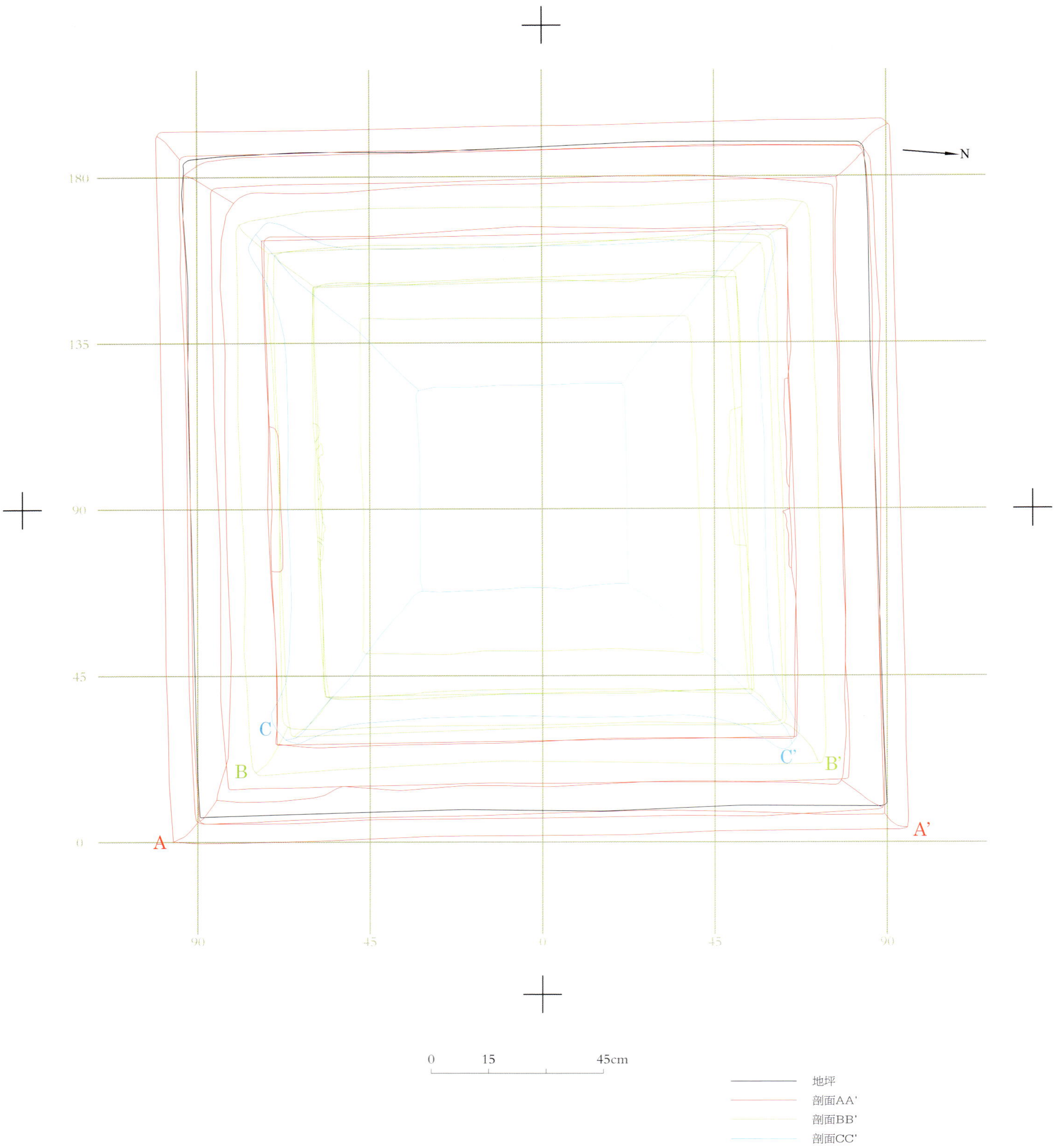

图 279　惜字塔平面图

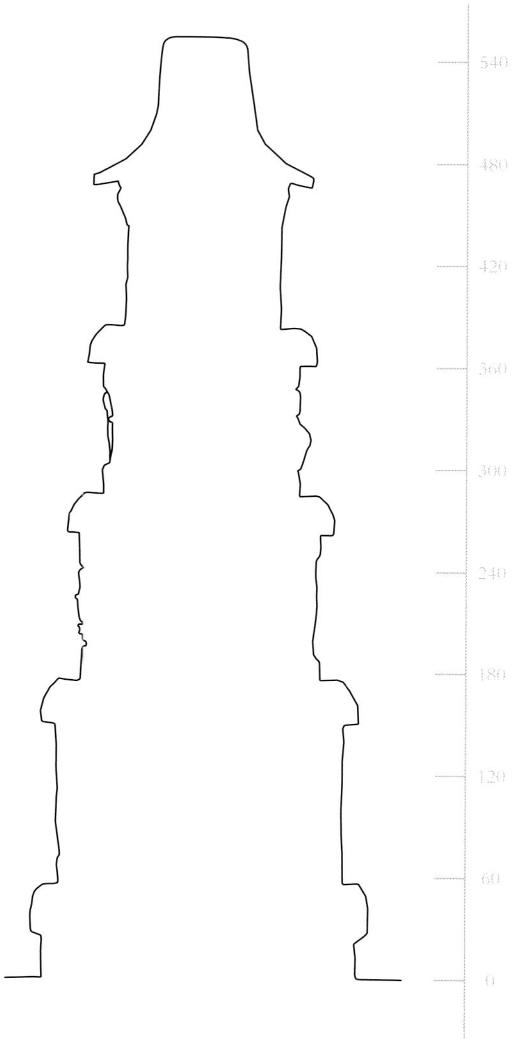

图 280　惜字塔剖面图
1　东西向　2　南北向

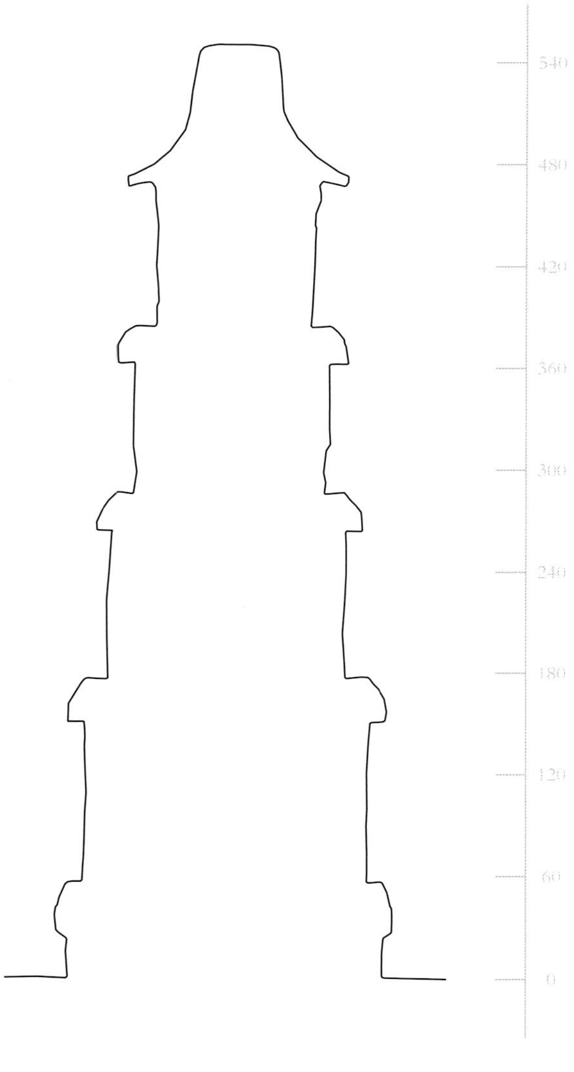

17 （漶）而并（漶）凤

18 （漶）前（漶）于

19 （漶）

20 （漶）廿九（漶）三日（漶）立

3. 西面

左右立柱竖刻楹联，共10字，楷体，字径11厘米（图版Ⅱ：198）。

紫气凌霄汉（左）

文光射斗牛（右）

中部刻题记1则。刻石面高92厘米，宽100厘米。文左起，竖刻14行，存156字，楷体，字径4厘米（图版Ⅱ：199）。

01 □修□□□□五日或十日□□每焚化

02 □□□□□□不下数万定□□锅净钵

03 □□□□□字灰亦多飞扬须□□□老

04 □□□□化时先将文书置锅内□□□

05 □□□□□书之上然后火化如此则虽

06 飞扬亦□□钱耳而字必不飞去道场毕

07 □□□□鲜有经心者须用知事人亲身

08 □字□□送长江送字库庶乎可矣若不

09 □□□则簧内亦不得仍置簧状又□人

10 泸房□无字迹须于化灵前日将字扯下

11 □□□补之到火场凡文书□□祭章引

12 魂□□与火册火单共钵另结□家同火

13 □□□□□送长江送字库□□不可

14 此山惜簧袯字推类以尽其余也[1]

4. 北面

左右立柱共刻题记1则。刻石面皆高90厘米，宽30厘米。各左起竖刻7行，存217字，楷体，字径4厘米（图版Ⅱ：200）。

01 先哲敬惜字纸文△△字乃天地间之□宝成人功

02 □佐人事业开人识见为人凭据不思而得不言而

03 □□□古今人隔千万年觌面共话能令天下人隔

04 千□□携年谈心有欲闻於人之言彰其字而白之

05 有□□□於人之事封其字而达之传古圣欲传之

06 心□记今人难记之琐事无往而不赖乎字者岂非

07 □□□之至宝耶以至宝而不加爱重却乃糊窗裱（左）

01 壁□秽包物身必□折福寿矣人失一物则曰可惜

02 独于天地间之□□□之而不知悔贱知而不知惕

03 真轻重莫辨矣□□□不□之人几路遇字纸必拾

444　大足石刻全集　第八卷（上册）

04　而祝曰可惜愿□□上□字其庸常敬字如北而吾
05　□反自轻之岂□可惜□□但愿同志君子宝而□
06　□以免罪□□□□□□以致书香灭绝而□□
07　（漶）[2]（右）

中部壁面刻题记1则。刻石面高87厘米，宽100厘米。文左起，竖刻13行，存147字，楷体，字径5厘米（图版Ⅱ：201）。

01　□□明拜墓者每携袱烧于墓前不知古
02　□□云标扫但将馔醴散钱诚心祭奠如
03　□□□祭章只烧散钱可也但祭章焚化
04　□□□纸包回不可抛弃字灰至于袱子
05　□□□□化之或在祠内化之仍用火册
06　□□□何不可且墓前未必皆净地即净
07　□□必□昆虫草木一炬焚烧风□并起
08　□□昆虫草木难免无伤以祀祖□戕物
09　□□岂□乎
10　□□□□后土古礼但云牲醴香烛之仪
11　□□□□□用袱亦必书字于上岂知神
12　□长□□□享袱之理如祭时□帛只用
13　□□□□□□而始云帛哉□□者宜[3]

（二）第三级塔身

1. 东面

壁面中部开一方形浅龛，高53厘米，宽58厘米，深4厘米，内刻立像3身，皆立于祥云上（图281；图版Ⅰ：465）。中像，高35厘米，头似戴巾，面残，存浓须，着圆领宽袖长服，双手腹前斜持一笏，残长8厘米，足踏云纹。左右像皆残毁甚重，残高约36厘米，仅辨轮廓。

左、右立柱竖刻楹联。左联毁，右联刻"八体□□藏"5字，楷体，字径12厘米（图版Ⅱ：202）。

2. 南面

刻题记1则。刻石面高82厘米，宽80厘米。文左起，竖刻9行，存54字，楷体，字径4厘米（图版Ⅱ：203）。

01　衙门中最易抛撒字或（漶）
02　簿或多年案稿以及（漶）
03　往往扯坏落地（漶）
04　多置字□宜一（漶）
05　（漶）
06　（漶）
07　封鐏口或拿与儿（漶）
08　女勿用封鐏口勿（漶）
09　宜丢在字筐内以免践踏污秽

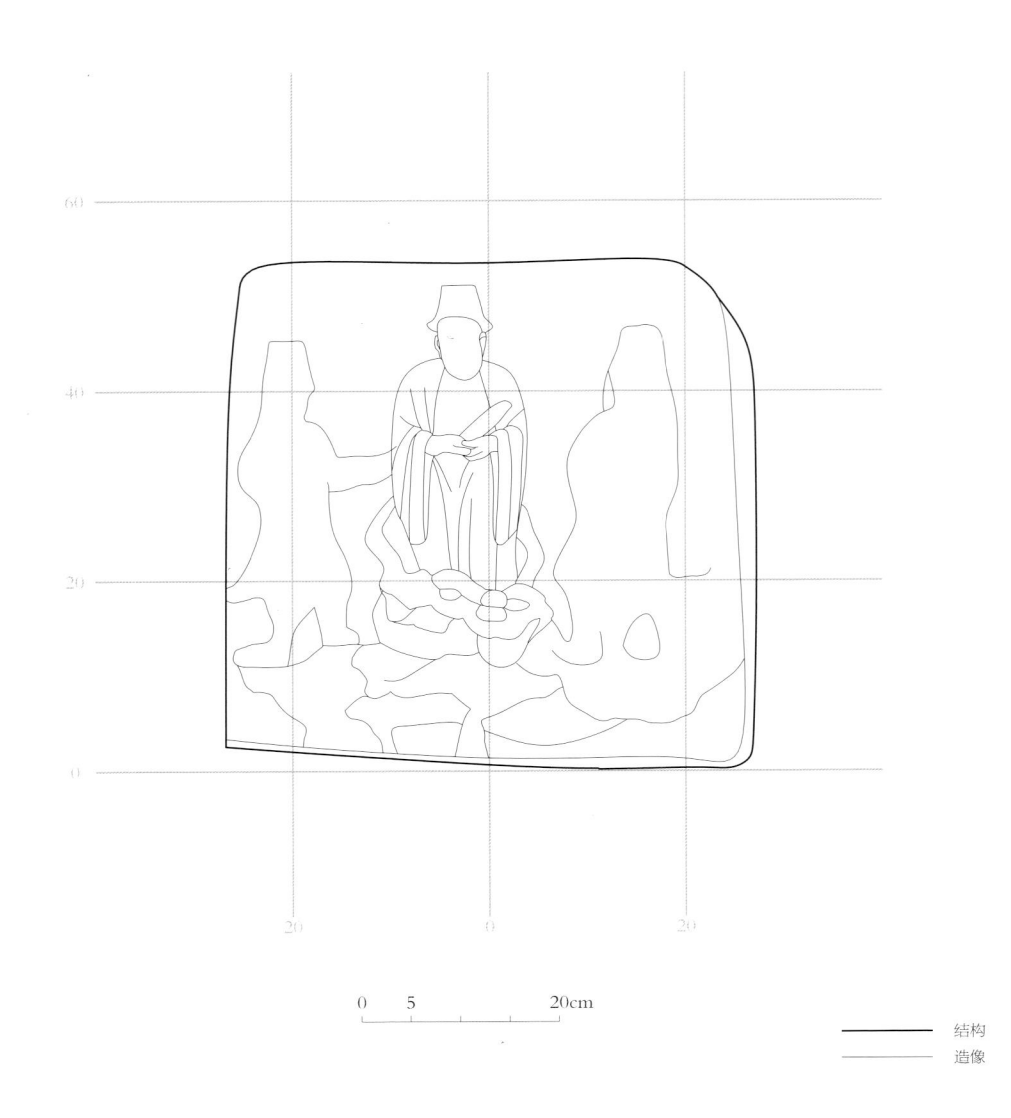

图 281　惜字塔第三级东面龛像立面图

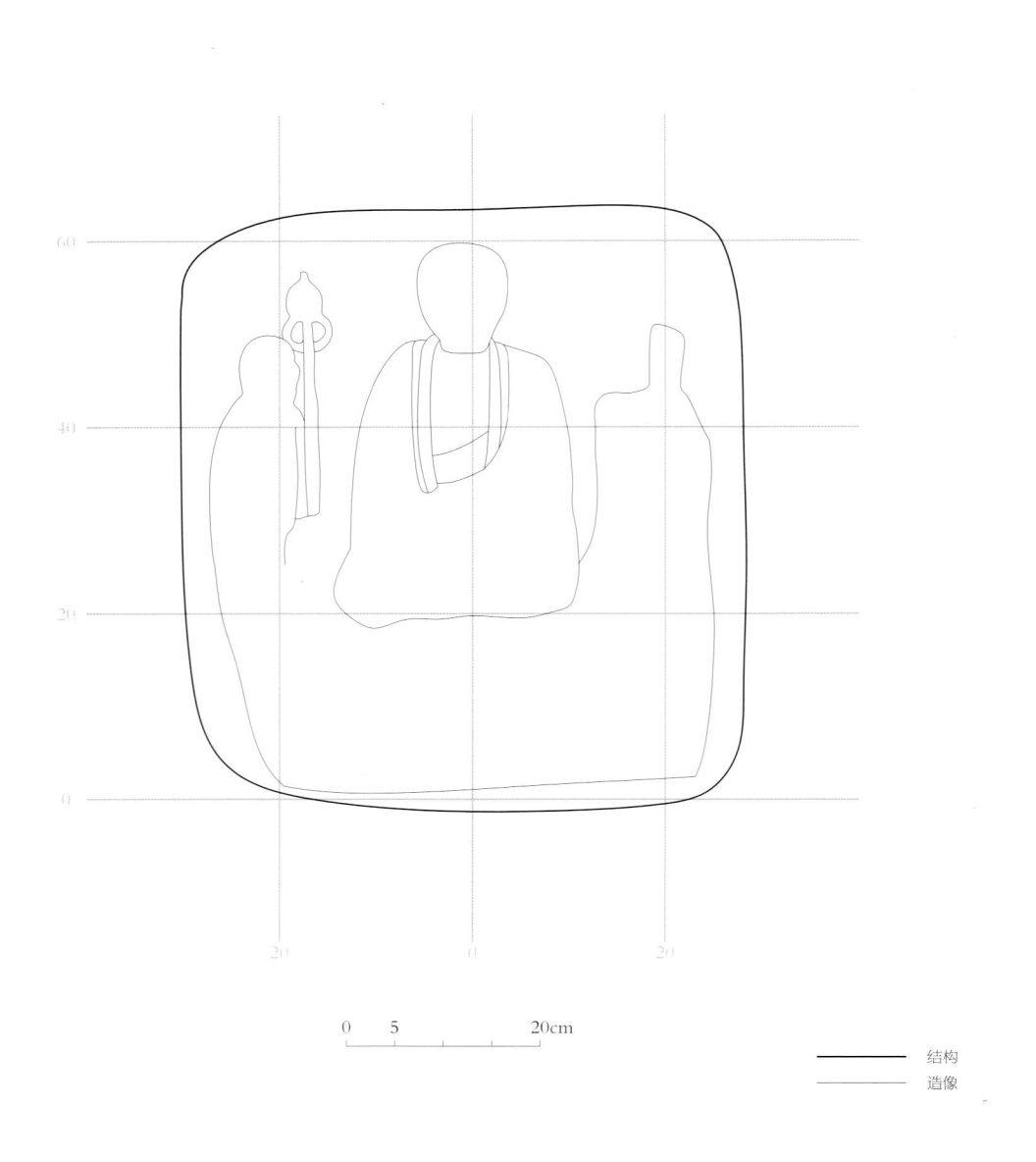

图 282　惜字塔第三级西面龛像立面图

446　大足石刻全集　第八卷（上册）

3. 西面

壁面中部开一方形浅龛，高62厘米，宽57厘米，深5厘米，内刻像3身，皆残甚重（图282；图版Ⅰ：466）。中像残高42厘米，头大部毁，内着僧祇支，外披双领下垂式袈裟，余细节不明。左像仅存少许遗迹。右像残高29厘米，可辨身左侧，手持锡杖，杖残长25厘米，杖首作葫芦形。

4. 北面

壁面剥落，原迹毁。

（三）第四级塔身

1. 东面

壁面中部开一方形浅龛，高45.5厘米，宽40.5厘米，深5厘米，内刻像2身，皆部分残，残高约32厘米（图283；图版Ⅰ：467）。左像头似戴巾，衣饰不明，左手毁，右手于体侧屈肘外展，似托持一物。右像头戴巾，身残，左手似置腹前，右手残，屈肘外展。

2. 南面

刻题记1则。刻石面高72厘米，宽61厘米。文左起，竖刻9行，存63字，楷体，字径4厘米（图版Ⅱ：204）。

01　世有于亡人衣上而（漶）
02　者有于亡人金井而（漶）
03　者均属不可此字定当（漶）
04　阴阳金木水火等字均（漶）
05　□于金井中妇女长（漶）
06　□等字切勿绣于里（漶）
07　□□□书废字以（漶）
08　□□不宜卖钱恐□（漶）
09　□魂纸□造纸反增（漶）[4]

3. 西面

壁面中部开方形浅龛，高51厘米，宽43厘米，深5厘米，内刻坐像1身，坐高39厘米（图284；图版Ⅰ：468）。光头，面残，笑口，短颈，袒胸露乳，大肚鼓凸，着对襟衫，双手似置腹下，右臂肘腕处存念珠少许，坐于祥云上。

4. 北面

刻题记1则。刻石面高70厘米，宽62厘米，文左起，竖刻7行，存33字，字径4厘米（图版Ⅱ：205）。

01　今□□字□□□□（漶）
02　食□□□入字□□（漶）
03　字□□□□□心□（漶）
04　不□惜字者遇收□（漶）
05　必勿以字与他若□（漶）
06　穷第给以钱米饭食（漶）
07　□□须亲身送到□（漶）

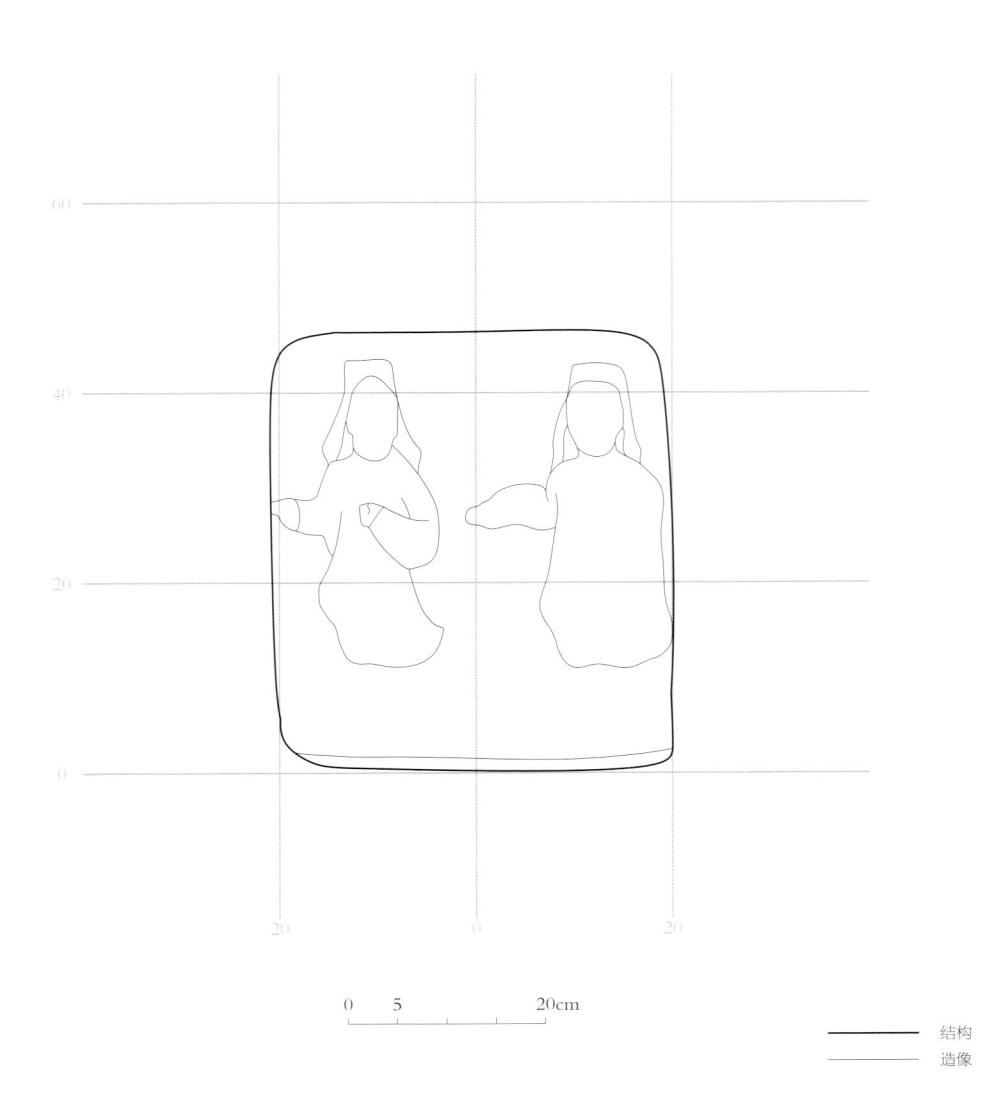

图 283　惜字塔第四级东面龛像立面图

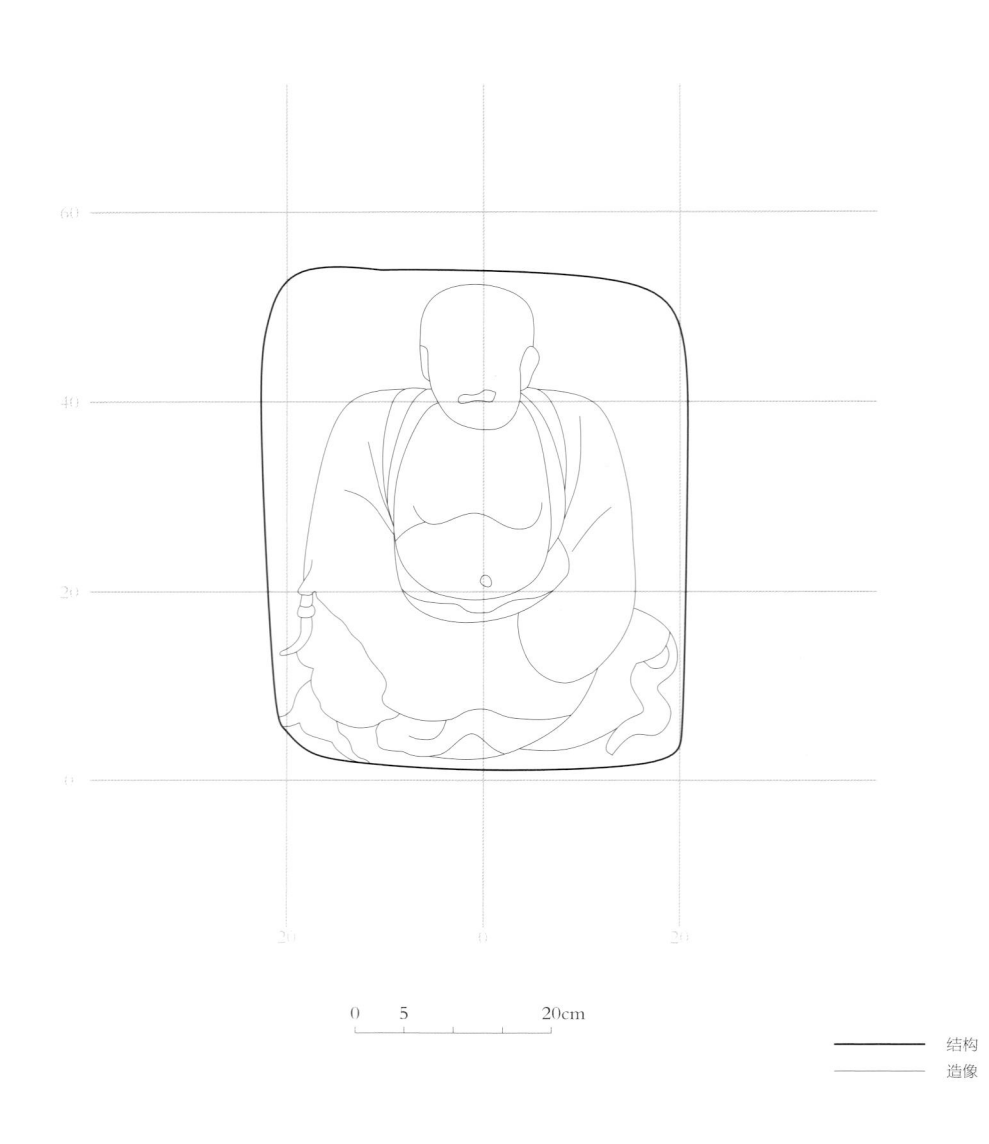

图 284　惜字塔第四级西面龛像立面图

448　大足石刻全集　第八卷（上册）

（四）第五级塔身

壁面中部各镌刻1字，楷体，字径皆22厘米。自东面始，沿顺时针方向，东面刻"福"字，南面字漶，西面刻"亲"字，北面刻"宜"字（图版Ⅱ：206）。

注释：

[1] 本则铭文第3行第7字"灰"；第4行第6字"时"；第6行第6字"钱"；第8行第11字"庶"；第14行第3字"惜"，铭文分别为：

[2] 本则铭文第2行第12字"凭"；第3行第15字"能"；第6行第12字"往"；第7行第19字"窗"，铭文分别为：

[3] 本则铭文第1行第8字"携"；第2行第10字、第3行第8字"散"；第2行第11字、第3行第9字"钱"；第4行第4字"纸"；第4行第12字"灰"；第7行第16字"起"，铭文分别为：

[4] 本则铭文第9行第3、6字"纸"，铭文为：

附录八　宝顶山勾愿菩萨造像

一　位置

位于宝顶山大佛湾石窟南崖西端顶部平坝东侧。北（右）距宝顶山万岁楼约20米，前为1999年新建的石坝，南（左）为圆弧形石梯道，上接宝顶山石窟景区内设停车场（图1；图版Ⅰ：469）。

拱洞西北向，方向为290°。

二　形制

此地原为宝顶镇山王村3组村民农田。农田一角石堡上散落四身石刻造像，村民称其为"勾愿菩萨"。20世纪60年代，大足县文物保管所在原址修建条石拱洞，将四身造像安放于此。

拱洞以条石砌筑（图版Ⅰ：469），外沿呈方形，高317厘米，宽550厘米；洞口呈圆拱形，高305厘米，宽398厘米，至后壁深288厘米。洞底呈方形，后壁石砌低台，高74厘米，通宽398厘米，深58厘米。台上水平安置圆雕背屏式造像四身。顶为券顶。

三　造像

4身，等距置于低台上，相邻造像相距约40厘米。其中，中部2身立像体量略大，左右外侧立像略小（图版Ⅰ：470）。从左至右编为第1—4像。

第1像　立高123厘米，头长23厘米，肩残宽34厘米，胸厚15厘米。头扎巾，面方，眼眶较深，鼻残，阔口微闭，獠牙上翘。双肩及胸残，衣饰不明；可辨飘带沿肩下垂，呈"U"形垂于腹前，再自腰间下垂体侧。双手残，足不现。背屏残高107厘米，厚9厘米。

第2像　立高143厘米，头长24厘米，肩残宽33厘米，胸厚16厘米。头戴软脚幞头，方面右侧，隆眉鼓眼，着双层圆领宽袖长服，双手置胸前持展开的簿册，略侧身直立。像双腿前刻一犬和一蛇。犬位于左腿外侧，显露身长33厘米，高42厘米，颈下系铃。蛇头刻于右腿外侧，身部分残，尾曲于犬头部右侧。背屏残高143厘米，厚16厘米。

第3像　立高146厘米，头长22厘米，肩残宽36厘米，胸厚18厘米。头似戴盔，脸长圆，略左侧。着圆领窄袖长服，腰束革带，系抱肚。左手残，横于腹前，右手于腰际持剑，斜靠右肩。剑身中部断裂，全长约70厘米。双足不现。像右腿前侧刻一兽，显露身长36厘米，高50厘米，头微上扬，鼓眼阔口；前腿曲立。背屏残高124厘米，厚16厘米。

第4像　立高126厘米，头长22厘米，肩残宽37厘米，胸厚16厘米。头戴软脚幞头，面圆，双眼上挑，阔口微启。着圆领宽袖长服，肚腹鼓凸，腰系革带。左手抚于胸下，右手持笏，笏残长37厘米，斜置右肩。双足不现。背屏残高120厘米，厚9厘米。

四　铭文

2则。

第1则

簿册残存经文，南宋淳熙至淳祐年间（1174—1252年）[1]。位于第2像手持的簿册上。刻石面高20厘米，宽60厘米。文左起，竖刻13行，存30字，楷体，字径约8厘米（图版Ⅱ：207）。

01　八万四千（漶）
02　□（漶）
03　（漶）
04　△△天
05　神树神□□□
06　不许十恶（漶）
07　六种外道（漶）
08　虚妄□□（漶）
09　盗心（漶）
10　如违上□仰（漶）
11　六通八大（漶）
12　（漶）
13　法〔堂〕（漶）

第2则

功德主题名，时间不详。位于第2像背屏右侧上部。刻石面高38厘米，宽16厘米。文左起，竖刻，存32字，字径5厘米（图版Ⅱ：208）。

秀心□钱△姚安品△黄性广五十文
秀和四百廿文
□□
光〔隆〕三钱〔陈〕荣〔柱〕
□□谭玉贵
僧惠〔修〕□撰[1]

注释：

[1]　本则铭文第1行第4字、第4行第4字"钱"，铭文
　　　为：

　　　钱

1　本则铭文，内容与大佛湾石窟第2号龛、佛祖岩摩崖造像存刻的"大藏佛说守护大千国土经"相近，推测时代与其相同。

附录九　宝顶山高观音造像

除高观音造像外，高观音[1]附近峭壁和石堡上另有两龛摩崖造像，分别为地藏龛、观音龛，现一并介绍。

一　高观音龛

（一）位置

位于宝顶镇香山社区三组高观音坡。崖壁前为大宝（大足至宝顶山）公路，公路前为悬崖；崖体西北约50米为2014年新建的宝顶山石刻景区游客中心（图1；图版Ⅰ：471）。

龛口东南向，方向为165°。

（二）形制

单层圆形龛（图版Ⅰ：471）。

崖壁表面打磨平整后向内开凿形成龛口。龛口圆形，龛沿宽约10厘米；龛口直径约220厘米，至后壁深30厘米。龛外壁面线刻云纹。龛上方岩体外挑150厘米，形似龛檐。再上弧形壁面竖直，高约130厘米，横刻3个小圆龛。小圆龛形制相近，直径约80厘米，深15厘米。最上为外挑约100厘米的岩顶。龛下距地坪约900厘米。

（三）造像

龛内刻像3身，中刻主尊观音像，左右各刻侍者像1身。龛外上方竖直壁面圆龛内刻佛像3身。

观音像　坐高154厘米，头长约60厘米，肩宽70厘米，胸厚22厘米。有描画的椭圆形背光，边缘饰火焰纹。头梳髻，戴卷草冠，冠正面刻化佛1身。面圆，眉眼细长，耳垂肥大。胸饰璎珞，内着僧祇支，外着双领下垂式袈裟，袈裟一角罩于冠顶；下着裙，裙摆垂搭座前。双手置腹前笼袈裟内，结跏趺坐于低台上。低台敷搭帷垫，边缘垂火焰纹褶边。化佛像坐高27厘米，螺髻，内着僧祇支，外着双领下垂式袈裟，结跏趺坐。

左侍者像　立高70厘米，头长约30厘米，肩宽22厘米，胸厚15厘米。光头，年长，着宽袖长服，双手身前捧盏盘，内盛物；着鞋站立。

右侍者像　立高70厘米，头长约28厘米，肩宽22厘米，胸厚15厘米。光头，年青，袒上身，下着裙；飘带经后颈绕手臂垂飘体侧。双手胸前合十，跣足站立。

龛外上方3个小圆龛内各刻坐佛像1身。各像特征相近，坐高约75厘米，头长31厘米，肩宽28厘米，胸厚11厘米。头刻螺髻，面残，内着僧祇支，外着偏衫式袈裟，袈裟下摆少许垂于龛外；结跏趺坐。其中，左佛左手置腹前，右手举胸前结印；中佛双手置腹前结禅定印；右佛左手屈置左胸前，右手置腹前。

（四）铭文

高观音龛造像镌记，明洪武三十年（1397年）。位于龛外左壁。刻石面高70厘米，宽10厘米。竖刻1行，10字，楷体，字径8厘

1　因崖壁高处镌刻有明代观音菩萨造像龛，且位于宝顶山石窟进山朝拜的古道旁，故明清以来，当地村民便以其造像名指代此地名。

452　大足石刻全集　第八卷（上册）

米（图版Ⅱ：209）。

洪武三十年丁丑春月造

(五) 晚期遗迹

1.铭文

3则。

皆位于龛下方约680厘米处的壁面上，水平布置；下距地坪约220厘米。从左至右编为第1—3则。

第1则

装彩高观音金身记，清道光十六年（1836年）。刻石面高47厘米，宽70厘米。文左起，竖刻，字径4厘米。首行、末行共刻23字，余行为捐资人名，略（图版Ⅱ：210）。

募化装彩观音金身众姓人名于后

（捐资姓名略）

道光十六年五月△吉立

第2则

李学纲彩绚高观音像五尊题记，清光绪十一年（1885年）。紧邻第1则右侧。刻石面高47厘米，宽35厘米。文左起，竖刻6行，43字，字径4厘米（图版Ⅱ：211）。

01　邑贡生

02　李学纲△男文生△新萌

03　彩绚

04　高观音金身二尊佛傍像共

05　五尊祈保家门清吉

06　光绪十一年七月初一日刊

第3则

袁化吉等装绘高观音金身记，清同治元年（1862年）。位于第2则右侧，相距约50厘米。刻石面高33厘米，宽46厘米。文左起，竖刻，存51字，字径3厘米（图版Ⅱ：212）。

发心装□

观音金身

于□学□〔胡氏〕因为

□□□□□许金身[1]

□□□明愿无久[2]祈保

人口清[3]吉富贵双全

1　铭文第3、4行《大足石刻铭文录》录为出资人人名。重庆大足石刻艺术博物馆编：《大足石刻铭文录》，重庆出版社1999年版，第270页。

2　此处"□□□明愿无久"《大足石刻铭文录》未录。同前引。

3　此"清"字《大足石刻铭文录》录为"大"。同前引。

匠师袁化吉装[1]黎庶普绘

同治元年二月十二日吉立

2.妆绘

龛壁存灰白色、红色两种涂层。造像存白色、蓝色、黑色等三种涂层。此外，主尊面部、胸部及袈裟下摆存少量贴金。

二 地藏龛

（一）位置

位于高观音造像右侧15余米处的岩壁上，下距现地坪约270厘米。

龛口南向，方向180°。

（二）形制

单层圆形龛。龛口直径98厘米，深30厘米（图版Ⅰ：472）。

（三）造像

龛内刻地藏菩萨坐像1身。像坐高87厘米，头长22厘米，肩宽33厘米，胸厚16厘米。光头，长圆脸，内着交领服，外着袒右式袈裟，袈裟一角系于左肩哲那环上；袈裟下摆少许垂于龛外。双手腹前捧宝珠，珠径9.5厘米；结跏趺坐，跣足。龛外右侧竖刻一锡杖，杖首残，杖柄残长约68厘米。

龛外左右竖刻碑形楹联，碑座刻仰莲，碑首刻覆莲叶；左联刻"开天堂路"4字，右联刻"闭地狱门"4字，字径皆10厘米。

龛壁存红色涂层，造像存红色、黄色、黑色等三种涂层，袈裟描画"田"字纹。

三 观音龛

（一）位置

位于高观音东南约30米处。北侧邻大宝（大足至宝顶山）公路。越公路向北约20米，即为新建的宝顶山石刻景区游客中心。

龛口西北向，方向355°。

（二）形制

单层圆拱龛。龛高182厘米，宽236厘米，至后壁深约47厘米（图版Ⅰ：473）。

（三）造像

刻像3身。中为主尊观音菩萨像，左右各刻侍者立像1身。

观音像 坐高152厘米，头长40厘米，肩宽41厘米，胸厚20厘米（图版Ⅰ：474）。浅浮雕圆形头光和椭圆形身光，边缘饰火焰纹。头梳髻，戴花冠，冠正面刻化佛1身。面圆，弯眉，双眼半睁，外着双领下垂式袈裟，下着裙；左手持念珠置右腿上，左手抚左膝。垂左腿，盘右腿，游戏坐于山石座上，跣足。化佛像坐高约15厘米，有圆形头光和椭圆形身光，圆面，内着僧祇支，外着双领下垂式袈裟，双手腹前结印，结跏趺坐于仰莲台上。

---

1 此"装"字《大足石刻铭文录》录为"妆"。重庆大足石刻艺术博物馆编：《大足石刻铭文录》，重庆出版社1999年版，第270页。

观音像座左上残存鹦鹉1只，身长约22厘米；右上刻净瓶1只，瓶高22厘米，内插柳枝，柳枝长16厘米。

左侍者像　立高约81厘米。头梳双丫髻，上着兜肚，下着裤。双手胸前合十，着鞋侧身站立。

右侍者像　立高约82厘米。头梳髻，面长圆，上着圆领宽袖服，腰系带，下着裙；左手覆巾，托举香炉，右手持腰带；着尖鞋侧身站立。

龛外上方刻方形匾额，内存"救苦观音"4字，略残，字径约14厘米。

龛前建仿木石牌坊1座，四柱三间，通面阔约278厘米，高300厘米。明间左右立柱刻楹联，左联"今生作福来生受"，右联"后世有因见世培"，字径13厘米（图版Ⅱ：213）。

牌坊明间立柱下方案台正面刻圆形花盘，直径约49厘米。花盘左右立柱饰含珠盘龙。

龛壁涂红色涂层，造像存黑色、蓝色、绿色、红色、白色等五种涂层。主尊观音像新贴金。

附录十　宝顶山老游客中心古墓群

一　位置

古墓群位于宝顶山圣寿寺维摩顶坡西侧斜坡地[1]，即现宝顶山老游客中心建筑群之下。东距圣寿寺维摩殿约100米，西北距宝顶山大佛湾石窟约200米。地理坐标为东经105°47′38.2″，北纬29°45′07.6″（图1）。

二　概况

古墓群分布有宋、明、清三个时期墓葬，清理时编为第M1—M13，占地面积约1500平方米（图285）。

墓葬为石室墓，呈南北向布置，墓口皆面西或偏北。其中，宋墓4座，即M9、M10、M11、M12，分布于斜坡地中下部农田，距地表最深约120厘米。明墓6座，即M1、M2、M3、M7、M8、M13，成排布置，分布于斜坡地上部，距地表最深约100厘米。清墓3座，即M4、M5、M6，分布于斜坡地上部地表。除M13于原址保护，现位于游客中心建筑内外，余皆清理后拆除。

三　形制

（一）宋墓

M9墓门毁，墓室通长240厘米，宽105厘米，高132厘米。墓室左右壁各开一壁龛，高60厘米，宽80厘米，深18厘米。龛内正壁中部线刻花瓶一只，内插一束花草，周围饰卷云纹。壁龛上部横梁处各刻一古锣钱，直径31厘米。室后壁设后龛，置于基台上。龛高78厘米，宽74厘米，深30厘米。龛正壁刻6个方格门扇，上两方格为古锣钱图，中部为两条形小方格，内刻忍冬纹，下两方格刻莲瓣图。基台高35厘米，宽74厘米，正面刻菱形图，内刻大叶花草。

M10形制与M9略同。墓室通长242厘米，宽110厘米，高128厘米。左右壁中前部各设一壁龛，宽62厘米，高82厘米，深17厘米。龛正壁左右各饰一柱，上有斗。左右壁中下部亦设壁龛，龛正中刻莲苞图。室内后壁设后龛，由基台和左右柱石构成。龛高81厘米，宽55厘米，深32厘米，分上下两层，均刻大叶花草。墓顶阴刻一菱形图案，对角长80厘米，宽60厘米。

M11、M12并排布置，相距约70厘米，似夫妻墓，形制规格相近。墓门高138厘米，宽47厘米。墓室通长270厘米，宽150厘米，高185厘米。墓室左右设壁龛，高80厘米，宽130厘米，深30厘米。龛内左右侧立二柱，正壁刻一门扇形4方格图案。后壁设仿木后龛，高80厘米，宽52厘米，深38厘米，正壁均刻门扇形4方格图案。龛基台正面均有一莲形大叶花草。墓顶凿一菱形图，长80厘米，宽65厘米，深15厘米。菱形中部，M11线刻"日"图案，M12线刻"月"图案，并各刻"日""月"字。图案边上饰刻卷云纹。

（二）明墓

M1、M2、M3、M7、M8、M13等6座明墓以规整石板扣合而成，为多墓室成组联排水平布置，共有36个墓室。墓室平面呈方形，相邻墓室共壁，结构简单。

M1有4个墓室。单个墓室宽161厘米，深262厘米，室内素平，墓顶为平顶。

M2、M3、M7三组墓葬形制相近，共25个墓室。其中，M2有11个墓室，M3有6个墓室，M7有8个墓室。墓室皆宽80厘米，高

---

[1] 1998年6月29日，在申报大足石刻列入《世界遗产名录》环境整治和配套设施建设施工中发现该墓葬群。随后重庆大足石刻艺术博物馆派员清理，从1998年6月30日至8月14日，历时45天。其后，在墓葬遗址上新建"宝顶山游客中心"，且仅对M13进行原址保护。本部分主要参考重庆大足石刻艺术博物馆《大足宝顶山游客中心基建工地古墓群清理简报》撰写，见《大足石刻研究文集》（5），重庆出版社2005年版，第449—453页。

130厘米，深240厘米，墓顶为平顶。墓门石柱存简单雕刻，其余石材皆素平。

M8有6个墓室。墓室前设甬道，长120厘米，宽100厘米。墓室宽87厘米，高160厘米，深260厘米。墓室与甬道间设一活动双扇门，宽45厘米，高116厘米，厚5厘米。门内置一帘幔形横额石。墓墙身中部安置高20厘米、长70厘米的长条石，使中部墓顶升高。

M13较特殊，为一大型石室券拱顶墓。分甬道、墓室、地宫三部分，通长773厘米（图286、图287、图288、图289、图290；图版Ⅰ：475）。

甬道口前侧设乱石堆砌的一道挡土墙，甬道左右壁各设两个壁龛，后侧接墓门。墓门由两石板作板门，可开启。

墓室呈方形，分前、后室。前室长184厘米，后室长198厘米，墓室通高190厘米，壁高116厘米。两室间设拱梁，宽40厘米。墓壁两边各用石板镶8个壁龛，间距均约14厘米。墓室后壁，即后宫前门，形制同墓前门，亦能开启。其双扇板门高85厘米，宽40厘米，厚6厘米。门槛宽16厘米。

地宫呈六边菱形，通高159厘米，壁高63.5厘米，对角长136厘米，边长67厘米，进深111厘米。地宫中央置六角形束腰双层圆形莲台，高32.5厘米，直径75厘米。莲台做工精细，雕刻精美。

（三）清墓

M4、M5、M6等3座清墓为石砌土包坟，平面略呈方形；每座墓葬占地约40平方米。墓室埋于地下，其上堆积填土形成坟冢。坟冢正面、左右侧面用方形长条石围砌，形成护墙。护墙条石高约30厘米，宽35厘米，长130厘米。正面护墙前均竖立方座圆首墓碑。

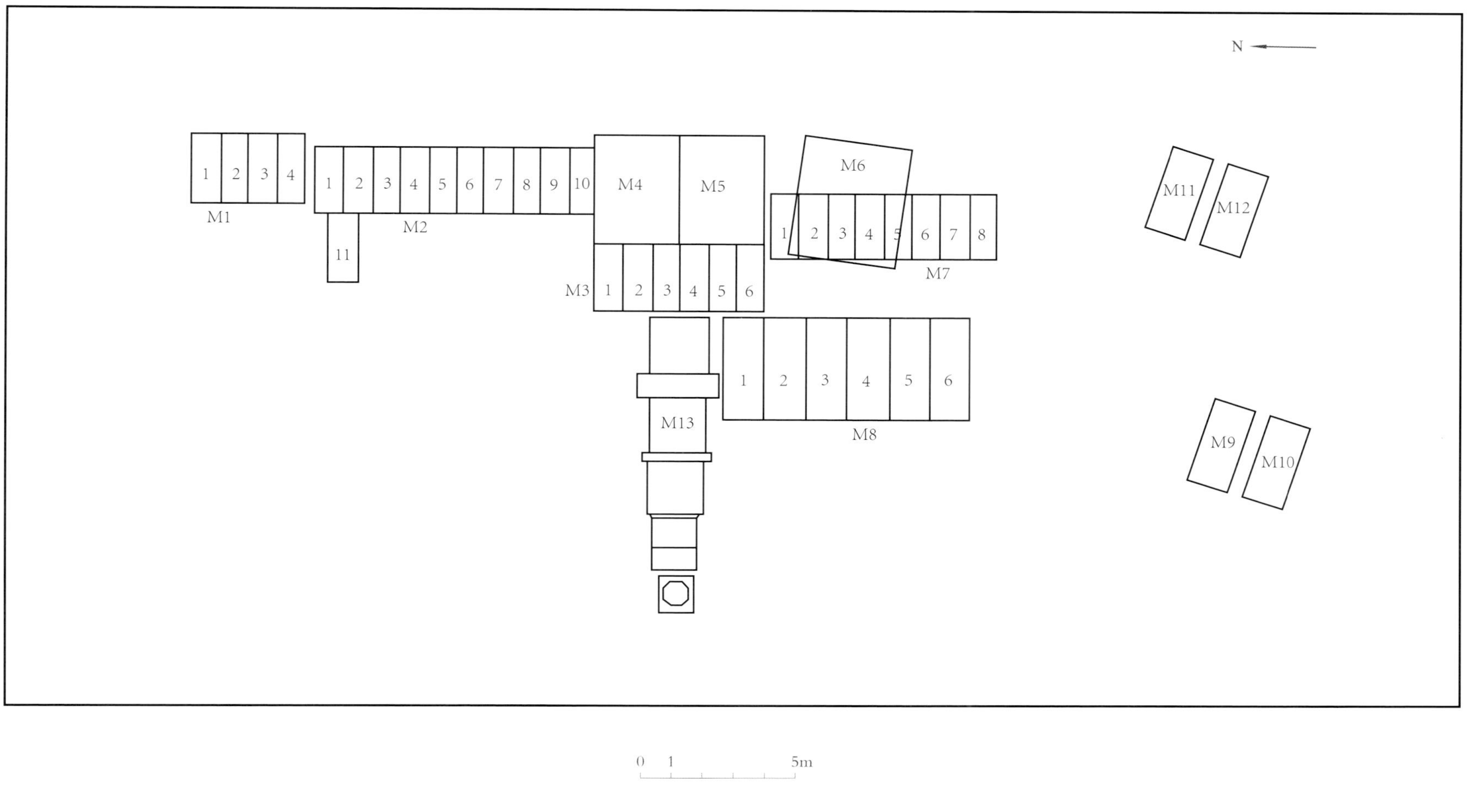

图285　宝顶山老游客中心古墓群分布图

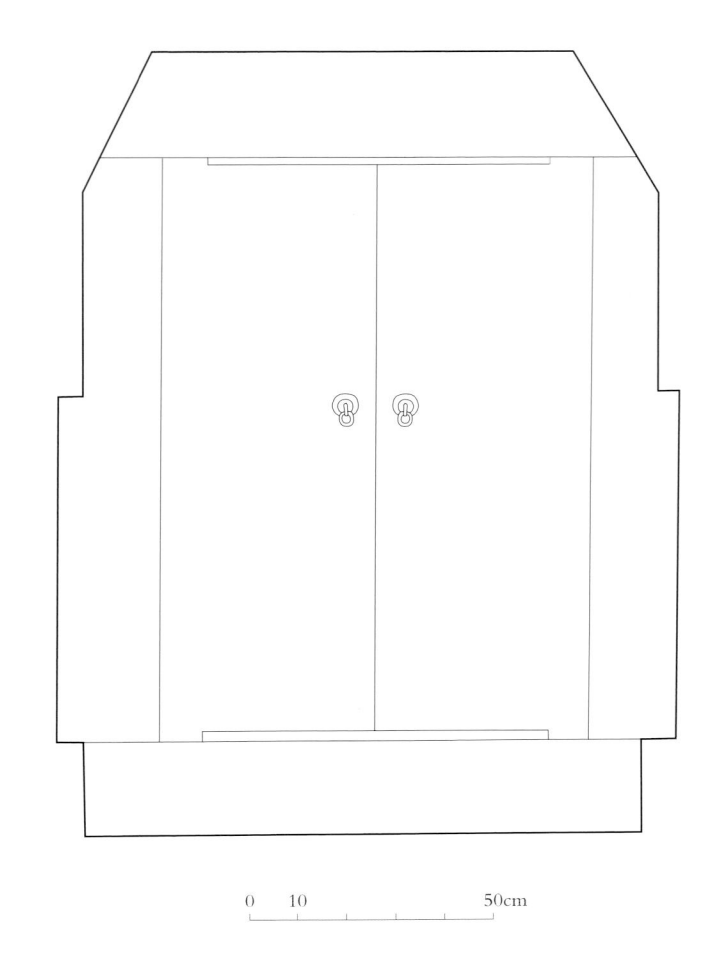

图 286　宝顶山老游客中心古墓群 M13 墓门前门立面图

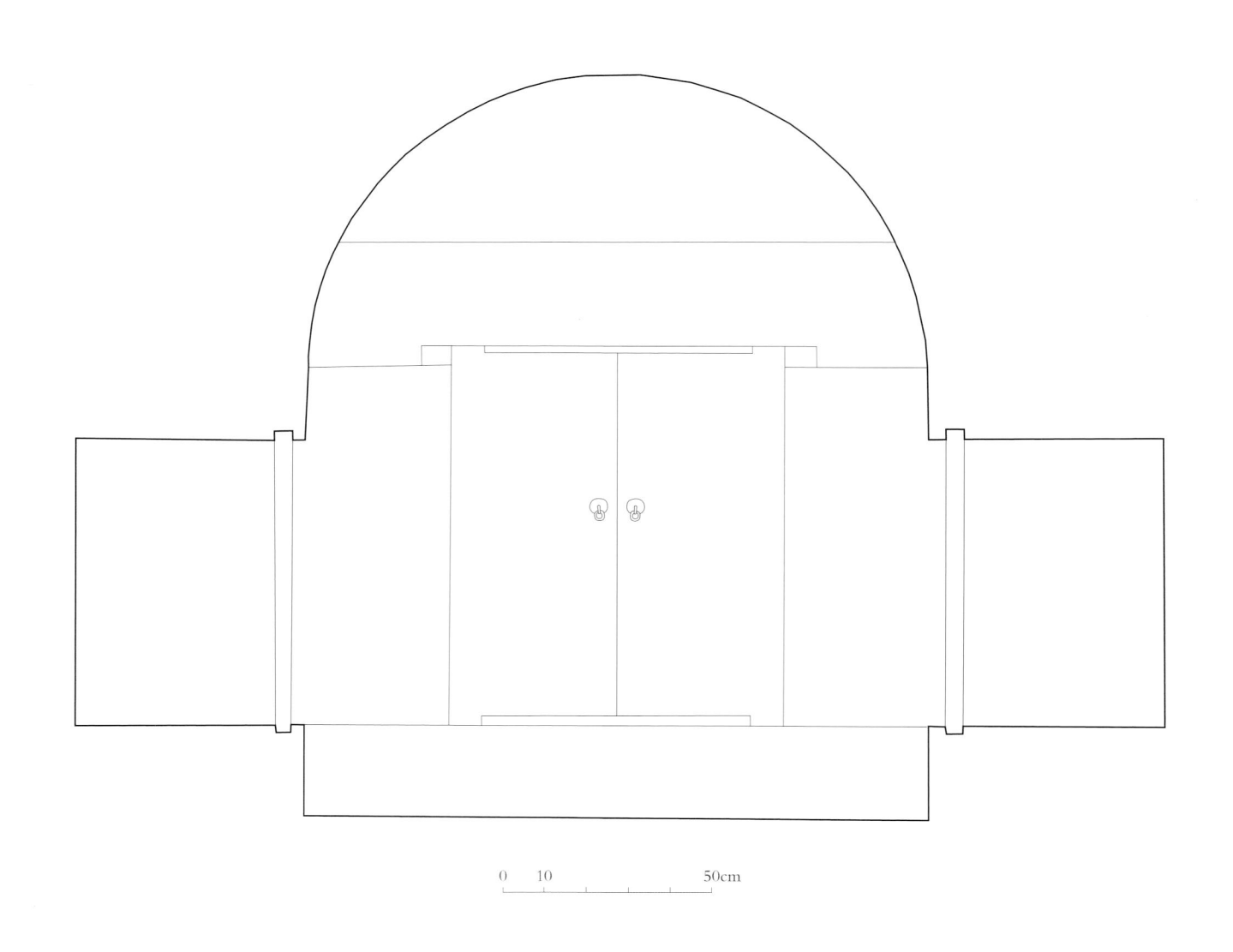

图 287　宝顶山老游客中心古墓群 M13 墓门横剖面图

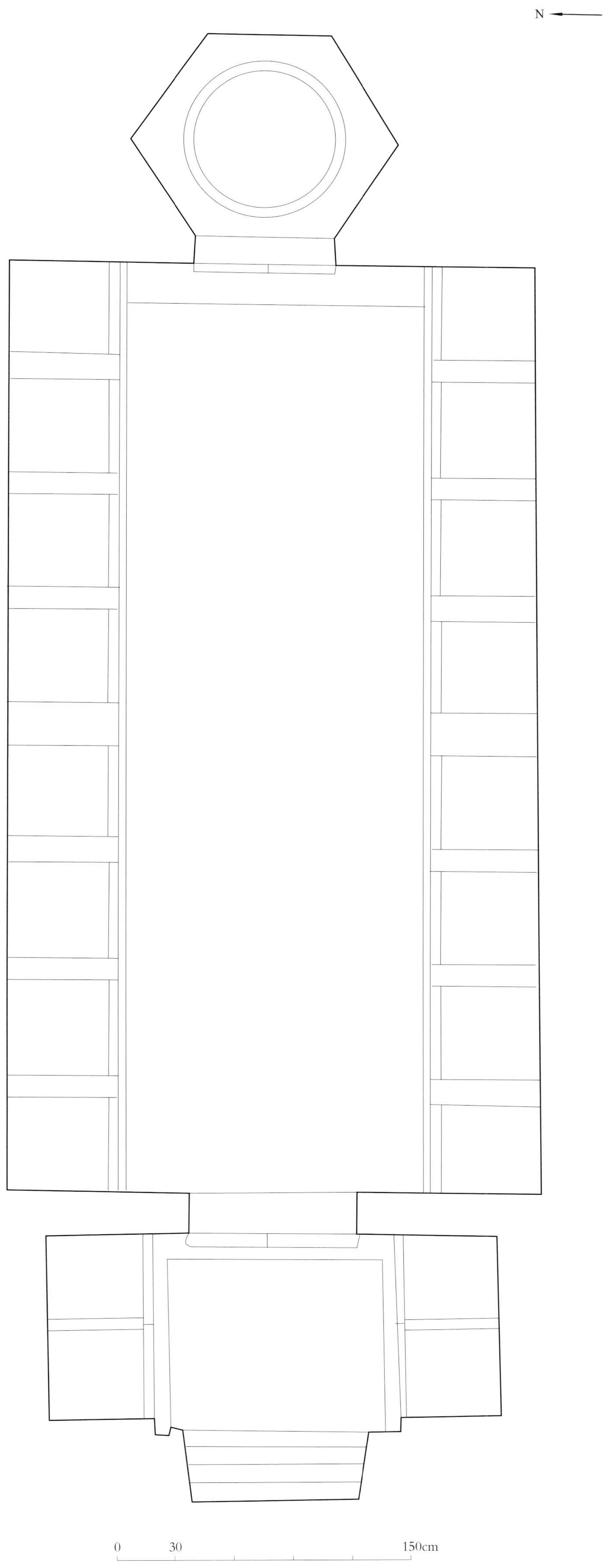

图 288　宝顶山老游客中心古墓群 M13 平面图

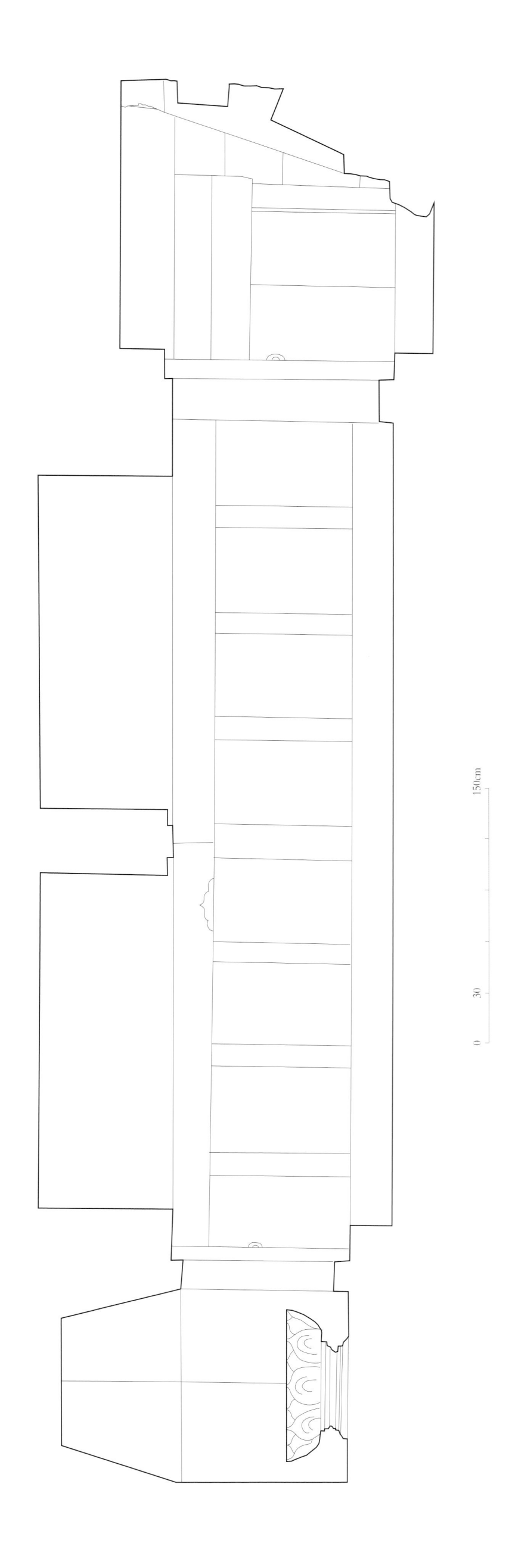

图 289　宝顶山老游客中心古墓群 M13 纵剖面图

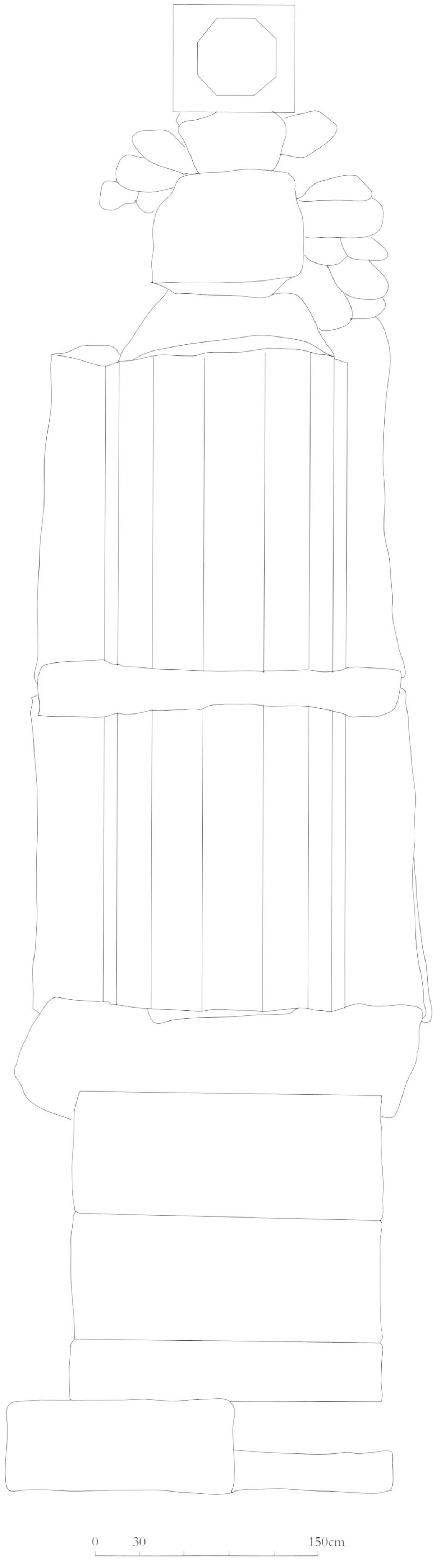

图 290　宝顶山老游客中心古墓群 M13 俯视图

M4碑高157厘米，宽82厘米，厚13厘米。碑首横书"祐我后人"4字，左右分别竖刻"卯山""酉向"。碑身中部竖刻"临济正宗第十代恩师上普下华元老和尚之墓"，左下竖刻"祀徒道△孙心"，署款竖刻"大清同治九年□月中浣望四月谷旦"。

M5碑高152厘米，宽82厘米，厚14厘米。碑身剥落，残文显示，墓主人仍为清同治年间的僧人。

M6碑高143厘米，宽78厘米，厚13厘米。碑首横书"灵台光辉"4字，左右分刻"辰山""戌向"。碑身中部竖刻"临济正宗磬山下第十一代恩师上通下智宗老和尚之塔"，左下刻"祀徒心朗徒孙源吉瑞曾孙广澈""祀侄心善侄孙源湖璋曾孙广才"两行；署款竖刻"大清同治六年岁在丁卯春正月朔三日"。

四　随葬器物

墓群共出土随葬器物13件。其中，陶盏4件，陶碗3件，陶质骨灰坛3件，影青瓷壶1件，白瓷碗（残）1件，陶罐1件。另有数十片明瓦及数十枚棺钉。其中，M7第1墓室出土一陶坛，内盛骨灰。第2墓室出土陶瓦和棺钉。第8墓室出土一个陶坛，内亦盛骨灰。M13在地宫门左侧出土带盖四耳骨灰坛。M9在墓头龛下排水沟内出土陶碗、陶罐、陶盏各一，共3件。M10出土一陶盏，碎成3块。M11出土影青瓜楞瓷壶、白瓷碗、陶碗及陶盏各一，共4件。M12出土一陶碗、一陶盏，共2件。

五　小结

整体而言，老游客中心古墓群具有以下特点：

1. 13座墓葬中，M4、M5、M6据碑铭可知为清墓。其他墓未发现墓志铭或纪年题刻。据墓形、墓制、随葬器物等相关因素初步推断，M1、M2、M3、M7、M8为明墓，M9、M10、M11、M12为宋墓。M13墓形较大，形制特殊，初步分析，为明代僧人墓。

2. 明墓数量众多，密如蜂房，结构简单。宋墓数量少，墓形构造相对复杂，雕刻亦较精美。特别是M11、M12夫妻墓，是宋代大足地区普遍的墓葬形制。宋墓出土器物较多，类型丰富，工艺水平较高。

3. 僧人墓较多，在13个编号墓中，有僧人墓5座。反映出宝顶山地区自宋以来，佛教兴盛传承的史实。

4. M13墓型较大，室内两侧壁龛内遗存骨灰，地宫内放置骨灰坛和仰莲台，墓主人应为明代僧人。结合大足宝顶山明代佛教发展及兴盛状况，初步推测，墓主人为大足临济宗始祖僧元亮[1]。

1　陈明光：《大足临济宗始祖元亮与师至福考》，《佛学研究》，2007年，总第16期。

附录十一　宝顶山倒塔坡明清僧人墓群

一　位置

位于宝顶山倒塔坡西南面和西面坡地。上距坡顶转法轮塔100米，西南距圣寿寺约150米，西距宝顶山大佛湾石窟约200米，北距宝顶山老街约20米（图1）。

二　概况

坡地分布明清时期僧人墓群，占地面积约4500平方米。均未作清理发掘，地下埋藏情况不明。其中，明墓集中于坡地西南面，沿坡势自上而下成组布置。清墓集中于坡地西面，亦自上而下顺坡势布置（图291）。

明墓为石室墓，隐于地表之下约50厘米，水平成组布置。初步统计，约有12组（列）；各组墓葬均有6—12个墓室。

清墓7座，为石室墓，部分显露少许墓口和墓顶，墓顶置石塔1座。自上而下，从右至左将其编为M1—M7。其中，M1—M3位于最上坡地，呈弧形分布。M1处于最右，其左约30米为M2；M3处于最左侧，相距M2约20米。M4、M5水平布置，相距约1.8米，同处于M2竖直下方约10米处。M6纵向布置于M5竖直下方约12处，M7则位于M6的纵向下方约10米处。M7前方约8米即为坡地边缘护墙。

三　形制

（一）明墓

墓口西向。部分墓口封门石残，显露墓室。墓室形制相同，平面呈方形，高约135厘米，宽90厘米，深200厘米。室内以规整石板扣合，壁面素平；墓顶为平顶，相邻墓室共壁。

（二）清墓

M1　墓室不现，显露墓塔1座（图版Ⅰ：476）。平面呈方形，三级塔身三重檐，通高约220厘米。

塔基方形，显露高10厘米，边宽70厘米。三级塔身形制相同，平面皆呈方形，高约50厘米，面宽50—60厘米；各面素平。三重塔檐残毁甚重，亦形制相同，高约20厘米，檐顶素平。最上塔刹已毁。

M2　墓占地约12平方米，显露部分墓室，高约67厘米（图版Ⅰ：477）。墓室西向，方向为270°；平面呈方形。墓室正面前侧竖立圆首墓碑，已倾倒；碑文漶。墓碑左右安置挡土石材。墓顶上方置墓塔1座。

墓塔二级塔身二重檐，通高约305厘米；分塔基、塔身、塔刹三部分。

塔基通高约100厘米。最下为方形台基，高20厘米，边宽131厘米，外距墓顶石边缘约20厘米。其上为六边形基座，高13厘米，边宽62厘米，饰圭脚；基座上承须弥座。须弥座平面呈六边形，通高67厘米，面宽约52厘米；束腰部分高约15厘米，素平。

第一级塔身呈覆钵状，高53厘米，最大直径约65厘米。第一重塔檐呈六边形，高20厘米；翼角上翘，刻作如意头；檐面素平。再上为第二级塔身，平面呈六边形，高49厘米，面宽33厘米，各面素平。第二重塔檐形制与第一重塔檐同，高约18厘米。最上为塔刹。

塔刹通高约65厘米。自下而上分刻三重仰莲台、两级相轮、单重仰莲台、桃形刹尖。刹尖部分毁。

M3　墓室未现，显露墓顶上方墓塔1座（图版Ⅰ：478）。墓塔三级塔身三重檐，通高约337厘米，分塔基、塔身、塔刹三部分。

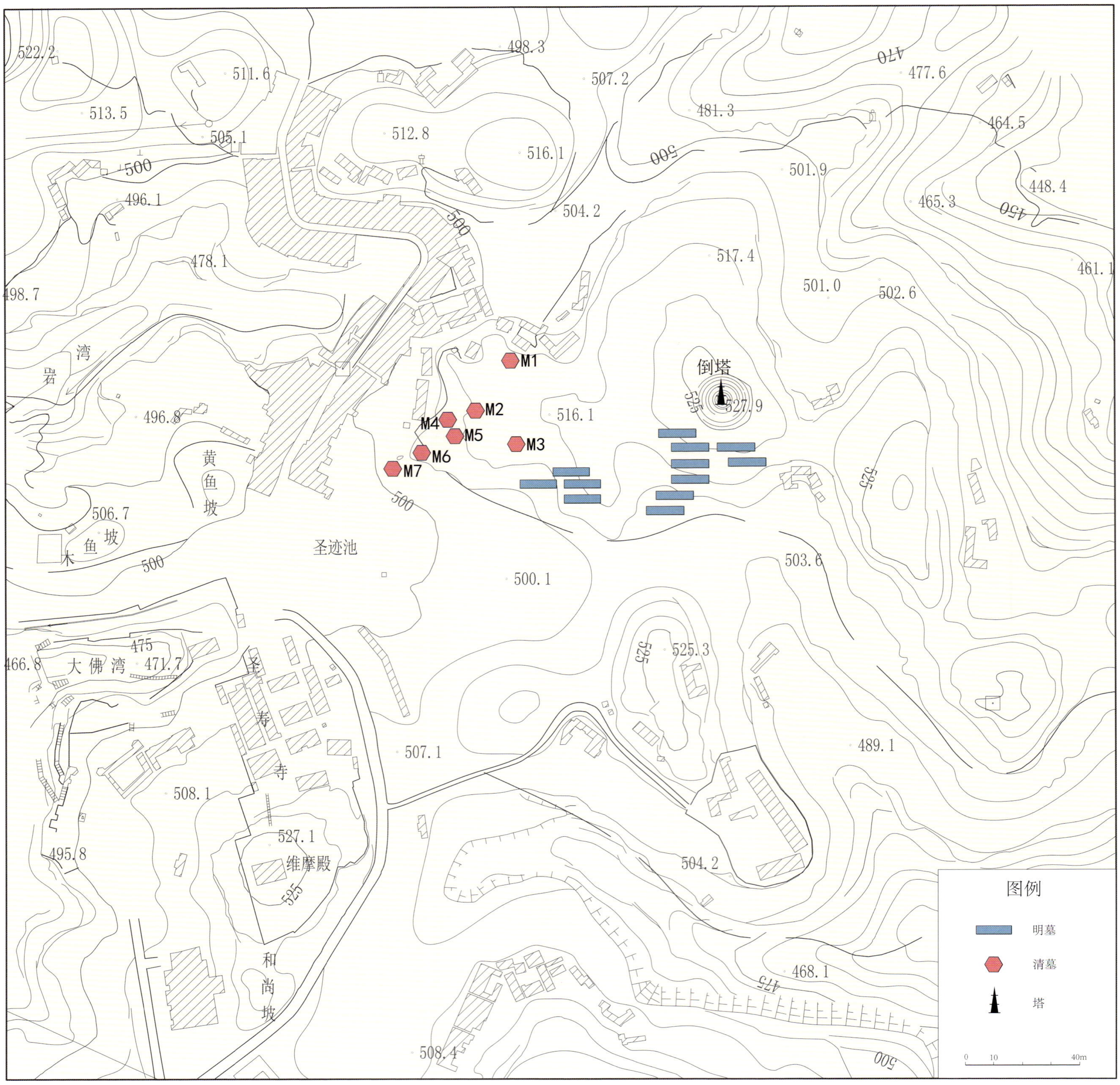

图 291　宝顶山倒塔坡明清僧人墓群分布图

塔基为须弥座，平面呈六边形，通高75厘米，边宽约60厘米；束腰部分素平，高约15厘米，面宽45厘米。

第一级塔身呈覆钵状，高80厘米，最大直径约100厘米。第一重塔檐呈六边形，高30厘米，翼角起翘，檐下刻上翘的角梁；檐面素平。第二级塔身呈六边形，高45厘米，面宽34厘米。各面均凿一圆形浅龛，直径28厘米，深6厘米；内刻坐佛1身。佛像特征相近，皆残损甚重，高约25厘米，可辨头刻螺髻，着袈裟，双手置腹前，结跏趺坐。第二重塔檐形制同第一重塔檐，高约20厘米。第三级塔身呈圆棱形，高约27厘米，最大直径约53厘米。第三重塔檐形制亦与第一重塔檐同，高约15厘米。

塔刹略残，通高约45厘米，下部为三重圆形相轮，上部为桃形刹尖。

M4　墓占地约15平方米，显露墓顶（图版Ⅰ：479）。墓顶方形，高32厘米，宽230厘米。墓顶上方置墓塔1座。墓塔两级塔身两重檐，通高约359厘米，分塔基、塔身、塔刹三部分。

塔基通高约106厘米。最下为方形基台，高17厘米，边宽120厘米；其上为六边形基座。基座高21厘米，边宽64厘米，饰圭脚。再上为六边形须弥座。座通高68厘米，面宽54厘米；束腰部分高11厘米，各面刻壸门，内素平。

第一级覆钵状塔身，高78厘米，最大直径84厘米，正面塔身部分脱落。覆钵下置素面圆轮，轮部分残，高约14厘米，直径约84厘米。第一重塔檐呈圆形，部分残，高约34厘米，直径106厘米。第二级塔身呈圆柱形，高55厘米，直径50厘米；外凸三级环带装饰，等距布置；环带高9厘米。第二重塔檐呈六边形，高16厘米，部分残；翼角上翘，檐面素平。

塔刹通高约70厘米，下部为六面方台，高14厘米，面宽22厘米；上部为葫芦形刹尖，高约56厘米。

M5　墓占地约20平方米，显露部分墓室（图版Ⅰ：480）。墓室显露高70厘米，正面略向西，方向264°。墓室前端左右安置挡土石，墓顶置墓塔1座。

墓塔三级塔身三重檐，通高约403厘米，分塔基、塔身、塔刹三部分。

塔基通高约93厘米。最下为方形台基，高21厘米，边宽137厘米，台面刻方垫。垫角垂于台基边缘，呈三角形。台基之上刻六边形基座，高约14厘米，边宽70厘米，饰圭脚。基座上承六边形须弥座。须弥座通高约58厘米，边宽约58厘米；束腰部分刻方框，内刻花卉，大部残脱。再上为第一级塔身。

第一级塔身呈覆钵状，高73厘米，最大直径74厘米；其下置双重圆形仰莲台。台高16厘米，直径约83厘米。第一重塔檐呈六边形，高28厘米。翼角上翘饰如意头云纹。檐面刻瓦垄瓦沟，瓦当圆形，饰莲朵，如意头滴水。第二级塔身为六边方柱，略残蚀，高约54厘米，边宽35厘米。西面竖刻"□□正宗第三十五世磬山下六代净明定和尚金幢宝塔"23字，其余各面竖刻铭文。第二重塔檐形制与第一重塔檐略同，高28厘米。第三级塔身为圆棱，残损略重，高约38厘米，最大直径57厘米。第三重塔檐呈六边形，高20厘米，翼角上翘，饰如意头；檐面素平。

塔刹通高53厘米，下部为圆台刹座，上部为三级圆锥状刹尖。

M6　墓室隐于地表，显露墓塔1座（图版Ⅰ：481）。墓塔两级塔身两重檐，通高约296厘米，分塔基、塔身、塔刹三部分。

塔基为六边须弥座，显露高约36厘米，边宽48厘米。束腰部分素平。

第一级塔身为覆钵状，高65厘米，最大直径80厘米；其下置仰覆莲台，高23厘米，饰莲瓣。第一重塔檐为圆形云台，高15厘米，饰云纹。云台上置两阶六边形方台叠涩，高约30厘米；再上为第二级六边形塔身。塔身略残，高约55厘米、边宽20厘米；各面纵向刻三道弧形幔纹，亦部分残。第二重塔檐呈六边形，略残，高约20厘米，檐面刻瓦垄瓦沟。

塔刹通高约52厘米。下部为仰盆台，中部为圆台，最上为球形刹尖。

M7　墓室隐于地表，显露墓塔1座（图版Ⅰ：482）。石塔存塔基、第一级塔身塔檐和第二级塔身，再上结构毁；显露通高约128厘米。

塔基，呈六边形，显露高10厘米，边宽48厘米。

第一级塔身呈覆钵状，高65厘米，最大直径80厘米。其下置云台，高约15厘米，残蚀略重。第一重塔檐呈六边形，高18厘米，檐面刻瓦垄瓦沟，瓦当圆形，如意头滴水。第二级塔身为六面方柱，高40厘米，面宽25—31厘米；各面素平。再上结构毁。

此外，在M5前侧约170厘米处存包坟式样清墓1座，占地约25平方米。坟冢呈竖长方形，四周建条石护墙，高约115厘米，宽535厘米，深490厘米。护墙正面前侧存倾倒于地的墓碑2通。左碑为圆首碑，高145厘米，宽70厘米，厚15厘米。碑额横刻"万古佳城"4字，字径11厘米；中部残存竖刻的"之坟墓"3字，左侧竖刻"戊午年八月望八日卯刘坐脱"12字，右侧竖刻"大清光绪四年夏月朔中浣谷旦立"14字，字径4.5厘米。右碑残，存碑首及少许碑身，残高95厘米，宽80厘米，厚16厘米。碑额横刻"玉韫山辉"4字，字径11

厘米；左侧存竖刻的"甲申年"3字，中部存竖刻的"□寂恩师上照下性惠深"10字，右侧残存"大清道光六"5字，字径皆5厘米。

四　M5墓塔铭文

M5第二级塔身六面刻铭文，皆清乾隆二十八年（1763年）上石。文部分残漶，自西面（正面）始，沿顺时针方向记录如下：

西面　中部竖刻1行，存23字，字径4厘米（图版Ⅱ：214）。

　　□□正宗第三十五世磬山下六代上净下明定和尚金幢宝塔

西北面　左起竖刻9行，存78字，字径3厘米（图版Ⅱ：215）。

01　（漶）氏子父（漶）
02　（漶）十二□□□□岳池县茏山寺礼□月和尚
03　（漶）到宝顶上南下翁和尚受戒（漶）
04　（漶）方丈十载累累修培□□
05　（漶）勤退辞白云复□（漶）
06　（漶）九月十九日巳时□□二十
07　（漶）十九年甲戌岁四月二十□
08　（漶）尔脱化土祥寂戒长毗遗骨
09　（漶）□□入塔安堂□载□□火坑焚□□

东北面　左起竖刻，存88字，字径3厘米（图版Ⅱ：216）。

（漶）□塔乃□天凤穴之□万山从拥

（漶）□天子临堂必出大宝菩提之果

（漶）

（漶）生别有长春摄大千界明感□

□□千菩生佛顶宁纵横自在水月光明坚

□去展□施行通天柱杖接物利生□

□尚息本然天真大开东阁廊□明

文舟宗舟弘□

圆舟觉舟弘舟

清舟德舟□舟

东面　左起竖刻5行，存16字，字径6厘米（图版Ⅱ：217）。

01　□身无实□□
02　□了心如□□
03　□幻了得身□
04　□性空斯□□

05　□何殊别[1]

东南面　左起竖刻。左上部残，左下竖刻，存35字，字径5厘米（图版Ⅱ：218）。

嗣孙□参[1]△慧林△慧仁

慧志△□□

慈□△智□

慧然△慧能

谨相△智容

刚荐△殊明

心慧（左下部）

□□乾隆二十八年岁次癸未（漶）

西南面　大致分上下两部分，皆僧名。竖刻，存43字，字径4厘米（图版Ⅱ：219）。

住△大千

门人□传

梅栢

海秀

海月

海一（上部）

嗣孙悟宗△□□

悟本△□□

圆明△悟□

悟参[2]△□月

觉圆△悟慧

悟开△悟灯

悟徹△悟莲

悟瑞△□能

悟成△□□（下部）

五　小结

仅从出露情况观察，倒塔坡墓葬群具有以下特点：

（1）墓葬群集中分布于倒塔坡地西南面和西面，布置有序，似有统一规划。坡地与西南向千年古刹圣寿寺仅距150米，墓群与圣寿寺有密切关系。初步推测，该坡地系明清时期宝顶山圣寿寺僧人主要墓地之一；同时侧面反映出明清时期大足宝顶山圣寿寺兴盛的状况。

（2）7座墓塔，形制规整，体量较大，装饰简朴，式样较为丰富，对于研究大足地区僧人墓塔样式提供了较为珍贵的实物资料。M5墓塔镌刻清乾隆二十八年（1763年）纪年，其规制完整，具有考古断代的标尺意义。结合大足地区已发现的清代墓塔样式，可进

1　佛偈"见身无实是佛身，了心如幻是佛幻，了得身心本性空，斯人与佛何殊别"经典中较为常见，如《景德传灯录》，《大正藏》第51册，No.2076，第205页。

一步推定，此7座墓葬应为清代中期之前的古墓葬。

（3）据M5墓塔第二级塔身铭文，结合宝顶山石窟遗存的相关碑文，可知墓主人僧净明的大致情况：僧净明非大足县人，早年曾于"岳池县菀山寺礼□月和尚"，清康熙四十九年（1710年）后[1]，"到宝顶南翁和尚受戒"，此后常住圣寿寺。清乾隆三年（1738年），与住持僧□然一道参与重建宝顶山四至界畔事宜[2]。至迟于清乾隆十三年（1748年）任宝顶山圣寿寺住持，并于是年携其徒"监院德舟"维修"南无千手大士法像一堂以及两旁罗汉又并钱炉一座"等[3]。其后，更有"方丈十载累累修培"之举。清乾隆二十三年（1758年）卸任住持，其"嗣孙悟宗"继任[4]。卸任之后第五年，清乾隆二十八年（1763年）圆寂，火化后"入塔安茔"，葬于圣寿寺东北之倒塔坡。

（4）M5墓主人僧净明师承宝顶山中兴第一代禅师南翁和尚，为"临济正宗第三十五世磬山下六代"，与圣寿寺其后的"临济正宗三十六世磬山下第七代上晴下舟大和尚"[5]"临济正宗三十八世磬山下第九代宝顶主持僧戒□僧照明"[6]"临济正宗磬山下第十一代恩师上通下智宗老和尚"[7]等四位高僧皆一脉相承，对于了解、研究清初大足圣寿寺禅宗临济派磬山一脉的传法世系具有重要的价值[8]。

注释：

[1] 此"参"字铭文为：

[2] 此"参"字铭文为：

---

1 南翁和尚主持宝顶圣寿寺在康熙四十九年之后。陈灼：《大足石刻史话》，中国戏剧出版社2008年版，第142—149页。
2 《亘古昭然》碑，见本册第405、406页；另见重庆大足石刻艺术博物馆编：《大足石刻铭文录》，重庆出版社1999年版，第226—227页。
3 净明立《遥播千古》碑，见本报告集第六卷上册第148页；另见重庆大足石刻艺术博物馆编：《大足石刻铭文录》，重庆出版社1999年版，第256页。
4 《西竺仙景》题刻，见本册第137、138页；另见重庆大足石刻艺术博物馆编：《大足石刻铭文录》，重庆出版社1999年版，第260页。
5 僧晴舟立《实录碑记》，见本册第342、343页；另见重庆大足石刻艺术博物馆编：《大足石刻铭文录》，重庆出版社1999年版，第221—224页。
6 《重修小佛湾坛台房宇记》，重庆大足石刻艺术博物馆编：《大足石刻铭文录》，重庆出版社1999年版，第258页。
7 宝顶山老游客中心M4、M6墓碑铭。重庆大足石刻艺术博物馆：《大足宝顶山游客中心基建工地古墓群清理简报》，《大足石刻研究文集》（5），重庆出版社2005年版，第449—453页。
8 关于清代磬山一系在宝顶山的脉传情况，参见陈灼：《大足石刻史话》，中国戏剧出版社2008年版，第153页。

图书在版编目（CIP）数据

宝顶山小佛湾及周边石窟考古报告. 上册 / 黎方银主编；大足石刻研究院编. —重庆：重庆出版社，2018.6
（大足石刻全集. 第八卷）
ISBN 978-7-229-12692-6

Ⅰ. ①宝… Ⅱ. ①黎… ②大… Ⅲ. ①大足石窟－考古发掘－发掘报告
Ⅳ. ①K879.275

中国版本图书馆 CIP 数据核字 (2017) 第 228221 号

宝顶山小佛湾及周边石窟考古报告　上册
BAODINGSHAN XIAOFOWAN JI ZHOUBIAN SHIKU KAOGU BAOGAO SHANGCE

黎方银　主编　　大足石刻研究院　编

总 策 划：郭　宜　黎方银
责任编辑：杨　耘　吴芝宇
美术编辑：郑文武　吴芝宇　吕文成　王　远
责任校对：李小君
装帧设计：胡靳一　郑文武
排　　版：代　敏

重庆出版集团
重庆出版社　　出版

重庆市南岸区南滨路162号1幢　邮政编码：400061　http://www.cqph.com
重庆新金雅迪艺术印刷有限公司印制
重庆出版集团图书发行有限公司发行
E-MAIL:fxchu@cqph.com　邮购电话：023-61520646
全国新华书店经销

开本：889mm×1194mm　1/8　印张：62
2018年6月第1版　　2018年6月第1次印刷
ISBN 978-7-229-12692-6
定价：2200.00元

如有印装质量问题，请向本集团图书发行有限公司调换：023-61520678

版权所有　侵权必究